Ibn Omar El-Tounsy, Cheykh
Voyage au Ouaday

VOYAGE AU OUADÂY

PAR

LE CHEYKH MOHAMMED IBN-OMAR EL-TOUNSY,

REVISEUR EN CHEF A L'ÉCOLE DE MÉDECINE DU KAIRE;

TRADUIT DE L'ARABE PAR LE Dr PERRON,

Directeur de l'École de médecine du Kaire;
Membre de la Société asiatique de Paris et de la Société égyptienne.

OUVRAGE ACCOMPAGNÉ DE CARTES ET DE PLANCHES
ET DU PORTRAIT DU CHEYKH,

PUBLIÉ PAR LE Dr PERRON ET M. JOMARD,
Membre de l'Institut, ancien Directeur de la Mission égyptienne en France.

Ouvrage précédé d'une PRÉFACE de ce dernier, contenant des remarques historiques et géographiques

ET FAISANT SUITE AU VOYAGE AU DÂRFOUR.

PARIS.

CHEZ BENJAMIN DUPRAT,
LIBRAIRE DE L'INSTITUT
ET DE LA BIBLIOTHÈQUE NATIONALE,
Rue du Cloître-Saint-Benoît, 7.

ARTHUS BERTRAND, LIBRAIRE,
Rue Hautefeuille, 23.

FRANCK, LIBRAIRE,
Rue Richelieu, 69.

RENOUARD, LIBRAIRE,
Rue de Tournon, 6.

GIDE, LIBRAIRE,
Rue des Petits-Augustins, 5.

1851.

PRÉFACE

PAR M. JOMARD.

§ I. — *Remarques générales.* — La situation présente d'une partie de l'Afrique septentrionale et du Soudan oriental, semble devoir être favorable à une publication comme celle du *Voyage au Ouadây*, voyage accompli, il y a déjà beaucoup d'années, par le cheykh Mohammed El-Tounsy, l'un des ulémas du Caire, le même personnage à qui l'on doit le *Voyage au Dârfour*, traduit par le docteur Perron et qui a paru en 1845 (1). C'est encore à la persévérance de M. Perron que l'on est redevable du nouvel ouvrage, non pas seulement parce qu'il a fait la traduction de ce livre, mais parce qu'il a décidé le voyageur à oublier un moment ses scrupules religieux, et à mettre par écrit ses souvenirs. C'est donc réellement grâce au savant orientaliste, que l'état militaire, civil et politique d'un grand royaume du Soudan, presque ignoré jusqu'à ce jour, nous sera maintenant mieux connu; il en est de même de son climat, de ses ressources, de son état moral et de son histoire. Sans

(1) Le présent ouvrage a été annoncé dans la Préface du *Voyage au Dârfour*, page LXVIII.

doute le cheykh ne révèle pas aujourd'hui l'existence même du Ouadây, mais il est vrai de dire qu'avant Burckhardt l'on n'en savait guère autre chose, en Europe, que le nom, et que même ce judicieux et excellent observateur, qui le premier nous l'a fait connaître, ne nous en a guère dit, sous les rapports physique et politique, que ce qu'il fallait pour inspirer le vif désir d'en savoir davantage.

Quand Burckhardt a signalé le Ouadây aux géographes et à tout le monde savant, ce royaume était encore moins connu que le Dârfour. Browne, qui cependant était resté trois ans dans ce dernier pays, ne fait guère que nommer l'autre; il en est de même de Hornemann, de Seetzen, de Lyon, de Denham (1), et autres voyageurs qui ont visité la partie orientale de l'Afrique septentrionale (2); et

(1) Il parle d'une caravane allant de Tripoli au Ouadây par le Fezzân; cette expédition avait échoué. (*Narrative of travels and discoveries in northern and central Africa*, etc., London, 1826, p. 215-217.)

(2) La partie que je considère ici, de l'Afrique septentrionale, est cette vaste zone qui est au midi du Sahara, comprise entre le 8ᵉ degré nord et le 18ᵉ, entre les méridiens du Cap-Vert et du lac Gardafui (c'est-à-dire à peu près de 0° à 50° est); on peut la partager en cinq parties : 1° l'Abyssinie avec le pays des Gallas, la Nubie et tout ce qui est à l'est du Nil Blanc; 2° le Kordofân, le Dârfour, le Ouadây et le Bâguirméh, c'est le *Soudan oriental*; 3° le Bornou et le pays compris jusqu'à l'Afnau, ayant à l'extrémité le lac Tchâd, c'est le *Soudan central*; 4° le pays à l'ouest, comprenant Sakkatou et Tounbouctou, ou le *Takrour* proprement dit, suite du *Soudan central*; 5° enfin le pays à l'ouest de Djenné, le Haut-Dhioliba et la Sénégambie jusqu'à l'Océan; c'est le *Soudan occidental*. Mais il faut remarquer qu'une partie du Soudan

combien d'autres n'en ont même jamais parlé! Cependant la situation géographique du Ouadây l'appelait à jouer un rôle dans les relations du commerce; l'événement l'a prouvé (1). Seulement il fallait une circonstance extraordinaire pour l'amener sur la scène commerciale, et elle s'est présentée.

Depuis plusieurs siècles le Dârfour était en possession d'apporter en Égypte ses denrées, ses marchandises, ses esclaves. Tout le monde connaît les caravanes du Dârfour; c'est par milliers que l'on comptait les chameaux de ces caravanes, et par millions de piastres fortes les sommes que représentait la valeur de leur chargement (2). Le Ouadây était trop reculé pour faire concurrence au Dârfour, et, d'autre part, l'état de guerre habituel entre ces deux pays ne permettait pas au Ouadây de confier ses richesses aux Fôriens pour les exporter, avec les leurs, jusqu'aux rives du Nil. La circonstance inattendue qui s'est offerte est l'expédition française de 1798.

Repoussés de poste en poste par notre armée, les mamlouks, beys, kâchefs et cavaliers, refoulés au

---

oriental appartient au bassin du Nil, et l'autre au bassin du lac Tchâd; la limite est certainement à la partie ouest du Dârfour, d'après toutes les inductions comparées.

(1) Dans la Préface du *Voyage au Dârfour*, nous avons déjà signalé cette importance commerciale, et M. F. Fresnel, consul de France à Djeddah, muni d'une mission spéciale, est allé s'enquérir, à Benghazy même, de la marche et de l'histoire des caravanes entre ce port et le Ouadây.

(2) *Voyez* mémoire de M. Lapanouse, *Mémoires sur l'Égypte*, Paris, Didot, in-8º, an XI, p. 77 et 89, tome IV.

delà de la première cataracte, ont remonté d'abord en Nubie et jusqu'au delà de Dongolah; ils auraient pu s'y établir tranquillement, ainsi qu'au Kordofân, peut-être même à Sennâr, si d'imprudents conseils et de puissantes intrigues ne les avaient pas ramenés en Égypte pour disputer le pouvoir à Mohammed-Aly. Mais ce prince était devenu, par le fait, le successeur de l'armée française, et déjà il possédait un commencement d'armée. Expulsés encore une fois de l'Égypte, les mamlouks ont été poursuivis jusqu'au Kordofân, et de là plusieurs ont passé dans le Dârfour. Une armée égyptienne s'est établie alors au Kordofân; c'était presque la guerre avec le royaume voisin. Le commerce du Dârfour avec l'Égypte s'est ralenti ou arrêté; c'est alors qu'ont commencé des relations commerciales entre le Ouadây et le Fezzân, puis Tripoli et Benghazy; des caravanes se sont établies; on a découvert, tenté et pratiqué deux routes nouvelles, et la Méditerranée, par conséquent l'Europe, ont pu recevoir, pour la première fois, des marchandises du Ouadây par voie directe, sans intermédiaire. Je m'arrête ici à ces points généraux, les détails viendront plus tard.

§ II.—*Historique.*—Je dois faire ressortir ici une coïncidence assez frappante. Au moment même où surgissait, aux bords du Nil, l'homme extraordinaire que je viens de nommer (le futur vice-roi d'Égypte, Mohammed-Aly), à cette même époque (l'an 1804) apparaissait au Ouadây le sultan Sâboûn

(Abd-el-Kerim), descendant, selon notre cheykh, à la sixième génération du premier sultan de ce pays, Seléih ou Saleh, lequel Seléih avait établi à la fois l'islamisme et un pouvoir héréditaire; auparavant le Ouadây était idolâtre, comme on l'est encore chez les Fertyt, chez les Djenakhérah et les autres tribus du midi. Quant à Sâboûn, il s'est fait remarquer dans son règne, aussi court que brillant, par un caractère, par des qualités qu'il avait en commun avec Mohammed-Aly : la fermeté, l'intelligence, l'adresse et la sagacité, enfin l'ambition de se distinguer, et quelquefois l'emploi des moyens violents. Plus jeune que celui-ci, il arriva au trône un peu avant lui, et il est mort aussi beaucoup plus tôt. Saboûn s'occupait du commerce ainsi que Mohammed-Aly; il expédia des caravanes en Égypte et adressa des présents au vice-roi, en retour de l'accueil fait aux marchands ouadayens. Des liaisons d'amitié s'établirent alors entre les deux princes, et quand les hostilités des Fòriens forcèrent, peu après, Mohammed-Aly à envoyer une armée au Kordofân, le Dârfour se trouva placé entre deux puissants ennemis. De là, depuis si longtemps, pour les voyageurs, la difficulté de pénétrer ou de séjourner dans ce dernier pays. On a vu, dans le *Voyage au Dârfour*, que le vice-roi d'Égypte avait laissé percer le projet d'y établir un prétendant, Abou-Madiân, oncle du sultan régnant; il entretenait une forte armée au Kordofân et au Sennâr, et l'on comprend de reste combien devait être suspect au sultan du Dârfour tout ce qui venait du côté du Nil. Cet état de choses dure toujours, malgré la mort d'Abou-Madiàn et celle de Mohammed-Aly.

Sàboùn a laissé la réputation d'un prince habile, juste et sage, d'un homme d'une équité souvent rigoureuse, et, en même temps, d'un vaillant guerrier, d'un homme bienfaisant et généreux. Il réprima énergiquement, pendant son règne, le brigandage et les violences de certaines tribus, et, d'accord avec le sultan de Bornou, il fit plusieurs expéditions contre le Bâguirméh, dans la vue de punir la tyrannie et l'immoralité du sultan; enfin il assura dans son empire la sécurité des routes. Voilà plusieurs rapports singuliers avec Mohammed-Aly; qu'on me pardonne de les faire ressortir, sauf toute réserve pour la différence qui existe entre les deux hommes et les deux pays (1).

Sur tous ces faits peu connus, le cheykh Mohammed El-Tounsy rapporte des détails aussi curieux qu'abondants, recueillis par lui-même au Ouadây, pendant un assez long séjour, de la bouche des acteurs eux-mêmes, et il nous révèle une foule de traits qui peignent les hommes et les lieux avec de vives couleurs.

Notre auteur fait connaître l'origine de la famille

(1) Je trouve encore un point de contact entre les deux princes dans le tour d'esprit politique, je veux dire l'art de combiner un plan où l'adresse et la ruse font tomber un ennemi dans ses propres filets : exemple, quant à Sàboùn, l'aventure d'Acyl, un de ses frères.

régnante au Ouadây, du moins à partir du sultan Seléîh. Ses successeurs furent Arous l'Ancien, Arous le Jeune, Gaudéh, Sâléh, et enfin, vers 1804 ou 1805, le sultan Mohammed Abd-el-Kerim, surnommé Sâboûn. Ce prince périt de mort violente en 1811 selon le cheykh, mais au commencement de 1815 selon Burckhardt (1), au temps duquel (1816) régnait un Yousouf Abd-el-Cadr, fils de Sâboûn, surnommé Kharyfeyn. Ont régné ensuite Rakeb, fils de ce dernier, et Mohammed Chérif, *frère de Sâboûn.* Celui-ci ne s'est emparé du pouvoir que par le secours du prince du Dârfour, le sultan Husseyn; naguère, en 1846, il dirigeait une expédition contre le Bornou; ce prince régnait, dit-on, selon les règles de la justice.

Mais il faut savoir qu'il existait, qu'il existe encore un prétendant à la couronne du Ouadây, un propre fils de Sâboûn, et même l'aîné de ses fils, envoyé au Caire à l'âge de treize ans pour y faire ses études. Le sultan Sâboûn, lettré lui-même, avait voulu que ce fils suivît les leçons des ulémas qui ont le plus de savoir ou le plus de renommée, ceux de la ville du Caire; mais le jeune prince, après mille traverses, ne put arriver en Égypte qu'en 1827, plus de onze ans après son départ de Ouârah. Il faut lire le récit de ses aventures dans un opuscule peu connu, et que je dois à l'obligeance du savant M. Renouard (secrétaire de la Société royale de géographie de Londres); il est intitulé: *The story of Ja'far, son of the sultan of*

(1) Nubia, *Appendice,* II (*Voyez* la note 3 de la page suivante).

Wadai, first published in the United service Journal, for March, April and May, London, 1830. Au lieu de l'envoyer en Égypte par la voie du Nil, le sultan Sâboûn l'avait dirigé sur Benghazy, par le désert, directement au nord, avec une caravane de cinq cent chameaux ; le jeune prince avait été retenu captif et maltraité par le pacha de Tripoli. De cette résidence il avait fait de vains efforts pour se rendre à sa destination ; enfin, grâce à la protection anglaise, il avait pu atteindre l'Égypte. D'un autre côté, nous apprenons, par le récit non moins curieux, mais plus savant, de M. Fulgence Fresnel (1), que le prétendant Dja'far, après une tentative inutile pour ressaisir le trône sur son oncle, le sultan Chérif, était retiré au Dâr-Rounga en 1846 (2). En 1849 il était dans la capitale du Dârfour, attendant toujours une restauration impossible : je reviendrai sur ce qui concerne l'infortuné Dja'far ; si je parle ici de la relation de ce prince ouadayen, ce n'est pas seulement parce qu'elle aide à faire connaître la famille qui a déjà donné héréditairement au pays neuf souverains (ou en suivant le récit de Dja'far treize souverains) (3), mais

---

(1) *Mémoire de M. Fresnel*, consul de France à Djeddah, sur le Ouaddy (Bulletin de la Société de géographie, années 1849 et 1850).

(2) La version rapportée à M. Fresnel porte que Dja'far, lors de l'assassinat de son père, s'enfuit à Tripoli, tandis que, dans son propre récit, Dja'far raconte qu'il fut *envoyé*, par la voie de Tripoli, en Égypte, pour y achever ses études, âgé alors de treize ans (*The story of Ja'far, etc.*, page 2).

(3) Dja'far compte, avant Sâboûn, neuf sultans, mais M. Fresnel,

c'est à cause de la *route du Ouadây à la Méditerranée*, dirigée droit au nord comme je l'ai dit, route qu'il a suivie lui-même en partie, il y a environ trente-quatre ans, et parce que le choix fait de cette ligne par le sultan Sâboûn son père, quoique moins sûre, montre l'importance que le sultan y attachait dès longtemps. Il fallait sans doute traverser un désert difficile, occupé par des pillards, et s'exposer surtout au manque d'eau; mais la ligne était plus courte, et on était dispensé de passer par le Fezzân; de plus, du point d'arrivée à Benghazy, on pouvait aller rapidement par mer, d'un côté à Alexandrie, de l'autre à Tripoli; enfin l'on n'avait pas, comme je l'ai dit plus haut, à subir un partage ou une concurrence avec la caravane du Dârfour, caravane qui se portait directement au Nil depuis un temps immémorial.

§ III.—*Les Fellâtas et les Wahabis.*—J'ai fait remarquer la coïncidence des événements de l'Égypte et du Ouadây; une autre, non moins singulière, avait lieu à peu près à la même époque. Qu'il me

à peu près d'accord avec le cheykh, n'en compte que six; il est possible que le prince, parti si jeune du Ouadây, se soit trompé, ou que le consul anglais, M. Barker, le rédacteur du récit, ait fait involontairement (quoique très-versé dans l'arabe) deux personnages d'un seul; exemple : Abd-er-Rahmân et Abd-el-Kerîm, Asad et Aseïd; enfin, Dayûk est répété deux fois dans la liste de *Ja'far.*

J'ai appris de M. Renouard, secrétaire de la Société royale géographique de Londres, que c'est au savant M. Smyth, président de cette Société, qu'on doit la publication de l'histoire de Ja'far d'après le manuscrit du consul à Alexandrie.

soit permis de faire encore ce rapprochement, comme le cheykh Mohammed El-Tounsy l'a fait lui-même : il a encore plus d'importance qu'une réforme commerciale ou politique ; il s'agit de la réforme religieuse introduite chez les Fellâtas ou Foullân, laquelle a pour ainsi dire donné naissance à un grand empire. Un certain faguih, du nom de Zâky, du pays des Foullân, s'éleva tout d'un coup en réformateur à la fin du dernier siècle, reprochant aux grands du pays, et en général aux gens du Soudan, d'avoir abandonné les voies saintes et pures de l'islamisme pour les désordres de toute espèce, l'usage des boissons fermentées et les habitudes les plus contraires aux préceptes du Coran. C'est à peu près ce que reprochait en Arabie, à ses compatriotes, le cheykh Mohammed, fils d'Abd-el-Wahab, qui fut le premier fondateur de la secte des Wahabis. Mohammed Ibn-So'oud, et ensuite son fils Abd-el-Azyz, commandèrent les armées dont le réformateur avait besoin pour le triomphe de son culte simplifié ; leurs conquêtes en Arabie allèrent croissant à la fin du XVIII° siècle. Enfin la Mecque tomba au pouvoir de So'oud, fils d'Abd-el-Azyz, le 25 décembre 1802, l'an 1217 de l'hégire, et Médine succomba en 1805 (1). Or le fellâta Zâky avait proclamé sa réforme dans le Soudan vers 1800 ; il avait rassemblé une armée nombreuse, qui s'empara du Dâr-Mella, du Noufah,

(1) Corancez, *Histoire des Wahabis* depuis leur origine jusqu'à la fin de 1809 ; Paris, 1810.

de Kachnah, de l'Afnau, de l'Adiguiz et du Barnau (1), presque du Soudan tout entier. C'est dans le Barnau que les conquêtes des Fellâtas trouvèrent un terme, par la victoire que remporta sur Zâky, en 1805 (1220 de l'hégire), le cheykh Mohammed Emyn (du Kânem), chez qui s'était réfugié le sultan de Barnau. L'échec de So'oud le Wahabi, devant Baghdad, date de 1808 (2).

Ainsi, de 1799 à 1805, les Wahabis réformistes ont étendu leurs conquêtes, ont pris la Mecque et Médine, soumis toute l'Arabie et fait fléchir l'empire ottoman; et, de 1799 à 1805, les Fellâtas réformistes se sont emparés de six royaumes du Soudan et ont constitué un grand État. Les Wahabis ont précédé les Fellâtas et ont continué à guerroyer après eux; mais les premiers n'ont pas formé un nouveau pouvoir politique; tandis que les seconds ont réussi à créer un empire puissant, qui embrasse encore aujourd'hui une vaste étendue de pays, depuis la région de Tounbouctou jusqu'à celle de Bornou, c'est-à-dire dans cette partie de l'Afrique moyenne que j'ai définie en commençant et qui est au midi du Sahara. En outre, des tribus de Fellâtas se sont établies au Ouadây et au Dârfour; il en est sorti des

---

(1) Le nom le plus connu est *Bornou*.

(2) Ce n'est qu'en 1798 que la Porte ottomane, toujours insouciante, se décida à prendre un parti au sujet des Wahabis; encore se borna-t-elle à ordonner au pacha de Bagdad de marcher contre eux, ignorant apparemment que ceux-ci, sous les ordres d'Ebn So'oud et d'Abd-el-Azyz, se comptaient par centaines de mille hommes.

hommes influents par leur aptitude et leur habileté, et qui ont quelquefois dirigé les affaires dans ces deux royaumes. On s'accorde à reconnaître la capacité des hommes de cette race; déjà le voyage de Clapperton nous a fait connaître, sous le même rapport, le sultan Bello, de Sakkatou, et il paraît que sous ses successeurs l'empire n'a pas beaucoup dégénéré.

Si l'on fait attention maintenant à l'époque de l'expédition française en Égypte, on ne peut se défendre de remarquer que c'est pendant le cours, ou à la suite de cette expédition que se sont accomplis ces événements, comme si la commotion produite par la présence d'une grande armée européenne aux bords du Nil, dans le monde musulman, avait servi de signal, avait donné de l'essor à l'esprit d'agitation qui poussait les réformateurs, à la fois en Arabie et en Afrique. Nous voyons dès 1798, dès son arrivée au Caire, le général en chef Bonaparte ouvrir des relations amicales avec le sultan du Dârfour d'un côté, avec le Chérif de la Mecque de l'autre; c'était assurer à l'Égypte son existence commerciale et sa prospérité, et en même temps paralyser ou prévenir l'hostilité religieuse. Ce n'est pas cette sage et judicieuse prévoyance qui aurait échappé à un esprit politique tel que celui du général Bonaparte. Qui peut dire où aurait conduit cette double correspondance en Arabie et en Afrique, s'il eût demeuré seulement quatre ans en Égypte, ou si les événements eussent permis à son successeur de suivre cette politique?

§ IV. — *Mœurs, usages, etc.* — Les documents historiques de notre auteur, quelque nouveaux qu'ils soient, ne présentent pas cependant le même intérêt que ce qui regarde les mœurs et les usages, la condition des femmes, l'état militaire, les diverses races et la population en général, enfin l'esclavage tel qu'il est organisé. Sur tous ces différents points, la relation du cheykh fournit d'abondantes observations, qu'on pouvait ne pas attendre d'un mahométan ; celui-ci est venu à bout de concilier, avec sa condition de zélé musulman, le désir de satisfaire la curiosité européenne.

Il existe, au Ouadây, dans le cérémonial, dans l'étiquette, des usages singuliers et tout à fait bizarres. Je n'en citerai qu'un exemple. Dans la résidence du sultan, sept portes conduisent à l'appartement où il se tient. Quand un visiteur est admis à son audience, il doit, quel qu'il soit, même le premier vizir, déposer à chaque porte une pièce de son vêtement : à la première sa chaussure, à la seconde son turban, ainsi de la blouse, du tarbouch, etc., tellement qu'il arrive, à la septième porte, à peu près nu en présence du sultan, et encore y a-t-il un grand voile qui cache le prince ; cette règle est probablement établie pour la sécurité du sultan.

Quand un individu est interpellé par le sultan, il doit s'accroupir, puis battre des mains et se renverser alternativement à droite et à gauche, jusqu'à toucher de son front la poussière du sol, et dire :

« J'obéis, ô mon maître ! maître de mon père, maître
» de mon grand-père. »

Les cérémonies sont bruyantes et ne manquent pas d'un certain éclat ; de nombreux instruments de musique accompagnent les cérémonies et les fêtes civiles et militaires. Les dignitaires, les officiers de la couronne, les fonctionnaires de toute sorte, sont en grand nombre à la cour de Ouârah. Ce qui mérite d'être remarqué, c'est l'organisation du service d'inspection. Tout fonctionnaire est soumis aux *inspecteurs des charges;* ceux-ci exercent leur ministère avec rigueur, d'autant plus qu'ils sont pourvus des emplois dès qu'ils ont dévoilé des délits ou des abus.

Quant à l'état des esclaves, il est curieux de comparer les récits du cheykh avec les observations des voyageurs européens. La chasse aux esclaves a lieu dans le pays au midi du Ouadây, chez les Djénakhérah, comme au midi du Dârfour, chez les Fertyt ; elle est organisée d'une manière régulière et légale ; le sultan délivre des *permis de chasse*, comme on en donne en Europe pour chasser le lièvre ou le chevreuil. Sans justifier la cruauté de ces expéditions, le bon cheykh trouve cependant des raisons pour justifier l'esclavage en lui-même et le commerce auquel il donne lieu. Cette curieuse raison est que les noirs chez qui on porte la guerre, sont des païens, des idolâtres, des hommes qui n'ont pas encore embrassé *la vraie foi;* or le Prophète autorise l'emploi de la force pour amener les gens à conversion. Singulier raisonnement et singulière manière de mettre le précepte en pratique, que d'enlever des milliers de ces malheureux, de les transporter dans toutes les parties du globe, sauf à en laisser en route les trois quarts, puis de les vendre et acheter comme de vils bestiaux! Et cela dure depuis des siècles, sans que les bourreaux s'arrêtent, sans que les victimes résistent. Toutefois, il faut le dire, notre voyageur regrette qu'avant d'attaquer les païens on ne les invite pas préalablement à adopter la religion mahométane, on ne leur adresse pas des sommations répétées; ce qui ne l'empêche pas d'assurer qu'une fois ces malheureux pris, la vente en est licite, et, toujours, attendu qu'ils sont idolâtres.

C'est sans doute cette manière de voir qui excuse à ses yeux la barbarie d'une certaine pratique usitée en voyage. Quant on tient beaucoup à un esclave (par exemple si on l'a payé cher), chaque nuit, pour éviter qu'il ne s'enfuie, non-seulement on l'enchaîne, mais on lui lie les pieds par un double lien, on lui met une chaîne au cou, et l'on attache la chaîne à un pieu solidement fixé en terre; et cependant, je le répète, le cheykh Mohammed El-Tounsy, qui avoue lui-même avoir usé de ce procédé, est un homme excellent : telle est la force du préjugé religieux.

Une opinion plus judicieuse de notre voyageur, est celle qu'il expose et développe sur l'état moral des musulmans. Il affirme que la culture des sciences, des arts, n'est pas incompatible avec la religion mahométane, même avec une dévotion, une piété sincère. Il admire l'activité des Européens et le parti qu'ils tirent du travail, de l'industrie, des arts, pour améliorer la condition humaine. Selon lui les Orientaux pourraient, tout en conservant toutes les pratiques de la foi, s'adonner aux études savantes; les ulémas, dit-il, ont tort de les repousser et de borner les jouissances des musulmans aux plaisirs grossiers et matériels, et de les retenir dans les ténèbres de l'ignorance. On reconnaît là un homme que la méditation, que les voyages ont formé, et qui a su, en gardant sa foi religieuse, apprécier la civilisation.

On est surpris que dans un régime despotique comme celui du Ouadây, le souverain recule quelquefois devant les innovations. Notre auteur cite des exemples de ce qui est arrivé à Sâboûn lui-même, ce sultan exceptionnel. Il voulut une fois changer la mesure des grains, et plus tard battre monnaie; ces mesures étaient utiles toutes deux, cependant Sâboûn fut forcé d'y renoncer. L'opinion se prononçait dans un sens contraire; il y avait pour lui du danger à résister.

Le cheykh est entré dans beaucoup de détails sur l'état des femmes dans la société ouadâyenne, sur leurs parures, sur leur coquetterie, sur les travaux pénibles qui sont imposés au sexe dans les campagnes. Ce n'est pas sans quelque surprise qu'on lit son récit sur les imprécations dont on frappe les femmes infidèles à la foi conjugale (1). Je laisse les anecdotes plus ou moins scabreuses et certaines peintures qu'on trouvera peut-être un peu trop libres en plus d'un endroit.

Chez les Fertyt idolâtres, il existe une interdiction rigoureuse relativement au mariage : elle a étonné le cheykh lui-même. Le mariage n'est pas permis entre parents ou alliés, à aucun degré quelconque; un homme ne peut pas épouser sa cousine, chose pourtant licite dans le rit musulman. Ce trait, dit le cheykh, mérite d'être signalé, si l'on réfléchit à l'ignorance de ces peuples presque sauvages et à leurs habitudes journalières; les deux sexes, en effet, vont presque entièrement nus. Sur ce sujet du mariage chez les Ouadayens, l'auteur donne des renseignements nombreux qui laissent peu à désirer.

L'administration de la justice est fort simple, mais rigide; ses arrêts sont sans appel; dès qu'un jugement est rendu, jamais le sultan ne se permettrait de le réformer. Quant aux peines infligées aux criminels, la liste en est longue et effrayante; c'est un luxe incroyable de supplices, plus grand peut-être qu'en Chine : on répugnerait à les énumérer. Cependant on ne peut se défendre d'une réflexion à l'aspect de ce

---

(1) Il est vrai que la loi musulmane va beaucoup plus loin dans les peines qu'elle inflige aux femmes adultères, jusqu'à ordonner qu'elles soient lapidées; mais elle prescrit des conditions qui la rendent purement comminatoire.

code draconien; c'est que dans ces contrées reculées, que nous sommes portés à croire absolument étrangères à la civilisation, l'on a senti la nécessité, non-seulement de retenir par la crainte les mauvais penchants, mais de graduer les peines.

Pour certains délits, il existe des usages fort singuliers : en voici un exemple, c'est le cas où un débiteur met du retard à s'acquitter; il faut la candeur de notre cheykh pour ne pas garder à ce sujet quelque léger doute. Dès que le créancier rencontre son débiteur retardataire, il lui commande au nom du sultan de s'arrêter tout court, là où il l'a trouvé; puis il trace une ligne autour du débiteur; celui-ci est obligé de rester en place, quel que soit le lieu, et il y reste en effet, soit jusqu'à ce qu'il s'acquitte, soit jusqu'à ce qu'un ami ait intercédé pour lui. Malheur à celui qui aurait pris la fuite! mais malheur aussi au créancier qui aurait détenu quelqu'un sans un titre certain et valable! On connaît cet usage sous le nom de *khatt*.

Selon notre auteur, les Ouadayens sont les plus braves des hommes; ils dépassent de beaucoup les Fôriens en intrépidité; ils courent à la mort sans y songer, ils la reçoivent sans émotion : ces exemples de bravoure sont fréquents dans son récit. Celui qui dans le combat se montre lâche encourt le mépris des femmes, et trouve difficilement à se marier. Malgré cette vaillance qui leur est habituelle, ils ont encore la coutume de distinguer les plus braves par une certaine opération; elle consiste à appliquer des ventouses derrière les oreilles, et à y produire un renflement, une forte saillie ressemblant au fruit du doûm; *on peut l'appeler la bosse du courage.* C'est un usage que je compare à celui que l'on observe chez les Gallas. Quand un jeune Galla s'est distingué à la guerre, à la chasse aux lions ou aux autres animaux féroces, il reçoit un anneau ou boucle d'oreille, qu'il porte à l'oreille gauche, et deux anneaux, s'il s'est fait remarquer plusieurs fois (1).

L'armée du Ouadây est moins nombreuse que celle du Dârfour, mais elle est très-aguerrie; on la tient toujours en hâleine, même quand le sultan n'est pas en guerre avec ses voisins. Les armes et les armures sont soigneusement entretenues, l'ordre de bataille est fixé par les règles militaires, et on y observe une sorte de stratégie rudimentaire : c'est ainsi qu'en Afrique, comme partout, l'art de la guerre est toujours le plus avancé.

La musique militaire, les instruments et les chants guerriers sont l'accompagnement habituel de l'action; plusieurs de ces chants se sont conservés dans la mémoire du cheykh. On peut lire, dans l'ouvrage, un assez grand nombre d'exemples des chants du Ouadây et la description des instruments de musique en usage. On trouvera à la fin plusieurs de ces chants soigneusement notés d'après l'audition.

(1) Voyez (dans la *Galerie iconographique égyptienne*, ouvrage sous presse) le portrait de *Ouaré Ebn-Kilho*, jeune Galla, élevé à Paris.

On remarque à la guerre un usage digne d'être signalé; c'est un genre de duel, de combat singulier, d'une espèce toute nouvelle. Quand on a une injure à venger, une querelle à vider, c'est le jour d'une bataille qu'on choisit; on provoque son homme pendant le combat. Celui-ci doit se porter alors au milieu des combattants, et se conduire vaillamment; s'il a refusé, s'il a reculé ou pris la fuite, il est déshonoré, perdu; sa femme demande le divorce, et personne ne veut plus lui donner sa sœur ou sa fille en mariage. Cet usage est surtout suivi entre les fonctionnaires qui se sont succédé. Un jour de bataille, le disgracié provoque et défie son successeur à le suivre au milieu de l'action. Si celui-ci se bat avec courage, il a payé sa dette d'honneur, la querelle n'a pas de suite et tout est fini. Si, au contraire, il n'a pas accepté le défi, ou s'il ne s'est pas battu bravement, il est dépouillé de sa charge, elle est rendue au premier fonctionnaire; enfin, s'il a fui devant l'ennemi, son rival peut le tuer impunément. C'est ainsi que ces hommes demi-sauvages entendent le point d'honneur. De cette façon, du moins, les querelles privées et les duels tournent à l'avantage de la patrie et de l'honneur national (1).

On observe, suivant le cheykh, une autre coutume

---

(1) Si l'on croyait utile, ou du moins curieux de rechercher dans l'histoire des nations les différentes formes de duel imaginées par les hommes pour vider leurs querelles par la force des armes, il ne faudrait pas oublier le mode ouadayen.

singulière chez les Fertyt, peuple païen dont j'ai déjà
parlé. Il en est qui établissent leur résidence habituelle sur les arbres, dans l'intérieur des branchages ;
ils y portent même leurs provisions de grains. Pour
y former une cabane, ils élaguent les branches inutiles à leur logement, et y pratiquent un plancher et un
toit, puis une enceinte, comme ils le feraient à terre.
Enfin ils cachent de leur mieux les apparences d'une
habitation. Quelques personnes révoquent ce fait en
doute; cependant on voit quelque chose de semblable aux îles Fidji et dans le delta de l'Orénoque
(*voy*. le Voyage de Schomburgk dans les Guyanes).
Le but des Fertyt est de se dérober aux chasseurs
d'hommes, et peut-être aussi aux bêtes fauves qui
abondent chez eux.

L'industrie, on le comprend, est bien peu avancée au Ouadây ; les indigènes fabriquent peu d'objets. La plupart des produits qui entrent dans la consommation sont fournis par le commerce. Cependant,
en outre du labourage, il y a plusieurs arts : on y file
et on tisse des étoffes de coton ; on voit des ateliers
pour forger le fer, pour fondre les métaux, pour
fabriquer de grossiers instruments d'agriculture,
des armes, des arcs, des flèches, des boucliers et
des lances; il y a aussi quelques teinturiers. Le
commerce est beaucoup plus actif, celui d'importation surtout. On exporte de la gomme, de l'ivoire,
du tamarin, des plumes d'autruche, du séné, des
peaux dont on fabrique des outres, enfin des es-

claves en grand nombre. On importe des verroteries, du corail, des tarbouch, différentes étoffes de coton, des draps, soieries, etc., du cuivre rouge et jaune, de l'étain, des graines, du café, du savon, du tabac, du soufre, du sel, des rasoirs, des sabres, des selles, et aussi du papier, quelques livres de religion, des instruments pour écrire, et enfin des monnaies d'argent, la piastre d'Espagne avant tout, qu'on appelle, là comme en Égypte, *ryâl abou medfa*, parce qu'ils prennent pour des canons les *colonnes d'Hercule* qui en font la marque (1). Cet article est celui sur lequel on fait le plus de bénéfice.

Selon le rédacteur de la relation du prince Dja'far, il y a, dans le Ouadây, parmi les hautes classes, des hommes qui sont versés dans la langue persane, ce qui est, selon le prince, expliqué par leur origine. Ce fait assez étrange est nié par l'auteur anglais; mais il semblerait être confirmé par le témoignage du cheykh El-Tounsy, quand il rapporte que la tribu des Areygât, cantonnée au sud du Ouadây, se dit originaire de l'Irâg (Irâk), d'où elle a tiré son nom; Dja'far n'aurait donc pas imaginé une pure fable. Au reste, le cheykh parle du goût de plusieurs princes ouadayens pour les études, surtout du sul-

(1) Le nom de ryal s'applique aussi en Égypte, à Tunis et à Tripoli, à des valeurs bien différentes; au Caire, le ryal de 40 parats vaut aujourd'hui 0 fr. 25; le ryal de Tunis, 1 fr. 65; le ryal de Tripoli (de 650 au ryal de Tunis), 0 fr. 0015; cette dernière valeur n'est pas représentée par une pièce, et n'est autre chose qu'une monnaie de compte.

tan Sâboûn, qui avait pour les docteurs et les savants une prédilection marquée; c'est ce qui lui avait fait accueillir avec distinction le père de notre auteur et notre auteur lui-même. Je n'ai pas besoin d'ajouter que par le mot de savants il faut simplement entendre ici les hommes versés dans la jurisprudence musulmane. Quant à la langue parlée au Ouadây, et qui lui est propre, le cheykh la trouve rude et assez pauvre; il fait aussi une remarque qui se vérifie tous les jours sur la surface du globe : c'est la dissemblance des dialectes et des langues entre des nations et des tribus très-voisines, ou même contiguës. On trouvera à la suite des notes de M. le docteur Perron un vocabulaire assez étendu de la langue ouadayenne, suivi de plusieurs autres plus courts pour les idiomes du Dârfour, du Fertyt, du Bornou, du Bâguirmeh, du pays des Toubous et du Fezzân (1).

§ V. — *Géographie.* — J'ai déjà dit quelques mots sur l'époque à laquelle on a commencé à connaître en Europe le Ouadây; j'ajouterai encore ici plusieurs faits. Un jeune orientaliste, Prosper Rouzée, qui était allé en 1846 au Sénégal, pour pénétrer de là dans l'Afrique centrale par une route analogue à celle de Mungo-Park, m'a adressé, dans le temps, un itinéraire de Sénopalé à la Mecque. La route passait par le Bornou, Kouka, le Baguirméh, Wadaï,

(1) Voy. d'autres vocabulaires dans le tome III des *Mémoires de la Société de géographie*, in-4°, Paris, 1820.

Dàrfour, puis le Kordofan, le Sennàr, le nord de l'Abyssinie et le port de Massaoua (1); cette route, qui traverse l'Afrique de part en part, de l'ouest à l'est, est, en effet, celle qui a été suivie depuis que l'islamisme a pénétré en Sénégambie, et que les Africains occidentaux ont pris l'habitude du pèlerinage à la Mecque. Seetzen a connu le Ouadày sous le nom de Szeléh ou Mobba (2), d'après le rapport que lui fit, au Caire, un homme de Bournou; tandis que Burckhardt (3) assure que ce pays a trois noms : Bargou, Dàr-Wadài et Dàr-Saleyh. Seetzen donne quelques faibles renseignements sur ce royaume d'après son informateur. On sait que ce judicieux voyageur, conseiller de l'empereur de Russie, écrivait avant Burckhardt; il a donné d'utiles documents sur la géographie de l'Arabie et de l'Afrique.

D'après Adrien Balbi (*Abrégé de géographie*, page 899), le nom de *Ouadaï* est donné à ce royaume par les gens du Fezzàn et du Sahara; mais les habitants même l'appellent Dàr-Szaleyh, tandis que les Bornouans l'appellent *Bergou*; le vrai nom, selon le savant géographe, serait Mobba; s'il en était ainsi, il serait étonnant que ce nom eût échappé à la cri-

(1) Voir *Recherches sur l'Afrique septentrionale*, par M. Walckenaer, page 486.
(2) Voir *Annales des voyages*, t. XIX, p. 164, année 1812. Seetzen ajoute que les gens de Bornou le connaissent sous le nom de Wadsey : ce nom paraît altéré pour Wadey; l'erreur ne peut être attribuée à Seetzen.
(3) Appendice n° II, *Nubia*, page 484 et suiv.

tique de Burckhardt, presque toujours si exacte. L'*Encyclopédie géographique* de Hugues Murray, qui a paru après l'ouvrage de Balbi, donne lieu à la même observation. Il désigne le pays par le nom de *Bergou*, appelé aussi *Saley*, *Waday* ou *Mobba*. Ce nom de Mobba ne dérive d'aucune observation authentique, si ce n'est d'une courte relation du voyageur Seetzen rappelée plus haut. Si l'on s'en rapporte à Burckhardt, trois noms différents sont donnés au pays :

Ouâdây, وَادَاى, par les gens de Bornou, du Fezzân et par les Moghrebins ;

Borgo, بُرْقُو, par les gens du Dârfour et du Kordofàn ;

Saley صَالِيح, par les gens même du Ouadây.

M. Fresnel penche à croire que le nom de Bergou (Bargou ou Borgou) a été donné à tort et qu'on a confondu deux pays différents ; le docteur Perron conserve au Ouadây la dénomination de Bargou, et il se fonde, non-seulement sur le témoignage du cheykh Mohammed El-Tounsy, mais sur ce que luimême l'a entendue dans la bouche du faguih Ilaly, (homme du Ouadây dont le portrait est dans cet ouvrage). Seulement les Ouadayens répugnent à se servir de ce nom, parce qu'il est donné au pays par les étrangers ; tandis qu'eux-mêmes se servent préférablement du mot de Dâr-Saleyh ou Séleih. La dissidence vient peut-être de ce que, parmi les tribus qui sont dans le nord du pays jusqu'à Febabo (1), et qu'on appelle Tibboo, Toubous ou Tebous, il en est une distinguée par le nom Tebou-Borgo (ou Bargau) à cause du voisinage; dans ce cas, il n'y aurait pas, au nord du Ouadây (ou Borgo), un autre pays du nom de Borgo, et alors n'existerait plus la nécessité d'ôter ce nom au Ouadây. Quoi qu'il en soit, il est certain que le nom préféré par les natifs est Dâr-Saleyh ou Dâr-Séleih, comme il est écrit dans le présent ouvrage, ou enfin Soulayh, selon M. Fresnel, par une légère différence de prononciation; on doit écrire le mot en arabe, si l'on néglige les motions comme fait Burckhardt, par دار صليح, ou, avec les motions, دار صَلَيْح.

La position géographique de Ouârah, la capitale du Ouadây, est, il faut le dire, encore fort incertaine. Ce n'est pas seulement parce que les cartes sont presque toutes en discordance à ce sujet, que j'énonce un résultat fâcheux pour l'état de nos connaissances géographiques; mais c'est parce qu'un long travail de recherches sur les meilleures ou les moins mauvaises données existantes ne m'a conduit à aucun résultat bien satisfaisant. C'est en vain, je l'avoue, que j'ai compulsé toutes les relations, combiné les meilleurs itinéraires en m'appuyant sur des points fixes comme Khartoum, Sennâr et Obeyd, et aussi sur Kobeyh,

(1) M. Fresnel corrige ce nom des cartes en *Kebâbo*.

point encore plus voisin et déterminé par Browne. C'est vainement que j'ai rassemblé pour ce travail beaucoup de matériaux, que j'ai épuisé les calculs sur l'espace que parcourent en un jour, ou en une heure, dans les différentes espèces de voyages, ou les cavaliers, ou les piétons, ou les caravanes, soit pesamment, soit légèrement chargées (1). Je dois avouer qu'il m'a fallu différer de construire une carte avec ces éléments ; elle n'aurait présenté rien de rigoureux (2). Par exemple, il résulte de la lecture du voyage de Browne au Dârfour, qu'il a déterminé la *longitude* de Kobeyh, la capitale, par un grand nombre de distances lunaires et des occultations des satellites de Jupiter toujours concordantes ; ce devrait donc être là, ayant d'ailleurs une latitude, un point fixe et invariable pour y rapporter la position de Ouàrah. En effet, il existe une multitude de données pour la distance de Kobeyh à Ouàrah, et plusieurs donnent passablement la direction. Mais il se trouve que les itinéraires entre El-Obeyd et Kobeyh

(1) On pourrait dire, sans trop d'exagération, que les comptes de *journées de marche* font le désespoir des géographes consciencieux. On ne saurait établir une *moyenne* entre 8 et 18 milles géographiques ; il faudrait se borner à chercher une *moyenne* pour chacune des 4 ou 5 espèces de *journées* que je viens d'indiquer, et il faudrait surtout pouvoir l'appliquer avec justesse dans chaque cas particulier, c'est-à-dire connaître, avec exactitude, comment a *cheminé* l'informateur qui rend compte de son itinéraire.

(2) J'avais cru pouvoir publier le résultat de ce travail dans le présent ouvrage ; c'est une publication ajournée pour quelque temps.

portent cette dernière capitale bien plus à l'ouest que ne l'a fait Browne par ses observations. En prenant la distance en journées, même la moindre distance de toutes, même supposée en ligne droite, même enfin en donnant à la journée la plus petite valeur, par exemple, huit, neuf et sept minutes (ou milles géographiques), on porte Kobeyh plus à l'ouest que ne l'a fait Browne, et alors la position de Ouârah se trouve reculée dans le même sens. Le savant baron Ruppell a placé Kobeyh de cette manière sur sa petite carte du Kordofàn, sans se préoccuper du résultat de Browne.

Il n'est pas très-difficile de mettre en regard des données itinéraires fort différentes, et d'expliquer ces différences jusqu'à un certain point; mais il n'en est pas de même quand il s'agit de la rédaction d'une carte, où tout sans exception, directions et intervalles, doit être déterminé avec précision. A voir la multitude de cartes qui paraissent avec une certaine prétention à l'exactitude, sans être fondées sur des observations exactes, ou du moins sans que leurs auteurs fassent connaître les autorités sur lesquelles ils s'appuient, on n'est plus étonné de la continuelle succession d'ouvrages de ce genre qui se remplacent sans amélioration sensible, et parmi lesquels les plus récents ne sont pas toujours les meilleurs, quelquefois même ne sont pas les moins imparfaits, ce qui est le propre des compilations mal digérées.

Ces observations ne s'appliquent nullement à l'esquisse géographique jointe au présent ouvrage; M. le docteur Perron n'a fait et voulu faire autre chose que de retracer, sous la dictée du cheykh, l'indication des lieux avec leurs noms exacts, et leur position approximative. Comme il s'écoulera bien du temps avant qu'on puisse lever la carte proprement dite du pays, il n'est pas inutile d'en posséder dès à présent un tableau graphique où l'on peut lire commodément la distinction et la situation des provinces, les divisions administratives, la séparation approximative des bassins et des vallées, l'emplacement des tribus arabes, enfin une riche nomenclature qui permet de suivre avec fruit la lecture du livre; et puisque, pendant longtemps peut-être (à moins d'une expédition égyptienne au Dârfour et au Ouadày), l'on ne pourra y faire d'opérations et y porter les instruments des sciences, cet essai de carte, jusque-là, aura son utilité, et servira aux études et aux voyageurs.

Mais une chose est à regretter : c'est qu'on ne puisse rattacher encore avec une certitude complète la position du chef-lieu du Ouadày avec celles de Kobeyh et d'El-Obeyd : en attendant que je puisse le faire avec quelque probabilité d'approximation, je vais essayer de bien poser la question et d'indiquer une partie des données. Pour faire sentir combien, dans l'état actuel des connaissances, on est peu assuré de cette position, qu'il suffise de dire que, outre la carte de Browne, maintes cartes récentes placent le parallèle de Ouârah au nord de Kobeyh, savoir : celles de MM. Renner, Cailliaud, Segato, Zimmermann, etc.; d'autres le placent au contraire dans le sud : celles du colonel Leake, de M. Mac-Queen (celui-ci le recule jusqu'à près de 2 degrés et demi au sud), de H. Kiepert, l'esquisse du Dârfour, etc. (1). Une carte récente de M. Gaboriaud le place à *trois degrés* au nord de Kobeyh, par 17° de latitude, *non loin du lac Tchâd !!* Il paraît, par là, manifeste que la plupart des géographes récents se sont décidés d'une façon à peu près arbitraire, ou du moins d'après des itinéraires absolument différents.

Je passe aux données mêmes recueillies par les voyageurs. Parlons d'abord de l'intervalle qui sépare le royaume du Dârfour de celui du Ouadây. Toutes les relations s'accordent sur un point : c'est que cet espace est un désert. On le franchit, suivant les uns, en trois jours; suivant d'autres, en un jour et demi ou en deux jours. Il y a beaucoup de variations à cet égard. Selon M. Kœnig (*Bull. de la Soc. de Géogr.*, t. VI, p. 170), on compte une marche de neuf heures seulement. Le sol est de sable mêlé d'argile; le lieu est inhabité, mais avec beaucoup d'arbres, et quelquefois d'épaisses forêts. (Il en est de même

---

(1) M. Berghaus ne marque pas du tout, dans sa carte, de 1826, il est vrai, la ville de Ouârah. Un itinéraire assez détaillé, en douze journées fortes, place Bergou à l'ouest-sud-ouest de Kobeyh; il est à croire que Bergou ici représente, non le chef-lieu du Ouadây, mais un des points de sa frontière orientale.

du désert qui sépare le Kordofân du Dârfour, et qui renferme beaucoup de baobabs.)

Le détail des stations de Kobeyh ou de Tendelty jusqu'à Ouârah pourrait diminuer l'incertitude ; mais on n'est pas d'accord sur les noms ni sur le nombre de ces stations. Selon Browne, on se rend de Cobbé (Kobeyh) à Cubcabea (Kabkabyéh), puis à Dâr-Misseladin ; on traverse la limite à Emdokné, puis on vient à Abouschareb et à Ouârah ; le tout en 11 jours et demi depuis Cubcabea. Ce dernier point, d'après d'autres données, est lui-même à 5 journées de Kobeyh dans l'ouest-nord-ouest ; en tout 14 journées d'une capitale à l'autre. Il y a loin de là aux 23 ou aux 19 journées et demie que l'on compte d'après d'autres itinéraires, et cela sur la même ligne, notamment d'après celui de Burckhardt. C'est presque un degré et demi de longitude, en moins.

Selon le faguyh Ibrahim, cité par M. Fresnel, il y a, de Ouârah à Kabkabyéh, 23 journées et demie, au lieu des 11 journées et demie de Browne (plus du double), toujours en passant par Emdokné (Omm-Dokhn) et Abou-Schareb.

La différence est encore plus grande pour la route du Dârfour à Ouârah par le Dâr-Rounga. Le point de départ est Ryl, à 6 journées et demie dans le sud-sud-est de Kobeyh. Suivant Browne, on marche toujours dans le nord ou dans l'ouest, 16 journées et demie dans un sens, et 9 journées dans l'autre ; suivant le faguyh Ibrahim, on va beaucoup plus dans le sud que dans le nord, 25 journées et demie contre 17; et, de plus, le nombre total des journées de Ryl à Ouàrah est au delà du double (25 1/2 et 59 1/2). Il est vrai qu'il y a une lacune dans l'itinéraire de l'auteur anglais, mais elle ne saurait être de 34 journées.

Cependant, la valeur que Browne assigne *sur sa carte* à la journée moyenne n'a rien de trop exagéré; il la fixe au quart d'un degré (de latitude) (1); et cette mesure de 4 journées au degré (ou de 6 lieues et un quart communes pour une journée) correspond assez bien au chemin qu'on fait, moyennement, en sept heures et demie à huit heures de marche. Maintenant, comment admettre que le faguyh Ibrahim n'aurait compté que des journées de moins de 3 lieues?

Le compte de 19 journées et demie à 20 journées en ligne directe, de Kobeyh à Ouàrah, peut s'accorder avec les distances de 6 journées de Kobeyh à Ryl, et 25 et demie de Ryl à Ouàrah; mais il n'en est pas de même des distances de Kobeyh à Kabkabyéh et à Zaghawa, ajoutées aux distances entre Ouàrah et ces deux mêmes points, que donnent Browne et le cheykh. Si les six distances concordaient bien ensemble, on aurait deux triangles fermés, et une approximation satisfaisante pour la dif-

(1) Toutefois il pense que sur la route de Bornou les journées de voyage ne sont guère que de neuf minutes; la différence me paraît trop grande et inadmissible.

férence en longitude des deux points extrêmes. Il y a bien d'autres sujets d'incertitude dans les données itinéraires, mais il faut s'arrêter.

Si la position de Ouàrah par rapport au Dârfour ne peut pas, quant à présent, être bien établie, il en est de même, à plus forte raison, de sa position par rapport à Benghazy, au Fezzân, à Bilma, à Kouka de Bornou, au Kânem, à Loggoun, enfin à Kanou, à Kachna, à l'Afnau, etc., bien que nous possédions des itinéraires entre le Ouadây et tous ces différents lieux. Les distances étant beaucoup plus longues, les chances d'erreur et l'incertitude s'accroissent en proportion. J'avais cru d'abord pouvoir prendre pour base une grande ligne dont les points extrêmes sont connus, Sennâr et Saccatou (d'autant plus qu'ils sont presque sous le même parallèle), et distribuer ensuite avec une assez grande approximation les différents lieux du Soudan sur cette longue ligne, d'après les distances que donnent le cheykh et d'autres voyageurs; Ouàrah étant l'un de ces lieux, se serait ainsi trouvé déterminé; le cheykh compte 92 journées, au maximum, de Sennâr à l'Afnau (Kachna), en sept distances; or la longitude de Kachna est passablement connue par Sakkatou; mais il a fallu encore abandonner cette combinaison, par les raisons que j'ai déduites.

Pour abréger, je m'abstiens de faire le rapprochement de plusieurs autres itinéraires et de les discuter, tout en admettant d'ailleurs que la diversité des routes suivies par les voyageurs, aussi bien que celle des marches quotidiennes, peut expliquer celle du nombre des journées.

Il y a donc, en résumé, de grandes difficultés pour fixer aujourd'hui la position *relative* des capitales du Dârfour et du Ouadây ; quant à la position *absolue* de Ouàrah, elle devient d'autant plus difficile à fixer qu'il reste quelque incertitude sur la longitude du lieu même de Kobeyh. Toutefois, il est probable que le *chef-lieu* du Ouadây est plutôt un peu dans le nord que dans le sud de Kobeyh.

D'après le cheykh, l'*étendue* du Ouadây est de plus de 30 journées de marche en longueur, du nord au sud, et de 24, de l'est à l'ouest; ces dimensions, d'après les informations de M. Fresnel, seraient de 50 journées dans les deux sens. En réalité, le pays est plus large, mais moins long que le Dârfour. Il importerait beaucoup de savoir l'espace que représente *ici* la journée de marche, pour apprécier la superficie du royaume et en tirer des conséquences, soit sur la population, soit sur la superficie des terres cultivables; mais on ne peut guère affirmer qu'une chose : c'est que l'étendue superficielle est au moins égale à celle du Dârfour, si elle ne lui est supérieure.

Quant à la *population*, il est plus difficile encore d'en avoir une exacte connaissance. Le pays est divisé en tribus; il faut distinguer, entre toutes, celles que notre voyageur appelle *les cinq tribus primitives* ou royales, qui ont adopté les premières la foi musulmane. C'est parmi elles qu'on doit toujours choisir le sultan ; aucune autre famille ne saurait être appelée à régner ; encore il est une de ces tribus qui ne peut participer à ce droit que s'il n'existe pas d'enfant mâle né d'une mère appartenant à l'une des quatre autres. On a vu plus haut que le sud du Ouadây est occupé par des tribus originaires de l'Orient, dont une même se dit originaire de l'Irak, ce qui semble confirmé par le récit du prince Dja'far (1).

Le pays des Djénakhérah, situé au midi du royaume, est, comme je l'ai dit, peuplé de tribus d'idolâtres, qu'on a tort de considérer comme tout à fait sauvages ; car elles travaillent très-bien le fer, l'ébène et différents bois, et elles ont encore d'autres arts. On a plus tort encore d'appeler anthropophages toutes les tribus païennes, quoiqu'il y ait peut-être des exceptions dans le Fertyt, au sud du Dârfour. Au reste, s'il n'est pas facile d'amener à l'islamisme les Djénakhérah, il faut reconnaître que les vrais croyants usent de procédés peu propres à le faire goûter des Africains.

Beaucoup de tribus arabes sont campées au sud du Ouadây ; elles prennent part aux expéditions que le sultan envoie ou autorise pour la chasse aux Djénakhérah ; ce sont elles qui fournissent les djellâb (ou marchands d'esclaves) chargés de les convoyer

---

(1) Sâboûn a été surnommé l'Abbacide, selon M. Fresnel. Le cheykh présente aussi Mohammed Abd-el-Kerim Sâboûn comme descendant du sultan Sâleh *l'Abbacide*.

dans les caravanes et de les conduire aux marchés publics, où ils les vendent pour compte. Comme ce commerce est de tous le plus lucratif, on devrait s'étonner peu de la persistance des intéressés et de la difficulté qu'il y a de le déraciner.

Il est assez remarquable que les cinq États situés sur les parallèles voisins du 14ᵉ degré N., savoir le Kordofàn, le Dàrfour, le Ouadây, le Bâguirmeh et le Bornou, ont chacun, au midi, une nation d'idolâtres nommés respectivement *Touroudj, Fertyt, Djénâkhérah, Kirdy, Kirdâouy* (1) : or ces peuplades sont comme la propriété de chacun de ces États, respectivement aussi, et chaque État y exerce le droit de chasse par privilége. Le cheykh donne sur ces pratiques de nombreux et curieux détails ; mais on a lieu de s'étonner que le pacha qui commande au Kordofàn pour le vice-roi d'Égypte suive à cet égard l'exemple des sultans du Dàrfour et du Ouadây ; il en est de même aussi des *Nouba* situés au midi du Sennâr : mesure d'autant plus mal entendue que c'est parmi les indigènes seulement que l'Égypte peut recruter ses travailleurs pour les sables aurifères de Fazoglo et de Fazangoro sur le fleuve Bleu, et pour ceux des bords du Toumât. Le sol d'ailleurs y est très-fertile ; ces sauvages, comme on les appelle, forment une population très-dense ; ils cultivent la terre et font des récoltes de grains. On sait, par les rapports de M. d'Arnaud, que les populations

(1) Le nom commun de tous ces idolâtres est Madjou.

qui habitent les rives du haut Nil-Blanc, jusqu'au 4° degré de latitude, sont d'humeur douce et paisible, quoique possédant des armes excellentes, et qu'elles vivent de grains, de plantes à tubercules, de laitage, quoique élevant un grand nombre de bestiaux. Le moment n'est pas éloigné où des rapports habituels s'établiront entre l'Égypte et ces innombrables tribus, dotées d'un sol riche et fécond.

Je reviens au Ouadây; la fertilité du sol y dépasse de beaucoup celle du Dârfour; le climat y est aussi plus beau, bien qu'exposé, comme toute la zone intertropicale, à de violents orages, à des vents impétueux dont les tourbillons sont irrésistibles : ces ouragans durent un mois entier, à la fin de l'automne (1). Partout le territoire est arrosé par des sources abondantes et des eaux courantes, qui, ainsi que les pluies tropicales, y entretiennent sans cesse une riche végétation, persistant toute l'année; aussi les grains et les fruits y prospèrent à merveille. Les arbres à fruits et les grains (dourah, dokhn, etc.) sont à peu près les mêmes que dans le Dârfour. Les bestiaux y sont très-multipliés; les pâturages y sont riches et abondants. Les tribus arabes du pays élèvent un grand nombre de chevaux et de bestiaux.

Ce qu'il y aurait de plus intéressant à connaître pour la géographie ouadayenne serait l'hydrographie exacte de la contrée. En effet, c'est au Ouadây que

(1) Les mois d'automne correspondent, comme au Dârfour, aux mois de juin, juillet, août et partie de septembre.

se trouve la limite des deux grands bassins dont j'ai parlé en commençant. Si le cheykh n'a pu rassembler toutes les données nécessaires au géographe, il procure cependant d'utiles notions qui rectifient d'anciennes erreurs et confirment de récents aperçus. Une grande rivière, Bahr-Iro, coule au sud du Ouadây selon le cheykh, et se dirige de l'est à l'ouest; elle porte en quelques parties différents noms, Bahr-Salamat et Am-Teimân (ou Omm-Teimân) (1); du côté de l'ouest coule une autre grande rivière, Bahr-el-Ghazâl, se dirigeant vers le nord et le nord-ouest. Dans l'intérieur sont deux grandes vallées transversales, arrosées probablement par des rivières à lits variables, dont le cours est incertain, les vallées de Batha et de Botayha; il est à croire que le cours des eaux s'arrête pendant la saison sèche; leur écoulement ne peut avoir lieu que dans le Bahr-el-Ghazâl. Il parait, d'après les informateurs de M. Fresnel, qu'une de ces rivières a le nom même de Batha, et le savant orientaliste l'identifie avec le *Misselad* de Browne, rivière dont on est depuis longtemps fort en peine (2). Par une conjecture ingénieuse, M. Fresnel

(1) Burckhardt dit que la principale rivière du Ouadây, *Omm* ou *Abou Teymâm* (lisez *Teymân*), est encore appelée *Djyr*. Comme c'est aussi le nom donné à plusieurs courants et lieux d'Afrique très-éloignés, il est à croire que c'est un mot générique. Ce nom est ancien et bien antérieur à Ptolémée, qui place sur le fleuve γείρ une grande ville de Gira.

(2) Voir l'intéressant mémoire de M. Fresnel sur le Ouadây, *Bulletin de la Société de géographie*, 1850.

explique ce nom de Misselad comme étant celui de Maslati (pluriel, Massalit ou Maçalyt), nom d'une tribu déjà mentionnée dans le *Voyage au Dârfour*. Il n'y a rien à redire à l'analogie de ces dénominations (1); toutefois, le cours au N.-O. que donne Browne (peut-être, à la vérité, arbitrairement) diffère beaucoup du cours du Batha, dirigé vers l'O.-S.-O. Mais nulle autorité ne vient contredire la direction, vers l'ouest, de ce cours d'eau et de tous les autres. La partie orientale du Ouadây est donc bien certainement la plus élevée, et c'est de ce côté, et même encore plus à l'est, que commence la pente qui fait la limite entre le bassin du Nil-Blanc et celui du lac Tchâd. Tout confirme donc la conjecture qu'on avait émise dans la préface du *Voyage au Dârfour* sur cette ligne de partage.

§ VI. — *Haut Nil et Soudan central.* — Ce n'est pas ici le lieu d'examiner et de discuter les faibles documents géographiques dont on est en possession sur ce qui regarde les pays situés entre le Ouadây et le lac central (ou le lac Tchâd); l'étendue même de cet espace est douteuse, à cause de l'incertitude qui plane sur la position de Ouârah en longitude. Quiconque aura étudié sérieusement les sources conviendra que les noms de Bahr-Kulla et Dâr-Kulla (ou Goula), de Fittré, Bahr-Fittré et lac Fittré, même

(1) Je l'ai conjecturé, mais M. Fresnel l'a prouvé. Voyez *Voy. au Dârfour*, page LXV de la préface, et *Bulletin de la Société de géographie*.

de Bahr-el-Ghazal, n'ont pas actuellement d'application certaine à des lieux déterminés; les limites du Kânem ne sont pas moins douteuses. Fixer la position de ces lieux encore une fois sur la carte, avant qu'on ait acquis plus de lumières, serait donc agir à peu près arbitrairement, et certainement sans utilité; ce serait, de plus, ajouter à la complication d'une sorte de réseau resté jusqu'ici, pour ainsi dire, inextricable. Que de questions aujourd'hui demeurées insolubles! On se demande : quelles rivières se déchargent dans le lac Fittré et dans le lac Tchâd à l'Orient? quelles rivières en sortent? Ces lacs ont-ils un écoulement quelconque? Où finit le cours des eaux venant de l'est? La direction, l'importance et l'issue finale des eaux qui circulent dans le Ouadây et aux environs restent encore un problème jusqu'aux futures découvertes des Européens qui y parviendront *munis d'instruments*, et y observeront avec sécurité. Contentons-nous, en attendant, de connaître la nomenclature et la succession des lieux, et n'usons des cartes existantes qu'avec circonspection.

Il est une question plus importante et un peu plus avancée, qui mérite de nous arrêter un instant : la question du Nil-Blanc supérieur; elle tient de près à celle que je viens de toucher, savoir : la distinction des deux grands bassins de l'Afrique nord-orientale. Ce n'est pas que j'aie l'intention d'entrer dans le débat qui s'est élevé à cette occasion entre de célèbres voyageurs et de savants écrivains. Bien avant qu'il commençât, j'avais émis une conjecture et manifesté une opinion; les faits observés depuis ne m'ont pas donné lieu d'en changer, ou plutôt ils sont venus en confirmation. Je ne toucherai donc ce point que d'une manière générale et à grands traits. M. d'Arnaud, parvenu sur le Nil-Blanc, à 4° 42' de latitude N., avait assigné conjecturalement, ou d'après le rapport des indigènes, deux directions au cours supérieur du Nil, montant l'une vers le sud-ouest, l'autre vers le sud-est (avec un embranchement à cette dernière pouvant faire croire à un affluent du nordest). M. d'Arnaud ajoutait, dans son récit, que le Nil, parvenu à cette hauteur, était à peu près impraticable pour les barques de l'expédition; les rochers formant cataracte faisaient obstacle à la navigation; le lit était resserré et peu profond; il semblait qu'on approchait de la source ou d'une des sources du grand fleuve. Mais voilà que, huit ans après, le révérend père Ignace Knoblecher, de Laybach, pourvu d'intruments, parvient à son tour (grâce à la découverte de M. d'Arnaud) à 33 milles géographiques plus loin dans le sud, c'est-à-dire à 4° 9' de latitude N. C'était au mois de janvier; il gravit la

---

(1) *Voyage au Dârfour*, Préface, pages XXII et suivantes.

(2) M. Fresnel, qui a judicieusement reconnu l'incertitude des données, pose cette alternative : faut-il mettre en doute la latitude de Kobeyh ou celle du lac Tchâd, ou bien toutes les deux? Cette observation s'applique surtout à la longitude; quant à la latitude, il pense, avec raison, qu'on a placé Ouârah trop au nord sur les cartes, surtout si le lac Tchâd n'y est pas trop au sud.

montagne appelée Logwek, et de là il aperçoit le Nil continuant son cours indéfiniment, à perte de vue, *dans la région du sud-ouest*, et se dirigeant le long d'une chaîne de montagnes, probablement entre le sud et le sud-ouest, c'est-à-dire selon l'une des directions présumées par son prédécesseur. En ce point, le fleuve avait encore 2 mètres 30 centimètres de profondeur moyenne, et plus de 180 mètres de largeur; là on lui dit que le fleuve était navigable à un mois de distance.

On assure qu'il a observé la crue du Nil en ce point, dès le 16 janvier · cette observation est assez difficile à expliquer, quelque hypothèse que l'on fasse sur l'emplacement des sources et des affluents, puisque la plus petite vitesse supposée aux eaux du Nil (indépendamment de celle que doivent leur imprimer de nombreuses cataractes), les ferait parvenir au Caire au plus tard en deux ou trois mois : or qui ignore que la crue ne se fait jamais sentir au Caire, par exemple, que vers le solstice d'été, à moins d'une cause extraordinaire et accidentelle, comme on l'a vu en 1843 (1)? La crue a eu lieu, je pense, en 1850 comme de coutume. Ce n'est pas là une objection contre la direction supérieure du Bahr-el-Abyad; seulement le dernier fait énoncé (fait en dehors de la question) aurait besoin d'être éclairci. Reste la première observation du voyageur,

(1) V. *Bulletin de la Soc. de géogr.* pour 1844, tome Ier, 3e série, p. 138.

PRÉFACE. XLIII

avec toute sa signification. Ajoutons que le révérend Knoblecher savait la langue des natifs par lui apprise à Khartoum, et qu'il recevait et comprenait directement la réponse faite à ses questions (1).

On peut douter encore du rapport qu'il peut y avoir entre le lac Ounyamécy (que le docteur Krapf signale comme situé à 4 degrés au midi de l'équateur (2), à égale distance, dit-on, des deux côtes opposées de l'Afrique) et le cours du grand fleuve; mais ce dont il n'est plus possible de douter, c'est l'existence d'une grande rivière très-éloignée dans le sud, dont nous devons, depuis vingt-quatre ans, la première notion à M. Kœnig, aujourd'hui Kœnig-bey. Ce fait résulte de toutes les informations concordantes. Ces eaux coulent à 25 grandes journées de marche au moins, au sud du Bâguirmeh et du Ouadày, pour aller tomber dans le Bahr-el-Abyad (3). Tous les rapports mentionnent la *grande eau* appelée, comme le fleuve, *Bahr-el-Abyad*, et coulant vers le pays des blancs. Que cette rivière vienne ou non du lac Ounyamécy ou d'un autre lac, il n'en résultera

(1) Il paraît qu'il a tenu exactement un journal astronomique circonstancié et recueilli beaucoup de faits, dont une partie est consignée dans un opuscule imprimé à Laybach, écrit qu'il m'a été impossible d'obtenir de Vienne. Ce voyageur est élève de Mezzofante.

(2) Cette position serait à peu près celle du 22° méridien 45′ E. de Paris, sur la ligne qui joint Mombasa (mer des Indes) à Madschumba (mer du Congo.)

(3) *Bulletin de la Société de géographie*, tome VI, pages 169 et suivantes.

pas moins que le principal affluent du Nil, ou plutôt le Nil lui-même, vient de la région du sud, et d'une très-grande distance. Que serait-ce si l'on admettait un intervalle de 84 journées de marche, donné par d'autres rapports?

Voici une relation plus frappante encore qui nous est donnée par le cheykh lui-même. Il tient du faguyh Médény de Fouta, qu'une expédition de gens du Dârfour s'enfonça un jour dans le Fertyt, jusqu'à la limite la plus méridionale du pays, marchant pendant environ cinq mois, presque toujours droit devant elle, et dans la direction du sud. Là ils atteignirent un grand amas d'eau assez large pour que, d'un des bords, ils ne pussent distinguer qu'à peine les hommes qui étaient au bord opposé. Quel est ce lac, quels sont ces hommes? C'est ce que les Fôriens n'ont pu reconnaître (1). Le faguyh avait interrogé un homme qui avait vu lui-même la *grande eau* au temps du sultan Omar (2).

Je crois superflu de parler ici du mont Kilimandjaro, situé à 4° S., qu'ont aperçu les révérends Rebmann et Krapf, et qui est couronné de neiges perpétuelles, attendu qu'il n'est pas certain que la

---

(1) Il doit y avoir, sans doute, exagération dans cette distance de cinq mois de marche; mais l'intervalle, même réduit et calculé en journées très-courtes, suppose encore un immense intervalle entre ce point extrême et les lieux connus.

(2) M. Kœnig étant à Khartoum, a entendu parler d'un lac à quatre-vingts journées de distance dans le sud; cet intervalle conduirait à l'emplacement du lac des révérends Krapf et Rebmann.

montagne ait un versant du côté du nord-ouest ou de la région du Nil. La distance est d'ailleurs bien considérable. Il n'en est pas tout à fait de même du mont Kénia, qui n'est qu'à 1° S., et qui est également couvert de neiges persistantes; il paraît être aussi plus occidental que le mont Kilimandjaro. Le fait de la neige perpétuelle sur cette montagne suppose une très-grande élévation, d'au moins 4,400 mètres (1); or, au-dessous de ce niveau, les neiges accumulées doivent fondre en totalité à une certaine époque, et ajouter beaucoup à l'effet des pluies périodiques. La régularité du phénomène des crues ne saurait en être dérangée, puisque l'époque de la fonte des neiges est la même que celle à laquelle tombent les pluies tropicales. S'il en est ainsi, comme on peut le présumer, si le bassin du Nil se prolonge jusqu'au mont Kénia, le revers septentrional de cette montagne, et de la chaîne dont il fait nécessairement partie, doit alimenter les sources supérieures et leurs affluents, et ce fait expliquera l'immense accroissement que prend le Nil moyen comme le bas Nil, après le solstice d'été (2).

(1) Voir *Comptes rendus de l'Académie des sciences*, 1851, tome XXXII, page 221.

(2) J'ai toujours soupçonné un lac dans ces parages, c'est-à-dire là où on place le mont Kenia ou un peu plus à l'ouest; pourquoi ne serait-ce pas le lac même que les écrivains arabes mettent sous l'Équateur, Edrici (climat I, section IV, etc.). Un grand lac a été signalé au voyageur anglais Tuckey vers cette latitude, à la vérité plus à l'ouest. Or, les pluies et les neiges fondues qui

L'espace embrassé par ces conjectures, quelque vraisemblables qu'elles soient, est si vaste, il est si complétement en dehors des investigations effectuées par les européens, qu'on doit se garder de prononcer d'une manière tranchante; cependant, je le répète, aucun fait, aucun argument plausible, jusqu'à présent, ne vient démentir l'opinion que la principale branche du Nil Blanc, au delà du 4° parallèle N., procède de la région S. ou S.-S.-O.

Maintenant, quelques mots sur les eaux du Soudan central. M. Fresnel paraît regarder aujourd'hui la Tchadda comme pouvant être le véritable Niger des anciens ; j'avoue que cette conjecture me semble assez plausible et appuyée sur des considérations neuves et ingénieuses (1). Il est incontestable, par le volume d'eau que cette rivière apporte au Kouara, au-dessous de Kakonda, qu'elle doit avoir des sources

descendent du mont Kénia, arrêtées dans leur marche par un obstacle quelconque, suffisent pour expliquer la présence d'un grand lac dans cette région; maintenant, que ces eaux en sortent dirigées vers le nord, et elles n'ont plus d'issue que par la vallée du Nil.

(1) Il existe, selon les rapports de MM. Lafargue et Castelli, qui ont pratiqué plusieurs fois, depuis sa découverte, le haut fleuve Blanc (Bahr-el-Abiad), une rivière dite Fleuve-Noir ou Fleuve des Noirs (Bahr-el-Esoued.) Si les auteurs arabes en avaient fait mention (ce qui n'est pas), on pourrait croire qu'ils ont fait ici une application d'un nom des anciens, en *traduisant* le mot *niger* ; mais le mot de Niger lui-même n'est-il pas simplement transcrit de Νίγειρ de Ptolémée (liv. IV, chap. 6), mot qui lui-même doit être tiré de γείρ, *Gir*, autre fleuve de l'Afrique septentrionale, selon ce géographe. Voir ci-dessus, p. XXXVIII.

très-reculées dans l'est, ou bien beaucoup d'affluents, et même les unes et les autres à la fois. Depuis longtemps, à la vérité, on pouvait, en réfléchissant sur le récit du major Denham, qui, étant dans le Mandara, au sud du lac Tchâd, aperçut au loin, dans la même direction, de très-hautes montagnes à perte de vue, on pouvait, dis-je, imaginer dès lors que de ce côté était la source de la Tchadda; mais il est possible qu'il ne sorte de ce lieu qu'un des affluents du fleuve, et que la tête soit bien plus reculée au levant. Cet affluent sortirait du mont Mendefy, mais une grande chaîne primitive, dirigée du nord-ouest au sud-est, unirait ensemble les montagnes du Mandara à celles qui donnent naissance soit au Nil, soit aux affluents de la mer des Indes; or il est difficile de rejeter l'existence d'un grand système orographique au centre de l'Afrique.

Un fait de plus qui prouve l'existence d'un système orographique très-élevé, c'est le rapport de l'Africain Wogga, de Kimcoul (lieu à 68 journées à l'est de New-Calabar). Il racontait que son pays est plein de montagnes dont plusieurs sont assez hautes pour être *constamment* couvertes de neige et de grêle (1).

Telle est l'idée que j'ai admise de tout temps dans sa simplicité, comme la plus conforme aux principes de la géographie physique. Mais, il faut le re-

(1) Voyez le savant recueil de la Société royale géographique de Londres, année 1845, p. 374-75.

marquer, l'extrême simplicité n'est pas la règle constante ; c'est plutôt une certaine complication que nous offre la nature, tout en obéissant à des lois invariables. Et là est la cause qui, si souvent, nous cache la vérité. C'est ce qui rend si difficile et ce qui retardera longtemps encore la solution complète du problème touchant l'origine des grandes eaux africaines.

Le grand intervalle qui sépare Tounbouctou de Boussa, espace de plus de trois cents lieues, est encore inexploré, inconnu : qui peut dire quels affluents reçoit le grand fleuve dans cet espace? qui peut même affirmer qu'il n'y a pas, entre ces deux points, quelque embranchement du fleuve? Tant qu'on n'aura pas exploré le pays montagneux de Boussa et remonté le Kouara, au moins jusqu'à la hauteur de Sakkatou, et aussi remonté la Tchadda, ce grand affluent, jusqu'à sa source la plus éloignée à l'orient (1), il régnera une grande incertitude sur le cours des eaux de l'Afrique équinoxiale. Le problème du Niger n'est donc pas encore complétement résolu.

(1) Le recueil de la Société géographique de Londres, cité plus haut, renferme cet itinéraire de 68 journées, partant de l'Orient et conduisant, droit à l'ouest, à New-Calabar ; celui qui l'a communiqué, le nommé Wogga de Kimcoul, avait été racheté de l'esclavage en 1815. Son pays natal est censé situé vers la source de la Tchadda et placé vers le 16° degré est à l'Orient de Paris; ces données sont curieuses, mais malheureusement un peu trop vagues. M. Henri Kiepert en a fait usage dans sa carte d'Afrique de 1849.

Que dire du lac central, du lac Tchâd, qui attend encore une complète exploration, une circumnavigation entière, ainsi que des sondes et un examen attentif de tous les courants qu'il reçoit, des variations de son niveau, enfin de ses issues, s'il y en a quelqu'une autre que l'évaporation? Il importerait encore de constater si l'Yeou, qui s'y décharge, n'a pas d'affluent sur sa rive gauche. Personne ne soutient plus aujourd'hui que le lac Tchâd verse ses eaux dans le bassin du Nil; son niveau, en effet, est bien inférieur à celui du fleuve, non-seulement sous le même parallèle, mais à une plus haute latitude; mais quelle est la hauteur absolue du lac Fittré, que n'a décrit encore aucun Européen *de visu?*

Il n'y a pas moins d'incertitude sur la position de plusieurs lieux importants situés entre le Bornou et Sakkatou; de même pour ce qui est au sud-est de Bornou, pour Loggoun, le chef-lieu du Bâguirmeh, etc.: ces points ne sont placés qu'approximativement sur la carte du Voyage d'Oudney, Clapperton et Denham. Il en est encore de même des lieux situés au nord du lac Tchâd, et des chefs-lieux du Kânem et du Fittré. Si les itinéraires des Africains pouvaient suffire pour construire une bonne carte de toutes ces régions, les ressources ne manqueraient pas, surtout aujourd'hui que M. Fresnel a rassemblé la plus grande masse qu'on ait encore réunie de documents de cette espèce; mais par les raisons que j'ai déduites plus haut, il est difficile d'en tirer un tracé correct qui puisse satisfaire les personnes amies de l'exactitude. Toutefois, aussitôt qu'on aura plusieurs points fixes et invariables, ces itinéraires seront d'un grand secours, et c'est une obligation de plus qu'on aura au savant orientaliste.

Sur cette même ligne dont je viens de parler, supposée prolongée, c'est-à-dire dans l'intervalle entre Sakkatou et le Kordofân, le cheykh Mohammed El-Tounsy donne des distances approximatives qui pourront servir de terme de comparaison. Cette grande ligne n'a pas moins de 88 à 92 journées de marche entre Afnau et le Sennâr; mais il faut savoir que ces journées sont plus grandes que celles des itinéraires de M. Fresnel : cette différence se conclut des distances qui sont communes aux uns et aux autres de ces itinéraires. On ne peut donc pas, du moins quant à présent, traduire en mesures géographiques les données que fournit notre auteur, qui d'ailleurs donne lui-même certains intervalles comme des à peu près : par exemple, distance d'El-Obeyd à Tendelty, 10 à 12 jours; d'Adiguiz à Afnau, 4 à 5 jours; de Sennâr à El-Obeyd, 15 à 16 jours.

En outre des distances situées sous les mêmes parallèles, ou sous des parallèles voisins, M. Fresnel a recueilli des itinéraires entre des lieux placés nord et sud, ou bien situés dans une direction oblique au méridien. Quand on aura des points fixes, ainsi que je l'ai dit, ces lignes seront utiles au tracé de la future carte. En voici des exemples : de Loggoun à Ouârah, on compte 21 jours; de Kano au Bâguirméh, 47 jours; du lac Fittré à Loggoun, 15 jours; du Bâguirméh au Kânem, 9 jours, etc.

En résumé, on voit qu'il reste beaucoup de questions pendantes, non-seulement sur la situation des pays à l'ouest du Ouadây, jusqu'au Bornou et au delà dans l'ouest, ainsi que sur les rivières qui circulent dans ces mêmes pays, mais encore sur le régime de toutes les eaux courantes ou stagnantes dans l'espace compris entre l'équateur et la ligne qui joint Tounbouctou au Kordofân; au milieu de toutes ces incertitudes, il faut cependant se féliciter de ce que la géographie, du côté oriental, a déjà fait d'assez grands pas :

1° On doit regarder comme assuré que le Nil descend de régions très-écartées du 4° parallèle N., et situées au S.-O. ou au S.-S.-O. des points connus, aux environs ou même au delà de l'équateur.

2° On est certain que le Dârfour, pour la plus grande partie, appartient au bassin du Nil.

3° Les eaux qui circulent dans le Ouadây appartiennent au bassin du lac Tchâd.

4° Les rivières qui, sous différents noms, Bahr-el-Ada (ou Adda), Ke-Ilak, Ilès, Kad-ada, tombent dans le Nil vers 9° 1/2 N., et qu'on a cru longtemps être la tête du fleuve, ne sont que de grands affluents, comme le fleuve Bleu lui-même, qui tombe dans le Nil à Khartoum.

5° Il existe, entre le Dârfour et le lac Tchâd, un

royaume très-peuplé, belliqueux, acquis à la civilisation musulmane, riche par son climat et ses productions, mieux situé que le Dârfour lui-même pour entretenir avec l'Europe des relations commerciales et des rapports de toute espèce.

Il est probable qu'à l'heure qu'il est, plusieurs questions non moins importantes de géographie africaine sont résolues ou en voie de solution, grâce à l'intelligence, au dévouement et au courage du docteur Richardson (1).

§ VII. — *Caravanes du Ouadây*. — Il existe une route praticable, mettant en communication directe le Ouadây et le Bâguirméh avec la côte septentrionale d'Afrique, et cette route, ouverte au commerce, est beaucoup plus courte que celle qui passe par l'Égypte. Il a déjà été question dans le *Voyage au Dârfour* des caravanes du Ouadây, qui ont été dirigées vers la Méditerranée, d'abord par le Fezzân : aujourd'hui les connaissances sont plus avancées. M. Fresnel est allé sur les lieux, à Djalau; il a recueilli par lui-même, de la bouche des naturels, des notions aussi positives qu'intéressantes sur l'origine et l'historique de ces caravanes. Par ce qui s'est fait en trente-six ans, on peut augurer de l'avenir de ces expéditions, et de celui du port même de Benghâzy. Il ne sera pas inutile de rapprocher de ces récits celui de notre cheykh. Celui-ci

(1) Les dernières nouvelles qu'on a de lui et de ses compagnons de voyage annonçaient son départ d'Ahir pour Aghadès et Kano.

rapporte à Sàboùn tout l'honneur de la première de ces entreprises; comme il était contemporain et presque témoin oculaire, sa relation a quelque importance.

Depuis longtemps le Ouadây envoyait des caravanes au Fezzân. L'homme qui fut la première occasion de cette nouvelle tentative est un Moghrébin de la tribu des Aoulâd-Aly; il était parti de Djalau pour le Soudan, avec une troupe peu considérable, et s'était égaré dans le désert. Amené par des Bideyât (tribu du nord-est du Ouadây) devant le sultan Sàboùn, il lui proposa de se charger de conduire une petite caravane au Maghreb, par une voie directe. Aly (c'était son nom) parvint à conduire sa troupe jusqu'à Djalau, après quinze grandes journées dans le désert. Revenu à Ouârah, il rendit compte à Sàboùn, et celui-ci ordonna alors une expédition sur grande échelle, allant directement sur Derne et Benghâzy, c'est-à-dire droit au nord, laissant dorénavant la voie du Fezzân et de Tripoli pour celle de Djalau et de Benghâzy (1). La caravane s'é-

(1) Toutefois, il noua des relations avec le vice-roi d'Égypte, comme je l'ai dit, et celui-ci expédia, de son côté, des caravanes qui furent pillées en route par des tribus du Dârfour : de là l'expédition d'Ismayl-pacha et l'occupation du Kordofân.

Burckhardt parle de la première caravane expédiée du Ouadây par le nord comme ayant été organisée en 1811. M. Fresnel fait remonter l'expédition à 1809 ou 1810; il en cite d'autres de 1814, 1815, 1818, et de 1832, 1837, 1840, 1843; on lui doit l'histoire de ces caravanes, depuis l'origine jusqu'en 1846.

gara aussi dans le désert; l'eau vint à manquer; esclaves et marchands périrent en foule, avec tous les chameaux; le désastre fut terrible. Les débris de la caravane arrivèrent à Djalau, d'où l'on expédia des chameaux au lieu de la catastrophe, là même où étaient restées les marchandises abandonnées, et l'on parvint à en rapporter une grande portion (1).

Plus tard, le cheykh a suivi, à son tour, la première partie de cette route pour retourner du Ouadây au Maghreb. Il s'associa à une caravane. Celle-ci s'égara d'abord, comme les précédentes; mais heureusement elle arriva aux puits assez promptement, et l'on eut ensuite affaire aux Tebous (2), qui opposèrent un autre genre de difficultés et d'obstacles, difficultés sur lesquelles le cheykh s'étend longuement. L'itinéraire du cheykh se dirige ensuite sur Catroûn, c'est-à-dire sur l'entrée du Fezzân. Je dois me borner ici à ce peu de mots sur la route commerciale du Ouadây, et renvoyer le lecteur à la relation de notre auteur et au mémoire de M. Fresnel (5).

§ VIII. — *L'abou-carn*. — Comme notre cheykh a fait mention de l'abou-carn, je ne puis me dispenser

---

(1) Le récit est présenté différemment par les informateurs de M. Fresnel : peut-être la mémoire du cheykh l'aura trompé sur les détails.

(2) Ou Toubou, Tibboo, tribus nombreuses échelonnées entre le Ouadây et la Marmarique.

(3) Il faut lire dans ce mémoire la part qu'a prise un négociant français de Benghâzy, en 1837, au rétablissement des relations du commerce avec le Ouadây.

de parler du curieux animal, que le savant consul à Djeddah a signalé le premier dans le Ouadây (1), sous ce même nom d'*abou-carn*, c'est-à-dire *unicorne*, autrement *monoceros* (2), animal qu'il a comparé à la fameuse licorne, animal fantastique sans doute quant à certaines propriétés et quant à la figure qu'on lui a données en Europe, mais qui a un type réel dans cette partie de l'Afrique. L'abou-carn est distinct du rhinocéros proprement dit; ce dernier est bien connu en Afrique : on l'appelle en Égypte *khartyt* ou *khertit*. Le géographe Edrisi nomme kerkedân le rhinocéros qu'on trouve près de Serendib (Ceylan) (3); mais le nom de kerkedân est usité aussi aux bords du haut Nil; on retrouve ce nom dans les anciennes relations des Indes et de la Chine (par Renaudot) (4). Les Ouadayens s'accordent à décrire leur *abou-carn* comme un animal différent du rhinocéros ordinaire ou à deux cornes. Cette distinction faite par les natifs doit reposer nécessairement sur des caractères propres; or il est constant que le rhinocéros d'Afrique a ses cornes placées sur le nez; l'abou-carn, disent-ils, a la sienne implantée sur *le front*. Cette différence radicale ne permet pas de confondre ensemble les deux animaux; peu importent les traits

(1) *Journal de la Société asiatique de Paris* (mars 1844).
(2) Ces trois mots sont exactement synonymes.
(3) Traduction Jaubert, t. I, p. 74. L'auteur fait partir la corne du milieu du front, comme chez l'abou-carn.
(4) Voir la *Relation des voyages dans l'Inde*, etc., t. II, in-18, notes de M. Reinaud.

douteux ou fabuleux que l'on a ajoutés au portrait de la licorne.

Le révérend Knoblecher, à qui nous devons tout récemment d'importantes observations sur le haut Nil-Blanc, a eu connaissance d'un animal armé d'une corne recourbée qui est placée au *bas du front, entre les deux yeux* (1); cet animal, selon le voyageur, différait encore du rhinocéros connu, en ce que sa peau était complétement dépourvue de plis (2).

Je viens maintenant au témoignage de notre cheykh. Ce n'est pas sans doute celui d'un naturaliste; mais quel naturaliste, quel Européen a pénétré jusqu'ici dans le Bâguirméh ou dans le Ouadây? C'est précisément entre ces deux pays que s'est passé le fait raconté par le cheykh. Le sultan Sâboùn faisait son expédition contre le tyran du Bâguirméh; l'armée était arrivée dans les terres qui séparent les deux royaumes. Ces terres, couvertes d'épaisses forêts, sont peuplées de lions, d'éléphants et d'*aboucarn*. Pendant que les pionniers de l'armée déblayaient le chemin, un *énorme abou-carn*, dit le cheykh, s'élance de son repaire, se précipite sur eux, en tue plusieurs, frappe de sa corne tous ceux qu'il rencontre, et se rue, furieux, jusqu'au gros de l'armée. La terreur est telle que tout s'ébranle, et le sultan

---

(1) Mémoire de M. Fresnel, 4º partie.
(2) M. Lefebvre (*Voyage en Abyssinie*, page 89 de l'avant-propos) distingue le rhinocéros à deux cornes, appelé *aourarisse*, du rhinocéros à une corne, *arisse*. (Voyez p. LX ci-après.)

reste comme abandonné par ses gardes ; soudain un esclave intrépide, armé d'un long couteau, se poste en face de l'animal, l'attend, se renverse et lui coupe les jarrets.

L'abou-carn, d'après le rapport des Ouadayens, est un animal qui apparait assez rarement ; de là la terreur qu'il inspire, et peut-être aussi les récits exagérés dont il est l'objet. La relation du cheykh a cela de commun avec l'opinion de M. Fresnel, que c'est aussi aux limites du Ouadây qu'il fait vivre l'abou-carn, d'après le rapport de ses informateurs ; en second lieu, la grosseur de l'animal et sa férocité sont des traits communs à l'abou-carn de M. Fresnel. Il y a donc confirmation plutôt que contradiction entre les deux récits (1).

La *corne recourbée* dont j'ai parlé, d'après le père Knoblecher, ne correspond peut-être pas bien à la corne longue et pointue que décrit l'informateur de M. Fresnel, et se rapporterait mieux peut-être au rhinocéros ordinaire ; mais quand celle de l'abou-

---

(1) Il est vrai que le cheykh, interrogé expressément par M. le docteur Perron, depuis la rédaction de son Voyage, a répondu qu'il ne connaissait pas deux espèces d'abou-carn ; qu'il n'y avait que le rhinocéros ordinaire et *unicorne* ; mais c'est précisément ce dernier caractère qui constitue l'*abou-carn* de M. Fresnel. Ensuite, qu'on l'appelle *khertit* comme l'autre rhinocéros, faute d'un autre nom, ce n'est pas une raison pour les confondre. On fait une faute analogue en donnant le nom d'*abou-carn* au rhinocéros ordinaire bicorne : double équivoque que la sagacité des savants aurait dû dissiper depuis longtemps.

carn n'est pas à l'état rigide, on conçoit qu'elle peut se recourber par suite de sa flexibilité.

On se souvient de la description détaillée qu'a donnée le savant orientaliste dans une lettre insérée au *Journal asiatique* (mars 1844), et je n'ai pas besoin de la rappeler; il a étudié, d'après les indigènes, tous les caractères physiques de l'animal, et il les a comparés soigneusement avec la description du monocéros de Pline complétée par Solin, et avec le *réem* de la Bible (1). Contentons-nous d'y renvoyer, ainsi qu'aux doctes remarques de M. Roulin, insérées au *Journal de l'Institut;* mais je crois difficile, aujourd'hui, de rejeter l'existence d'un animal distinct du rhinocéros; ce serait rejeter des rapports tous concordants et fournis sans aucun concert entre leurs auteurs, des récits de dates très-différentes, venant de témoins oculaires chez qui l'ignorance ne peut détruire toute espèce de crédit, surtout pour des faits tout à fait matériels. Puisqu'il s'agit de signes extérieurs parfaitement visibles, puisque ces hommes s'accordent entre eux, il faut bien que leurs récits soient vrais au moins quant au fond.

Au reste, l'animal habite d'autres contrées que les frontières du Ouadây et du Bâguirméh. Selon une pièce authentique assez ancienne, on a tué, à vingt journées du cap de Bonne-Espérance, un animal qua-

___
(1) Le *réem* était aussi un animal rare, d'une légèreté et d'une force extraordinaires; toutefois, cette assimilation laisse encore quelques doutes.

lifié aussi du nom de licorne, ressemblant à un cheval (1). Le naturaliste Sparmann et le savant voyageur John Barrow (*Voyage au cap de Bonne-Espérance*) admettaient l'existence d'une licorne; il en est de même de Pallas et d'autres encore (2).

Beaucoup plus près de nous, toujours en Afrique, existait naguère un animal fort analogue à celui du Ouaday, si l'on s'en rapporte au témoignage du directeur des affaires arabes en Algérie. M. Boissonnet écrivait, le 20 août 1845, que le commandant de Bordj-Bouar eridji, vers le sud-ouest de Constantine, s'était procuré un animal de la grosse espèce *décrite dans le Journal asiatique* (3), sorte de *bœuf portant une corne unique sur le front*. Il est vrai qu'on a dit plus tard que c'était simplement le bœuf sauvage, le bakar-el-wahch; mais aucune description authentique n'est venue constater la présence ou l'absence de la corne caractéristique. J'avoue toutefois que la présence du rhinocéros (l'unicorne) au 36° degré N. est difficile à admettre, si toutefois l'animal en question n'avait pas été amené de loin à Bordj-Bouar eridji.

---

(1) Voyez *procès-verbal* dressé au cap de Bonne-Espérance, le 3 avril 1791, et *Correspondance astronomique* du baron de Zach, t. XI, p. 274.

(2) John Barrow, et après lui Malte-Brun (t II de la traduction de son *Voyage dans l'Afrique méridionale* et t. XVI, p. 223, des *Annales des voyages*), ont admis l'existence d'un monocéros, d'un unicorne, dans l'Afrique australe : ces savants n'étaient pas des hommes très-crédules. Le baron Ruppell a eu connaissance d'un unicorne, mais qui paraît être une antilope.

(3) L'unicorne décrit par M. Fresnel. *Voy.* page LV, note 1.

Au temps du véridique voyageur Barthema, vers 1500, il y avait à la Mecque deux *licornes* que le chérif avait reçues en présent d'un roi d'Éthiopie : l'une d'elles avait au *milieu du front* une corne longue de trois coudées. L'animal parut, à Barthema, doué d'une humeur sauvage et même féroce (1).

Le père Jérôme Lobo (Hier. Lobo., *Historia de Ethiopia*, Coïmbre, 1659) affirme qu'on a vu dans le Damot, province des Agows, un animal unicorne ayant de la ressemblance, pour la forme et la grandeur, avec un cheval médiocre, de couleur brune, armé d'une *corne droite*, blanchâtre, longue de cinq palmes (c'était peut-être un jeune individu); mais cet animal, dit-il, est timide et craintif (2).

Il n'est pas étonnant que l'animal ait disparu de l'Abyssinie (3), d'après ce que nous dit le cheykh de sa rareté, et d'après ce fait qu'il raconte, qu'un jour on en apporta un au sultan du Ouadây comme un présent digne de ce prince. Selon notre auteur, la corne de l'animal y est travaillée avec art, et forme un article de commerce. Browne dit aussi (page 264, *Browne's Travels*, etc.; Londres, in-4°, 1799) que la

---

(1) *Ludovici (Barthema) itinerarium novum Æthiopiæ et latine redditum.* Milani, 1511.

(2) Le moine Cosmas en entendit parler en Éthiopie comme d'un animal terrible et indomptable.

(3) Voy., *Journal de l'Institut*, 1848, p. 57, etc., les observations du docteur Roulin, à la suite de la 3ᵉ lettre de M. Fresnel. Sa conclusion est pour l'existence réelle de l'abou-carn dans le sud de l'Afrique, avec les caractères que lui assigne M. Fresnel.

corne du rhinocéros *abu-karn* se vend très-cher.

Le sultan Teïma, dont MM. de Cadalvène et Breuvery ont recueilli de bons renseignements géographiques, leur a rapporté que l'animal se trouve dans le Dâr-Rounga, sud-est du Ouadây ; il le définissait comme un quadrupède analogue à un cheval, portant une corne *sur le front*. Enfin M. Kœnig, voyageur exact et consciencieux, s'il n'a pas vu l'animal, en a entendu parler distinctement en Nubie par les indigènes, et, d'après leur rapport, il le définit absolument de la même manière que le sultan Teïma.

Postérieurement à ses premières recherches en 1846, M. Fresnel étant à Djalau (désert de la Libye), recueillit de la bouche d'un Arabe des Madjâbérahs, qui avait servi le sultan du Ouadây, les paroles suivantes : « Le khertit que j'ai vu à Tama est armé de » deux cornes, l'une au bout du nez, l'autre plus haut ; » il ne faut pas le confondre avec l'abou-carn du pays » des *noirs païens*, qui n'a qu'une *corne entre les deux* » *yeux*. » Ensuite, de retour à Djeddah, M. Fresnel vit un pèlerin du Bâguirméh qui, à l'aspect de cornes achetées à Benghâzy, les reconnut pour appartenir à l'abou-carn, à l'animal qui a une corne entre les yeux. Ces cornes ont de 56 à 85 centimètres. Je terminerai en empruntant aux savantes observations de M. Roulin un fait démonstratif recueilli par un *naturaliste*, M. Smith, d'après un Français missionnaire à Madagascar ; l'informateur est un homme du nord de Mozambique. L'unicorne s'y nomme ndzoodzoo; il habite le pays de Makoa; il n'a qu'une seule corne; elle est *sur le front*, flexible, longue de 24 à 30 pouces; elle devient complétement rigide et dure, surtout quand il poursuit un ennemi. Il est farouche et féroce. On voit que, trait pour trait, l'unicorne de M. Smith est exactement l'abou-carn de M. Fresnel. Certes c'est là une confirmation qu'on pouvait à peine espérer. Qu'en conclure, sinon que l'abou-carn, inconnu ou très-rare au nord du 14° ou 15° parallèle, habite les régions méridionales jusqu'à la même latitude sud ou environ?

Tous ces témoignages sont concordants; s'ils présentent quelque légère contradiction, elle peut s'expliquer, et il résulte de l'ensemble un accord concluant qui prouve l'existence en Afrique, de temps immémorial, d'un animal unicorne autre que le rhinocéros connu à deux cornes, autre aussi qu'une certaine espèce d'antilope; enfin d'un animal réel, mais dont les formes et les traits caractéristiques ont été modifiés à plaisir par l'imagination des Européens. Nier cette existence, à cause des fables dont on l'a entourée, serait, s'il est permis de faire cette comparaison vouloir nier celle du lion, parce que la mythologie en a fait un sphinx ou lui a donné des ailes. On a objecté qu'on ne trouve pas de licorne sur les monuments des Égyptiens; mais y trouve-t-on tous les animaux de l'Afrique qu'ils ont pu connaître?

On pourrait tirer une autre objection de l'opinion

de M. Cuvier, s'il avait présenté ses doutes dans des termes absolus, mais il n'en est pas ainsi; seulement, jusqu'à lui, on n'avait présenté aucun témoignage venant d'une personne ayant autorité; or il laisse la question indécise, ainsi que le fait très-bien observer M. Berger de Xivrey dans ses *Traditions tératologiques* (p. 566). La difficulté principale vient de la multiplicité des descriptions, qui paraissent bien se rapporter à plusieurs espèces d'unicorne, à deux au moins. Si l'on croit devoir écarter les témoignages de Ctésias (1), d'Élien et d'Appien, peut-on traiter de même celui d'Aristote (*Histoire des animaux*, liv. II, c. 1) et celui de César? *Est bos cervi figura, cujus* media fronte, *inter aures, unum cornu exsistit*, etc. (*De bello gallico*, liv. VI, c. 26.) Cet animal habitait de son temps la forêt Hercynienne; sans doute ce n'est pas là le quadrupède du Ouadây, du Dâr-el-Rounga, mais il fait croire à la possibilité, à la probabilité de son existence.

Quant aux autres animaux mentionnés par le cheykh, je n'en citerai qu'un seul, le dromadaire, l'espèce du chameau rapide, appelé *mehary* dans le Sahara, *eguin* dans la région du Nil. On voit, dans la relation du cheykh, quels services ils rendent dans

---

(1) La singularité de la corne de l'abou-carn, d'être *rouge* à sa partie supérieure, se retrouve chez l'unicorne de ce même Ctésias : comment expliquer l'accord des informateurs ouadayens de M. Fresnel avec le médecin d'Artaxerxès-Mnémon sur un caractère aussi fugitif, sinon par l'existence de l'animal?

le désert aux tribus des Tebous; aussi est-il surprenant que l'on n'ait pas organisé en Algérie plusieurs régiments de dromadaires, comme celui que nous avions créé pendant l'expédition d'Égypte, à l'aide desquels nous pouvions toujours atteindre, à la longue, la cavalerie arabe (1).

* * *

Conclusion. — Par tout ce qui précède, on a vu quel intérêt présente le royaume du Ouadây, soit qu'on le considère sous le rapport scientifique pour l'avenir des découvertes dans l'Afrique centrale, soit qu'on l'envisage sous les rapports social, commercial et politique, pour l'avenir des populations du Soudan oriental. S'il en est ainsi, on peut espérer qu'un *voyage* dans ce pays, publié pour la première fois, malgré les imperfections d'un récit qui n'est pas l'œuvre d'une plume européenne, excitera la curiosité et l'attention du public. Ici nous croyons devoir prémunir le lecteur contre les digressions, les longueurs et les répétitions qu'il ne peut manquer d'y remarquer; et s'il était parfois choqué de quelques bizarreries et de certains passages plus que

(1) On doit au général Marey-Monge, non-seulement d'excellentes observations sur le mehary, mais un essai d'organisation régimentaire qui déjà avait réussi. Dans mes *Observations sur les Arabes* de l'Égypte moyenne, j'ai eu occasion de parler du chameau considéré comme coursier rapide. Voyez aussi *Bulletin de la Société de géographie*, année 1847.

naïfs, entachés même d'un peu de puérilité (1), qu'il les pardonne en faveur de la véracité et de la candeur de la narration. Il reconnaîtra d'ailleurs qu'ici la simplicité n'exclut pas une certaine élévation et que des réflexions dictées par un esprit juste et une sage philosophie ne sont pas rares chez le cheykh Mohammed El-Tounsy. Nous devons encore invoquer l'indulgence pour certains tableaux un peu trop nus des mœurs africaines, peut-être aussi pour l'abondance des citations poétiques, défaut qui, au reste, n'est pas sans exemple chez de modernes écrivains; d'ailleurs, ce luxe d'érudition, l'auteur l'appelle presque toujours à son aide pour expliquer un fait, ou justifier une remarque. La manière orientale domine donc et devait dominer dans cet ouvrage, comme dans le *Voyage au Dârfour* publié en 1845, avec les mêmes conditions de naïveté et de simplicité. La bienveillance du public ayant agréé une première fois le langage du bon cheykh Mohammed Ibn-Omar El-Tounsy, nous avons cru pouvoir le conserver sans altération, et nous avons dû respecter les fleurs orientales, même quand parfois elles pèchent un peu contre le bon goût; c'est surtout la bonne foi et la véracité du voyageur qui lui feront trouver grâce devant le lecteur européen. Cette véracité n'est pas en question; mais si on pouvait la

---

(1) On verra que le cheykh, qui à la vérité ne se pique pas du tout d'être un antiquaire, donne le nom de *tour* au grand amphithéâtre d'El-Djem.

e

mettre en doute, voici un exemple qui la rendra manifeste. On aurait pu rejeter comme suspect le récit du cheykh sur l'expédition du sultan Sàboùn contre l'incestueux sultan du Bàguirméh; mais le voyageur anglais Clapperton a rapporté en Angleterre un manuscrit arabe roulant en partie sur le Baghar-mee (Bàguirméh). On y lit que « ce pays a été
» ruiné de fond en comble, parce que son roi a porté
» la licence des mœurs au plus haut degré, jusqu'à
» épouser sa propre sœur; qu'alors Dieu a suscité
» Sàboùn, le prince du Wa-da-î (Ouadày), pour le
» détruire et ruiner tout le pays, en châtiment de cette
» impiété (1). » Assurément le cheykh n'a pas connu la relation de Clapperton, ni celui-ci le voyage du cheykh El-Tounsy. Il en est de même de la relation du prince Dja'far, qui rapporte le même fait, ainsi que Burckhardt lui-même. (Voyez plus loin, page LXXII, et *Nubia*, append. II.)

Un mot sur les planches dont cet ouvrage est accompagné. Il a déjà été question plus haut de l'*essai de carte* du docteur Perron. Les portraits qu'on donne ici de plusieurs personnages de l'Afrique centrale ont été dessinés, d'après nature, par un habile artiste français, M. Machereau. Pour venir à bout de faire poser devant lui (ce qui n'était pas facile) les hommes du Ouadày, du Barnau, du Mandarah, alors présents au Caire, on a eu recours à la

---

(1) *Narrative of discoveries in central Africa*, appendix, p. 152-159. Londres, in-4°, 1826. Comparez avec le récit du cheykh.

ruse et aussi à l'intervention du sultan Abou-Madiân du Dârfour : ces hommes ont même ignoré ce que faisait le peintre : l'un d'eux est le faguyh Ilaly, qui a donné à M. Perron des notions très-circonstanciées sur le Ouadây. Les dessins d'armes et de costumes ont été faits par le même artiste, d'après les originaux. Il faut savoir qu'il vient habituellement, au Caire, des hommes du Ouadây, du Dârfour, du Bâguirméh, du Mandarah, etc.; les uns pour étudier à la grande mosquée d'El-Azhar; les autres, pour aller de là en pèlerinage à la Mecque.

Les plans ont été tracés sous la dictée du cheykh, et d'après toutes les *mesures qu'il a données.*

Aujourd'hui toutes les nations portent les regards vers le centre de l'Afrique; la France, parce qu'elle possède plusieurs des portes qui doivent, bientôt peut-être, y conduire; l'Angleterre, parce qu'elle y a entretenu de tout temps des voyageurs; toute l'Europe, à cause des futures relations commerciales et pour le progrès des sciences d'observation. Le Ouadây, par suite de la découverte d'une route directe à la mer, est, avec le Bornou et le Bâguirméh, l'un des points le plus rapprochés des côtes d'Europe, et son importance est beaucoup plus grande. Il est évident que les premiers voyageurs instruits qui y pénétreront et iront au delà, marcheront de découverte en découverte. Par exemple, plusieurs indices frappants font prévoir d'importantes acquisitions pour l'ethnographie et la linguistique. On a récemment constaté l'existence

d'une population noire indigène qui possède un alphabet propre et une écriture à elle; c'est le pays de Wei, dont la langue vient d'être soumise par M. Norris à une analyse grammaticale, et qui paraît construite assez régulièrement, si l'on en juge d'après des *specimen* qu'a rapportés M. Forbes. Ce pays possède aussi des écoles et des livres. Je trouve dans un ancien document, l'Atlas anglais d'Hermann Moll, une carte d'Afrique (1) avec une curieuse légende (en quatre lignes) dont voici la traduction littérale :
« Je suis informé par des personnes dignes de foi,
» que le pays au nord de la côte de Guinée, à environ
» 100 lieues de distance, est habité par des blancs,
» ou du moins par une population différente des
» noirs, laquelle porte des habits, fait usage de l'é-
» criture et *fabrique de la soie;* plusieurs d'entre eux
» célèbrent le jour du sabbat chrétien (le dimanche). »
L'auteur de la carte ne cite pas la source de l'information; mais il serait curieux de constater ce qu'ont produit, sur ces rudiments de civilisation, deux siècles écoulés, et cela par une telle latitude, sous un tel climat. Ce fait singulier paraît avoir été perdu de vue complétement; c'est pourquoi j'ai cru devoir le consigner ici; mais combien d'autres problèmes sont offerts à la curiosité, aux recherches des nouveaux explorateurs, plus instruits en ethnographie que les anciens, aujourd'hui que l'Europe savante envoie

(1) Cette carte n'est pas datée, mais la carte générale du globe, insérée dans l'Atlas, est datée de 1719.

en Afrique, du côté du haut Nil, le révérend Knoblecher sur les traces de notre compatriote M. d'Arnaud (1), en même temps que des naturalistes tels que le baron de Muller ; par l'est et le sud, MM. Krapf, Rebmann, Livingston, Oswell ; par le nord, M. le docteur Richardson et ses collaborateurs ! Plusieurs les suivront bientôt par l'Algérie, par la Sénégambie et par d'autres voies encore.

Le mouvement industriel est tel aujourd'hui en Europe, entraînant avec lui tous les genres de progrès, et appelant à sa suite tous les moyens de civilisation, qu'il est impossible de ne pas prévoir des changements prochains en Afrique, et d'abord en ce

(1) L'occasion se présente ici (et je ne puis la laisser échapper) de citer M. Ferdinand Werne, non pour son ouvrage sur l'expédition à la découverte des sources du Nil-Blanc, publication dont le mérite a été apprécié (*Expedition zur entdeckung der quellen des Weissen-Nil*; Berlin, 1848), mais pour la tentative, qu'on peut y voir, d'enlever à M. d'Arnaud la gloire du premier voyage exécuté sur le Nil supérieur jusqu'à la latitude de 4° 42′ N. Ses efforts n'ont réussi qu'à relever le mérite et le courage de M. d'Arnaud, aux yeux des hommes équitables et de bonne foi ; tandis que les violentes et odieuses attaques de M. F. Werne n'ajouteront rien à ses titres personnels. Libre à lui de chercher à jeter du ridicule sur l'expédition française en Égypte ; il a écrit dans une ville où tout le monde, grâce à Dieu, ne partage pas sa manière de voir. Ce grand événement, après tout, a été le point de départ de bien des brillantes découvertes ; il a ouvert la voie à cent voyageurs, à M. F. Werne lui-même, qui se montre bien peu reconnaissant pour la France, et se fait le triste détracteur d'une époque si mémorable sous tous les rapports : j'ose en appeler à l'illustre baron de Humboldt, qui m'honore de son amitié depuis près d'un demi-siècle, à M. Carl Ritter, à MM. Lepsius, Ehrenberg, etc., et même à l'Académie royale des sciences de Berlin.

qui regarde l'esclavage et la traite à l'intérieur. Les belliqueux chasseurs d'hommes se transformeront, avec le temps, en chefs de caravane et en marchands paisibles. Ainsi qu'on l'a dit, une fois que les Africains connaîtront tous les trésors que renferme leur sol inépuisable, placé dix fois plus près de l'Europe que les colonies de l'Asie et du Nouveau Monde, ils seront disposés à exporter, à nous vendre non leurs populations, mais leurs denrées. Tripoli, Tunis, et plus tard le Maroc, comme l'Égypte, comme Alger, seront les portes par où notre industrie consommera ses échanges avec les riches produits ou matières que l'Afrique possède, ou est destinée à s'approprier. Cette révolution est inévitable, et chaque jour en rapproche l'instant. L'Égypte, qui s'était à peu près émancipée, aurait dû donner l'exemple au reste de l'Afrique, et fermer le passage aux esclaves à travers toute la vallée du Nil, de sa source à l'embouchure, c'est-à-dire sur une ligne de 1,200 lieues. Cette odieuse marchandise n'aurait plus passé en Turquie, en Perse ou dans les Indes; depuis longtemps les caravanes auraient pris l'habitude de ne plus amener autre chose aux bords du Nil que les richesses du sol; l'Afrique y aurait gagné loin d'y perdre, et aurait apporté à l'Égypte une force nouvelle. C'est là un sujet de reproche à adresser à son dernier maître, si renommé pourtant pour son intelligence commerciale. Peut-être il a cru conserver par là de bons rapports avec ses coreligionnaires, et ménager un empire qu'il menaçait pourtant, d'un autre côté, par le développement d'une grande puissance militaire et navale : comme si la politique et la religion avaient exigé de lui ce sacrifice à la routine; erreur et faute grave comme il en échappe quelquefois aux hommes supérieurs! Ici le génie de Mohammed-Aly l'a abandonné, et ce n'est que dans les derniers temps qu'il a apporté quelque restriction au triste commerce des esclaves. Mais, ce qu'il n'a pu achever n'est peut-être que différé : vienne, au gouvernement de l'Égypte, un prince seulement intelligent de ses intérêts; sûr de l'appui de la France et de l'Angleterre, heureusement d'accord sur la question, il réussira sans peine, et l'intervention de la Turquie sera impuissante pour entraver ce changement. Il est visible d'ailleurs que, depuis un demi-siècle, l'influence et le pouvoir du divan, sur la côte africaine comme aux rives du Nil, tendent à descendre de plus en plus; à peine Tripoli, sur toute la ligne septentrionale, conserve-t-il des rapports de réelle soumission. L'occupation récente de Souakin, de Massouah en Abyssinie, ne se conçoit qu'à cause de celle de l'Arabie, placée en face; mais celle-ci, elle-même, est-elle en effet sérieusement soumise? Le feu qui alluma jadis la révolte des Wahabis n'attend peut-être qu'une étincelle pour se réveiller, et Ibrahim-pacha n'est plus là pour l'éteindre.

JOMARD.

NOTE

AU SUJET DE L'OPUSCULE : *THE STORY OF JA'FAR*, ETC.

Voyez ci-dessus, pages vii et xxii.

Pour que le lecteur puisse comparer à la relation du cheykh celle du prince Dja'far, je rapporterai ici quelques passages de cette dernière.

Le Wadâi est une monarchie absolue héréditaire; Ja'far se dit le onzième descendant d'un *blanc* (1). Son oncle a été placé sur le trône de Bâghermeh par Sâboûn, lors de l'expulsion, en 1804, du sultan de ce pays à cause de sa vie licencieuse.

Il y a dans le Bâghermeh un lac d'eau douce; il faut *quinze jours* de marche pour en faire le tour. Ce pays, ainsi que le Wadâi, renferme des montagnes, des plaines, de grandes et de petites rivières. Le climat est très-chaud; il tombe, au commencement de l'été, des pluies torrentielles. Le pays possède une grande variété de fruits; le *café* y abonde et forme un grand article d'exportation. Il n'y a point de mines, pas de poudre d'or ni de pierres précieuses; le commerce consiste principalement en esclaves, dents d'éléphants et plumes d'autruche. Le peuple se nourrit de riz (*in-*

---

(1) M. Barker croit avec raison qu'il faut entendre par là un Arabe ou un Berbère venu du mont Atlas.

dian-corn) et de millet (1), de la chair des animaux domestiques et de poisson, denrée qui abonde dans les lacs et dans les rivières. On y voit la girafe et l'hippopotame, mais non le crocodile. Les hommes d'armes sont très-nombreux; ils sont armés d'arcs, de lances, de boucliers faits de cuir de buffle et d'hippopotame; quelques-uns ont des épées et des armes à feu qu'on se procure de Tripoli. Dans la capitale, il y a quatre petites pièces de campagne. La principale force est la cavalerie, montée sur d'excellents chevaux de sang arabe.

Wârah est bâti de briques faites de terre et séchées au soleil. Les maisons n'ont qu'un étage, excepté le palais et la grande mosquée, qui sont construits en pierre et charpente. Le harem est gardé par un grand nombre d'eunuques (2).

Les revenus du royaume consistent en impôts établis sur les produits du sol; les provinces sont tenues de les payer en argent à Wârah, à époques fixes. Le taux de la somme est constaté d'une manière bizarre; on en charge une branche d'un certain arbre; quand cette branche rompt, le tribut est jugé complet.

Les mahométans sont les plus nombreux; il y a, en outre, beaucoup d'idolâtres, des adorateurs du feu et *quelques chrétiens*. Les premiers sont tous noirs, les derniers ont le teint cuivré et habitent une montagne.

Ici le rédacteur de la relation ajoute ce qui suit :

« L'existence d'une race non musulmane ni idolâtre

(1) Ou plutôt de dourâh et doukhn.
(2) Ja'far croyait que la pratique de l'émasculation était abandonnée de son temps.

» n'est pas un fait unique. Nous avons entendu parler
» plusieurs fois, à l'arrivée des caravanes de l'intérieur,
» d'un établissement de *Nazaréens* au midi de Jebel-
» Kumri. Les uns supposent que ces gens sont des chré-
» tiens, parce qu'ils n'ont pas de mosquées et qu'ils
» sont d'une autre couleur que leurs voisins; les autres
» croient que ce sont des juifs appartenant à une tribu
» depuis longtemps dispersée. En tout cas, il paraît
» certain qu'il existe au centre de l'Afrique une famille
» isolée, d'habitudes très-différentes de celles des nè-
» gres. Voici, sur ce point, l'extrait d'une lettre offi-
» cielle du 24 février 1817 :

« Je dois vous informer de ce que j'ai appris de l'exis-
» tence de certaines tribus chrétiennes dans l'intérieur
» de l'Afrique. On les représente comme une race de
» nègres très-robustes; mais je n'ai pu découvrir qu'on
» ait observé chez eux aucun signe caractéristique reli-
» gieux, croix ou autre symbole; leurs croyances ont
» laissé chez eux si peu de traces, qu'à leur arrivée au
» marché ils embrassent aussitôt l'islamisme. Un capi-
» taine français, qui est resté vingt-cinq ans au service
» du pacha de Tripoli, m'a dit que plusieurs de ces
» hommes avaient été amenés par une caravane, il y a
» quelques années, et qu'il avait été chargé d'en con-
» duire à Alger vingt-huit, choisis parmi les plus beaux.
» En abordant au port, on entendit, à bord d'un vais-
» seau chrétien, résonner la cloche du soir; aussitôt
» ceux qui étaient sur le pont manifestèrent une grande
» joie; ils appelèrent leurs compagnons, et les embras-
» sèrent, leur montrant le vaisseau d'où venait le son,
» et répétant le mot *campaani* (mot corrompu de l'ita-

» lien). L'interprète les ayant interrogés, ils dirent
» que, dans leur ville natale, il existait un grand bâti-
» ment, sans idole, sans natte ni divan, et que là ils
» entendaient les exhortations d'un prêtre. Un autre
» fait curieux est que le dernier bey de Benghazi, qui
» dans sa jeunesse avait été amené esclave, se sou-
» venait d'une cérémonie de son pays semblable à la
» célébration de la messe, avec l'usage du vin consa-
» cré..... Le fait de la non-circoncision, joint à celui
» de l'usage de la cloche et à l'emploi du vin, in-
» diquent suffisamment que l'islamisme ne domine pas
» dans ce pays. »

Il m'a semblé que ces diverses relations méritaient d'être rappelées au moment où de nouveaux voyageurs songent à pénétrer au cœur de l'Afrique, et d'être rapprochées du fait que j'ai cité plus haut d'après la légende de la carte de Hermann Moll, fait qui, je crois, a été absolument négligé.

J—D.

INTRODUCTION

PAR M PERRON.

Le Dâr-Ouadây (1), c'est-à-dire le pays du Ouadây, est encore moins connu que le Dârfour.

Lorsque l'on publia, il y a plusieurs années, un aperçu sur Tounbouctou, composé d'après des notions communiquées par un cheykh sur les contrées occidentales du Soudan, cette publication attira l'attention des géographes. Le travail que je présente aujourd'hui a, ce me semble, une importance plus grave, par les données qu'il offre aux voyageurs qui voudront tenter l'exploration surtout des centres orientaux de l'Afrique.

Il ressort de certains passages de ce voyage (et mes entretiens avec mon cheykh m'en ont fourni la confirmation) que les divisions du Soudan, admises par ses habitants, diffèrent de celles qu'admettent les géographes d'Europe. J'ai cherché à déterminer, à force de questions, l'ordre successif de ces divisions, leurs rapports itinéraires, leurs rapports de distances et de posi-

---

(1) Prononcez en deux syllabes : *oua* et *dây*. Prononcez *ây* comme dans l'interjection française *aïe*.

tions, leurs limites et leurs étendues absolues et comparatives, et, sur les informations que j'ai recueillies, j'ai essayé de construire une sorte de *plan* du Soudan. J'y ai indiqué ce que m'a pu préciser mon cheykh El-Tounsy, c'est-à-dire ce qu'admettent les Soudaniens, comme divisions, dénominations, distances, etc. Mon cheykh, l'auteur de ce livre, pendant son voyage, a eu sans cesse occasion de voir et de questionner des marchands voyageurs, et surtout des *négriers* ou commerçants et chasseurs d'esclaves qui vingt fois ont porté leurs courses sur tous les points de la Soudanie; et souvent il a reçu, de ces *négriers*, des notions et des récits utiles sur ces contrées et sur leurs habitants.

D'autre part, j'ai eu maintes fois occasion de rencontrer au Caire des Fôriens, des Ouadayens, des Barnâouyens, des Bâguirmiens, des hommes du Mandarah, de l'Afnau, et je me suis toujours empressé de m'informer d'eux des dispositions locales des contrées qu'ils avaient parcourues ou habitées dans le Soudan.

C'est de la mer de Coulzoum au golfe Arabique que part la vaste zone de terrain qui, s'allongeant vers l'ouest, représente le sol de la Soudanie, commençant au rivage où se trouve la pointe de Saouáken, et se terminant au Dâr-Mella, empire des Foullân ou Féláta, au sud-ouest du Dâr-Tounbouctou, et même aux limites ouest de la Sénégambie, c'est-à-dire qui s'étend depuis la mer Rouge jusqu'à l'océan Atlantique; car une partie de la Sénégambie est considérée par les Soudaniens comme entrant dans le Dâr-Mellâ; ils comptent comme étant du Dâr-Mella les Foûta, situés à la contrée est de la Sénégambie. Nous avons vu plus d'une fois, dans le voyage au Dârfour, le nom du faguyh ou cheykh Mâlik, désigné, comme Foullân de Foûta, par le terme de Foûtâouy ou originaire de Foûta.

Toutes les contrées situées au sud de la série des États musulmans font aussi partie intégrante de la Soudanie.

La limite sud-ouest de l'Abyssinie est aussi comptée, par les Sennâriens au moins, dans la composition du Soudân; et toutes les peuplades qui occupent les régions sud-ouest du Sennâr, par delà le Fâz-Oglou, forment pour eux le Dâr-Noûbah. En Égypte, lorsqu'on désigne un esclave par la qualification de *noûby*, on veut dire qu'il est des peuplades qui habitent au delà du Sennâr méridional, c'est-à-dire du Dâr-Noûbah. Jamais on n'entend par *noûby* un esclave né dans le pays qu'on appelle communément Nubie. Dioclétien, sur la fin du iiie siècle de l'ère chrétienne, engagea une peuplade noûby, les *Nobades*, à aller s'établir sur les frontières de l'Égypte; de là l'origine du nom de Nubie donné à l'espace compris entre l'Égypte et l'île de Méroé. Avant cette époque, il n'y avait pas d'autre Nubie que celle de par delà le Sennâr. Ce nom de Noûba paraît venir du mot copte ⲛⲟⲩⲃ, or; on trouve en effet, dans cette contrée, des sables aurifères.

Les peuplades *madjoûs*, c'est-à-dire idolâtres, ou non musulmanes, qui habitent les espaces situés au delà du Kordofâl, au sud, sont désignées par le nom général de *Terjâouy* ou *Terdjâouy*, c'est-à-dire Touroûdjien, ou individu du Dâr-Touroûdj. Terjâouy est le pluriel de Touroûdjy.

Au delà des limites sud du Dârfour, les Madjoûs, chez lesquels les Fôriens vont capturer des esclaves, sont appelés du nom général de Fertytes. Par delà le midi du Ouadây, les Madjoûs, décimés pour l'esclavage par les Ouadayens, sont compris sous la dénomination commune de *Djounkharâouy*, Djounkhariens, c'est-à-dire naturels du Dâr-Djenâk'hérah. Enfin les *idolâtres* répandus au delà des confins méridionaux du Bâguirmeh et du Barnau, à la suite du Mandarah, ont reçu le nom de *Kirdâouy*, Kirdâouyens, habitants du Dâr-Kirdy.

Il est très-probable que les autres peuplades qui continuent cette zone méridionale de la Soudanie, au delà du midi de l'Adiguiz ou Aghadès, de l'Afnau, du Tounbouctou et du Mella, ont également des noms collectifs spéciaux ; mais notre cheykh les ignore. Il paraît aussi qu'une partie des contrées nord de la Guinée septentrionale est comptée par les habitants du Mella et du Tounbouctou comme partie de la Soudanie, et qu'ils poussent jusque-là leurs chasses aux esclaves.

D'autre part, les séries des monts que nos géographes désignent sur les cartes par le nom de Monts de la Lune, ne sont pas les limites de la Soudanie au sud. Notre cheykh a pénétré assez loin dans le Dâr-Fertyt ; il y a vu des cultures, des pays bien boisés, et de plus trois cours d'eau, dont un, au delà du By*n*a (1), du Schâla, du Goula, est une rivière assez étroite, le Bahr-Ada. Il a vu de nombreuses montagnes, mais placées à distance les unes des autres, un terrain inégal, rempli de courants d'eau temporaires ; mais jamais il n'a entendu parler d'une chaîne considérable qui portât un nom général, tel que celui de Monts de *Coumr*, que

(1) L'n *italique* indique le son fortement nasal de la lettre qui la suit ; voyez le *Voyage au Dârfour*, page 484.

l'on a si maladroitement traduit par Monts de la *Lune*. Il ignore, du reste, où se limite la Soudanie au sud.

De ce que nous venons d'énoncer, il résulte qu'on peut considérer la vaste surface à laquelle on donne le nom de Soudan comme divisée en deux zones, l'une septentrionale, et que j'appellerai *Soudan musulman*, qui comprend les dix États que j'ai déjà énumérés dans le Voyage au Dârfour, et les tribus de Touârik et des Toubou; l'autre méridionale, que je distinguerai par le nom de *Soudan idolâtre*, comprenant tous les Soudaniens madjoûs qui constituent la série des populations sur lesquelles le musulmanisme du Soudan septentrional lève, par la violence et comme par coupes régulières et annuelles, d'énormes impôts d'esclaves. Nous verrons, dans un chapitre de ce Voyage, comment s'exécutent ces expéditions cruelles, qu'aujourd'hui rien ne peut plus excuser, pas même la religion musulmane.

Il y a encore une division pour ainsi dire commerciale négrière, admise par les marchands des États barbaresques qui vont étendre leurs courses jusqu'au centre de l'Afrique. Ainsi, dit le cheykh dans un passage de son livre, les Tunisiens, les Ghadamsiens, les Fezzanais, ne considèrent comme véritable Soudan que l'Adiguiz, l'Afnau et le Tounbouctou. Les autres États, c'est-à-dire le Barnau, le Bâguirmeh, le Ouadây, le Dârfour, le Kordofâl, le Sennâr, ne sont pas compris dans la dénomination de Soudan. La raison de cette exclusion est que les esclaves, comme les marchandises mêmes qui se trouvent dans ces six contrées de l'Est, sont de mauvaise nature et de mauvais usage. Dans la partie ouest, au contraire, les esclaves sont d'une nature plus belle, plus intelligente, et dès lors d'un débit plus lucratif. Ceux surtout qui viennent de l'Afnau ont une valeur supérieure, et sont préférés à tous.

Jadis le nom de Takroûr était appliqué aux seuls habitants de Barnau; aujourd'hui il est appliqué à tous les habitants du Barnau proprement dit, du Mandarah, du Katakau, du Bâguirmeh et du Ouadây. (Voyez page 126 du Voyage au Dârfour.)

Presque tous les États de la Soudanie sont séparés entre eux par des espaces libres et sans habitants à demeure fixe. Les espaces qui sont entre le Ouadây et le Dârfour, entre le Ouadây et le Bâguirmeh, sont même sans peuplades errantes; ces deux intervalles sont trop resserrés pour que des tribus viennent y prendre parfois station, ne fût-ce que momentanément. Elles craindraient d'être trop facilement surprises, trop souvent attaquées par les Ouadayens, ou les Fôriens, ou les Bâguirmiens, qui, tantôt séparément, tantôt d'un commun accord, pourraient les dépouiller sans peine, les exterminer peut-être. Bloquées entre les deux États, elles n'auraient aucun moyen d'échapper aux attaques et aux avides exigences de leurs agresseurs.

Il n'en est pas de même pour les plaines interposées, par exemple, entre le Barnau et l'Adiguiz, entre l'Adiguiz et l'Afnau. Ces plaines, ainsi que celles qui s'étendent à de grandes distances au nord de ces États et du Tounbouctoû, sont constamment parcourues ou habitées, sur des espaces plus ou moins prolongés, par les Touârik, hordes inquiètes et avides, toujours en armes, toujours la lance en main et le bouclier au bras, toujours à l'affût des caravanes, qu'ils rançonnent, ou détroussent, ou pillent complétement, suivant qu'ils trouvent dans ces troupes voyageuses plus ou moins de nombre et de résistance.

Du côté du sud, des Félâta courent aussi les plaines à la piste des caravanes, et sont frères des Touârik pour l'audace, l'avidité, la brutalité sauvage. Selon le cheykh El-Tounsy, les Touârik ne sont pas d'origine arabe, ils descendent des Toubou; la plupart sont scénites. Les Touârik, les Toubou et les Foullân représentent les Kurdes du Diâr-Bekr. J'ai vu au Caire un Ghadamsien ou habitant de la grande oasis de Ghadâmès, qui avait fait plusieurs fois le voyage de Ghadâmès à l'Adiguiz et à l'Afnau, et il m'a raconté, à moi et au cheykh El-Tounsy, que les Touârik sont répandus en tribus nomades extrêmement nombreuses sur tout le trajet des déserts qui séparent Ghadâmès de l'Afnau et de l'Adiguiz. Le nom des Touârik est prononcé partout Touâreg et Târgua.

Les Touârik, comme les Arabes de la presqu'île arabique, ont, les uns des tentes en étoffe faite de poil de chameaux, les autres des tentes en toile, et les autres des tentes en cuir. Ils ont une sorte de ville appelée Ghât, à environ vingt-cinq jours de Ghadâmès. Depuis plusieurs années ils se sont créé un roi pris parmi eux et dont la résidence est à Ghât. Les Félâta du Mella qui, dans leurs guerres de réforme, avaient pénétré jusqu'au delà du nord de l'Adiguiz et de l'Afnau, et avaient menacé de soumettre et de dominer une grande partie des Touârik, sont désormais entièrement expulsés des régions occupées par ces derniers, et les Touârik se sont rendus indépendants de toute domination étrangère.

Le faguyh Ilâly, de Ouârah, capitale du Ouadây, et que j'ai vu plusieurs fois au Caire en 1843, lorsqu'il y passa pour aller en pèlerinage à la Mekke, m'a donné, chez le cheykh El-Tounsy, quelques renseignements sur les Touârik. Le faguyh ou cheykh Ilâly demeure à Ouârah dans la maison même qu'habitait autrefois le cheykh El-Tounsy, avec deux cousins auxquels le cheykh en partant du Ouadây laissa cette maison, et qui l'ont encore pour résidence aujourd'hui.

Ilâly nous a donné aussi la plus grande partie des matériaux de l'essai de carte du Ouadây, c'est-à-dire presque tous les noms des villages ou bourgs, les noms et directions du Bahr-Iro ou rivière d'Iro depuis sa source aux monts Marrah jusqu'à sa marche à travers le Bâguirmeh, la direction du Châry, du Bahr-el-Fitry, du Bahr-Râched, de la rivière des Salamât, du Bahr-el-Abiad ou Rivière-Blanche dans le Barnau. Mais il n'a pu nous dire si ce Bahr-el-Abiad a quelque rapport avec le Nil-Blanc ou Fleuve-Blanc proprement dit; il ne connaît pas le fleuve Misselâd. Toutes les fois que je répétais ce nom à Ilâly, comme appliqué à un fleuve de très-long cours, il me répondait : « Il n'y a pas de plus long cours d'eau, de plus long bahr dans notre Soudan que le Bahr-Iro qui dans un point reçoit le nom de rivière des Salamât, de plus large que le Châry, de plus rapide que le Bahr-el-Abiad du Barnau. » De là, je pencherais à croire que le fleuve Iro est le Misselâd de Browne. En un mot, Ilâly nous a fourni les noms et les rapports approximatifs d'au moins cent cinquante à deux cents localités inconnues pour nous.

Mais combien il nous a fallu de temps, de conversations, d'instances, de questions, de détours, pour obtenir du faguyh Ilâly les renseignements que nous désirions! Ilâly, bien que plus communicatif que tous les Soudaniens que j'ai vus, esquivait imperturbablement les attaques de notre curiosité. Cette habitude est celle de tous les noirs du Soudan; généralement ils ne veulent donner aucune indication sur leur pays. Sans le secours du cheykh El-Tounsy, je n'aurais rien obtenu. Or, un soir que nous nous étions régalés d'un excellent couscoucy chez le cheykh El-Tounsy, et que nous étions tous les trois en tête à tête, sans témoins étrangers, à quatre heures de nuit, je dis à Ilâly : — « Pourquoi donc répugnes-tu si fort à fournir au cheykh les renseignements qu'il désire avoir sur ton pays?—C'est une chose qui nous est défendue sous peine de mort. — Comment?... — Sans doute. Et si le sultan venait à savoir que je vous eusse parlé des routes et des pays du Ouadây, il me ferait tuer sans miséricorde. — Qui veux-tu qui aille dire à votre sultan que tu nous as indiqué quelques localités du Ouadây? Ni le cheykh ni moi n'avons envie de voyager au Soudan. Et quand même l'envie nous en viendrait, nous nous garderions bien de parler de ce que tu nous aurais communiqué. — Je le crois. Mais, vous le savez, la peur... — N'aie aucune peur; nous te promettons de ne jamais te trahir. — Je vous crois. Mais jurez-moi de ne jamais découvrir que c'est au faguyh Ilâly que vous aurez dû des indications sur le Ouadây, et je vous dirai ce que j'en sais, car j'ai beaucoup parcouru le Ouadây; j'ai suivi les troupes du sultan, par la route de Ouârah à Ab-Sémin, dans deux expéditions contre le Bâguirmeh, dans une autre expédition chez les Arabes Bény-Salamât révoltés, dans deux expéditions au Dâr-Kirdy et au Dâr-Byna, pour les chasses aux esclaves. — Dans toutes ces courses-là, repris-je, alliez-vous à grandes journées? — Non, jamais. On fait simplement, jour par jour, des étapes de cinq, de six, de huit heures, toujours en ligne droite ou à peu près, car notre pays est très-peuplé et très-facile à parcourir, et puis les étapes sont toujours les mêmes, toujours aux mêmes endroits. — Alors ceux qui suivent les expéditions, soit de guerre, soit de chasses aux esclaves, soit de commerce, doivent connaître...? — Certainement. — Combien y a-t-il d'étapes dans les directions que tu as eu occasion de parcourir? — Le plus grand nombre est dans la direction du nord au sud, car le Ouadây est d'environ un tiers plus long que large. — Touche-t-il immédiatement aux frontières du Dârfour et du Bâguirmeh? — Non; il y a, entre le Dârfour et nous, les Ouâdy d'Askéné et de Kelkel, du sud au nord. C'est une lisière bien boisée, assez étroite. L'ouâdy ou espace libre qui nous sépare du Bâguirmeh, est l'Ab-Ouardeh, également garni d'arbres; sa largeur est plus que double de celle qui nous sépare du Dârfour. »

Ilâly, une fois mis en train, continua avec plaisir ses indications, et le cheykh écrivait les noms de localités, leurs rapports, leurs distances, etc. Mais nous parvenions difficilement à avoir les directions assez précises, Il semblait à Ilâly qu'il avait, dans tous ses voyages, toujours marché droit, ou à peu près, au nord ou au sud, à l'est ou à l'ouest, ou dans une des lignes intermédiaires à ces quatres points. C'est tout ce que nous pûmes savoir; Ilâly non plus n'en savait pas davantage.

Ensuite nous causâmes du reste du Soudan. Et comme Ilâly était allé du côté de l'Afnau, au nord, il nous donna sur les Touârik quelques curieux renseignements, que voici, et que je ne trouve indiqués dans aucune des cartes géographiques que j'ai pu rencontrer en Égypte.

Au nord de l'Adiguiz, et presque vers ses limites, est la grande tribu Touârik des Keileiouï. Elle habite les montagnes et forme une population nombreuse et puissante. Un fragment de cette tribu occupe l'espace qui est entre le Barnau et l'Adiguiz.

Les Touârik véritables et primitifs, ou Touârik-Oullamouden, sont stationnés au-dessus du Tounbouktou et sur ses limites nord. C'est d'eux que se sont séparés les Oullamouden de l'est. Du reste, la puissante branche des Oullamouden a de nombreuses sous-tribus, riches en chameaux et en chevaux. Chacune de ces tribus forme, disait Ilâly, une masse d'une centaine de mille d'individus.

La seconde tribu après les Keileiouï, est celle des Keil-Giris. Entre ces deux tribus principales, est stationnée celle des Touârik-Adjdâlen, peuplade de marabouts. La tribu Touârik des Témez-Djedden est à l'est des contrées occupées par les Touârik (Dâr-el-Taouârik), au-dessus des Oullamouden de l'est.

La tribu des Yticen et celle des Keil-Giris ont le même langage. Les Yticen avaient d'abord la supériorité de force et de puissance ; mais cette supériorité passa ensuite entre les mains des Keil-Giris.

Les Toubou (et non pas Tibbou ou Toubbou) remplissent le même rôle que les Touârik; ils sont disséminés aussi au nord de la Soudanie, mais du côté de l'est, principalement sur les routes qui sillonnent le désert, depuis le Fezzân jusqu'aux États du Barnau et du Ouadây. Nous verrons qu'ils lèvent un impôt ou droit de passage sur les caravanes qui traversent certaines de leurs tribus. Les Toubou-Réchad ou Toubou-Rechâdeh, c'est-à-dire Toubou des Rochers, sont ainsi désignés parce que leurs tribus sont dispersées à travers les monts qui précèdent, au sud-est, les limites du Fezzân, et que plusieurs habitent les cavernes de ces monts.

Quant aux subdivisions qui sont considérées comme des provinces de tel ou tel État, plusieurs d'entre elles occupent des positions différentes de celles où les placent les cartes géographiques même les plus récentes ; certaines désignations de peuplades sont aussi tout à fait nouvelles. Nous avons déjà vu des exemples de cela dans le Dârfour; il en est de même pour le Dâr-Fertyt et pour le Dâr-Noûba. La plupart des tribus arabes qui avoisinent le Dârfour et le Ouadây étaient inconnues; de même pour le Baradjaûb, le Dâr-Touroûdj et le Dâr-el-Djénâkhérah.

Le Mandarah, à ce que m'a assuré un Barnâouyen que je voyais souvent au Caire chez le sultan du Dârfour, et dont le portrait fait partie des figures de cet ouvrage, le Mandarah est traversé par le fleuve Sâry, qui mouille aussi les environs de Maçania, capitale ou birny du Bâguirmeh. D'après mon Barnâouyen, Sâry est le nom véritable du fleuve; mais aujourd'hui on l'a corrompu en celui de Châry. Quant au nom de *Tsad* ou *Tchad*, appliqué sur nos cartes au grand lac situé au delà du Bâguirmeh et dans le Barnau, ce nom n'est pas connu de mon Barnâyouen, qui appelle le tout, c'est-à-dire le lac et le fleuve indistinctement, *Bahr-Châry*, mer et fleuve de Châry; en Égypte *Bahr* signifie toujours le Nil. Le lac est appelé dans l'arabe du Barnau le Boheyreh, ou petite mer, il est navigable; un grand nombre de barques le sillonnent constamment.

Les Barnâouyens sont intimement persuadés que leur pays est une terre de bénédictions. Cette foi repose sur une analogie ridicule qui pour eux est une démonstration incontestable. Ils prétendent que l'arche de Noé, après le déluge, se trouva à terre dans une de leurs provinces; et la preuve, c'est que le mot Barnau, disent-ils, est évidemment composé des deux mots arabes *barr* et *Nôh*, ce qui signifie *terre de Noé;* seulement, dans le mot *Barnau* ou *Barno*, on a adouci et abrégé les deux termes primitifs dont il est formé.

Au Barnau comme au Ouadây, au Dârfour et au Bâguirmeh, des gouverneurs qui portent le titre de mélik ou rois ont l'intendance et l'administration des provinces. Celui du Mandarah, en raison de la richesse et de l'importance de cette contrée, est un des personnages les plus élevés du Barnau, et a le titre de sultan. Il en est de même de celui du Katakau. Chacun d'eux représente assez bien un pacha gouvernant un État, une grande province, au nom de la cour de Constantinople ; chacun est nommé et investi de l'autorité qui lui est dévolue par le sultan souverain du Barnau. Le sultan du Katakau a sous ses ordres les cinq rois qui gouvernent les cinq provinces du Katakau ; et ces cinq rois donnent le nom de Birny, ou Capitale, aux chefs-lieux où ils ont leurs résidences royales. Un de ces cinq Birny est à Logon et est la résidence ordinaire du sultan du Katakau.

Le Kânum est gouverné par un *Élifa*, désignation qui n'est appliquée qu'au gouverneur de cette province. Ce fut l'Élifa du Kânum qui, lors de la terrible invasion de l'espèce de protestantisme armé des Foullân, sauva le Barnau, le Bâguirmeh, le Ouadây et même le Dârfour, des dévastations des réformateurs et arrêta les progrès de ces audacieux conquérants. Du Dâr-Mella, les Foullân se ruèrent sur le Soudan oriental, et, conduits par un illuminé, menacèrent d'absorber les trois quarts de la Soudanie. Notre cheykh nous racontera cette guerre religieuse qui désola tant de contrées au moment même où les Wahabites soutenaient et promenaient aussi leur protestantisme, les armes à la main, dans les tribus et les populations de l'Arabie occidentale.

L'Adiguiz, l'Aghadès des géographes, est une province ou délimitation territoriale peu connue. Le lieu le plus considérable de cette partie du Soudan est appelé aussi Adiguiz. C'est à l'est de cette province que commence le *Soudan commercial* des habitants du Maghreb.

Après l'Adiguiz vient l'Afnau, contrée assez étendue et avec laquelle se fait une grande partie du commerce de Tunis et de Tripoli. L'Afnau et l'Adiguiz, à peine indiqués dans beaucoup de cartes, sont fréquentés par la plupart des caravanes du Maghreb. L'Afnau surtout est constamment en relations de commerce avec Tunis. Les trois villes principales de cette contrée sont Hauça, Kechnah et Noufeh, dont les noms sont aussi ceux des trois grandes divisions du pays. L'Afnau est la région appelée, par la géographie européenne, Haoussa, nom que personne des Soudaniens et des Mogrébins que j'ai pu voir et consulter en Égypte, ne connaît que comme le nom de la capitale de l'Afnau; ils ne le connaissent point du tout comme nom d'un État.

Quant au Dâr-Tounbouctou, je n'ai pas besoin d'en parler. Il commence à être connu, surtout par le nom de sa ville capitale, Tounbouctou.

Le Dâr-Mella ou Dâr-El-Foullân a une étendue très-considérable. Les Foullân ou Félâta de l'est du Dâr-Mella, me dit mon cheykh, ont la tête grosse, le front court et saillant, la bouche largement ouverte, la face large. Mais ceux du côté de l'ouest, et surtout du nord-ouest du Mella, ont la figure et la tête assez régulières.

Depuis le Dârfour principalement, jusqu'à la Sénégambie, on trouve des Foullân ou Félâta disséminés et établis de tous côtés en stations ou en peuplades plus ou moins nombreuses, soit fixes, soit nomades, mais surtout dans les deux tiers ouest des régions situées au delà des limites méridionales des États du Soudan musulman. Ils sont là comme le pendant des Touârik et des Toubou. En un mot, dans tout le Soudan, jusqu'au Kordofâl inclusivement, on rencontre des Félâta. A compter du Dârfour, où ils ont quelques stations fixes, telle que celle qui occupe l'interruption de la chaîne des monts Marrah, ils sont nombreux dans chaque État. La guerre de la réforme les a semés sur toute la surface du Soudan islamique.

Au Dârfour et au Ouadây, le cheykh El-Tounsy a vu des Foullân arrivés aux premiers emplois du gouvernement. Dans le voyage au Dârfour, nous avons remarqué le faguyh Mâlik de Foûta, jouissant d'une influence extraordinaire auprès du sultan. D'autre part, les émotions de terreur et même d'admiration qu'ont éveillées les courses belliqueuses des Foullân, ont pour ainsi dire attaché au nom de ces sauvages une idée de terreur, quelque chose de merveilleux, qui les a conduits aussi à s'emparer de la *puissance* de la sorcellerie, de la magie, contre les peuplades du Soudan; sous ce rapport ils sont en possession de tout ce qui peut imposer et en imposer à des peuples ignorants, superstitieux, craintifs, et qu'un signe de main jette dans l'extrême de l'épouvante, ou de l'étonnement, ou de l'admiration.

Disons maintenant quelques mots sur l'essai de carte du Ouadây ajoutée à ce Voyage.

J'ai suivi pour la construction de cette carte la même marche que pour celle du Dârfour. Les distances sont appréciées approximativement. J'ai cru pouvoir admettre pour chaque journée, l'une dans l'autre, six lieues communes et un quart. C'est là tout ce que font les caravanes, moyennement, pendant un certain nombre de jours. Parfois elles parcourent dans deux, trois ou quatre jours, plus de vingt-cinq lieues ; mais si l'on considère que les voyageurs Soudaniens en caravanes, arabes ou non arabes, comptent, dans la somme des distances évaluées par une somme de journées, même les jours de repos, et que, par exemple, dans quinze ou vingt jours de *voyage*, ils ont fait peut-être quatre ou cinq jours de halte, on verra que l'approximation que j'ai adoptée pour représenter géographiquement mes distances, est dans des termes très-voisins de la vérité.

La longueur du Ouadây, à partir du nord au sud, est d'environ trente journées, et la largeur, c'est-à-dire l'étendue de l'est à l'ouest, est d'environ vingt jours. Sa largeur terminale, du côté du nord, est sensiblement moins considérable que celle de l'extrémité sud. La surface du Ouadây est, comparativement, bien mieux garnie d'habitants que la surface du Dârfour.

Excepté du côté de l'est, le Ouadây est environné de tribus d'Arabes demi-nomades qui ne reconnaissent pas l'autorité absolue du sultan ouadayen. Leurs relations avec ce sultan sont entièrement semblables à celles qu'ont avec le sultan Fôrien les tribus d'Arabes des environs du Dârfour. Les Bény-Bideyât, bédouins errants, à deux ou trois jours de distance des frontières nord du Ouadây, ne sont point d'origine arabe ; ils ont les habitudes et le genre de vie des Arabes, mais ils n'en ont pas le langage.

Le Ouadây est encore appelé Ouadadây, Bargau et Dâr-Séleîh. Cette dernière dénomination est la plus employée dans tout le Soudan. Celle de Ouadây, et surtout celle de Ouadadây, est la plus communément usitée après celle de Dâr-Séleîh, et les Oudayens ne nomment presque jamais leur pays que Ouadadây; très-rarement ils se servent du nom de Bargau; cette dénomination n'a cours que dans quelques contrées du Soudan.

Les divisions administratives principales du Ouadây sont fixées selon les positions géographiques. Il y a cinq grandes divisions premières : la province du Nord, celle de l'Est, celle de l'Ouest, celle du Botayha ou Petit-Pays-Bas, et celle du Batha ou Pays-Bas.

Les gouverneurs des provinces portent le nom d'*aguîd* (au pluriel *agada*) et ont le titre de *mélik* ou *roi*. L'aguîd *El-Ryh* ou de la province du *Vent*, c'est-à-dire du vent du nord, gouverne la province du Nord. L'aguîd du *Sabâh* ou *Est* gouverne, comme le nom l'indique, celle de l'Est, dont l'extrême frontière est presque entièrement habitée par des Maçâlyt, qui y forment une population nombreuse. L'Aguîd du *Gharb* ou de l'Ouest gouverne la province de l'Ouest. L'aguîd *El-Batha* ou du *Pays-Bas* administre l'espace central compris depuis le Batha jusqu'à l'extrémité du sud.. Enfin l'aguîd du Botayha administre la contrée qui s'étend, au centre du Ouadây, depuis le Batha jusqu'à la vallée proprement appelée Botayha.

Batha et Botayha son diminutif sont les noms spéciaux de deux longues et larges vallées, ou bas terrains, qui courent de l'est à l'ouest et partagent le Dâr-Séleîh en y figurant trois zones d'étendues inégales.

Le bas-fond proprement dit du Botayha est un lit de beau sable blanc, bordé de chaque côté d'une rangée d'arbres qui le suit dans toute sa longueur. Ce lit sablonneux et inculte a une largeur de presque une demi-heure de marche, et s'étend en ligne presque droite. Pendant et après la saison des pluies il est couvert d'eau, et à mesure que cette eau diminue, elle devient d'une limpidité parfaite et laisse briller les sables sur lesquels elle se promène. Selon le cheykh El-Tounsy, très-rarement cette eau se tarit; il en reste toute l'année un ruisseau qui coule très-lentement. La rivière des Bény-Râched se dessèche parfois complétement; l'eau s'infiltre en partie dans les sables et en partie s'évapore. En hiver, le courant est peu abondant, car, d'après la distribution des saisons de l'année au Ouadây, l'été, qui est l'époque des pluies, vient immédiatement après l'hiver, ce qui donne aux saisons l'ordre suivant : hiver, été, automne, printemps.

Pendant les fortes chaleurs, l'eau est dans sa plus grande abondance; quand arrive le printemps, et surtout l'hiver, la température médiocre de l'atmosphère ne provoque qu'une évaporation assez lente des eaux qui restent.

Deux lignes d'arbres limitent le Botayha au sud et au nord; au delà, on entre immédiatement dans les campagnes cultivées. Après une demi-heure de trajet vers le sud, sont les Kachméreh, peuplade nombreuse répandue dans une foule de villages, parmi lesquels est le village d'Am-Kharrôubeh, qui pourrait fournir près de cinq cents hommes en état de porter les armes, et qui fut le lieu de résidence du cheykh El-Tounsy pendant plusieurs mois.

Le Batha est au sud du Botayha, à six ou sept jours de marche, c'est-à-dire environ 40 à 45 lieues communes. La vallée a la même disposition et à peu près la même longueur et la même largeur que celle du Botayha. Mais les eaux du Batha sont beaucoup plus abondantes et ne se dessèchent jamais entièrement. Pendant et après les pluies, les eaux, dans la vallée du Batha et dans celle du Botayha, s'accumulent de manière à se présenter comme deux énormes courants qui ont l'aspect de deux larges rivières. Alors les peuplades situées au delà de leurs bords méridionaux se constituent souvent en état de révolte, jusqu'à l'époque où ces inondations pluviales, diminuées, ne peuvent plus leur servir de rempart. Du Batha se détache la rivière ou bahr El-Fitry.

Outre les principaux gouverneurs de provinces dont nous avons parlé tout à l'heure, il y a quelques mélik ou rois d'un rang secondaire, qui administrent en particulier certaines contrées restreintes ou districts, certaines peuplades, ou certains cantons. La plupart de ces mélik relèvent immédiatement de l'aguîd de la province dans la circonscription de laquelle ils sont enclavés.

Les tribus arabes extra-limitrophes sont aussi, jusqu'à un certain point, en relation administrative avec l'aguîd le plus près des lieux où elles sont généralement stationnées. Car tous les ans le sultan envoie demander à ces Arabes une sorte de droit de protection, ou d'aubaine, qui est plus ou moins à l'arbitraire des tribus, et qui, pour cela, est parfois refusé nettement. Les Béni-Guéâteneh et les Bény-Zébédeh sont presque sous l'administration du gouverneur du Gharb.

Les Kachméreh ont leur mélik qui relève de l'aguîd du Botayha. Les Djénâkhérah de l'intérieur du Ouadây, qui sont des esclaves primitivement attachés au service du sultan, et qui ensuite ont été rassemblés en une sorte de corps, comme les Abydyéh du sultan Fôrien, sont sous l'intendance d'un mélik qui gouverne à peu près comme province les nombreux villages que ces esclaves occupent entre Ouârah et le Gharb. Au nord de l'espace habité par ces Djénâkhérah, est une contrée montagneuse, bien peuplée, gouvernée aussi par un mélik qu'on désigne spécialement par le nom de *mélik El-Djébâl* ou *roi des Monts*, et qui paraît relever plus directement du souverain du Ouadây que de l'aguîd du Nord.

Les Koùka, les Koudkous, les Bygo, les Dâdjo, les Maûbeih, les Birguid, les Heimât, les Bendalah, les Fitry, du côté du sud et de l'ouest ; les Berty, les My-meh, les Guimir, les Mesmédjeh, les Madago, les Bé-lâleh, une station de Dâdjo, les Héleilât, au nord ; les Maçâlyt, à l'est ; les Mesmédjeh du Botayha, les Ab-Béker, les Merfeh, ont chacun un mélik ou roi. Les tribus arabes, même celles qui sont en tout ou en partie sur le territoire du Ouadây, telles que les tribus des Salamât, des Djéâteneh et des Râched, sont sous l'administration d'un cheykh qui relève plus ou moins directement de l'aguîd le plus voisin de leur lieu de séjour. Les Fitry sont régis par cinq rois, dont un a la haute main sur les autres. Sa résidence est à Yâoua.

Chaque roi dans la circonscription de son fief, quoique sous la juridiction d'un gouverneur, est un vassal du sultan ouadayen, mais un vassal presque despote absolu, un tyran de détail, mais un tyran qui se considère comme un haut, puissant et révérendissime seigneur. Les aguîd ont le *droit d'ordre et de défense*, comme disent les Arabes, chacun sur sa province, sur les rois qui s'y trouvent comme sur les sujets.

Les Koûka qui sont vers les limites nord-est du Fitry sont une tribu détachée depuis longtemps des Koûka situés au sud-est du Ouadây. Cette séparation, m'a dit Ilâly, eut lieu à la suite d'une querelle violente. Cette sorte de tribu se voyant menacée par les autres Koûka, alla se plaindre au sultan, qui, pour couper court à toute dissension, confina les plaignants au sud-ouest du gouvernement ou département du Batha, où ils sont restés dès lors à demeure fixe.

Les Koûka qui peuplent si abondamment l'angle sud-est du Dâr-Séleîh sont, par origine, une tribu des Djénâkhérah, chez lesquels ils forment encore une population nombreuse et célèbre par la beauté de ses femmes. Toutes les jeunes filles que les Ouadayens enlevaient autrefois aux Koûka, dans les chasses ou expéditions faites chez les Djénâkhérah, étaient pour le harem du sultan. A une époque oubliée maintenant, on conseilla au souverain du Ouadây d'expédier une grande chasse aux esclaves chez les Koûka Djénâkhériens idolâtres, d'y prendre une masse considérable de filles, de femmes, d'hommes, d'enfants, de familles, et de transplanter le tout dans la contrée sud du Ouadây, afin d'avoir plus facilement de quoi fournir annuellement de jeunes filles, soit comme femmes légitimes, soit comme concubines, le harem du sultan. Le conseil fut accueilli et suivi. C'est depuis ce temps qu'un aguîd ou gouverneur établi, outre le roi, au Dâr-Koûka ouadayen, envoie tous les ans, pour le harem du sultan, les plus belles filles du Koûka. Ces filles n'ont jamais plus de dix à quatorze ans, et souvent l'envoi annuel de ce genre d'impôt personnel va jusqu'à soixante, cent, et même cent cinquante vierges.

Le sultan du Ouadây a sa résidence à Ouarâh, ville peu considérable dont le cheykh El-Tounsy m'a donné le plan. Ouârah est environnée de montagnes qui lui forment un mur naturel et la constituent presque en citadelle.

Il résulterait des évaluations de distances que m'a fournies mon cheykh, une position approchée de Ouârah vers le 13° de latitude et vers le 21° ou le 22° de longitude. Cette ville ne doit pas être située très-loin du Dâr-Tâmah; car dans une guerre entreprise contre les Tâmiens, l'armée ouadayenne, comme nous le raconterons, passa, en cinq jours, des environs de Ouârah sur le territoire du Tâmah.

Le Dâr-Tâmah, qui est généralement sous la protection du sultan Fôrien, et qui plusieurs fois tomba sous la dépendance du souverain du Ouadây, est un pays hérissé de montagnes, entrecoupé de terrains cultivés. La principale montagne est le mont Tâmah, sur le sommet duquel est la résidence du roi des Tâmiens.

Ouârah est partagée, du nord au sud, par une longue rue qui s'élargit en une place spacieuse appelée *le Fâcher* (1), devant la demeure du sultan. La ville elle-même est dite aussi le Fâcher, non pas comme nom spécial, mais comme nom donné à tout endroit où le sultan fixe son séjour. Cette dénomination de Fâcher est en-

(1) Prononcez l'*r*.

core appliquée à la demeure ou palais du sultan ; mais, hors de Ouârah, on entend par Fâcher la ville même.

Au Bâguirmeh, au Barnau et aussi dans quelques provinces, comme le Katakau, le mot *fâcher* est remplacé par le mot *birny*. Ainsi, par le birny du Bâguirmeh on entend le lieu où réside le sultan ; et tout lieu où le sultan transférerait sa résidence prendrait immédiatement la *qualification* de birny. Depuis longtemps le birny du Bâguirmeh est Maça*n*ia (1), auprès de laquelle passe le Châry. Maça*n*ia est le nom donné à la ville par ses habitants ; les Bâguirmiens du reste du Bâguirmeh la désignent par le nom de Karnak. Quant à l'appellation Maça*n*ia, je la transcris telle que l'ai entendu prononcer, au Caire, par quelques Ouadayens qui plusieurs fois étaient allés au birny du Bâguirmeh.

Près de Maça*n*ia, appelée encore Meito, le Châry a une largeur extraordinaire, et même avant que ce fleuve arrive au Bâguirmeh, sa largeur, m'a dit le faguyh Ilâly, est de toute la portée de la vue ; d'un bord, on aperçoit à peine un individu sur le bord opposé. On sait, d'ailleurs, par les relations de voyages que, dans certains endroits, et même à l'époque des basses eaux, la largeur de ce fleuve est de 600 mètres. Le Châry a sa source dans les montagnes du Mandarah ; il court du sud au nord, et se verse dans le grand lac Châry.

Le faguyh Ilâly m'a assuré et répété maintes fois que l'Iro prend le nom de Bahr-Salamât quand il tráverse

---

(1) La lettre *n* écrite en italique dans ce mot représente une prononciation purement nasale, une *n* prononcée, autant qu'on peut le faire, par le nez.

le pays occupé par les Arabes Salamât ; mais que, par ce nom, l'on ne veut indiquer que la partie de l'Iro qui abreuve les Salamât, et non une rivière spéciale. Il en est de même du Bahr Am-Teîmân. Du reste, l'Iro est un immense cours d'eau qui, par époques, a une grande profondeur. Il décrit dans le Dâr-Goula un arc de cercle très-étendu. Le Bahr-Râched ou rivière des Bény-Râched trace aussi dans sa marche un arc de cercle.

Une remarque importante à faire ici, et dont doivent tenir compte les voyageurs, c'est que, excepté le Châry, il n'y a pas un cours d'eau qui ait toute l'année une existence permanente et reconnaissable. L'Iro lui-même, qui prend sa source à Ozoûm, à l'extrémité sud de la chaîne des monts Marrah, dans le Dârfour, et qui a un trajet si long et si varié, un lit si plein, si riche, si exubérant après les pluies, perd ensuite ses eaux, entièrement, dans une grande partie de son cours. A certaines époques de l'année, on est donc exposé, dans une exploration, à nier l'existence d'un fleuve, d'une rivière, qui a une existence intermittente, qui s'est desséché sur quelques points et pour quelque temps. L'Iro, et à plus forte raison les autres cours d'eau plus faibles que lui, restent, pendant une partie de l'année, sans avoir d'embouchure ; ils se perdent en route et meurent dans les terres desséchées et dans les sables. Les autres cours ont la même fin. Du reste, après avoir quitté le Ouadây et être arrivé au sud du Dâr-Goula, l'Iro diminue d'abondance peu à peu, et cette diminution, produite par les pertes d'eau que fait le fleuve dans les terres altérées et demi-sablonneuses qu'il parcourt ensuite, n'est plus, sur la fin de son trajet, qu'un mince courant qui s'efface bientôt. En un mot, tous ces cours d'eau sont de véritables torrents qui ne durent qu'un temps de l'année.

C'est probablement à cela qu'il faut attribuer les assertions diverses des géographes sur l'existence et la non-existence du Misselâd ou Iro, du bahr El-Ghazâl, du bahr El-Fitry, etc. L'Iro, le bahr El-Ghazâl et plusieurs autres cours et torrents ont, à ce qu'il paraît, dans leurs époques d'intumescence, leurs embouchures dans le grand lac Châry.

Au Dâr-Heimât, la rivière d'Am-Teîmân, gonflée par les pluies, inonde la contrée, à la manière du Nil en Égypte, et immédiatement après la retraite des eaux ou l'imbibition dans le sol, on sème sur les terres encore molles.

La Rivière-Blanche ou bahr El-Abiad, entre le Katakau et le Barnau proprement dit, a sa marche du sud au nord, et va se déverser avec l'Yéo dans le lac Châry. Elle a un lit étroit, à peu près comme le canal du Caire; mais le cours en est extrèmement rapide.

Toutes ces informations recueillies, par le cheykh El-Tounsy et moi, de plusieurs individus du Soudan, ont dû trouver leur place ici, comme n'étant pas indiquées dans le voyage au Ouadây. Ce sont autant de points propres à provoquer et guider les recherches des voyageurs européens qui auront, les premiers, le bonheur et l'honneur de voir ces contrées encore vierges pour les explorateurs, ce monde central de l'Afrique, fermé depuis tant de siècles : entreprise hérissée de mille dangers pour qui ne saurait pas se préparer à un voyage aussi curieux, aussi important, par quelques années de travail, par d'assez longues études de la langue arabe, et ne contracterait pas les habitudes de toute nature indispensables au succès de ces excursions (1).

« Qui n'aura pas le viatique sacré de la langue arabe, la langue sacrée des musulmans, qui ne se résoudra pas à se *musulmaniser*, comme moyen de sauf-conduit, qui ne se décidera pas à se donner les apparences de crédulité, de croyances, de sauvagerie même des musulmans du Soudan, ne doit pas songer à se mettre en route; qu'il reste chez lui. Même les derniers voyages, ceux du major Denham au Mandarah, sont minces de résultats. On voyage mal avec des habits rouges anglais. Il faut la blouse du Fôrien, du Ouadayen, pour courir dans le Dârfour et le Ouadây; il faut se brunir le teint jusqu'au bronze foncé, pour ne pas choquer trop rudement l'œil d'hommes noirs comme du charbon; il faut séjourner quelques saisons de suite à Kôbeih, à Tendelty, à Ouârah, pour s'y lier avec des naturels du pays, avec des marchands, des négriers, des chasseurs d'esclaves; il faut tout cela, et, par conséquent, il faut sauter à pieds joints sur nombre de nos répugnances européennes (n'en déplaise à qui que ce soit), si vous voulez suivre un voyageur indigène, un expéditionnaire ou chasseur aux esclaves, jusqu'aux limites sud peut-être du Fertyt, jusque peut-être au delà des Djénâkhérah idolâtres; si enfin vous voulez savoir où sont les extrémités méridionales du Soudan, ce que sont et où sont ces monts de Coumr que l'on appelle

---

(1) Voy. *Voyage au Dârfour*, avant-propos, page LXXXIII et suiv.

Monts de la Lune. De plus, d'immenses intérêts de commerce et de civilisation sont à étudier dans le voyage du Soudan. Quelle magnifique gloire pour le patient et courageux voyageur, l'observateur calme et éclairé, qui sacrifiera six, huit, peut être dix ans de sa vie à se bien préparer à son excursion, et à explorer lentement, pour ainsi dire pas à pas, cette Afrique centrale encore ignorée! Et puis, il y a à chercher les moyens d'effacer de dessus la terre ces voies de souffrances et de hontes, par lesquelles on traîne chaque année tant de milliers d'esclaves, c'est-à-dire tant de chair humaine à vendre sur les marchés, ou bien à laisser morte en pâture aux bêtes féroces des déserts. Il y a à introduire peu à peu, dans l'intérieur du Soudan, de nouveaux goûts, de nouveaux besoins, afin de substituer de nouvelles relations commerciales au commerce des esclaves, afin de ne pas laisser enfouir dans le Soudan des masses de numéraire européen, masses énormes qui dorment là sans profit, même pour leurs propriétaires. Il est impossible, dit-on, de se figurer quelle quantité de grosse monnaie d'argent est enterrée dans ces contrées; là, tout le monde enfouit ces pièces d'argent, tout le monde cherche à en avoir pour les enfouir. Nous verrons plus loin qu'à la prise du trésor d'un sultan, on trouva un cabinet presque entièrement rempli de ces monnaies.

Que l'on travaille, que l'on réussisse à éveiller le goût de l'industrie, ou au moins d'abord à faire naître des besoins nouveaux dans la Soudanie, et on en exportera des masses d'or, qui se répandront ensuite, sous mille formes différentes, et dans le monde européen et dans le monde africain. Car, il est bon de le savoir, 12 à 15 millions en or natif sortent annuellement du Soudan, pour s'embarquer sur les navires européens qui touchent aux côtes occidentales de l'Afrique ; 20 à 30 autres millions, encore en or natif, traversent tous les ans les sables du Sahra pour venir sur les rives septentrionales de la Mauritanie, et s'en aller de là, par mer, du côté de la Turquie, de la Grèce, de l'Asie-Mineure, de la Syrie, et pénétrer jusqu'en Perse et dans les Indes. Il y a environ quarante ans, il s'en importait au Maroc seulement pour plus de 60 millions, dont la plus grande partie était de la poudre d'or. En 1590, le Dâr-Tounbouctou payait au Maroc un tribut annuel de 60 quintaux d'or. Tout cela peut s'écouler en Europe, si l'Europe est assez habile, assez généreuse, pour faire pénétrer graduellement son industrie en Afrique. Mais qu'on le sache bien, il faut, avec ces pensées d'industrie, des idées de bien moral et de civilisation ; car l'expérience est là pour témoigner que les seules relations commerciales ne suffisent pas. L'Angleterre en a donné la preuve ; elle n'a travaillé, sur les côtes de l'Afrique, qu'à faire du commerce ; et les vues exclusives de commerce poussent à l'avidité, par suite à l'égoïsme, à la ruse, à la déloyauté, même aux procédés brutaux. Alors, insensiblement, ces relations s'affaiblissent, et, avec le temps, finissent par mourir.

« Les Anglais, dit M. Mac-Queen, n'ont rien fait,
» dans leurs rapports avec les côtes de l'Afrique, pour
» le bien de l'Afrique ; rien fait pour chercher à établir
» des communications utiles à la civilisation des peu-

» plades, même les plus développées et les plus intel-
» ligentes des bords et du centre de l'Afrique. »

Que la France profite de cet avis ; elle sait, aujourd'hui, rattacher à des calculs d'intérêts matériels des pensées et des vues civilisatrices. Maîtresse de l'Algérie, tenant en respect, sous sa férule, le Maroc bâillonné, elle pourra bientôt songer à l'intérieur du Soudan, songer à y faire passer des hommes capables qui, à la suite des caravanes, commencent de généreuses et pacifiques explorations. Il ne sera pas dit, nous l'espérons, que la France aura fait la conquête d'Alger pour le seul plaisir de la conquête d'une province, pour avoir un bout de terre de plus, mais bien pour servir aussi à des vues providentielles, au développement et à la civilisation de l'Afrique, des États de la rive septentrionale d'abord, et ensuite de la Soudanie : œuvre longue, sans doute ! Mais qu'importe ? Gloire à qui la commencera, et à qui saura la parfaire !

Si les voies commerciales sont les plus simples pour entreprendre l'éducation des peuples de la Soudanie, il faut savoir d'abord ce qui plaît à ces noirs, quels objets leur conviennent, afin de les leur porter. Il y a lieu d'espérer que, par l'œuvre active de la France, la civilisation, après avoir germé et s'être répandue dans l'Algérie, suivra les caravanes commerçantes qui franchissent les longs sables du Sahra et traversent les petites huttes de Ghadâmès, du Fezzân, les tribus scénites des Toubou et des Touârik, et pénètrera jusqu'aux centres du Soudan, jusqu'à ses limites les plus éloignées et les plus inconnues.

L'Algérie se calme, se pacifie ; les indigènes commencent à avoir confiance en nous, à chercher la satisfaction de leurs intérêts dans les relations pacifiques. Dès lors, la guerre doit bientôt se taire, étouffer sa voix brutale, et rendre les bras nécessaires à la culture des terres, à la construction des routes, des villages et des villes. Il n'est pas loin le jour où des musulmans penseront à aller, comme Français et comme marchands, explorer les contrées de la Soudanie, et pousseront leurs pérégrinations commerciales jusque par delà les anciens Garamantes, jusque dans l'Éthiopie intérieure.

Mais, comme je l'ai indiqué tout à l'heure, il est nécessaire, pour établir ces relations, pour faire de l'Algérie un entrepôt et un comptoir de commerce et aussi une voie de transit de civilisation, il est nécessaire de connaître ce qui plaît à ces peuples enfants de la Soudanie ; les hochets, les grigris qui les ravissent d'aise, chatouillent leur coquetterie et leurs goûts encore puérils. Et ces hochets, ces grigris, seront les premiers moyens qui serviront à relier le Soudan et l'Algérie. Les joujoux des enfants se changent peu à peu en instruments d'œuvres plus sérieuses ; les enfants deviennent hommes. Plus tard, à ces hommes, on ouvrira les sentiers du Seigneur, et la voix du Précurseur criera dans le désert : *Vox clamantis in deserto : Aperite vias Domini, et rectas facite semitas ejus.*

Les musulmans de l'Afrique française, en portant aux noirs de la Soudanie les produits industriels qu'aiment ces peuples encore presque au berceau, leur parleront d'une nation que Dieu a envoyée pour eux sur la terre d'Afrique, nation d'élite qui, heureuse de donner à manger à ceux qui ont faim, à boire à ceux qui ont soif, communie sous toutes les espèces avec le monde entier, parce qu'elle est la grande basilique, le sanctuaire où la sainte table est ouverte à tous les hommes, et où tous reçoivent le pain de la vie, le vin de l'intelligence, le sel de la sagesse.

Par une suite nécessaire des essais d'éducation sur le littoral du nord de l'Afrique et sur la Soudanie, on détruira, et d'intention et de fait, le commerce des esclaves. On forcera les maîtres du pays à avoir pour ces victimes le respect dû à des créatures du Dieu de miséricorde, à des hommes, enfin, à rougir du mépris qu'ils ont pour ces malheureux enlevés tous les ans par pillages et par coupes réglées comme les coupes des forêts, pour en faire des troupeaux et les vendre aux autres pays de l'islamisme! Ce commerce, un des ulcères du mahométisme, est depuis longtemps sous la réprobation des nations européennes les plus éclairées. Du reste, déjà Mohammed-Aly, en frappant de droits élevés l'importation des esclaves en Égypte, a cherché à entraver autant qu'il l'a pu ce trafic déshonorant, quoique consacré par la religion et les mœurs.

Je sais bien qu'un bon nombre, que la majorité, si l'on veut, des esclaves vendus hors du Soudan sont presque considérés, par leurs maîtres, comme de nouveaux membres des familles au service desquelles ils sont attachés, par cela même qu'ils deviennent une possession de ces familles. On allègue en effet pour excuse du mal, pour donner le change sur l'appréciation d'un acte aussi coupable et aussi avilissant, que les esclaves mis en domesticité ont un sort plus heureux qu'ils n'auraient jamais pu l'espérer dans leur pays. Singulière façon de s'absoudre d'un crime!

Eh quoi! ne sait-on donc pas combien de milliers de ces esclaves, hommes, femmes, enfants, perdent la vie, pour quelques centaines qui finissent par arriver en Égypte, au Maghreb, à Constantinople, dans toutes les contrées où respirent des musulmans gouvernés par des musulmans? Il en meurt des milliers dans les ghazouah ou chasses qu'on dirige sur eux pour les capturer; des milliers dans les premiers trajets qu'ils sont obligés de parcourir pour arriver dans les pays de leurs ravisseurs; des milliers pour s'acclimater dans ces pays et s'habituer à un nouveau régime de vie, à des travaux inaccoutumés; des milliers pour fournir quelques eunuques; des milliers pour sortir du Soudan et traverser à pied les énormes déserts du Sahra; des milliers pour avoir à supporter le froid de la Syrie, de l'Asie-Mineure, de la Turquie, de la Perse. Les femmes esclaves surtout meurent presque toutes à un âge peu avancé. Négresses ou Abyssiniennes, elles atteignent rarement quarante ans. A vingt ans elles sont déjà vieillies; car souvent, depuis l'âge de huit ou dix années, elles servent au concubinage musulman. Et de tous les enfants qui naissent de ces concubines, combien en reste-t-il? Et de ceux qui survivent, combien peu échappent aux maladies scrofuleuses!

Grâce à Dieu! les deux nations qui ont la haute voix dans le monde, qui, en raison de leur supériorité, l'une d'intelligence et de morale, l'autre d'industrie, la France et l'Angleterre, ont pris et ont dû prendre la police des nations arriérées, ont commencé à museler le commerce des esclaves. Sur la Méditerranée, ce trafic est réduit à des proportions minimes, c'est-à-dire qu'à peine quelques bâtiments traversent cette mer, transportant des hommes, des femmes et des enfants à vendre ; mais un assez grand nombre s'échappe par la mer Rouge, et le commerce par terre a encore une activité dévorante.

Le paganisme n'existe plus ou presque plus. Pourquoi l'esclavage, qui en était une des faces, et la plus caractéristique, existerait-il encore pour longtemps? Comment Mahomet a-t-il conservé cette triste pratique? N'a-t-il donc pas vu que l'esclavage n'était un fait logique que dans la religion de l'Olympe? Mahomet, qui a voulu abattre le polythéisme et proclamer l'unité de Dieu, ne s'est pas aperçu qu'il fallait tout d'abord détruire l'esclavage du paganisme. En reconnaissant et proclamant l'unité de Dieu, il fallait reconnaître aussi l'unité de la création et l'unité de la famille humaine, issue d'un seul Père, d'un seul sang et de la main de Dieu.

PERRON.

Caire, juillet 1845.

NOTA. Les mots et passages qui, dans ce Voyage, sont enfermés entre deux parenthèses, sont ou des explications de ma part, ou des indications reçues oralement du cheykh El-Tounsy, et dès lors en dehors du texte original arabe. Parfois, mais rarement, j'ai aussi ajouté quelques mots de plus que ce qu'il y a dans le texte, afin de rendre plus explicite l'intention ou la pensée de l'auteur. Dès que je le pourrai, d'ailleurs, je publierai l'original arabe. Celui du *Voyage au Dârfour* est publié.

Il aurait été curieux de joindre aux diverses dénominations locales citées dans ce Voyage et dans le Voyage au Dârfour, les dénominations correspondantes anciennes, grecques et romaines, d'indiquer en raccourci les courses immenses qu'ont faites les Romains dans la Soudanie ; mais ce travail, que j'avais commencé, se trouve exécuté dans la *Géo-*

graphie ancienne des États barbaresques, d'après l'allemand de Mannert, par L. Marcus et Duesberg (Paris, 1842; un volume). Malgré les différences que présentent les noms des localités, on se reconnaîtra facilement ; il y a quelques contradictions entre les données de notre relation et les données consignées dans l'ouvrage de MM. Marcus et Duesberg. On verra, par exemple, que le fleuve Châry, que ces auteurs font courir du nord-ouest au sud-est, court, d'après mes informations, du sud au nord-nord-est. Mais ces différences sont extrêmement peu nombreuses.

On remarquera aussi, dans l'ouvrage de MM. Marcus et Duesberg, des appréciations de distances par jours de marche, presque entièrement semblables à celles que nous indiquons et conformes aux marches actuelles des caravanes. Telle est, par exemple, l'évaluation du temps que mirent, selon eux, Julius Maternus et Septimius Flaccus, avec leurs troupes, pour aller du pays des Garamantes ou Phazanie, le Fezzân actuel, par Ouârah, le Dârfour et le Dâr-Noûbah, jusqu'au Faz-Oglou. Cette évaluation, prise en masse, est en analogie remarquable avec les notions sommaires qu'offre à cet égard notre Voyage.

VOYAGE AU OUADÂY

ou

DÂR-SÉLEÎH.

PREMIÈRE PARTIE, ou PARTIE HISTORIQUE.

CHAPITRE Ier.

Causes qui ont déterminé le cheykh El-Tounsy à passer du Dârfour au Dâr-Ouadây. — Reclusion. Délivrance. — Départ du Dârfour. — Retards ; guides ; traversée de l'espace qui sépare le Ouadây du Dârfour. — Quantité d'animaux sauvages. — Entrée au Ouadây. — Formalités singulières. — Bosses du courage. — Présentation à l'aguid ou gouverneur de la province de l'Est. — Envoyés du sultan. — Départ pour Abâly. — Sorte de quarantaine. — Grand repas envoyé au cheykh par le sultan. — Présents du cheykh au sultan et du sultan au cheykh. — Présent d'œufs de pintade. — Accidents.

Après que mon père eut quitté le Dârfour, j'y restai encore sept ans et quelques mois, et pendant tout ce temps je visitai une foule d'endroits, me reposant sous tous les ombrages, rôdant de toutes parts, me mêlant aux habitants, courant tantôt aux contrées de l'est ou de l'ouest, tantôt au Sayd ou bien aux contrées d'où soufflent les vents du nord, selon le sens de ce vers :

« Un jour à Hozoua et un jour à Akyk ; à Ozeib un jour, et un jour à Kholeyça (1). »

Partout où j'allai, je fus reçu chez les principaux personnages de chaque pays. Je fréquentais tout ce que je rencontrais d'hommes de quelque instruction ; j'examinais tout, grandes et petites choses ; à quiconque me paraissait avoir quelques notions intéressantes, je demandais la rosée de ses connaissances et la pluie de son savoir. J'allais au-devant de tout ce qui pouvait me fournir quelque lumière. En un mot, je fis tous mes efforts pour n'avoir rien à regretter en fait de recherches et d'informations, pour connaître ce qui pouvait être de quelque importance ou de quelque intérêt ; gouvernés et gouvernants, je dirigeai mes investigations sur presque tout.

Quand j'eus recueilli ce que je voulais recueillir, quand j'eus appris ce que je désirais savoir, je pensai à prendre du repos et à me procurer quelque peu d'or et d'argent. J'étais tranquille dans mon village, occupé de mes spéculations agricoles, jouissant de ce que Dieu m'avait fait acquérir, m'efforçant de m'assurer un certain bien-être, lorsque je reçus de mon père une lettre dans laquelle il m'annonçait son prochain départ du Ouadây pour Tunis. « Je me dispose, me disait-il, à
» aller revoir ma mère, et je désire ne laisser au Sou-
» dan personne de ceux qui me sont chers. Au reçu de
» cette lettre, hâte-toi de venir me rejoindre. Mon in-
» tention est que nous partions tous ensemble. Em-
» mène avec toi ta famille et arrive promptement.

(1) Lieux sur le territoire sacré de la Mekke.

» Salut. » Je m'occupai immédiatement de mes préparatifs de voyage ; ce fut l'affaire de quelques jours... Je ne me doutais pas de ce que me réservait le destin.

Je sors avec toute ma famille du village où j'étais établi, et je me rends à Tendelty pour prendre ma permission de départ. Mais à mon arrivée au Fâcher (1), j'apprends que le sultan du Ouadây, Mohammed-Abd-el-Kérym-Sâboûn, marchait en armes contre le Dâr-Tâmah. Ce dâr, assez considérable, est tout hérissé de montagnes, et est gouverné par un sultan particulier qui relève du sultan fôrien. La nouvelle de cette expédition venait d'être connue à Tendelty, et on disait que Mohammed-Abd-el-Kérym voulait non-seulement envahir le Tâmah, mais encore le Dârfour. Le sultan fôrien, Mohammed-Fadhl, informé des projets des Ouadayens, avait senti son cœur frémir. Inquiet, agité, il ordonna de suite les préparatifs de guerre, et fit annoncer à l'armée de se tenir prête à partir dans quelques jours. Moi, de mon côté, j'allai me présenter au sultan Fadhl, et je lui demandai la permission de me rendre au Ouadây auprès de mon père. Fadhl fronça le sourcil, détourna la tête ; l'air de tranquillité qu'il avait en s'entretenant avec son conseil disparut.

« Ton père, me dit-il d'un air sévère, est vraiment singulier dans ses idées ; la manière dont il se conduit est incompréhensible ; croit-il donc que nous ne devinions pas ses intentions ! Pense-t-il m'en imposer sur ce qu'il veut faire pour le sultan Abd-el-Kérym ? Il désire t'avoir près de lui et jouir de ta présence ; c'est

---

(1) Dans le mot Fâcher, prononcez l'*r*.

parce que son sultan Abd-el-Kérym s'avance contre nous et va bientôt pénétrer dans mes États avec son armée. En t'appelant auprès de lui, il veut te sauver de la poussière et des dangers des combats. Eh bien! non, tu ne partiras pas. Renonce à lui procurer cette satisfaction. »

En même temps, Fadhl ordonna au cheykh Adb-Allah-Dagaça de me garder à vue jusqu'à ce que la guerre fût terminée. Abd-Allah-Dagaça avait succédé à Mohammed-Kourra dans la fonction de père (*Voy.* le *Voyage au Dârfour*). Abd-Allah me fit enfermer, moi et tous ceux qui devaient partir avec moi, dans une demeure en face de la sienne. Il chargea dix individus de sa suite de me garder. Mes dix geôliers vinrent, avec leurs bagages, s'installer à l'entrée de ma prison et sous les bords du toit de ma hutte. Il me fut défendu de passer seulement le seuil de ma porte; mais mes gens pouvaient aller et venir, s'éloigner pour me procurer ce dont j'avais besoin. Pendant la nuit mes gardiens alternaient deux par deux pour faire sentinelle.

Dieu sait quelle tristesse s'empara de moi. Mille sombres pensées occupaient mon esprit... Je parvins à me concilier l'amitié du chef de mes gardiens. Je l'invitais à manger avec moi; je le consultais sur ce que je pouvais avoir à faire ou à craindre. Heureusement il avait une certaine bonté naturelle, et je n'eus qu'à me louer de ses procédés et de sa politesse envers moi. Lorsque je me levais, il se levait aussi par honneur pour moi. Il s'empressait de me satisfaire en tout ce que je désirais. Nous fûmes constamment dans ces relations d'égards et de mutuelle amitié.

Bientôt mes provisions s'épuisèrent ; de tout ce que j'avais préparé de vivres pour mon voyage au Ouadây, il ne me restait plus rien. Je demandai alors qu'on me permît d'envoyer quelqu'un au village où étaient les terres qu'on m'avait données, et de m'en faire apporter de quoi pourvoir à ma nourriture. On me refusa cette permission, grâce au faguyh Mâlek lui-même. Il me fallut me décider à vendre quelques-uns de mes esclaves ; dès lors ils me prirent en aversion, eux qui auparavant me témoignaient le plus grand attachement. Une jeune esclave trouva moyen de s'échapper de ma prison et ne reparut plus ; il me fut impossible de savoir où elle s'était réfugiée. Je voulus sortir de jour pour aller à sa recherche, mais on m'en dissuada. « Si tu sortais de jour, me dit un de mes gardiens, ce serait te mettre trop évidemment en contravention avec les ordres du sultan, et s'il venait à le savoir nous serions nous-mêmes victimes de sa colère. Attends la nuit, attends que les habitants de la ville soient rentrés chez eux, et je t'accompagnerai partout où tu voudras ; je suis à tes ordres, à ta discrétion. » L'avis me parut sage, je l'acceptai. A nuit close, je sortis avec cet homme et un autre de mes gardiens. Je me rendis chez le faguyh Mâlek et je lui annonçai la fuite de mon esclave ; j'avais les larmes aux yeux. Le faguyh parut prendre part à ma peine ; mais il me blâma d'avoir quitté ma prison et m'accusa d'imprudence. « Mon cher ami, me dit-il, si le sultan venait à apprendre que tu es sorti sans sa permission, il te le ferait peut-être payer bien cher, car tu sais combien il est irrité contre ton père. Du reste, si tu as besoin de mon secours pour quoi que ce soit, dis-le moi, et je m'empresserai de répondre à tes désirs. — Que faire? lui répliquai-je, tous les malheurs m'accablent en même temps. — Ne t'inquiète pas, sois tranquille, je me charge de faire chercher partout ta belle esclave. — Mais il y a encore autre chose : mes provisions sont épuisées et les soucis ne me laissent de repos ni jour ni nuit. J'ai déjà été obligé de vendre une esclave pour avoir de quoi nourrir mes gens. Est-il bien vrai que le sultan me refuse la permission d'envoyer quelqu'un me chercher du grain? Je suis aux abois. — Je me charge de te faire accorder la permission que tu désires, je te le jure par le Dieu de cette nuit obscure. » Je témoignai ma reconnaissance à Mâlek, et je sortis content de son accueil et de ses promesses. Je regagnai ma prison... J'attendis quelques jours; vaine attente. Ne recevant pas de nouvelles de Mâlek, ni pour mon esclave perdue, ni pour la permission que je sollicitais, je vis bien que le faguyh m'avait leurré et que ses promesses n'étaient que mensonges et fausses couleurs. Je me décidai à lui écrire un billet, dans lequel, après lui avoir exprimé mes vœux et mes respects comme un fils à son père, je disais : « Les longueurs de l'attente engendrent le désespoir. Le fait d'un bon musulman est d'accomplir ses promesses. Il y a déjà quelque temps que j'attends l'effet de tes paroles, et je ne vois pas que tu aies encore rien tenté de ce que tu m'as annoncé. Notre saint Coran, le livre des principes immuables, dit : « O vous » qui avez la vraie foi, pourquoi dites-vous des choses » que vous ne voulez pas faire? » Tu n'ignores pas que je suis à bout, que je n'ai ni vivres ni argent. Ce que j'ai retiré de l'esclave que j'ai vendue, est maintenant consommé, et je n'ai plus rien à manger, absolument rien. J'espère une prompte réponse ; par là tu calmeras les angoisses qui me tuent. »

Je fis porter cette lettre par un de mes gardiens ; il revint quelques instants après et me remit un billet de Mâlek qui, après les politesses d'usage, me disait : « On doit, en bonne prudence, mettre en réserve tout ce qu'on peut, pour s'en servir au moment du besoin. Arrange-toi comme tu l'entendras. J'ai demandé au sultan la permission que tu désires ; mais ma demande a soulevé sa colère, l'a rendu furieux, et il ne m'a pas donné de réponse directe. Attends que Dieu t'amène une circonstance favorable ; sa providence veille à tout. Et puis, sache que si tu n'étais pas du noble sang des chérifs, ton malheur eût été encore plus grand qu'il n'est. Salut. »

A la lecture de cette lettre, un feu subit se glissa dans mes veines, mais il fallut me résigner, je n'avais rien de mieux à faire. Quelques jours après, deux filles esclaves et un esclave mâle s'évadèrent de ma prison. Je me repentis alors de n'avoir pas vendu précédemment tous mes esclaves. J'étais désespéré de leur fuite et j'étais en proie à la plus poignante inquiétude.... Toute correspondance cessa avec le faguyh Mâlek ; je ne lui demandai plus rien.

Il ne me restait qu'une esclave borgne qui avait été concubine de mon oncle, une autre qui était la mienne, et deux esclaves mâles *Sédâcy* (1). Un matin,

(1) On appelle *sédâcy* ou *soudâcy* les esclaves qui ont la taille de *six empans*, mesurés du bout inférieur de l'oreille jusqu'au talon.

je ne trouvai plus ma concubine ; elle s'était enfuie. Ce dernier coup me dérouta complétement; et je fus comme l'oiseau qui ne voit plus aucun moyen de s'échapper de sa cage. J'appelai le chef de mes gardiens et je lui contai mes peines. Il s'attrista, s'attendrit, soupira, gémit, tout en s'efforçant de me consoler. A la nuit, je sortis pour aller trouver Mâlek et lui exposer quelle était ma situation. Nous marchions depuis un moment, lorsqu'une troupe de cavaliers se présenta tout à coup devant nous. Le sultan lui-même rôdait pendant les nuits dans la ville, y distribuait des patrouilles pour empêcher que des espions et des étrangers intrus ne s'établissent en observation à Tendelty. Tout inconnu qu'on rencontrait alors était tué sur-le-champ. Beaucoup d'individus furent ainsi mis à mort. L'expédition des Ouadayens contre le Tâmah motivait aux yeux du sultan la nécessité de ces rigueurs.

Lorsque nous fûmes rencontrés par les cavaliers du sultan, un d'eux nous cria : « Qui vive ? » Je répondis : « Le chérif, fils du chérif Omar de Tunis. — Arrête, » me dit le cavalier; le sultan approche. Je m'arrêtai. La troupe du sultan vint en masse sur moi et m'entoura. Mon compagnon, au premier bruit du pas des chevaux s'était enfui comme fuit l'oiseau à tire-d'aile. Le sultan approche. Fort heureusement pour moi, il avait avec lui un de ses vizirs avec lequel j'étais intimement lié d'amitié; c'était Soleymân Tyr. Le sultan s'arrête : « Qui es-tu ? me dit-il. » Le cavalier au qui-vive duquel j'avais répondu, et qui me connaissait, dit aussitôt : — « C'est l'homme dont le père est au Ouadây. — Qui t'a fait sortir à cette heure-ci ? » me dit le sultan. J'expose alors mes doléances au prince ; je lui parle de la perte de mes esclaves et de tout ce que je possédais. Les dents me claquaient de peur. « Mais, reprit le sultan, est-ce que je ne t'ai pas mis sous la surveillance d'une garde? — Oui, prince ; et de là sont venus ma peine et mon malheur. On me tient en prison, mais on laisse fuir mes esclaves ; il ne m'en reste plus. J'ai voulu profiter des ténèbres pour sortir, et j'allais chez Mâlek lui exposer mon état de gêne et de détresse, espérant qu'il en instruirait Votre Majesté et qu'alors vous m'accorderiez ma grâce et ma délivrance, ou que vous ordonneriez ma mort. Car mourir me sera plus doux que de vivre ainsi dans les angoisses. — Comment cela ? — Prince des croyants! je n'ai plus rien, ni provisions, ni esclaves ; j'ai passé plusieurs jours sans manger. J'ai tellement souffert de la faim que je ne puis plus avoir de sommeil. Dans un moment de fièvre, j'ai dérobé une poignée de doukhn du picotin d'un âne, et je l'ai dévoré comme ferait une bête de somme. Je suis au désespoir ; le malheur me tient les deux mains appliquées sur la poussière. » Alors Soleymân Tyr s'approche du sultan et lui baisant les genoux : « Que Dieu, lui dit-il, donne gloire à notre souverain! Prince, cet homme n'a point mérité un tel châtiment ; il est pour moi comme un frère. Votre grandeur sait qu'il est chérif ; et vos aïeux, ainsi que vous, honoraient les chérifs, les traitaient avec bonté et bienveillance. Nous supplions votre grandeur de ne pas rendre mon ami responsable de la faute de son père ; jetez plutôt sur lui vos bienfaits et rendez-lui vos faveurs. »

A ces paroles, le sultan, entraîné par un élan de bonté et saisi d'un généreux mouvement : — « Nous supprimons tes gardes, me dit-il; nous te rendons libre; mais nous ne te permettons de partir de Tendelty que lorsque nous serons bien assuré que le sultan du Ouadây a renoncé à nous faire la guerre, et lorsqu'il sera de retour dans ses États. »

Ces paroles me rappelèrent à la vie et calmèrent mes soucis : je conçus l'espoir de voir bientôt cesser mes souffrances, et j'ajoutai : — « Je prierai encore Votre Majesté de me permettre de retourner à mes propriétés pour y prendre de quoi vivre. J'ai enduré tout ce qu'on peut endurer ; les parfums sont pour la nuit des noces, non pour les autres nuits (c'est-à-dire, ce que je désire, ce ne sont point les parfums après la nuit de noces, mais le simple nécessaire). Accordez-moi cette grâce, en attendant que vous me permettiez de partir. Dieu vous gardera glorieuse rémunération. » Le sultan acquiesça à ma demande : — « Je te donne, dit-il, main libre sur tes propriétés. »

Je m'en retournai plein de joie, heureux d'avoir atteint mon but et d'être délivré de ma prison; depuis le commencement de ma captivité, il s'était écoulé plus de quatre mois. Je savourai les douceurs du calme après les amertumes de la crainte et de la douleur, et je me dis : « Ainsi se vérifie cette parole de notre saint Prophète : « Si la tristesse se glisse dans le trou du lézard, le contentement l'y suit et finit par le décider à sortir. » Et aussi cette parole du Dieu Très-Haut : « Avec une peine vient une consolation, puis une autre consolation encore. » C'est en ce sens que le divin Pro-

phète a dit : « Toute peine sera chassée par deux joies. »
(Voyez note 1.)

Je passai la nuit dans le calme le plus parfait. Le lendemain, un Falganâouy vint me trouver de la part de l'Ab-Cheykh Dagaça. Il emmena mes gardiens, et je fus débarrassé enfin de leur importunité.

Dans la matinée du même jour, j'allai chez le faguyh Mâlek et je lui annonçai ma délivrance. Mâlek m'en témoigna sa satisfaction, m'en félicita ; mais, dans le cœur, il était mécontent et tout à fait déconcerté.

J'envoyai ensuite, au village où j'avais mes propriétés, chercher du grain et des provisions pour moi et mes gens. Je demeurai au Fâcher jusqu'à l'époque à laquelle les pluies tombent par torrents. Alors, je reçus l'ordre de me rendre à Abou-l-Djoudoûl et d'y rester. Je partis immédiatement de Tendelty et je rentrai dans mon ancienne demeure. Je me remis à cultiver mes terres, surtout à semer du doukhn, qui est la principale nourriture des Fôriens. Mes semailles réussirent à merveille, et chacun me présageait une abondante récolte. Mes champs étaient superbes et faisaient envie à tout le village.

Quelque peu avant l'époque de la moisson, j'eus la visite d'un roi assez élevé du Dârfour ; il m'engagea avec instance à le suivre dans un voyage qu'il allait faire, et à être son compagnon intime pendant tout le temps qu'il serait hors de son pays. Je me laissai séduire par ses belles paroles. Je partis donc d'Abou-l-Djoudoûl dans l'espoir de me concilier la bienveillance de ce roi, et comptant qu'il serait fidèle à ses promesses. Après un jour de route, nous arrivâmes dans un pays où il avait plusieurs parents, et nous y passâmes la nuit. On retint encore le roi le jour suivant, et on le régala d'un repas des plus recherchés ; le roi me comblait d'égards et de politesses. Si j'appelais pour demander quelque chose, il me répondait : « A tes ordres. » Nous fûmes comme en une fête continuelle. Je respirais la joie et le plaisir lorsque, subitement, nous arriva un des courriers ou huissiers ordinaires du sultan, et appelés en fôrien *Falganâouy*. Il salue le roi et les assistants, et dit : « Qui de vous est le fils du chérif Omar? — Moi, répondis-je, pour te servir. — Le sultan te demande ; prends la peine de venir au Fâcher. — Volontiers. » Je fus tout surpris et troublé de cet ordre ; on s'aperçut de mon émotion. Le roi me dit alors : — « Pourquoi cette crainte, ce trouble? — C'est que j'ignore pourquoi le sultan m'appelle. — Alors, pourquoi prendre de l'inquiétude? Il n'y a pas là sujet de te tourmenter. » (Voyez note 2.)

Quand la nuit fut close, je sortis comme pour un besoin naturel ; mais j'allai commander à mon esclave de seller de suite ma monture, de la conduire hors du village et d'attendre que je vinsse. L'esclave obéit. Je tins secret mon projet de départ, et lorsque tout le monde fut couché, j'allai rejoindre mon esclave ; j'enfourchai ma monture et nous nous mîmes en marche. Nous pressâmes le pas, et avant le jour, nous étions à Abou-l-Djoudoûl. Arrivé chez moi, on m'annonça que le Falganâouy avait passé la nuit précédente à la maison. Je pris des provisions, je donnai mes ordres chez moi, je me remis sur une autre monture, je forçai le pas, et j'allai jusqu'à Tendelty sans m'arrêter. Je me

LE SULTAN CONSENT AU DÉPART DU CHEYKH. 49

rendis de suite à la demeure de Mâlek; je demandai et j'obtins la permission de me présenter à lui. Il me fit l'accueil le plus gracieux, puis : — « Le sultan notre maître, me dit-il, consent à ton départ; tu es libre; il te laisse à cet égard les coudées franches; mais il ne t'accorde qu'un délai de huit jours pour te préparer. Retourne chez toi, prends vite ta famille et pars à tire-d'aile. — Mais, lui dis-je, j'ai mes champs ensemencés, et nous sommes à la veille de la moisson; est-ce que le sultan ne me laisserait pas le temps de faire ma récolte ? — Écoute-moi. Le sultan notre maître va envoyer le faguyh Ahmed-Abou-Sârrah en ambassade au sultan du Ouadây; le faguyh sera chargé de présents pour le prince Ouadayen. L'intention de notre maître est que tu partes avec cette expédition. Si tu veux profiter de la circonstance, prépare-toi de suite et pars. Songes-y bien; si tu manques cette occasion, il ne faut plus espérer de sortir du Dârfour, et tu auras pour toujours le regret de ne t'être pas rendu aux désirs et aux ordres de ton père. Quant à ce que tu me dis de tes moissons, cela ne me semble pas un motif plausible pour prolonger ici ton séjour. Du reste, tu as assez d'intelligence pour te conduire : choisis ce qui te conviendra. — Je t'obéis comme un fils; car tu es pour moi comme un père. Tes avis sont ma règle de conduite, et ta bienveillance est l'ombre où je me plais. J'ai besoin des lumières de ta prudence, et c'est d'après tes conseils seuls que je me déciderai. — Mon fils, me dit-il, je te parle en toute sincérité. Si tu as réellement dessein de partir, confie-toi à la garde de Dieu. Prononce-toi ici devant moi; il faut que je sache de suite ta résolution; je dois en informer immédiatement le sultan mon maître. — Je pars; c'est une affaire résolue. Et puis, Ahmed-Abou-Sârrah est un excellent homme, qui me traitera comme son enfant. — Alors donc, fais tes préparatifs, et demande à Dieu de te préserver de toute malencontre et de tout accident. »

Je quittai Mâlek; je me rendis aussitôt à Abou-l-Djoudoûl, et je disposai tout mon monde à partir. Je renonçai à profiter de mes récoltes; je les laissai sur pied. Ce sacrifice était assez pénible, car à ce moment la vente pouvait être lucrative. En présence de témoins, je les abandonnai en toute propriété à un de mes serviteurs appelé Abd-Allah-Djourâb.

Je sortis d'Abou-l-Djoudoûl avec toute ma famille, et je retournai au Fâcher. J'allai chez Mâlek qui, aussitôt que j'entrai, me remit une permission de voyage signée du sultan, et me recommandant à tous les chefs des pays que nous avions à traverser. Nous eûmes des ordres particuliers pour le gouverneur de la province de l'Ouest par laquelle nous devions sortir du Dârfour. Il était enjoint à ce gouverneur de nous accompagner avec ses soldats jusqu'à ce que nous fussions tous en lieu de sûreté. — « Prends cet ordre, me dit Mâlek, et va de suite trouver Ahmed-Abou-Sârrah; il t'attend à Kebkâbyéh. » Je pris le papier, je remerciai Mâlek, et je lui fis mes adieux.

Le lendemain matin j'étais en route. J'arrivai en deux jours au Kebkâbyéh. Je descendis à Sarf-el-Deddjâdj pour voir Syd-Ahmed, le jeune, fils de Syd-Ahmed-Bédaouy, avec lequel j'étais venu du Caire. Je restai chez lui une douzaine de jours, en attendant que nous eussions réuni assez de voyageurs pour le Ouadây. Nous partîmes ensuite, nous dirigeant sur la province de l'Ouest, c'est-à-dire sur la province des Maçâlyt ou Maslât. Nous y arrivâmes après cinq jours de voyage. Le sixième nous étions chez le roi de la province. Nous lui montrâmes notre firman ou ordre du sultan; il nous reçut bien, et nous promit de nous accompagner avec ses troupes et de ne nous quitter que lorsque nous serions hors de tout danger. Mais cette promesse fut comme la parole de Dieu à Moïse, fils d'Amrân, que Dieu retint pendant trente jours. (Dieu dit à Moïse : « Tu veux aller sur le Sinaï; mais, auparavant, jeûne pendant trente jours; ensuite je t'y conduirai. »)

Nous exposâmes au gouverneur que trente jours de retard étaient un trop long délai, et que nous craignions de voir nos provisions s'épuiser en pure perte. — « Je dois, nous répondit-il, vous indiquer le véritable motif de ce retard. Je suis occupé pour tout ce temps, et je ne puis, à présent, vous conduire jusqu'où vous désirez. S'il vous convient d'attendre, attendez tranquillement; sinon, ne comptez pas sur moi. » Alors nous le flattâmes, nous cherchâmes à l'amadouer, comme on cherche, en certains pays, à calmer les chameaux fougueux (mot à mot, nous lui roulâmes doucement le toupet et le poil du garot). Mais il demeura rétif et ne voulut rien entendre. Le voyant si résolument décidé à s'en tenir à son délai mosaïque, nous dûmes nous résigner, et nous attendîmes. Quand les trente jours furent écoulés, nous priâmes notre homme de mettre fin à nos ennuis. Il nous remit encore à trois jours. Nous ne savions pas que nous avions à faire à un homme de mauvaise foi, à un madré personnage qui se jouait de nous. Trois fois trois jours se passèrent, outre les trente. Nous perdions patience; nous résolûmes de nous en retourner. Alors il gronda, s'emporta, nous fit mille lamentations, mille histoires, et inventa mille prétextes spécieux afin de motiver ses retards. — « Pour cette fois, ajouta-t-il, dans trois jours, sans remise, nous partons. Dieu est l'espoir de tous, il lèvera mes embarras. »

Nous consentîmes encore, quoique à contre-cœur, à attendre. Après les trois jours, nous nous présentâmes chez notre gouverneur et nous lui dîmes: — « L'honnête homme exécute ce qu'il promet; les nuages donnent la pluie après le coup de tonnerre. » Enfin cette fois il se mit en route, suivi de quelques troupes et de ses gardes. Il marcha ainsi avec notre caravane pendant trois jours qui, grâce à ses soins et à ses attentions pour nous, furent comme une fête, un rêve. Le quatrième jour, nous nous arrêtâmes dans une de ses terres, à l'extrémité de sa province. Il y passa une semaine entière à ramasser encore des soldats, cavaliers et fantassins. Nouveaux embarras, nouveaux retards; nous craignîmes encore une fois de voir le voyage différé.

Cependant une foule d'individus se rendirent à son appel; ils affluaient de tous côtés, ils formèrent bientôt une sorte d'armée; la campagne en était couverte. Lorsqu'il eut tout son monde réuni et qu'il crut l'escorte suffisante en nombre, il donna l'ordre du départ et on chargea les bagages.

Nous nous mîmes en route dans la matinée; nous étions placés au centre de cette armée qui marchait serrée en une seule masse. Nous débouchâmes bientôt sur les terres inhabitées qui séparent le Dârfour et le Dâr-Ouadây, et qui sont la ligne de démarcation entre ces deux États. Nous rencontrâmes une quantité innombrable de bêtes sauvages, de lièvres, de gazelles, d'éléphants. Les lièvres épouvantés couraient se jeter au milieu même des soldats, se lançaient en aveugles de tous côtés, arrivaient tout fatigués à travers nos gens qui les tuaient presqu'à leurs pieds. Un bon nombre de gazelles et d'autres animaux, surpris et déroutés, furent tués sans grand'peine. On giboya ainsi jusqu'au moment de la forte chaleur du jour. Alors le roi campa à l'ombre des arbres, et nous suivîmes son exemple. On se mit à faire rôtir le gibier, puis on mangea. Le repas fini, on reprit la marche. Mais, quelque peu de temps après, notre roi ou gouverneur s'arrêta et se disposa à retourner sur ses pas. Moi seul j'osai m'opposer à son dessein. — « Si tu t'en retournes, lui dis-je, nous nous en retournons avec toi ; nous ne resterons pas ici sans escorte, au milieu de cette solitude. » Il chercha à s'excuser, toujours sous prétexte de nombreuses occupations. — « Ce que tu dois faire actuellement, répondîmes-nous, c'est de pourvoir à notre sûreté. » Alors il nous donna un individu de sa suite pour guide, avec une escorte de cinquante à soixante cavaliers, et il lui recommanda de nous accompagner jusqu'à ce que nous fussions en lieu de sûreté et que nous lui dissions de nous quitter. Il appuya fortement sur l'injonction qu'il exprimait à notre nouveau guide. Nous dîmes adieu au roi, qui aussitôt tourna bride et s'éloigna. Notre guide nous escorta jusqu'après l'*asr*, c'est-à-dire environ quatre heures après midi ; alors il voulut s'en retourner. Nous nous y opposâmes. Nous eûmes beau lui répéter qu'il ne devait pas nous quitter sitôt, que nous n'avions aucun moyen de défense, et que si nous rencontrions seulement quatre hommes bien armés c'en était fait de nous et de tout ce que nous avions; que si malheur nous arrivait, notre sang lui retombait sur la tête; nos paroles furent sans effet. — « Voyez donc, nous répondit-il, vous êtes tout près des terres cultivées du Ouadây, et nous, dans notre retour, nous avons à craindre d'être dépistés par des Ouadayens, nous, leurs ennemis; s'ils nous aperçoivent, il s'ensuivra une attaque, du sang sera versé, et vous en serez la cause. » Nous le conjurâmes au nom de tous les saints, de tous les prophètes; nous fîmes tous nos efforts pour le fléchir, pour le décider à nous accompagner encore. Il céda; mais à peine nous eut-il escortés un quart d'heure, que lui et son escouade s'arrêtèrent tout d'un coup, et alors il nous dit : — « Maintenant je n'avancerai pas un seul pas de plus. » Et il nous jura que jamais il n'avait conduit aussi loin ses soldats en escorte. Il nous donna un guide, reçut nos adieux, et rebroussa chemin au galop, lui et sa troupe. La peur s'empara de nous ; chaque buisson, chaque bouquet d'arbres, nous semblait être des hommes; l'inquiétude nous aveuglait ; la nuit approchait; nous n'avions plus une goutte de sang dans les veines, tant nous étions terrifiés.

La nuit nous surprit dans une forêt. Nous fîmes agenouiller nos chameaux. Pour tenir les lions à distance, nous nous hâtâmes d'amasser du bois et d'allumer des feux autour de nous. Nous passâmes la plus triste nuit du monde ; nous fûmes constamment sur le qui-vive. Il n'y eut que quelques cervelles brutes qui purent dormir ; les rugissements des lions, les hurlements continuels des loups et des hyènes nous assaillaient les oreilles.

Nous vîmes dans ces forêts une quantité incroyable d'éléphants. Les dents d'éléphant, jaunies par le soleil, et déjà nuancées au noirâtre, étaient semées de tous côtés ; nous en remarquâmes d'énormes, dont une seule eût pu faire la charge d'un bon chameau. Nous en vîmes d'autres fendues en deux ou largement crevassées, et toutes en nombre incalculable.

Durant la nuit, nous fîmes bonne garde pour nos hardes et pour notre sûreté personnelle. Le lendemain, avant le lever du soleil, nous avions déjà chargé nos bagages, et bientôt notre caravane commença à allonger le pas en se balançant. Après environ trois heures de route, nous entrâmes sur un terrain qui nous parut être un terrain cultivé ; alors notre guide nous déclara qu'il lui était impossible de passer outre. Nous lui dîmes adieu, et il partit à grands pas, tremblant pour lui-même.

Nous marchions depuis à peu près un quart d'heure, lorsque tout à coup nous voyons venir droit à nous une troupe de cavaliers, armés de toutes pièces, portant lances à large fer et javelots en main. Ils nous lancent leurs javelots ; nous nous arrêtons : — « Paix ! paix ! leur crions-nous ; nous sommes de simples voyageurs, vos hôtes. — Ne bougez pas, répondent-ils ; restez-là : attendez que nous envoyions informer le gouverneur. »

Nous nous étions arrêtés au soleil; nous ne pûmes pas même aller jusqu'à l'ombre de quelques arbres qui se trouvaient à peu de distance de nous. Nous mîmes pied à terre et nous nous assîmes à l'ombre de nos chameaux. Les cavaliers ouadayens se postèrent en face de nous, et ne nous permirent ni d'avancer ni de reculer. Ils dépêchèrent de suite un des leurs au gouverneur en question. Une demi-heure après, ce gouverneur ou roi parut accompagné d'une dizaine de cavaliers. Chaque cheval portait au cou une clochette qui rendait un son très-aigu. La troupe s'approcha assez près de nous; les cavaliers descendirent de cheval, se mirent à l'ombre d'un arbre, et nous appelèrent à eux. Nous nous avançâmes, et lorsque nous fûmes vers eux, un des cavaliers se porta un peu en avant de ses compagnons et nous dit : « Le roi vous salue. » Il est d'habitude qu'un roi ouadayen ne s'adresse jamais directement à ceux qui se présentent à luï; il ne communique avec eux que par l'intermédiaire de quelqu'un de sa suite. Nous rendîmes le salut, et le même cavalier nous dit : — « Le roi demande qui vous êtes, d'où vous arrivez, et ce que vous venez faire ici. — Nous arrivons du Dârfour. Notre caravane se compose de marchands, d'un envoyé du prince du Dârfour et d'un autre individu, simple voyageur, le chérif, fils d'Omar, de Tunis. »

On écrivit nos noms sur un papier; le roi remonta à cheval, partit avec cinq de ses cavaliers, et laissa près de nous les cinq autres, avec les premiers qui étaient venus à notre rencontre. En s'éloignant le roi nous dit : — « Restez ici jusqu'à ce que vous receviez mes ordres. »

Nous fîmes agenouiller nos chameaux et nous nous assîmes à l'ombre d'un arbre. Nous demandâmes de l'eau, nous bûmes et nous attendîmes pendant à peu près deux heures; puis nous vîmes venir une poignée de cavaliers, et nous entendîmes les clochettes cliqueter au cou de leurs chevaux. Ces cavaliers étaient vêtus d'une sorte de long et large vêtement, comme le *beddâouy noir* des femmes fellâh d'Égypte (1); ils étaient nu-tête. Chacun d'eux avait, un peu en arrière de chaque oreille, un renflement analogue en quelque sorte à un bubon de pestiféré. Ces renflements sont produits artificiellement par le moyen de ventouses que l'on applique derrière les oreilles, et dont on aspire fortement l'air avec la bouche afin de faire gonfler la peau le plus qu'il est possible. Ensuite on enlève ces ventouses ou *cornes* (2), on saisit avec les doigts la peau tuméfiée, et à l'aide d'une espèce de rasoir grossier on pratique deux courtes incisions semi-lunaires à peu de distance et en face l'une de l'autre, puis on coupe et abat le lambeau de peau compris entre les deux concavités des incisions; on fait, sans désemparer, l'ablation de quatre ou cinq petits lambeaux derrière chaque oreille; on réapplique ensuite les ventouses et on en aspire l'air; on laisse écouler une bonne quantité de sang et on les enlève, mais on s'abstient de toute pression sur les gonflements, soit avec la main, soit de toute autre façon: on se contente de placer du coton sur les petites bles-

---

(1) Le beddâouy est une ample chemise bleu-noir qui, au lieu de manches, a une longue ouverture sur chaque côté; elle se met par-dessus le vêtement.

(2) *Voy.* note 3.

sures, et alors le sang s'arrête, retenu dans les parties tuméfiées, y maintient une tumeur assez dure, et de là il résulte une saillie mastoïdienne, comme une glande. Les Ouadayens attachent une grande importance à ces tubérosités, qu'on peut appeler *bosses du courage;* qui ne les a pas est réputé lâche, est moqué et repoussé de tout le monde. En langage du pays, ces tumeurs portent le nom de *dauma,* par comparaison avec le fruit du *daum* (ou *doummogl*) (1). Le Ouadayen méprise les étrangers parce qu'ils n'ont pas, comme lui, de dauma. — « Ce sont tous des poltrons, des lâches, dit-il; s'ils avaient de la bravoure ils auraient des dauma. » Les Ouadayens sont persuadés que là est le siége de leur courage, et que le courage de tout étranger, quel qu'il soit et quoi qu'il fasse, n'est rien auprès du leur.

Tous les cavaliers qui vinrent à nous étaient tête nue, comme je l'ai dit, excepté leur chef, qui avait une *taky* ou *arakyeh* noire (calotte de toile noire). Il avait aussi sur les épaules un *milâieh*, appelé au Ouadây *malhaf* (couverture) (2). Arrivés à une certaine distance de nous, les cavaliers mirent pied à terre et nous ordonnèrent de nous approcher. Nous approchâmes, et alors leur chef nous dit : — « L'aguîd (gouverneur) mon maître vous salue. » Nous répondîmes au salut et nous fîmes des vœux pour le chef de la troupe et pour le sultan. Ensuite le chef nous demanda : — « Qui êtes-vous? que venez-vous faire dans ce pays-ci? » Nous répondîmes comme aux premières questions qu'on

---

(1) *Voy.* Voyage au Dârfour, à la Note des plantes. *Voy.* aussi note *k*, à la fin du présent volume.

(2) *Voy.* Voyage au Dârfour.

nous avait adressées. Après cela le chef nous appela par nos noms l'un après l'autre, et écrivit de nouveau chaque nom à part, avec l'indication de ce que chaque voyageur avait en chameaux, en marchandises, la désignation du pays et de la tribu de chacun, et l'énoncé de ce que chacun de nous venait faire au Ouadây. Cela terminé : — « Reposez-vous à l'ombre, nous dit le chef ouadayen, lorsque la grande chaleur sera passée vous vous rendrez avec nous chez l'aguîd. — Nous sommes à vos ordres, répondîmes-nous. »

Nous nous mîmes à l'ombre, nous mangeâmes, nous bûmes, nous fîmes une sieste, et quand l'ardeur du soleil fut baissée, les ombres étant déjà allongées, on nous dit de monter nos chameaux. Les Ouadayens se placèrent autour de nous et nous partîmes au grand pas. A la chute du jour nous arrivâmes à la résidence de l'aguîd. La demeure de l'aguîd avait une sorte de cour presque aussi grande que la place de Roumeileh au Caire (1). On nous fit ranger sur un côté de la cour. Nous fîmes agenouiller nos chameaux, nous mîmes en ordre nos hardes et nos fardeaux, et peu après on vint nous appeler pour nous présenter à l'aguîd. Nous nous levâmes, et on nous conduisit vers la hutte principale, au centre de l'enceinte. On nous fit asseoir par terre auprès d'une sorte de cloison en roseaux de marhabeïb. Un individu parut et nous dit : — « L'aguîd vous salue. » Nous rendîmes le salut, et l'aguîd lui-même nous dit, de derrière la cloison qui le séparait de nous : « Qui êtes-vous ? que venez-vous faire au Ouadây ?

---

(1) A peu près comme la place Vendôme, à Paris.

d'où venez-vous? quelles marchandises apportez-vous?» Nous répondîmes à ces questions comme nous avions déjà répondu. Ensuite il nous demanda quels étaient le nom, le pays, la famille et les marchandises de chacun de nous; quel motif personnel amenait chaque individu de notre troupe au Ouadây. Nous satisfîmes à toutes ces questions. Et l'aguîd ajouta : — « Soyez les bien-venus ; vous êtes les hôtes du sultan notre maître. Retournez à votre place. Je vais envoyer au sultan la nouvelle de votre arrivée ; attendez la réponse. »

Nous retournâmes auprès de nos chameaux et de nos hardes. Au même instant, l'aguîd ordonna à un cavalier de se préparer à partir, et il lui remit une lettre pour le sultan, avec l'état de nos noms enfermé dans cette lettre. Le cavalier partit. Nous attendîmes son retour pendant sept jours. Tous les soirs l'aguîd Djâb-Allah (tel était son nom) nous faisait servir à manger. Djâb-Allah était l'aguîd El-Sabâh, c'est-à-dire gouverneur de l'Est ou de la province de l'Est.

Le huitième jour après le départ de l'envoyé, arriva une troupe de cavaliers précédée de cet envoyé même. Ils avaient un tambourin en bois, de la longueur du *koûbeh* ou *daraboukkah* d'Égypte, et dont le son s'entendait à une très-grande distance ; ils avaient aussi des trompettes ou conques droites longues d'au moins trois coudées (environ deux mètres) et donnant un son rauque et sauvage. En approchant du village la troupe fit hurler sa musique, tambourin et trompettes. L'aguîd Djâb-Allah, avec tous ses gens, alla au-devant de la troupe et la reçut, puis la conduisit avec lui à sa demeure. Les clochettes suspendues au cou des chevaux cliquetaient. Chaque cavalier avait son cheval couvert d'une sorte de housse en peau rouge. Cette partie du harnachement était la même pour le cheval de l'aguîd et pour celui du roi qui accompagnait la troupe.

Une fois arrivés chez Djâb-Allah, tous les cavaliers descendirent de cheval, et allèrent s'asseoir par terre à quelque distance. Un moment après, ils nous firent dire d'approcher; nous obéîmes, et nous nous assîmes en face d'eux. Alors un individu de la troupe nous dit : « Le sultan vous salue. » Nous répondîmes à ce salut, nous récitâmes le fâthah (chapitre d'introduction du Coran) comme prière, et nous fîmes des vœux pour la prospérité et le succès des armes de Sa Majesté Ouadayenne. Ensuite le kamkolak Nâcer nous dit : « Qui êtes-vous? d'où venez-vous? que venez-vous faire ici? quelles marchandises avez-vous? Nous répondîmes encore comme auparavant. Nâcer écrivit nos réponses et les collationna avec les états qu'avaient dressés l'aguîd et ceux qui, avant lui, nous avaient interrogés. Après avoir vérifié l'identité de ces pièces, il nous recommanda de nous tenir prêts à partir le lendemain matin. Nous passâmes tranquillement la nuit; et le jour suivant, dès le matin, nous étions en marche. Le kamkolak et la troupe de cavaliers nous accompagnèrent. Nous voyageâmes deux jours et le troisième, au coucher du soleil, nous arrivâmes à Abâly, lieu où l'on met en expectation les voyageurs qui viennent d'un pays étranger au Ouadây. On les garde là, pendant trois jours, comme en quarantaine. C'est une imitation des quarantaines d'Europe et de celles qu'on exige aussi aujourd'hui en Égypte. Mais au Ouadây, le but en est presque insignifiant; ce n'est guère qu'une vieille habitude conservée comme héritage du passé.

Nous fîmes agenouiller nos chameaux à Abâly. Ainsi séquestrés, nous nous résignâmes à notre sort. Environ une heure et demie après le coucher du soleil, arriva mon oncle Zarroûk; il avait su que j'étais venu avec Ahmed-Sârrah; mais mon père était parti pour Tunis, n'espérant plus de me voir arriver au Ouadây. Zarroûk avait demandé au sultan la permission de me retirer immédiatement d'Abâly, et le sultan avait consenti. Zarroûk s'était hâté de venir me rejoindre; de suite il me fit charger mes chameaux et m'emmena à une maison qui appartenait à mon père et qui était située à quelques minutes seulement d'Abâly... Une bonne nuit de sommeil me fit oublier la fatigue.

Le lendemain matin, je remarquai la couleur rouge des murs de la maison; je me rappelai alors le sableur Ishâc du Dârfour et ses merveilleuses prédictions. Zarroûk prépara en mon honneur un repas de bien-venue. Il invita un bon nombre de convives; la réunion fut complète. Le soir, on nous apporta de la part du sultan de quoi faire un véritable banquet, les mets les plus recherchés du Ouadây. C'étaient douze *batyéh*, c'est-à-dire, en ouadayen, douze baquets de bois assez profonds, de forme carré long, ayant à chaque côté le plus éloigné deux trous en guise d'anses ou d'oreilles, munies chacune d'une chaîne. Chaque batyéh était portée par quatre esclaves. Il y avait donc quarante-huit esclaves pour nos douze batyéh, et ils étaient précédés par un jeune eunuque ou touayrah du sultan. Tout eunuque ou esclave envoyé en message spécial par le souverain est désigné par le titre de touayrah, ce qui correspond au nom de kòrkoa au Dârfour.

Le touayrah qui accompagnait le repas en question, me dit en m'abordant : « Le sultan te salue, fils du chérif Omar. Il t'envoie ce souper comme à son hôte. » Nous acceptâmes les mets avec reconnaissance, et nous fîmes des vœux pour le bonheur du sultan. Ces présents du prince étaient un hommage indirect rendu à mon père, qui avait été son vizir. Nous donnâmes une batyéh aux esclaves porteurs; elle suffit à tous pour leur souper, et il en resta encore quelque chose. Toutes les batyéh étaient remplies; il y en avait deux de riz cuit au miel comme le zerdeh d'Égypte; deux de poules frites au beurre; deux de jeunes pigeons; quatre d'*acideh* ou bouillie épaisse parfaitement préparée, et d'autres ragoûts excellents; une de *foutîr* ou espèces de galettes feuilletées, arrosées de miel et délicieuses; une de viande cuite dans son jus avec du beurre. Du reste, les poules, les pigeons et la viande nageaient dans une telle abondance de beurre, qu'on eût pu en retirer une énorme marmite. Nous mangeâmes de ces mets et nous en distribuâmes à nos voisins, à nos esclaves, à nos domestiques, et il resta encore, après que tous furent rassasiés, une quantité considérable de poules, de pigeons et de viandes.

Le lendemain soir, le sultan nous envoya encore sept batyéh pleines; de même le soir du surlendemain. Mais le troisième jour, le kamkolak Nâcer, accompagné du cheykh Mohammed, premier interprète du sultan, vint nous trouver. Les Ouadayens appellent tout interprète *khachm-el-kélâm*, c'est-à-dire la bouche du langage, de la conversation. Je donnai à Nâcer et Mohammed mes présents pour le sultan; ces présents étaient fort modestes : dix rotls (livres de douze onces) de café de l'Yémen, en grain; dix rotls de kab-et-tyb (1); dix rotls de savon, et deux anneaux de laiton pesant chacun deux rotls. Nâcer et Mohammed prirent note de ces différents objets et les emportèrent. Environ une heure après, ils revinrent. « Le sultan a accepté tes présents, me dirent-ils, et il te salue. » Ces dons, quoique de mince valeur, furent agréés du prince à cause de l'amitié qu'il conservait pour mon père.

Le soir du même jour, nous eûmes la visite d'un touayrah qui me remit, de la part du sultan, un paquet, deux jeunes esclaves de lit, l'une encore vierge, l'autre *experta virum*, mais beaucoup plus belle que la première et mieux parée. « Le sultan mon maître, me dit le touayrah, te fait présent de ces deux jeunes concubines et des habits contenus dans ce paquet. » Je rendis grâces au sultan; nous fîmes des vœux pour lui, et nous récitâmes le fâthah à son intention. Le lendemain dans la matinée, un autre touayrah nous arriva accompagné de plusieurs individus. Ils m'apportaient de nouveaux présents, et conduisaient des chameaux chargés. Ils déposèrent le tout devant moi. « Le sultan, me dit le touayrah, t'envoie ces présents. » C'étaient cinq jarres de miel, dix jarres de beurre, deux charges de blé,

---

(1) *Voy.* les notes du Voyage au Dârfour, aux plantes.

une charge de poisson salé, une charge de tékàki (liasses de fil ou de coton dont on se sert comme de monnaie), un cheval gris tout sellé et bridé, conduit par un esclave de sept empans (1), et enfin deux femmes esclaves pour domestiques. Nous témoignâmes notre reconnaissance par les vœux les plus sincères pour le sultan. Nous ouvrîmes le paquet et nous en tirâmes des vêtements du tissu le plus fin, l'un blanc et l'autre noir, dont chacun valait au moins le prix de deux esclaves; une pièce de calicot anglais. A tout cela on avait ajouté deux taureaux bons à tuer et une jeune chamelle à tuer.

De temps à autre, de nouveaux cadeaux m'étaient offerts de la part du sultan. Une fois il m'envoya deux petites couffes d'œufs de pintades, de cent œufs chaque couffe. Au Ouadây, les poules pintades vivent à l'état sauvage et pondent au printemps. Les paysans alors recueillent des quantités innombrables d'œufs. Il est d'habitude que tous les ans, au printemps, chaque canton en livre au sultan plus de cent charges de chameaux. L'année où j'arrivai au Ouadây, la rente des œufs fut expédiée au prince comme de coutume, et le sultan les distribua à ses courtisans; chacun, selon son rang, en reçut plus ou moins, et moi j'eus aussi un lot de deux couffes.

J'étais depuis quatre mois au Ouadây, que je n'avais pas encore vu le sultan, et il ne m'avait pas vu non plus. Un accident fut cause qu'il me reçut. J'eus, ainsi l'a voulu le destin de Dieu, la main brûlée par une ex-

(1) *Voy.* note 5.

plosion de poudre. J'étais à marchander une paire de pistolets. Je voulus en essayer la batterie; j'en pris un, je mis dans le bassinet un peu de poudre, que je tirai d'un sac en cuir où j'en avais une provision d'à peu près trois rotls. Je lâche la détente, l'amorce s'enflamme, une étincelle tombe sur mon sac, la poudre prend feu, détone, et me brûle la main droite et le bras presque jusque vers l'épaule. A côté de moi, Chems, ancien domestique de mon père, fut aussi blessé... J'endurai les plus vives souffrances et je pensai mourir. Le sultan fut informé de mon malheur et me donna une preuve d'intérêt. Il me fit apporter, pour me panser, un vase rempli d'huile d'olive que l'on conservait depuis le règne de son aïeul, c'est-à-dire depuis plus de soixante ans; elle avait acquis, par le temps, une nuance rouge et était devenue amère. Cette huile fut mon salut; par elle Dieu me guérit. Le vendredi qui suivit ma guérison, je montai à cheval et j'allai faire la prière à la mosquée où tous les vendredis le sultan va prier. Le sultan avait appris mon rétablissement et en avait témoigné sa satisfaction. Le soir même il m'envoya chercher par un touayrah. Je me rendis de suite au *palais*. Je trouvai le sultan seul dans son lieu d'intimité. Il m'accueillit avec bienveillance, m'obligea de m'approcher de lui et me fit les plus grandes démonstrations d'amitié. Il me recommanda de m'occuper d'études, m'exhorta au travail et m'engagea à m'attacher au cheykh Seyd-Ahmed-el-Fâcy, qui donnait alors, à Ouârah, des leçons de droit civil et religieux. Je me conformai aux désirs du sultan et je suivis pendant longtemps les leçons du cheykh. Nous étudiâmes d'abord le livre d'Abou-l-Haçan, qui est un commentaire du *Riçalêh* d'Ibn-Abou-Zeyd-el-Caraouany (1), du rite Mâlékite. Nous lûmes ensuite le quart du *Traité des locations*, commenté par le cheykh Ahmed-ed-Derdyr, et sur le texte du *Précis de jurisprudence* de Khalyl (2). Alors Ahmed-el-Fâcy parut ne plus me voir d'un œil d'ami, et je renonçai à sa société et à ses leçons.

(1) Le nom complet de cet auteur est Abou-Mohammed-Abd-Allah-ibn-Abou-Zeyd-el-Caraouâny. Le *Riçâleh* ou opuscule contient les principes jurisprudentiels de la législation criminelle; il a été traduit en français par M. B. Vincent; Paris, 1842; brochure de 124 pages. Chez Joubert, libraire, rue des Grés, 14.

(2) J'ai traduit en français le *Précis de jurisprudence* de Khalyl; ce travail est accompagné de la traduction des commentaires arabes indispensables à l'intelligence du texte. Cinq volumes grand in-8°, faisant partie de la collection publiée par le ministère de la guerre, sous le titre : *Exploration scientifique de l'Algérie*. Paris, 1848-49. Masson, libraire, place de l'École-de-Médecine; Langlois et Leclercq, rue de la Harpe.

CHAPITRE II.

Le sultan Séleth, dont le nom est aussi donné au Ouadây. — De l'origine des familles régnantes au Kordofâl, au Dârfour et au Ouadây.

Le divin Créateur, dont l'essence est sans tache, dont les attributs sont purs et saints, dont les œuvres sont si différentes de celles de ses créatures, et auquel nul ne ressemble, ni par la manière d'être, ni par les qualités, ni par les actes, a diversifié les mœurs des nations et les usages des choses, a permis que les parures d'un peuple fussent un objet de moquerie pour d'autres peuples. S'il l'eût voulu, il n'eût constitué de tous les hommes qu'une seule nation. Mais en examinant les variétés que l'Éternel a établies dans les mœurs, dans les formes, dans la conduite des sociétés, l'homme d'intelligence et de pénétration reconnaît et comprend que c'est la Sagesse suprême qui a déterminé, pour chaque peuple, des coutumes spéciales, et que c'est chose presque impossible que de changer les habitudes, soit religieuses, soit mondaines. Cela posé, je dis :

Les mœurs et coutumes du Ouadây se rapprochent sur plusieurs points de celles du Dârfour, et s'en éloignent sur d'autres points. Les rapprochements sont surtout dans la nourriture, les vêtements des femmes, les parures; il y a, dis-je, analogie remarquable, non identité rigoureuse. Quant aux différences, elles existent spécialement dans les noms des fonctions et des dignités, dans certaines formes administratives, dans les règles divaniques ou gouvernementales.

Rien n'égale les Ouadayens en libéralité. C'est une vertu générale chez les pauvres comme chez les riches; chacun est généreux selon que le comporte sa condition.

Avant de parler des mœurs et coutumes des Ouadayens, des dignités et des emplois, je vais parler de l'établissement de l'autorité souveraine, de la famille sultanique; ensuite je parlerai des droits d'hérédité au pouvoir suprême, et des idées sur lesquelles reposent ces droits.

Pendant mon séjour au Ouadây, lorsque j'étais à la mosquée pour la prière solennelle du vendredi, j'entendais toujours l'iman, dans l'allocution pieuse qu'il adressait aux fidèles, et en exprimant des vœux pour le sultan, dire : « Que Dieu accorde partout la victoire à notre sultan Mohammed-Abd-el-Kérym, fils du sultan Mohammed-Sâleh, fils du sultan Mohammed-Gaûdeh, fils du sultan Séleîh. » De là il me vint à la pensée de demander aux anciens du pays si on connaissait quels étaient les commencements du sultan Séleîh et de quel pays il était. Les réponses furent différentes. Les uns me dirent qu'il était Sennâouy d'origine, c'est-à-dire de la tribu des Sennâouïdes ou Sennâouyens, ainsi nommés du nom d'une grande montagne du Ouadây appelée Ab-Senoûn, et que les Sennâouïdes étaient la tribu la plus distinguée du Ouadây en noblesse et en renommée.

Ensuite je remarquai sur le sceau du sultan régnant ces mots : « Le sultan Mohammed-Abd-el-Kérym, fils du sultan Sâleh l'Abbâcide. » Je cherchai à savoir par quel lien de filiation la généalogie de ce prince pouvait se rattacher aux Abbâcides, comment ce nom de famille noble avait pu arriver chez ces peuples non arabes et s'implanter parmi eux. De ceux que je consultai, les uns m'assurèrent que cette filiation était erronée, que les sultans Quadayens n'avaient aucun rapport de consanguinité avec les véritables Arabes; d'autres prétendirent que la descendance était réelle, seulement qu'on en ignorait l'époque et les circonstances.

Je questionnai à cet égard l'aguîd Ahmed. Ahmed était un des plus hauts personnages de l'État; il se distinguait par sa sagacité et ses connaissances. — « Lorsque les Tatârs, me dit-il, se furent emparés de Bagdad et eurent détrôné les Abbâcides, le khalifat se réfugia en Égypte et il s'y maintint jusqu'au moment où les Turks et leurs mamelouks y vainquirent les khalifes, c'est-à-dire jusqu'à l'époque des Fatimites. Les enfants des khalifes abbâcides, après le renversement de leur dynastie, se dispersèrent, et ils cherchèrent asile dans différents pays. Un d'eux se réfugia au Hedjâz et s'y fixa; il y eut un fils, qu'il appela Sâleh.

» Sâleh, déjà mûri par l'âge, se trouva avec des ulémas du Sennâr qui étaient en pèlerinage. Sâleh était habile jurisconsulte et très-dévot; il observait minutieusement toutes les pratiques de la religion. Les ulémas s'attachèrent à lui d'intime amitié. D'autre part, Sâleh faisait de fréquents voyages dans le Hedjâz. Les ulémas sennâriens lui vantèrent la beauté de leur pays et lui firent naître l'envie d'aller le visiter.

» Il partit avec eux. Mais il ne séjourna que peu de temps au Sennâr. Il y rencontra tant de libertinage et de débauche, que sa susceptibilité de conscience s'effaroucha, et il s'enfuit. Passant de contrées en contrées, il arriva au mont Ab-Senoûn, dans le Ouadây.

» Les habitants d'Ab-Senoûn étaient idolâtres, ne connaissant ni l'islamisme ni autre religion. Néanmoins il resta parmi eux. Il remplissait scrupuleusement ses devoirs de religion, priait, jeûnait, faisait le zikr (1), souvent à lui seul, et récitait le Coran. Il sut se concilier l'amitié des Sennâouyens. — « Pourquoi fais-tu toutes ces choses? lui demandait-on fréquemment. — Pour rendre hommage à Dieu. — Qu'est-ce donc que Dieu? — Dieu, c'est celui qui a créé les cieux et la terre, la nuit et le jour, le soleil, la lune et les étoiles, les arbres et les fleuves; c'est celui dont la main gouverne tout cela. Voilà Dieu. »

Les Sennâouyens finirent par embrasser l'islamisme. Sâleh, qu'ils appellent Séleîh, leur expliqua plusieurs *soûrat* ou chapitres du Coran, leur enseigna à prier et à jeûner. Il continua cette œuvre de prosélytisme jusqu'à ce que la foi fût parfaitement établie dans le cœur des Sennâouyens, qui d'ailleurs formaient une population nombreuse. Sâleh fut choisi pour chef religieux d'Ab-Senoûn et du Ouadây. Il levait l'impôt sacré sur les riches pour subvenir aux besoins des pauvres; et

(1) *Voy.* la note sur le zikr, à la fin du Voyage au Dârfour.

il disait à ses nouveaux prosélytes : « Dieu commande de faire la guerre aux infidèles. Unissez-vous à moi et allons convertir, à l'aide de la force des armes, ceux qui ne professent pas l'unité de Dieu. » Ses paroles furent accueillies; bientôt une expédition fut dirigée contre une des tribus ou peuplades voisines. Sâleh se fit d'abord précéder par des émissaires, qui, en son nom, appelèrent la tribu à la foi islamique; la tribu se convertit. Une seconde tribu, puis une autre, se rendirent à la voix de Sâleh et acceptèrent l'islamisme. En peu de temps, quatre tribus des plus considérables se soumirent : ce sont les tribus d'Ab-Senoùn, de Malangah, de Madabah et de Madalah. Aujourd'hui elles forment en quelque sorte la *famille royale*, c'est-à-dire qu'elles composent la peuplade à laquelle doit appartenir tout sultan du Ouadây. D'après la loi, un fils de sultan qui n'aurait pas pour mère une femme originaire d'une de ces quatre peuplades ou tribus, ne serait pas accepté par les Ouadayens pour régner sur eux.

Dans les tribus *royales* on comprend aussi la petite tribu des Ab-Darag; mais elle est réputée inférieure en noblesse, et les Ouadayens ne consentent à reconnaître pour sultan un individu né d'une mère d'origine ab-daraguienne, que lorsqu'il ne se trouve pas d'enfant royal mâle né d'une mère qui soit de l'une des quatre premières tribus. La raison de l'infériorité nobiliaire des Ab-Darag est qu'ils n'ont adopté l'islamisme qu'après leurs frères des quatre tribus principales.

La guerre sainte fut ensuite portée chez d'autres peuplades. Celles qui se convertirent à la foi musulmane, sans résistance, reçurent le titre de tribus libres;

celles qui ne cédèrent qu'à la violence furent dites tribus esclaves. Quant aux Sennâouyens et aux trois autres peuplades qui les premières après eux accueillirent la foi islamique, ils forment, comme nous venons de le dire, la *peuplade royale*, la *famille royale*.

Lorsque les pays convertis représentèrent une étendue de territoire assez considérable, Sâleh fut investi du titre de sultan et la souveraineté fut inféodée à ses descendants.

J'ai entendu raconter par le chérif Sameîh que, dans le principe, le sultan du Ouadây, le sultan du Dârfour et celui du Kordofâl, étaient tous les trois fils d'un même père ; que Séleîh, Salon-Selmân et Mouçabba, étaient frères et originaires des arabes Fézàrah. Tous les trois possédaient de grandes richesses, étaient bons et religieux. Chacun d'eux alla s'établir dans un pays : Sâleh ou Séleîh alla chez les Sennâouyens ; Salon (c'est-à-dire *le Bédouin*) -Selmân se fixa chez les Koundjârah au Dârfour. Là, Selmân se composa des forces assez considérables, et il enleva le pouvoir souverain des mains des Toundjour. J'ai déjà indiqué ce fait dans le *Voyage au Dârfour*.

La différence des récits traditionnels relatifs à l'origine des princes de ces contrées, tient à ce que l'on n'a point d'archives généalogiques, et que jamais les *savants* du Dârfour et du Ouadây n'ont écrit de chroniques de leurs pays. Ils vont comme des aveugles, comme gens marchant dans les ténèbres. Lorsqu'on les interroge, ils ne peuvent fournir que des traditions orales, des récits dans lesquels rien n'est bien constaté : Dieu seul sait ce qui en est.

Si l'on admet que le sultan du Ouadây est issu des Arabes Fézârah, et que sa famille, ainsi que celle du sultan fôrien et celle des Mouçabba, sont trois branches qui se rattachent à un même aïeul d'origine fézârienne, il en résulte que le premier sultan, aïeul des trois sultans actuels du Dârfour, du Kordofâl (1) et du Ouadây, forme le sixième degré généalogique en remontant la filiation ; dès lors, l'ascendance du sultan Mohammed-Abd-el-Kérym, surnommé Sâboùn, que Dieu ait son âme! est ainsi échelonnée : Mohammed-Abd-el-Kérym, fils de Mohammed-Sâleh, fils du sultan Gaûdeh, surnommé Kharif-el-Teimân (ou l'Automne double) (2), fils du sultan Aroûs, appelé aussi Séleîh le Jeune, parce qu'il rappela, dans sa vie, les qualités et vertus de son père, le cheykh Séleîh, fils du premier Fézârien.

Pour le sultan fôrien Mohammed-Fadhl, il y aura également six degrés généalogiques, savoir : Mohammed-Fadhl, ou, comme prononcent les Foriens, Fodhel, fils du sultan Abd-er-Rahmân, surnommé Réchyd, fils du sultan Ahmed-Bekr, fils du sultan Soleymân, fils du sultan Salon-Salmân, fils du Fézarien. De même la généalogie du sultan Hâchem, souverain du Kordofâl, a ses six degrés. Mais je ne sais, des noms qui les représentent, que le nom de Mouçabba, fils du Fézârien, qui est la souche commune aux trois branches.

Si on accepte la filiation qui fait remonter aux Abbâ-

---

(1) Aujourd'hui le Kordofâl est rangé sous la domination du vice-roi d'Égypte.
(2) *Voy.* note 6.

cides le sultan du Ouadây, il est clair qu'on aura alors une lignée spéciale entièrement étrangère à la descendance des sultans du Dârfour et des sultans Mouçabba.

Cette opinion semble s'accorder à priori avec la générosité de Séleîh, l'élévation de son caractère et ses éminentes qualités, la noblesse de son âme, sa piété profonde et solide, son amour du bien. Par ses hautes vertus il égala El-Mamoûn, fils de Réchîd l'Abbâcide ; il surpassa en libéralité Haroûn-er-Réchîd et les Barmécides ; s'il eût précédé Hâtem-Tây d'un jour, Hâtem n'eût jamais été le modèle de la générosité retracé tant de fois dans les récits et dans les vers des Arabes. Ce qu'il eut de bravoure, de persuasion dans la parole, est au-dessus de toute expression et de tout éloge. Combien loin aussi sont la lésinerie et la poltronnerie des Fôriens, de la valeur et de la facile hospitalité des Oudayens ! Tout se transmet, par héritage, des pères aux enfants ; les différences de caractère et de qualités entre les deux peuples, prouveraient presque assez la différence originelle de leurs sultans ; car les peuples se modèlent sur leurs souverains, et sont en quelque sorte leur ouvrage.

Au reste, quelque opinion que l'on adopte sur l'origine des sultans actuels du Ouadây, du Dârfour et du Kordofâl, il est certain que l'établissement de ces trois États est d'une époque assez rapprochée et ne dépasse pas deux cents ans.

CHAPITRE III.

Conventions primitives de paix entre les Fôriens et les Ouadayens. — Rupture; guerres. — Victoires des Ouadayens. — Deux sultans fôriens sont tués sur le champ de bataille. — Paix.

El-Hâgdj-Nasr, d'Ab-Senoûn, vieillard presque octogénaire, m'a raconté que Salon-Selmân et Séleîh se donnèrent jadis rendez-vous dans l'espace inhabité qui sépare le Dârfour du Ouadây, et que là ils se promirent par serment de ne jamais rien entreprendre l'un contre l'autre, et de vivre en paix. Ils mesurèrent l'espace interlimitrophe des deux États, en déterminèrent le milieu juste, prirent ensuite de très-gros et très-longs clous en fer, les plantèrent dans les plus gros troncs d'arbres, et marquèrent ainsi la frontière ou ligne de démarcation des deux royaumes; puis ils se promirent encore de ne jamais franchir ces limites dans des vues hostiles. Enfin, ils récitèrent le Fâthah (ou premier chapitre du Coran), se jurèrent ainsi, sur le Livre sacré, de rester amis et alliés, et vouèrent à la colère du ciel celui qui tenterait de nuire à l'autre : « Que Dieu, dirent-ils, refuse la victoire aux armes de l'agresseur. » Ils prirent à témoins de leurs serments les grands qui les avaient suivis..., puis on se sépara.

Lorsque je passai du Dârfour au Dâr-Ouadây avec le

faguyh Ahmed-Abou-Sârrah et l'escorte qui nous conduisait, je vis en effet au milieu de la forêt, à l'endroit où nous rencontrâmes un si grand nombre de lapins et de bêtes sauvages, une ligne d'arbres dont chacun avait une espèce de barre de fer enfoncée dans le tronc, et dont la pointe sortait hors de l'écorce, d'au moins un empan. Étonné, je demandai au faguyh Ahmed ce que signifiaient ces tiges de fer : « C'est ici, me dit-il, la frontière primitive des États du Dârfour et du Ouadây. » Chaque tige de fer me parut avoir au moins une coudée et demie de longueur ; car les diamètres de ces différents troncs étaient tels que la plus grande brasse d'homme n'aurait pu les embrasser. Chaque barre de fer était donc enfoncée de plus d'une coudée dans l'épaisseur du bois, car ce qui en était saillant au dehors n'avait guère qu'un empan. Et pour que les passants ne s'y accrochassent pas, on avait replié cette partie saillante, de manière à la ramener sur la longueur de l'arbre. Ces barres de fer, fichées ainsi depuis l'époque reculée du traité conclu entre les deux sultans, étaient tenues vigoureusement par le tissu du bois développé et accru sur elles ; les trous s'étaient comme cicatrisés, et les fers semblaient faire partie de l'arbre.

Après la mort des deux sultans, le souverain pouvoir passa à leurs enfants. Les nouveaux princes portèrent l'un sur l'autre un œil d'envie, et cédèrent bientôt au désir d'agrandir leurs possessions par la voie des armes et d'attacher à leur nom quelque relief et quelque renommée : coutume de rois.

Le sultan Ahmed-Bekr, lorsqu'il arriva au trône du Dârfour, était encore très-jeune. Il gouvernait en tutelle, et par conséquent n'avait aucun droit discrétionnaire. L'autorité réelle, ordres et défenses, était entre les mains des vizirs. Le sultan du Ouadây fut bientôt informé de cet état de choses ; c'était alors Aroûs. Il conçut le projet d'envahir le Dârfour et de s'en emparer. Les vizirs les plus éclairés et les plus sages de la cour d'Aroûs s'efforcèrent de le détourner de cette entreprise. Il rejeta leurs avis. « Je le veux, dit-il, et je ne laisserai pas un enfant, à cet âge-là, maître d'un État comme le Dârfour. — Que Dieu nous conserve notre sultan! dit un vizir ; que Dieu nous conserve notre maître! Prince, n'est enfant que celui qui n'a pas d'hommes avec lui. Tant que des hommes aident et soutiennent un enfant, il est plus qu'un enfant. Que pensez-vous que nous ferions si Dieu vous appelait à lui, si vous laissiez un fils au milieu de nous, et qu'un ennemi vînt nous attaquer? Ne le défendrions-nous pas au prix de tout notre sang? Comment voulez-vous que les Fôriens nous laissent approcher de leur jeune souverain? — Discours inutiles, reprit vivement Aroûs ; ce que je vous ai dit se fera. » Il fallut se soumettre.

On entra en campagne... Aroûs avait deux fils. Il confia au plus intelligent, celui qu'il aimait le plus, le gouvernement du Ouadây pendant la guerre, et il emmena l'autre avec lui. Il se mit à la tête de la moitié de l'armée, et laissa l'autre moitié dans le Ouadây pour maintenir l'ordre et pour soutenir un coup de main en cas de besoin.

Une fois arrivé sur le territoire du Dârfour, Aroûs défendit à ses troupes de faire le moindre mal aux habitants. « Ce sont, dit-il, des rayas, des sujets ; ce n'est point avec eux que j'ai à faire; ce que je veux, c'est le sultan. »

L'armée d'Aroûs s'enfonça dans l'intérieur du Dârfour, et parvint bientôt à peu de distance de Guerly, alors résidence ou Fâcher du sultan. Les troupes fôriennes s'étaient retirées à l'approche des Ouadayens, et s'étaient rassemblées aux environs de Guerly. Les chefs allèrent trouver le jeune prince. « Les Ouadayens, lui dirent-ils, marchent contre nous et veulent s'emparer du Dârfour. — Que dois-je faire? répliqua Ahmed-Bekr; je suis jeune encore; partant je ne puis supporter les fatigues de la guerre, et je ne saurais comment repousser cette invasion. — Tu n'as rien à craindre, dirent-ils; tout ce que nous voulons de toi, c'est que tu montes à cheval avec nous et que tu restes au centre de l'armée. Nous nous chargeons de combattre, de te défendre et de défendre le pays. » Le jeune prince accepta; il se leva et partit entouré de ses troupes.

Les vizirs, à la première nouvelle du danger, avaient écrit aux gouverneurs de toutes les contrées du Dârfour, leur ordonnant de lever des soldats pour chasser l'ennemi. Des forces considérables se réunirent de toutes parts et couvrirent monts et plaines; les habitants mêmes des contrées que le sultan Aroûs avait laissées derrière lui et dont il avait dit : « Les habitants sont des sujets, ce n'est pas contre eux que je marche, » accoururent en foule; une armée immense vint ainsi se joindre au jeune prince, et l'entoura comme l'anneau entoure le doigt.

On livra bataille; ce fut un jour d'horreur. La trahison alors prépara un amer déboire au sultan Aroûs.

Plusieurs Oudayens allèrent trouver son fils et lui dirent : « Ton père, pour t'amener ici, a laissé ton frère gouverner à sa place. Par cette préférence injurieuse, le sultan prouve que son désir est que tu périsses dans cette guerre, et que ton frère reste sans concurrent à la souveraineté. »

Frappé par ces perfides insinuations, le fils d'Aroûs détache de l'armée la moitié des troupes, s'enfuit avec elles au Ouadây, et abandonne ainsi son père à toutes les conséquences d'une déroute. En effet, le péril s'accroît autour d'Aroûs; le nombre des Ouadayens a diminué, celui des Fôriens se multiplie; chaque jour ceux-ci deviennent plus forts, ceux-là plus faibles. Néanmoins, Aroûs jure par les serments les plus sacrés qu'il ne tournera pas la face de son cheval du côté de l'Occident; aux yeux des Ouadayens, fuir est le comble de l'ignominie, surtout pour un sultan... Sept jours de suite la bataille dure. Le huitième jour, les Ouadayens sont rompus aux deux ailes de leur armée. Le sultan résiste vigoureusement au centre. Les tourbillons de poussière se renouvellent sans cesse sous les pieds des chevaux, obscurcissent l'air, et font du jour la nuit.

Les vizirs et les grands des Ouadayens voient toute la honte qu'il y aurait pour eux de s'enfuir et d'abandonner leur souverain au milieu de l'ennemi. Alors, sans qu'Aroûs s'en aperçoive, ils font tourner peu à peu son cheval du côté de l'Ouest. Durant tout le jour les Ouadayens battent ainsi en retraite, entourant leur sultan, soutenant avec intrépidité les charges incessantes de l'ennemi. Et toutes les fois qu'Aroûs demandait : « Dans quelle direction marche mon cheval ? —

A l'Est, » lui répondait-on. Quatre jours de suite se passent ainsi. Le cinquième, les Fôriens ont abandonné les traces des Ouadayens. L'air est pur, sans poussière, et on n'aperçoit plus l'ennemi. Aroûs voit alors où il est ; il voit qu'il est en déroute et qu'il s'est retiré vers le Ouadây. « Vous m'avez trahi, Ouadayens, dit-il. — Non, non ; si nous t'avions trahi, nous nous serions enfuis et nous t'aurions abandonné à la merci de l'ennemi. Mais les bataillons fôriens s'agrandissaient sans cesse, se multipliaient devant nous ; nos masses s'éclaircissaient ; nous avons fait retraite avec toi, et ainsi nous t'avons sauvé avec nous. — Mais où donc est mon fils ? qu'a-t-il fait ? — Ton fils a pris la moitié de l'armée et est rentré au Ouadây. » Alors la colère du sultan s'allume, il se ronge les doigts... ; puis il s'écrie : « C'est bien !... et vous avez bien fait. »

Aroûs regagna le Ouadây. Arrivé à Ouârah, sa capitale, il trouve ses deux fils en deux camps ennemis. L'issue de cette rivalité était encore incertaine. Le jeune prince resté au Ouadây avait à sa disposition toutes les forces de réserve, armes, chevaux et hommes. Celui qui avait démembré l'armée d'expédition, avait aussi des troupes nombreuses. Les deux partis étaient assez puissants pour balancer longtemps les chances de la guerre.

Lorsqu'Aroûs approcha de Ouârah, la querelle des deux rivaux cessa subitement. Le jeune prince qui avait été laissé au Ouadây sortit avec ses troupes. Il se rangea d'un côté en ligne de bataille, et son frère se rangea en face sur une autre ligne. Ainsi placés sur deux colonnes opposées, ils reçurent leur père. Aroûs se rendit à son palais. Il appela ses deux fils, qui aussitôt se présentèrent devant lui. Puis s'adressant à celui qui avait abandonné l'armée : « Quel motif, lui dit-il, t'a déterminé à agir comme tu l'as fait? — Le désir de régner et ton injuste préférence. — En quoi donc ai-je été injuste? Vous laisser ici tous les deux au pouvoir en mon absence, c'eût été préparer, provoquer de graves désordres. Chacun de vous eût voulu prendre pour lui seul la puissance et eût causé tous les malheurs que peut engendrer une criminelle rivalité. Si j'eusse emmené ton frère avec moi et que je t'eusse confié l'autorité, ton frère aurait eu à me faire les mêmes récriminations que tu me fais aujourd'hui. Devais-je donc mettre à ma place un étranger, quand j'ai deux fils ? Quoi qu'il en soit, c'est toi qui as désobéi à mes ordres, toi qui as détaché et détourné une partie de mes troupes, toi qui as été cause de ma défaite et de ma retraite, toi qui as été la cause de la victoire et du triomphe de mes ennemis; je te traiterai comme tu le mérites. » Et sur-le-champ Aroûs fit saisir son fils coupable, et ordonna qu'on lui brûlât les yeux en passant dessus des *mirouéd* rougis au feu (1). Le malheureux, devenu ainsi aveugle, vécut dans la tristesse et la douleur.

Selon moi, ce jeune prince avait certainement mérité un châtiment plus sévère encore. Par sa conduite, il avait entraîné la déroute de l'armée, la retraite du sultan et la mort de tous ceux qui succombèrent lorsqu'il combattit contre son frère.

Après cette guerre, les deux États restèrent en paix jusqu'à la mort des deux sultans, celui du Ouadây et

---

(1) Tiges de métal ou de bois qu'on passe dans le *keulh*. — *Voy.* note 7.

LE SULTAN GAÛDEH. — INVASION. — LES FÔRIENS VAINCUS. 83

celui du Dârfour. Aroûs laissa le sultanat à son fils Gaûdeh, surnommé Kharif-el-Teimân, ou l'automne double. Ahmed-Bekr eut pour successeur son fils Omar. Omar régna en paix pendant huit ans; après quoi, voyant ses troupes accrues et ses ressources augmentées, il résolut de faire la conquête du Ouadây.

Il entra en campagne malgré les représentations de ses vizirs. Arrivé sur le territoire ouadayen, il pillait les villages, brûlait les récoltes, dévastait les campagnes, tuait, égorgeait tout ce qu'il rencontrait d'habitants sur son passage. La terreur se répandit partout; on courut en foule annoncer à Gaûdeh la nouvelle de ces désastres.

Gaûdeh monta à cheval au milieu des troupes qu'il avait à sa disposition, et envoya en même temps dans tout le Ouadây l'ordre de lever des hommes, d'amasser des armes, des chevaux et des chameaux. Les levées se firent immédiatement; les troupes affluèrent vers lui, semblables aux torrents bruyants des pluies. Gaûdeh n'avait pas encore joint l'ennemi, que déjà tout autour de lui, et monts et plaines, était couvert d'hommes armés.

Les Fôriens s'étaient emparés d'un butin immense, et se regardaient comme à peu près maîtres du Ouadây. Les Ouadayens leur paraissaient incapables de résister, et le succès de l'invasion semblait presque immanquable. Mais voilà que soudain les Fôriens aperçoivent les crinières des chevaux ouadayens et les drapeaux de Gaûdeh. De nombreux escadrons s'avançaient par masses imposantes. Les cavaliers, en fondant sur les Fôriens, baissaient la tête vers le pommeau de la selle et se ruaient ainsi sur l'ennemi. Les Ouadayens, emportés par l'intrépidité que Dieu leur a donnée en partage, par l'ardeur qui les pousse à se précipiter au combat, eurent bientôt enveloppé et enfoncé les Fôriens ; car un Ouadayen n'hésite pas à aller de front contre dix Fôriens. Telle est l'audace du Ouadayen que, dans une attaque d'homme à homme, lorsque le Fôrien va lancer ses javelots, le Ouadayen lui crie : « Attends, ne lance pas ton javelot ; c'est inutile ; je te rejoins. » Et le Ouadayen lui court sus, saisit son adversaire au corps, l'enlace, et lutte jusqu'à ce que l'un des deux succombe.

Les Fôriens, accablés et vaincus, commencèrent à reculer ; les Ouadayens les serrèrent plus vivement et complétèrent bientôt la déroute. Le sultan Gaûdeh n'était pas encore arrivé sur le champ de bataille, que déjà les Fôriens étaient rompus de toutes parts.

Le sultan Omar fut tué, foulé aux pieds des chevaux, et il fut impossible de reconnaître son cadavre. Un grand nombre de chevaux et de bêtes de transport, d'abondantes dépouilles furent le fruit de cette victoire ; et les Fôriens, poursuivis pendant longtemps, perdirent encore une foule d'hommes tués ou prisonniers. Chassés subitement du Ouadây, ils rentrèrent en fuyards sur leur territoire. Peu après que les débris de l'armée furent revenus, on élut pour sultan Abou-l-Câcem, autre fils d'Ahmed-Bekr. Abou-l-Câcem gouverna en paix pendant sept ans.

Ensuite, poussé par une fatalité malheureuse, il résolut de prendre le talion sur les Ouadayens, c'est-à-dire de venger la mort de son frère Omar. Il rassembla des troupes et prépara les attirails de guerre. Il eut bientôt une armée tellement considérable qu'il en ignorait le nombre. Il partit et se dirigea sur le Ouadây. Dès qu'il en eut franchi les limites, il détacha un de ses vizirs et l'envoya du côté du Midi ou Haut-Ouadây, à la tête d'environ dix mille cavaliers, avec ordre de brûler tous les pays par lesquels il passerait, d'en massacrer les habitants, de tout piller et saccager. Le vizir se mit en marche, et exécuta les ordres de son maître.

Quant au sultan, il se dirigea avec le gros de l'armée, du côté de la capitale du Ouadây. Gaûdeh, informé de l'approche des Fôriens et des ravages qui signalaient leur passage dans l'intérieur du pays, sortit de Ouârah et se retira du côté du sud, comme s'il fuyait l'ennemi. Abou-l-Câcem ayant appris ce mouvement de retraite, se félicita de ces premiers avantages et se persuada que bientôt son ambition serait satisfaite. Il ne douta plus du succès de son entreprise. Il se hâta de pénétrer au centre du Ouadây. Gaûdeh, continuant sa marche du côté du midi, suivit cette direction pendant deux jours entiers; ensuite il tourna à l'est par un assez long détour, et s'avança ainsi jusqu'à ce qu'il fût entre l'armée fôrienne et le Dârfour.

Lorsque la fuite de Gaûdeh fut connue dans le camp fôrien, Abou-l-Câcem s'imagina que le sultan avait abandonné Ouârah sans espoir d'y jamais rentrer. La plupart des vizirs d'Abou-l-Câcem, qui n'avaient pas l'expérience des ruses de la guerre, partagèrent l'opinion de ce prince. Un des vizirs les plus clairvoyants, homme d'esprit, distingué par sa pénétration et son habileté, était présent aux entretiens du conseil du sultan; il connaissait les caprices de la fortune et les vicissitudes des choses humaines. Pendant que tous faisaient force discours sur la fuite du sultan ouadayen, lui restait muet et ne disait mot, ni doux ni amer.— « Pourquoi ce silence de ta part, lui dit Abou-l-Câcem. — Que Dieu vous protége, mon maître! Quant à moi, mon opinion diffère entièrement de celle de vos vizirs. — Et pourquoi? — Pourquoi?... Gaûdeh est sultan du Ouadây, il a des soldats, une armée, et chacun de ses soldats a sa famille, femmes, enfants; tous s'efforceront, fût-ce au prix des cils de leurs paupières, de les soustraire à l'ennemi. Jusqu'à présent, ils ne nous ont pas aperçus, et nous, nous ne les avons pas encore vus ni combattus. Dans un tel état de choses, si Gaûdeh fuit réellement, il faut dire qu'il a perdu la tête, qu'il est fou; mais tel n'est pas mon avis; et tout esprit un peu raisonnable aura la même persuasion. Du reste, si mon maître le permet, je lui prouverai ce que j'avance. — Et comment? — Faites amener ici une chamelle à traire. » On amène une chamelle. « Qu'on la lave, dit le vizir, avec de l'eau de savon. » On la lave jusqu'à ce qu'il n'y ait plus sur son poil la moindre poussière et la plus légère saleté.

Le vizir demande ensuite un vase bien propre et un homme qui sache traire. Il dit à cet homme de se bien laver les mains. L'homme se lave, se met à traire et reçoit le lait dns le vase, qui ensuite, par ordre du visir, est placé, découvert, sur le haut de la tente du sultan. Un gardien est aposté tout auprès, afin de ne laisser toucher le vase par qui que ce soit. Le lendemain matin, le vizir se fait apporter le vase, et on trouve le lait tout noirci. Le vizir le porte au sultan : « Maître, dit-il, votre homme se prépare à nous combattre ; il a marché toute la nuit. — Comment le sais-tu ? — Voyez ce lait noirci. — Mais encore ! comment s'est-il noirci ? — La poussière soulevée par les pieds des chevaux a été poussée ici par le vent. » Parmi les vizirs, les uns crurent à cette explication, les autres s'en moquèrent. On attendait les Ouadayens du côté de l'ouest, en face ; et tout à coup on vit, à l'est, apparaître les crinières de leurs chevaux. L'armée de Gaûdeh avait tourné l'ennemi.

On m'a raconté que, dans cette expédition, de jeunes Fôriens, étourdis et insouciants comme des soldats novices, découvrirent un *djourn* ou fosse pleine de doukhn (1) auprès de laquelle était une pauvre vieille, et qu'ils donnèrent aussitôt ce doukhn à manger à leurs montures. Comme ils le gaspillaient et en perdaient une grande partie, la vieille toute contristée leur disait : « Ne le perdez pas ainsi. » On ne tint compte de ses paroles, on continua. « Faites, dit la vieille, faites tant qu'il vous plaira ! mais notre Kharif-el-Teimân viendra ; il saura réparer tout cela et me venger. Faites ! notre Gaûdeh ne vous laissera pas échapper ; il viendra, et il vous chassera comme le bétail que chasse le berger. » Les Fôriens se mirent à rire et se moquèrent de la vieille. « Ton sultan est bien loin, dirent-ils ; il a eu soin de se sauver, de se mettre en sûreté. Vous et votre pays vous êtes à nous. » Et la bonne vieille répétait ses prédictions.

---

(1) *Voy.* les notes du Voyage au Dârfour.

Peu après, la cavalerie ouadayenne déboucha de loin. Dès que Gaûdeh aperçut les troupes fôriennes, il donna ordre à un de ses vizirs, l'aguîd ou gouverneur Foût, de se poster en embuscade, avec douze mille cavaliers, dans un endroit qu'il lui désigna. Gaûdeh recommanda à Foût de ne sortir et de ne se montrer que lorsqu'il le lui ferait dire, dussent les douze mille hommes périr jusqu'au dernier. Foût obéit et disposa l'embuscade.

Les deux armées en vinrent aux mains. Dieu! quelle journée! Non, il n'en fut jamais de plus terrible. Les tourbillons de poussière s'élevèrent, obscurcirent la lumière, et on vit les étoiles en plein midi.

J'ai traversé la plaine où se livra la bataille; elle était encore stérile, desséchée, salie çà et là par le sang qui y était resté si longtemps stagnant. J'ai connu un Ouadayen qui avait assisté à cette journée de carnage; il avait été tellement effrayé des horreurs qu'il eut alors en spectacle, qu'il en avait perdu subitement la puissance prolifique. Pendant tout le jour, les sabres, les lances frappèrent, massacrèrent. Lorsque la mêlée fut générale, Ouadayens et Fôriens ne se reconnurent plus, et le carnage fut épouvantable. Le sultan Gaûdeh, craignant alors que quelque Fôrien ne vînt se jeter sur lui et le tuer par surprise, envoya dire à Foût de sortir d'embuscade.

Aussi prompt que l'éclair, Foût accourt avec ses douze mille cavaliers, se précipite comme un torrent furieux, comme un tourbillon de sable roulant du haut d'une colline; mais à la vue d'une mêlée aussi bouleversée, il ne sait où se porter, il s'arrête, tremblant de rencontrer des Ouadayens sous ses coups. Gaûdeh s'aperçoit de cette hésitation, de cette incertitude, et dépêche un message à Foût. « Charge! charge! ne crains rien ; frappe tout ce qui se trouvera devant toi, qui que ce soit. » Foût part au galop, se rue dans la mêlée...; tout tombe devant lui... Enfin les deux armées sont séparées, la confusion et le désordre cessent. Les Ouadayens voyant l'ennemi reformé en corps, s'élancent de nouveau tout d'une masse, et avec eux Foût et sa cavalerie qui avait à peine partagé la fatigue de la bataille. On se prodigue en efforts inouïs contre les Fôriens. En moins d'un clin d'œil, ils sont mis en pleine déroute; leur sultan est tué ; les grands qui l'entourent sont hors de combat, tués, blessés ou prisonniers. Le massacre se multiplie ; ne se sauva que qui eut pour moyen de salut l'agile jarret d'un bon cheval. Dans leur fuite, les Fôriens, éperdus, désorientés, couraient au couchant, à l'opposé de la direction du Dârfour.

Le sultan Gaûdeh leur dépêche alors des cavaliers qui leur crient : « Fôriens! Fôriens! votre route est au levant ; vous n'êtes pas dans votre chemin. » Les fuyards regardent, examinent..., et tournent du côté du Dârfour.

Les Ouadayens s'emparèrent d'un butin immense en dépouilles, armes, chevaux, et de plus ils prirent les femmes du sultan Abou-l-Câcem ; car les princes du Soudan, Ouadayens ou Fôriens, ne se mettent jamais en campagne ou en guerre sans emmener avec eux un certain nombre de leurs femmes. — J'ai vu au Dâr-Ouadây deux vieilles Fôriennes d'environ quatre-vingt-dix ans, qui, à ce que l'on m'a assuré, avaient été faites prisonnières à la suite de la bataille où succomba le sultan Abou-l-Câcem.

Gaûdeh, vainqueur de ses ennemis, reprit le chemin de Ouârah, et rentra en triomphe dans sa capitale, accompagné de son armée chargée de butin.

Trois jours après la défaite des Fôriens et la mort de leur sultan, Gaûdeh apprit que le vizir qu'Abou-l-Câcem avait envoyé piller du côté du Haut-Ouadây, se dirigeait sur Ouârah. Ce vizir était persuadé que les Fôriens devaient avoir eu bon marché des troupes ouadayennes, et que Gaûdeh devait avoir été tué à la première rencontre. Il ignorait la mort d'Abou-l-Câcem et la déroute des Fôriens ; ce fut la cause de sa perte et de celle de ses troupes. Un des vizirs du sultan Gaûdeh partit à la rencontre de cet autre ennemi, l'arrêta court, lui livra bataille, le tua, et anéantit presque tout le corps d'armée ; à peine quelques Fôriens échappèrent aux coups de leurs vainqueurs... Guerre affreuse, qui fit oublier même la guerre de Baçoûs (1)! guerre dont le souvenir glace d'horreur, trouble et bouleverse la pensée !

Je tiens de personnes dignes de foi qu'après l'épouvantable journée dont nous venons de parler, les cadavres accumulés sur le champ de bataille servirent pendant un long temps de pâture aux oiseaux de proie et aux lions, et qu'après que cessa l'infection des cadavres et du sang qui avait inondé la terre, Gaûdeh ordonna d'enterrer les restes qui jonchaient encore la plaine. Pour pouvoir en finir promptement, on ne vit d'autre

---

(1) Ancienne guerre des temps antéislamiques ; elle dura quarante ans.

moyen que de creuser une immense fosse, d'y entasser pêle-mêle les débris des cadavres et de les recouvrir de terre. — Le succès de cette guerre fut pour les Ouadayens un événement mémorable.

Dès que les Fôriens furent rentrés dans leur pays, on porta au sultanat Mohammed-Tyrâb. Ce prince, comme nous l'avons dit dans le *Voyage au Dârfour*, aimait les plaisirs, la débauche, les propos lubriques et libertins. Il régna trente ans, et jamais il ne songea à renouveler la guerre contre le Ouadây. Dès le commencement de son sultanat, Tyrâb conclut un traité de paix avec les Ouadayens, envoya des présents à Gaûdeh et en reçut de lui. Dès lors, les communications entre les deux États se rétablirent comme auparavant. Tyrâb, pendant tout son règne, ne fit que deux expéditions, celle du Kordofâl et celle des Arabes Rézeigât.

CHAPITRE IV.

Le sultan Mohammed-Abd-el-Kérym, surnommé Sâboûn. — Sa jeunesse. — Ses qualités. — Il se prépare au sultanat. — Il s'empare de la demeure impériale, et se fait reconnaître souverain. — Prétentions de ses frères. — Guerre civile. — Sâboûn triomphe; il brûle les yeux à un de ses frères. — Il prend l'autre par ruse, et le fait mettre à mort.

Mohammed-Abd-el-Kérym était l'aîné des enfants du sultan Mohammed-Sâleh, et sa mère était Sennâouyenne. Il eut deux frères, Ahmed et Acyl, mais d'une autre mère.

Abd-el-Kérym fut surnommé Sâboûn. Il était supérieur à ses deux frères en intelligence et en instruction, plus sévère dans ses mœurs, plus attentif qu'eux à ses devoirs religieux. Sa mère était délaissée, dédaignée du sultan; celle d'Ahmed et d'Acyl en avait toutes les affections, toutes les tendresses. Sâboûn partagea avec sa mère l'indifférence et la haine du sultan. Toutefois, la sagacité, la pénétration d'Abd-el-Kérym, la justesse de son esprit et de son jugement avaient frappé Sâleh, qui pour cela laissait à ce prince la haute main dans la conduite des affaires.

D'autre part, le sultan, entraîné par son amour pour la mère d'Ahmed et d'Acyl, avait élevé les parents de cette femme aux premières dignités; les uns étaient ses vizirs, les autres ses favoris particuliers, et leur parole avait force et puissance dans tout le Ouadây. Quant à Sâboûn et à sa mère, le sultan avait fini par les exclure de son palais, et il leur avait assigné un revenu dont ils vivaient à distance de la cour.

Sâboûn sut se créer peu à peu une position respectable; lorsqu'il n'était encore qu'adolescent, il avait déjà d'assez nombreux partisans. Son caractère sérieux et réfléchi l'empêcha de s'abandonner aux jeux frivoles, aux plaisirs sensuels, à la débauche. Il dépensait tous ses instants à l'étude du Coran, à des conversations instructives, à la prière, aux pratiques pieuses. Le désir et l'espoir d'arriver un jour au sultanat préoccupaient sa pensée; et pour pouvoir s'emparer de la souveraineté lorsque le moment favorable s'en présenterait, il se procurait, par tous les moyens, des armes, des chevaux, des hommes, des cottes de mailles, des sabres, etc.

Il eut occasion de connaître de quel avantage lui serait l'emploi du fusil. Il dut cette connaissance à quelques-uns de ces marchands mogrébins dont les caravanes vont parcourant le Soudan; presque tous, dans leurs voyages, portent avec eux des fusils. Sâboûn demanda à ces marchands : « Quelle est donc cette arme dont vous ne vous séparez jamais? — C'est l'arme offensive par excellence. — Offensive! et comment? cette arme ne coupe pas. De quelle manière vous en servez-vous? — Nous y mettons de la poudre, puis nous visons ainsi. » Et ils montrent à Sâboûn comment on met en joue et comment on charge le fusil. Sâboûn, surpris de cette indication, veut aussitôt vérifier le fait.

Il va avec ces étrangers en pleine campagne; on

dresse un point de mire, on vise, on tire, on frappe le but. Le jeune prince demeura émerveillé. De ce jour, tous les fusils qu'il aperçut ou put trouver, il les acheta à quelque prix que ce fût. Il se procura aussi des chevaux, accapara des armes de toute espèce, soit étrangères, soit en usage au Soudan. Il s'amassa un nombre assez considérable d'esclaves qu'il fit dresser au tir par les Mogrébins dont il achetait les fusils.

Tout cela inquiétait les vizirs. Ils craignaient que Sâboûn, après la mort de son père, ne s'emparât du gouvernement. Ils réussirent bientôt à remuer dans le cœur du sultan le levain d'amertume qui l'avait aigri contre son fils. Enfin ils dirent à Sâleh : « Ton fils n'a plus, en vérité, qu'un pas à faire pour être sultan; il ne lui en manque bientôt plus que le nom. Il s'entoure peu à peu de tout l'appareil et de toute la puissance d'un souverain; il amasse, il rassemble des chevaux, des animaux de transport, des armes, des hommes; il ne néglige rien, et probablement il ne tardera pas à se déclarer en révolte ouverte. » Ces paroles jetèrent l'indignation dans le cœur du sultan, et à l'heure même il ordonna qu'on lui amenât son fils. Les vizirs triomphaient du résultat de leur démarche, et se promettant déjà la perte de Sâboûn, ils dépêchèrent de suite à ce prince un des chefs ou rois des Turguenak avec une troupe de Turguenak, sorte de sbires ou alguazils appelés encore Ozbân. Les Turguenak sont les exécuteurs des colères du sultan; lorsque le souverain ordonne de saisir quelque roi accusé ou disgracié, ce sont eux qui sont chargés de l'arrestation.

Le chef des Turguenak se rend donc avec sa troupe

à la demeure de Sâboûn. Heureusement alors ce prince était assis sur son *tirdjeh*. Le *tirdjeh* est une élévation arrondie, un tumulus bâti à la manière des *mastabeh*, ou devants de boutique du Kaire, à la différence que ces *mastabeh* n'ont pas la forme ronde et qu'ils ne sont qu'un simple mur à demi-hauteur d'homme à peu près, et dont la partie supérieure est de niveau avec le sol de la boutique. Dans les habitations, au Ouadây, le *tirdjeh* est entre le zérybeh ou clôture extérieure et la clôture qui renferme la hutte proprement dite (1) ; car, en général, chaque demeure a deux enceintes, son enclos particulier, et plus au dehors, son zérybeh ; entre les deux est le tirdjeh, assez haut pour que celui qui est assis au-dessus, domine l'extérieur et aperçoive ceux qui passent auprès de la demeure et ceux qui se dirigent de son côté. *Voy.* fig. 1re. Au point A est le tirdjeh. (Il n'y a que le sultan et les fils du sultan qui aient le droit d'élever des *tirdjeh* dans leurs demeures. Le tirdjeh a ordinairement une hauteur de trois coudées environ. Le sommet est une plate-forme d'au moins neuf mètres de circonférence, et on y monte par un simple plan incliné. Les princes se reposent sur le tirdjeh avec des personnes de leur suite, et y passent souvent des heures entières à converser.) (2).

Sâboûn vit arriver de loin les Turguenak, et devinant le but de leur mission, il appela ses gens, ses esclaves, et leur ordonna de se ranger sur une ligne hors de sa demeure, d'arrêter à distance les Turguenak, et de leur demander d'abord ce qu'ils voulaient. La troupe

---

(1) *Voy.* le Voyage au Dârfour.
(2) Explication communiquée verbalement par le cheykh El-Tounsy.

de Sâboùn sortit de suite, les armes à la main, se mit sur un rang et se disposa à repousser la force par la force; c'était comme un rempart élevé entre la demeure du prince et les envoyés du sultan. Ceux-ci, arrêtés par cette démonstration, se tinrent éloignés, et durent répondre aux questions de la garde de Sâboûn, et sur le motif de leur démarche. Ils déclarèrent qu'ils avaient ordre de saisir le fils du sultan. « Vous n'arriverez à lui, dirent les esclaves, qu'en nous passant sur le corps. »

Les Ozbân, surpris de cette résistance, allèrent raconter l'affaire à Sâleh, et lui demandèrent de leur permettre d'user de violence pour disperser les rebelles qui les avaient empêchés de s'emparer du prince. Le sultan, étonné et troublé, vit bien que s'il exigeait l'exécution de ses ordres à tout prix, il en coûterait la vie à plusieurs hommes, et que ce premier acte d'autorité allumerait probablement une révolte qu'il serait ensuite difficile d'éteindre.

Après quelques instants de réflexion, Sâleh envoya convoquer les ulémas, le câdi, le prédicateur et les mouftis. Lorsqu'ils furent arrivés, il les députa à Sâboûn, en leur recommandant de rappeler au devoir le prince indocile, de lui exposer quelles pouvaient être les conséquences d'une pareille insubordination, et de lui faire sentir que la meilleure voie à suivre pour lui, fils du sultan, était de se rendre au désir de son père.

La députation partit. Sâboûn écouta les représentations qui lui furent adressés et le conseil qui lui fut donné d'obéir aux ordres du sultan. « J'obéis, reprit Sâboûn, j'obéis humblement, et en tout, à Dieu, et j'obéirais de même à mon père, si l'ordre qu'il me transmet à présent était de sa propre inspiration. Mais comme cet ordre est la suite des perfides insinuations de ses vizirs, comme ce sont leurs mensonges qui, par leur influence malheureuse sur l'esprit de mon père, l'ont conduit à ordonner mon arrestation, et par conséquent à douter de mon innocence et de ma piété filiale, cette fois je n'obéis pas, je ne veux pas obéir. Qu'on me fasse connaître en quoi je suis coupable, et à l'heure même je me mets à la discrétion de mon père. Mais que sans raison, sans motif, j'aille ainsi me livrer, me laisser prendre pour le bon plaisir de ces lâches vizirs, cela ne sera jamais. Je répondrai à la violence par la violence ; s'il le faut, je mourrai, mais honorablement. »

La députation porta au sultan la réponse de Sâboûn. Sâleh reconnaissant la vérité des paroles de son fils, renonça à l'arrestation, et congédia les Turguenak. De ce jour, Sâboûn vécut tranquillement chez lui, sans plus s'occuper d'aucune affaire.

Quelques mois après cet événement, le sultan tomba gravement malade. La première de ses femmes ne lui avait pas donné d'enfant. Cette femme, craignant que la souveraineté ne fût dévolue à un des fils de ses compagnes de harem, c'est-à-dire à Ahmed ou à Acyl, qui, n'ayant pas la droiture, l'intelligence, la piété et la bienveillante équité qu'elle connaissait à Sâboûn, la dépouilleraient certainement de son titre de reine, et peut-être même la feraient mourir sans égard pour son rang, cette femme, dis-je, dépêcha un message secret à Sâboûn. « Prépare-toi, lui disait-elle, à t'emparer du pouvoir; ton père est gravement malade. »

A cette nouvelle, Sâboûn envoie immédiatement des courriers à tous les partisans qu'il pouvait avoir sur différents points du Ouadây, et leur fait dire de se réunir à la hâte, de se disperser par fractions dans les villages des environs de Ouârah, tels que Hègueîr, Noumro, Abâly, et d'attendre là ses ordres ultérieurs. Il leur recommanda surtout de ne pas entrer dans Ouârah.

Le mot de Ouârah, chez les Ouadayens, est analogue au mot de *Fâcher* chez les Fòriens; seulement il faut remarquer que les sultans du Ouadây ne changent jamais le lieu de la résidence impériale, et que cette résidence a toujours été à la ville de Ouârah. Au Dârfour, la dénomination de Fâcher s'applique également à la grande place qui est devant la demeure du sultan (*voy.* le *Voyage au Dârfour*) et à cette demeure elle-même. On donne encore ce nom, hors de Tendelty, à la ville, ou au bourg, ou au village où le sultan s'établit. Mais au Ouadây, le nom de Fâcher ne s'applique qu'à la grande place qui est devant le *palais;* et le mot de Ouârah signifie proprement la ville de la résidence du sultan, la capitale.

Les partisans de Sâboûn accoururent aux rendez-vous indiqués. Les messages se succédaient sans interruption, du prince à la reine et de la reine au prince; ce mouvement continua plusieurs jours, c'est-à-dire jusqu'au moment où le sultan rendit le dernier soupir. C'était le matin, vers midi. Aussitôt que Sâleh fut expiré, un envoyé de la reine courut dire à Sâboûn :
« Ton père vient de mourir; prépare-toi sur-le-champ;

cette nuit même, il faut que tu sois en possession du sultanat, ou tout est perdu pour toi. Avertis tes gens, tes partisans; arme-les promptement; tiens-les prêts pour ce soir; d'une à deux heures après le coucher du soleil, sois avec toute ta troupe aux portes du palais. »

Sâboûn rassemble chez lui ses amis les plus dévoués; on discute les moyens de franchir les portes du palais. La grande difficulté était de forcer la *porte ferrée*, qui est la quatrième des sept portes du *palais*. Les trois premières et les autres surtout, après la quatrième, ne présentent qu'un obstacle insignifiant; mais la quatrième est bardée de fer et se ferme solidement. Sâboûn et ses affidés cherchaient le moyen de traverser ce passage difficile. Tout à coup le faguyh Moûça, frère de l'imâm Bedr-ed-Dyn et iman particulier de Sâboûn, auquel il était entièrement dévoué, prend la parole et dit : « Prince, je me charge, moi, de t'ouvrir la quatrième porte. — Tu crois pouvoir... ? — Je l'ouvrirai, te dis-je. — C'est bien; je compte sur toi; agis comme tu l'entendras. »

Moûça part..., prend une pierre, s'en frappe la tête, et tout couvert de sang, les vêtements déchirés, il se réfugie au *palais*. En le voyant ainsi tout ensanglanté, les Osbân du palais, les portiers restent stupéfaits, et chacun de lui demander : « Que t'est-il arrivé? qui t'a maltraité de la sorte? — J'ai voulu donner un conseil à Sâboûn, et vous voyez en quel état il m'a mis. — Mais enfin, que lui as-tu dit pour t'attirer un pareil traitement? — Rien que de bien. Je lui conseillais d'obéir aux ordres de son père; je lui indiquais les conséquences de son indocilité; je l'engageais à se présenter au sultan; et tout à coup le voilà qui se précipite sur moi, me frappe, me déchire mes habits... Je viens me plaindre au sultan même. — Depuis longtemps ne t'avions-nous pas conseillé, nous, de rompre avec cet extravagant, ce fou? tu as toujours refusé de nous entendre. Voilà, aujourd'hui, la récompense de ton attachement. — Que Dieu vous comble de biens! vous m'aviez averti, cela est vrai, et bien averti. Mais vous le savez, quand la fatalité se mêle des affaires de l'homme, il n'y voit plus goutte. — Çà! reste ici avec nous. Nous t'aiderons à porter ta plainte au sultan. — Pour cette fois, je suis votre avis. » Et il s'enferma avec eux en dedans de la quatrième porte.

Cependant les vizirs, informés de la mort de Sâleh, songèrent à prévenir toutes les tentatives que pourrait faire Sâboûn pour s'emparer de l'autorité souveraine. Malheureusement pour leur dessein, Ahmed et Acyl, frères de Sâboûn et parents, par leur mère, de plusieurs vizirs, étaient à parcourir les provinces du Ouadây, se faisant héberger et traiter partout aux dépens des habitants, répandant à pleines mains les vexations et l'injustice, enlevant ce qu'ils trouvaient à leur gré dans les récoltes et les troupeaux, outrageant les serviteurs de Dieu dans leurs affections les plus chères.

Les vizirs expédièrent en toute hâte à Ahmed et à Acyl la nouvelle de la mort du sultan, et leur dirent de se rendre au plus vite à Ouârah, ajoutant que l'on tiendrait secret le trépas de leur père jusqu'à leur arrivée. Ils ignoraient, ces courtisans empressés, que la question du sultanat était pour ainsi dire déjà décidée et jugée; qu'on donne raison à qui gagne, et tort à qui

ATTAQUE DU PALAIS; LES GARDES SONT MASSACRÉS. 101

perd. Ils ne voyaient pas que Dieu accordait le pouvoir souverain à Sâboùn parce qu'il était le plus vertueux, le plus sage, le plus éclairé, le plus généreux des fils de Sâleh. Ils n'apercevaient pas qu'en ce moment se vérifiait cette parole de Dieu révélée dans le Coran et interprétée par les commentateurs de ce saint livre : « Nous avons écrit dans le *Zaboùr* (ou livre des chants) de David, après avoir annoncé nos jugements sur les œuvres des hommes : « La terre est l'héritage destiné à mes serviteurs vertueux (1). »

A la nuit, dès que les ténèbres eurent abaissé leurs voiles sur la terre, les soldats de Sâboùn se rassemblent, entrent en silence à Ouârah et se répandent sur la place du Fâcher. Sâboùn, à la tête d'une troupe d'amis dévoués, s'avance jusqu'assez près de la porte extérieure du palais (*voy.* le plan de Ouârah). Les gardes qui chaque soir se renouvellent au palais, avec un chef turguenak, pour la garde de la nuit, étaient endormis. Sâboùn, craignant de les réveiller et d'être découvert trop tôt, s'avance avec une poignée d'amis; on marche à pas de loup, pieds nus, sur la pointe des orteils. Sâboùn passe les trois premières portes. Il arrive à la quatrième; il frappe doucement..... Moûça reconnaît le coup de Sâboùn. Moûça avait su intéresser celui des portiers qui était de service, lui inspirer de la confiance, et il avait réussi à prendre la clef, et l'avait placée sous sa tête en se couchant.

Aussitôt que Moûça entend frapper, il se lève, ouvre la porte. « A qui donc ouvres-tu pendant la nuit ? » lui

---

(1) *Voy.* notes 8 et 9.

dit le portier. Moûça ne répond pas. Sâboûn passe avec sa troupe. Moûça s'empare d'une grande lance qu'il avait remarquée auprès du portier, et répondant alors à celui-ci, demi-endormi : « Sais-tu, lui dit-il, à qui je viens d'ouvrir la porte? — Non. — C'est à ton maître, au maître de ta mère et de ton père. » Et à ces mots Moûça se jette sur le portier, lui enfonce la lance dans les flancs et l'éventre. Il retire sa lance, puis à coups redoublés il se précipite sur ceux qu'il peut distinguer près de lui, et de droite et de gauche il en égorge une quinzaine.

Avant de pénétrer dans le palais, Sâboûn avait eu soin de placer à quelque distance de la première porte, sur le *Fâcher*, des avant-postes de cavaliers, avec consigne de repousser par la force quiconque se présenterait avec des intentions hostiles. D'autres avant-postes d'hommes à pied avaient été placés aussi tout près de la première porte, en face des gardes. Environ cinq cents hommes entrèrent peu à peu après Sâboûn; cette troupe, au passage de la porte ferrée, s'unit immédiatement à Moûça, et tombe avec lui sur la garde dont il avait commencé le carnage. Tous ceux qui étaient alors dans le palais s'éveillèrent, mais ils rencontrèrent des coups de lance qui leur arrivèrent plus brûlants que la braise allumée. Les uns combattirent en désespérés jusqu'à la mort; d'autres se soumirent à Sâboûn et se rangèrent de son parti.

Sâboûn avait un fusil; il le décharge dans une des huttes en jonc qu'habitent les gardes du palais; elle prend feu; la flamme s'élève, gagne d'autres huttes. La lumière de l'incendie éclaire comme la lumière du jour. Ce fut un bienfait de Dieu et la cause du succès de Sâboûn : à la lueur du feu, ce prince reconnut facilement ses ennemis et en fit un horrible massacre. Effrayés par l'incendie qui se développa tout d'un coup, les gardes et les gens du sultan couraient de toutes parts, abandonnant leurs huttes, fuyant les atteintes du feu. Un grand nombre d'entre eux succomba. Sans l'incendie qui éclaira ce carnage, Sâboûn eût pu être frappé par surprise et périr sous la main d'un traître.

Lorsque ce prince se vit maître du palais et délivré de tout danger, il entra dans le lieu où étaient les restes de son père. Le cadavre était orné et paré, étendu sur le lit de mort, entouré des femmes du harem. Sâboûn versa quelques larmes, puis il dit : « Que Dieu me tienne compte dans le ciel du malheur qui m'afflige, de la mort de mon père ! »

Ensuite il demanda les insignes du sultanat, c'est-à-dire le sceau impérial, héritage transmis de souverain à souverain, le sabre impérial, l'amulette (1) et le trône ou siége du sultan. En quelques instants tout fut apporté devant Sâboûn, excepté le siége ; on ne savait, disait-on, où il avait été déposé. Sâboûn, à cette excuse mensongère, alléguée par les femmes de Sâleh, ne put contenir sa colère. Il fit saisir ces femmes, les fit amener en sa présence, et leur exprima avec énergie l'ordre de lui apporter immédiatement le siége impérial. Elles persistèrent dans leur première déclaration, et jurèrent de leur sincérité. Commes elles étaient mécontentes du succès de Sâboûn, elles soutinrent opiniâ-

(1) *Voy.* note 10.

trément leur assertion. Alors le prince les fit enfermer, et les consigna à la garde d'eunuques choisis. Ensuite il dit aux concubines, aux esclaves, hommes et femmes, de se mettre à la recherche du siége, et il promit que celui qui le trouverait serait affranchi et serait généreusement récompensé. En un clin d'œil un jeune esclave se présente à Sâboùn avec le siége du sultan, disant en quel endroit il l'a découvert. Par ordre de Sâboùn, le siége fut réuni aux autres insignes, et le tout fut déposé dans l'endroit réservé à ces objets. Après cela, il délivra les femmes de leur consigne, et ne s'occupa plus d'elles.

Cependant le combat continuait sur le Fâcher, la mêlée s'échauffait de plus en plus. Les Turguenak de garde à la porte extérieure s'étaient bientôt éveillés; apercevant de suite la troupe armée postée en observation sur la grande place : « Qui vive? crient-ils à la troupe. —Soldats du sultan Sâboùn. — Il n'y a pas de soldats de Sâboùn. Depuis quand est-il sultan?— Il est sultan, répliquent vivement les soldats irrités de cette riposte; il est maître du palais; rendez-vous, ou vous êtes morts. » Et la lutte s'engage avec fureur. Soudain arrivent les vizirs de Sâleh, tous ceux qui étaient parents maternels d'Ahmed et d'Acyl. Le palais était au pouvoir de Sâboùn, qui déjà s'y était installé. Les vizirs veulent entrer; on les repousse. La lutte devient plus acharnée, plus terrible; elle se continue toute la nuit. Au jour, se présentent les autres vizirs et les rois. Informés de ce qui s'était passé, ils se déclarent enfin pour Sâboùn, dont ils connaissaient d'ailleurs la bienveillance et la justice. Ils protestent de leur dévouement pour lui, s

SÂBOÛN EST RECONNU POUR SULTAN. — GUERRE CIVILE. 105

rangent de son parti et combattent ceux qui résistent encore.

L'acquisition de ces nouveaux partisans accrut les forces de Sâboûn, et dans la matinée même les ennemis de ce prince étaient vaincus, tués ou blessés ou enfuis. Les vainqueurs recueillirent un butin considérable en dépouilles de toute espèce, en chevaux et en armes.

Le jour suivant, Ahmed et Acyl, à la tête d'une armée, arrivent à Ouârah; ils tentent de forcer l'entrée du palais et de pénétrer jusqu'à Sâboûn; mais ils sont repoussés avec vigueur. Un nouveau combat s'allume, et bouillonne pendant tout le jour. Ahmed et Acyl sont vaincus et obligés de prendre la fuite. Ahmed se retire dans la tribu de ses oncles, chez les Ab-Darag. Acyl, dont la mère était des Maçâlyt du Ouadây, population nombreuse sous les ordres de l'aguîd ou gouverneur de la province de l'Est, se réfugie dans cette tribu. De là il passe au Dârfour. Nous verrons bientôt comment il fut pris, ainsi qu'Ahmed.

Sâboûn, informé de la fuite de ses deux frères et de la déroute de leur armée, rendit grâce à Dieu de la victoire qu'il venait d'obtenir et qui le délivrait du danger; car les chefs kamkolak et les premiers vizirs étaient parents de la mère d'Ahmed et soutenaient résolument la faction de ce prince. D'ailleurs Sâleh, en raison de sa haine pour la mère de Sâboûn, avait, comme nous l'avons déjà dit, éloigné des emplois de quelque importance tous ceux qui tenaient à la famille de cette femme.

Dès que Sâboûn vit ses rivaux et ses ennemis abattus et le calme rétabli, il parut au divan, et, en présence des ulémas, se fit reconnaître pour le chef de l'État. Il distribua ensuite les hautes fonctions à ses proches, et le Ouadây entier lui voua obéissance; tous se soumirent, les uns par affection, les autres par crainte. La déroute d'Ahmed et de ses partisans comprima et étouffa les malveillances; le nombre des morts avait été considérable, et le sang avait coulé à grands flots. Du reste, un poëte a dit :

« Les hommes de haute puissance n'échappent aux dangers qu'en versant autour d'eux des flots de sang. »

Cet événement arriva vers le milieu du mois de rédjeb l'*unique* (1), je crois en 1219 de l'hégire (vers 1804 ère chrétienne). Sâboûn resta en repos le reste de Rédjeb et le mois de Chabân suivant. Au commencement de Ramadân (qui suit le mois de Chabân), il se mit en route pour aller combattre son frère Ahmed, qui, aidé par ses oncles maternels, anciens vizirs, avait échappé au carnage de Ouârah, et qui ensuite avait réussi à rassembler une armée assez imposante. Sâboûn craignait avec raison que, s'il n'agissait pas alors avec vigueur et promptitude, diverses tribus ne se laissassent entraîner à la révolte, ne grossissent ainsi le parti d'Ahmed, et que de là il ne survînt quelque déchirement difficile à réparer. Un prince pourvu d'intelligence sait prévoir : la pluie s'annonce par quelques gouttes d'eau avant de tomber par torrents.

La troisième nuit de Ramadân, Sâboûn partit avec ses troupes. Il lui fallait, pour atteindre l'armée d'Ahmed, deux jours de route à pas ordinaire. Il marcha toute la nuit. Le jour suivant, vers l'asr, c'est-à-dire à

(1) *Voy.* note 11.

trois ou quatre heures après midi, il découvrit le camp de son frère ; les deux armées se trouvèrent campées en face l'une de l'autre.

Les vizirs qui étaient avec Ahmed avaient répandu le bruit que Sâleh était vivant, que Sâboûn était en état de révolte et voulait se débarrasser de son père pour s'emparer du sultanat. Ces insinuations mensongères avaient jeté l'indignation dans l'esprit des Ouadayens, et le nom de Sâboûn, flétri d'infamie, ne réveillait plus dans les cœurs que des mouvements de haine et d'aversion. Mais le prince avait été informé de ces menées perfides, de ce lâche artifice dont le but était de détourner de lui l'affection des populations ouadayennes.

A son arrivée près du camp ennemi, Sâboûn expédia aux vizirs de son frère le message suivant : « J'ai appris vos coupables machinations. Vous publiez que mon père est encore vivant, que je veux attenter à ses jours afin de m'emparer de l'État. Si vos dires sont vrais, si mon père existe, faites-le-moi voir ; alors je me livre à lui sans réserve, et il décidera de mon sort comme il lui plaira. Si vous craignez que ceci ne soit un stratagème de ma part, j'ai auprès de moi des gens sûrs et des hommes de probité auxquels vous pouvez vous fier et dont vous, et mon père (s'il vit), accepterez le témoignage. Laissez-leur voir Sâleh. S'ils me disent que celui que vous leur aurez présenté est véritablement mon père, encore une fois, je me livre immédiatement à lui. »

Les vizirs répondirent à Sâboûn par les plus grossières injures, et lui déclarèrent que d'après ce qui s'était passé, ils ne pouvaient laisser voir le sultan ni à lui ni à d'autres. Au reçu de cette réponse, Sâboûn ordonna à ses troupes de se préparer à combattre. Il fit ses ablutions, sa prière, et, en présence de son armée, il demanda à Dieu de l'aider à triompher de ses ennemis.

La bataille s'engage. En un clin d'œil, en un moment plus rapide que l'éclair, plus rapide que l'élan du faucon sur sa proie, Sâboûn se précipite; l'ennemi bouleversé tourne le dos et prend la fuite. Sâboûn alors détache un corps de troupes qui se jette sur les devants des fuyards et leur ferme toute voie de salut. « Quiconque m'amènera Ahmed, dit le prince à ses soldats, sera généreusement récompensé. » Et avant le coucher du soleil, Ahmed était prisonnier et on le conduisait à Sâboûn. Ahmed était accablé sous le poids de la honte. Par ordre de Sâboûn, le malheureux prisonnier fut chargé de fers, ainsi que tous ceux de ses parents, vizirs ou autres, qui avaient été pris avec lui. Ils furent emmenés à Ouârah, à la suite du prince vainqueur. Sâboûn passa la nuit satisfait, se félicitant de son succès.

Au matin suivant, on bat des tambourins, on rassemble les troupes. La foule s'amasse, se presse sur le Fâcher. Le sultan paraît; les étendards frémissent autour de lui; sur sa tête se balance le parasol et s'agitent les grands éventails en plumes d'autruche (1). Chaque émir prend sa place; chaque grand de l'État siége au rang réservé à sa dignité. Les interprètes se disposent en ligne, et les Ozbân se rangent troupes par troupes, revêtus des insignes de la vengeance et de la

---

(1) Ce sont les mêmes que chez les Fôriens. Voy. *Voyage au Dárfour.*

terreur. Le sultan ordonne d'amener Ahmed et tous ceux qui avaient été pris avec lui. Ils s'avancent dans le plus triste appareil, marchant à pas courts et coupés, car ils avaient les fers aux pieds et aux mains. On les fait arrêter devant le sultan, Ahmed à leur tête. Sâboûn ensuite s'adresse à son frère et lui dit :

« Débauché que tu es, traître, libertin, imposteur, adultère, oppresseur, tyran méprisable, brutal despote, crois-tu donc qu'un être tel que toi soit capable d'être souverain, chef, conseiller, et puisse prétendre à gouverner des hommes, à dispenser la justice ? Non. Insensée fut ta présomption, détestables furent tes pensées ! Tu serais, toi, en état de diriger des serviteurs du Souverain des mondes ! Tu n'es pas même bon à garder les troupeaux. Assez longtemps tu as tourmenté nos sujets, usé de tyrannie et déployé ton insolent orgueil. Combien de femmes pudiques tu as déshonorées ! combien de malheureux tu as persécutés ! combien de sang tu as versé ! Tu as dépassé toutes les bornes posées par Dieu, et foulé aux pieds tout ce qu'il y a de sacré. Tu t'es jeté dans toutes les débauches dont Dieu a défendu même de s'approcher. Si ce que je te dis ici est faux, prouve le contraire, ose me démentir. »

Ahmed alors, d'un ton hardi, ferme et résolu : « Tais-toi, dit-il à Sâboûn; que Dieu te fende la bouche, te confonde et te perde, lâche que tu es, rebelle à ton père, excommunié de la pitié de Dieu ! Certes, le sort s'est cruellement trompé en te donnant la souveraine puissance ! mais il réparera bientôt son erreur, je l'espère. Penses-tu donc vraiment que j'aie peur du supplice que tu me réserves, que je redoute les brutales rigueurs que tu me prépares? Ne sais-je pas bien que tout ton pouvoir ne peut aller au delà de ce mot que tu vas dire : « Tuez-le? » Mais, va! mourir est plus doux pour moi que de me voir ainsi devant un être aussi vil que toi. »

Le sultan s'adresse alors aux ulémas présents, aux docteurs de la loi, et leur dit : « Quel est le jugement que prononce la loi islamique contre ce rebelle? — La peine, répondirent-ils, de celui qui est sorti du devoir et de l'obéissance due au chef reconnu souverain par le peuple est de mourir de mort violente, d'être pendu, ou d'avoir une main et un pied coupés l'un d'un côté du corps et l'autre de l'autre côté (1). Voici le texte des paroles de Dieu : « Celui qui se révoltera contre Dieu et » son représentant, et sèmera le désordre et la rébel- » lion dans un pays, mourra de mort violente, sera » pendu, ou bien on lui coupera la main et le pied en » sens croisé, ou bien on l'exilera. »

Le sultan alors ordonna de faire rougir au feu les mi- roued ou brochettes de fer, et de les passer sur les yeux d'Ahmed. L'ordre fut exécuté; puis le malheureux sup- plicié fut jeté en prison. Il y resta jusqu'à sa mort.

Sâboûn, séance tenante, jugea aussi les vizirs pri- sonniers. « Vizirs de malheur et de honte, leur dit-il, comment avez-vous osé prétendre que mon père était encore vivant? Selon vous, je n'étais qu'un rebelle; vous l'avez publié partout. Votre unique but était de me perdre et d'élever Ahmed au souverain pouvoir. Grâce à Dieu, vos impostures et vos calomnies parais-

(1) Par exemple, la main droite et le pied gauche, ou la main gauche et le pied droit.

sent au grand jour. » Et Sâboûn ordonne aux kabartou de mettre à mort les coupables. Les kabartou s'approchent des vizirs condamnés, les entourent et les abattent à coups de casse-têtes ou massues en fer analogues à celles que les Turks appellent dabboûz (1). (*Voy.* fig. 3.) Nous décrirons ce genre de supplice en parlant des diverses punitions usitées chez les Ouadayens et les Fôriens. Les kabartou sont des officiers de justice chargés d'exécuter ceux que le sultan condamne à mort; ce sont aussi les kabartou qui, dans les lieux publics, sonnent de la trompe devant le sultan.

Les vizirs rivalisant de courage et méprisant la mort, chacun d'eux prétendait au privilége d'être assommé le premier; tous à l'envi présentaient la tête; chacun demandait le coup fatal, et craignait de se déshonorer par le moindre signe de lâcheté. Au Ouadây, le lâche ne compte pas pour un homme; jamais il ne trouve à se marier avec une femme de famille un peu considérée; il est en quelque sorte excommunié de la société. Je n'ai jamais ouï parler d'hommes plus intrépides que les Ouadayens (2).

Sâboûn débarrassé des vizirs parents d'Ahmed, et n'ayant plus rien à craindre de leur parti, régna avec justice et équité, et s'attira l'admiration de ses voisins. On venait en foule le contempler dans sa gloire, on accourait de toute part pour le voir, comme jadis on se pressait aux temples des idoles.

(1) Les massues casse-têtes sont longues d'environ deux pieds, et sont terminées par une tête revêtue de fer; la tête a environ trois pouces de diamètre.

(2) *Voy.* note 12.

Il dompta et fit disparaître les terribles détrousseurs appelés *afryt* ou diables. Il assura ainsi la sécurité des chemins, et purgea les provinces de ces redoutables et dangereux larrons, véritables *khirryt* (1) ou lutins malfaisants qui coupent les routes aux passants au moment des brûlantes chaleurs du midi. Sous son règne, une femme seule, fût-elle couverte d'or, et sur quelque chemin que ce fût, n'avait à craindre que le Tout-Puissant.

L'autorité de Sâboûn fut en peu de temps affermie et respectée. Mais la pensée de ce qu'il pouvait avoir à redouter de son frère Acyl l'inquiétait, l'obsédait, ne lui laissait ni repos dans les nuits, ni plaisir même à l'abri des brûlants rayons du soleil. Il attendait que Dieu lui offrît l'occasion et le moment de s'affranchir de toute crainte. Ce moment arriva.

Sâboûn, comme nous le raconterons bientôt, fit une expédition contre le Dâr-Tâmah. Il ruina le pays, dispersa la population, les familles. Le roi de Tâmah était allié et protégé de Mohammed-Fadhl, sultan du Dârfour. Fadhl vit avec peine les résultats de la guerre, et il chercha un moyen de donner le change aux Ouadayens. Il consulta ses vizirs, et ceux-ci lui conseillèrent de prendre le parti d'Acyl, d'offrir des présents à ce prince émigré, et de lui proposer de reconquérir le Ouadây. « Certainement, ajoutèrent les vizirs, ce doit être là le plus ardent désir d'Acyl. Faites-le jurer de vous payer, après sa restauration, une redevance annuelle; et une fois que la convention sera conclue,

---

(1) *Voy.* note 13.

persuadez à ce prince d'écrire aux émirs de Sâboûn, de les attirer et de les gagner par des promesses. Si la réponse de ces émirs ou vizirs est favorable, et qu'ils se déclarent pour Acyl, donnez à ce prince des forces suffisantes, et qu'il aille s'emparer du Ouadây. La conquête mettra nécessairement ce pays sous votre tutelle. Ensuite, ou Sâboûn sera pris, et vous aurez atteint votre but ; ou il sera tué dans une bataille, et vous voilà délivré de toute inquiétude ; ou enfin il s'enfuira, et il restera ainsi sans ressource aucune. »

Fadhl goûta ce conseil. Il appela Acyl, auquel jusqu'alors il n'avait pas fait plus d'attention qu'à des angles sortants d'un cercle dont on veut mesurer la superficie. Il combla ce prince de présents, lui donna des chevaux, des troupeaux, des esclaves, et lui assigna une demeure particulière. Ensuite il découvrit ses intentions à Acyl, qui promit de lui payer tribut après la conquête du Ouadây.

Acyl, grâce aux dons de Fadhl, reprend un genre de vie digne d'un souverain. Son nom humilié se relève avec un certain relief ; ce nom, inconnu hier comme celui d'un homme de la foule, passe aujourd'hui de bouche en bouche ; partout il n'est bruit que de l'avénement prochain d'Acyl au sultanat du Ouadây.

Acyl écrit aux vizirs de Sâboûn, leur demande leur coopération et leur fait les promesses les plus séduisantes. Les vizirs portent les lettres à Sâboûn. Celui-ci, satisfait du dévouement de ses vizirs, leur annonce que bientôt il sera libre de toute inquiétude du côté de son frère. « Répondez à Acyl, dit-il, que vous êtes à lui corps et âme ; que je vous tyrannise et vous tourmente ;

que, malgré votre haine pour moi, vous restez en paix, faute d'un autre prince qui s'empare du sultanat. Exposez-lui aussi qu'il est contraire à ses intérêts de recevoir les secours de Mohammed-Fadhl; que ce serait le comble de la honte; que le Ouadây, après avoir été libre et indépendant de toute puissance en dehors du pays, ne consentira jamais à devenir tributaire de Fadhl; qu'en un tel état de choses, Acyl lui-même n'aurait de sultan que le nom, et qu'ainsi il imprimerait à sa mémoire une tache indélébile; ajoutez à cela : « Si tu aimes ton pays, si tu es vraiment jaloux de gouverner en sultan, garde-toi de descendre sous la loi du sultan fôrien. Notre avis, à nous, est que tu partes à la dérobée, que tu te rendes à tel endroit, et que tu nous en informes le plus vite possible. Aussitôt nous abandonnons Sâboûn, nous allons te rejoindre, nous te faisons escorte et appui, et nous t'introduisons au Ouadây. Sâboûn sera bientôt ensuite entre tes mains et à ta discrétion. Mais nous te jurons par Dieu et par les saintes paroles du Coran, que si tu viens avec une armée de Fôriens et avec leur sultan, jamais nous ne nous soumettrons à toi, ne restât-il plus qu'un seul Ouadayen dans le Ouadây. Choisis donc, et vois ce que tu veux faire. Du reste, quelle que soit ta décision, nous te prions de ne communiquer notre lettre à qui que ce soit, Ouadayen ou Fôrien. Un mot divulgué à un Ouadayen, nous ne saurions être sûrs qu'il ne le transmettra pas à Sâboûn, et alors c'en est fait de nous; car tu connais la susceptibilité ombrageuse de ton frère et sa brutalité. Une seule parole dite à un Fôrien, comment répondre que ce Fôrien n'en profitera pas pour dérouter nos projets, et que Fadhl ne se mettra pas en campagne sans toi et ne fera pas avorter nos espérances ? Encore une fois, dès que le lieu du rendez-vous sera fixé, nous irons de suite y camper et t'y attendre. Quand tu en seras à peu de distance, dépêche-nous un courrier qui nous annonce ton approche. Nous te sommes tous dévoués. »

Au reçu d'une pareille réponse, Acyl enthousiasmé, enivré de joie, crut déjà voir ses espérances réalisées. Ce qui augmenta surtout ses illusions, ce furent les signatures des premiers vizirs et des hauts kamkolak, apposées à la lettre. Acyl accueillit sans réserves la combinaison qui lui était indiquée.

Il ferme aussitôt la porte de sa demeure et donne ordre à ses serviteurs d'éloigner tous ceux qui viendraient chez lui, et de dire qu'il est malade. A nuit close, il prend un seul domestique, monte à cheval, laissant tout ce qu'il possédait, abandonnant tout, esclaves, troupeaux, etc. Il part, il marche toute la nuit, tout le jour suivant, il ne se repose qu'aux moments de la grande chaleur. Puis il remonte à cheval et voyage encore toute la seconde nuit. Il franchit ainsi un long espace de chemin. Le troisième jour, il arrive près du lieu désigné. Il se cache et envoie aux vizirs de Sâboûn une lettre dans laquelle il leur annonce qu'il a accepté leur avis. Bientôt il aperçoit venir à lui une troupe d'hommes en armes. Ces hommes, arrivés près de lui, lui rendent hommage comme à leur souverain, protestent de leur soumission et de leur obéissance, se rangent en cortége autour de lui, et on se dirige de suite au lieu du rendez-vous général. Acyl y voit les tentes des Grands du Ouadây, les chevaux et les étendards du sultan. Tout émerveillé, il croit déjà en être à l'accomplissement de ses vœux. La troupe ouadayenne est nombreuse ; Acyl ne doute plus du succès. Les vizirs se rassemblent auprès du prince, lui rendent leurs hommages, se prosternent à ses pieds en les embrassant ; lui, de son côté, leur prodiguait à tous les plus belles promesses.

Mais tout cela n'était qu'un stratagème dont Sâboûn lui-même avait combiné et ordonné toutes les parties. Sâboûn avait fait d'abord jurer ses vizirs et les kamkolak de lui rester fidèles, et il en avait reçu les serments les plus sacrés. Ensuite il leur avait promis, s'ils lui amenaient Acyl, de les récompenser libéralement. Après avoir ainsi engagé leur foi, il les avait envoyés à la rencontre d'Acyl, avec tout l'appareil de chevaux et de tentes dont nous avons parlé, et même avec ses propres tentes impériales. Il avait d'ailleurs recommandé à ses vizirs et à ses kamkolak de ne rien négliger pour s'assurer d'Acyl, et, dès qu'il serait en leur pouvoir, de le lui envoyer sous l'escorte de cavaliers sûrs, à qui ils auraient fait jurer à leur tour de remettre immédiatement à lui, Sâboûn, le dépôt qu'on allait leur confier.

Acyl, arrivé dans le camp ouadayen, prit de suite le maintien et l'attitude de sultan. Il voulut, le jour même, répandre dans tout le Ouadây des proclamations pour appeler les provinces à venir reconnaître leur nouveau souverain, et pour prévenir les habitants que ceux qui refuseraient de se soumettre à lui auraient à encourir sa vengeance. Acyl ne se doutait nullement qu'il donnait dans un piége préparé pour l'attirer du Dârfour et le jeter entre les mains de Sâboûn.

Et je dis, moi : « A pareil stratagème, nul autre qu'un esprit sans réflexion, sans raisonnement, ne pouvait se laisser prendre. Si Acyl eût eu la moindre pénétration, s'il eût un moment pensé à ce que pouvaient signifier ces dispositions guerrières, s'il se fût demandé pourquoi ces étendards de Sâboûn, ces tentes des premiers vizirs et tous ces apprêts, il eût reconnu l'impossibilité pour ces vizirs, sans une permission expresse du sultan, d'enlever du palais ces insignes royaux et de déployer un si grand appareil militaire. La sotte vanité d'Acyl lui ferma les yeux. »

Moi-même, au Dârfour, j'eus maintes fois occasion de me rencontrer avec ce prince émigré et de juger de son caractère et de son naturel. Il avait une telle dose d'orgueil et de présomption, qu'elle eût vraiment suffi pour tout ce qu'il y a d'hommes vivants sur la terre. Et cependant, alors, il n'avait pas encore reçu les présents du sultan du Dârfour; il vivait dans la pénurie, dans la misère. Partout où je me trouvai avec lui, il ne me regarda que d'un œil de dédain et de mépris. Jamais, cependant, je n'avais eu avec lui le moindre rapport; je ne lui avais jamais parlé; mais dès qu'il sut que mon père était vizir de son frère Sâboûn, il me prit en haine, en aversion, tant était grande son ineptie et sa fatuité.

Revenons au récit. Lorsque Acyl vit arriver à lui les vizirs et les kamkolak, il crut, comme je l'ai déjà dit, que le succès était assuré, que la fortune se mettait à sa discrétion, tandis qu'au contraire elle ouvrait contre lui une brèche irréparable. Il était comme la femme dont un poëte a dit :

« Vainement la femme vieillie cherche à paraître jeune ; elle a les côtes maigres, sèches, l'échine voûtée ;
» Elle a recours au parfumeur, lui demande la fraîcheur du bel âge ; mais est-ce que les parfums peuvent réparer ce que le temps a détruit ? »

Acyl, en courant du Dârfoûr au Dâr-Ouadây, rappelait le mouton qui prépare lui-même sa perte en grattant la terre (1) ; il était l'image de celui qui de sa propre main se coupe le bout du nez.

Les vizirs étaient convenus entre eux qu'après qu'ils auraient attiré Acyl au Ouadây, ils l'accompagneraient jusqu'à Ouârah, et que là ils se saisiraient de lui ; mais Dieu décida autrement, et lui jeta plus vite le malheur : voici comment.

Un des rois ou grands qui était dans le secret du projet résolut, à quelque titre que ce fût, de trahir Sâboûn et de faire triompher Acyl. Ce roi avait au cœur la passion de la tyrannie ; et Sâboûn ne voulait ni injustice, ni tyrannie, ni vexations. Or ce certain roi voyait que, sous l'autorité d'un pareil maître, il ne pourrait satisfaire ses goûts d'iniquités, et qu'avec Acyl il aurait libre carrière. Il fit donc pencher ses affections pour Acyl, et il s'en ouvrit aux autres vizirs : « Voyez, leur dit-il, de quelle manière vous jouez le malheureux Acyl. Vous n'avez répondu à ses instigations que pour le perdre, et il est fils de votre souverain. A mon sens, Acyl a plus de droits que Sâboûn au pouvoir suprême ; car vous n'ignorez pas tout ce qu'il y a dans Sâboûn de

(1) *Voy.* note 14.

dureté, d'arrogance, d'amour du sang, de mépris pour vos conseils. Si vous voulez agréer mon avis, vous transformerez tout ce jeu entrepris contre Acyl, en une expédition sérieuse en sa faveur, et vous vous dévouerez à lui de cœur et de corps. »

A ces paroles, les vizirs aperçurent le danger qui les menaçait, et comprirent que s'ils ne se rendaient promptement maîtres de leur collègue, tout le stratagème allait être éventé. Sans forme de procès, on saisit le provocateur, on lui attache les fers aux pieds, et on le confie à la surveillance d'une garde sûre; puis, d'un accord unanime, tous les autres vizirs pénètrent dans la tente d'Acyl, et s'emparent de lui avant qu'il puisse rien savoir de ce qui venait de se passer, et afin de prévenir un incendie qu'il serait peut-être difficile d'éteindre plus tard.

Acyl est saisi au corps; on lui attache une chaîne au cou, et un anneau de fer solide le tient une main fixée à cette chaîne. On le place ensuite sur un chameau, et on le met en marche au milieu d'une escorte de mille cavaliers, à qui on a fait jurer de le conduire à Sâboûn. L'escorte se dirige du côté de Ouârah, sous les ordres du kamkolak Kidermy, fils de l'oncle maternel de Sâboûn, et connu par son inviolable attachement pour son souverain..... Kidermy, avec les mille cavaliers, marcha toute la nuit.

Au coucher du soleil, les vizirs s'acheminent avec le reste des troupes, et marchent également toute la nuit, afin d'être prêts à répondre à tout événement. Ils rejoignent le kamkolak Kidermy à un village; et voyant que tout était calme dans l'armée, ils prennent les devants ; car Kidermy allait au pas ordinaire. Après trois jours de marche forcée, les vizirs entrent à Ouârah. Ils s'empressent de porter au sultan la nouvelle de leur succès. Sâboûn en fut transporté de joie ; et sur l'heure même il ordonna de jeter en prison le traître qui avait tenté de faire triompher Acyl.

Le lendemain dès le matin, Sâboûn envoie un des chefs des Turguenak, avec sa troupe, au-devant de Kidermy. Le Turguenak part, et le troisième jour après, Kidermy et toute l'armée entrent à Ouârah avec Acyl la chaîne au cou et monté sur un chameau.

Le sultan paraît au Fâcher ou grande place du palais, dans un appareil imposant ; les tambourins retentissent, es trompettes sonnent, les étendards frémissent au-dessus de la tête de Sâboûn. Acyl paraît aussi, monté sur son chameau. Le sultan fait amener son frère et le fait descendre au milieu du cercle de l'assemblée. « Traître, perfide, dit Sâboûn à Acyl, tu voulais donc livrer le Ouadây à nos ennemis, et cela pour satisfaire ta folle ambition ! » Et Sâboûn donne l'ordre de mettre à mort le coupable. Acyl est exécuté à l'instant même. Ainsi Dieu délivra le Ouadây et les Ouadayens. Ce jour fut un jour de fête et de joie comme on n'en vit jamais au Ouadây.

On amena ensuite le vizir qui avait trahi. Sâboûn le fit mettre à mort immédiatement. Les deux cadavres furent laissés tout le jour sur la place publique ; le soir, Sâboûn ordonna de les enterrer (1).

---

(1) *Voy.* note 15.

CHAPITRE V.

Tyrannie et déréglements d'Ahmed, sultan du Bâguirmeh. — Incursions des Baguirmiens sur le territoire ouadayen. — Lettres de Sâboûn à Ahmed. — Expédition et départ de Sâboûn. — Arrivée dans l'espace qui sépare le Ouadây et le Bâguirmeh. — Un Abou-Carn se précipite sur les Ouadayens; il est tué par un esclave. — Plusieurs chefs condamnés à mort. — Comparaison des Rézeïgât et des Djéâtenah. — Vénération pour le souverain. — Anecdote. — Le souverain est toujours inspiré du ciel. — Autre anecdote.

Le Très-Haut, Dieu, à qui rien n'est difficile, dont l'essence est sainte, dont les attributs sont purs et sans tache, a mis les rois sur les trônes des empires du monde, comme la tête sur le corps de l'homme; or la tête est l'organe suprême de l'homme, et, disent les savants, le siége de l'intelligence; elle est la plus noble partie de l'organisme humain; car en elle sont les quatre sens externes, l'ouïe, la vue, l'odorat et le goût, et les sens internes, la perception, l'imagination, la réflexion, le jugement et la sagacité. Par analogie comparative, le souverain est la parole suprême de l'État, le siége de l'équité et de la puissance, le tribunal de la justice, le bouclier de l'empire, la source de la bonté et de la clémence, la main vengeresse toujours prête à frapper l'iniquité des œuvres et à appliquer les peines établies par la loi, enfin la voix qui absout et pardonne. Et notre saint Prophète a dit : « Le souverain est l'ombre de Dieu sur la terre, le refuge des malheureux, le consolateur des opprimés. Princes, vous êtes les pasteurs de vos brebis, et au grand jour Dieu vous demandera compte de la gestion de votre femme. »

Le souverain, centre du pouvoir et de l'autorité, doit ne commander que le bien, ne défendre que le mal. « Celui qui voit faire le mal, dit le Prophète de l'islamisme, doit chercher à l'empêcher, ou par son intervention active, ou par ses paroles, ou par ses vœux; et quand les vœux sont la seule voie possible, alors la foi est mourante dans la nation. »

Mais nul n'est plus puissant à arrêter le mal que le chef d'un État; tel est surtout le sultan du Ouadây. Maître absolu, tout obéit à ses ordres, tout se soumet à sa volonté.

Lorsque le sultan Sâboûn eut assuré son pouvoir et que son pied s'y fut affermi, il n'y eut œuvre de mal que ce prince ne réprimât, œuvre de bien à faire, pour qui le méritait, qu'il ne la fît. Voici comment il punit la coupable conduite d'El-Hâdj-Ahmed, sultan du Bâguirmeh.

Ahmed tyrannisait et tourmentait ses sujets, s'abandonnait aux plus honteux excès. Il laissait les gouverneurs des provinces se livrer à tous les caprices d'une licence effrénée, et ne voulait entendre les représentations et les plaintes de personne; les souffrances des Bâguirmiens étaient extrêmes. Enfin plusieurs des principaux habitants des bourgs et villages se rassemblèrent et allèrent exposer leurs maux aux ulémas, leur raconter ce qu'ils enduraient de la tyrannie de leurs gouverneurs, leur dire que le sultan était sourd à leurs plaintes et à leurs supplications, les prier de représenter de vive voix au prince les abus dont le peuple était victime, et de mettre assez d'énergie dans leurs paroles pour inspirer à Ahmed de meilleurs sentiments, pour le décider à enjoindre aux gouverneurs de changer de conduite.

Les ulémas se réunirent et se rendirent chez le sultan. Il les reçut avec les honneurs convenables et les fit asseoir ; quelques instants après, Ahmed leur demanda le motif qui les amenait ainsi réunis. D'abord ils gardèrent le silence ; puis un vieillard d'entre eux, le faguy El-Ouâly, prit la parole. « Prince, notre maître, dit-il, nous venons t'engager à faire cesser les injustices de tes préposés et de tes suppôts. Si tu connais leur conduite, nous te prions de les forcer à y renoncer ; si tu ne la connais pas, sache les intimider par tes menaces, et cherche à arrêter leurs excès. — Et quels sont donc ces excès? réplique le sultan. — Œuvres d'iniquités qui n'ont pas laissé un seul cœur sans souffrance, et tu es notre souverain. C'est en ton nom qu'ils nous tyrannisent, et cependant tes sujets te respectent et te craignent. Toi seul tu rendras compte de tout cela au jour du jugement. » Puis le vieux uléma raconta cette parabole :

« Prince, notre maître, dis-moi : Si tu avais un champ ensemencé ; si le moment de la moisson approchait et qu'elle se présentât riche et abondante ; si au milieu de ton champ était un grand arbre où des oiseaux eussent leurs nids ; si ces oiseaux mangeaient toute cette moisson, et que nul effort ne pût les chasser, et si tu étais enfin fatigué de cette dévastation, dis-moi, que ferais-tu?— Je couperais cet arbre.— Eh bien! prince, sache donc ceci : Les rayas sont la moisson; toi, tu es le grand arbre; tes officiers, tes gouverneurs sont les oiseaux ; et la moisson est ravagée, dévorée; et nous craignons que l'arbre ne soit coupé, car le maître de la moisson, c'est Dieu, et il hait la tyrannie. Apprends qu'un poëte a dit:

« Évite l'injustice et l'oppression, si tu es puissant; car elles ont pour terme le repentir.

» Tes deux yeux dorment; mais celui que tu as opprimé reste éveillé, poussant ses cris au ciel contre toi; et l'œil de Dieu ne dort jamais. »

» La sagesse des anciens temps a dit : « L'iniquité qui dure ruine; la justice qui dure enrichit. » Pense encore à ces paroles du poëte :

« Allez dire de ma part à celui qui se plaît à m'opprimer, sans crainte de Celui qui voit et sait tout,

» Allez lui dire que je tiens ma flèche en arrêt, cachée dans les ténèbres de la nuit, et qu'à un moment, je l'espère, elle volera le frapper. »

» Enfin, apprends ces mots de notre saint Prophète : « La justice d'une heure seule vaut mieux que soixante-dix ans de prières. »

Le sultan se mit à rire de ce sermon. « Ainsi, dit-il, vous pensez donc tous que mes oiseaux, comme vous les appelez, doivent vivre sans boire ni manger? — Non. — Cependant ils ne prennent des rayas que pour se nourrir. — Leur nourriture, c'est toi qui la leur donnes, et pour cela tu leur accordes des terres dont ils recueillent les revenus. — Chacun sait comment il doit battre son briquet. Les rayas sont mes rayas à moi, les soldats sont mes soldats, et vous n'avez rien à voir dans tout cela. Votre affaire, à vous, c'est d'enseigner la loi et la religion à qui le veut, de répondre à ceux qui vous consultent; le reste ne vous regarde pas. Et si je ne craignais d'être accusé de trop brutaliser les ulémas, je les ferais arrêter tous, et je n'en laisserais pas un seul en vie. » Ensuite Ahmed appelle ses émirs et dit à l'un d'eux: « Toi, tu es l'épervier; » à l'autre: « Toi, tu es le faucon; » à un autre: « Toi, le milan; » à un autre: « Toi, le percnoptère; » à un autre: « Toi, le vautour. » Il appliqua ainsi à chacun d'eux un nom d'oiseau de proie, en présence des ulémas stupéfaits de ce qu'ils voyaient et entendaient. Ils sortirent humiliés, maudissant la perversité du sultan. Cette démarche n'eut d'autre résultat que de susciter de nouvelles vexations et de nouvelles iniquités.

Alors le peuple poussa les hauts cris, se révolta contre les soldats du sultan; le sang coula; une foule de bourgs et de villages furent ruinés, saccagés. Une seconde fois les ulémas se réunirent, et résolurent d'aller de nouveau se présenter au sultan, dût-il leur en coûter la vie. Ahmed les reçut avec politesse, les fit asseoir, puis leur demanda quel était le motif de leur visite. Ils répondirent qu'ils venaient remplir un devoir sacré, un devoir qui leur était prescrit par Dieu dans ces paroles du saint Coran : « Dieu impose à ceux auxquels son divin Livre a été envoyé, l'obligation de le faire connaître aux autres hommes et de n'en point tenir les préceptes cachés. » — « Voyons, dit le sultan, ce que vous avez à me dire. »

Alors un des ulémas prit la parole : « Le Très-Haut a dit : « J'ai préparé à l'oppresseur d'effroyables supplices. » Et un autre : « Au jour du jugement, dit l'Éternel, nous élèverons la balance de la justice; gardez-vous donc d'être injuste, ne fût-ce que pour quelques grains de sénevé; aussi bien nous le représenterons, ce sénevé, au dernier jour; car nous tenons compte également de tout à tous. » Un troisième des ulémas, puis d'autres successivement, citèrent diverses sentences ou passages du Coran et du *Hadyth* ou livre des paroles traditionnelles du Prophète : « O hommes! j'ai créé l'injustice; elle m'est impossible à moi, mais je l'ai placée sur la terre, au milieu de vous, comme œuvre de mal; évitez-la. » — Le Très-Haut a dit : « Au jour dernier du monde, je serai souverain redoutable; je ne ferai grâce à nulle injustice, ne fût-elle que pour quelques grains de poussière; car si je pardonnais à une seule injustice, je serais moi-même injuste. » — « L'injustice, au jour de la résurrection, enveloppera l'injuste d'épaisses ténèbres. » — Les traditions reçues du prophète disent : « L'injustice qui dure ruine; la justice qui dure enrichit. » Chacun des ulémas donna ainsi sa maxime d'à-propos. Quand ils eurent fini, le sultan leur dit : « Est-ce pour cela que vous êtes venus?—Sans doute.—C'est très-bien! je vous ai entendus, mais je n'en ferai ni plus ni moins. Sortez d'ici. Et s'il vous prend fantaisie de m'apporter encore de ces remontrances, je vous traiterai comme vous le méritez. » Les ulémas se levèrent et sortirent, le mécontentement et la tristesse dans l'âme..... Ahmed continua à se conduire comme par le passé. On en parla à Sâboûn, qui répondit : « Dieu saura le rétribuer selon ses œuvres. »

Le sultan du Bâguirmeh ne s'en tint pas aux excès de la tyrannie; il s'abandonna encore aux excès de la débauche. Il avait une sœur mariée à un de ses vizirs ; elle se brouilla avec son mari à la suite d'une querelle particulière. Elle vint se plaindre à son frère, le prier de faire des reproches au vizir et de rétablir la bonne intelligence entre elle et son mari. Le sultan était alors ivre. Frappé de la beauté de sa sœur, il s'en éprit, et tous les désirs de l'amour s'éveillèrent en lui. Le lendemain il appela le vizir, et lui ordonna de répudier sa femme. Elle fut répudiée, et le sultan alors résolut de l'épouser. Mais craignant qu'on ne le blâmât de cette alliance, il convoqua les ulémas et leur demanda s'il n'y avait pas dans le Coran quelque passage sur l'autorité duquel il pût légitimer son mariage avec sa sœur. « Rien ne peut autoriser une pareille union, répondirent les ulémas. La possession maritale d'une sœur est formellement défendue par le texte du Coran. » Alors Ahmed promit de récompenser richement celui qui lui trouverait un moyen d'arranger cette affaire. Chacun répondit qu'il était impossible de légitimer son projet. A cette réponse tranchante, il s'emporta contre les ulémas et les chassa de sa présence.

Mais un des ulémas qui était absent de l'assemblée, un de ces hommes que l'amour passionné des biens du monde fait plier à tout, apprit ce qui s'était passé dans la consultation. Il vint demander à parler au sultan. Introduit près du prince, il lui dit : « J'ai su la conversation que tu as eue avec les ulémas à propos de ta sœur. » Et il conta ce qu'il en avait appris. « La chose est ainsi, dit le sultan ; mais tous me répètent qu'aucun texte ne peut me rendre licite la possession de cette femme. Et toi, quelle est ton opinion ? — Je soutiens, moi, qu'il y a possibilité. — Et comment? — Tu sais fort bien que ton père épousa plus de quatre femmes, et par conséquent dépassa le nombre que permet la loi. — Je sais cela. — Au delà de quatre femmes, il y a donc infraction à la loi, et les enfants nés de ces unions illicites sont illégitimes et adultérins. De plus, d'après les principes du rite des châféites (1), les enfants nés de l'*eau* de l'adultère et du concubinage ne sont pas admis dans les degrés de parenté dans lesquels les unions matrimoniales sont défendues. Cette femme n'est donc pas réellement ta sœur ; il t'est donc permis de l'épouser (2). »

A cette explication, le sultan, transporté de joie, fit récompenser généreusement le commentateur. Les autres ulémas, informés de la réponse de leur confrère, envoyèrent dire au sultan : « La solution qui t'a été donnée est vicieuse, fausse, inadmissible dans les principes de notre rite mâlékite. — J'ai embrassé le rite des châféites, répliqua le sultan. — Mais alors, comment prouves-tu que la mère de ta sœur était en surplus du nombre des quatre femmes légitimes de ton père? Avant tout il faut constater ce fait, car c'est le fait fondamental. » Le sultan ne prit nul souci de ces observations ; il se fiança à sa sœur, et peu après il en fit publiquement sa femme. Voici une autre monstruosité plus étonnante encore.

Ahmed avait une fille mariée. Elle vint, peu de temps après son mariage, rendre visite au sultan... Elle entre et le trouve dans un singulier état d'ivresse. Ahmed

---

(1) Un des quatre rites orthodoxes musulmans.
(2) *Voy.* note 16.

s'enflamme subitement d'amour pour sa fille. Il envoie appeler le mari et lui ordonne de répudier sa femme. La répudiation est prononcée immédiatement. Pour cette fois, Ahmed ne consulte pas les ulémas. Il s'enferme seul avec sa fille et la presse de partager sa couche. « Mais, dit-elle au sultan, n'es-tu pas mon père? comment croire qu'il soit permis à un père de faire à sa fille de pareilles propositions? — Je t'aime, et ne veux céder mon bonheur à personne. » La jeune fille résiste, et refuse d'obéir. Les choses, dit-on, en restèrent au point des sollicitations. Toutefois, le public fut partagé d'avis sur le dénoûment. Les uns prétendirent qu'Ahmed avait enfin triomphé; les autres, que sa fille n'avait point succombé.

On raconta à Sâboûn les turpitudes du sultan bâguirmien. « Dieu, dit-il, le traitera selon ses œuvres. » Et en effet, lorsque Dieu veut un événement, il en dispose les causes; lorsqu'il a décidé le malheur des populations, rien ne peut les y soustraire. Et puis, les œuvres, la conduite d'Ahmed donnent la raison de ces paroles du Tout-Puissant : « Quand j'ai résolu la perte d'un peuple, je fais marcher les hommes corrompus, qui les gouvernent, à tous les crimes; alors ma résolution est justifiée, et je jette sur le peuple la ruine et la désolation. »

Lorsque Dieu eut prononcé la condamnation du sultan bâguirmien et eut décidé la perte de ce prince par la main de Sâboûn, il suscita pour vizirs à Ahmed des hommes de dépravation et de mal. Ces vizirs allèrent dire à Ahmed : « Seigneur, nous avons maintenant appauvri notre pays, nous en avons epuisé, ruiné les habitants par toutes les rigueurs et les exactions possibles. Il vaudrait bien mieux, peut-être, chercher à nous satisfaire, toi et nous, sur d'autres que sur tes rayas; par exemple, dépouillons de leurs biens les rayas de quelque pays voisin. — Savez-vous quelque prince voisin dont les rayas soient maintenant plus riches que les nôtres? — Certainement, il y a les Ouadayens ; ils sont à nos portes; ils ont en abondance des chameaux, des bœufs, du menu bétail, des esclaves, de l'argent (1). — Eh bien ! faites une incursion dans le Ouadây, et enlevez tout ce que vous pourrez. » A ces mots le vizir Abd-Allah s'avance; il était *Fetcha* (2), dignité qui répond à celle de l'*Ab* (père), au Dârfour. « Que mon maître, dit Abd-Allah, me permette d'aller le premier tomber sur les Ouadayens. Après moi, ira qui voudra. » La permission est accordée sans difficulté.

Peu après le fetcha part, suivi de cavaliers et de fantassins. Il fond à l'improviste sur les frontières du Ouadây, tue, pille, amasse un riche butin, et revient triomphant. L'aspect de ces dépouilles, de ces richesses, sourit au sultan Ahmed. « Nul autre que toi, dit-il au fetcha, ne conduira contre le Ouadây une seconde expédition. » Et pour cette fois, il lui ordonne de pénétrer au cœur du Ouadây. Le fetcha se remet en route. Il reste environ quinze jours en incursion, et revient chargé d'un butin plus considérable encore que le premier. Mais il avait trouvé une vigoureuse résistance

---

(1) L'usage de l'or, au Ouadây, est défendu; il est réservé au sultan seul.

(2) Ce nom s'écrit *fécha;* mais les Bâguirmiens prononcent le *ch* comme *tch*, et disent *fetcha*.

chez les Ouadayens qu'il avait pillés, et on lui avait tué un grand nombre d'hommes ; néanmoins il rentra au Bâguirmeh les mains pleines.

On annonça à Sâboûn les pillages des Bâguirmiens, l'enlèvement des troupeaux. Sâboûn surpris : « Eh quoi ! dit-il, ils saccagent, dévastent nos contrées, sans que nous soyons en guerre ! Et nous sommes musulmans, et eux aussi sont musulmans ! L'outrage est par trop violent ! » Sâboûn écrit aussitôt au sultan Ahmed, et lui dit, après les politesses d'usage : « ..... Ton fetcha a fait irruption sur mon pays, a enlevé les troupeaux de mes rayas ; c'est une insulte à ma personne même. Il a emmené des prisonniers, pillé les habitations ; jamais pareille chose n'a eu lieu entre nous, nulle loi au monde ne l'autorise. Au reçu de cette lettre, ordonne au fetcha de restituer tout ce qu'il a pris, et garde-toi bien de recommencer une semblable expédition. »

Sâboûn accompagna l'envoi de cette lettre de quelques présents. A peine le messager chargé de la porter l'eut-il remise au sultan Ahmed, que celui-ci le fit saisir et mettre en prison..... La lettre demeura sans réponse.

Peu de temps après, de nouvelles plaintes furent portées à Sâboûn ; on lui annonça que le fetcha avait reparu sur les terres du Ouadây, qu'il pillait les troupeaux, enlevait les familles, et répandait le massacre et la désolation partout. Sâboûn alors eut peine à contenir sa colère. Il attendit pendant quelques jours encore le retour de son envoyé ; mais son attente fut trompée. Il expédia un second envoyé avec une nouvelle lettre ; il écrivait au sultan : « Nous t'avons déjà écrit une fois, et nous t'avons exposé les actes iniques et les violences de ton fetcha. Nous t'avons demandé de l'obliger à rendre immédiatement ce qu'il a pris; car ce sont des biens de musulmans, qu'un vrai croyant ne peut et ne doit pas s'approprier. Nous attendions le retour de notre envoyé et ta réponse, lorsque nos rayas sont venus à nous dans un état qui afflige un ami et ne réjouit qu'un ennemi. Ils se sont plaints de ce que ton fetcha a fait une nouvelle irruption sur nos terres, et qu'il n'a laissé dans les abris de nos villages ni homme qui pût crier, ni cheval qui pût hennir. Cette conduite nous a indigné. Au reçu de cette lettre, ordonne de suite à ton fetcha de rendre tout ce qu'il a pillé; sinon, nous le ferons restituer de vive force. Salut. »

A la lecture de ce message, le Bâguirmien se mit à rire. « Comment, dit-il, Sâboûn ose-t-il demander la restitution de ce que nous avons enlevé à ses rayas? Je ne rendrai rien. » Et il mande à Sâboûn un messager avec une réponse ainsi conçue : « Nous avons reçu une première lettre de toi, puis une seconde. Nous en avons compris le contenu. Salut. »

Une pareille réponse indigna Sâboûn. Dans sa colère, ce prince résolut de marcher immédiatement contre le Bâguirmeh, et de ne revenir que vainqueur ou vaincu. Il appela mon père et le câdy, et leur demanda ce qu'ils pensaient de la conduite et de l'insolence du sultan Ahmed. Il leur raconta comment ce prince s'abandonnait à tout ce que réprouve la loi de Dieu, comment il était arrivé à prendre sa sœur pour femme, comment on parlait de ses tentatives sur sa propre fille. Mon père et le càdy déclarèrent qu'après de tels actes, la guerre contre le sultan bâguirmien était permise et légitime. Ensuite Sâboûn ajouta que le fetcha avait pillé les Ouadayens de la province de l'Ouest, et cela sans motif, et que dans ces brigandages ce même fetcha avait versé le sang musulman sans qu'aucun grief pût être allégué contre les Ouadayens. La guerre contre le Bâguirmeh une fois reconnue licite et juste, Sâboûn recommanda à mon père et au càdy de garder le secret le plus absolu sur la conversation qu'ils venaient d'avoir avec lui.

Le lendemain Sâboûn appelle les kamkolak et leur dit : « Je suis inquiet, tourmenté ; des idées sombres m'obsèdent ; le séjour de Ouârah et le repos augmentent ma tristesse. Je veux aller passer quelques jours à la maison de campagne de mon aïeul le sultan Gaûdeh. Montez à cheval et suivez moi. » La maison du sultan Gaûdeh était éloignée de Ouârah d'environ huit heures de marche. « Prince, répondent les kamkolak, nous sommes à vos ordres. »

Sâboûn fait aussitôt seller ses chevaux et disposer les bagages nécessaires. Il expédie en même temps au chef des tribus arabes voisines de la ville, l'ordre de tenir prêts le plus grand nombre possible de chameaux. Le chef arabe prépare tout ce qu'il en peut rassembler parmi ses Arabes, et tout ce qu'il en possède lui-même. Enfin les tambourins annoncent le départ, et le sultan sort de Ouârah au milieu de ses troupes. Il arrive à la maison de Gaûdeh. Il y reste trois jours, et le quatrième jour au matin il se remet en route.

Vizirs et soldats pensaient que Sâboûn allait regagner Ouârah; mais il tourne bride et marche au sud. Il fallut le suivre. On ignorait sur quel lieu il voulait se diriger. Un des grands s'approche de Sâboûn : « Que Dieu, dit-il, consolide la puissance de mon maître ! où désire-t-il se rendre?—A la maison de mon aïeul Aroûs. » C'était une campagne à deux jours de Ouârah, et où jadis le sultan Aroûs allait de temps en temps passer quelques jours. On arrive à l'endroit désigné. Sâboûn y reste trois jours; et au matin du quatrième, il part et reprend sa marche du côté du sud. Un vizir lui demande encore où il désire aller « Je vais faire une tournée dans les provinces et voir en quel état sont mes sujets. Mais que personne désormais ne vienne plus me demander où je vais. » On se conforma à cette défense.

Sâboûn voyagea tout le jour, et ne fit halte qu'à la nuit. Le lendemain matin, il remonta à cheval; toute la journée encore, il marcha à marche pressée; il ne s'arrêta que le soir. Il recommença ainsi pendant sept jours de suite; le huitième, on se reposa. Alors Sâboûn assembla les grands qui l'accompagnaient, ses vizirs et ses officiers : « Nous allons, leur dit-il, au Bâguirmeh. Je resterai ici sept jours encore. Pendant ce temps, vous vous préparerez pour l'expédition. Que ceux qui n'ont pas emmené leurs hommes de guerre avec eux les fassent venir; que ceux qui n'ont pas leurs chameaux les fassent demander; que ceux qui n'ont pas tous leurs cavaliers et toutes leurs armes les envoient chercher, et complètent ce qui leur manque. Cela terminé, nous marchons sur le Bâguirmeh. — Vos ordres seront exécutés. » On se sépare; et chacun alors de discourir et de raisonner sur cette guerre improvisée, et d'en exagérer les dangers. « Pourquoi, se disait-on, est-il parti ainsi sans préparatifs? Pourquoi venir jusqu'ici sans nous parler de ses intentions? Comment pouvons-nous être prêts dans sept jours? un mois ne suffirait pas. Et d'ailleurs, l'ennemi est en force; chevaux, fantassins, il a tout en nombre; à moins d'avoir à lui opposer une armée redoutable et bien équipée, nous ne pouvons pas aller l'attaquer. Dans l'état où nous sommes, nous serons mis en pièces, notre sultan sera tué, et nous devenons la risée du Soudan. Ce n'est pas ainsi que doit s'aventurer un souverain. Voyons; qui de nous veut essayer de faire changer la résolution de Sâboûn, de le décider à retourner à Ouârah, afin que nous puissions nous préparer à la guerre? — Moi, dit l'envoyé que Sâboûn avait précédemment expédié au Bâguirmeh; moi, je me charge de déterminer le sultan à regagner Ouârah. Et si je réussis, quel sera le prix...? — Nous promettons de te donner cent chevaux choisis, cent esclaves et cent chameaux. — J'accepte; » et il se fait assurer cette promesse par écrit.

Le soir il se rend auprès du sultan..., il attend qu'ils soient seuls en tête-à-tête. Alors il s'approche et dit : « Que Dieu accroisse la puissance de mon seigneur! Permets-moi de te demander quel est ton but. — Que veux-tu dire? — Tu es parti sans préparatifs suffisants pour fondre sur un pays plein de cavaliers et de soldats, composant une force immense, décidés à tout affronter. Tu risques la perte de tes troupes, une déroute complète. Si dans l'état où nous sommes nous pénétrons sur le territoire bâguirmien, et que nous ayons affaire avec le fetcha, il nous sera impossible de résister. — Ce que tu me dis là est-il bien vrai? — Prince, très-vrai. — Ainsi, nos fatigues jusqu'aujourd'hui sont perdues. S'il plaît à Dieu, demain nous retournons sur nos pas ; nous n'irons pas chercher notre malheur. »

L'envoyé sort enchanté de la réponse de Sâboûn, et convaincu qu'il a dissuadé ce prince de poursuivre son projet. Il en répand la nouvelle dans le camp, et la nuit fut une nuit de joie pour l'armée.

Au matin, le sultan fait battre le coup du départ ; il avait renoncé aux sept jours de campement, mesure qu'il avait ordonnée d'abord. On lui amène son cheval ; il le monte, et appelle son conseiller de la veille. Celui-ci se présente devant le sultan, qui lui dit : « J'ai résolu de te laisser ici ; je ne veux pas que tu me suives dans mon expédition ; car tu es un poltron qui épouvanterait l'armée, comme tu m'as presque épouvanté hier ; tu anéantirais le courage de mes soldats. » Puis Sâboûn fit saisir l'envoyé, et montrant un arbre qui était près de là : « Attachez cet homme, dit Sâboûn, au pied de cet arbre. » On l'y attacha; le tronc de l'arbre entre les jambes. Quelques individus furent préposés à la garde du prisonnier, et chargés de lui donner à manger et à boire jusqu'à ce que l'armée revînt du Bâguirmeh. Le sultan s'éloigna. Ses vizirs et toute sa suite, étonnés, interdits, expédièrent immédiatement à leurs intendants et subdélégués les ordres les plus pressants pour tous les préparatifs que Sâboûn avait prescrits la veille.

On partit, on voyagea tout le jour, et l'on fit halte

pour la nuit. Le lendemain matin, ordre de départ. Jusqu'alors on avait marché dans la direction du sud, cette fois Sâboûn tourna à l'ouest, c'est-à-dire sur le Bâguirmeh. A la fin de la journée, il campa et annonça un repos de sept jours.

Depuis la sortie de Ouârah, plusieurs corps armés étaient venus rejoindre l'expédition; les troupes s'étaient accrues peu à peu, et de nouveaux renforts arrivaient de tous côtés. A la fin, Sâboûn se vit à la tête d'une masse d'hommes considérable, armée en quelque sorte improvisée, et qui couvrait monts et plaines. S'il eût annoncé ses intentions de guerre dès son départ et eût pris le temps de faire ses préparatifs de campagne, il eût certainement rassemblé une armée que l'œil n'eût pu embrasser tout entière.

Néanmoins les soldats ouadayens réguliers et leurs rois conçurent quelque crainte lorsqu'ils apprirent quelles étaient les forces des Bâguirmiens. Les chefs surtout n'allaient qu'en hésitant s'exposer à tant de dangers. Ils regrettaient la tranquillité dont ils avaient joui jusqu'alors. Ils se réunirent une seconde fois en conciliabule, discutèrent et parlèrent longuement sur la guerre qui allait s'engager. «Quoi, disaient-ils, cet homme, tout seul, nous domine, nous enchaîne à ses volontés! Ne sommes-nous pas hommes, nous aussi? Ne saurons nous donc pas le décider à changer de résolution?» Alors un cousin de Sâboûn, le kamkolak Kidermy, se charge de parler au prince. «Moi, dit-il, je le déterminerai à prendre avec nous le chemin de Ouârah, et à séjourner ensuite pendant quatre mois dans la ville; après ce temps, s'il veut se remettre en campagne, ne croyez pas que j'essaye de le retenir davantage. — Si tu peux le décider à retourner à Ouârah et à y rester seulement un mois, nous te donnerons tout ce que nous avions promis à notre collègue qui a échoué dans la même tentative, et ensuite nous tâcherons d'arranger les choses le mieux possible. — Je me charge de l'affaire. » Tous attendaient avec confiance le succès de cette seconde démarche, car Kidermy était un parent du sultan, un favori intime, un ami, et sa parole était toujours bien accueillie.

Kidermy se présente à Sâboûn et lui dit : « Prince, mon maître, et maître de mon père, tu connais mon affection pour toi; tu connais ma bonne foi, mon désintéressement dans mes conseils. Tu es pour moi plus que le monde entier, et je ne crains que ce qui pourrait t'être contraire, car ma vie n'est rien. — Je suis parfaitement persuadé de tout cela. — Prince, j'ai l'honneur d'être admis à ton conseil, et j'ai pour toi le dévouement d'un fils. Je désire te dire quelques mots, qui, si tu les accueilles et les approuves, t'ouvriront la plus sûre voie de succès. — Voyons, parle; tu n'ignores pas ce que j'ai d'estime pour toi. — Tu sais, prince, que nous sommes partis sans préparatifs, et que nos ennemis sont puissants et nombreux. Nous craignons pour toi d'abord, puis pour nous-mêmes, si nous marchons contre eux dans l'état où nous sommes. — Et que faut-il faire? car enfin nous voilà loin de Ouârah et tout près des frontières du Baguirmeh. — Je te demande comme grâce de nous reconduire à Ouârah et de nous y laisser séjourner, ne fût-ce qu'un seul mois. Tu pourras facilement ensuite en partir à la tête d'une armée imposante, capable d'affronter avec toi les plus redoutables dangers. Et alors nous ne doutons pas que Dieu ne nous accorde la victoire. — Très-bien ! je comprends parfaitement ; je saisis toute la portée de ton idée ; et, s'il plaît à Dieu, demain je repars. » La nuit se passe ; au matin on bat le coup du départ ; le sultan monte à cheval.

Le kamkolak Kidermy avait annoncé dans le camp que le retour à Ouârah était décidé, et les soldats s'y étaient préparés. Aussi, lorsque Sâboûn fut à cheval, les enseignes tournèrent de suite du côté de la route de Ouârah. A ce mouvement, le sultan comprit que Kidermy avait prévenu l'armée, et il le fit appeler. Dès que Kidermy parut : « Prenez cet homme, » dit Sâboûn aux kabartou. Les kabartou obéissent, et ils placent à terre Kidermy pour l'exécuter immédiatement. Alors les chefs de l'armée, tout bouleversés de ce résultat de leur combinaison, accourent se jeter aux pieds du sultan, embrassent la terre devant lui et le supplient de faire grâce à Kidermy ; Sâboûn reste inexorable. Ils vont à la hâte s'adresser à mon père et le conjurent d'intercéder pour le malheureux kamkolak. Mon père se présente au sultan et lui demande le pardon de Kidermy. « Le pardon est accordé, dit Sâboûn, mais il ne nous suivra pas au Bâguirmeh. Qu'il aille à Ouârah, lui qui désire si fort y retourner qu'il voulait aussi m'y entraîner. Qu'il parte.—Prince, dit mon père, mettez le comble à votre générosité, en permettant à Kidermy de vous accompagner et de garder le rang qu'il avait auprès de vous. Il se repent de son irréflexion et il ne retombera plus en pareille faute. » Le sultan se laisse fléchir et cède encore cette fois aux vœux de mon père.

Peu après on se mit en marche. On pénétra dans les terres libres qui séparent les limites du Ouadây et du Bâguirmeh. Ces terres sont couvertes d'arbres de haute futaie et d'épaisses broussailles épineuses. Ces sortes de savanes servent de repaires aux lions, aux éléphants, et aux abou-carn ou *unicornes*, appelés en Égypte *khartyt* (1), c'est-à-dire rhinocéros.

Sâboûn avait eu soin d'envoyer en avant, pour abattre les arbres, jeter de côté les grosses pierres et ouvrir ainsi à ses troupes une route praticable, deux aguîd ou officiers supérieurs, qui, chacun avec quatre mille esclaves, précédaient et devançaient le gros de l'armée à une heure au moins de distance. Ces esclaves étaient munis de haches pour couper les arbres, tracer un chemin et le déblayer. Il est d'habitude que le sultan et l'armée soient ainsi précédés des esclaves.

Pendant qu'on travaillait à une tranchée dans un fourré épais et serré, voilà que tout à coup un énorme abou-carn s'élance, se rue sur les travailleurs, tue plusieurs hommes en tête de la troupe, puis fond au milieu de la masse et renverse morts tous ceux qu'il peut atteindre. On fuit, on s'épouvante ; chacun ne pense qu'à échapper aux coups de l'animal ; la bête se précipite, furieuse, sur les fuyards, qui refluent alors sur l'armée et en suspendent la marche.

Le sultan, obligé de s'arrêter aussi avec le corps de troupes qui l'accompagne, demande quelle est la cause

---

(1) *Voy.* la note 17.

de tant de désordre et d'agitation. On lui apprend qu'un abou-carn s'est précipité à travers l'armée et que les soldats cherchent à tuer cet ennemi furieux. Presque aussitôt Sâboûn aperçoit que la foule s'écarte, se divise et s'enfuit. En un moment il ne reste plus auprès du sultan qu'une poignée d'hommes, et il voit l'abou-carn courir droit à lui. « Eh bien! dit Sâboûn à ceux qui l'entourent, pas un de vous n'aura le courage de combattre cet ignoble animal et de m'en débarrasser?» Or, il y avait-là un esclave appelé Adjmayn, grand, bien taillé, vigoureux. Il avait en mains son bouclier et ses javelots. Il jette à terre ses javelots, du côté de l'animal, et il marche contre lui n'ayant pour armes que son bouclier et un long couteau à la forme ouadayenne, c'est-à-dire presque semblable à une lame de sabre. (*Voy.* fig. 8.) Adjmayn, son couteau à la main droite et son bouclier au bras gauche, s'avance sur la bête, qui, le voyant approcher, lui fait face et fond sur lui. Adjmayn alors l'attend de pied ferme; l'abou-carn va le frapper d'un coup de corne; l'esclave se jette subitement à la renverse, toujours le couteau à la main. L'animal passe par-dessus l'esclave, qui, d'un coup rapide, lui coupe les jarrets, puis se redresse debout et court ramasser ses javelots; il choisit le plus long, en revenant sur la bête, le lui enfonce dans la poitrine et l'étend roide sur la place. Des soldats se précipitaient du côté de l'abou-carn pour le percer de leurs lances; mais ils arrivèrent trop tard.

Ce singulier combat eut lieu sous les yeux du sultan. Quand l'animal fut tué, Sâboûn commanda aux soldats de se remettre en marche et de traîner avec eux le cadavre. Plusieurs hommes s'attelèrent à ce fardeau et le tirèrent jusqu'au delà des endroits pierreux. Quand on fut dans les chemins faciles et en plaine rase, le sultan fit faire halte et rassembla les gâïd ou officiers qui conduisaient la tête de l'armée, et les deux aguîd des huit mille esclaves d'avant-garde. Quand ils furent devant Sâboûn, il appela les kabartou et les turguenak, qui aussitôt se placèrent derrière les gâïd. Sâboûn, s'adressant à ces gâïd et à tous ceux qui l'entouraient : « Ouadayens, dit-il, qu'est devenue votre bravoure? Où donc est votre intrépidité à repousser l'ennemi? Non, vous n'êtes plus braves maintenant; il ne vous reste plus l'ombre de courage. Si vous avez eu si peu de résolution en face d'un animal sans armes, sans intelligence, sans réflexion, que ferez-vous en face de l'ennemi quand il tombera sur vous avec armes, chevaux et soldats, avec sabres et boucliers? Quand il manœuvrera autour de vous, cherchera à vous surprendre, vous vous livrerez donc à lui? — Non, non! répliquèrent-ils vivement. — C'est donc moi que vous livrerez, que vous abandonnerez, pour ne songer qu'à votre salut? Vous l'avez prouvé en fuyant devant un animal; ce sera bien mieux encore en présence de l'ennemi; il vous sera bien plus à propos de fuir. Vous m'avez menti par des apparences d'attachement, vous m'avez trompé. Mais il fallait m'avertir, me dire ce que vous avez de lâcheté au cœur; je me serais conduit en conséquence. Maintenant, comment me fier à vous? comment puis-je aller à l'ennemi avec vous?» Puis il ajoute subitement : « Où sont les ka-

LES FUYARDS SONT PUNIS. — L'ESCLAVE EST RÉCOMPENSÉ. 143

bartou? — Prince, nous voici. — Saisissez un tel, un tel,... » Et il désignait nom par nom les gâïd debout devant lui. Du nombre d'entre eux était celui qui commandait les Arabes Djéâtenah. Les kabartou saisissent aussitôt les gâïd que le sultan a désignés et les mettent à mort sur-le-champ.

Sâboûn appelle ensuite Adjmayn, l'esclave qui avait tué l'abou-carn. Adjmayn était du nombre des huissiers de la demeure ou *palais* du sultan. Sâboûn le nomme aguîd ou chef des Djéâtenah. Cette fonction est un poste honoré, et celui qui en est revêtu a sous ses ordres plus de deux mille cavaliers et de deux mille fantassins, il porte le titre spécial d'aguîd El-Djéâtenah. Les Arabes Djéâtenah sont une tribu nombreuse de bédouins, possédant d'immenses troupeaux de bœufs et vivant dans l'aisance. Ils rappellent les Arabes Rézeigât du Dârfour; mais il y a cette différence que, chez les Rézeigât, le gâïd ou chef ne peut rien prendre de leurs meilleurs troupeaux, même à titre d'impôt, si ce n'est du consentement des propriétaires, et qu'au Ouadây l'aguîd des Djéâtenah a un droit discrétionnaire pour prélever l'impôt en nature sur les troupeaux. De plus, le gâïd des Rézeigât n'est qu'une sorte de délégué temporaire du sultan fôrien, chargé d'aller recueillir l'impôt et obligé d'abandonner presque tout à son souverain. Au contraire, l'aguîd des Djéâtenah, au Ouadây, commande en réalité dans la tribu, et garde de l'impôt une portion égale à celle qu'il remet au sultan. Car sa nourriture, son entretien, l'entretien de ses cavaliers et de toutes les troupes qu'il a sous ses ordres, sont payés par la tribu et entrent dans la somme des contributions qu'elle doit acquitter.

Sâboûn nomma ensuite un autre de ses esclaves, appelé Djâb-Allah, gouverneur de la province du *Sabâh* ou de l'Est : c'est ce qui correspond en Égypte au gouverneur de la province du *Charkyeh*. Chez les Fôriens cette fonction est celle du *macdoûm* ou préposé d'une province; mais au Dârfour il n'y a pas de macdoûm de l'Est; toute la partie orientale n'est occupée que par des Arabes bédouins distribués en nombreuses peuplades, dont chacune a un chef spécial. Lorsqu'on envoie à ces Bédouins un percepteur général, il a aussi le nom de *macdoûm* ou émissaire.

Sâboûn remplaça également les gâïd des esclaves et les autres chefs qui venaient d'être mis à mort; ensuite il fit enterrer les cadavres. Puis s'adressant à ses vizirs, à tous les officiers, et surtout à ceux qu'il venait d'élire : « Quiconque de vous, leur dit-il, fuira du combat, quel que soit le danger, n'aura d'autre chose à attendre de moi que la mort. » Ils consentirent à tout, et acceptèrent humblement la parole du sultan comme loi inflexible. Durant toute la guerre, nul ne sortit des limites rigoureuses de conduite qui leur avaient été tracées par ce peu de mots; car aux yeux des Ouadayens l'obéissance au sultan est aussi sacrée que l'obéissance à Dieu et au Prophète. S'y soustraire pour le fait le plus mince, est réputé œuvre impie. Honorer, révérer le souverain, est aussi obligatoire que les plus importantes pratiques religieuses. Les Ouadayens négligent souvent leurs devoirs de piété, mais jamais ils ne manquent à ce qu'ils croient devoir à leur sultan. C'est par suite de ces idées de soumission et de vénération absolue, que jamais une affaire, un procès, une querelle, ne se discute ou ne se débat au tribunal du câdi, ou d'un autre magistrat, sans qu'on ne prélude par réciter le fâthah ou chapitre d'introduction du Coran, faire des vœux pour le sultan et par demander à Dieu de le rendre victorieux de ses ennemis et de le préserver de tout dommage et malheur. Voici, à propos de ces habitudes de vénération extrême pour le souverain, un fait assez singulier qui eut lieu sous le règne de Mohammed-Gaûdeh, aïeul de Sâboûn.

Une femme d'un des officiers du sultan étant sortie de chez elle, vit passer Gaûdeh au milieu de son cortége et dans l'appareil des sultans. L'âge avait blanchi la barbe du prince. Le soir, revenue chez elle, cette femme, en causant avec son mari, lui dit qu'elle avait rencontré le cortége impérial et qu'elle avait vu le sultan. Entre autres paroles, elle dit : « Le cortége était beau, le sultan était beau ; seulement il est malheureux que sa barbe commence à blanchir des deux côtés de la face. Que Dieu prolonge les jours de notre maître ! » Soudain le mari se jette sur sa femme et la frappe violemment en lui adressant ces mots : « Ah ! tu oses dire que la barbe commence à blanchir aux deux côtés de la face de notre sultan, tu oses débiter de telles sottises ! Si on t'entendait, on n'aurait plus pour lui tout le respect qui lui est dû ; on dirait qu'il n'a plus la force de paraître en bataille. » Puis, après avoir bien battu sa femme, notre homme la lia, la garrotta et la laissa ainsi jusqu'au lendemain matin. Il alla alors se présenter au sultan, lui conta l'aventure, et termina par ces mots : « Je l'ai laissée, cette maudite femme, les mains liées; maintenant, prince, ordonne: que veux-tu que je fasse? » Le sultan loua l'officier de ses bonnes intentions, et lui fit cadeau d'un vêtement. Mais il voulut que la femme fût délivrée de ses liens; « car, dit-il à l'officier, elle est ta femme; seulement fais lui promettre de se garder désormais de pareilles remarques. » Notre homme obéit.

La vénération des Ouadayens pour leurs souverains n'est point un fait d'obéissance ni de soumission à la loi. Pour conserver ces habitudes, cette sorte d'adoration dont il est l'objet, le sultan en témoigne sa satisfaction; il encourage ainsi les louanges hyperboliques et les marques de respect qu'on lui donne à profusion. En outre, tous s'observent les uns les autres, s'espionnent mutuellement; par là le sultan est plus sûr de sa tranquillité, et cette sorte de surveillance réciproque prévient toute tentative contre lui.

D'autre part, les Ouadayens sont intimement persuadés que celui qui arrive à être sultan du Ouadây est aussitôt illuminé de Dieu, qu'il est un Voyant, un saint, quand même il n'aurait donné, avant son élévation, aucun signe de sainteté, et même eût-il vécu précédemment dans la débauche et le vice. Cette croyance publique, au dire de plus d'un individu, prit naissance à l'époque du sultan Mohammed-Aroûs. Ce prince avait défendu que son nom fût prononcé par qui que ce fût, soit en sa présence, soit au dehors. Afin de pouvoir connaître ceux qui enfreindraient sa défense, il envoya et dispersa de tous côtés, comme espions, des vieilles femmes, des enfants, des jeunes gens, qui, aussitôt qu'ils avaient entendu quelqu'un prononcer le nom prohibé, allaient dénoncer le coupable à Aroûs lui-même. Puis, le sultan appelait devant lui l'individu. « Ne t'ai-je pas défendu, lui disait Aroûs, de prononcer mon nom? — Oui. — Et tu l'as prononcé à telle heure, et en présence de tels et tels; crois-tu donc que je ne connaisse pas tout ce que tu dis et tout ce que tu fais? » Et le coupable, interdit, pâlissait, jurant de ne plus prononcer le nom du prince.

Un jour, un des officiers du palais, contrarié de la bizarre défense d'Aroûs, se rendit sur une montagne vers le haut de laquelle était une caverne. De peur d'être entendu de personne, il pénétra dans la caverne pour prononcer le nom du sultan, et il dit, mais à voix basse : « Le sultan Aroûs, le sultan Aroûs, le sultan Aroûs. » Il croyait bien n'avoir été ouï de personne; mais par une singulière fatalité, un des espions du sultan l'avait vu gravir sur la montagne et l'avait suivi de loin sans en être aperçu. L'espion s'était glissé dans la caverne, et prêtant l'oreille, il avait entendu les mots « le sultan Aroûs » trois fois répétés. Il était resté caché jusqu'à ce que notre homme fût descendu; ensuite il était allé se présenter au sultan, et lui avait raconté le fait.

Le lendemain, Aroûs appelle l'officier et lui dit : « Ne t'ai-je pas défendu, à toi comme aux autres, de prononcer mon nom? — Il est vrai. — Et pourquoi n'obéis-tu pas? pourquoi prononces-tu mon nom? — Prince, je ne t'ai pas désobéi; je n'ai pas prononcé le nom de mon maître. — Me jurerais-tu que tu ne l'as pas nommé, pas une fois? — Je le jure. — Menteur! tu oses me faire un pareil serment! Hier, tu es allé sur telle montagne; tu es entré dans la caverne, et là tu as prononcé trois fois mon nom. » Notre homme reste ébahi, stupéfait, il change de couleur. « Oui, je suis coupable, dit-il; je ne croyais pas mon seigneur ainsi inspiré de Dieu, aussi pénétrant, aussi habile à découvrir les choses secrètes, à deviner mes paroles et mes actions. » Et tous les assistants de maudire le coupable. « Quoi! tu doutes, lui disent-ils, tu doutes que notre maître soit un saint, un inspiré du ciel! Sache que c'est le privilége de tout sultan du Ouadây. » Puis Aroûs ajouta : « Je te pardonne pour cette fois; mais si tu recommences, tu es mort. » L'officier partit; et il répétait : « Certainement, il est inspiré. » Tout le peuple connut cette aventure, et tous furent convaincus qu'Aroûs était un Voyant.

CHAPITRE VI.

Les Ouadayens pénètrent dans le Bâguirmeh; ils arrivent à peu de distance de la capitale. — Sâboùn dispose ses corps d'armée. — Les Bâguirmiens sont battus.— Prise du birny. — Siége et prise de la demeure du sultan. — Pillage. — Richesses; numéraire. — Disparition du sultan bâguirmien. — Par le moyen de ses femmes, on le retrouve parmi les morts. — Bas prix des esclaves. — Dons du sultan Sâboùn.

Sâboùn eut bientôt franchi les frontières du Bâguirmeh. Avant de pénétrer dans le cœur du pays, il prit toutes les mesures nécessaires pour que les Bâguirmiens eussent le moins possible à souffrir des inconvénients et des malheurs de la guerre.

Toutes les fois qu'il approchait d'un village, d'un bourg, il envoyait dire aux ulémas et aux principaux de l'endroit, de venir le trouver; puis, il leur parlait avec bienveillance, et leur donnait quelques présents. Lorsque Sâboùn arrivait à un lieu sacré, révéré par la piété publique, au santon d'un saint, il y faisait des aumônes, et laissait quelques dons pieux à ceux qui étaient chargés des soins du lieu saint. Il empêchait autant qu'il le pouvait, les actes vexatoires des soldats envers les rayas. Aussi, il recueillit les bénédictions et les vœux des Bâguirmiens; tous levaient les mains au ciel et demandaient à Dieu d'accorder la victoire au prince du Ouadây.

Il traversa le Bâguirmeh sans rencontrer d'opposition, et arriva bientôt à quatre heures de distance seulement du birny (1). Alors il s'arrêta, afin de laisser reposer ses troupes jusqu'au lendemain.

A une heure après la nuit close, il appelle les chefs des esclaves qui formaient l'avant-garde, et leur dit : « Ce ne sont plus des arbres que vous aurez à couper demain pour nous déblayer un chemin ; nous sommes maintenant en rase campagne ; il n'y a plus ni arbres ni pierres qui nous gênent. Avant le jour, aussitôt que vous entendrez le tambourin battre le coup du départ, vous vous mettrez en route. J'espère que votre bravoure suffira pour vaincre l'ennemi, et que vous n'aurez pas besoin d'autres bras que des vôtres. » Ensuite il fait venir le gâïd Djâb-Allah, gouverneur de la province de l'Est, et lui dit : « Combien as-tu de cavalerie? — J'ai dix mille hommes. — C'est bien. J'ai donné ordre au gâïd des esclaves de partir demain matin au premier coup de tambourin. Toi, tu marcheras à leur suite ; tiens-toi toujours sur leurs pas, tout près d'eux (2). J'espère que lorsque je vous rejoindrai, tout sera fini comme je le désire. — J'ai entendu ; tu seras obéi. » Sâboûn appelle, après cela, Adjmayn, le nouveau gouverneur des Djéâtenah : « Combien, lui dit-il, as-tu de cavaliers sous ton commandement? — Environ trois mille. — J'ai ordonné au gâïd Djâb-Allah de mettre en mouvement son corps d'armée à la suite des esclaves, au premier coup de tambourin pour le chargement

---

(1) *Voy.* note 18.
(2) Les esclaves forment toujours le corps d'armée qui est en avant, et sont tous à pied.

PREMIÈRE BATAILLE. — VICTOIRE DES OUADAYENS.

des bagages. Toi, prends ligne après lui, et sache bien que lorsque je vous rejoindrai, si vous n'en avez pas terminé avec l'ennemi, vous n'avez à espérer de moi que la mort. » Le sultan fait venir enfin le kamkolak Kidermy : « Combien as-tu de cavalerie? dit Sâboûn. — Environ quatre mille hommes. — Rappelle-toi que tu t'es mal conduit dans la route, et que j'ai dû te traiter sévèrement. J'ai encore présent le souvenir de ta faute, et il n'y a qu'une conduite vaillante qui puisse l'effacer et t'absoudre entièrement. Avant l'aube, au coup du tambourin pour la levée du camp, pars avec ta troupe à la suite d'Adjmayn; et si tu ne te montres pas d'une manière digne de toi, il n'y a pas d'intercession ni d'intercesseur qui puisse te sauver. Quand je paraîtrai, si je ne trouve pas les choses au point que j'ai le droit d'espérer, je ne fais grâce à personne. — Prince, vous serez satisfait. »

La nuit se passe. Une heure avant le jour, le sultan ordonne de battre le tambourin, et chaque corps de troupes s'achemine dans l'ordre prescrit. A l'aurore, Sâboûn monte à cheval et s'avance au milieu du reste de l'armée, marchant au pas ordinaire.

Djâb-Allah, le gouverneur de l'Est, m'a raconté, un jour que j'étais chez lui, qu'en approchant de la capitale du Bâguirmeh, avec le corps des esclaves après lequel il marchait avec sa cavalerie, ils trouvèrent le fetcha et l'aîné des fils du sultan Ahmed, appelé Mohammed-Tchigama, campés chacun avec un corps d'armée hors de la ville. « Dès qu'ils surent que nous approchions, me dit Djâb-Allah, ils montèrent à cheval et vinrent à notre rencontre avec toutes leurs forces.

Ils avaient plus de vingt mille hommes, tant cavaliers que fantassins. Ils reçurent de nos esclaves un choc terrible, et en même temps notre cavalerie tomba sur eux par différents points. Les Bâguirmiens, surpris d'une attaque aussi vive et aussi inattendue, furent culbutés en quelques instants; en moins d'une heure les deux ailes de leur armée étaient rompues. Alors Tchigama s'élança au plus fort de la mêlée et s'efforça de ranimer le courage de ses soldats.

» Tchigama était un intrépide et redoutable pourfendeur. Les troupes bâguirmiennes qui n'avaient pas encore donné, entendant le fracas de la bataille, accoururent au secours de leurs compagnons chancelants, et alors l'armée ennemie nous présenta une masse formidable. Nous vîmes que seuls, ma cavalerie et les esclaves, nous ne pourrions tenir contre le choc. Heureusement les autres divisions nous suivaient de près. Adjmayn nous atteignit avec sa cavalerie, qui alors poussa subitement un grand cri. Adjmayn, tout enthousiasmé, cria à son tour : « Bravo! nous allons voir où sont les braves et où sont les poltrons. » Et il s'incline sur le pommeau de sa selle; suivi de ses cavaliers, tous en arrêt comme lui, penchés sur les rênes de leurs chevaux, il se précipite au cœur de la bataille et frappe de toutes parts des coups plus brûlants que la braise en feu.

» En un trait d'éclair, l'armée ennemie chancelle. Arrive Kidermy; il s'élance comme Adjmayn. Les Bâguirmiens s'étonnent de voir ainsi nos colonnes se succéder. Ils avaient cru d'abord que le premier corps était toute l'armée ouadayenne. Quand ils aperçurent nos divisions se suivre si rapidement, ils perdirent courage et reconnurent qu'ils ne pouvaient plus soutenir le combat. Ils tournèrent le dos; les Ouadayens se mirent à leur poursuite, tuèrent et firent prisonniers tous ceux qu'ils purent atteindre. Les Bâguirmiens n'avaient pas, comme nous, leur sultan pour les diriger, pour les maintenir par l'ascendant de la crainte et de l'autorité souveraine. »

Djâb-Allah m'a raconté aussi que lorsqu'on apprit au Bâguirmeh que Sâboûn approchait, les vizirs bâguirmiens s'empressèrent d'en informer le sultan Ahmed : « Pur mensonge! leur dit le sultan. Comment Sâboûn viendrait-il nous attaquer, lui qui a une si faible armée, lui qui ne redoute rien plus que nos incursions dans le Ouadây? — Nous t'annonçons ce que nous avons entendu. — Vous n'avez rien entendu, tout cela n'est qu'un mensonge inventé par vous. » Vainement ils appuyèrent leurs paroles par les serments les plus solennels et protestèrent de leur sincérité; le sultan refusa de les croire : « Vous ne voulez que m'épouvanter, que chercher à m'attirer hors du Bâguirmeh pour me tenir à votre discrétion et faire de moi ce qui vous plaira. » Les vizirs, étonnés, se turent.

« Lorsque déjà nous étions très-avant sur le territoire bâguirmien, me dit Djâb-Allah, le fetcha lui-même alla trouver Ahmed et lui dit : « Prince, hâtons-nous, le sultan ouadayen marche contre nous les armes à la main et dévaste notre pays. — Quoi! répondit le sultan, tout m'est donc ennemi maintenant, tout, jusqu'à toi! Cependant je comptais sur ton attachement; je ne puis donc plus me fier à personne! » A ce moment survint la goumsou, c'est-à-dire la première des femmes du sultan (comme l'yâkoury au Dârfour, et la habbâbah au Ouadây). La goumsou saisit le fetcha au collet : « Esclave de malheur! lui dit-elle, est-ce là ce que méritait celui qui t'a élevé? celui qui t'a porté au poste éminent que tu occupes? Pourquoi te jouer ainsi de ton maître? Pourquoi veux-tu l'entraîner hors de sa capitale? Est-ce pour le tuer? Qu'est-ce que ce prétexte ridicule et faux de l'approche des Ouadayens, imposteur, fourbe que tu es? Depuis des centaines d'années est-il advenu jamais qu'un sultan du Ouadây ait osé attaquer le Bâguirmeh? Ce Sâboûn a bien assez à faire de se mettre en garde contre nous; nos cavaliers ne vont-ils pas, au moins une ou deux fois par an, courir et piller en vingt endroits du Ouadây? Sâboûn tremble à la seule idée de l'audace de notre prince. — Puisqu'il en est ainsi, dit le fetcha, je jure, au nom de Dieu, que désormais je ne vous avertirai plus de rien, les Ouadayens fussent-ils au milieu du birny. Je suis votre esclave, je le sais; je vous ai des obligations, je vous devais de la reconnaissance; il était de mon devoir de vous prévenir, je l'ai fait. Maintenant je pars; j'emmène mes troupes hors du birny, afin de les réunir à celles qui sont hors de la ville. Quand l'ennemi se présentera, je le combattrai de toutes mes forces, et je tâcherai de m'acquitter envers vous de ma dette de reconnaissance. Si la destinée m'est contraire, si je suis vaincu, je m'enfuirai au hasard, la face au vent, et voilà tout. — Ennemi de toi-même! reprit la goumsou; à quoi bon ces paroles, ces subterfuges? Tu sais bien que tu peux repousser nos ennemis, toi qui les as vaincus tant de fois! Qu'as-tu besoin de venir nous parler de ces Ouadayens? Ne les as-tu pas vingt fois mis en déroute dans leur propre pays? N'es-tu plus capable de vaincre sur nos terres un sultan qui, dans ses propres États, a été si souvent rançonné et humilié par toi? Ruse maladroite! Vous n'avez tous d'autre but que de livrer à Tchigama le pouvoir souverain, en faisant sortir notre maître de la capitale; une fois que notre sultan serait au milieu de vous, vous en disposeriez à votre caprice; puis vous transféreriez la toute-puissance à Tchigama, qu'ensuite vous ramèneriez ici comme sultan. »

Le fetcha sortit tout courroucé. Tchigama, informé de ce qui s'était passé dans cette entrevue, alla trouver son père : « Prince, lui dit-il, l'ennemi approche; venez avec nous à sa rencontre. — Mon fils, personne n'a pu me décider à sortir d'ici. Penses-tu y réussir, toi, par ta ruse? Pourquoi donc ces manœuvres contre ton père? T'ai-je jamais rien refusé? Ne t'ai-je pas laissé une puissance illimitée? Comment peux-tu consentir à une démarche aussi honteuse et conspirer contre moi? » Tchigama demeura stupéfait, étourdi de cette réponse. Toutefois, il jura qu'il n'avait dit que la vérité, qu'une armée nombreuse de Ouadayens approchait, et que les Bâguirmiens, sans la présence de leur sultan, n'auraient pas assez de courage pour résister à l'ennemi. Le sultan Ahmed ne voulut rien croire.

La goumsou rentra quand Tchigama prononçait ses dernières paroles; elle le saisit tout à coup par la barbe: « Infâme! s'écria-t-elle, trahir ton père! Tramer sa mort! est-ce là ce qu'il avait droit d'attendre de toi, fils rebelle! «Tchigama sortit, indigné de ces injures et bouillant de colère. «Dieu le veut, dit-il; le Bâguirmeh est perdu!» Lorsque les grands virent qu'il était impossible de persuader le sultan, les uns quittèrent la ville et s'enfuirent, les autres restèrent inactifs. Les troupes du fetcha et de Tchigama gardèrent leurs positions hors du birny et attendirent les Ouadayens.

Dieu, qui avait décrété la chute et la perte du sultan bâguirmien, lui avait aveuglé l'esprit et étendu sur le cœur un voile de ténèbres. Car il est dit : «Quand Dieu a résolu le malheur d'un peuple, il obscurcit les intelligences des plus sages, afin que sa divine volonté s'accomplisse. »

Le fetcha et Tchigama livrèrent bataille avec ce qu'ils avaient de troupes réunies. Ils furent battus, et un grand nombre des leurs demeurèrent sur la place. Informés de cette défaite, les autres fils du sultan accoururent, rallumèrent le feu de la mêlée et combattirent en furieux.

Les Bâguirmiens, comme je l'ai déjà indiqué, avaient cru d'abord que les Ouadayens étaient peu nombreux, et que toute leur armée ne se composait guère que du corps des esclaves qui le premier leur apparut. Mais quand ils virent les autres divisions s'avancer contre eux, les colonnes s'allonger, les soldats combattre en hommes qui semblaient préférer la mort à la vie, ils se débandèrent et s'enfuirent. Dans leur déroute ils furent poursuivis par l'ennemi et perdirent un grand nombre d'hommes, tués ou prisonniers. Les Ouadayens s'emparèrent d'un butin immense. Ceux des Bâguir-

LE PALAIS DU SULTAN EST PRIS ET SACCAGÉ; CARNAGE. 157

miens qui échappèrent à l'ennemi, ne durent leur salut qu'à la rapidité de leur fuite.

Les Ouadayens entrèrent dans la ville et pénétrèrent jusqu'aux environs de la demeure du sultan. Celui-ci, persuadé alors, mais trop tard, que les Ouadayens étaient maîtres du pays, voulut aller les repousser. La goumsou et les autres femmes l'en empêchèrent : « Pourquoi, lui dirent-elles, te mêler à la foule? Les esclaves, les grands que tu as ici, sont plus braves que toute cette multitude. Un souverain ne doit se présenter en bataille qu'avec des gens de son rang ou de plus illustres que lui. » Ahmed accueillit cette réflexion et resta dans son birny ou *palais*.

Bientôt retentit jusqu'au birny le fracas du combat, et le sultan apprend alors que ses troupes vaincues sont en fuite. Il appelle à grands cris ses esclaves, qui aussitôt se pressent autour de lui; il leur ordonne de fermer les portes du birny, de se poster sur les murs d'enceinte, et d'empêcher à coups de flèches les ennemis de pénétrer dans le palais. Ahmed réunit ainsi auprès de lui environ quatre mille hommes qui bordèrent le haut des murs. Le fetcha, Tchigama et les débris de leurs troupes, après leur déroute, étaient accourus en toute hâte à la demeure du sultan. Ils n'en étaient plus qu'à quelque distance lorsqu'ils sont assaillis par les Ouadayens, qui leur lancent une pluie de traits. Les Bâguirmiens tombent de toutes parts, et leur foule est forcée de se disperser. Ils reviennent à la charge, et de nouveau ils sont accablés de flèches; ils résistent encore, mais ils perdent un nombre considérable de soldats.

En ce moment arrive Sâboûn avec le reste de l'armée. Alors se produisent un bruit et un bouleversement affreux ; tout se confond, les cris des soldats, les hennissements des chevaux, les décharges de mousqueterie, le retentissement des tambourins, le rauque éclat des trompettes, les trépignements de la cavalerie, les cris, les vociférations : vacarme horrible où l'on ne distingue plus rien ; on eût dit que le ciel tombait en éclats sur la terre. Dans ce désordre extrême, Sâboûn continue sa marche et arrive jusque près de la porte du palais. « Eh bien ! dit-il aux Ouadayens, est-ce là l'ordre que je vous ai donné ? Ne vous ai-je pas dit que quand je vous rejoindrais, si la victoire n'était pas décidée, vous auriez à vous en repentir? » Et tous s'animent, s'échauffent de plus en plus ; les aguîd encouragent à grands cris leurs soldats. On se presse de tous côtés en troupes serrées, comme jadis les adorateurs des idoles se pressaient dans les temples pour les cérémonies sacrées. Les Ouadayens reçoivent une pluie de traits ; mais rien ne les arrête, et en un instant ils sont au pied des murs du palais. Alors ils se hissent sur les épaules les uns des autres, et atteignent ainsi les merlons ou découpures qui bordent le sommet des murailles. Se voyant en nombre, les Ouadayens semblent ne plus apercevoir les esclaves qui les combattent ; le birny est inondé de Ouadayens ; un dernier combat se livre entre eux et les esclaves du palais, qui sont enfin repoussés de partout et laissent le sol couvert de leurs morts. Toutes les portes du birny sont enfoncées ; la masse des Ouadayens s'y précipite à grands flots. Ce fut alors un affreux carnage, un spectacle capable de faire blanchir subitement les cheveux à un enfant. De toutes parts les femmes et les enfants poussent des cris d'effroi, les tambourins battent, les trompettes sonnent.

Sâboûn était à la porte du palais. Il avait recommandé à ses soldats, s'ils rencontraient le sultan Ahmed, de le lui amener vivant. Sâboûn attendit, mais il fut déçu dans son attente. Nul n'aperçut le sultan vaincu. Enfin Sâboûn vit les Ouadayens sortir chargés de butin. Il leur demanda où était le sultan Ahmed ; personne ne l'avait rencontré, personne ne savait ce qu'il était devenu. Cette fâcheuse circonstance contrista Sâboûn ; la fuite du sultan bâguirmien lui parut un sinistre présage. Sâboûn craignait qu'Ahmed ne parvînt à rassembler de nouvelles troupes, à rallumer ainsi la guerre et recommencer une lutte sérieuse. Calculant ces conséquences inquiétantes, le prince ouadayen ordonna de suite à quelques officiers de sa cavalerie d'aller à la découverte, de chercher, d'explorer partout, et, s'ils découvraient le refuge d'Ahmed, de ne revenir qu'après s'être emparés du fugitif. Puis Sâboûn sortit de la ville et campa aux environs.

Constamment préoccupé de la fuite du sultan bâguirmien, Sâboûn ne savait à quelle combinaison arrêter sa pensée. Les ulémas et les personnages les plus distingués qui l'avaient suivi à l'armée, vinrent le féliciter de ce que Dieu lui avait accordé la grâce de vaincre son ennemi, de s'emparer de la ville et de triompher dans cette lutte sanglante. Ils le trouvèrent soucieux et rêveur. Cet état d'inquiétude leur parut surprenant et inexplicable. Un des visiteurs s'enhardit à prendre la parole : « Prince, dit-il, aujourd'hui c'est jour de joie, de félicitations pour Ta Grandeur, et cependant nous te voyons dans l'anxiété, comme si quelque incident contraire avait trompé tes espérances. — Comment ne serais-je pas inquiet? ce que je désirais le plus m'échappe. — Et qu'est-ce donc? — J'ignore ce qu'est devenu le sultan Ahmed, s'il est parmi les morts ou s'il a disparu avec les fuyards. S'il est mort, c'est bien; il a délivré le pays de sa personne et est délivré aussi de toute crainte. S'il a fui, il reste comme une calamité encore menaçante pour les autres, et comme un tourment pour lui-même. — Prince, dit alors mon père, il est facile de vérifier si le sultan Ahmed a survécu ou non au carnage : désigne quelques hommes sûrs et dévoués, et charge-les de t'amener les femmes du sultan. Tu placeras ces femmes dans une tente particulière; ensuite tu ordonneras d'apporter tous les cadavres qui sont dans le palais; on les montrera l'un après l'autre à ces femmes. Si elles aperçoivent le corps de leur maître, elles le reconnaîtront; si dans le nombre elles n'en reconnaissent aucun, alors, prince, tes inquiétudes seront fondées. »

Cette idée ramena la sérénité dans l'esprit de Sâboûn. Il appela Adjmayn et lui confia l'exécution du projet indiqué par mon père. Adjmayn partit; il revint peu après avec les femmes du sultan Ahmed. Les soldats les avaient eues à discrétion, les avaient découvertes, violées, dépouillées de leurs parures et même de leurs vêtements. Ces excès avaient eu lieu sans l'assentiment et à l'insu de Sâboûn. Ce prince, uniquement occupé du sultan Ahmed, ne pensait qu'à le retrouver et à s'emparer de lui. Les soldats, voyant qu'aucun ordre n'avait été donné pour empêcher le pillage du birny et en respecter les femmes, s'étaient abandonnés à tous les désordres.

Ces malheureuses femmes arrivèrent au camp, dans le plus déplorable état. Adjmayn les laissa d'abord à quelque distance, et vint informer le sultan de ce qui leur était arrivé, et lui dire qu'elles étaient nues. Sâboûn leur fit donner les vêtements les plus beaux que l'on put trouver. Une fois qu'elles furent vêtues, on les introduisit dans le camp et on les mit sous une grande tente élevée près de celle de Sâboûn.

On apporta les morts, on les présenta aux femmes l'un après l'autre. Elles en virent ainsi un grand nombre sans articuler un mot, sans faire le moindre geste ou le moindre mouvement. Mais quand elles aperçurent le cadavre d'un homme âgé, débile, décharné, toutes poussèrent de grands cris, se jetèrent sur lui, lui embrassèrent les pieds et les mains. On pensa alors que ce devait être là le cadavre du sultan Ahmed, et on demanda aux captives de qui était ce cadavre : « C'est lui! c'est lui! » s'écrièrent-elles. Et on le porta à Sâboûn, qui le contempla un instant, puis ordonna de l'enterrer. La joie et le calme rentrèrent dans le cœur du sultan ouadayen, et en chassèrent les soucis.

Sâboûn fit venir ensuite la goumsou, et lui demanda quelles étaient, parmi les femmes présentes au camp, la fille et la sœur du sultan Ahmed. La goumsou les lui désigna, et il fut frappé de leur beauté. Puis il demanda où étaient les trésors du sultan. La goumsou lui dit qu'ils étaient précédemment dans le palais, mais que les troupes ouadayennes les avaient pillés. En ce moment même, on accourut annoncer à Sâboûn que des soldats venaient de découvrir, dans le birny ou palais, une chambre carrée fermée par une porte en fer; qu'après quelques efforts on avait brisé cette porte, qu'on avait trouvé la chambre pleine de ryâl (1), et que les soldats se battaient entre eux pour les prendre. Aussitôt Sâboûn envoya un officier avec une troupe de quelques hommes, afin d'arrêter le pillage et de réserver ces richesses pour le trésor de Ouârah. Le pillage cessa immédiatement.

Peu après arrivèrent, de la ville, des ulémas, des personnages de haut rang, des hommes de distinction. Ils se couvraient la tête de poussière, déploraient les malheurs qui les accablaient, le pillage de leurs biens et le viol de leurs femmes. Sâboûn, irrité de voir que ses soldats se fussent abandonnés à ces excès, défendus expressément par la loi de Dieu, fit publier de suite dans la ville, par un crieur, que quiconque des Ouadayens entrerait dans une maison pour piller ou insulter les femmes, serait puni avec la plus rigoureuse sévérité. En même temps, les turguenak reçurent l'ordre de tenir leurs soldats en observation continuelle dans la ville, de saisir tous ceux qu'ils trouveraient en contravention, coupables de quelque méfait que ce fût, et de les lui amener. Pour le moment, le désordre cessa.

Mon père, sur qui soient les nuages de la miséricorde et de la bonté divine! m'a raconté que le lendemain du jour où la ville tomba au pouvoir des

---

(1) *Voy.* note 49.

Ouadayens, Sâboûn le prit par la main et le conduisit avec lui dans le palais du sultan Ahmed. « Nous allâmes, me dit mon père, avec plusieurs des courtisans de Sâboûn à la chambre qu'on avait dit être pleine de pièces d'argent. Nous vîmes une chambre dont le sol avait une vingtaine de pieds carrés; elle était remplie jusqu'au plafond de sacs en cuir empilés et tous pleins de ryâl. La porte de ce lieu de dépôt était revêtue de lames de fer. Nous estimâmes, à l'œil, qu'une dizaine de sacs seulement avaient été pris. Sâboûn fit éventrer un de ces sacs, et il en tomba des ryâl ou douros d'Espagne, connus des Arabes sous le nom de *pièces à canon* ou *abou-medfa* (1). On les compta, et le nombre en fut de quatre mille. Nous reconnûmes par là qu'il s'était perdu, par la disparition de dix sacs, quarante mille douros (plus de 200,000 francs). Sâboûn fit enlever tous les sacs et ordonna de les porter à son trésor. Nous vîmes d'autres chambres ou réserves d'habits qui avaient été pillées, d'autres que Dieu avait dérobées à l'œil des soldats, et où tout était demeuré intact. Sâboûn regretta beaucoup les pertes énormes qu'avait occasionnées le pillage.

Le chérif Simyh, homme d'une famille distinguée et d'un esprit orné, me raconta l'anecdote que voici. Simyh était de Noumro, petit bourg assez près de Ouârah, et résidence habituelle des marchands étrangers qui se fixent au Ouadây. Ce chérif me conta que lorsque des soldats ouadayens découvrirent le trésor du birny, un d'eux remplit de ryâl un pan de son vê-

---

(1) *Voy.* note 20.

tement, et alla trouver un marchand. « As-tu du tabac? dit le Ouadayen. — Oui, j'en ai. » Et le soldat versa devant le marchand ce qu'il avait de ryâl dans son vêtement. « Prends cela, dit-il, et donne-moi du tabac. » Le marchand prend les ryâl et donne à son homme environ une livre de tabac avec un morceau de natron pesant à peu près une once. (Au Ouadây et au Bâguirmeh, on a l'habitude de mêler au tabac un peu de natron, de mettre le tout dans la bouche comme pour *chiquer*, et de le rejeter quelque temps après.) Le soldat se retire tout joyeux, croyant avoir joué un tour de maître au marchand auquel il venait de donner plus de quatre cents ryâl. De ce moment, tous les marchands, à l'insu l'un de l'autre, se mirent à la piste des ryâl, et chacun avait soin de bien cacher ce qu'il en recueillait. Ils exploitèrent largement l'ignorance des Ouadayens, qui ne connaissaient pas ces pièces d'argent ni leur valeur (1).

On m'a certifié que les soldats, en voyant ces pièces, se demandaient mutuellement : « Qu'est-ce que cela? à quoi cela peut-il servir? » Un d'eux s'avisa de dire : « Attendez! je vais en emporter et les présenter à des marchands; s'ils les reçoivent, nous reviendrons en prendre; sinon, nous laisserons tout cela. — Bien! excellent avis! » Et notre homme, comme je l'ai dit, de remplir de ryâl le pan de son habit et d'aller les jeter au premier marchand, en lui demandant en retour du tabac. Le Ouadayen ayant pris le tabac, retourne auprès de ses camarades et leur annonce que ces *choses-là* ont

(1) Le commerce au Ouadây se fait par échange, ou à prix d'esclaves; l'or et l'argent y sont peu en usage.

cours parmi les marchands. Alors les soldats s'emparent chacun d'un certain nombre de ryâl. Du reste, il n'y a rien de surprenant dans ce fait; les Soudaniens, en général, ne connaissent pas de monnaies (1).

Sâboûn avait ordonné de cesser le pillage du birny du sultan Ahmed et de respecter les propriétés des habitants de la ville. Néanmoins, les soldats pillaient les demeures des grands, des gâïd, des officiers et soldats bâguirmiens, à l'insu de Sâboûn. Personne n'osait lui en parler; on supposait qu'il y avait donné son assentiment. Les Ouadayens firent ainsi un immense butin. Par suite, il s'éleva des querelles et des rixes entre les Ouadayens et les habitants de la ville. Enfin des plaintes furent portées à Sâboûn; il publia aussitôt un nouvel ordre de respecter toutes les propriétés indistinctement, et de ne rien piller. Il apprit aussi que des marchands ouadayens avaient, en échange d'objets de vil prix, acquis des richesses considérables; il garda d'abord le silence; mais quand les désordres furent arrêtés et que la sécurité et le calme furent rétablis, il enjoignit à tous les marchands de comparaître devant lui. Ils arrivèrent, et le prince leur dit : « J'ai su que vous avez ramassé toutes les richesses du sultan et des grands de la ville; que vous les avez obtenues en échange de marchandises sans valeur. Je ne suis point jaloux de vos profits; car vous n'êtes venus du Ouadây avec nous que pour tâcher de faire quelque gain. Mais vous n'ignorez pas que toutes ces richesses ne sont pas de même nature. Ce que vous avez acheté en esclaves, en bœufs,

(1) *Voy.* note 21.

en menu bétail, en habits, en parures, tels que corail, bracelets, cela appartient à votre commerce, et personne n'a le droit de vous en dépouiller ; mais ce qui est en argent, tels que les ryâl, ce qui est matériel de guerre, tels que sabres, lances, fusils, cottes de mailles, vêtements de bataille, ce qui est ornements du sultan et des grands, tels que selles parées, harnachements de luxe, cela est de mon ressort, c'est mon lot à moi. Toutefois, je ne les prendrai qu'en vous remboursant le prix que ces objets vous ont coûté. » Et il désigna pour ses commissaires dans cette affaire, plusieurs individus de sa suite, dont il connaissait la bonne foi et la conscience; il les chargea d'accompagner les marchands, d'aller examiner ce qui avait été échangé ou vendu par les soldats, et d'apporter au camp les objets dont il venait d'être question, et qui avaient été pris sur les Bâguirmiens. Sâboûn recommanda expressément à ses gens d'être attentifs à ce que tout s'exécutât avec la plus scrupuleuse justice. Ce fut l'affaire de quelques heures seulement. Les commissaires de Sâboun revinrent avec une quantité incroyable d'objets, d'armes, etc. On avait fouillé chez les marchands, remué leurs marchandises dans les maisons et dans les tentes, enlevé tout ce que le sultan avait indiqué ; aucun marchand ne put rien soustraire. Le tout fut consigné à Sâboûn, et, par ses ordres, déposé dans son trésor et dans ses réserves. La collecte fut considérable. Sâboûn paya les marchands comme il le leur avait promis, et ils se retirèrent sans mot dire.

Par suite du pillage, la valeur des esclaves descendit

au plus bas prix. Ainsi, la plus belle esclave ne se vendait pas plus de trois ryâl, et encore ne trouvait-on pas d'acheteurs. Un esclave de six empans ne valait qu'un ryâl. Le nombre des esclaves devenus ainsi la proie des soldats et la possession des marchands ouadayens qui suivirent l'armée, était immense. Le sultan permit aux marchands ou de partir immédiatement avec leurs esclaves, ou bien de les expédier en avant. Il permit également aux vizirs, aux chefs de l'armée et aux soldats, d'expédier aussi les leurs à l'avance. Plusieurs gâïd, avec leurs troupes respectives, furent désignés comme escorte pour le voyage. De plus, chaque marchand fut laissé libre de diriger ses esclaves du côté qui lui conviendrait, ou au Ouadây, ou au Barnau, ou au Mandarah, ou au Katakau. Les marchands partirent, suivant différentes routes, et sur toutes les directions qu'ils prirent Sâboûn envoya des troupes pour garantir la sûreté des chemins, car on avait à craindre les attaques partielles de troupes bâguirmiennes disséminées sur différents points.

Quelques jours avant le départ, la foule s'était rassemblée dans le camp ; et telle fut alors l'exubérance de la multitude, en soldats, marchands et esclaves, qu'une grave maladie se déclara subitement. Alors Sâboûn transporta son camp dans d'autres lieux plus sains, et prévint ainsi le développement du mal.

Le sultan ouadayen dispersa sur divers points du pays, des détachements de cavalerie, chargés de poursuivre ce qu'ils rencontreraient de troupes bâguirmiennes et de s'en emparer. Il envoya aussi plusieurs de ses gâïd faire main-basse sur les biens des principaux chefs des Bâguirmiens qui avaient leurs propriétés dans les villages des environs de la ville. En même temps, il fit annoncer par un héraut aux habitants du birny ou capitale, que tout objet ayant appartenu aux gâïd bâguirmiens ou au sultan Ahmed devait être apporté au camp; sinon, le détenteur ou dépositaire, ou recéleur, une fois reconnu, serait châtié rigoureusement. Par suite de cet ordre, on apporta au sultan des valeurs considérables. Sâboûn les distribua d'une main large et généreuse; il en fit des présents aux ulémas et aux chérifs qui l'avaient accompagné, et aux pauvres qui, selon l'habitude, avaient suivi l'armée.

CHAPITRE VII.

Les débris de l'armée ennemie se rassemblent sur les frontières du Mandarah. — Sâboûn y envoie des troupes. — Sultan de Logon. — Le père du cheykh va au Barnau. — Il est dépouillé. — Sâboûn établit sultan un fils du sultan bâguirmien, et il retourne au Ouadây. — Réaction. — Rentrée des Ouadayens au Bâguirmeh. — Nouveau sultan fils d'Ahmed. — Renvoi des Ouadayens. — Conspiration. — Troisième expédition. — Prise de Tchigama ; il est amené au Ouadây. — Il est fait sultan. — Son départ. — Firman. — Il entre en possession du sultanat. — Son portrait et celui de son fetcha.

On apprit bientôt que le fetcha infestait les chemins du côté du Barnau. Il tenait les plaines des frontières du Mandarah et du Bâguirmeh, près du fleuve Châry. Sâboûn envoya un corps de troupes à la recherche du fetcha. Mais celui-ci, informé par ses espions de l'approche des Ouadayens, décampa dans la nuit et se réfugia à Logon (petite ville de trois ou quatre mille habitants).

Le sultan du Katakau, appelé Sâleh, homme remarquable par ses qualités, était à Logon, son birny. Il accueillit le fetcha et lui donna asile. Les troupes ouadayennes arrivèrent, sur la fin de la nuit dans laquelle le fetcha était parti, au lieu où il avait eu son camp. Là, elles surent que le bâguirmien s'était retiré à Logon, et elles s'en retournèrent sans avoir rien fait.

Après que ces troupes furent rentrées dans leur

camp, mon père demanda à Sâboûn la permission d'aller au Barnau. Le sultan le lui permit, et lui fit, pour son départ, de riches présents en argent, en coraux et en esclaves. De plus, il lui donna pour escorte un détachement de soldats, qui devaient le protéger dans la route et le conduire jusqu'en lieu de sûreté. L'escorte l'accompagna jusqu'au delà du territoire Bâguirmien et revint sur ses pas.

Mon père avait avec lui ses esclaves et sa femme. Tout à coup il aperçut, de loin, des cavaliers se dirigeant sur lui. Ces hommes lui prirent presque tout ce qu'il avait; mais ils lui laissèrent sa femme. Nul n'osa porter la main sur lui et lui faire personnellement le moindre mal. Tous savaient qu'il était beau-frère de Sâboûn; et ils se dirent : « Si nous le tuons, certainement Sâboûn le vengera. Quant à ce que nous lui avons pris, c'est une perte à laquelle le sultan ne fera pas grande attention. » Mon père avait avec lui deux esclaves mâles qu'il avait élevés. On voulut les lui prendre aussi; mais il déclara qu'ils étaient libres, et on les lui laissa. Ces cavaliers étaient des soldats du fetcha.

Mon père expédia à Sâboûn un des deux esclaves, avec une lettre où il lui disait : « Des cavaliers du fetcha se sont jetés sur moi, m'ont dépouillé et m'ont volé tout ce que j'ai reçu de ta générosité. » Immédiatement Sâboûn fait partir un corps de troupes assez nombreux, et ordonne au chef qui les commande de sommer le fetcha de rendre au chérif Omar tout ce qui lui a été enlevé, sinon les troupes marcheront droit sur Logon. Les Ouadayens se dirigèrent en effet du côté de Logon. Leur chef ou gâïd transmit à l'avance au sultan

Sâleh les volontés de Sâboûn. Alors Sâleh dit au fetcha :
« Si tu veux rester ici, dans ma province, il faut que
tu restitues au chérif Omar tout ce que tes soldats lui
ont pris, sinon sors de Logon et du Katakau. Je ne
veux pas que Sâboûn vienne ici, les armes à la main,
me forcer de te livrer à lui; je ne suis pas assez puissant pour lui résister. » Le fetcha réunit tout ce que
ses cavaliers avaient enlevé à mon père et le lui envoya
au birny de ▮▮▮▮au.

Enfin, Sâboûn voyant que son séjour au Bâguirmeh
se prolongeait sans utilité, songea à rentrer au Ouadây.
Il choisit un des fils du sultan Ahmed, dont j'ai oublié
le nom, et l'établit sultan, mais à la charge de payer
chaque année, au Ouadây, une redevance de mille esclaves, mille chevaux, mille chameaux, mille vêtements de l'espèce appelée *godâny*, ou de l'espèce appelée
teïkau. Ces conventions acceptées, Sâboûn organisa
lui-même, pour le nouveau prince, une armée de bâguirmiens, distribua les emplois, nomma les dignitaires de l'État, les vizirs, et fixa pour le sultan une
garde particulière.

Ensuite Sâboûn partit. Dans sa route, il s'arrêta et
passa la nuit à l'endroit où il avait fait lier un de ses
officiers au pied d'un arbre. Le lendemain matin, il se fit
amener cet officier et lui dit : « Sache que Dieu a fait
mentir tes prévisions, qu'il m'a accordé la victoire sur
mes ennemis. » Et Sâboûn ordonna de mettre immédiatement à mort ce malheureux. Puis on se remit en
marche. A peine Sâboûn était-il hors du Bâguirmeh,
que Tchigama, qui s'était enfui du côté du Kânum,
reparut. Il s'était mis en mouvement dès qu'il avait

appris le départ de Sâboûn, et en peu de temps il arriva au birny du Bâguirmeh. Le fetcha vint l'y rejoindre. Tchigama s'empara du jeune sultan son frère, le jeta en prison et l'y laissa mourir de faim.

Sâboûn ne tarda pas à être informé de cette réaction. Indigné, il expédia de suite Adjmayn à la tête d'un corps d'armée, qu'il fit suivre d'un autre. Il enjoignit formellement à Adjmayn de ne revenir que lorsqu'il aurait entre les mains Tchigama et le fetcha. Sâboûn avait emmené au Ouadây les autres fils du sultan Ahmed. Le plus âgé d'entre eux accompagna l'expédition; Adjmayn devait le constituer sultan du Bâguirmeh.

L'armée hâta son départ; elle fit force de marche, et eut bientôt franchi la frontière du Bâguirmeh. A la nouvelle de l'approche des Ouadayens, Tchigama et le fetcha s'enfuirent et abandonnèrent le birny. Adjmayn y arrive et détache aussitôt la plus grande partie de ses troupes à leur poursuite. Elles les atteignent, les attaquent avec vigueur; le fetcha et Tchigama sont mis en déroute, séparés l'un de l'autre, et chacun d'eux s'enfuit de son côté. Les Ouadayens s'emparèrent d'un grand nombre de chevaux, de prisonniers, et revinrent avec un butin considérable.

Adjmayn, conformément aux ordres de Sâboûn, établit sultan le jeune prince qu'il avait amené. Pendant les sept ou huit mois qu'Adjmayn demeura encore au Bâguirmeh, il envoya constamment. et en abondance, à Sâboûn, des esclaves, des chevaux, des vêtements, sans compter ce que le nouveau sultan avait à payer comme redevance.

Enfin Adjmayn demanda à Sâboûn s'il devait rester encore au Bâguirmeh ou rentrer au Ouadây. Sâboûn le rappela; mais il lui recommanda de laisser au birny des troupes ouadayennes en nombre suffisant pour soutenir et défendre le nouveau sultan contre toute tentative hostile, ou de Tchigama, ou du fetcha, ou de tout autre. Pour l'exécution de ces ordres, Adjmayn choisit environ quatre mille de ses plus braves cavaliers et les affecta à la garde du sultan, auquel ils devaient être soumis d'une manière absolue. D'ailleurs, le nouveau prince s'était déjà organisé une armée de bâguirmiens; tout paraissait calme et pacifié. Adjmayn partit avec le reste de ses troupes et regagna tranquillement le Ouadây, emportant un butin immense.

Bientôt après, Tchigama songea à tenter une seconde fois de s'emparer du birny à force ouverte. Alors ses principaux partisans lui dirent : « Adjmayn a laissé au birny quatre mille hommes de ses meilleurs cavaliers. Pour que nous puissions pénétrer dans la ville, il nous faut leur passer sur le corps. Ils résisteront vigoureusement, et nous n'en viendrons à bout qu'en sacrifiant au moins un égal nombre de nos soldats. — Mais alors quel est votre avis? — Nous pensons que le plus à propos serait d'engager nos amis du birny à soulever peu à peu les plus turbulents et les plus audacieux des soldats bâguirmiens contre les Ouadayens, à susciter des querelles, à en venir même aux voies de fait, et à multiplier sans cesse leurs réclamations auprès du sultan. Comme, d'autre part, les Ouadayens ne souffriront pas que les Bâguirmiens prennent sur eux la haute main, ils obséderont le sultan de leurs récriminations : « Nous ne sommes pas restés ici avec toi, lui diront-ils, pour être humiliés et insultés. Nous prétendons être respectés. Les soldats bâguirmiens sont perpétuellement en hostilité contre nous. Ou tu les maintiendras dans les bornes du devoir, ou nous leur répondrons par la violence. » Alors les vizirs du sultan lui diront à leur tour, et d'après ce dont nous conviendrons entre eux et nous : « Aujourd'hui nous sommes en force et en nombre. Dans le principe nous avions besoin des Ouadayens, nous étions trop faibles; maintenant nous pouvons nous passer d'eux, et même leur séjour ici ne peut désormais que nuire et être un sujet incessant de désordre. Et puis, ils sont naturellement cruels, brutaux, et ils peuvent à tout moment tomber sur nos soldats et provoquer des rixes sanglantes. Nos soldats aussi ne supporteront pas la brutalité des Ouadayens. Il naîtra nécessairement, de tout cela, des collisions; du sang coulera de part et d'autre; le massacre des Ouadayens déterminerait une nouvelle invasion à titre de vengeance, et ce serait la ruine définitive de notre pays. Sans nul doute, Sâboûn expédierait une troisième armée contre nous, il abattrait notre puissance et en arracherait jusqu'aux dernières racines. » Si l'affaire tourne comme nous l'espérons, et que les Ouadayens regagnent le Ouadây, nous nous rendrons facilement maîtres du birny et nous agirons alors comme il nous plaira. — Le plan me paraît bon, répond Tchigama; je l'adopte. » Et le jour même on écrivit aux vizirs du sultan.

Les vizirs entrèrent dans le complot, car toute leur affection était pour Tchigama, toute leur haine pour

LES OUADAYENS RETOURNENT DANS LEUR PAYS. 175

le sultan qu'on leur avait imposé. Ils travaillèrent à irriter les plus remuants des soldats contre les Ouadayens. Partout où les uns et les autres se rencontraient, ils en venaient aux insultes, aux querelles. Les Ouadayens ripostaient avec colère. De violentes altercations s'élevèrent, et se terminèrent souvent par les armes. Le sultan ne savait plus à quel parti s'arrêter, car les Bâguirmiens et les Ouadayens, chacun pour leur compte, se prétendaient outragés. Les Bâguirmiens alléguaient que les Ouadayens les traitaient comme des esclaves, comme des hommes vaincus par Sâboûn, et à ce titre les accablaient de vexations. Les Ouadayens reprochaient aux Bâguirmiens de les insulter sans cesse, eux et leur sultan, sans motif et sans raison : « Ils semblent, disaient-ils, nous mépriser parce que nous sommes ici en petit nombre ; ils nous regardent comme des étrangers sans appui et sans ressources. Mais si nous ne craignions les reproches de Sâboûn, si nous ne respections pas ses ordres, nous ne laisserions pas un seul de vos soldats en vie. »

Les vizirs du sultan bâguirmien le tirèrent d'embarras et d'incertitude. « Dans quel but, lui dirent-ils, gardes-tu ici ces Ouadayens? Est-ce par crainte de Tchigama ou du fetcha? Mais nous avons assez de soldats pour déjouer toute entreprise de leur part contre toi. Ces étrangers ne sont ici que pour notre tourment et notre ruine. » A ces considérations les vizirs ajoutaient les idées que leur avaient insinuées les partisans de Tchigama. Enfin, le sultan bâguirmien se décida à ordonner le départ des Ouadayens. Il écrivit une lettre à Sâboun, où, après avoir rendu hommage à la souveraineté de ce prince, il lui annonçait que l'armée bâguirmienne, désormais assez nombreuse, était entièrement soumise et dévouée. « Je sais bien, ajoutait-il, que dans ta généreuse prévoyance tu as voulu qu'on me laissât une garde ouadayenne suffisante pour imposer aux rebelles et aux mécontents. Mais aujourd'hui nous sommes en sécurité, à l'abri de tout danger, grâce à ta protection suprême et aux troupes que nous avons rassemblées. Nous avons donc jugé à propos de renvoyer les soldats de Ta Grandeur, tous en bon état. De plus, entre eux et les nôtres, ont eu lieu des collisions désagréables pour nous, et nous n'avons pu bien discerner qui avait tort. »

Il remit ensuite au gâïd ouadayen, des présents pour Sâboûn, ordonna tous les préparatifs convenables et fixa le jour du départ. L'armée ouadayenne quitta donc le Bâguirmeh et rentra au Ouadây. Sâboûn, surpris de ce retour imprévu, demanda au gâïd quelles étaient les causes qui avaient motivé l'évacuation du birny. Le gâïd raconta tout ce qui s'était passé, et il remit à Sâboûn la lettre qu'il apportait du Bâguirmeh. Sâboûn, en la lisant, reconnut la ruse ourdie par les vizirs pour perdre leur sultan. Il fit venir immédiatement quatre de ses premiers gâïd ou officiers, savoir : l'aguîd Adjmayn, l'aguîd Magas, Mouça, l'aguîd ou gouverneur des Arabes Zébédeh, le turguenak Mohammed, et leur annonça de se préparer, dans le plus bref délai, à une nouvelle expédition pour le Bâguirmeh, sous les ordres d'Adjmayn. « Cette fois, dit-il, je veux que vous poursuiviez Tchigama en quelque endroit qu'il puisse être; et lorsque vous l'aurez entre les mains, amenez-le moi. Il me le faut, ainsi que le fetcha. »

Quinze jours d'un travail actif suffirent pour les préparatifs, et l'armée partit. Elle marcha à grandes journées, et arriva en peu de temps au Bâguirmeh.

Le fetcha et Tchigama étaient en possession du birny. Le sultan, abandonné par ses troupes, qui, jusqu'au dernier soldat, s'étaient rangées du parti de Tchigama et du fetcha, avait été tué. Les Ouadayens, informés de ces nouvelles, se dirigèrent en toute hâte sur la capitale ou birny. Ils y entrèrent sans coup férir; ils trouvèrent la place libre; Tchigama et le fetcha s'étaient enfuis.

Adjmayn se chargea de poursuivre Tchigama; Mouça fut chargé de se mettre à la piste du fetcha, mais avec recommandation expresse de ne revenir qu'en l'amenant prisonnier. Le turguenak Mohammed reçut le commandement du birny et des circonscriptions adjacentes. Magas campa en observation hors de la ville, afin de pouvoir faire face à toute attaque imprévue; en cas de besoin, il était à portée d'être promptement secouru par le turguenak.

Adjmayn marche à grandes journées. Il reconnaît Tchigama et ses troupes sur les frontières du Kânum; il manœuvre pendant la nuit; au jour il paraît en vue de l'ennemi. Adjmayn l'attaque sur tous les points à la fois; on se bat avec fureur. Tchigama, à cheval, s'élance au milieu de la mêlée. Le chef ouadayen l'aperçoit, se précipite à sa rencontre et se trouve face à face avec lui. Ils luttent ensemble pendant longtemps; mais le cheval de Tchigama bronche et s'abat..... Tchigama est prisonnier. Ses troupes alors se mettent en déroute; les Ouadayens les poursuivent de près, tuent les uns, dépouillent les autres et les font prisonniers : qui se sauva dans cette journée ne dut son salut qu'à une fuite rapide.

Adjmayn retourna au birny. Peu de jours après, Mouça y arriva aussi avec un butin considérable. Il avait pris les enfants du fetcha et presque tous ses soldats. Le fetcha s'était enfui tout seul.

J'ai appris de Mouça lui-même les détails de cette dernière rencontre. Mouça était frère de l'imâm Bedr-ed-Dyn, imâm de Sâboûn. C'est ce même Mouça qui, la nuit de l'assaut donné par Sâboûn à la demeure du sultan à Ouârah, ouvrit la porte de fer et se signala si bien par son courage. Voici comment il m'a raconté son expédition contre le fetcha :

« Quand je me dirigeais du côté du Katakau, à la poursuite du fetcha, j'appris qu'il s'était réfugié, comme la première fois, au birny de Logon, et avait demandé protection et assistance au sultan Sâleh. Sâleh le congédia : « Sors de mon pays, lui dit-il, ou je te fais saisir et livrer à tes ennemis. » Le fetcha quitta Logon et alla implorer le secours des différents rois du Katakau ; mais aucun d'eux ne voulut lui donner asile. »

« Si tu étais venu, lui dirent-ils, te réfugier ici tout d'abord, nous t'aurions accueilli. Retourne chez celui qui t'a reçu la première fois ; qu'il te reçoive encore une seconde fois. » Déconcerté, le fetcha se retire du côté du Mandarah. C'est alors que nous le rencontrâmes, lui, ses enfants, ses bagages et sa suite.

« Bravo ! m'écriai-je, voici mon homme. » Je range

aussitôt mes soldats en bataille. Le fetcha range aussi les siens. Les deux troupes s'attaquent, s'entre-choquent. Je fonds sur le centre ennemi ; j'espérais y rencontrer le fetcha ; je fus trompé dans mon espoir. « Peut-être, dis-je, est-il à l'aile droite. » J'y cours ; il n'y était pas. « Il sera à l'aile gauche, » dis-je alors. Je m'y précipite ; je ne l'y trouve pas non plus. J'étais ainsi à la recherche de mon ennemi, lorsque sa troupe se débanda. Nous la poursuivons, tuant à tort et à travers, faisant force prisonniers. Je ne pus saisir la trace du fetcha ; mais j'enlevai toute sa suite, ses femmes, ses enfants. Il se sauva seul avec quelques serviteurs. »

Adjmayn craignant que Tchigama ne s'échappât, le prit sous sa garde. Il partit bientôt avec ses troupes pour le Ouadây, emmenant son prisonnier. Le turguenak Mohammed fut laissé au birny. Adjmayn marcha à grandes journées, et arriva promptement à Ouârah. Sâboûn le reçut avec bienveillance, et sortit même au-devant de lui.

Ensuite, entouré de toute la pompe des sultans, accompagné des grands du royaume, des vizirs ornés de leurs insignes, et en présence de l'armée rangée, le prince se fit amener Tchigama. Le malheureux prisonnier parut la chaîne au cou et les fers aux pieds. Du plus loin que Sâboûn l'aperçut, il ordonna qu'on enlevât les liens, le collier et les chaînes de fer. Tchigama se présenta ainsi d'une manière plus honorable, plus digne du fils d'un souverain. Il passa devant les lignes des soldats disposés comme en ligne de bataille, dans un appareil imposant et dans l'ordre le plus parfait. Tchigama regardait, admirait ce spectacle. Il arrive devant le sultan, qui lui dit : « Quel a été le motif et le but de ta conduite passée? — Prince, que Dieu perpétue à jamais ta gloire! tu sais que je suis l'aîné des fils de mon père. J'espérais depuis longtemps être son héritier ; car mon père était avancé en âge ; de son vivant il m'avait désigné pour son successeur ; j'en avais la promesse formelle : comment pouvais-je voir tranquillement le sultanat passer entre les mains de mes frères, tous jeunes, tous incapables de se gouverner eux-mêmes, et à plus forte raison incapables de gouverner l'État? Je n'avais donc d'autre ligne de conduite qu'une résolution énergique ; je devais faire tous mes efforts, employer toutes mes ressources pour arriver au but que j'ambitionnais. Et toi, prince, tu ne condamneras pas une telle conduite. — Mais pourquoi n'as-tu pas cherché à détourner ton père du sentier du mal où il s'était engagé si imprudemment? — Que Dieu glorifie ton nom, prince! Chez mon père, à mesure que les années augmentaient, l'esprit diminuait et s'affaiblissait. Une fois qu'il s'était arrêté à une détermination, nul au monde n'était capable de la lui faire révoquer. Moi, son fils, si j'eusse osé essayer de le détourner de ce qu'il jugeait bon et nécessaire, c'eût été un moyen certain d'attirer sur moi sa colère et sa haine ; car je ne fus jamais à ses yeux qu'un jeune enfant sans expérience. « Comment, disait-il, recevrais-je les conseils de mon fils, lui qui, encore hier, était aux vagissements de l'enfance, lui que j'ai élevé de mes mains, que j'ai vu croître et grandir? » La défiance le tenait en garde contre moi. Certes, s'il eût jamais été disposé à écouter des avis, il eût écouté ceux des ulémas. Com-

bien de fois lui ont-ils prodigué leurs sages paroles et
ont-ils exagéré même leurs remontrances! mais toujours il fut sourd, insensible à leur voix. — Il suffit.
Mais où est ton frère, le dernier que tu as eu en ton
pouvoir? — Il a été tué. — Par qui? — Par les soldats,
lorsqu'ils assaillirent le birny. — Maintenant, quel sort
penses-tu que je te réserve? — Je pense que tu me traiteras avec bonté ; car tu es généreux, brave, éclairé,
craignant Dieu et redoutant ses jugements. Aujourd'hui je suis ton prisonnier, ton esclave, je suis à ta
discrétion ; mais les rois savent pardonner toutes les
fois qu'ils le peuvent. — Si telle est ta pensée, tu ne
t'es pas trompé. Je te pardonne, et tu es sultan à la
place de ton père, mais à condition que tu me payeras
le tribut annuel que j'avais imposé à ton frère avant
toi. — Prince, la vérité est salut, le mensonge est malheur. Je suis désormais un de tes serviteurs, mais je
ne veux pas te donner une promesse que je ne saurais
acquitter. Tu avais imposé et fixé un tribut à mon
frère, mais il n'en avait consenti la redevance que par
crainte ; s'il eût été libre de dire sa pensée, il n'eût pas
souscrit aux conditions que tu lui avais dictées. Tu le
sais, le Bâguirmeh a reçu une brèche profonde qui ne
pourra être réparée qu'après des années. Depuis trois
ans la guerre le consume ; ses habitants, ruinés,
épuisés, vivent dans la crainte et l'inquiétude ; ce qui
de leurs biens avait échappé à la main de tes soldats
victorieux est devenu la proie des miens ; et ce qui a pu
nous échapper a été dévoré par d'autres. Le tribut que
tu désires nous serait léger si le Bâguirmeh avait recouvré son bien-être premier ; mais le trésor est vide,

les rayas sont dans la détresse; je demande à ta générosité de nous traiter avec bienveillance. Du reste, nous sommes tes esclaves, tes serviteurs, et notre salut est en toi seul. »

Le sultan admirant la sagesse et la gravité persuasive de ces paroles, réduisit le tribut à moitié, c'est-à-dire que ce qui était fixé précédemment par mille fut fixé à cinq cents. Tchigama souscrivit à ces conditions. Sâboûn le fit ensuite conduire au lieu de réception des hôtes, et voulut qu'il fût traité avec tous les égards et les honneurs dus à un sultan. Sâboûn permit aux officiers, aux vizirs, de rendre visite au prince bâguirmien et de lui témoigner la plus grande déférence; puis il lui envoya des chevaux de prix, l'ameublement d'une demeure convenable, et des jeunes filles choisies parmi ses propres concubines; en un mot, il le combla de bienfaits, et même il alla deux ou trois fois le visiter comme un ami.

Tchigama demanda au sultan ouadayen la grâce du fetcha et de ses enfants. Sâboûn l'accorda. Tchigama en fit informer le fetcha, et l'engagea à se rendre au Ouadây. Le fetcha vint se présenter à Sâboûn, qui, par considération pour Tchigama, le traita honorablement, le logea aussi au lieu de réception des hôtes, et fournit généreusement à tous ses besoins. Enfin le fetcha reprit le poste qu'il occupait auprès du sultan Ahmed.

Après quelques jours, Tchigama demanda à Sâboûn la permission de retourner au Bâguirmeh. Sâboûn acquiesça à cette demande, indiqua le jour du départ, fixa le nombre des troupes qui devaient escorter le nouveau sultan, et ordonna tous les préparatifs nécessaires en chevaux, chameaux et tentes. On ajouta même, pour Tchigama en particulier, une des grandes tentes du sultan, des chevaux parés de selles chamarrées d'or, un magnifique parasol avec les quatre éventails en plumes d'autruche (1) et les autres insignes du sultanat. Il fut prescrit aux vizirs, aux grands de l'État, de former cortége à Tchigama et de l'accompagner jusqu'à deux ou trois lieues de Ouárah. Le chef des troupes assignées pour escorter Tchigama jusqu'au birny du Bâguirmeh, fut mis sous les ordres de ce prince, auquel il devait obéir sans réserve et sans restriction.

Au jour du départ, Sâboûn convoqua son divan ou conseil, et appela ensuite Tchigama et le fetcha. Il donna à Tchigama un vêtement de prix, un cachemire rouge et un magnifique sabre doré. Au fetcha, il donna un vêtement de vizir, un sabre, et un cheval avec une selle dorée. Les deux Bâguirmiens quittèrent Sâboûn, ravis de ses procédés, émerveillés de sa bonté et de sa générosité. Les vizirs ouadayens, les hauts dignitaires les accompagnèrent. Les trompettes sonnèrent, les tambourins retentirent comme en un jour de fête et de cérémonie ; et même les femmes, que cachent toujours les rideaux et les voiles du harem, sortirent pour jouir de ce spectacle nouveau. Sâboûn, de sa demeure, voulut voir ce brillant départ ; ce fut une cérémonie aussi solennelle que l'avait été celle de l'avénement du prince ouadayen. Tchigama et son fetcha, en quittant Ouárah ;

---

(1) *Voy.*, pour ces éventails, le *Voyage au Dârfour*.

étaient entourés de tous les grands de l'État. Le cortége ne rentra dans la ville qu'à une heure ou deux après le coucher du soleil. Tchigama campa pour la nuit dans le lieu même où les vizirs et les dignitaires ouadayens lui avaient fait leurs adieux. Le lendemain il partit, voyagea par étapes régulières, et arriva tranquillement au Bâguirmeh.

Le turguenak Mohammed, qui était au birny, vint à la rencontre du nouveau sultan ; arrivé près du prince, le turguenak lui dit : « J'ai reçu le commandement du birny au nom de mon maître Sâboûn, et je ne puis le livrer que par son ordre. » Sâboûn avait remis à Tchigama un firman de prise de possession ainsi conçu :

« De par Sa Hautesse le Sultan glorieux, le Prince illustre, révéré, le noble Serviteur des deux Villes saintes (1), le Souverain confiant en Celui qui entend tout et sait tout, le Sultan Mohammed-Abd-el-Kérym-Sâboûn-l'Abbâcide, à tous ceux qui ces présentes verront, Émirs, Chefs militaires, Soldats, Seigneurs et Grands de l'État, sans nulle exception :

» Or, nous avons invoqué les lumières de Dieu, de Dieu qui ne manque jamais à qui demande la grâce d'en haut pour se diriger. Éclairé ainsi, nous avons élu sultan notre cher Mohammed-Tchigama, fils de feu le sultan Ahmed, sultan du royaume du Bâguirmeh. Nous l'avons assis sur le trône de son père, et lui avons laissé la main libre dans le gouvernement de l'État. Nous lui avons recommandé d'être toujours juste et équitable, conformément à la sainte loi du Seigneur fils d'Abd-Menâf (2). Nous lui avons imposé un tribut

(1) La Mekke et Médine.
(2) *Voy.* note 22.

annuel qu'il nous payera au profit de notre trésor ; nous en avons la promesse écrite de sa main. Nous lui avons adjoint comme aide et conseil le fetcha Abd-Allah, avec le titre de vizir, comme du vivant du sultan Ahmed. En foi de quoi est émané de nous cet ordre sublime, à l'exécution entière duquel nul ne doit s'opposer dans les deux États du Ouadày et du Bâguirmeh. Que l'on se garde et que l'on se garde encore de lui résister en rien! Dieu veuille nous donner ses grâces, à moi, à lui, à tous les princes de l'islamisme! Salut à tous, miséricorde et bénédiction de Dieu! »

Le turguenak Mohammed ayant donc demandé à Tchigama un ordre pour lui livrer le birny, Tchigama présenta le firman précédent. Mohammed le lut en présence de l'armée ; puis il alla embrasser Tchigama, le félicita, et ils entrèrent ensemble au birny. La joie fut générale dans tout le Bâguirmeh ; ce jour est cité depuis comme une époque mémorable.

Le turguenak évacua la ville, et alla camper à peu de distance avec ses troupes et les troupes nouvellement arrivées. Après quelques jours, le sultan Mohammed-Tchigama ordonna tous les préparatifs du départ. Il remit aux Ouadayens, pour Sâboûn, des richesses considérables surtout en troupeaux, et y ajouta le tribut qu'il était convenu de payer. Il fit aussi des présents au turguenak, aux gàïd de l'armée, aux vizirs, à chacun selon son rang, et ensuite il les congédia.

J'ai vu plus tard, au Ouadày, Tchigama, et j'ai vu le fetcha chez le sultan Sâboûn. Tchigama était de haute taille, d'un embonpoint moyen, d'un teint noir très-foncé; sa barbe, assez épaisse, commençait à grisonner; ses yeux pétillants étincelaient comme deux flambeaux. Le fetcha avait une constitution toute différente. Il était petit et maigre, d'un teint bronzé sombre, de barbe rare, de physionomie sévère et imposante. Il avait au plus haut point l'intelligence des affaires.

CHAPITRE VIII.

Incursions des Tâmiens sur les terres du Ouadây. — Députation au sultan du Dârfour. — Nouvelles incursions. — Envoi de troupes ouadayennes au nord-est du Ouadây. — Défaite des Ouadayens. — Départ de Sâboûn avec l'armée. — Entrée au Dâr-Tâmah. — État du terrain. — Siége du mont Tâmah. — Résistance vigoureuse. — Les vingt-deux Mogrébins. — Assaut; massacre; dévastation. — Courage des Tâmiens. — Désappointement du sultan fôrien. — Troisième expédition. — Paix; conditions de cette paix. — Récriminations du sultan fôrien. — Délivrance des prisonniers tâmiens.

Mon oncle Ahmed-Zarroûk m'a raconté que Sâboûn, après avoir pacifié le Bâguirmeh et y avoir étouffé toutes les semences de discordes et de troubles, resta quelque temps en repos, jouissant en sécurité du fruit de ses guerres. Mais, un jour, se présente soudainement au palais une troupe de Ouadayens blessés, ayant les vêtements déchirés, et poussant de grands cris : « Prince, dirent-ils, on est tombé sur nous, nous sommes victimes d'une injuste agression. — Qui vous a attaqués? — Le roi de Tâmah. Ses gens ont fondu à l'improviste sur notre pays. Ils ont enlevé nos bestiaux et nos enfants. Nous nous sommes avancés pour reprendre ce qui nous avait été ravi, et alors plusieurs des nôtres ont été tués, d'autres faits prisonniers; et nous, nous avons été traités comme tu le vois. » Sâboûn, indigné, députa immédiatement au sultan du

Dârfour, Mohammed-Fadhl, des envoyés chargés de lui porter des présents, et en même temps une lettre, dans laquelle, après les compliments d'usage, il disait au prince fôrien :

« Ta Grandeur sait que depuis longues années nous sommes en bonne intelligence, nous vivons en frères ; mes sujets et les tiens ne font qu'un peuple d'amis ; nous n'avons tous qu'une seule et même pensée de paix, qu'une même intention de bons procédés, et voilà que le roi de Tâmah, Ahmed, un de tes tributaires, vient de franchir mes frontières. Il a enlevé les troupeaux de mes sujets, il a tué plusieurs de mes rayas, il en a fait d'autres prisonniers, d'autres ont été blessés. Si je n'étais en paix avec toi, j'aurais traité le roi de Tâmah comme il le mérite. Par égard pour toi, je ne l'ai pas fait. Je t'informe de sa conduite, et je désire que Ta Grandeur enjoigne à ce roi de restituer sur-le-champ les troupeaux qu'il a pris. Tu lui défendras sévèrement de renouveler une pareille incursion. Si je n'eusse craint de te déplaire, si je n'eusse eu à cœur d'user de déférence envers Ta Grandeur, j'eusse envoyé de suite contre ce Tâmien quelqu'un qui l'eût rappelé à son devoir et lui eût donné une leçon exemplaire. Salut. »

Quand Mohammed-Fadhl eut reçu cette lettre et en eut pris connaissance, il manifesta une violente colère ; il s'agita, se leva, puis se rassit ; et il répétait : « La puissance et la force sont en Dieu seul! et c'est à lui que nous rendrons compte un jour. » Encore tout ému et troublé, Fadhl écrivit cette réponse :

« Après les témoignages de respect et de vénération

dus à Ta Grandeur; après t'avoir exprimé combien nous te désirons de bonheur et de prospérité, nous te dirons : Nous avons reçu ta lettre, et nous nous sommes réjouis de ton état de bien-être ; mais nous avons été peinés de la conduite de ce turbulent roi de Tâmah. Je lui mande immédiatement l'ordre de rendre ce que ses soldats ont dérobé sur tes frontières ; je lui parle en termes énergiques et sévères. J'espère que cet événement n'altèrera en rien ton amitié pour moi. C'est à mon insu que ce chien de Tâmien a fait ce qu'il a fait. Salut. »

Sâboûn n'aperçut dans cette réponse qu'une dissimulation profonde. « Tout cela, dit-il, n'est que ruse et mensonge. Si, comme le prétend cet ennemi de Dieu, l'incursion du roi de Tâmah eût eu lieu à l'insu de Fadhl, Fadhl dans sa prétendue colère l'eût immédiatement dépouillé de ses fonctions royales. Fadhl m'en impose effrontément. Mais j'attendrai ; je veux voir quelles vont être les suites de ce premier incident. »

Peu de temps après, lorsque Sâboûn était dans sa demeure, tout à coup un grand bruit arrive jusqu'à lui ; des cris d'alarme retentissent ; il regarde sur la place du *fâcher*, et la voit remplie d'une foule de blessés, de gens dépouillés, qui lui criaient : « Le pillage, la guerre nous ont ruinés. — Qui sont ces gens ? dit Sâboûn. Que leur est-il arrivé ? — Ce sont, lui dit-on, des Maçâlyt qui se plaignent des incursions du roi de Tâmah. » Sâboûn appelle cette foule auprès de lui ; il questionne ; on lui apprend que les Tâmiens se sont précipités sur les limites du Ouadây, ont enlevé des troupeaux, des enfants, ont tué plusieurs de ceux qui leur ont résisté, en ont blessé un grand nombre.

« Nous venons, ajoutent les Maçâlyt, nous plaindre à toi, te demander vengeance. »

Soudain Sâboûn, irrité, fait écrire à Mohammed-Fadhl :

« Je t'ai déjà informé, par ma précédente lettre, que le roi de Tâmah fait des incursions sur mon pays, qu'il vole les troupeaux, tue ou enlève prisonniers les habitants qu'il peut atteindre, et que, s'il n'était de tes vassaux, je l'aurais déjà traité selon ses œuvres. Tu m'as répondu que tu l'avais rappelé à son devoir en termes sévères, et que tu lui avais enjoint de rendre à mes rayas ce qu'il leur avait pris. Mais il me paraît que tu lui as écrit tout le contraire. Il n'a rien rendu ; bien plus, il a de nouveau paru sur mon territoire, et a été plus brutal encore que la première fois. Je te jure par le Dieu qui m'a fait mon sabre tranchant et ma lance déchirante, que, si tu ne mets un terme à ces actes honteux, si tu n'arrêtes ces lâches et honteuses incursions, si tu n'obliges pas les Tâmiens à restituer ce qu'ils ont volé et à rendre la liberté à ceux qu'ils ont emmenés prisonniers, je saurai châtier leur roi de manière à ce qu'il s'en ressouvienne lui et le siens. Voilà deux fois que je te préviens ; s'il reparaît une troisième fois sur mes frontières, j'en conclurai qu'il est en rébellion contre toi, et je me chargerai de le punir. Puisqu'il veut briser avec moi, je briserai aussi avec lui. Salut. »

Aussitôt cette lettre expédiée, dès le jour même, Sâboûn prépare un corps d'armée considérable, et ordonne qu'il soit conduit sur les frontières nord-est du Quadây. Là, les troupes devaient rester stationnées dans leurs campements ; mais au premier bruit de l'arrivée des Tâmiens, elles devaient être en armes et à cheval, la lance en arrêt sur le flanc de l'ennemi, attentives à délivrer quiconque viendrait à être fait prisonnier. Des ordres furent transmis en même temps à Djâb-Allah, gouverneur de la province de l'Est, pour qu'il rassemblât de suite ses chevaux et ses fantassins, et qu'il se tînt en armes, prêt à tout événement. Dès que les Tâmiens se présenteraient, il devait tomber sur eux de toute sa force et tuer sans quartier ce qu'il en rencontrerait.

Sâboûn aussi s'occupa des préparatifs de son départ. Il arma de toutes parts, rassembla ses troupes, et annonça l'entrée en campagne.

Au reçu de la lettre de Sâboûn, le sultan fôrien fut tout interdit. Il affecta une violente colère contre Ahmed, roi de Tâmah. Il répondit à la lettre de Sâboûn ; après les politesses d'usage entre sultans, il disait :

« Ta lettre m'est parvenue. Je te le jure par Dieu, j'ai été aussi vivement affecté que toi de tout ce qui s'est passé. J'avais écrit déjà à ce perfide, ce fourbe, ce rebelle, de restituer immédiatement ce qu'il avait pris. Je lui avais répété de ne plus se hasarder à faire de pareilles incursions. Mais son penchant au mal l'emporte ; la passion du pillage l'entraîne, et il ne respecte rien. J'espère qu'en frère et ami, tu me croiras tout à fait étranger à la conduite de ce tâmien. Du reste, s'il recommance, il sentira les conséquences de ses méfaits. Il s'imagine, dans ses criminels projets, que sa demeure le protége suffisamment, que sa montagne de Tâmah le sauvera. Mais je saurai, moi, le châtier, et lui faire avaler la coupe de l'amertune ; je veux t'épargner la peine d'aller le corriger, et je te rendrai ce qu'il a volé à tes rayas. Aujourd'hui même j'enverrai un de mes rois, Ahmed-Djouràb, porter au rebelle une lettre de ma part. Et si ce tâmien ne se soumet pas à mes ordres, je lui ferai goûter ce que sa conduite mérite de rigueurs. Salut. »

Mohammed-Fadhl appela Ahmed-Djouràb et le fit partir immédiatement, en lui remettant pour Abd-Allah-Ahmed, roi du Tâmah, une lettre dont personne ne connaissait le contenu. Fadhl donna à l'envoyé ouadayen celle qui était destinée à Sâboûn, et congédia de suite cet envoyé.

Lorsque Sâboûn eut lu la réponse de Fadhl, il se demanda s'il continuerait à se tenir en armes ou s'il dissoudrait son armée. Les conseillers de ce prince, ceux par les avis desquels les affaires se nouent et se dénouent, lui conseillèrent de rester sur le pied de guerre. Mon père, qui était alors de retour du Barnau, et qui, de nouveau, était en paix à l'ombre de la bienveillance du prince ouadayen, et dans sa fonction primitive de vizir, partagea leur opinion.

Les espions de Mohammed-Fadhl s'empressèrent d'annoncer à leur maître que Sâboûn était toujours prêt à pénétrer dans le Tâmah ; que si la restitution de ce qui avait été enlevé ne s'opérait pas promptement, les Ouadayens ouvriraient bientôt la campagne. Sâboûn, en effet, attendait cette satisfaction. Mais un jour il apprend que le roi de Tâmah avait violé les frontières du Ouadây, les avait franchies à la tête de troupes nombreuses, mêlées de troupes fôriennes, et qu'une quantité considérable de bétail avait été prise.

Aux premiers cris qui annoncèrent l'approche de l'ennemi, les troupes ouadayennes qui étaient stationnées près des frontières, montèrent à cheval et coururent contre les Tâmiens. L'affaire fut chaude. Les Tâmiens étaient les plus nombreux ; ils tombèrent tout d'une masse sur les Ouadayens, les rompirent et leur tuèrent un grand nombre d'hommes.

Djâb-Allah, aguîd de l'Est, informé de cette défaite, part aussitôt avec ses troupes, fantassins et cavaliers, se précipite sur les Tâmiens, leur coupe la retraite, enlève les prisonniers Ouadayens et leur tue un grand nombre de soldats. Il prit plusieurs chefs militaires, dont quelques-uns étaient de la suite d'Ahmed-Djourâb, envoyé par Mohammed-Fadhl au roi de Tâmah. A la nouvelle de ces hostilités, Sâboûn donna l'ordre du départ, et il se mit en marche à la tête d'une armée formidable. Il se dirigea droit et à grandes journées, sur le Dâr-Tâmah, et en atteignit promptement les frontières.

Il trouva un pays assez étendu, presque tout hérissé de montagnes et de forêts serrées. Les Tâmiens, habitués à ces lieux âpres et difficiles, les traversaient et s'y défendaient sans peine. Les Ouadayens, accoutumés à leur pays découvert, n'avançaient dans le Tâmah qu'avec lenteur. Les Tâmiens s'embusquaient dans les massifs d'arbres et surprenaient les Ouadayens. Ils en tuèrent ainsi un nombre considérable. Sâboûn reconnut ce qu'il avait à vaincre d'obstacles, et il proclama l'ordre de couper tous les arbres. On se mit à l'œuvre, et près de trois mois furent employés seulement à abattre les forêts et les masses d'arbres. A mesure qu'on les coupait, on les amassait en piles et on les brûlait. Sâboûn fit déblayer ainsi et débarrasser tous les lieux inabordables ou difficiles, et laissa le mont Tâmah comme isolé. Il en entreprit alors le siége et en fit le blocus.

Les Tâmiens faisaient de fréquentes sorties ; ou bien, postés çà et là sur le sommet de leur mont, ils assaillaient les Ouadayens à coups de pierres, et en abattaient un grand nombre. Les chefs des Tâmiens étaient partout, animant sans cesse les assiégés. Chaque fois que les ennemis tentaient un assaut et gravissaient de quelque côté de la montagne, on roulait sur eux des quartiers de rochers, et on écrasait ainsi plusieurs hommes à la fois.

Mon père avait suivi l'expédition ; il avait avec lui plusieurs Mogrébins du Fezzân, de Tripoli, de Ben-Ghâzy. Voyant que les Ouadayens s'épuisaient en efforts presque infructueux, il dit à sa petite troupe : « Armez-vous de vos fusils, rejoignez l'armée ; et postez vous à distance convenable de l'endroit d'où on lance et roule les pierres. Dès que vous verrez un Tâmien roulant une pierre, tirez dessus, et continuez ainsi jusqu'à ce que nos soldats puissent monter à l'assaut. » Cette idée fut accueillie. La petite troupe mogrébine était de vingt-deux hommes. Ils se postèrent au pied de la montagne, sous un grand arbre. Ils élevèrent devant eux un petit mur, en manière de retranchement. Dès qu'ils remarquaient sur la montagne un Tâmien qui saisissait une pierre, pour la rouler ou la lancer, ou bien qui poussait ses compagnons à ce genre de défense, ils tiraient sur lui. Ils tuèrent ainsi bon nombre d'hommes. Bientôt les Tâmiens tournèrent leur attention sur le point d'où partait le feu, et lancèrent de ce côté une grêle de pierres. La plupart des Mogrébins furent frappés à la tête. Mon oncle Ahmed, chef de cette petite troupe, et six autres seulement restèrent sans blessure. Ils s'abritaient derrière le tronc de l'arbre, et de là tiraient l'un après l'autre sur l'ennemi.

Les Tâmiens étonnés ne concevaient pas comment les balles allaient jusqu'à atteindre le sommet de leur mont et les tuer de si loin. Nombre d'entre eux succombèrent. Dès qu'ils distinguaient la fumée d'un fusil, ils reculaient rapidement ou se couchaient à plat ventre. Mais les Mogrébins les épiaient, tiraient sur le premier qui paraissait, et l'abattaient. L'affaire continua ainsi jusque vers trois heures après midi. Les Tâmiens cédèrent, et les Ouadayens montèrent à l'assaut.

Déjà, de bonne heure, un individu du pays était venu trouver Sâboûn, et lui dire qu'il connaissait un chemin facilement praticable et conduisant au sommet du Tâmah. Le sultan confia à cet homme un détachement de soldats pour explorer le chemin ; mais Sâboûn recommanda à ses soldats d'user de prudence et de la plus grande circonspection. Ils suivirent le guide. Au moment où ils étaient près de déboucher sur le haut du mont, les autres troupes, du côté des Mogrébins, y paraissaient. Le carnage des Tâmiens fut effroyable ; Dieu seul sait combien d'entre eux furent égorgés.

Le mont Tâmah est de médiocre hauteur, mais il est d'un abord difficile. Il n'a que des sentiers étroits et rocailleux, excepté le chemin par lequel le guide transfuge conduisit les Ouadayens. Le mont proprement dit a une étendue assez considérable; il a des cours d'eau et des sources jaillissantes, des bouquets de forêts touffues et serrées. Sa largeur est d'environ deux lieues sur autant de longueur. Il porte un bon nombre de villages. Sur ce mont est la résidence du roi.

Les Ouadayens pénétrèrent dans cette demeure; elle était déserte et vide. Le roi s'était enfui; on ignorait quelle direction il avait choisie. A cette nouvelle, Sâboûn poussa une exclamation de dépit; il parut désolé d'avoir manqué sa proie.

Les Ouadayens emmenèrent et firent descendre de la montagne une foule de femmes, d'enfants, de bœufs, et beaucoup de menu bétail. Sâboûn ordonna de détruire la demeure du roi, de brûler tout ce qu'il y avait d'habitations sur le mont, de briser tout ce qu'on trouverait d'ustensiles, jusqu'aux vases les plus communs, de couper tous les arbres, de ne rien laisser dont les Tâmiens pussent tirer usage ou profit. Pendant environ sept jours, l'armée ouadayenne travailla à mettre le feu partout, à briser ce que le feu épargnait, à piller les grains. La montagne resta nue, déserte; il ne s'y trouvait plus âme qui vive.

Ensuite Sâboûn détacha de tous côtés, dans le pays, plusieurs corps de troupes qui, après quelques jours d'excursions, revinrent avec d'immenses troupeaux, et portant les têtes des morts sur la pointe des lances. Ces courses dévastatrices se répétèrent ainsi pendant trois mois entiers. Dans leurs battues, les Ouadayens tuaient, enlevaient des prisonniers, brûlaient les habitations, ravageaient et ruinaient tout, pillaient ce qu'ils trouvaient à leur gré ; en telle sorte que le Dâr entier ne fut plus qu'un monceau de décombres. Sâboûn victorieux retira ses troupes et rentra au Ouadây.

Il fallut des fatigues et des efforts inouïs à l'armée ouadayenne, pour venir à bout des Tâmiens. Nulle population du Soudan n'a plus de ruse, de malice et de résolution que les habitants du Tâmah. Pas un Tâmien peut-être ne succomba sans qu'il en eût coûté la vie à deux ou trois Ouadayens. Un Tâmien était-il gravement blessé, il restait sur place, étendu comme mort ; et s'il apercevait un Ouadayen s'avancer pour le dépouiller, il l'attendait, immobile, le laissait approcher jusque sur lui, le frappait d'un coup de couteau et le tuait. Nombre de blessés à l'agonie éventrèrent ainsi des Ouadayens. Si les troupes de Sâboûn n'avaient pas été de beaucoup plus nombreuses que celles des Tâmiens, elles n'auraient jamais réussi à s'emparer du pays.

A la nouvelle du départ de Sâboûn pour le Dâr-Tâmah, Mohammed-Fadhl, persuadé que les Ouadayens ne pourraient triompher des obstacles et des difficultés qui rendent la montagne inabordable, avait ordonné tous les préparatifs nécessaires pour une grande expédition ; il s'était mis en mesure d'entrer en campagne au premier moment favorable. Des courriers qui sans cesse allaient et venaient, le tenaient au courant des événements. Il apprenait avec joie les pertes et les revers des Ouadayens ; son but était, après la déroute des assaillants, de pousser une expédition sur le Ouadây, et de profiter de l'affaiblissement des forces militaires de Sâboûn pour envahir les États de ce prince et le rendre vassal du Dârfour. Pour motiver ses armements et leur donner une apparence de raison, il allégua comme prétexte, dans les commencements de la guerre, l'intention qu'il avait eue de faire recouvrer aux Ouadayens ce que le roi de Tâmah leur avait pris. Plus tard, il écrivait à Sâboûn : « Tu n'as pas eu la patience d'attendre ; tu t'es arrogé des droits de vengeance qui m'appartiennent contre des gens qui sont mes sujets ; tu leur as porté la guerre, et voilà qu'en retour de cette violation des principes de la justice, en retour de ce procédé peu loyal, tu vas échouer dans ton entreprise ! »

Lorsque Fadhl apprit les succès des Ouadayens, et qu'il vit ses projets de conquêtes déçus et renversés, il tomba dans une tristesse profonde. Bientôt des troupes de fuyards accoururent à lui coup sur coup, en lui criant : « Prince, à notre secours ! Sâboûn a massacré nos frères, enlevé nos familles, nos enfants et nos femmes, pillé nos biens, ruiné nos demeures, coupé nos arbres et fait de notre pays un champ de désolation, une contrée qui semble depuis longtemps inhabitée. Comme dit un poëte :

« Il n'y a plus âme humaine entre Hadjoûn et Safa (1) ; il n'y a plus de veillées pour les causeries du soir. »

Fadhl, tout bouleversé, s'agita, s'emporta : « Quoi ! s'écria-t-il, Sâboûn méprise ainsi toutes les convenances ; il traite mes sujets à son caprice et à sa guise ! »

(1) Lieux sur le territoire sacré de la Mekke.

Et à l'instant Fadhl ordonna de rassembler les troupes et de se disposer au départ. Mais ses courtisans, par leurs remontrances, le décidèrent à renoncer à son dessein. « L'expédition des Ouadayens, lui dirent-ils, a eu des motifs légitimes. Sâboûn t'a présenté ses plaintes et tu ne l'as pas écouté. Laissons-le accomplir sa vengeance, et ne nous engageons dans une lutte contre lui que s'il pénétrait sur notre territoire et que si nous avions à défendre nos familles, nos femmes et notre pays. » Fadhl se laissa persuader.

Lors de ces événements j'étais au Dârfour comme je l'ai déjà dit, et mon père venait de m'écrire d'aller le rejoindre au Ouadây. J'étais sur le point de me mettre en route, lorsque Fadhl me fit arrêter et garder à vue. Je demeurai ainsi jusqu'à la fin de l'expédition du Tàmah ; ce ne fut qu'après que les Ouadayens furent rentrés au Ouadây qu'il me fut permis de quitter le Dârfour. J'ai raconté ce fait précédemment.

Sâboûn fut informé du mécontentement que Fadhl avait témoigné à la nouvelle des succès des Ouadayens et des malheurs du Tàmah. Sâboûn reconnut alors clairement que tout ce que Fadhl lui avait écrit d'abord n'était que mensonge et duplicité, et il résolut de pousser plus loin encore le châtiment des Tâmiens. Il attendit qu'ils fussent revenus sur leur montagne, que le roi eût réparé sa demeure primitive, que les habitants eussent rebâti leurs habitations et y fussent rentrés, que les terres fussent de nouveau ensemencées, les récoltes sur le point d'être recueillies, les grains près d'être moissonnés ; et alors il mit en campagne quatre de ses gâïd vizirs, chacun avec un corps de dix mille hommes au moins, infanterie et cavalerie. Il leur recommanda de détruire les récoltes du Tâmah, de couper ce qui y restait. d'arbres, de brûler les habitations, de tout piller, de faire prisonniers ce qu'ils pourraient atteindre d'enfants et de femmes, de tuer tous ceux qu'ils trouveraient les armes à la main, d'être sans cesse et partout en alerte et aux aguets; il ordonna aux chefs de ne marcher que de nuit, de ne laisser pressentir à qui que ce fût le but de l'expédition, de poster les quatre divisions de l'armée aux quatre coins du Tâmah, et de ruiner ainsi plus à l'aise tout le pays. Les gâïd devaient communiquer entre eux constamment par le moyen d'estafettes qui les informeraient sans cesse des opérations de chacun des quatre corps de troupes.

L'armée, arrivée au Tâmah, pilla, dévasta les campagnes, brûla les villages, se répandit partout, et fit une foule de prisonniers. Les Tâmiens attaquèrent l'ennemi avec fureur. Les Ouadayens se défendirent vigoureusement, vendirent cher leur vie, et, après des efforts extraordinaires, triomphèrent des Tâmiens; ils les taillèrent en pièces, emmenèrent captifs tout ce qu'ils purent rencontrer de femmes et d'enfants, et ravagèrent les campagnes. Ils retournèrent au Ouadây avec d'immenses troupeaux.

Tant de désastres épuisèrent le Dâr-Tâmah et le réduisirent à la dernière misère. Il fallait tirer des vivres du Dârfour; la pénurie fut telle qu'une foule de Tâmiens abandonnèrent leur pays. Dans les villages, il restait à peine le dixième du nombre primitif des habitants.

Le roi du Tâmah fit parvenir ses doléances à Mohammed-Fadhl; celui-ci lui envoya immédiatement des grains, des bœufs et du menu bétail, recommandant de distribuer ces secours entre les habitants, et de travailler à réparer les désastres de la guerre. Ensuite le sultan Fôrien écrivit à Sâboûn :

« Après avoir offert mes hommages à Ta Grandeur, voici ce que je désire te faire savoir : le roi du Tâmah a reçu la récompense de sa conduite injuste; il a été puni de sa coupable audace. Maintenant il est entré dans la voie de Dieu; il se repent de s'être écarté des voies de la justice, et il promet de ne plus la violer. Je te prie donc d'oublier ses méfaits et de renoncer à poursuivre ta vengeance. »

Sâboûn répondit à Fadhl :

« J'ai reçu la lettre amicale par laquelle tu me demandes de ne plus m'occuper du traître et perfide Tâmien. Mais j'ai juré, et je ne veux pas être parjure, de châtier encore ce roi, afin de lui bien apprendre qu'il y a dans mes États des hommes qui savent payer les outrages par de terribles représailles. Le bien pour le bien, et qui le fait le premier est le plus méritant; mal pour mal, et qui commence est le plus coupable. Bénédiction de Dieu sur le poëte qui a dit (1) :

« Mort pour mort, chameau pour chameau; que celui qui repousse soit repoussé comme l'excrément est chassé du corps. »

» Eh quoi! tu n'ignorais certainement pas que ce Tâmien était ton vassal, ton serviteur. Pourquoi n'as-tu pas eu la force de le retenir dans l'obéissance, lorsque

(1) *Voy.* note 23.

je t'ai écrit, lorsque maintes fois je me suis plaint à toi et en particulier et au su de tout le monde? Ne m'as-tu pas dit qu'il refusait d'obtempérer à tes sublimes ordres, qu'il foulait aux pieds tous ses devoirs, qu'il affectait d'ignorer la conduite qu'il devait tenir? Comment viens-tu aujourd'hui me demander grâce et merci pour lui? N'est-il pas de ces hommes méprisables dont le poëte a dit?

« Si tu fais du bien à l'homme qui le mérite, tu gagneras son cœur; si tu fais du bien au méchant, tu le rends plus dangereux encore. »

» Je le jure par le noble sang de mes pères, par la gloire de mes aïeux, j'irai apprendre encore à ce Tâmien ce qu'il vaut, afin qu'il sache désormais se maintenir dans les bornes du devoir. J'espère que tu ne m'en voudras pas pour cela. Salut. »

Cette lettre souleva la colère et l'indignation de Mohammed-Fadhl. Il consulta ses courtisans sur la conduite qu'il avait à suivre. Les avis furent partagés. Les uns proposèrent la guerre pour rappeler Sâboûn à la raison. Les autres conseillèrent de rester en paix, et estimèrent qu'il fallait laisser le sultan ouadayen s'arranger avec le roi du Tâmah. Fadhl informa toutefois ce roi de la correspondance qu'il venait d'avoir avec Sâboûn.

Peu de temps après, une armée ouadayenne, forte d'environ cinquante mille hommes, fantassins et cavaliers, se mit encore en marche pour le Tâmah. Ces troupes pénétrèrent dans le Dâr par différents points, s'emparèrent de ce qu'elles rencontrèrent de troupeaux, de femmes, d'enfants, et tuèrent un nombre considérable de Tâmiens. Parmi les troupeaux capturés, furent ceux du roi lui-même. Ses esclaves aussi tombèrent entre les mains de l'ennemi. Alors l'alarme se répandit de toutes parts. Abd-Allah-Ahmed, informé de ce qui se passait, sortit avec son armée pour aller présenter la bataille aux Ouadayens. Mais un des gâïd de Sâboûn, à la tête d'environ sept mille cavaliers, arrivait par derrière la montagne par le chemin praticable qui avait été reconnu dans la première invasion. Par hasard, le roi Abd-Allah-Ahmed descendait par un autre point, conduisant ses troupes à la rencontre des Ouadayens. Le gâïd gravit le mont avec sa cavalerie, prit ce qu'il y trouva de femmes, d'enfants, de troupeaux, et ne descendit qu'après avoir mis le feu aux habitations et avoir tout ravagé et pillé.

Cependant le roi tâmien avait rejoint l'ennemi et lui avait présenté la bataille. Les Ouadayens s'étaient hâtés de diriger sur le Ouadây, avec une escorte suffisante, les prisonniers, les esclaves et les troupeaux qu'ils avaient capturés... On se disposa au combat. Le roi de Tâmah donna d'abord avec toutes ses forces, cavaliers et fantassins. Ce premier choc fut épouvantable. On était au fort de la mêlée, quand on vint annoncer au roi qu'on pillait, saccageait et brûlait tout sur le mont Tâmah. Frappé de cette nouvelle, il se détacha aussitôt avec une partie de ses troupes et marcha contre les pillards. Il ne les rencontra pas; ils s'étaient retirés par un autre chemin. Quant aux forces tâmiennes restées en face de l'ennemi, l'absence du roi entraîna leur défaite, et elles laissèrent une foule de morts sur la place. Les vainqueurs poursuivirent les fuyards, en tuèrent un grand nombre et s'emparèrent de leurs dépouilles. Dans cette extrémité, Abd-Allah-Ahmed résolut d'affronter tous les dangers; il se mit à la poursuite des Ouadayens; il les atteignit sur la frontière du Ouadây, là où était le rendez-vous des troupes, pour de là rentrer dans leur pays. Le roi craignit que s'il allait les attaquer, l'aguîd de l'Est n'en fût informé, ne se hâtât de lui couper la retraite, et ne l'exposât au danger d'être pris ou tué. Abd-Allah retourna donc sur ses pas, sans autre résultat que la fatigue d'une poursuite infructueuse. Revenu au mont Tâmah, il n'y vit que ruine et dévastation. C'était comme le lieu désert dont j'ai parlé dans ce vers :

« Il n'y avait plus demeure habitable ni demeure habitée ; et ma chère Hind n'avait seulement pas laissé trace de ses pas sur cette terre ravagée. »

A cet aspect, Abd-Allah demeura consterné. Il convoqua ses conseillers. « Décidons promptement, leur dit-il, quel parti il convient de prendre. Nous avons ouvert sous nos pieds un abîme de maux, en soulevant contre nous l'indignation de Sâboûn. Le sultan fôrien nous a abandonnés au milieu des périls; il n'a rien tenté pour notre salut. »

L'avis général fut de demander la paix, à la condition d'un tribut annuel déterminé, et d'une renonciation, de la part du prince ouadayen, à toute incursion ultérieure sur le Tâmah. Abd-Allah écrivit donc à Sâboûn une lettre, dans laquelle, après un préambule de soumission, après avoir baisé les pieds du souverain du Ouadây, il lui dit:

« Ton humble serviteur avoue ses torts et t'en témoigne son repentir; car il sait que les cœurs généreux pardonnent. Je consens à être esclave de ta Sublime Porte, et j'attends que tu me fixes le tribut que je dois te payer chaque année, afin que tu me laisses désormais en sécurité dans ma famille et dans mes biens, comme tu y laisses les autres rois des populations qui obéissent à tes lois et sont debout aux portes de ta demeure. Mais j'espère de ta bonté, de toi mon maître, que tu ne seras pas exigeant dans les conditions que tu m'imposeras, et que tu ne nous précipiteras pas dans des embarras d'où nous ne pourrions sortir, car notre situation est changée, nos richesses sont épuisées, nous sommes réduits à la détresse, et le Tâmah est devenu une solitude. Je mets ma confiance dans ta grandeur d'âme, ta bienveillance, ta générosité, dans ce que tu as de noblesse et d'élévation. Je compte que mon envoyé me rapportera une réponse qui nous promette paix et sûreté, et nous garantisse que nous n'aurons plus à craindre les ravages de la guerre et les malheurs qui l'accompagnent. Salut. »

Sâboûn accueillit favorablement la demande du roi tâmien, et lui répondit :

« J'ai reçu ta lettre et j'en ai pris connaissance. Qui vient à nous avec le repentir, trouve toujours grâce; qui vient s'excuser, nous l'excusons. Je fixe le tribut annuel du Dâr-Tâmah à cent chevaux et mille esclaves. De plus, tu laisseras libres les chemins, en retirant les Tâmiens qui inquiètent les voyageurs allant du Ouadây au Tâmah et aux environs. Tu me seras soumis à discrétion. Je souscris à tes désirs, suivant ce vers d'un poëte :

« Accueille toujours les excuses de qui vient à toi s'excuser, qu'il soit sincère ou qu'il soit menteur. »

Adieu. »

Le roi du Tâmah écrivit de nouveau à Sâboûn :

« Je me soumets à toi et je reconnais ta suzeraineté. Mais je te prie de diminuer le nombre des esclaves que tu me demandes en tribut. Il nous serait impossible de les fournir. De notre pays nous ne pouvons aller au Fertyt à la chasse des esclaves. Ce que nous en avons, nous l'achetons, et n'est pas le fruit des incursions. Nous ne saurions en livrer plus de cent par année. Salut. »

Sâboûn sentit la vérité et la justesse de cette observation, et acquiesça à la réduction qui lui était demandée. « Il me suffit, dit-il, que le roi de Tâmah se déclare mon vassal. » Et il lui écrivit :

« De la part de Sa Grandeur le Serviteur de Dieu, Emir des Croyants, le Sultan Mohammed-Abd-el-Kérym-Sâboûn-l'Abbâcide, à tous ceux qui ces présentes verront, Émirs, Guerriers, Vizirs, Gâÿd, que Dieu les conserve en élévation !

» Or sus, le roi Ahmed, roi du Tâmah, réclame de notre bienveillance que nous nous abstenions d'incursions sur le territoire du Tâmah, et que nous ne l'inquiétions plus désormais ni pour sa famille, ni pour ses sujets, ni pour son pays. Il nous a demandé d'être de nos tributaires, à condition de nous payer, chaque année, un tribut de cent chevaux et de cent esclaves. Nous agréons ses demandes et propositions, et nous lui pardonnons le passé. Mais nous lui imposons l'obligation de laisser libres les routes du Ouadây au Tâmah et aux environs; d'être ami de nos amis, et ennemi de nos ennemis. S'il accepte ces conditions, nous lui promettons paix et tranquillité, au nom de Dieu et de son Prophète. Nos soldats n'entreront plus sur ses terres, nous ne pillerons plus les biens et les habitations. Nous lui envoyons en présent un sabre, un vêtement, comme signes de notre sublime bienveillance, comme gages du maintien de sa royauté, comme preuve que nous le conservons dans ses titres et droits d'autorité, et que nous maintenons aussi les individus qu'il a revêtus de fonctions et d'honneurs autour de lui ; et cela, tant qu'il restera fidèle à notre sainte loi religieuse et à la parole du divin Coran, tant qu'il restera sur le pied de soumission envers nous, tant qu'il payera le tribut que nous lui avons fixé, tant qu'il obéira aux sublimes ordres qui émaneront de nous. Et salut. »

Le sultan se fit apporter un sabre et un vêtement, qu'il envoya à Abd-Allah-Ahmed, avec la lettre.

Ahmed, satisfait de cette réponse, ordonna de préparer immédiatement cent chevaux et cent esclaves, et chargea un de ses proches parents de les conduire au sultan du Ouadây. A l'arrivée de la caravane à Ouârah, Sâboûn appela de suite le parent d'Ahmed, qui lui remit alors la lettre que voici :

« De la part du Serviteur de Dieu, Ahmed, roi de Tâmah, serviteur du Prince des Croyants, à Sa Grandeur le Prince des Croyants, serviteur des deux illustres Villes saintes, mon maître et fils de mon maître, le Sultan Mohammed-Abd-el-Kérym-Sâboûn.

» Après avoir embrassé la trace de tes pieds, et avoir supplié Dieu qu'il rende partout tes drapeaux triomphants, je t'informe que j'envoie à Ta Majesté, mon cousin, l'homme qui m'est le plus cher au monde. Il te remettra les chevaux et les esclaves que je me suis engagé, moi ton serviteur, à te payer en tribut. J'espère de ta générosité et de ta grandeur d'âme que tu les accueilleras favorablement et sans examiner ce qu'ils peuvent avoir de mauvais ou de bon, car ils ne sont pas dignes de t'être offerts. Je prie Dieu qu'il te conserve ta grandeur et qu'il accroisse ta puissance. Salut. »

Le ton humble de cette lettre plut à Sâboûn. Il reçut le tribut. Du reste, tout était choisi, chevaux et esclaves. Sâboûn traita le cousin d'Ahmed avec la plus grande déférence, et pourvut à tout ce dont il put avoir besoin. Il lui donna le reçu de l'envoi, lui fit présent d'un vêtement, puis le congédia.

Le sultan fôrien fut bientôt informé de la soumission du roi Ahmed et de l'engagement qui en fut la conséquence. Mécontent de ce résultat : « Comment! dit Fadhl, il est mon vassal, à moi, et il paye le tribut à un autre! Je ne consentirai jamais à un pareil arrangement. Ou il sera mon vassal à moi seul, ou il le sera d'un autre seul. » Et il écrivit sur-le-champ au roi de Tâmah :

« J'apprends que tu t'es engagé à payer au sultan Sâboûn un tribut annuel de cent chevaux et de cent esclaves; que déjà tu t'es acquitté d'une année de redevance; que tu as reçu de Sâboûn la promesse qu'il te protégera et te maintiendra dans ta royauté. Cependant tu es de mes vassaux, de mes tributaires. Dis-le-moi nettement : Es-tu capable de payer tribut à deux maîtres? ou bien veux-tu te soustraire à ma dépen-

dance et te placer sous la tutelle du sultan du Ouadây?
Explique-toi catégoriquement. »

Le roi du Tâmah répondit à Fadhl quelques lignes
dont voici le sens : « Tu m'as demandé des éclaircissements sur ma conduite. Je dirai d'abord à Ta Grandeur
que tout ce qu'on t'a dit des résultats de la guerre est
vrai. Mais je me reconnais toujours ton tributaire,
comme par le passé. Je n'ai envoyé ces chevaux et ces
esclaves au sultan Sâboûn que comme précaution pour
sauver l'honneur et la vie de ma famille, sauver mes
biens et acheter la paix. Car maintenant je suis presque
sans ressource, la guerre m'a épuisé; je ne pourrais
plus tenir contre les armes de Sâboûn. J'ai donc dû
payer pour avoir une trêve qui me laissât le loisir de
remonter mes forces et me permît, pour plus tard, de
secouer le joug de l'obéissance. Salut. » Cette réponse
dissipa les soucis de Fadhl et calma le trouble de son
esprit.

Quant à Sâboûn, une fois qu'il eut reçu la promesse
de vassalité d'Ahmed, il engagea les marchands du
Ouadây à lier leur commerce avec le Tâmah, à y exporter leurs marchandises, à y trafiquer soit au comptant, soit à terme. Son but en cela était de chercher à
s'assurer si la paix qui venait d'être conclue était une
paix sincère ou simplement une soumission temporaire
et fictive. Les chemins du Ouadây au Tâmah furent
fréquentés par les habitants des deux pays; la sécurité
s'établit, la crainte et la défiance disparurent.

Les Tâmiens vinrent au Ouadây racheter leurs
femmes, leurs enfants et leurs proches faits prisonniers et esclaves dans la guerre ; mais ce qu'ils purent

en soustraire par surprise et à la dérobée, ils les emmenèrent ; ceux qu'ils purent décider à s'enfuir, ils les aidèrent à s'esquiver. Ils réussirent de cette manière à dérober à la captivité une foule d'enfants et de femmes. Le sultan Sâboûn fut instruit de ces manœuvres ; mais, par respect pour la paix conclue, il ne chercha par aucun moyen à les déjouer ou à les arrêter. Il se contenta de faire dire aux Ouadayens : « Je vous permets de tuer tout Tâmien que vous surprendrez dérobant un esclave. Car la conduite de ces gens est une trahison, et une trahison est une violation des traités. Quant à ceux qui, loyalement et sans détour, vous offriront la rançon de leurs proches, respectez-les. »

CHAPITRE IX.

Sâboûn ordonne l'exploration d'une route nouvelle pour les caravanes. — Anecdote d'un Mogrébin. — Caravanes envoyées au Maghreb par la voie de Djâlau et Audjalah — Sâboûn envoie des présents à Mohammed-Aly-Pacha. — Le pacha en fait porter à son tour à Sâboûn, par une caravane qui en route est pillée. — Cause de la guerre du Kordofâl. — Caravane expédiée du Ouadây sur Ben-Ghâzy, par la route de Djâlau. — Cette caravane s'égare, et les esclaves meurent de soif.

Sâboûn, après ses guerres terminées, s'occupa des moyens de faire prospérer son gouvernement et son pays.

Un jour on lui présenta un Mogrébin des Bédouins dépendants de la régence de Tripoli. Il était accompagné de plusieurs individus des Bideyât, tribu non arabe fixée au delà du Ouadây au nord, et vivant à la manière des Arabes des déserts. Ces Bideyât racontèrent que le Bédouin s'était égaré et avait perdu sa route dans les sables, qu'ils l'avaient trouvé épuisé, mourant de soif. Ils lui avaient donné de l'eau à boire, l'avaient recueilli dans leurs tentes et hébergé pendant un mois environ, et ensuite ils l'avaient amené à Ouârah pour le présenter au sultan.

Sâboûn dit au Bédouin étranger : « D'où es-tu ? — Je suis des Aoulâd-Aly, tribu voisine du Barcah. Nous partîmes environ une cinquantaine d'Arabes à cheval.

Nous nous dirigeâmes du côté du Soudan, dans l'intention de faire quelque incursion profitable. Nous déviâmes de la route sans nous en apercevoir. Nos provisions d'eau finirent. Trois d'entre nous, et j'étais un des trois, allèrent à la découverte pour chercher de l'eau. Je m'éloignai de mes deux compagnons; je perdis leur trace, je m'égarai, et je ne sus plus de quel côté tourner mes pas. Je laissai aller mon cheval au hasard, jusqu'à ce qu'enfin il fut fatigué, harassé à ne pouvoir plus bouger. Je descendis alors; je l'abandonnai, et je marchai à pied pendant trois jours. Le quatrième, la chaleur m'accabla; j'étais haletant, mourant de soif; et si Dieu ne m'eût envoyé ces hommes, c'en était fait de moi. — Combien es-tu resté de jours sans boire d'eau? dit le sultan. — Six jours sans en goûter une seule goutte. » Ces dernières paroles étonnèrent l'auditoire; admises par les uns, elles furent rejetées par les autres.

Je me rendais alors au Ouadây (car le sultan du Dârfour m'avait délivré de ma prison) et je me trouvai plusieurs fois avec ce Bédouin mogrébin; il s'appelait Aly. Je lui fis raconter et répéter son histoire du désert, et toujours son récit fut conforme à ce que j'en avais entendu d'abord.

Sâboûn fit présent à Aly de plusieurs esclaves et d'un cheval, et de plus mit à ses ordres dix autres esclaves pour qu'ils apprissent de ce Bédouin à manier le fusil et à tirer juste.

Mais souvent Aly disait: « Si le sultan, au lieu de me charger de dresser ses esclaves au tir, me confiait une caravane et me laissait retourner à ma tribu par le chemin qui conduit au Ouadây directement, il en résulterait certainement un grand avantage pour ce prince et pour son pays. » On rapporta ces paroles au sultan. Sâboûn fit appeler Aly et lui demanda si ce qu'on lui avait dit à propos d'un chemin de caravane servant pour la tribu des Aoulâd-Aly était vrai. « Oui, certainement, répondit l'Arabe, et je le répète souvent. — Connais-tu bien ce chemin? — Sans doute; mais je crains les Bédouins qui m'ont pris et amené ici dans l'intention de me faire périr, par tes ordres; il faut passer par les lieux où ils sont répandus, et ces gens-là sont de vrais pillards. »

Le sultan envoya chercher le chef des Bideyât. Ce chef arriva, et Sâboûn lui dit : « Prépare une caravane avec les provisions et les hommes nécessaires. Partez en nombre convenable avec ce Bédouin, et accompagnez-le jusqu'à ce qu'il vous dise : « Je connais maintenant le lieu où nous sommes, » et qu'il vous donne par des indications locales la preuve de la vérité de ces paroles. » Le chef des Bideyât partit avec Aly, suivi d'une vingtaine d'hommes de sa tribu. Tous étaient à dos de chameau. Ils s'enfoncèrent dans le désert, et marchèrent à grandes journées pendant une quinzaine de jours. Tout à coup Aly s'écria : « Bonne nouvelle! voilà les dattiers de Djâlau. — A quoi reconnais-tu que c'est Djâlau? — A quoi? le voici : Lorsque nous nous mîmes en route pour notre expédition, nous fîmes halte en tel endroit; nous y passâmes la nuit; je vais vous montrer la place où furent attachées nos montures, et la place où nous allumâmes du feu. » Aly conduisit les Bideyât à ces deux endroits, et les Bideyât y trouvèrent la vérification de ce qu'Aly leur avait annoncé. Ils le ramenèrent ensuite au sultan Sâboûn, et lui racontèrent le résultat de leur course. Le sultan, satisfait, leur demanda quelle distance ils avaient parcourue. « Pour atteindre jusqu'à l'endroit où nous nous sommes arrêtés, il faut environ quarante jours à marche de chameau et avec des esclaves; mais à grande marche, il n'y a que vingt-cinq jours. »

Le sultan ordonna de préparer immédiatement une caravane. Il fit publier à Hédjeir et à Noumro que ceux qui voudraient aller en expédition commerciale au Maghreb, jusqu'à Dirna (1) et Ben-Ghâzy, aient à se disposer à se mettre en route avec la caravane. Ensuite il appela les principaux des Bideyât. Il les chargea de conduire la caravane, sous leur responsabilité, jusqu'au lieu où ils avaient rencontré Aly; et Aly fut chargé de la guider pour le reste du trajet.

Une caravane nombreuse se rassembla et partit..... Elle arriva heureusement au Maghreb, et revint de même. L'année suivante, Sâboûn en expédia une autre sous la conduite du chérif Ahmed-el-Fâcy (c'est-à-dire de Fâs ou Fez), qui avait succédé à mon père dans les fonctions de vizir. Ahmed-el-Fâcy était remarquable par son instruction, sa mémoire et son érudition littéraire. Il était profond jurisconsulte, et versé dans les traditions sacrées; il savait par cœur, d'un bout à l'autre, le *Mouatta* (2), ou Principes de jurisprudence, par l'imâm Mâlek. Ahmed-el-Fâcy avait quelque teinture d'anatomie, et donnait même des leçons sur cette

(1) Derne.
(2) *Voy.* note 24.

science. J'ai assisté à une de ces leçons sur l'anatomie de l'œil ; il s'en acquitta d'une manière remarquable. Ce chérif avait reçu de Dieu de merveilleuses dispositions ; mais il était irascible et haineux. Aussi finit-il par aliéner de lui tous les esprits, et il devint tellement odieux qu'on l'assassina. Je lui consacrerai quelques lignes dans un des chapitres suivants, s'il plaît à Dieu.

Depuis un temps immémorial les caravanes ouadayennes se dirigeaient sur le Fezzân pour le commerce des esclaves, et en rapportaient diverses marchandises. Toutefois, Sâboûn fut au comble de la joie de la reconnaissance que les Bideyât venaient de faire d'une nouvelle route pour les voyages au Maghreb. Mécontent d'El-Mountacer, sultan du Fezzân, il voyait avec plaisir s'ouvrir cette nouvelle route. Voici le motif de ce mécontentement du prince ouadayen.

Lorsque mon père partit pour Tripoli avec des *marchandises* au compte de Sâboûn, il faillit être mis à mort par ordre d'El-Mountacer, qui gouvernait alors le Fezzân. Le sultan du Ouadây, informé de cette conduite d'El-Mountacer, en fut indigné ; et sans la distance considérable qui sépare le Ouadây du Fezzân, sans les déserts arides et sans eau qu'il lui eût fallu traverser, il aurait déclaré la guerre à El-Mountacer. Aussi, après la reconnaissance du chemin de Djâlau, il vit avec joie la possibilité de pouvoir, à son gré, diriger ses caravanes jusqu'en Barbarie directement. Je vais raconter en quelques lignes la circonstance qui indisposa si fortement El-Mountacer contre mon père.

Quand mon père eut résolu de quitter le Ouadây et de se rendre à Tunis, il parla de son projet à Sâboûn, et le pria de lui permettre de partir. Le sultan alors demanda à mon père : « Après le Fezzân, quel pays trouve-t-on ? — La régence de Tripoli. — Le prix des esclaves doit être là plus élevé qu'au Fezzân ; et les marchandises, à Tripoli, doivent être à meilleur marché. — Sans doute. — Te conviendrait-il que j'envoyasse avec toi un de mes fidèles serviteurs, un homme qui m'est dévoué et qui emmènerait des esclaves que tu vendrais à Tripoli pour mon compte ? Du prix de la vente tu m'acheterais telles et telles marchandises. — Très-volontiers, prince. » Alors le sultan désigna un de ses affidés intimes, auquel il confia environ trois cents esclaves. Il lui enjoignit de se soumettre à discrétion à mon père, et de ne recevoir d'autres ordres que ses ordres.

On arriva au Fezzân. Le pays était gouverné par le sultan Mohammed-el-Mountacer. Celui-ci vit avec joie l'arrivée de la caravane, car la plus grande partie des revenus du sultan, au Fezzân, se compose des droits qu'il prélève sur les trafics que font les caravanes. Les marchands qui accompagnaient celle de mon père, vendirent leurs esclaves à Mourzouk (Marzik), capitale du Fezzân et siége du sultan. Mais mon père et le chargé d'affaires de Sâboûn ne voulurent rien vendre.

El-Mountacer, informé de cette circonstance, appela mon père : « C'est toi, lui dit-il, qui as déterminé Sâboûn à envoyer des esclaves à Tripoli au lieu de les faire vendre ici. — Ce n'est point moi qui ai conseillé Sâboûn à cet égard. Il a su que les esclaves avaient plus de valeur à Tripoli qu'à Mourzouk, et c'est pour cela qu'il expédie cette caravane dans la régence de Tripoli, sous la responsabilité d'un de ses serviteurs. — Ce n'était point là l'habitude de Sâboûn ; et ces indications viennent de toi. »

El-Mountacer prononça ces paroles avec colère, et si Dieu ne lui eut retenu la langue, El-Mountacer ordonnait l'arrestation de mon père. Mon père sortit tout ému ; il craignait que ce cupide sultan ne le fît tuer pour s'approprier les esclaves.

Sur le soir, Osmân, vizir d'El-Mountacer, vint trouver mon père et lui dit : « Tu peux arranger ton affaire en offrant un cadeau au sultan. C'est le seul moyen, je crois, de l'apaiser, de détourner de toi l'orage qui te menace ; car il médite contre toi quelque mauvais projet. » Mon père suivit le conseil d'Osmân. Il choisit six de ses plus belles esclaves et les fit présenter en don à El-Mountacer. Celui-ci d'abord les refusa ; puis, à la sollicitation d'Osmân, il les accepta, et l'affaire se termina ainsi. Mais il restait encore quelque ressentiment dans le cœur d'El-Mountacer.

Mon père, délivré de ses craintes, allait se mettre en route, lorsque le sultan l'appela, lui disant d'emmener avec lui le chargé d'affaires de Sâboûn, avec toute la pacotille d'esclaves. « Dieu me préserve de l'emmener ! répondit mon père. Qu'ai-je à faire avec lui ? Il a des ordres particuliers de Sâboûn, dont il est le serviteur. Moi, je suis étranger à cet individu ; rien ne me lie à lui. » El-Mountacer insista. Mon père jura que le Ouadayen ne l'accompagnerait pas, et il partit seul pour Tripoli, laissant son homme au Fezzân. Mais ils se retrouvèrent à Tripoli à quelques jours d'intervalle.

Youcef, pacha de la régence, instruit de la conduite d'El-Mountacer, et de la manière dont ce sultan rançonnait les caravanes et cherchait à les empêcher de se porter jusqu'à Tripoli, résolut de l'en punir. Le Fezzân est une dépendance des États tripolitains, et El-Mountacer avait reçu le gouvernement de cette province des mains de Youcef même. Après le fait dont nous venons de parler, le mécontentement du pacha fut tel, qu'il jura la perte d'El-Mountacer. Celui-ci fut en effet violemment dépossédé, et ensuite remplacé par Mohammed-el-Moukkény (1).

Revenons à Sâboûn. Une fois que le chemin d'Audjalah fut reconnu et ouvert, le sultan ouadayen achemina ses expéditions commerciales de ce côté. D'autres furent dirigées sur l'Égypte, et de là à Djâlau, puis à Ben-Ghâzy; car, par la voie d'Égypte, le trajet pour arriver à Ben-Ghâzy est plus court que par la voie de Tripoli. Sâboûn sut que ses caravanes avaient facilement traversé l'Égypte, et que cette contrée était gouvernée par un prince juste et renommé. Le prince ouadayen envoya alors des présents et une lettre au pacha d'Égypte; il lui demandait bonne et fraternelle amitié. Ibrahim-Pacha, le fils du vice-roi, et généralissime, envoya à son tour des présents à Sâboûn, et les fit accompagner par deux personnes de sa suite, avec un câoûch ou chef de dix cawâs. Une lettre d'Ibrahim annonçait à Sâboûn que Mohammed-Aly lui accordait volontiers son amitié. Les Zaghâouah du Dârfour apprirent que la caravane égyptienne allait

(1) *Voy.* note 25.

passer assez près d'eux, et qu'elle n'était pas en force suffisante pour se bien défendre. Ils se disposèrent à la piller, et la pillèrent en effet.

Le câouch échappa aux Zaghâouah et alla remettre la lettre au sultan Sâboûn. Le prince ouadayen le traita honorablement, lui et ceux qui étaient avec lui. Ensuite Sâboûn, après lui avoir fait des présents, le congédia, avec une caravane pour escorte. Cette caravane fut encore attaquée par les Zaghâouah à la hauteur du Dârfour. Ils tuèrent le câouch, ainsi que tous les passagers qui firent résistance, et emmenèrent le reste avec les chameaux chargés. Sâboûn, informé de ce fait, envoya un corps de troupes punir les pillards ; et un grand nombre de Zaghâouah perdirent la vie.

Mohammed-Aly et Ibrahim-Pacha ne tardèrent pas à savoir aussi que la caravane égyptienne avait été détruite. Pour venger cet outrage, Mohammed-Aly arma des troupes et en confia le commandement à Mohammed-Bey, le Defterdâr, avec ordre de s'emparer d'abord du Kordofâl. Le Defterdâr partit, résolu de châtier Mohammed-Fadhl de la trahison et de l'audace de ses Zaghâouah.

Le bruit se répandit parmi les Fôriens qu'une armée égyptienne marchait directement sur le Dârfour. La terreur fut extrême. Le Defterdâr se dirigea sur le Kordofâl ; le sultan qui y gouvernait alors, envoya à la rencontre des Égyptiens un appelé Moucellem, esclave parvenu. Moucellem fut tué dans un combat. Les Égyptiens furent bien vite maîtres du Kordofâl et de ses dépendances, et aujourd'hui, en 1259 de l'hégire, il est encore sous l'obéissance du souverain de l'Égypte.

Le sultan Sâboûn, après son expédition contre les Zaghâouah, appareilla une nombreuse caravane pour le Maghreb. Le chérif Ahmed-El-Fâcy partit avec elle, emportant des richesses considérables. Elle eut ordre de prendre sa route par Audjalah. Une forte escorte de soldats la protégea dans sa marche jusque par delà la hauteur du Dâr-el-Zaghâouah, et même des stations des Bideyât. De là la caravane s'enfonça dans le désert. Elle s'égara. Les provisions d'eau s'épuisèrent, et l'on en fut au point qu'une gorgée d'eau potable se vendit 70 talaris (plus de 350 francs). On fut obligé d'égorger un bon nombre de chameaux qui allaient périr; on exprimait l'eau des matières trouvées dans leurs entrailles, puis on l'exposait à l'air pour la laisser rafraîchir, et une ration de cette eau s'achetait jusqu'à 7 talaris (plus de 35 francs); c'est du moins ce que m'a raconté le marabout (1) Omar, de Misrâta, ainsi que ses compagnons de voyage. Je cite ce fait d'après eux. Une foule d'esclaves et beaucoup d'autres individus de la caravane moururent de soif; plusieurs autres faillirent succomber.

Le chérif El-Fâcy avait d'abondantes provisions d'eau. Ses compagnons de route lui en demandèrent, seulement pour ne pas périr de soif. Il refusa. « Je suis, dit-il, chef d'une famille nombreuse; cette eau est mon salut et celui des miens. J'ai de jeunes enfants; je dois me conserver pour eux. S'ils meurent par ma faute, c'est moi qui, au jour du jugement, devrai en rendre compte à Dieu. Je ne veux pas être l'artisan de

---

(1) *Voy.* note 26.

leur malheur. — Vends-nous de l'eau, lui dit-on, au prix que tu voudras, et prends de nous, par écrit, des obligations que nous t'acquitterons à notre arrivée. » Le chérif fut inflexible.

Cependant les souffrances de la soif devinrent de plus en plus vives ; la caravane ne voyait plus aucun moyen de salut. On vint en masse s'adresser de nouveau au chérif. « Tu vas, lui dirent les voyageurs, nous donner de l'eau, ou bien nous en prendrons de vive force ; décide-toi sur-le-champ. Il n'est pas juste, même aux yeux de Dieu, que tu aies ici de l'eau en surabondance et que nous mourions de soif. » Le chérif persista dans son refus. Alors, irritée et indignée de tant d'opiniâtreté, la caravane se précipita dans les tentes d'El-Fâcy, et l'eau fut enlevée de force et ensuite distribuée. Il ne lui en fut laissé qu'une quote-part égale à celle des autres voyageurs. Par suite de cette violence, tous les esclaves du chérif périrent de soif.

Dieu vint en aide à la malheureuse caravane. Elle arriva à Djâlau. Là, on loua des chameaux et on retourna à l'endroit où ceux de la caravane étaient morts. On en rapporta la cargaison, les balles de gomme, les dents d'éléphants, les plumes d'autruche, toutes les marchandises qu'on avait abandonnées dans le désert. On les transporta à Ben-Ghâzy, où elles furent vendues.

Le chérif Ahmed-el-Fâcy se rendit à Tripoli. Il consulta les ulémas sur le fait de violence exercée sur lui dans la traversée ; il leur demanda si la loi musulmane contenait quelque disposition sur laquelle ils pourraient lui délivrer un *fatouah* ou consultation juridique écrite l'autorisant à se dédommager, sur ses compagnons de voyage, des pertes qu'il avait faites. Les ulémas examinèrent le texte de la loi, et répondirent que le détriment occasionné au chérif Ahmed par la mort de ses esclaves devait être à la charge de ceux qui composaient la caravane. Ahmed prit le *fatouah* et ne parla à qui que ce fût de ses intentions.

Il retourna au Ouaday. Le sultan le reçut avec bienveillance et le rendit aux fonctions de premier vizir. Ce fut alors qu'Ahmed, profitant du bénéfice de son *fatouah*, fit arrêter tous ceux qu'il put trouver des gens de la caravane, et s'empara de ce qu'ils possédaient. Il les faisait épier et prendre à mesure que chacun d'eux revenait, et, conformément aux termes du *fatouah*, il confisquait immédiatement leurs biens. Il doubla ainsi plusieurs fois la valeur de ce qu'il avait perdu. Mais plus tard, après la mort de Sâboûn, cette conduite fut la principale cause du malheur du chérif. Aussitôt Sâboûn expiré, comme Ahmed s'était toujours montré difficile, intraitable et brutal envers les rois du Ouaday, comme il avait toujours cherché à leur nuire et les accablait d'injures et d'outrages, comme enfin il n'avait jamais pris les intérêts d'aucun d'eux auprès du sultan sans s'être fait largement payer ou sans avoir reçu des présents, les Ouadayens résolurent la mort de cet ambitieux vizir. D'autre part, toutes les fois que les chefs de l'armée étaient venus le supplier et intercéder auprès de lui en faveur des marchands de la caravane qu'il avait emprisonnés et dépouillés, il avait repoussé dédaigneusement toute prière. Leur indignation s'était de plus en plus accrue et envenimée; et lorsqu'enfin ils eurent décidé de se défaire du chérif vizir, ils vinrent de nuit assaillir sa demeure et l'assassinèrent. Tout ce qu'il possédait fut pris et versé au trésor du prince (1). Je reviendrai sur cette histoire du chérif El-Fâcy.

(1) *Voy.* note 27.

CHAPITRE X.

Mort de Sâboûn. — Événements qui se succédèrent ensuite. — Le sultan Kharyfeyn. — Son extravagance. — Son empoisonnement. — Le sultan Râkeb. — On crève les yeux à ses frères. — Protestation armée. — La mère de Râkeb calme le kamkolak révolté. — Assassinat des meurtriers de Kharyfeyn. — Le kamkolak tué. — Substitution d'un jeune sultan. — Expédition contre les Malangais. — Installation du sultan actuel du Ouadây. — Choléra au Ouadây; famine.

C'est au faguyh Délyl, grand câdi du Ouadây, qui passa au Caire, en 1257 de l'hégire (1841, ère chrétienne), que je dois les notions suivantes sur la mort du sultan Sâboûn et sur les événements qui surgirent ensuite.

Au Ouadây, on raconte de deux manières la mort de Sâboûn; les uns prétendent qu'il mourut de maladie; mais le plus grand nombre assure qu'il mourut de mort violente, et c'est ce que m'ont aussi raconté, au Caire, le faguyh Hilâly et ses compagnons de pèlerinage.

Un soir, à la tombée de la nuit, Sâboûn alla rendre visite à sa mère. Pour ne pas être reconnu, il sortit de sa demeure accompagné seulement de deux esclaves. Il arrive chez sa mère, au village de la Mômo, à environ un quart d'heure de Ouârah, dans la direction nord-nord-est de la ville. Il reste quelques heures auprès de sa mère, ensuite remonte à cheval et reprend la route de Ouârah. Chemin faisant, il aperçoit deux voleurs qui emmenaient une vache. Il fond sur eux, et les voleurs abandonnent la vache et s'enfuient. Il dit à ses deux esclaves de s'emparer de la bête, et il se met à la poursuite des larrons. Ceux-ci, effrayés, se séparent et s'éloignent l'un à droite, l'autre à gauche. Sâboûn s'attache à l'un d'eux, le presse, et va bientôt l'atteindre. Le voleur, se voyant serré de près, fait volte-face, et court sur le sultan en lui criant : « Que veux-tu de moi? je t'ai laissé ma proie. — Je veux m'emparer de toi. — Je te conseille, moi, de retourner sur tes pas. » Sâboûn ne tient compte de l'avis et s'élance sur le voleur, qui se remet en course. Sâboûn va le toucher, le saisir. Le voleur le tourne, lui lance un trait et le lui plante dans les reins. Sâboûn chancelle sur son cheval et va tomber. Les deux esclaves accourent et le voient presque évanoui. Ils le soutiennent, quittent la vache, et reprennent ainsi à pas lents le chemin de Ouârah. Ils arrivent au palais, le prince avait perdu beaucoup de sang, et la blessure était mortelle, elle lui avait ouvert les reins à la hauteur des flancs; selon d'autres, elle lui avait percé la poitrine. Trois jours après, Sâboûn expira.

Abd-el-Câder, son fils, lui succéda; mais six mois après son installation, il tomba malade et mourut. Il eut pour successeur son frère Mohammed-Kharyfeyn.

Kharyfeyn, à son avénement, était trop jeune encore pour gouverner. Le maniement des affaires passa alors entre les mains de ses oncles, qui s'établirent ses régents et gardèrent le pouvoir jusqu'à ce qu'il eût atteint sa majorité.

Devenu maître absolu, Kharyfeyn usa d'abord de bienveillance envers ses oncles. Ensuite, l'habitude d'un pouvoir sans contrôle et sans bornes l'enivra et le porta bientôt à abuser capricieusement de son autorité. Il n'était fatigues et exigences fantasques dont il ne tourmentât ses officiers. Il conduisait en personne les expéditions pour la chasse aux esclaves chez les Djénâkhérah. Il alla même une fois au Dâr-Sila, punir le gouverneur ou chef de ce pays de n'avoir pas payé intégralement l'impôt qui avait été fixé. Au retour de cette excursion, au lieu de rentrer à Ouârah, il s'établit à Târah.

Là, il reprit le cours de ses bizarreries et de ses vexations. Lorsqu'il était assis devant sa demeure, et que la pluie survenait et tombait en abondance, au lieu de rentrer, il ordonnait à ses officiers de prendre un *déreh*, grand vêtement de toile, et de le lui tenir suspendu sur la tête; quand la pluie avait cessé, il rentrait chez lui. S'il apprenait qu'il y eût une jolie femme, mariée ou non, dans quelque maison que ce fût, il envoyait la prendre. L'ivrognerie était aussi une de ses habitudes.

Tourmenter les gens était pour Kharyfeyn un besoin de tous les jours. Un officier revenait-il d'une expédition, il le faisait partir incontinent pour une autre. Ses actes de spoliation étaient pour ainsi dire incessants; sans motif aucun, il confisquait les biens d'un individu pour les donner à un autre; puis il les reprenait de celui-ci pour les rendre au premier, ou pour les transmettre à un troisième.

Tant de tyrannie et de folie lassa la patience. Deux kamkolak, l'un appelé Dèneh et l'autre Gaybeh, gouverneur des Bény-Salâmât, conspirèrent et résolurent de mettre un terme aux bizarreries cruelles du sultan, à tant de vexations et d'injustices, et de se débarrasser d'un souverain odieux. Un soir, ils pénétrèrent tout à coup dans la demeure de Kharyfeyn, pour l'assassiner; mais les femmes emmenèrent subitement le prince et le cachèrent chez elles (1). Les deux conjurés mirent le feu à la demeure.

Le lendemain matin, le sultan parut au milieu de ses troupes et des grands de sa suite. Il envoya à la recherche de Gaybeh et de Dèneh; mais ils s'étaient enfuis, et nul ne connaissait leurs traces. Kharyfeyn confisqua leurs biens et fit égorger tous ceux qui avaient eu quelque relation ou liaison avec les conjurés. Il enveloppa dans cette injuste condamnation plusieurs hommes respectables, tels que le chérif Ahmed le Mogrébin.

Ces violences furent la cause d'une nouvelle conspiration. Environ un mois après la première tentative, l'émyn Chérif fils de Mourchidy, et qui avait les fonctions de *koursy* ou sous-chef d'administration, Djougourdy, intendant du *dengâyé* ou trésor, l'émyn Touchcha, l'eunuque Yangol, chef des marchands d'esclaves, Guerguer, premier eunuque du sultan, se réunirent en conciliabule secret. « Tant que Kharyfeyn vivra, se dirent-ils, il n'y a ni paix ni sécurité pour personne; homme de sang et d'ivrognerie, il nous fera tous périr. »

(1) L'asile des femmes est inviolable au Ouadây.

Plus de retard ; tuons-le avant qu'il ne mette la main sur nous. »

Ils réussirent à empoisonner la liqueur avec laquelle Kharyfeyn s'enivrait ordinairement ; il avala le poison ; quelques instants après, il fut étourdi, il s'évanouit, et les conjurés l'assommèrent sur la place. Ensuite ils envoyèrent appeler, au nom du sultan, ses deux frères Idrys et Dâyog. Ces deux princes, en entrant, virent leur frère étendu par terre et son corps recouvert ; mais ils ignoraient qu'il fût mort. « Nous avons reçu du sultan, leur dirent les conjurés, l'ordre de vous crever les yeux. » Et les deux malheureux se laissèrent exécuter sans la moindre résistance.

Kharyfeyn avait plusieurs fils sous la direction de Yangol, qui leur enseignait à lire. On les fit venir ; on en choisit un appelé Râkeb, on le déclara sultan, on creva les yeux à tous les autres, et on les renvoya. Râkeb fut installé au palais et proclamé immédiatement sultan du Ouadây. On abandonna le cadavre de Kharyfeyn aux femmes du harem, qui le firent enterrer.

Râkeb fut soumis à une surveillance sévère de la part des conspirateurs ; ils se réservèrent le droit exclusif d'approcher de lui.

Le complot dont nous venons de parler avait éclaté et réussi sans le concours du kamkolak Yakoûb, qui alors était au Botayha. Yacoûb était Malangais d'origine. Lorsqu'il apprit la mort de Kharyfeyn, il rassembla ses troupes et marcha sur Târah ; mais il se fit précéder par des émissaires chargés de dire de sa part aux chefs de la conspiration : « J'arrive avec mes troupes ; venez au combat. — C'est à toi de venir, lui répondit-on; nous te recevrons. »

Yakoûb parut, plaça son camp en face de Ouârah, et défia les partisans de Râkeb de venir se présenter en bataille. Son défi fut repoussé, et on lui dit qu'on l'attendait. Yakoûb arriva, pénétra dans Ouârah et inonda subitement le fâcher de ses cavaliers et de ses fantassins. L'épouvante, la consternation se répandit dans le palais. La mère de Râkeb calculant les conséquences de l'événement qui se préparait, dépêcha de suite à Yakoûb un exprès qui lui porta ces paroles : « Râkeb mon fils est aussi ton fils, et le sort des affaires est entre tes mains. Nous ne voulons point te combattre. Si tu consens à laisser le sultanat à Râkeb, tu en es le maître et nous en serons reconnaissants. Si tu as résolu de donner à un autre la souveraineté, nous l'acceptons à l'avance : proclame sultan qui tu voudras. » Séduit par ces paroles, qui flattaient son amour-propre, Yakoûb répondit : « Ton fils est pour moi comme un fils; je suis, de plus, son humble esclave. J'accepte ce que vous déciderez. » Un nouvel exprès fut mandé à Yakoûb, et lui dit : « Le sultan t'accorde ses bonnes grâces, tu peux t'en retourner tranquille. »

Ensuite Yakoûb alla s'entretenir avec la mère de Râkeb, afin de combiner un moyen de se débarrasser de ses rivaux. « Penses-tu, dit-il à la mère du sultan, que ceux qui ont trahi et tué le père épargneront le fils? — Je ne le crois pas. — Alors laisseras-tu donc en repos ces hommes dangereux? — Que faut-il faire? — — Il faut les mettre à mort. — Tu as toute liberté; agis comme tu voudras. »

Yakoûb affecta d'abord de traiter d'égal à égal les meurtriers de Kharyfeyn ; puis un jour il les rassembla tous les cinq, et, en présence des soldats réunis et armés, il fit exécuter les émyn Chérif, Touchcha et Guerguer, et traîner en prison Djougourdy et Yangol. Leurs fonctions furent immédiatement conférées à cinq nouveaux fonctionnaires.

Les choses restèrent ainsi un certain laps de temps. Mais la mère de Râkeb, redoutant l'importance croissante de Yakoûb, travailla à le perdre. Elle réussit à le surprendre, elle le fit saisir et assassiner. Quelques jours après, Râkeb tomba malade ; la variole se déclara, et il en mourut. Il fut enterré secrètement, pendant la nuit, au cimetière des sultans. (Les tombeaux des sultans sont dans une enceinte à part, au nord de Ouárah, tout près de la ville : cette enceinte est limitée par une haie ou zérybeh ; plusieurs arbres de heglyg s'élèvent à travers les tombeaux.)

Les partisans, proches et amis de Yakoûb, eurent connaissance du fait, et la nuit suivante ils se rendirent au cimetière et remarquèrent un tumulus fraîchement remué. D'autre part, les vizirs avaient incognito remplacé le jeune prince défunt par le fils d'un aguîd-djaramah (1) appelé Dougoury ; la substitution de cet intrus permettait de croire que Râkeb était encore vivant. Râkeb avait un faguyh qui venait lui apprendre à lire. On cacha et on enveloppa la figure du faux Râkeb pour le conduire au faguyh. (Il est d'habitude presque constante que les princes ne paraissent que la face en-

---

(1) *Voy.* note 28.

tourée depuis le menton jusque vers les yeux, par l'extrémité de leur turban ou par une étoffe jetée sur la tête et sur les épaules, et revenant par un ou deux tours sur le visage. Cette sorte de déguisement est appelée *lithâm* par les Arabes.)

L'élève, ainsi caché et déguisé, parut devant son maître; mais le faguyh, aux premières paroles, reconnut la substitution. Ce faguyh était de Malangah. Il informa de suite les principaux Malangais que l'élève qui lui avait été présenté comme étant le sultan ne l'était pas. Cette déclaration rappela à ceux d'entre eux qui avaient été attachés à Yakoûb, la tombe fraîchement fouillée au cimetière des sultans, et le rapprochement de ces deux circonstances leur confirma le fait de substitution. Ils résolurent de dévoiler et de punir cette supercherie; car nul ne doit et ne peut recevoir le titre et l'autorité de sultan, s'il n'est du sang des sultans ouadayens et s'il n'a pour mère une femme d'une des cinq tribus privilégiées. Du nombre de ces cinq tribus sont les Malangais et les Ab-Senouniens ou Sennâouyens. Aux époques de rivalité et de contestations ou de luttes pour l'élection d'un sultan, chacune des cinq tribus cherche à fournir un prince à l'État; car le prince traite sa tribu alors avec une certaine déférence et y choisit la plus grande partie de ses officiers, de ses vizirs, etc.

Les vizirs du prétendu Râkeb songèrent à se débarrasser des principaux Malangais, qui leur portaient ombrage. Ils se rappelaient comment Yakoûb avait fini par mettre à mort les émyn partisans de Râkeb. Or donc, ils envoyèrent dire aux notables malangais de venir, selon leur coutume annuelle, réparer les dégradations de la demeure du sultan (1). Le projet était d'attirer ces Malangais à Ouârah, de les saisir et de les égorger. Mais ils se doutèrent de la ruse, et refusèrent de se rendre à l'invitation qui leur était faite. Alors les vizirs expédièrent contre eux un corps de troupes, sous les ordres du djaramah Kéçâr et de Bilâl, aguîd ou gouverneur du Gaûz. Ces deux chefs marchèrent sur Malangah pour en saisir les notables. Les deux remplaçants de Yakoûb et de Dèneh marchèrent, chacun à la tête d'une troupe armée, contre les envoyés des vizirs, les battirent, leur tuèrent un grand nombre d'hommes, tuèrent aussi Kéçâr et Bilâl, et prirent une quantité considérable de chevaux et d'armes. Immédiatement après cette affaire, les Malangais expédièrent la nouvelle de leur victoire aux Sennâouyens ou Sennâouïdes, et leur expliquèrent quelle était la cause de ce débat sanglant et inattendu.

Il y avait alors chez les Sennâouïdes deux jeunes enfants du sang des sultans. On en choisit un, appelé Mohammed-Abd-el-Azyz-Dhahouyéh, et il fut proclamé sultan. Il régna quelque temps, et après lui l'autorité échut à Chérif, frère de Sâboûn. C'est ce même Chérif qui règne encore aujourd'hui au Ouadây (1259, ère musulmane; 1843, ère chrétienne).

Des pèlerins ouadayens m'ont appris encore dernièrement, à leur passage au Caire (au commencement du mois de moharrem 1257, février 1841), que le Ouadây est gouverné avec justice par le sultan Chérif,

---

(1) *Voy.* note 29.

descendant du sultan Sâleh, et frère de feu le sultan Abd-el-Kérym-Sâboûn. Chérif s'enfuit du Ouadây lors de l'intronisation de son neveu Abd-el-Câder, et se réfugia auprès du sultan fôrien Mohammed-Fadhl, à qui il demanda des troupes pour rentrer à Ouârah. Fadhl lui en donna, un peu tard il est vrai, et à la condition d'un tribut annuel. Chérif accepta, et conquit la souveraineté du Ouadây sans rencontrer d'opposition.

Ensuite les Ouadayens se réunirent en masse, et représentèrent au nouveau prince que s'il voulait rester sultan, il devait être libre de tout engagement avec les Fôriens, dégagé de toute charge au profit du souverain du Dârfour. Chérif fut obligé d'écrire à Mohammed-Fadhl : « Je suis contraint, par la volonté de mes sujets, de rompre ma promesse. Il m'est impossible de demeurer fidèle aux conditions que j'ai acceptées précédemment. »

Peu après, Chérif fit une expédition dans le Bâguirmeh. Il s'empara de ce pays, qui fut soumis au Ouadây, comme il l'avait déjà été auparavant. Lorsque le sultan ouadayen vit sa force et son autorité affermies et accrues, il tenta une expédition contre le Kânum, s'empara de cette province et en chassa le vizir-gouverneur ou *elifa* (1). Il en chassa aussi l'emyn, chef suprême de la province, le faguyh Mohammed, sous les ordres duquel était l'elifa. Chérif se trouva alors maître du Kânum, comme l'avait été son frère Sâboûn. Du reste, Dieu seul sait la vérité ; quant à moi, j'écris ces

---

(1) En langage barnaouyen, *elifa* signifie *gouverneur*.

faits comme reçus de la bouche d'un étranger, et toute nouvelle reçue d'un homme peut être vraie aussi bien qu'elle peut être fausse.

Voici comment le faguyh Délyl, grand câdy du Ouadây, m'a raconté, ici au Caire, les circonstances de l'avénement du sultan Chérif.

Lorsque Sâboûn fut parvenu à la souveraineté, il gouverna avec justice et équité. Grâce à la sage administration de ce prince, les choses nécessaires à la vie furent en abondance et à vil prix. Sâboûn sortit glorieux et triomphant de toutes ses entreprises. Après sa mort le trône échut à son fils Abd-el-Câder, et celui-ci eut pour successeur son frère Kharyfeyn, encore en bas âge. Les oncles de Kharyfeyn s'emparèrent du maniement des affaires et les conduisirent assez mal. Tyrans capricieux, ils violaient les droits les plus sacrés des hommes. C'est alors que Dieu envoya contre le Ouadây un fléau terrible, le choléra, qui dévasta le pays. C'était en 1253 de l'hégire (1837) (1). Après le choléra, Dieu envoya la disette et la faim. Les pluies avaient été peu abondantes; et alors une foule de Ouadayens s'enfuirent dans les contrées voisines du Dâr-Séleih. Ceux qui restèrent furent en proie à la plus affreuse famine; ils en vinrent jusqu'à manger les cadavres même des animaux immondes.

Un jeune frère de Sâboûn, appelé Chérif, s'était enfui lors de l'élévation de Sâboûn au sultanat. Il s'était retiré au Dârfour, et de là au Kordofâl. Il était dans cette dernière contrée lorsqu'il apprit quels malheurs

---

(1) *Voy.* chapitre des Plantes du Dârfour, dans le *Voyage au Dârfour.*

accablaient le Ouadây, et comment la famine et la mort dépeuplaient le pays. Il repassa alors au Dârfour, et réussit à se faire présenter au sultan fôrien Mohammed-Fadhl.

Chérif déclara ses intentions à ce sultan, et lui exprima le désir de recouvrer la souveraineté du Ouadây ; il fit voir que le moment était favorable, que le Ouadây était sans ressources et en partie dépeuplé. Fadhl envoya alors des hommes examiner l'état du Ouadây, et il sut bientôt qu'en effet le pays était dans la plus affreuse détresse, qu'il n'y avait pour ainsi dire plus dans Ouârah que le sultan et quelques aguîd. D'après ce que m'a assuré le câdy Délyl, il ne s'y trouvait que deux aguîd (ou chefs militaires et préfets de provinces); la famine les assaillait, et ils avaient à peine quelques soldats. Pour profiter de cette circonstance, Mohammed-Fadhl rassembla une armée, et en confia le commandement à Abd-el-Syd (1), un des esclaves élevés à la cour. L'armée partit ; Chérif la suivit. Il avait promis au sultan fôrien de lui payer un tribut annuel. Les conditions du traité une fois déterminées et consenties, Chérif avait écrit de sa main le traité par lequel il fixait ses obligations.

L'armée fôrienne pénétra dans le Ouadây sans rencontrer de résistance. Le sultan qui régnait alors fut tué ; Chérif fut investi de l'autorité souveraine et placé sur le *trône* de ses pères. .

Les Fôriens, dès leur entrée au Ouadây, avaient pillé et détruit plusieurs villages, enlevé des femmes

(1) *Syd*, en fôrien, signifie *Dieu;* c'est le mot arabe *seyd*, maître, seigneur.

et des enfants. Les Ouadayens émigrés, informés de ce qui se passait, oubliant l'état de misère du Ouadây, rentrèrent à la hâte et vinrent examiner de près les circonstances de l'invasion des Fôriens. Mais déjà le sultan avait été tué, et Chérif était au pouvoir. Ils acceptèrent son autorité et se soumirent. Mais ils dirent au nouveau souverain : « Tu vas faire sortir promptement les Fôriens de notre pays, sinon nous les égorgeons tous. » Chérif fit faire à Abd-el-Syd ses préparatifs, et le congédia avec ses troupes.

A la fin de l'année, Chérif songea à s'acquitter de sa promesse envers Mohammed-Fadhl et à payer la dette qu'il s'était imposée. Mais les Ouadayens s'opposèrent à ce projet. « Nous ne souffrirons jamais, lui dirent-ils, que tu payes rien au prince fôrien. Nous ne te fournirons pas ce que tu veux lui envoyer ; nous ne reconnaissons pas ta dette. Si cette résolution de notre part ne te convient pas, nous ne voulons plus de toi. » Chérif, surpris de cette opposition énergique, dépêcha des ambassadeurs à Fadhl ; il les chargea d'exposer comment il était contraint dans ses volontés, et de montrer qu'il lui était impossible de résister à ce que réclamaient ses sujets.

De ce moment, l'inimitié s'éleva entre le Fôr et le Ouadây, et aujourd'hui encore, disait le cadi Délyl, elle est dans toute sa vigueur. C'est pour cela que la caravane des pèlerins du Ouadây s'est dirigée cette année (1257, hégire ; 1841, ère chrétienne) du côté du Maghreb, et a pris par Audjalah pour se rendre en Égypte. Ordinairement la caravane passait par le Dârfour pour aller traverser la Mer-Rouge.

Mais arrêtons notre plume, trop pressée de courir sur la *carrière* de ces événements historiques ; les trop longs détails engendrent la fatigue et apportent l'ennui. Dieu et le Prophète savent ce qui fut et ce qui sera.

SECONDE PARTIE, ou PARTIE DESCRIPTIVE.

CHAPITRE Ier.

Étendue du Ouadây. — Comparaison du Ouadây et du Dârfour. — Éloge de Sâboûn; année de la mort de ce prince. — Principales peuplades du Ouadây; leurs contrées; leurs caractères physiques. — Répugnance pour la coloration blanche. — Tribus arabes des environs du Ouadây. — Les Ouadayens refusent à tout prince étranger le titre de sultan. — Rudesse de leur langage. — Physionomie de certaines peuplades. — Époque des premières relations commerciales avec le Ouadây. — Amour de Sâboûn pour les savants. — Défaut de courage des Barnaouyens, anecdote. — Réflexions.

Sachez que Celui qui est unique dans la durée immuable de son empire et de sa puissance, et qui conduit et dirige ses créatures comme il lui plaît, choisit à son gré, parmi ses serviteurs, ceux qu'il veut élever, et les entoure d'éclat et de splendeur; c'est lui qui établit les princes des nations.

Les souverains et les peuples du Soudan reconnaissent comme un événement des plus étonnants et des plus mémorables pour l'histoire de leur pays, l'établissement du royaume des descendants de Séleïh, ou royaume du Ouadây. Cette contrée semble être une rose au milieu d'autres fleurs, ou un grand parterre où se promènent des fleuves, tant la Providence y a semé de bienfaits, y a prodigué de libéralités. De toutes parts des eaux pures et limpides, au courant argentin, des jardins où les fleurs s'épanouissent et brillent comme la pupille de l'œil. Sur les bords de ces eaux, l'arak entrelace ses rameaux en haies épaisses où le rossignol roucoule ses chants, réjouit le cœur et charme l'âme.

Le Ouadây a un peu plus de largeur que le Dârfour, mais il a moins de longueur ; son territoire est d'une nature plus généreuse ; il y a en cela la différence d'aujourd'hui à hier, du soleil à la lune, d'un parterre à un désert, du paradis au Grand Feu. Il y a bien, il est vrai, au Dârfour, quelques lieux dont le sol se rapproche, par ses qualités, de celui du Ouadây ; mais la plus grande partie du Dârfour est une terre sablonneuse, altérée ou presque sans eau. Aussi les Fôriens qui habitent ces espèces de déserts sont chétifs, maigres, d'une teinte à nuance jaunâtre ; ils ont pour ainsi dire toujours soif ; ils sont obligés de se rationner strictement pour l'eau, comme s'ils étaient dans un navire égaré sur les mers, qui ne sait plus où il est, où est la terre, où est le ciel.

Mais au Ouadây, presque partout abondent des courants d'eaux vives ; presque partout des arbres en végétation, toujours retentissants des chants des oiseaux. Depuis la province du Sabâh ou de l'Est, c'est-à-dire la première province qui forme la frontière orientale du Ouadây, jusqu'à la rivière qui coule à l'extrême limite du royaume, à l'ouest, on n'a à traverser aucun espace pour lequel il faille s'approvisionner d'eau. A chaque village, et pendant environ vingt-deux jours qu'exige ce trajet, on rencontre partout des puits, des cours d'eau, des arbres, des champs ensemencés. Il en est de même dans le trajet du nord au sud.

Le Ouadây est assez riche en population, excepté dans quelques endroits peu nombreux et qu'on ne cite même pas, tant ils sont de peu d'importance. Aussi celui à qui le sultan donne l'administration et le revenu d'un village, en retire plus de profits que n'en produiraient dix villages du Dârfour. Comparé au Ouadây, le Dârfour est comme un pays ruiné.

Ce peu de mots suffit pour établir la différence des deux États. Après les avoir parcourus l'un et l'autre, le voyageur s'écrie : « Trop loin sont les pléiades pour les atteindre avec la main ! » (C'est-à-dire : « Que le Dârfour est loin d'être comparable au Ouadây ! »). J'ai dit encore dans le même sens : « Qu'il y a loin des pléiades à la terre ! qu'il y a loin d'un beau sabre à une faux ! » Qui déprécierait le Ouadây serait

« Comme les femmes légitimes d'un harem, compagnes d'une belle concubine, et qui, dans leur jalousie et leur haine amère, lui disent en face : « Qu'elle est laide ! »

D'autre part, les Ouadayens, bien que moins policés que les Fôriens, sont cependant d'une nature plus généreuse, d'un caractère plus hospitalier. De l'aveu même de tous les princes du Soudan, les sultans ouadayens sont les plus généreux, ont le mieux organisé l'administration de leur pays.

Qui voit la capitale du Ouadây est véritablement surpris, et en admire la position et la distribution. En effet, Ouârah est encadrée entre trois montagnes allongées, qui, par leur merveilleuse disposition, ne laissent que deux débouchés libres et ouverts sur elle. Dix hommes suffiraient presque pour défendre un de ces débouchés, et par conséquent empêcher l'entrée de la ville, même contre les troupes les plus nombreuses. Le second débouché pourrait presque être défendu par deux hommes seulement.

Le sol du territoire de Ouârah est d'une qualité excellente, ferme, ni trop dur, ni trop sablonneux. Les plaines de Tendelty, capitale du Dârfour, sont au contraire d'un sable meuble comme celui des plaines de l'Alidj en Arabie; le pied s'y enfonce facilement, et presque sans cesse il s'en élève des tourbillons poudreux.

A Ouârah les habitations sont mieux construites qu'à Tendelty. A Tendelty elles sont faites en roseaux de doukhn, enclos et maisons même; toutes les habitations, même celle du sultan, ont un zérybeh ou haie en épines sèches. Seulement la demeure du sultan renferme deux petites maisons en briques, où l'on garde en dépôt les vêtements, hardes et armes du prince, pour les préserver de l'incendie. Mais à Ouârah, la plupart des maisons et de leurs enclos sont en maçonnerie. Il en est de même de la demeure du sultan. Elle se compose d'espèces de pavillons ayant des *mouchrabât* ou fenêtres grillées en bois, saillantes au dehors, et des murs solides. Au lieu d'un zérybeh d'épines, elle a un mur d'enceinte qui la clôt et l'entoure comme le hâlo entoure la lune, ou comme le stipe enveloppe le jeune régime du dattier.

Au Dârfour, il n'y a de terres qui vaillent celles du Ouadây que dans les contrées de l'Ouest, c'est-à-dire vers les frontières ouadayennes. Au contraire, toutes les terres du Ouadây sont riches et fertiles, tous les pays y sont vivants et bien peuplés. Au Dârfour, la plupart des villages sont dévastés, ou à peu près, par les violences et la tyrannie des gouverneurs; il n'y a d'endroits assez bien habités que ceux dont les chefs ont assez de puissance pour se faire craindre et respecter. Hors ce cas, tout est désolation, tant sont variées les formes de l'injustice et de la brutalité du gouvernement.

Les souffrances du peuple étaient extrêmes à l'époque où j'étais au Dârfour. Le sultan Mohammed-Fadhl était alors encore jeune. Entraîné et emporté par l'effervescence et les passions de son âge, il oubliait les intérêts du pays, ne songeait guère à arrêter le cours des vexations qui pesaient sur ses sujets. Uniquement occupé de plaisirs, il passait son temps à boire et à se divertir. Toute sa vie se consumait à rechercher et posséder des femmes, à boire, à monter à cheval. Les rois, ou gouverneurs des provinces et des districts, écrasaient les rayas, les abreuvaient de souffrances. Nul n'osait posséder quelque bien. Il n'y avait plus ni rangs, ni classes. Les gens de la lie du peuple, il les admettait, de pair avec les grands, aux mêmes honneurs; des esclaves, il faisait des vizirs; les hommes les plus respectables et les plus révérés, il les humiliait. On pouvait alors répéter ces vers, comme à propos :

« Je vois les hommes confondus et sens dessus dessous, et cependant la terre n'a pas encore culbuté.

» Confondre, ce n'est pas renverser un pays le haut en bas; c'est, avec des esclaves, faire des maîtres. »

Enfin, l'État semblait être la réalisation des paroles de ces deux strophes à cinq hémistiches :

« Les moments de paix et de calme pour mon amour ne sont plus;

» Ils sont enfuis. Ils ont donc refusé de durer, ces plaisirs et leur limpide jouissance !

» Ne vous étonnez pas qu'aujourd'hui la douleur nous accable;

» Les temps sont changés, et de noires ténèbres en ont remplacé la blanche félicité.

» Maintenant de laids et vilains singes font le rôle de lions ;

» Des ignorants sont désormais devenus nos maîtres,

» Vrais chiens immondes au milieu d'hommes.

» Ami, si leur vile engeance reste longtemps au pouvoir,

» La mort sera alors le seul refuge des gens de cœur, le seul asile du repos.

» Des esclaves commander à un peuple d'hommes libres ! »

Au Ouadây, les affaires furent prospères sous la main du sultan Mohammed-Abd-el-Kérym-Sâboûn. Sa justice s'étendait sur tous, et il répandait partout ses dons et ses bienfaits. Sous son règne, personne n'eut à se plaindre d'injustice ou de misère. Il sut, par sa sagesse, donner l'arc à l'archer, la maison au maçon ; chacun fut à sa place et à son œuvre. Il maintint en honneur la loi divine. Son équité sut pénétrer jusque dans les dernières parties du royaume. Il se fit aimer de tous, excepté des méchants, au cœur malade, à l'âme gâtée et jalouse.

Pourquoi le destin se plaît-il à transformer les joies en douleurs et en peines? Comme un chien saisit son gibier, le destin a subitement saisi ce prince encore dans la vigueur et le bouillant de la jeunesse; oui, trop tôt le destin versa la coupe du malheur à ceux qui aimaient Sâboûn. Toujours la fortune fit triompher les armes de ce souverain ; toujours il abreuva ses ennemis de l'amertume de la mort et de la désolation. Il soumit le Bâguirmeh, repaire de désordres et de crimes. Par un second coup, il ruina le Tâmah, refuge de vices et d'irréligion. Par la terreur de ses armes, il fit trembler dans toutes leurs articulations les Fôriens et leur sultan, qui crurent voir bientôt le vainqueur ouadayen se ruer sur eux et les expulser peut-être de leur pays.

Sâboûn s'empara du souverain pouvoir en 1218 ou 1219 de l'hégire, et on sait, sans nul doute, qu'il mourut en 1226 (1811, ère chrétienne). Son règne ne fut donc que de huit ans, et dans ce court espace de temps il fit ce que d'autres ne pourraient faire en quatre-vingts ans.

Mais qui oserait accuser ce monde d'une calamité aussi grande que la mort de Sâboûn? La mort est une loi de la nature. Ce monde aussi, dans la coupe de ses joies, cache des maux irréparables. Miséricorde de Dieu sur Haryry, qui a dit ces vers :

« O toi qui recherches ce vil monde comme une fiancée! Va, la vie n'est qu'un filet tendu par la mort, qu'un séjour de douleurs,

» Une demeure où tu ris un jour, où tu pleures le lendemain. Fi de ce monde, de cette demeure perfide !

» Des nuages y donnent leur ombre, mais leurs masses trompeuses n'étanchent pas la soif.

» Les guerres n'y finissent jamais ; celui que le monde a fait prisonnier ne voit plus par quels sacrifices il pourra se racheter (1). »

Sâboûn vécut trop peu pour son pays. Si sa vie se fût prolongée, il se fût emparé du Dârfour et d'autres provinces du Soudan ; il eût ramené dans ces contrées le bel âge de la jeunesse de l'univers. Les jours de son règne furent des jours de fête à la face riante et épanouie; ses colères ne furent que contre le mal, ses joies ne furent que pour le bien. Jamais ses sujets

(1) *Voy*. note 30.

n'ont demandé une autre main que la sienne ; jamais ils n'ont désiré un autre maître que lui. Son pays fut riche en population dans toutes les tribus dont il se composait.

Parlons maintenant des divers habitants du Ouadây. Les grandes peuplades du Dâr-Séleîh sont : les Maçâlyt, les Mymeh, les Dâdjo, les Kachméreh et les Gorân (ou les cinq tribus primitives), puis les Koûkah, les Djénâ-khérah et les Birguid. Chacune de ces peuplades a sa contrée particulière.

Les Maçâlyt habitent le Dâr-es-Sabâh ou province de l'Est. Ils sont en rapports d'intérêts, de parenté et d'origine avec les Maçâlyt du Dârfour. Leur province a une étendue d'environ deux jours de marche en largeur et au moins huit jours en longueur. Les Maçâlyt sont de taille moyenne et de couleur bronze foncé. Ils forment une population nombreuse tant au Dârfour qu'au Ouadây. Leur pays n'a que très-peu de montagnes ; il est presque tout en plaines.

Les Ouadayens proprement dits, ou habitants primitifs du Ouadây, occupent plus particulièrement la partie centrale du royaume. C'est parmi eux que sont pris les vizirs et les troupes spéciales du sultan. Les contrées qu'ils habitent sont montueuses. La plus remarquable et la plus grande de leurs montagnes est le mont Ab-Senoûn ou Ab-Sounoûn. Les Ab-Senoûniens (ou Sennâouyens ou Sennâouïdes) se considèrent comme la souche originelle des Ouadayens et comme la famille d'où sont sortis les premiers sultans du Ouadây. Ils prétendent aussi que les quatre autres tribus qui avec eux forment les cinq tribus **primitives** des

Ouadayens, ne sont que des branches nées de leur tige. Au nord du mont Ab-Senoûn, à quelques lieues de distance, est le mont Malangah. La plupart des Sennâouyens sont d'un noir foncé, d'une taille élevée; ils sont fortement charpentés, et rappellent en quelque sorte les redoutables Amalécites. Les Malangais sont d'une nuance moins noire et tournant au bronzé.

Les Kachméreh sont à quatre jours de distance de Ouârah, au sud. Ils habitent dans le Botayha, qui est une vallée charmante, bien arrosée; ils y sèment une grande quantité de légumes et de plantes qui servent de condiments : tels sont le poivre, la coriandre, l'ail, l'ognon. La tribu des Kachméreh a ses demeures à l'extrémité sud de la vallée; cette peuplade, assez nombreuse, est répandue sur une surface de quatre jours de longueur et de quatre heures de large seulement. Les villages des Kachméreh sont petits, alignés près de la lisière de la vallée, et rangés là comme les perles d'un collier sur le cou des houris.

Le sultan Sâboûn avait donné à mon père l'administration et le revenu de cinq de ces villages kachméreh, qui certes valaient mieux, comme profit, que cinquante villages fôriens. Toutes leurs stations sont bien peuplées et vivantes; du plus petit hameau, si la trompette de la guerre venait à retentir, sortiraient au moins cinq cents hommes dans la vigueur de l'âge. Je suis persuadé que si, pour une circonstance pressante, on rassemblait sous les armes tous les Kachméreh, ils fourniraient à eux seuls un corps d'armée imposant. Ils sont d'ailleurs soumis, et plus faciles à conduire que tous les autres Ouadayens. Ils vivent dans l'aisance, et leurs familles ont de nombreux enfants. Leur naturel est simple et docile sans bassesse. Ils sont de stature moyenne ordinaire, et leur carnation est entre le noir et le blanc. Leur langage diffère de celui des autres Ouadayens. Ils ont pour gouverneur un roi à peu près absolu.

Les Koûkah sont situés au sud-est du Ouadây, et forment trois divisions. Les Koûkah sont très-considérés des Ouadayens à cause des esclaves qu'ils en retirent pour servir de concubines. Il y a surtout une des trois divisions qui fournit des femmes magnifiques, préférables même aux plus attrayantes Abyssiniennes. Ils ont de jeunes esclaves qui sont belles à ravir, et d'une grâce à soulever toutes les émotions du cœur ; leurs charmes troublent et bouleversent l'âme, tournent la tête aux plus dévots ascètes, et les plongent dans des désirs voluptueux.

Les Koûkah, tribu nombreuse, ont leurs villages bien peuplés, leur pays bien arrosé et abondant en gras pâturages. Leur taille est svelte, assez haute, le corps élancé et dégagé, avec tous les caractères de la santé et de la vigueur. Le sultan et aussi les rois choisissent dans cette tribu beaucoup de leurs concubines ; car les Ouadayens ont pour croyance qu'excepté leurs cinq tribus dites originelles ouadayennes, tous les autres habitants du Dâr-Sélelh peuvent être vendus et achetés.

Les Gorân sont établis au nord du Ouadây. Cette population, riche en troupeaux, en chevaux, en chameaux, est disséminée çà et là en une foule de petites peuplades dont chacune se suffit pour ses besoins. Les Gorân sont de petite taille, généralement d'un teint brun assez net et rapproché de la coloration des Égyptiens, en telle sorte qu'ils ne semblent pas être d'origine soudanienne. Je n'ai pas vu leurs pays ; je n'y suis pas entré ; mais j'ai rencontré un grand nombre de Gorân dans le Ouadây. J'ai vu de leurs femmes qui m'ont paru d'une beauté remarquable ; leurs yeux percent comme la flèche et vous pénètrent jusqu'au cœur.

Ce qui m'a surpris, c'est que les Ouadayens ont presque en aversion la couleur des Gorâniennes. Ils trouvent leur teint trop blanc ; aussi celles qu'on vend comme concubines ne sont jamais de haut prix. Pour les Ouadayens, plus un individu, par sa couleur, s'éloigne de la couleur noire, plus il leur paraît éloigné de l'esclave ; cependant, si le teint passe un certain degré de coloration vers le blanc, elle n'est plus de leur goût ; ils préfèrent à cette teinte le ton mulâtre clair des Abyssiniennes ; c'est pour eux le type du beau. Un sellier tripolitain appelé Mohammed, et qui alla au Ouadây, donna en présent à Sâboûn deux esclaves, une blanche et une Abyssinienne. Le sultan se prit de tendresse pour l'Abyssinienne, et elle obtint toutes les faveurs du prince ; pour la blanche, Sâboûn n'en approcha pas ; elle resta délaissée au harem, et mourut intacte.

Les Dâdjo sont au sud du Dâr-Séleîh, voisins des Koûkah, dont les limites sont contiguës. Les Dâdjo sont généralement d'un noir foncé ; leur caractère est encore sauvage. Ils sont, aux yeux des Ouadayens, ce que sont les Berty aux yeux des Fôriens. Les Berty sont au nord du Fôr, et les Dâdjo au sud du Ouadây.

Je n'ai pas séjourné assez longtemps au Ouadây pour pouvoir parfaitement déterminer les natures différentes

SUITE DES TRIBUS OUADAYENNES. — LES ARABES. 249

de ses diverses peuplades. Il y a d'ailleurs beaucoup d'autres tribus moins importantes que celles que je viens de citer; elles sont interposées entre celles que j'ai signalées. J'ai oublié les noms et stations de plusieurs.

Les Djénâkhérah sont originairement des esclaves du sultan. Ils représentent exactement les Abydyéh ou esclaves cantonnés dans certains pays du Dârfour par le sultan. Les Djénâkhérah sont nombreux, et forment divers groupes importants stationnés au sud-est du Ouadây. Ils sont contigus aux Maçâlyt, mais ils n'ont avec eux aucun rapport de parenté ou d'alliances; ils ne contractent jamais de mariages avec eux.

Les Mymeh constituent une population qui se compose de plusieurs tribus divisées en fractions. Ils sont d'un noir foncé comme de l'encre. Ils habitent au sud direct du Ouadây, sur la même ligne que les Dâdjo et les Koûkah.

Il y a encore, à partir de Ouârah jusqu'aux limites méridionales du Dâr-Séleîb, plusieurs autres peuplades et des territoires ou subdivisions territoriales étendues, dont les habitants se mêlent par alliances; de sorte que, dans une circonscription, on trouve deux, trois et quatre variétés d'individus et plus. Cela a lieu surtout chez les Birguid; car dans le pays qu'ils occupent, les Birguid ont leurs villages éparpillés un par un, ou par groupes de deux, de trois, et quelquefois par groupes plus nombreux.

Les Birguid sont d'un naturel méchant; ils sont traîtres, brutaux, pillards. La plus grande partie de ce qu'ils ont est le produit de rapines et de vols. Ils ne connaissent ni amitié ni bonne foi.

Les Birguid sont noirs et grêles, et leur taille est en général courte. Les plus considérés d'entre eux, les gens de distinction ont les mêmes vices de nature que les gens de la populace; ils sont la honte et la plaie du Ouadây. C'est de cette peuplade que sortent les ouvriers en fer et les chasseurs; tout ce qui constitue au Ouadây la classe infime et la plus méprisée des habitants, à cause de ses penchants honteux et de sa nature corrompue, se compose de Birguid.

Le Ouadây, par delà ses limites, est entouré d'Arabes Bédouins. Du côté de l'ouest sont les Zébédeh, les Arabes-el-Bahr ou Arabes de la rivière, et les Areygât, trois tribus riches, fortes et puissantes. Le faguyh Moûça, aguyd des Zébédeh et frère de Bedr-ed-Dyn, imâm du sultan Sàboûn, m'a assuré que les Zébédeh sont d'origine yamanique, qu'ils tirent leur nom de Zébyd, ville de l'Yémen, et qu'ils descendent des Himyarites (Homérites). Quant aux Areygât, le faguyh Mohammed-l'Areygât, interprète du sultan, m'a dit qu'ils sont originaires de l'Irâg (Irâk), et issus des anciennes tribus arabes des Lakhmides et des Djouzâmides. Les Arabes-el-Bahr sont une population très-dense dont chaque rameau occupe un espace considérable. Ils sont gouvernés par un seul chef. Tous sont riches en bœufs, fournis d'ustensiles domestiques, de hardes, de vêtements. J'ai connu leur aguîd Maçoûd; il avait des troupes nombreuses, et, de plus, une garde particulière.

Au nord du Ouadây sont les Mahâmîd, puissante tribu, ramifiée en une foule de divisions et de branches. Les Mahâmîd ont une grande quantité de chameaux, de chamelles, de chevaux, de menu bétail, d'esclaves, d'argent, et aussi de corail, cette parure qui plaît si fort à l'œil. Ils sont bien fournis d'armes, et leurs lances sont excellentes.

Au sud sont les Arabes Macîryeh, et des Foullân ou Felâta, deux tribus extrêmement nombreuses et possédant d'immenses troupeaux de bœufs.

L'intervalle qui sert de démarcation entre le Dârfour et le Ouadây, est le seul espace où les Arabes ne stationnent pas. Cet espace est trop resserré pour leur permettre d'y vivre en sécurité et à l'abri des exigences spoliatrices des sultans fôriens et ouadayens, car le trajet, d'une frontière à l'autre, n'est guère plus que d'une journée à marche ordinaire.

Le Dâr-Tâmah, comme on le sait déjà, est tributaire du Ouadây. Il en est de même du Bàguirmeh, du Dâr-Rauna et du Fangarau, en ce sens que ces deux derniers dâr payent un tribut au sultan du Ouâday et un tribut au sultan du Dârfour. Du reste, les différentes peuplades qui habitent le Dârfour ont leurs sœurs homonymes au Ouadây. Il n'y a que les Toundjour, les Témourkeh et les Mydaùb qui n'aient pas de station sur le territoire du Dâr-Séleîh.

Au nord-est, en dehors du Ouadây, sont les Bideyât, tribu d'origine nègre venue du Soudan, et non arabe. Toutefois, ils vivent comme les bédouins, voyagent comme eux, et ont des troupeaux de chameaux ; le lait de chamelle fait la nourriture principale de ces pseudo-bédouins.

Toutes les peuplades ou tribus que nous venons de citer, sont gouvernées chacune par un roi. Ces gouverneurs, appelés généralement aussi sultans par les Fôriens, ne reçoivent des Ouadayens que le nom de *mélik* ou roi. Les Ouadayens n'admettent, dans le monde entier, d'autre sultan que le leur. Tous les sultans de l'univers, le leur seul excepté, ne sont que des mélik. Nul ne s'avise de dire aux Ouadayens : « Nous avons *un sultan* dans notre pays. » L'étranger qui prononcerait devant eux une telle hérésie, serait vertement admonesté, et on lui défendrait sévèrement de la répéter. « Garde-toi bien, à compter d'à présent, lui dirait-on, de prétendre qu'il y ait dans le monde un seul sultan autre que le nôtre. Tous vos sultans sont des rois, et rien de plus. » Un Ouadayen qui oserait dire : « Le sultan de tel pays, » serait aussi relevé vivement, et même insulté.

Cependant, il y a de cela de singulier que les Ouadayens, dans la conversation, ne disent jamais *sultan*, mais disent simplement *mélik*, en parlant de leur souverain. Cette dénomination de *mélik* n'a alors rien de répréhensible, car leur langue n'a réellement pas le mot *sultan*. Lors même qu'en parlant de leur prince, ils expriment des vœux pour lui, ils disent : « *Mélik manik Kalak nina tounyou-ny;* mot à mot : *Roi de nous, Dieu vie donne-lui;* c'est-à-dire que Dieu prolonge les jours de notre roi !

La langue ouadayenne est pauvre, rude, raboteuse ; le *k* y fourmille dans les mots. Ainsi, ils appellent Dieu, *Kalak;* le jeune enfant, *kalak;* l'individu âgé, *moundjoukolak.* Une foule de mots commencent et finissent par un *k;* tels sont : *kamkolak*, au pluriel *kamâkilah; karak*, un homme pieux, et *karak*, une citrouille. Presque tout le langage a cette physionomie sauvage. Un jour j'entendis un kabartou, ou crieur et exécuteur public, qui sonnait de la trompe en faisant résonner sur cet instrument le chant d'animation de guerre. Je demandai à l'aguîd Oued-Moukhtâr ce qu'articulait le kabartou. « Il chante, me répondit Moukhtâr, les paroles que voici : « *Kotétek tidârirnah kara nyâmé.* » — Que signifie cela en arabe ? — Le voici mot à mot : « Oiseau affamé, viens, mange ; » c'est-à-dire, en paraphrasant : « Massacrez vos ennemis, et que les oiseaux affamés se repaissent à satiété de leur chair. »

Je ne séjournai pas assez longtemps chez les Ouadayens pour m'habituer à leur langue, et comme beaucoup d'entre eux parlent l'arabe, je ne vis pas la nécessité d'apprendre le ouadayen. Je savais seulement demander tout ce qui a trait aux besoins de la vie ordinaire ; je savais les noms de l'eau, du pain, de la viande, les noms des ustensiles de ménage, des différents vêtements, etc.; mais, comme depuis longtemps je n'ai pas eu occasion d'employer ces mots, je les ai oubliés.

D'ailleurs, toutes les peuplades ou tribus du Ouadây ont chacune son idiome particulier, qui ne ressemble en rien à celui des autres. Il y a à peu près la même dissemblance que dans les caractères physiques.

Ainsi, les Ouadayens proprement dits ont une constitution physionomique différente de celle des Kachméreh. Les Ouadayens ont la tête grosse, la face oblongue, les articulations fortes, la taille élevée ; généralement les hommes sont plus beaux que les femmes. Les Kachméreh ont la face ovale, la taille de hauteur moyenne, et les articulations peu saillantes. Les Birguid ont la tête petite, le corps grêle, la stature courte, et généralement ils sont très-noirs. Les Koûkah sont mulâtres, sveltes et dégagés; les femmes sont plus belles que les hommes. Chacune de ces peuplades a une physionomie tellement distincte, qu'on reconnaît facilement, en voyant deux individus ensemble, à quelle tribu chacun d'eux appartient.

Les Ouadayens étaient encore presque sauvages il y a peu de temps : ce n'est guère que depuis un demi-siècle qu'ils ont commencé à se policer. Avant cette époque, ils restaient confinés et enfermés dans leurs frontières, à la manière des Chinois, et ils n'en laissaient sortir personne, pas même les étrangers qui se hasardaient de pénétrer chez eux. Ils craignaient alors que quelque puissance du dehors ne s'avisât de faire explorer leur pays pour s'en emparer. Si un étranger paraissait au Ouadây, on l'y retenait et on le gardait pour le reste de ses jours. On le traitait convenablement, il était nourri, vêtu; mais il ne lui était plus possible de retourner jamais dans sa patrie. Cette habitude persista jusqu'au temps du sultan Sâleh.

Sâleh était un homme intelligent et de bon sens, craignant Dieu et aimant le bien. Sous son règne, quelques marchands étrangers arrivèrent au Ouadây, dans un but de commerce. Ils réalisèrent des profits; puis, le sultan les laissa repartir. De ce moment les caravanes se dirigèrent peu à peu sur le Ouadây, et ce mouvement continua jusqu'à l'époque du règne de Sâboûn. Alors la prospérité du pays s'accrut, et le règne de ce prince fut une série de bénédictions. Il donnait des présents aux marchands, afin de les engager à revenir dans son pays. Le bruit de la générosité de Sâboûn se répandit au loin, et les voyageurs commerçants tombèrent sur le Dâr-Séleîh comme des averses de pluie fécondante. Des ulémas, des poëtes, vinrent aussi de contrées lointaines visiter ce prince. Son règne fut beau comme le printemps, généreux comme la rosée bienfaisante. Sâboûn semblait être le sujet de ces vers :

« Roi, dont les vertus rendent tous les hommes vertueux,
» Tu es l'image du temps ; parce que tu es pur, tout est toujours au printemps. »

La grâce et la faveur du ciel furent sans cesse avec ce prince; on n'eut trouvé de défaut à lui reprocher que sa générosité, et on lui eut appliqué ces paroles du poëte :

« Le seul reproche qu'on trouve à leur faire, c'est que leurs hôtes, une fois hébergés chez eux, oublient et leurs autres amis et même leurs familles. »

Et encore ce vers :

« Le seul reproche à leur adresser, c'est que leurs sabres ne cessent jamais d'être ébréchés, tant ils frappent de coups sur les bataillons ennemis. »

Dès sa jeunesse Sâboûn se montra, autant qu'il lui fut possible, rigide observateur des principes consacrés par la religion. Personne n'eut à lui reprocher l'oubli du moindre de ses devoirs. Devenu sultan, il fit respecter et observer la loi; il l'appliquait sévèrement à tout coupable, quel qu'il fût, ce coupable eût-il été fils du prince. Dans aucun pays je n'ai vu, comme au Ouadây, les peines prescrites par la loi être infligées à l'adultère. J'ai vu Sâboûn condamner une femme adultère (1); elle fut enterrée jusqu'à la poitrine, debout, dans une fosse; ensuite elle fut lapidée et mourut sous les pierres. Pour ce qui regarde l'usage du vin, j'ai vu punir ce crime aussi sévèrement dans d'autres pays qu'au Ouadây.

L'amour du sultan Sâboûn pour la science et pour les hommes instruits, rassembla auprès de lui un bon nombre d'ulémas. Il ne décidait rien sans les consulter; et la plupart de ceux dont il composa son entourage furent des esprits éclairés. Le plus puissant et le plus haut placé auprès de lui, quand j'étais au Ouadây, était le savant cheykh Ahmed-el-Fâcy; après lui venait l'imâm Noûr, grand câdi du Ouadây. C'était un Arabe de la tribu des Khouzâm, tribu nombreuse, riche en bœufs, et stationnée au sud du Ouadây. Après ces deux personnages, le plus élevé en distinction et en faveur, était le célèbre imâm Ahmed-Oued-Méheîdy; ensuite l'illustre et vénérable vizir, le faguyh Djimeîl-el-Zaaf; puis le faguyh Ouâly, le Bâguirmien, poëte distingué, qui dans plusieurs *cacydeh* ou pièces de vers, fit l'éloge du sultan. J'étais alors peu amateur de poésie, et je n'ai pas cherché à retenir un seul de ces vers dans ma mémoire.

Sâboûn témoignait de sa déférence pour les hommes instruits, en leur distribuant, à eux les premiers, leur part des dîmes. Il leur prodiguait ses bienfaits, punissait quiconque osait en dire du mal, détournait les yeux des torts des ulémas, et s'empressait de terminer

---

(1) *Voy.* note 31.

leurs affaires dès qu'elles étaient portées devant lui. Son premier imâm fut le faguyh ou cheykh Mohammed-Bedr-ed-Dyn, profondément versé dans la connaissance des principes du rite de Mâlek (1). Nul homme, dans les pays du Soudan que j'ai parcourus, ne m'a paru d'un extérieur plus grave et plus imposant que Bedr-ed-Dyn, d'une parole plus éloquente au prêche : Bedr-ed-Dyn fut la merveille de son temps. L'interprète en chef de Sâboûn n'était pas moins étonnant par l'élégance de son langage, par la politesse et l'affabilité de ses manières. Il s'appelait Mohammed et était de la tribu des Areygât. Il y avait ensuite, comme homme distingué, le vizir Moûça, aguyd de la tribu des Zébédeh, et frère de l'imâm Bedr-ed-Dyn et du faguyh Mohammed-Djimeîl-al-Zaâf. C'est ce même Moûça qui, ainsi que nous l'avons raconté ailleurs, ouvrit la porte de fer, pendant la nuit, lors de l'occupation de la demeure du sultan, à l'avénement de Sâboûn. La plupart des vizirs de Sâboûn, de ses hauts dignitaires, avaient une certaine instruction, et étaient gens de courage et de dévouement dans les dangers; ils différaient, par ces qualités, des grands des autres États.

Du reste, nous avons déjà fait observer que les Ouadayens sont plus braves que les Fôriens et les Bâguirmiens. Ils n'ont d'égaux en valeur que les Mydaûb au Dârfour, les Zaghâouah et les Tâmiens; et ils surpassent de beaucoup en intrépidité les Barnâouyens.

Le Barnau, comparé au Ouadây, est plus vaste, plus peuplé et mieux fourni d'armes. J'ai entendu raconter

(1) Un des quatre rites orthodoxes de l'islamisme, et prédominant au Maghreb et au Soudan.

souvent que les Foullân ou Félâta ont vaincu les Barnâouyens, presque toutes les fois qu'ils les ont combattus. Quand mon père alla du Bâguirmeh au Barnau, il y avait peu de temps que les Félâta avaient mis les Barnâouyens en déroute. Ahmed, sultan du Barnau, s'était enfui de sa capitale et s'était retiré, au fond de ses États, dans la province de Kânum. Là, le sage et habile vizir Mohammed-Emyn-el-Kânumy l'avait accueilli, avait rassemblé à grand'peine un corps d'armée, avait soutenu vigoureusement le parti du prince fugitif, et avait réussi à relever la puissance chancelante du Barnau et à replacer Ahmed sur le siége impérial.

A propos du courage des Barnâouyens, voici un fait assez bizarre. Le sultan du Barnau envoya une armée, sous la conduite d'un de ses vizirs, à la rencontre des Foullân. C'était à l'époque des guerres de Zâky, dont nous parlerons bientôt. Il y avait avec l'armée quelques Mogrébins et des Arabes bédouins. Les Barnâouyens, arrivés dans une vaste plaine sablonneuse qui s'étendait à perte de vue, aperçoivent dans le lointain une immense masse noire qui remplissait l'horizon. Ils se figurent que cette masse est l'armée des Félâta. La peur s'empare d'eux et glace les esprits. Les Barnâouyens s'arrêtent immobiles, consternés; puis ils retournent sur leurs pas, en se répétant les uns aux autres qu'il est impossible de résister à une pareille multitude. Un Mogrébin se présente alors au vizir chef de l'armée : « Comment! lui dit-il, les troupes se retirent, se débandent à l'aspect de cette masse noire, sans savoir ce qu'elle est réellement! — Mais, réplique le vizir, qui veux-tu qui aille reconnaître ce que c'est ? — Moi. — Très-bien ! vas-y de suite. »

Le Mogrébin part aussitôt, et découvre que la prétendue armée felâta n'est qu'une immense troupe d'autruches agitant leurs ailes, et qui, à l'horizon, offraient l'image trompeuse d'une nuée d'hommes en marche. Et l'éclaireur de crier : « Barnau, revenez ; ce sont des autruches. » L'armée, sans l'écouter, continue sa retraite, et arrive tout épouvantée au birny du Kânum, où était alors le sultan. La nouvelle de l'aventure fut bientôt répandue partout ; le faguyh Mohammed-Emyn, le Kânumide, craignant que les Foullân n'en fussent instruits et n'en prissent plus d'empressement à se précipiter sur le Barnau, appela les chefs de l'armée qui venait de s'enfuir si lâchement et les fit tous mettre à mort. Ensuite on annonça, de la part du sultan, à toutes les troupes, qu'à compter de ce jour quiconque fuirait devant l'ennemi n'aurait d'autre chose à attendre que la mort.

Et immédiatement Emyn prépara l'armée, l'organisa, et marcha à la rencontre des Foullân. Il les battit et les chassa du birny principal que le sultan avait été forcé de leur abandonner. Le massacre des Foullân fut affreux.

Voici comment je m'explique la conduite des Barnâouyens. Je crois que la cause qui leur fit prendre la fuite sans aucune démonstration hostile et avant toute vérification, ce fut la longue habitude d'une vie molle et pacifique. Les Barnâouyens s'y étaient depuis longtemps accoutumés ; c'était devenu un besoin pour eux. Or il est d'expérience que, toutes les fois que les habitudes de repos et d'inertie ont prévalu dans un État, les citoyens redoutent tout ce qui peut amener les fatigues et les dangers de la guerre, et qu'au contraire, lorsque les habitants d'un pays, accoutumés à une existence plus active et plus rude, vivent éloignés des plaisirs énervants, ils sont plus disposés à affronter les fatigues et les périls, et toujours prêts à repousser les attaques de leurs ennemis.

Et quelles sont les habitudes de cette vie de citadin qui engendre ainsi la mollesse, la pusillanimité? Ce sont toutes les jouissances physiques, les mets recherchés, les vêtements élégants, les montures de prix, les belles femmes, tous les besoins du luxe devenus impérieux. Alors, si des circonstances imprévues viennent exiger le sacrifice de ces jouissances, l'esprit résiste, se révolte, dominé qu'il est par les goûts voluptueux. « A quoi bon, se dit l'homme efféminé, courir les chances des combats, s'exposer à des périls, à la mort, ou au moins à de pénibles épreuves? Pourquoi renoncer aux joies des festins, aux femmes, aux délices qui charment les jours? » Inspiré par la crainte, persuadé qu'en se présentant aux combats il marche à une mort presque certaine, et qu'en les évitant il esquivera les dangers et pourra revenir aux plaisirs qu'il aime, il est ébranlé, entraîné, et à l'heure du péril il abandonne le champ de bataille et s'enfuit. Non, le citadin amolli par les douceurs de la vie ne sait pas que l'existence qu'il mène conduit à leur perte les États les plus florissants; il oublie que la crainte de perdre quelques-unes de ses jouissances est précisément la cause qui les lui enlèvera toutes.

Le célèbre Ibn-Khaldoûn, dans le premier volume

de sa Grande Histoire, a consacré quelques pages à des réflexions analogues. « Les sociétés, dit-il, sont composées ainsi : habitants des campagnes ou des plaines et habitants des villes, grands et peuple. Chaque société a, comme chacun des êtres de ce monde en particulier, une durée d'existence déterminée. L'expérience de la vie et les enseignements révélés par la religion témoignent que le terme de quarante années est la limite du développement et de l'accroissement de l'homme. Arrivé à cet âge, l'homme est à son apogée de force ; il s'y maintient quelque temps, puis il commence à s'affaiblir. Il en est de même de la vie et du luxe des cités ; il est une limite qu'elles ne peuvent dépasser dans leur accroissement. La mollesse et l'abondance conduisent toujours les peuples, par la seule force des choses, à des habitudes de luxe qui deviennent insensiblement une seconde nature. »

Pour revenir à notre sujet, rappelons que les Ouadayens sont les plus braves des peuples du Soudan. Ils ne craignent pas la mort et ne reculent jamais devant les plus grands dangers ; au contraire, les plus poltrons des habitants du Soudan sont les Barnâouyens. Les Fôriens sont comme un moyen terme entre les uns et les autres.

CHAPITRE II.

Demeures des habitants. — Emplacement de Ouârah, capitale du Ouadây. — Palais du sultan. — Ozbân ou gardes du palais et exécuteurs des ordres du sultan. — La garde de nuit. — Les turguenak. — Les quatre portes du palais; sa distribution intérieure. — Forme des habitations à Ouârah. — Étendue de la ville. — Position topographique. — Comparaison de Ouârah et de Tendelty.

Les Ouadayens ont des habitudes dont les unes s'éloignent de celles des Fôriens, et dont les autres s'en rapprochent ou leur ressemblent. Ainsi, au Ouadây, les demeures des habitants des bourgs, des villages et des hameaux, sont en général de même forme que celles du Dârfour. Néanmoins, au Dârfour elles ont quelque chose de plus élégant, et au Dâr-Ouadây, quelque chose de plus solide et de plus durable. Celles de Ouârah surtout ont une toute autre solidité que celles de Tendelty, capitale du Dârfour. A Ouârah, elles n'ont pas toujours le zérybeh; ce sont ordinairement des maisons à pignons ou murs faits de terre mêlée de pierres ou moellons, ou faits de terre seulement, fermées par des portes. Toute maison ainsi construite en terre est appelée birny par les Ouadayens.

Ouârah, capitale du Ouadây, est encaissée dans une sorte d'ellipse formée par des montagnes distinguées en trois groupes. (*Voy.* fig. 2 et fig. 2 *bis*.) La ville est plus longue que large ; sa longueur est dans le sens du nord au sud, c'est-à-dire dans le sens des monts qui la ceignent et en font une sorte de citadelle naturelle. Ces monts sont appelés monts Ouârah ; ils ont donné leur nom à la ville.

La demeure du sultan ouadayen est une construction assez considérable, toute en maçonnerie, et située au-dessous de la grande division est des monts Ouârah. Ce grossier *palais* occupe plus d'espace en largeur qu'en profondeur.

Les maisons ou huttes qui, au sud et au nord, avoisinent le palais, sont les habitations des esclaves du sultan. Du côté du nord est aussi la demeure de la Mômo ou mère du sultan. A l'ouest, devant le mur extérieur du palais, est une mosquée et la grande place du Fâcher. A quelque distance de la porte de dehors, sont quelques seyâl, arbres rangés sur deux lignes, en avant et un peu au nord de la mosquée. (Le seyâl est l'*acacia seyâl* de Delile, le *mimosa seyâl* de Forskal.)

Dans la première ligne, est l'arbre particulier à l'ombre duquel ou près duquel (à plus ou moins de distance) le sultan va se placer tous les vendredis, au sortir de la mosquée, pour la cérémonie habituelle du *salut* (1), pour la revue de ses gardes et des troupes, et pour recevoir ensuite les réclamations, les plaintes, etc.

A peu de distance à l'ouest de la première rangée d'arbres en est une autre, près de laquelle le câdi, les ulémas, les chérifs sont assis pendant que le sultan

(1) *Voy.* au *Voyage au Dârfour*, chapitre des Assemblées, pages 194 et suivantes.

est sous son arbre. Une troisième rangée de seyâl, située beaucoup plus loin, du côté ouest du Fâcher, est le lieu désigné et réservé au tribunal permanent des kamkolak.

(Dans l'aperçu que je donne de la disposition de Ouârah et du palais du sultan, les noms des demeures de plusieurs individus sont à la place qu'elles occupaient lorsque le cheykh était au Ouadây. La demeure dite du chérif Omar est celle du cheykh El-Tounsy et celle qu'habitait son père avant lui.)

Le *palais* du sultan est de toutes les habitations ouadayennes la plus spacieuse et la plus importante. La première porte, ou porte extérieure, donne du côté de l'ouest, et sur la grande place du Fâcher. Elle est ouverte à tout le monde, grand ou petit, riche ou pauvre; chacun entre et sort à sa discrétion par cette porte. En dehors s'étend un espace assez prolongé, surtout à droite en sortant, où sont bâties des huttes nombreuses la plupart appuyées contre le mur même d'enceinte extérieure. C'est dans ces huttes que les *ozbân* de garde passent la nuit.

Les ozbân sont réellement des turguenak; cependant le nom de turguenak est plus spécialement appliqué aux chefs ou officiers supérieurs des ozbân, et ce dernier nom ne désigne que les simples gardes ou soldats. Les officiers ou turguenak (au pluriel, térâgueneh) sont au nombre de quatre, dont chacun a sous ses ordres un corps de mille hommes. Les ozbân sont la milice spéciale du sultan; ce sont ses gardes du corps. Ils sont aussi les exécuteurs des hautes œuvres, c'est-à-dire les instruments de la colère du prince. C'est pour cela qu'ils portent un accoutrement ou uniforme d'un aspect imposant et menaçant, qui les distingue des autres soldats. Ils sont affublés de *châyeh*, espèces de *saies* ou *sayons* courts (*sagum*); ils ont à la main des casse-tête ou massues, et sont coiffés de *tasses* ou casques ronds en fer.

Tous les soirs, vers la chute du jour, un corps de mille ozbân vient au palais pour la garde de nuit. Cinq cents se placent en dehors du mur extérieur, du côté du Fâcher, et cinq cents au dedans, dans l'espace qui sépare le premier et le second mur.

Les ozbân ne viennent jamais, pour former la garde, qu'au son des tambourins, lesquels font un vacarme épouvantable. Ils arrivent partagés en quatre divisions, chacune avec sa musique battant de toute sa force. Le tambourin dont il est ici question est un fragment de tronc d'arbre bien cylindrique, de médiocre diamètre, qu'on a évidé complétement. On a ainsi comme un manchon de bois, moins large que la caisse du tambour ordinaire; sur une des deux ouvertures on adapte et assujettit une peau tendue. Les ozbân portent cette espèce de caisse attachée à un cordon passant par-dessus l'épaule, et tenue par le bras qui la serre sous l'aisselle, position qui permet de battre à deux mains.

Toute la différence qu'il y a entre la garde montée par les ozbân et la garde montée par nos soldats, c'est que ceux-ci ne quittent leurs postes que lorsque d'autres soldats viennent les relever, et que les ozbân ne passant que la nuit à la porte du palais, s'en vont au matin sans qu'un autre corps les remplace.

Le *tribunal* où le sultan rend ordinairement la justice est un petit bâtiment carré, élevé à la droite, en dedans de la première porte et adossé au mur d'enceinte.

La seconde porte du palais a des gardiens particuliers qui occupent l'espace entre le mur où est cette porte et le mur suivant. Ces gardiens sont les touayrât (sortes de pages) qui ont passé l'âge de puberté. Il y a aussi, là, les *sâïs* ou les palefreniers des chevaux du sultan.

Au mur suivant est la troisième porte, appelée *porte de fer*, parce qu'elle est revêtue de lames de fer. Au delà, à droite, est le *casr*, bâtiment dans lequel le prince vient s'asseoir tous les jours à l'*asr* pendant le Ramadhân (le mois de jeûne), pour entendre une lecture de quelque partie du Coran. Dans l'intervalle qui sépare le troisième et le quatrième mur, habitent des eunuques et les *jeunes* touayrât, c'est-à-dire ceux qui n'ont encore aucun signe de puberté, car cet espace est voisin du harem.

Enfin vient la quatrième porte. Jamais nul *homme* autre que le sultan ne la franchit. Après lui, les eunuques et les *jeunes* touayrât ont seuls la permission de passer cette porte.

La population de Ouârah est partagée en deux divisions analogues à celles de Tendelty, capitale du Dârfour. A Tendelty, comme on l'a vu au *Voyage au Dârfour*, il y a la division ou le quartier de *ouarrédayé*, et la division ou le quartier de *ouarrébayé*. A Ouârah, il y a la division de *tourtalou* (côté gauche), qui est l'analogue de celle de ouarrédayé, et celle de *tourtalou* (côté droit), l'analogue de ouarrébayé. Les demeures des aguîd ou chefs, gouverneurs civils et militaires, et les demeures des kamkolak, sont dans l'intérieur de la ville. Ouârah n'a pas plus d'une demi-heure de trajet dans le sens de sa plus grande longueur.

Les murs qui forment l'enceinte et les murs de la partie ouest du palais n'ont qu'une médiocre élévation. Ils ne dépassent que de très-peu la hauteur d'un homme.

Le petit bâtiment où le prince rend la justice est aussi très-peu élevé. Le plan ou sol de l'étage unique qui le compose est au niveau du sommet du mur d'enceinte extérieur. Il en est de même du bâtiment où le sultan passe ses soirées du Ramadhân et où on lui lit le Coran.

Le *casr* ou appartement particulier du sultan, c'est-à-dire sa demeure personnelle, est la partie la plus élevée ; elle domine toute la ville de Ouârah. Cette construction a un seul étage au-dessus du rez-de-chaussée, et trois fenêtres à cet étage. L'une de ces fenêtres regarde la place du Fâcher ; la seconde a vue au midi, et la troisième au nord. (La muraille qui fait face à l'est n'a pas d'ouverture. Les fenêtres sont simplement trois trous carrés ayant deux bâtons placés en croix pour tout vitrage) (1).

Les habitations établies dans les différentes parties du palais du sultan, telles que les huttes des eunuques, des touayrât, des ozbân, sont de même forme que les huttes fôriennes. Comme elles, elles sont rondes et à toitures coniques, et construites en cannes de doukhn.

(1) Communication verbale du cheykh El-Tounsy.

Mais les demeures des Ouadayens, principalement à Ouârah, ont presque toutes des *dourdour* ou circonférences inférieures en terre, ce qui est assez rare au Dârfour. En outre, les zérybeh ou haies en enclos sont peu nombreux à Ouârah; à Tendelty, au contraire, toutes les habitations ont leurs zérybeh. La terre dont on se sert pour bâtir les dourdour (pluriel, *dérâder*) et pour toutes les constructions du palais, est à l'épreuve des pluies, bien qu'elle ne soit mélangée ni de chaux ni de plâtre qui puisse lui faire acquérir de la solidité. Les bâtisses nouvelles se consolident même par les pluies; la terre employée étant d'une nature grasse, s'encroûte, par l'action de l'eau, d'une matière blanche, et prend la dureté du fer.

En dedans de la troisième porte du palais, et au devant de l'appartement du Ramadhân, est une sorte de construction en forme de hangar, où chaque jour le sultan passe quelque temps à traiter certaines affaires; mais là, le prince est séparé de ceux qui viennent à lui par une *charganyeh* ou cloison en nattes tissues avec une tige herbacée, et travaillées avec un art et une délicatesse remarquables (1). Cette cloison permet d'entendre les paroles du sultan sans le laisser voir, et à son tour il entend ce qu'on lui dit, sans qu'il ait besoin de paraître. Bien plus, il peut, à travers les mailles de la cloison, distinguer, s'il le veut, ceux qui lui parlent. Il n'y a que ceux qu'il appelle immédiatement auprès de sa personne, qui aient le privilége de le voir.

Le dessin de Ouârah, qui est tracé (fig. 2), montre

(1) *Voy.* note 32.

que cette ville est peu considérable ; elle a moins de population que Tendelty. Toutefois, il faut remarquer que la majeure partie de la population de Tendelty est composée de marchands ; en déduisant cette quantité de marchands et tous les individus oisifs et inutiles, Tendelty et Ouârah se trouveraient avoir à très-peu près le même nombre d'habitants, c'est-à-dire un nombre assez faible (1).

Les Fôriens aiment naturellement tout ce qui leur donne de l'importance et du relief. Ainsi, chaque roi d'un rang un peu élevé se compose un entourage de rois secondaires, et chacun de ceux-ci s'efforce d'imiter les airs, les manières de faire de son patron; chacun se construit comme lui, et près de lui, une demeure qui rappelle et représente celle du roi-chef. A Ouârah, les rois, les aguîd n'ont auprès d'eux que le personnel absolument nécessaire pour les aider dans leurs fonctions; le reste des autres fonctionnaires demeure dans les bourgs ou villages placés sous leur juridiction. En un mot, il ne se trouve à Ouârah, en fonctionnaires de l'État, que ceux que leurs devoirs forcent à y séjourner, tels que les kamkolak, la cour ou l'entourage du sultan, et ceux dont le prince a presque constamment besoin.

La position topographique de Ouârah diffère essentiellement de celle de Tendelty. Cette dernière capitale est établie sur un vaste *gâuz*, ou terrain sablonneux, sur lequel chaque particulier se construit une demeure du meilleur aspect qu'il peut lui donner. Ainsi, les

---

(1) *Voy.* Explications de la figure 2, à la fin du volume.

vizirs se construisent des habitations qui, pour l'apparence et la composition, se rapprochent de celle du sultan ; et chacun des individus attachés aux grands s'efforce à son tour d'imiter son patron. De même, à Tendelty, les frères et les enfants du sultan se bâtissent des demeures d'une assez grande étendue, et tous ceux de leur suite s'appliquent à les imiter.

A Ouârah, comme la ville est resserrée étroitement par la chaîne des monts qui l'emprisonnent dans leur enceinte, et comme aussi le sultan s'est emparé, pour y bâtir son palais, d'un espace considérable de terrain, les grands ne peuvent occuper chacun qu'un espace limité, et ils se sont restreints autant que possible dans leurs habitations. A Ouârah, par exemple, la demeure de l'aguîd des Zébédeh, celle de l'imâm Bedr-ed-Dyn, celle du grand câdi Noûr, n'égalaient pas à beaucoup près, en étendue, celles des plus minces roitelets fôriens.

CHAPITRE III.

Étendue comparative des principaux États du Soudan. — Esclaves du Ouadây, du Bâguirmeh, du Dârfour. — Distances des régions ou États du Soudan. — Populations du Soudan idolâtre. — Signes artificiels distinctifs des tribus. — Fertilité du Soudan idolâtre. — Industrie des Fertyt. — Les Djengueh; ils dorment dans la cendre. — Noms de tribus de Fertyt. — Peuplade antropophage. — Singulière origine donnée aux Félâta. — Du Soudan en général; Soudan *commercial*. — Désignation des esclaves. — Climat du Ouadây; pluies, orages, etc. — Ressemblance entre les Ouadayens et les Fôricus.

Des divers États constitués du Soudan, les plus vastes sont : le Barnau, le Dâr-Mella, ensuite le Dârfour, puis le Ouadây, le Dâr-Tounbouktou et le Bâguirmeh. Les moins étendus sont : l'Afnau, et ensuite l'Adiguiz. Le Ouadây, bien qu'au quatrième rang pour l'étendue, a plusieurs avantages qui le distinguent spécialement. Les esclaves y sont de beaucoup plus belles qu'au Dârfour, mieux dressées et plus attentives aux services domestiques. Mais les meilleurs esclaves de tout le Soudan central, sont sans contredit ceux du Bâguirmeh. Leur douceur, leur docilité, leur bon cœur, leurs prévenances pour leurs maîtres, surtout chez les femmes esclaves, sont au-dessus de tout éloge.

Lorsque le sultan Sâboûn envahit le Bâguirmeh, les Bâguirmiennes tournèrent la tête à tous les Ouadayens, et leur inspirèrent presque de l'aversion pour les Ouadayennes. « En vérité, disaient-ils, nous n'avons jamais eu de femmes qu'ici; à côté de ces femmes, les autres ne sont rien. » Cependant les Djenâkhériennes que les Ouadayens enlèvent aux tribus idolâtres situées au delà du Dâr-Séleîh, au sud, sont aussi remarquables par leur beauté, et ont dans les relations habituelles de la vie je ne sais quoi de séduisant que n'ont pas les esclaves prises par les Fôriens parmi les tribus transméridionales du Dârfour. Et, ce qu'il y a de singulier, c'est que les peuplades djénâkhériennes répandues au delà des limites sud du Ouadây, et les tribus fertyt-djénâkhériennes par delà le sud du Dârfour, se touchent et se confondent. Bien plus, il arrive parfois que les expéditions ouadayennes et fôriennes, pour les chasses aux esclaves, se rencontrent chez les mêmes peuplades du Dâr-Fertyt, et néanmoins les esclaves capturés dans ces mêmes pays et emmenés directement au Dârfour, sont de beaucoup inférieurs à ceux qui sont emmenés au Ouadây. Aussi les Ouadayens tiennent ces esclaves à très-haut prix; et les meilleurs que l'on trouve à acheter au Dârfour sont ceux que les Ouadayens y conduisent et y vendent.

La dénomination de djénâkhérah, prise dans son application générale, désigne une immense agglomération de populations dont personne que Dieu ne sait le nombre, divisées en une quantité incroyable de tribus et de sous-tribus, et dispersées sur une zone presque droite, dans les vastes espaces qui forment le Soudan idolâtre, depuis le sud au delà du Sennâr jusqu'au sud du Kechnah, dans le Soudan occidental.

En ligne droite, de l'est à l'ouest, il y a, à partir de

Sennâr jusqu'au Kordofâl, un trajet de quinze ou seize jours; d'Ibéïd, capitale du Kordofâl, jusqu'à la capitale du Dârfour, Tendelty, il y a dix ou douze jours; ensuite de ce fâcher fôrien à Ouârah, il y a vingt jours de marche à journées ordinaires, ou dix jours de marche forcée. Pour passer de la capitale du Ouadây au Bâguirmeh, on continue à l'ouest; puis, en obliquant dans la direction du sud-ouest, on aboutit au Katakau, province dépendante du Barnau, et située par delà la frontière sud-ouest du Bâguirmeh.

Pour traverser l'espace qui sépare le Ouadây du Bâguirmeh, il faut environ cinq à six jours de route.

Du Ouadây, c'est-à-dire de Ouârah au Barnau, il y a deux routes. La plus courte est dans la direction de l'est à l'ouest, obliquant un peu au nord, et conduit au Barnau en moins de vingt jours. La seconde est par le Bâguirmeh, et conduit à un grand fleuve qu'il faut traverser pour arriver au birny du Barnau. Cette route est longue, car elle va passer par le birny principal du Katakau; elle exige environ trente-cinq jours de voyage. Enfin, pour aller du Barnau à l'Adiguiz, le trajet est d'environ quinze journées de marche à l'ouest et en ligne droite. De l'Adiguiz à l'Afnau il y a quatre ou cinq jours de désert.

Les nombreuses tribus ou peuplades du Soudan idolâtre occupent, au midi, les contrées en dehors des États du Soudan musulman. Ces peuplades se distinguent par grandes familles générales qui ont chacune leur nom. Ainsi, au delà du Sennâr, au sud, sont les Noûbah; au delà du Kordofâl, sont les Touroûdj; au delà du Dârfour, les Fertyt; au delà du Ouadây, les

Djénâkhérah; au delà du Bâguirmeh et du Barnau, les Kirdy **du** Kirdâouy, et ainsi de suite. Ces diverses populations idolâtres sont subdivisées en tribus, les tribus en groupes, les groupes en familles.

Les Soudaniens musulmans, comparés aux populations idolâtres ou madjoûs, ne paraissent guère que comme un anneau jeté au milieu d'un désert, autrement comme une horde au milieu de populations nombreuses. On s'étonnera peut-être de voir que les musulmans ont en quelque sorte la haute main sur ces masses sauvages et les dominent. Ce fait s'explique par l'esprit de corps et de confraternité qui unit les Soudaniens musulmans. Les peuplades idolâtres, au contraire, divisées d'intérêts, sans accord entre elles, ne s'entr'aident jamais. Bien plus, chaque station est hostile aux stations qui l'avoisinent. Et quand l'ennemi vient tomber sur un village, l'attaque, en enlève les femmes et les enfants, le village voisin regarde d'un œil indifférent et ne cherche point à conjurer l'orage. Aussi, dès que l'ennemi en a fini avec une station, il va s'adresser à une autre et la traite comme la précédente, sous les yeux des villages les plus rapprochés, qui demeurent encore spectateurs tranquilles du malheur de leurs frères. Si ces idolâtres savaient se réunir contre leurs agresseurs, aucun des États musulmans du Soudan n'oserait aller les attaquer.

En effet, les nombreuses tribus de ces madjoûs couvrent un espace de plus de deux mois de marche à grandes journées, et d'au moins trois mois de marche à journées ordinaires. Les expéditions foriennes et ouadayennes pour les chasses aux esclaves, parcourent assez souvent ces contrées pendant six mois, à des distances de trois mois de marche; mais jamais les expéditions n'ont pénétré jusqu'à l'extrémité méridionale de ces régions; elles ne reviennent ordinairement qu'après s'être enfoncées pendant trois mois dans les pays idolâtres.

Le faguyh Médény, de Foûta, m'a raconté qu'une expédition fôrienne s'avança très-loin dans le Dâr-Fertyt pour une chasse, et résolut de ne revenir qu'après avoir atteint jusqu'aux limites sud du pays et en avoir reconnu la fin. « Les Fôriens, me dit le faguyh Médény, s'enfoncèrent dans le Fertyt pendant environ cinq mois, allant presque toujours droit devant eux, dans la direction du sud. Toutes les expéditions revinrent, celle-là seule ne reparut pas. On crut que quelque accident malheureux l'avait détruite. Après cinq mois de marche, l'expédition arriva enfin auprès d'une grande surface d'eau dont les deux bords étaient à distance telle, que de l'un à l'autre on distinguait à peine les individus placés sur la rive.

» Les Fôriens aperçurent, sur le bord opposé, des hommes vêtus de rouge; mais ne trouvant ni barques ni autres moyens de transport, ils ne purent traverser cette eau et tenter d'aller à la découverte du pays. Quand ces sauvages remarquèrent la troupe fôrienne, ils prirent la fuite et disparurent.

» Je demandai des renseignements sur ces contrées lointaines à nombre d'individus qui avaient été de cette expédition extraordinaire; mais nul ne sut me donner des éclaircissements qui me satisfissent.

» Longtemps après, j'eus occasion de lier connaissance avec un vieillard qui plusieurs fois avait fait des excursions dans le Fertyt. Je le questionnai aussi sur la grande surface d'eau dont nous venons de parler ; je lui demandai quelle était cette espèce d'hommes qu'on avait aperçus sur les bords. Il me répondit qu'il avait lui-même pénétré jusque dans ces contrées éloignées, sous le règne du sultan Omar, fils d'Ahmed-Bekr et frère de Tyrâb (sultan du Dârfour); qu'il avait vu la plaine d'eau que je lui citais et les peuplades qui en habitent les rivages ; qu'il y avait dans l'expédition fôrienne dont il faisait partie un individu de la presqu'île arabique, homme instruit et expérimenté, et qu'il avait certifié que ces sauvages du Haut-Fertyt avaient quelque chose de la physionomie des Indiens... Dieu sait la vérité. »

Les diverses tribus du Soudan idolâtre, bien que très-nombreuses, ont toutes des signes artificiels particuliers qui les distinguent entre elles. Chez les Bendeh, l'habitude est de se limer les dents, excepté les molaires, et de leur donner la forme de mamelon. Les Kâra ont pour signe les deux lèvres percées. Les Châla (ou Schâla) se pratiquent, tout le long du pavillon de l'oreille, une rangée de trous qui se suivent en ligne arquée (*Voy.* fig. 4), et dont chacun recevrait au moins une plume à écrire. Les femmes des tribus des Châla se distinguent par des milliers de taillades qu'elles se font pratiquer sur le ventre, et qui y laissent une foule de petites hachures dessinant des anneaux, des carrés, etc. ; ces dessins sont une sorte de parure, car les femmes ne portent pour tout vêtement qu'un pagne très-léger et très-étroit. Les Routou se percent la lèvre supérieure. Les Djénâkhérah, situés au delà du sud du Bâguirmeh, se reconnaissent aux traces de trois rangs de mouchetures pratiquées, de chaque côté de la face, sur les pommettes. Les Choulouk, pour se distinguer, s'arrachent les dents incisives supérieures.

Les régions du Soudan idolâtre sont remarquables par la fertilité du sol et la pureté de l'air. Les pluies y sont abondantes et prolongées, et il est quelques contrées où elles ne s'interrompent guère que pendant deux mois de l'année.

On trouve dans ces terres méridionales plusieurs espèces de plantes tuberculeuses nourricières. Il en est une variété particulière que les indigènes appellent *oppo*. On fait cuire l'oppo sur les charbons ardents, et alors il prend la couleur et le goût du jaune d'œuf durci par la cuisson.

L'abondance des pluies entretient dans ces latitudes des quantités considérables d'arbres fruitiers et de haute futaie.

Les peuples du Soudan idolâtre, si sauvages, si inhospitaliers, si brutaux, relégués si loin de toutes populations un peu avancées dans les arts industriels, déploient dans la fabrication de certains objets une adresse vraiment merveilleuse, et leur donnent un fini qu'on dirait être l'ouvrage d'habiles artisans européens. Ainsi, ils fabriquent, pour les rois et les princes du Soudan, des tabourets ou siéges élégants, d'un goût, d'un poli, d'une perfection de travail admirable, d'une précision d'exécution étonnante. Ils fabriquent aussi, avec une habileté pour ainsi dire anglaise, les couteaux-poignards qu'on porte appliqués contre le bras, au-dessus du coude, et aussi des fers et des hampes de lances. J'ai vu, chez les Fertyt, de leurs *findjân* ou tuyaux de pipes en fer, le travail en était d'une pureté et d'une beauté surprenante, on eût cru voir un produit d'industrie européenne. Ces tuyaux ou tiges de pipes sont en fer pur, et n'ont guère qu'un empan de longueur. La noix ou le lulé de la pipe est en terre cuite, et est parée de fils ou de petits rubans de fer. Les tiges sont courbées et serpentées comme certaines pipes européennes, mais elles sont plus élégantes, plus gracieuses, et elles ont un poli si net et si brillant, qu'elles semblent être de l'argent le plus pur et le plus éclatant. Il en est de même des bracelets et des *brassières*, qu'ils fabriquent également en fer. Les brassières sont des bracelets qui se portent au-dessus du coude.

Les Fertyt ne fabriquent aucune espèce de tissu, n'ayant pas besoin de vêtements : ils vont complétement nus. Seulement les hommes se couvrent les parties sexuelles avec un pagne étroit, appelé *djoukou*, long de deux coudées au moins et large de moins d'un empan. Les femmes ne se cachent absolument que le pénil, et cela avec de simples feuilles d'arbres. Quand ces feuilles se sont desséchées, on les remplace par de nouvelles feuilles fraîches.

Parmi les Fertyt, la tribu des Djengueh est très-riche en bœufs. Ces bœufs sont de petite taille et ont de longues cornes. Chaque individu des Djengueh a son troupeau. Hommes et femmes, les Djengueh vont entièrement nus, sans pagne ni feuilles qui leur couvrent les parties sexuelles. Les Djengueh sont les plus intrépides des Fertyt, les plus audacieux, les plus rapides à la course ; telle est la vigueur et la souplesse de leurs jarrets, que nul ne peut les atteindre et que nul n'échappe à leur poursuite.

Ils dorment tous, hommes et femmes, couchés dans la cendre. Voici comment les femmes, dans chaque famille, préparent les lits :

Vers le soir, lorsqu'elles ont trait les vaches, recueilli le lait, et qu'elles ont terminé leurs travaux domestiques, elles prennent un grand panier et vont dans la campagne ramasser çà et là les bouses, qu'ensuite elles amassent en plusieurs tas. Chaque femme rassemble sa récolte de bouses devant sa hutte ; dès qu'elles sont sèches, la femme y met le feu et les laisse brûler et se réduire en cendres. Quand les cendres sont refroidies, et qu'à une heure ou deux après le soleil le mari désire se coucher, sa femme vient avec un morceau de beurre, en frotte son mari du haut en bas, et après cette onction le Djengueh se fourre dans son tas de cendres. Il dort ainsi enfoui. Au matin, dès qu'il est sorti de son lit, il se rend à la première flaque d'eau et se lave. Ce qu'il y a d'incompréhensible dans cette habitude, c'est qu'étant ainsi enfoncés dans la cendre, les Djengueh puissent respirer sans en attirer une masse considérable dans les narines. Est-ce un résultat de l'habitude? ou bien n'introduisent-ils dans la cendre que le corps, et laissent-ils la tête à l'air libre ? ou bien ont-ils quelque moyen particulier pour ne pas aspirer la cendre ?

Les Djengueh n'appliquent pas à leurs bœufs de marques distinctives qui servent de signes de reconnaissance pour les propriétaires. Chacun, dans les diverses localités, reconnaît les siens à la forme des cornes. Pour chaque troupeau elles ont une direction particulière, qu'on leur fait prendre dès qu'elles commencent à s'allonger. Ainsi, le maître de tel troupeau a dirigé les cornes de ses bœufs perpendiculairement et en ligne droite; un autre les a fait dévier en avant, un autre en arrière, un autre à droite et un autre à gauche; un autre les a conduites de manière qu'elles se sont réunies ou croisées; un autre les a contournées en forme ondulée, etc. Ce fait, entre beaucoup d'autres, m'a été certifié par plusieurs individus qui, dans les chasses aux esclaves, avaient pénétré chez les Djengueh. Je ne donne cette indication que sur la foi des récits que j'ai entendus. J'ai vu des vaches djengueh dont les cornes étaient courbées en forme de croissants; mais cela n'a rien d'absolument extraordinaire. Dieu sait mieux que nous ce qui en est.

Les Fertyt constituent une immense population, composée d'une foule de tribus. Ils n'ont aucune religion; quand ils sont réduits en esclavage, ils acceptent la religion de ceux dont ils sont devenus la propriété.

En résumé, voici les noms des tribus du Soudan idolâtre que je connais : les Noùbah, les Touroûdj, les Choulouk, les Madja*n*ah, les Djengueh, les Châla, les Rau*n*a (1), les Sila, les Bi*n*a, les Routou, les Kâra, les Goula, les Farâougueh, les Fangaroh ou Fongoroh, les Bendalah, les Bâya comprenant deux tribus, les Bâya-Fâra et les Bâya-Kéreitcheh, les Bendah distingués en deux tribus : les Bendah-Djoukou ou Joko, et

---

(1) Nous avons déjà remarqué que l'*n* en italique, dans un mot, ne doit se rendre que par un son nasal produit sans mouvement de la langue.

les Bendah-Yamyam, les Djénâkhérah, les Kirdy, les Dengo, les Koûka.

Un an avant mon départ du Dârfour, une grande *ghazoua* ou expédition pour la chasse aux esclaves se mit en route, comme d'habitude, sous la conduite d'un *roi* ou *sultan de ghazoua*, autorisé par le sultan fôrien, selon les formes voulues (*Voy.* chap. XIII, ci-après). Lorsque l'expédition fut sur le point de franchir les limites du Dârfour et de pénétrer sur les premières terres du Fertyt, des Arabes bédouins se présentèrent au chef expéditionnaire et lui dirent qu'ils avaient découvert une tribu considérable du Fertyt, tribu qu'aucune expédition n'avait encore aperçue. Les bédouins vantèrent avec emphase la beauté des individus. Le *roi*, enchanté de l'avis, prit aussitôt avec lui une partie de l'expédition et s'achemina à la recherche de la tribu nouvelle… Quelques jours après il revint avec sa troupe, tout déconcerté, et ramenant quelques esclaves seulement.

Je demandai quelques détails sur cette incursion à plusieurs Fôriens qui l'avaient suivie. Ils me racontèrent que la tribu en question était une peuplade de sauvages effrayants, une tribu d'anthropophages, mangeant les gens tout vifs. « Comment le sais-tu? répliquai-je. — Le voici. Quand nous pénétrâmes sur leur territoire nous vîmes, du premier village, se ruer sur nous une nuée de ces sauvages ayant tous à la main des *kourbâdj*, longs au moins de trois ou quatre empans, courbés en demi-cercle, à pointe effilée, et tranchants comme des rasoirs (*Voy.* fig. 5). La troupe sauvage avait à sa suite une égale troupe de femmes, portant chacune sur la tête une grande écuelle couverte et remplie d'une bouillie très-épaisse. Dès que nous fûmes face à face avec ces sauvages, chacun d'eux se précipita sur un de nous, lui planta la pointe du kourbâdj dans l'épaule et lui ouvrit une large entaille. Alors le sang coulait en abondance; aussitôt la femme accourait auprès de son mari et lui présentait l'écuelle. Il plongeait la main dans la bouillie, en séparait avec les doigts une bonne bouchée, la trempait dans le sang qui coulait et la mangeait. Puis il recommençait..... Ils nous tuèrent quelques hommes, qu'ils dévorèrent immédiatement. Nous nous enfuîmes tout épouvantés. — Comment appelle-t-on cette tribu? Que Dieu la confonde! — Ce sont les Madja*n*ah. »

Les tribus du Soudan méridional forment une multitude incalculable; je n'en ai vu que quelques-unes du Dâr-Fertyt. Toutes ces tribus si multipliées occupent, comme déjà nous l'avons dit, tout l'espace qui, de l'est à l'ouest, au delà du Soudan musulman, s'allonge du midi du Sennâr jusqu'au Dâr-Mella ou empire des Foullân.

Le Dâr-Mella est une vaste contrée habitée par la nombreuse population des Foullân ou Félàta. Les Foullân étaient jadis considérés comme la dernière et la plus méprisable des populations de la Nigritie. Dans tout le Soudan on raconte qu'ils descendent en première origine d'un caméléon, et par conséquent qu'ils n'ont pas de père humain (1). La femme qui fut leur souche primitive fut, dit-on, pendant son sommeil, abordée et fécondée par un caméléon; et de cet accou-

(1) *Voy.* note 33.

plement bizarre naquit le premier individu, dont la lignée, en se multipliant, produisit le peuple des Felâta!

Les Félâta, eux, prétendent être du sang de l'illustre Ammâr, fils d'Yâcir, un des célèbres et vertueux compagnons de Mahomet.

Pour moi, je pense qu'au Soudan on imagina la fable qui précède, dans l'intention d'imprimer aux Foullân un stigmate de mépris ; mais, aujourd'hui, ils passent pour être le peuple le plus avancé en intelligence et en savoir-faire, par comparaison avec les autres populations noires du centre de l'Afrique.

Encore quelques mots sur le Soudan en général. Si l'on considère la dénomination de Soudan (mot qui veut dire *les noirs*, pays des noirs, Nigritie) comme une expression indiquant seulement la couleur des peuples qui habitent cette partie de l'Afrique, et non comme une expression appliquée simplement à certaines limites d'une circonscription géographique, on comprendra dans cette dénomination toute l'étendue de pays qui, du Sennâr et de l'Abyssinie inclusivement, c'est-à-dire des rivages du golfe Arabique, se continue presque en ligne droite jusqu'aux limites occidentales du Dâr-Tounbouktou et du Dâr-Mella; ce qui représente une zone occupée par plusieurs États ayant tous des noms spéciaux. Mais ceux qui considèrent les diverses régions de cette zone sous le rapport des avantages et des produits de chaque région, et sous le rapport de la qualité des esclaves qu'en retire le commerce, ceux-là ne donnent le nom de Soudan qu'à l'ensemble des États qui depuis le Barnau exclusivement occupent toute la partie occidentale de la Soudanie.

Ainsi, lorsque les marchands voyageurs du Maghreb, les Ghadamsiens et les Fezzanais disent qu'ils sont allés *au Soudan*, ils veulent seulement indiquer par là qu'ils sont allés dans l'Afnau, le Noufeh et le Tounbouktou. Ceux qui ont voyagé du côté du Barnau, du Ouadây, du Dârfour, n'indiquent jamais ces directions par le mot *Soudan*; ils disent simplement alors : « Nous sommes allés au Barnau, au Ouâday, au Dârfour, » mais jamais : « Nous sommes allés au Soudan. » Tous les marchands que j'ai questionnés sur cette distinction m'ont répondu que le Barnau, le Ouadây, le Dârfour, etc., ne faisaient point partie du Soudan; que ces contrées offraient trop peu d'avantages et de ressources *commerciales;* que les esclaves y étaient de qualité trop inférieure pour qu'elles fussent comptées au nombre des États du Soudan; qu'en raison de cela, le véritable Soudan était l'ensemble des pays compris surtout depuis l'Afnau inclusivement jusqu'à l'ouest. Cette division est la seule adoptée dans le commerce.

Après mon retour du Ouadây à Tunis, je me trouvai maintes fois avec des marchands qui faisaient le commerce dans l'intérieur de l'Afrique; et lorsqu'il m'arrivait de dire : « Pendant mon séjour *au Soudan*, j'eus occasion de voir ou de faire telle et telle chose, » on me reprenait immédiatement : « Tu te trompes, me » disait-on; tu n'étais pas au Soudan; tu étais au Ouadây, au Dârfour. Le Soudan, c'est l'Afnau et les autres contrées à l'ouest. »

Chacun des États du Soudan, comme nous l'avons dit, a pour voisins plus ou moins rapprochés, du côté du sud, des peuplades idolâtres ou *mâdjoús*, sans dogme religieux ni révélation. C'est chez ces peuplades que les musulmans vont chasser aux esclaves. Celles qui habitent au delà du Sennâr, au sud, sont comprises sous le nom collectif de Noûbah, et se distinguent par des noms particuliers. Il en est de même pour les peuplades confinées au delà des frontières méridionales des autres États musulmans.

Les idolâtres situés au delà du Kordofâl, au sud, portent le nom collectif de Touroûdj; ceux qui sont au delà du Dârfour portent le nom de Fertyt proprement dit; ceux qui sont au delà du Ouadây, celui de Djénâkhérah; ceux qui sont répandus au delà du Bâguirmeh et du Barnau sont les Kirdy ou Kirdâouyens.

Ces noms sont les seuls employés commercialement dans les différents États que nous venons d'énumérer. Ainsi, lorsqu'on désigne un esclave par la qualification de *Noûby* (Nubien), ou par celle de *Terdjâouy* (Touroûdjien), ou par celle de Fertyt, ou par celle de *Djounkharâouy* (Djenâkhérien), ou par celle de *Kirdy* ou *Kirdâouy* (Kirdâouyen), on comprend de suite que cet esclave est des contrées méridionales situées au delà du Sennâr, du Kordofâl, du Dârfour, du Ouadây, du Bâguirmeh ou du Barnau.

J'ajouterai ici quelques mots sur l'état météorologique du Ouadây.

Les vents, les orages, le tonnerre, la foudre, sont très-fréquents au Dâr-Séleîh, à l'époque du *rouchâch*. La violence en est telle, surtout pendant les premiers jours d'automne, qu'il est presque impossible d'en décrire les effets.

Pendant tout le temps que je suis resté au Ouadây,

je n'ai presque jamais vu la pluie arriver sans être précédée d'un grand vent qui commence par rembrunir et obscurcir l'atmosphère. C'est ordinairement de l'est que s'avancent ces orages ; et comme alors le vent passe sur des gaûz ou plaines sablonneuses, il en balaye et enlève d'énormes tourbillons de poussière qu'il transporte à des distances immenses.

Lorsque les orages menacent, l'horizon au loin s'enveloppe d'un voile rougeâtre ou noirâtre ; puis, à mesure que la tempête avance, le tonnerre la suit en grondant, ou l'accompagne de roulements effrayants. Dès que les habitants voient la tempête menacer, la peur s'empare d'eux et ils courent se cacher. Les pâtres emmènent à la hâte leurs troupeaux et s'enfuient du côté des villages ; ceux qui travaillent dans les champs s'empressent aussi de fuir et d'atteindre le plus proche abri, ou bien se précipitent à toutes jambes au village le moins éloigné. Les voyageurs se retirent dans le premier abri qu'ils rencontrent, et y attendent que le calme soit rétabli ; s'ils ne voient aucun lieu de refuge, l'embarras ou le danger devient grave ; car, semblable à un conquérant fier et terrible, marchant à la tête d'innombrables guerriers, l'orage frappe et brise tout ce qu'il rencontre.

Les tourbillons jettent et lancent partout un sable chargé de gravier, et par leur véhémence renversent à terre celui qu'ils atteignent par derrière ou par côté. Ceux que le tourbillon assaille de front ne peuvent avancer, ni résister aux secousses qui les ébranlent.

Ces ouragans épouvantables brisent, déracinent sur leur passage les arbres isolés et trop faibles, enlèvent et emportent les huttes vieillies, les zérybeh ou enclos trop anciens. A l'approche des bourrasques, les animaux mêmes prennent la fuite.

Dans les premiers temps qui suivirent mon arrivée au Dârfour, lorsque j'apercevais de loin ces immenses tourbillons, je m'attendais à voir des nuages orageux et de grandes averses, mais je fus bientôt désabusé.

Ces masses poudreuses ne sont presque jamais charriées par les vents du sud ou les vents de l'ouest; souvent ce sont les effets de violents coups de vent sans pluie ni tonnerre, et par cela même ils sont plus redoutables et plus dangereux; car la pluie apaise bientôt les vents qui soulèvent la poussière et le sable, et ramène le calme et la tranquillité dans l'air; le moins qu'elle fasse est d'abattre toujours la poussière qui trouble l'atmosphère.

Ce qu'il y a de remarquable, c'est qu'ordinairement ces vents si violents soufflent pendant un mois entier, tous les jours. C'est surtout vers trois ou quatre heures après midi qu'ils s'élèvent et grondent; le plus souvent ils viennent sans pluie, dans les derniers jours de l'automne. Quelquefois ils arrivent pendant la nuit, et il est rare qu'alors ils n'apportent pas d'effrayantes averses avec le tonnerre et la foudre. L'orage alors est encore plus terrible; la foudre tombe plus souvent; fréquemment elle enflamme les huttes et brise les arbres; ses dévastations s'annoncent par d'épouvantables détonations, accompagnées de longues traînées de feu qui descendent des nuages.

Nombre de Ouadayens et de Fôriens m'ont assuré que plusieurs fois on avait creusé la terre à l'endroit où s'était engloutie la foudre, et qu'on y avait trouvé des matières ressemblant à des scories ferrugineuses. Le tonnerre, dans les pays du Soudan que j'ai parcourus, se fait toujours entendre avec un fracas et des roulements beaucoup plus violents qu'en Égypte. J'ignore quelle est la raison physique de cette différence.

D'après tout ce que nous avons retracé jusqu'ici des mœurs et habitudes des Fôriens, de leur manière de vivre, de leur nourriture, de la durée de leur vie, de la constitution hygiénique des diverses contrées, de leurs demeures, des maladies auxquelles ils sont le plus exposés, de leurs médecins et de leur médecine, des animaux, quadrupèdes ou oiseaux, qui se rencontrent dans le Dârfour, il est aisé de voir, par la comparaison de ce pays avec le Ouadây, que les Ouadayens sont, à peu de chose près, dans les mêmes conditions et les mêmes circonstances de vie et de climat que les Fôriens. L'analogie qu'il y a entre les deux peuples s'explique sans peine par leur voisinage ; chacun d'eux compose ses habitudes et ses actes sur ceux de ses voisins. De plus, les deux États, à leurs frontières les plus rapprochées, sont en quelque sorte liés entre eux par une même peuplade, celle des Maçâlît. Les Maçâlît du Dârfour sont dans une espèce de fraternité et de similitude de mœurs avec les Maçâlît de l'est du Ouadây ; et dans les deux États, les uns et les autres s'unissent entre eux par alliances conjugales.

Tout ce que nous racontons des mœurs et coutumes des Fôriens, s'applique ainsi en grande partie aux Ouadayens ; nous décrivons à leur place les nuances par lesquelles les habitants des deux pays diffèrent. Nous ne répéterons donc pas ici, pour les Ouadayens, ce que nous avons déjà dit des Fôriens : ce serait alonger inutilement notre récit, ce serait combattre sans ennemi.

CHAPITRE IV.

Origine des conquêtes des Foullân ou Félâta. — Le réformateur Zâky. — Ses premiers succès au Dâr-Mella, puis au Kechnah et au Noufeh. — Coïncidence avec la réforme wahabite. — Avantages et aisance de Noufeh. — Son commerce d'esclaves. — Anecdote. — Invasion de l'Afnau, de l'Adiguiz, du Barnau. — Les Foullân vaincus et repoussés. — Synchronisme. — Comparaison de la vie pacifique en Europe et en Orient. — Analogies de caractère de certaines peuplades du Soudan avec des populations européennes.

Les Félâta accusent tous les autres Soudaniens d'impiété et d'inorthodoxie, et soutiennent que la force des armes doit contraindre ces peuples à résipiscence. Ils prétendent que les autres Soudaniens ont changé, adultéré les principes islamiques; qu'ils ont violé les prescriptions pénales de la loi en les commuant en rachats pour les coupables, et par conséquent en un commerce illicite et proscrit par le Saint Livre; qu'ils ont sapé les bases de la religion, et ont dénaturé les règles de l'islâm par des innovations illégales et criminelles proclamées comme légitimes, par des habitudes honteuses, par l'adultère et l'inceste, par l'usage des boissons fermentées, par la passion des divertissements, des chants et des danses, par l'abandon des prières journalières et obligées, par le laisser-aller à tous les penchants déréglés, par le refus des dîmes pour les pauvres et les malheureux. Et chacun de ces crimes et de ces hontes mérite d'éclatantes vengeances, et appelle les armes d'une *guerre sainte* dans tous les États du Soudan.

Ces pensées fermentaient depuis des années dans l'esprit des Foullân et électrisaient leur imagination, lorsque tout à coup s'éleva parmi eux un homme révéré par sa piété et sa religion : c'était le faguyh Zâky (1). Il s'érigea en réformateur et proclama la guerre sainte. Une foule nombreuse répondit à sa voix. Dès lors il envoya au roi de Mella, capitale du royaume des Foullân, une lettre ainsi conçue :

« Le Serviteur de Dieu, le faguyh Zâky, au roi des Foullân.

» Or, sache bien ceci : Dieu a posé des préceptes, et toi et les tiens vous les transgressez ; il vous a imposé des devoirs, et vous les oubliez ; il a établi des défenses, et vous les enfreignez. Et moi je te défends de violer les préceptes de Dieu et de son Prophète. Je t'ordonne de te conformer à la loi de Dieu, loi pure et sainte, d'abolir les douanes et les droits de transport, de suivre exactement les règles pénales révélées par le Coran. En un mot, toi et tes sujets, soumettez-vous rigoureusement aux maximes de l'islamisme, faites pénitence ; car désormais vous n'avez plus de musulman que le nom. Écoute ma parole, ou je me lève contre toi, comme fit autrefois le juste Abou-Bekr contre ceux qui refusaient les dîmes aumônières destinées aux pauvres et aux nécessiteux. »

---

(1) Il est connu en Europe sous le nom de *Damfodio* ; mais ce n'est là qu'un nom patronymique, et il signifie *fils de Fódy*. Cette indication m'a été donnée au Caire par un Barnâouyen.   P.

Le roi de Mella reçoit cette lettre, la lit,... et transporté, agité d'indignation et de colère : « Ce misérable, s'écrie-t-il, me menace d'une révolte à main armée ! Il ose m'imputer de tels actes ! Il prétend que nous ne sommes pas musulmans, et déjà il se prépare à se soulever contre moi. Débarrassons-nous de cet audacieux. »

Le roi rassembla une armée et l'expédia de suite contre Zâky, en ordonnant au vizir qui la commandait de combattre à toute outrance les révoltés et de n'en pas laisser un seul debout. « Si tu réussis, ajouta le roi, à prendre vivant ce Zâky, garde-toi de le tuer ; envoie-le moi garrotté. Nous verrons comment, en ma présence, il justifiera l'insolence de sa lettre. Je lui ferai voir quelle est l'infamie de sa conduite, et nous déciderons de son sort. »

L'armée partit de Mella et marcha à la rencontre de Zâzy. Le faguyh, informé de l'approche des troupes : « Voilà, dit-il, ce que je désirais. » Il réunit ses partisans et attend tranquillement l'armée royale. Lorsqu'elle paraît, il fait monter ses gens à cheval. Quant à lui, par esprit d'humilité, il monte sur un chameau, qui pour tout harnachement n'avait sur le dos qu'une peau de mouton ; ensuite il s'arme de son sabre.

Zâky range sa troupe et lui adresse cette pieuse allocution : « Rappelez-vous que le paradis est sous l'ombre des sabres (1). Ces malheureux viennent combattre pour une cause inique, impie. Nous les avons, par nos conseils, rappelés au bien ; et pour récom-

(1) C'est-à-dire : Qui combat et meurt bravement pour Dieu va droit en paradis.

pense ils viennent nous menacer de leurs armes. Mais Dieu a dit dans son saint livre : « La demeure éternelle » est pour ceux qui, restés humbles de cœur, auront » fui le mal sur la terre. Le bonheur de l'autre vie est » pour les hommes qui craignent Dieu. » Soutenez avec fermeté, avec courage, l'attaque de vos ennemis, et comptez alors sur la victoire, sur le succès. Car notre saint Prophète a dit : « Si une montagne même était » injuste et coupable envers une autre, la montagne » coupable rentrerait en terre. »

Les paroles de Zâky enthousiasment ses partisans, et ils n'aspirent plus qu'à la gloire du martyre. Ils s'avancent contre l'armée royale, l'attaquent, et en un moment la mettent en pleine déroute. Ils s'emparent de dépouilles considérables et d'un grand nombre de chevaux.

Le vizir, trompé dans ses espérances et frustré dans ses calculs, revint à Mella. Zâky marcha sur la ville et l'assiégea. Le roi lui-même fit une sortie avec son armée et une troupe de courtisans; il fut vaincu et forcé à une fuite honteuse. Zâky entra dans la ville et fit mettre immédiatement à mort plusieurs ulémas attachés au prince et un grand nombre de courtisans. En même temps il envoya un détachement de ses gens à la poursuite du roi fugitif; le roi fut atteint, pris, ramené à Mella, et tué par ordre de Zâky.

Zâky organisa promptement le pays et leva des troupes. Il se choisit un lieutenant ou vice-gouverneur, à qui il enjoignit, pour la direction et l'administration des affaires, de demeurer scrupuleusement soumis au texte de la loi, de n'exiger que les dîmes légales, de ne prendre pour les impôts des terres que ce qui est réglé par la loi, et de déposer le tout au trésor sacré.

Ensuite Zâky partit avec l'armée et se dirigea sur le Dâr-Kechnah. Lorsqu'on sut que l'armée de Zâky allait partir, l'appât du butin attira à sa suite une foule d'individus, car Zâky distribuait aux soldats ce que l'on prenait de troupeaux, de dépouilles, sans en rien réserver pour lui. La distance de Mella à Kechnah est d'environ trente étapes. Zâky franchit ce trajet sans aucun accident et parut tout à coup dans le Dâr-Kechnah.

Même en voyage, Zâky jeûnait tous les jours et passait à peine quelques heures sans se purifier par de nouvelles ablutions. Quand il fut près de la ville de Kechnah, le roi en sortit et vint à la rencontre de l'ennemi. Ce roi avait eu connaissance de la révolution opérée dans le Mella. Il se trouva bientôt avec toutes ses forces en face des Félâta. Alors Zâky lui adressa un manifeste semblable à celui qu'il avait expédié au prince de Mella. Le roi de Kechnah, irrité, déchira la lettre, éclata en invectives contre les Foullân, et fit marcher de suite son armée sur eux. Les Kechniens furent battus et leur roi fut tué.

Le faguyh, vainqueur, entra à Kechnah et s'en proclama le maître. Aussitôt il envoya ses troupes parcourir le pays, et tout ce que possédait le roi devint la proie des Foullân.

Zâky établit la justice la plus exacte et la plus sévère, et se fit aimer de tous. Il menaça des peines les plus rigoureuses les moindres transgressions commises contre les exigences de la loi et de la religion. Au moyen de crieurs, il fit publier partout ces paroles : « Lorsque le moëzzin annoncera la prière, quiconque ne se rendra pas aussitôt à la mosquée pour prier, sera impitoyablement puni de mort. » Zâky prohiba l'usage des boissons fermentées et abolit les droits de péage et de douane. Après avoir employé un certain temps à régulariser les habitudes du pays, il choisit un gouverneur et lui confia l'autorité administrative. Ensuite, Zâky rassembla ses troupes et leur annonça ses projets ultérieurs. « J'ai juré, leur dit-il, d'aller porter la guerre contre tous ces rois et sultans du Soudan qui gouvernent par l'injustice et l'impiété, de les traiter tous comme j'ai traité ces deux rois du Mella et du Kechnah, d'installer l'équité partout où règne l'iniquité. » Et il s'achemina du côté du Noufeh.

Remarquons ici une coïncidence singulière : la guerre de rénovation entreprise par le faguyh Zâky commença en même temps que le protestantisme armé des Wahabites triomphait au Hedjâz (1). Pendant que le fougueux Félàta procédait à ses conquêtes religieuses, Sooûd, fils d'Abd-el-Azyz le Wahabite, était sorti du Derryéh et marchait en armes contre la Mekke et Médine, sous le prétexte que les Hidjâziens du territoire sacré avaient abandonné les voies primitives pures de la loi islamique, et consacré des pratiques nouvelles contraires à cette loi. C'est d'après ces principes de puritanisme religieux que Sooûd détruisit, à la Mekke et à Médine, les santons ou tombeaux des saints et des

---

(1) Les Wahabites, sous la conduite de Mohammed-Ibn-Sooûd, s'emparèrent de la Mecque en 1217 de l'hégire, 1802 ère chrétienne.

compagnons du Prophète. Il institua un surveillant de police, chargé de battre ceux qui, à la voix du moëzzin, ne se rendrait pas à la mosquée pour la prière. Il proscrivit l'usage du tombac et du tabac (1), défendit la lecture des prières du livre des *Délaïl-el-Khayrât* ou Guide religieux des œuvres dévotes, condamna les invocations adressées aux saints et aux prophètes, et ne voulut d'autre invocation que celle de Dieu. S'il entendait un individu mêler le nom du Prophète à ses serments ou à ses protestations, quelles qu'elles fussent, il faisait saisir et frapper le coupable à l'instant même, et lui disait alors : « Reconnais ta faute et expie-la, polythéiste que tu es ! »

Zâky suivit les mêmes errements de rigorisme.

Lorsque les Foullân approchèrent de Noufeh, les habitants de cette ville sortirent en armes avec leur roi et marchèrent contre l'ennemi. Ils livrèrent bataille, et furent mis en pièces. Zâky entra triomphant dans la ville de Noufeh.

Cette place est une des plus remarquables du Soudan. Elle est connue pour ses agréments, le caractère facile de ses habitants et le bien-être dont ils jouissent. Les étrangers y sont accueillis avec bienveillance; quelques hommes d'instruction y ont fixé leur séjour. Le bas prix des denrées y rend la vie douce et commode. La population y paraît riche et aisée; la plus grande partie des habitants sont des marchands qui, à certaines époques, vont, pour leurs spéculations com-

(1) Le tombac est une variété de tabac qui se fume dans le *narguileh*, appareil disposé de manière que la fumée n'arrive à la bouche qu'après avoir traversé une certaine quantité d'eau, et s'être ainsi adoucie.

merciales, à Tounbouctou, à Kechnah et autres grands bazars du Soudan, dont ils rapportent des marchandises et surtout des esclaves.

Le Dâr-Noufeh est presque vis-à-vis des États du Maroc; ces deux contrées ont entre elles un commerce assez actif.

La ville de Noufeh, comme je l'ai déjà dit tout à l'heure, renferme une foule de marchands très-riches, dont la plupart font un immense commerce d'esclaves : l'anecdote que voici en est une preuve.

Un marchand de Maroc, qui voulait montrer combien grande était sa fortune, vint à Noufeh avec au moins un millier d'esclaves et plus de cinq cents chameaux. A son arrivée, les marchands résidants s'empressèrent de lui rendre visite et le félicitèrent de son heureux voyage. Le Marocain, ignorant leur état de fortune, les reçut avec fierté. Le chef des marchands de Noufeh fut blessé de ces airs d'importance; mais il concentra et dissimula son mécontentement, et résolut d'humilier un peu l'orgueil du Marocain. Il envoya plusieurs individus lui demander quelles marchandises il avait à vendre. « J'ai à vendre, dit le nouveau venu, ce troupeau d'esclaves; mais je vends tout en bloc, esclaves, chameaux, cordes, sacs de hardes, ustensiles de voyage, etc., et je ne veux traiter qu'avec un seul acquéreur. Celui de vous qui est en mesure d'acheter d'un coup ma caravane entière, n'a qu'à venir me parler quand il voudra. — Très-bien! sois tranquille; repose-toi des fatigues de la route; tu trouveras sans peine un acheteur tel que tu le désires. »

Deux ou trois jours après, notre Marocain sut qu'il y avait dans Noufeh un individu dont personne ne connaissait toute la richesse. Cet individu, le chef des marchands de la ville, était du nombre de ceux qui avaient rendu visite au Marocain, et qui avaient été reçus assez froidement.

Le quatrième jour, le chef-marchand en question appela un de ses esclaves-commis les plus inférieurs et des moins riches (1), nommé Saïd, et lui dit : « Va trouver le Marocain, et achète toute sa caravane, esclaves, ustensiles, chameaux, sans en rien excepter. » Or, au Dâr-Noufeh, on a pour monnaie courante de petits coquillages (2).

Saïd endossa ce qu'il avait de mieux en vêtements, et se rendit chez le Marocain. Celui-ci le reçut avec politesse, croyant avoir affaire avec le chef même des marchands de la ville. Après un moment d'entrevue, Saïd dit à son homme : « Je désirerais voir ce que tu as amené d'esclaves. Si tu es dans l'intention de les vendre, je les achète; car j'ai à faire de nombreux envois dans différentes directions. J'ai ouï dire que tu veux vendre le tout en masse; cela me convient parfaitement, et m'épargnera la peine de réaliser par fractions le nombre d'esclaves dont j'ai besoin. »

L'étranger satisfait au désir de Saïd, et lui montre

---

(1) *Voy.* note 34.

(2) Dans le Soudan central, et surtout dans le Tounbouktou, l'Afnau, l'Adiguiz, le Kechnah, le Noufeh, le Mella, les petits coquillages appelés par les Arabes *oudda, ouda*, par les noirs *kori, kouri, kourdi*, et par les Touârik *timékla*, servent de monnaie courante. 2,500 kori valent environ 12 francs; 500 kori valent donc à peu près 2 francs 50 centimes, et le kori vaut à peu près un demi-centime.

ce qu'il a de meilleur en esclaves. « Laisse, dit Saïd, ce que tu as de meilleur et ce que tu as de pire ; amène-moi seulement tes esclaves de qualité moyenne. Nous en discuterons et fixerons le prix, qui sera aussi le prix du reste, bons et mauvais. » Cette proposition est agréée. Les esclaves de moyenne qualité, hommes et femmes, sont rassemblés devant Saïd, et le marché est conclu à six mille coquilles par tête. Le prix des chameaux, des hardes, des ustensiles de voyage, en un mot tout le matériel de la caravane, est également arrêté et convenu. Le marchand ne garda qu'une femme esclave dont il avait un enfant. On se frappa en main en signe de conclusion d'achat. Saïd fit emmener les esclaves et toute la caravane, et dit au Marocain de venir le trouver trois jours après, pour recevoir le payement.

Au jour indiqué, le Marocain s'habille de son mieux et se rend chez le chef des marchands de Noufeh, s'imaginant avoir traité avec lui. Il arrive et voit une demeure qui annonce la fortune et l'aisance; une foule considérable s'agite, se presse de tous côtés, et le chef de la maison, assis dans un endroit séparé, semblait être un roi gouvernant tout ce mouvement, toute cette multitude qui entrait et sortait.

Le Marocain aborde et salue le marchand. Le Nouféen le salue à son tour; puis, affectant de discuter de graves affaires de commerce avec ceux qui l'entourent, il paraît d'abord fort peu disposé à s'occuper du voyageur marocain. Il termine tranquillement la plupart des questions qu'il a entamées, et s'adressant enfin à l'étranger : « Quel est, lui dit-il, le motif qui t'amène?

— Je viens chercher le prix de mes esclaves. — Quels esclaves? — Ceux que je t'ai vendus il y a trois jours. — Mon cher, tu te trompes. J'ai telles et telles qualités et espèces d'esclaves; depuis une année je n'en ai pas acheté un seul. Cependant il m'en reste un certain nombre; si tu désires en acheter, j'en ai encore à peu près dix mille à vendre. — Mais n'est-ce pas toi, reprit le Marocain tout étonné, qui es le chef des commerçants de la ville? — C'est moi-même. — Y a-t-il donc ici d'autres commerçants que toi qui puisse acheter d'un coup mille esclaves, avec tout l'attirail de la caravane qui les a amenés? — Certainement. Et moi-même j'ai une trentaine de mes esclaves-commis qui font aussi le commerce, et dont le moins riche peut facilement avoir acheté tes mille esclaves et au delà. Au surplus, attends un moment; nous allons nous en informer. Je vais appeler mes commis, et de suite nous saurons qui d'entre eux a négocié avec toi. »

Le Marocain était stupéfait. Un esclave entre, s'empresse de baiser les mains du Nouféen, et lui raconte qu'il vient d'acheter tant d'esclaves et tant d'or, de recevoir tant de milliers de coquillages, et qu'il prépare un envoi de tel nombre d'esclaves. Le Marocain, ébahi, ne savait plus que penser et que dire.

Quand le commis eut fini de parler, son maître lui dit : « Est-ce toi qui as acheté avant-hier, ou il y a trois jours, une caravane de cet étranger? — Mon Dieu non! Que ferais-je d'esclaves? J'en ai encore un nombre considérable. — Alors vas appeler tous tes camarades; je veux savoir qui d'entre eux a acheté les esclaves de ce marchand. Il faut les lui payer de suite.

C'est un devoir d'expédier promptement les affaires des étrangers. »

Un moment après entrent plusieurs commis-esclaves, qui rendent compte de ce qu'ils ont acheté et vendu. Leur maître leur demande qui d'entre eux a fait l'acquisition des esclaves du Marocain. « Je n'ai rien acheté de cet homme, répond chacun d'eux. » Le temps se prolongeait; le marchand vendeur s'inquiétait; il pensa un instant avoir perdu sa caravane.

« Mais enfin, dit le patron à ses commis, cherchez quel est l'acquéreur. — Ce doit être, reprend l'un d'eux, ce doit être Saïd. J'ai appris qu'il a acheté une caravane entière. — Que Dieu le confonde! Il ne fait jamais que de ces sottises-là. Qu'on l'appelle. »

Quelques minutes après Saïd entre. « Est-ce toi, lui demande son maître, qui as acheté les esclaves de cet étranger? — Oui, c'est moi. Qui te l'a dit? — Ce marchand; et il en réclame le prix. — Et quoi! dit Saïd au Marocain, que signifie cette conduite de ta part? Pourquoi cette démarche inconvenante? Pourquoi te plaindre de moi à mon maître? Suis-je donc en défaut? T'ai-je manqué de parole? Es-tu venu chez moi me demander le prix de ta caravane, et te l'ai-je refusé? Lève-toi, et viens recevoir tes coquilles. »

Le Marocain, surpris de ces reproches humiliants, se lève, suit Saïd, et arrive avec lui dans une vaste maison, où il voit une foule considérable d'esclaves et tout l'étalage d'un grand commerce. Saïd ouvre son comptoir, et de suite se met à compter la somme convenue pour les esclaves, les chameaux, les cordes, les hardes, les ustensiles, tout ce qui composait la caravane. Le Marocain prend ses coquilles et se dispose à se retirer. Alors : « Que Dieu et son Prophète, dit Saïd, me préservent de jamais rien acheter de tes pareils ! Me croyais-tu donc insolvable pour m'humilier comme tu l'as fait devant mon maître, pour aller te plaindre à lui ? J'ai acheté bien d'autres caravanes que la tienne, et de bien autrement nombreuses, sans que mon maître en ait rien su. »

Le Marocain avait singulièrement rabattu de sa fierté et de l'opinion qu'il avait de son importance commerciale. Il eut la preuve que sa fortune n'était pas à comparer à celle des commerçants de Noufeh. Il résolut de quitter aussitôt le pays; et en effet il se disposa de suite à partir. Quelques jours après il avait disparu.

J'ai connu un Fezzanais qui était allé à Noufeh et y avait séjourné quarante jours. Il m'assura qu'il n'avait jamais vu de pays plus agréable et plus riche, une population plus aisée et plus hospitalière; tout y est en abondance et à bas prix. Ce Fezzanais ne parlait de Noufeh qu'avec amour et enthousiasme : « Quand j'en sortis pour retourner au Fezzân, me disait-il, je restai en route plus de six semaines. Pendant le trajet je ne rêvai que de Noufeh; mon cœur et ma pensée y étaient sans cesse. »

Revenons à nos Foullân.

Zâky s'était facilement rendu maître du Noufeh. Frappé de la beauté et de la richesse du pays, du bien-être des habitants, il s'y fit faire une demeure pour y établir le siége de son gouvernement (1), et par là il

---

(1) *Voy*. note 35.

choisit le Noufeh pour la province capitale de ses États. Après une excursion, après un voyage, il revenait toujours se délasser au Noufeh.

Il y resta une année entière, après sa conquête, pour laisser reposer ses troupes. Pendant ce temps, il organisa l'administration des affaires, en fixa la marche, leva les impôts et distribua les aumônes et les secours aux pauvres et aux nécessiteux, conformément aux prescriptions de l'islamisme.

Enfin il se dirigea sur Afnau, capitale de l'Afnau. Cette ville est renommée dans le monde musulman pour la beauté et les qualités des esclaves.

L'Afnau est une province assez vaste. Zâky y porta la guerre et le soumit aussi rapidement que le Noufeh et le Kechnah. De là il marcha sur l'Adiguiz et s'en empara. Ensuite il se dirigea sur le Barnau, y entra, s'en rendit maître et en chassa le sultan, qui se réfugia alors au Kânum, chez le faguyh Mohammed-Emyn-el-Kânumy, roi ou élifa du Kânum. Le faguyh Émyn reçut le sultan avec les égards dus à un souverain, et fournit aux soldats qui avaient suivi le prince tout ce qui leur était nécessaire.

Mohammed-Émyn s'empressa de lever des troupes, d'attirer à lui le plus d'hommes qu'il lui fut possible, soit par promesses ou par présents, soit par l'influence de sa parole. Il publia partout qu'il avait résolu de délivrer le pays de la présence des Foullân; il prêcha la ligue sainte, anima la masse de la population à la guerre contre ces Félâta, contre ce Zâky dont la coupable audace versait le sang de purs musulmans. « C'est par la guerre, disait Émyn, qu'il nous faut répondre aux injustes imputations des Foullân. Ils nous accusent de violer les principes de la religion et de leur substituer des lois que l'islamisme désapprouve ; mais ce ne sont là que de vains prétextes inventés par Zâky pour donner à son ambition une couleur religieuse ; il n'a d'autre vue que de nous soumettre à son autorité et d'étendre sa puissance. »

Émyn-el-Kânumy employa une année entière à travailler les esprits et à se préparer à la guerre. Lorsqu'il crut avoir des forces suffisantes, il se disposa à se mettre en campagne. Par ses ordres, des prières furent faites dans toute l'armée ; on invoqua la miséricorde et le secours de Dieu, on s'humilia devant le Seigneur unique, le Seigneur des batailles ; on lui demanda la grâce de triompher d'un ennemi impie qui voulait tout détruire.

Émyn ordonna le départ..., et emmena le sultan avec l'armée. Il marcha droit sur le birny du Barnau. Lorsqu'il n'en était plus qu'à quelque distance, il aperçut l'armée des Foullân s'avancer contre lui. Il en vint aux mains ; les deux partis étaient nombreux, la mêlée fut sanglante. Cette fois, les Foullân furent battus, taillés en pièces, et laissèrent la plaine couverte de leurs morts. Ce qui put échapper au carnage s'enfuit avec Zâky.

Après cette victoire éclatante remportée par l'habileté et le courage du faguyh El Kânumy, le sultan du Barnau rentra triomphant au birny. Le lendemain de cette mémorable journée, on n'aperçut plus un seul Foullân ; il n'en restait de vestiges que leurs demeures de la veille.

Le sultan éleva de suite le faguyh El-Kânumy au

rang de premier vizir, et lui concéda une autorité discrétionnaire sur tous les gâïd et les grands officiers de l'État. Grâce aux soins et à la fermeté d'Émyn, l'honneur du sultan et du pays fut vengé.

La journée du birny fut le commencement des revers qui poursuivirent ensuite les Félâta. Jusqu'alors tous les princes du Soudan avaient tremblé à leur nom seul ; l'épouvante devançait partout les armes de ces terribles novateurs. Mais du jour où ils furent battus par le Kânumy, la hardiesse et la confiance ranimèrent les esprits.

L'invasion du Barnau par Zâky eut lieu, je crois, vers 1220 de l'hégire. Ce qu'il y a de singulier à remarquer, c'est que la déroute des Foullân et leur expulsion du Barnau coïncident pour ainsi dire avec les premiers revers des Wahabites, ce qui eut lieu quatre ou cinq ans après l'époque où les Français évacuèrent définitivement l'Égypte.

Tous ces bouleversements qui frappèrent le Soudan central depuis Noufeh et Kechnah jusqu'au Barnau, sont, comme je l'ai déjà indiqué, des conséquences plus ou moins immédiates de la vie sédentaire et tranquille des habitants de ces contrées. Le célèbre Ibn-Khaldoûn, ainsi qu'on l'a dit, a traité en termes généraux cette question sociale dans sa Grande Histoire. Il montre que lorsque l'habitude d'une existence pacifique, le goût du luxe domestique, l'entraînement des plaisirs de la table et des voluptés sensuelles sont entrés depuis longtemps dans les mœurs d'un peuple, les hommes redoutent la guerre et deviennent avares de leur vie. Ils craignent de perdre les jouissances dont ils se sont fait un besoin, et ils acceptent facilement la honte d'une défaite. La gloire d'une victoire, même productive, est pour eux sans attrait.

Mais, dira-t-on, le bien-être et les douceurs de la vie, chez les populations non scénites, n'entraînent pas nécessairement cette dégradation dans les penchants et dans le caractère. Ainsi, les nations européennes, malgré leur aisance et leur luxe, n'ont pas moins agrandi leurs possessions, imposé à leurs ennemis, accru ce qu'elles avaient de puissance, abattu et foulé aux pieds des nations rivales. Si le luxe et le calme des sociétés enfantaient nécessairement des résultats semblables à ceux que nous avons signalés pour le Soudan central, la plupart des États européens seraient depuis bien longtemps démembrés, leurs richesses seraient anéanties, leurs populations expatriées ou épuisées; car là les jouissances sociales sont arrivées au dernier degré de raffinement, et se sont multipliées à l'infini.

A cela je répondrai : Les inventions et les raffinements du luxe et de l'industrie, en Europe, sont des faits que personne ne conteste, mais ils n'offrent rien ou presque rien de semblable à ce que nous voyons dans la société musulmane. Dans l'Islamie, les peuples ne portent guère leurs raffinements que dans les plaisirs de la table, dans les rapports des sexes, l'arrangement de leurs demeures, leur ameublement, les chevaux de haut prix, l'amour des chants et des fêtes domestiques; mais les sciences abstraites, mais les sciences positives, mais toutes les connaissances qui caractérisent l'homme et composent le domaine propre de l'intelligence, les applications des mathématiques aux arts et à la guerre, la physique, la chimie, la médecine, l'histoire naturelle, la botanique, les études expérimentales, sont autant de points sur lesquels le musulman reste profondément ignorant. Les études du musulman, lorsqu'il en fait, n'embrassent guère que la jurisprudence religieuse et civile selon le rite qu'il a adopté. Il ajoute à cela quelques notions théologiques sur l'unité de Dieu, quelques éléments de grammaire analytique; voilà ce qui compose aujourd'hui la science des ulémas, de ce qu'on appelle les savants de l'islamisme.

Aux yeux des ulémas mêmes, celui qui a abordé le domaine de quelques-unes des sciences humaines que je viens de nommer, est un extravagant, un *philosophe* (1), un homme écarté de la voie de la religion. Ils ont poussé l'injustice et l'aveuglement à un tel point que plusieurs d'entre eux réprouvent et condamnent même l'étude de la logique, des principes qu'elle fournit pour composer et asseoir les démonstrations et pour en assurer la puissance dans les discussions, enfin pour déduire des conclusions saines et justes des différentes formes de raisonnement.

Deux motifs excusent jusqu'à un certain point la manière de voir des ulémas. D'abord, ils n'ont jamais eu ni l'habitude ni l'exemple de ces études; leurs prédécesseurs ne s'y sont point appliqués, et n'ont pu dès lors en faire naître chez eux l'amour ou le goût. Ensuite,

---

(1) *Voy.* note 36.

accoutumés qu'ils sont à une vie désœuvrée; le travail qu'exigent les études européennes troublerait la sérénité de leur repos, fatiguerait leurs cerveaux endormis. Outre cela, les hauts personnages du gouvernement ne comprennent pas l'importance de ces études, et par suite la nécessité de les encourager; et, comme dit le proverbe : Religion des grands, religion du peuple.

En résumé, il y a une différence immense entre cette vie qu'animent les travaux intellectuels purement humains, qui enfantent et nourrissent le patriotisme, inspirent l'amour de la gloire militaire, excitent les sentiments d'honneur et d'illustration personnelle, et cette vie pacifique et monotone des peuples de l'Orient, que remplissent presque uniquement les jouissances sensuelles et qu'accompagne une ignorance profonde. Ici, en Orient, l'homme semble être l'animal qui broute quand il a faim, se couche quand il est repu, s'accouple quand il s'échauffe. Des arts, il ne connaît que les plus grossiers; il se livre à la culture des terres et au négoce, et cela encore sans aucune idée de perfectionnement.

En Europe, au contraire, les études scientifiques, en faisant découvrir à l'homme les lois du monde extérieur et les ressources que la nature offre au génie humain, le conduisent aux découvertes de l'industrie, aux merveilles et à la perfection des arts. Tout ce que produit l'Europe, appareils de guerre, armes, meubles, ornements, tissus, parures, tout porte le cachet de la précision. En ce qui regarde particulièrement la santé, les nations de l'Occident recherchent et expérimentent sans cesse les compositions médicales qu'il faut opposer aux maladies, examinent les matières vénéneuses et leurs antidotes; la mécanique s'efforce de ménager les fatigues et les forces de l'homme, et, grâce à ses inventions, dix individus transportent des masses que cent individus d'entre nous ne sauraient seulement remuer.

Mais il me semble entendre une foule de voix s'écrier que l'Europe est composée d'infidèles; que pour nous, musulmans, aimer des infidèles est une affaire de conscience, une tendance à l'impiété, et presque un acte coupable. — Cela est vrai abstractivement, et je passerais condamnation si mon estime pour les Européens était inspirée par un sentiment religieux, au lieu d'être le résultat de mon admiration pour des œuvres d'arts et de sciences qui chez nous sont encore à l'état d'enfance. Ce que j'accorderai, c'est que cette estime, cette affection en moi tiennent à des faits accidentels ou circonstanciels, et nullement à des sentiments de fraternité. Et je demande à Dieu de me préserver de la moindre tendance qui pourrait porter atteinte à la pureté de ma foi religieuse.

Je sais que mes frères musulmans peuvent me dire : « Il nous serait aisé de nous former aux arts et aux industries de l'Europe, soit en nous transportant au milieu des peuples européens, soit en appelant ici et rétribuant à grands frais quelques-uns de leurs hommes les plus habiles. Mais comment nous appliquer à tant de travaux, avec les cinq prières journalières que notre Loi sainte nous impose? Une fois que nous serions plongés dans ces études et ces travaux, nous serions détournés de nos prières, de ces devoirs imprescriptibles sur lesquels nous serons sévèrement examinés, et dont l'oubli sera rigoureusement puni de Dieu.

Je n'admets point que les études, les arts, les travaux dont nous voulons parler, soient des causes qui détournent de la prière ou fassent oublier les devoirs de dévotion. Celui dont la piété est sincère quitte sans peine, pour un moment, le travail qui l'occupe, et s'acquitte aux heures fixées des actes religieux auxquels il est obligé. Mais celui que la piété n'inspire et ne dirige pas, qu'il soit désœuvré ou qu'il travaille, laisse passer sans s'en inquiéter les heures de la prière, il les oublie, et oublie ainsi les actes religieux commandés par les devoirs les plus impérieux.

Mais revenons à notre sujet, à notre récit premier.

Le souverain Créateur diversifie à son gré les caractères et les natures des peuples. Il dispense à qui il veut le courage ou la lâcheté, la piété ou l'irréligion, l'intelligence ou l'incapacité, la générosité ou l'avarice, mais à des nuances et à des degrés différents, entre les limites extrêmes du plus ou du moins, du oui et du non. C'est aussi le Dieu tout-puissant qui a établi les analogies des caractères entre les nations, analogies qui rapprochent en quelque sorte les populations les plus éloignées.

Ainsi, les Fôriens se rapprochent des Turks par le caractère, comme par une foule de mots de leur langue, par l'ostentation de courage dont ils masquent leur pusillanimité, par leur orgueil ou leur souplesse à s'humilier, par leur amour de l'oisiveté, par leur morgue, par leur goût pour l'apparat, par leur empressement à se venger toujours d'un ennemi aussitôt qu'ils le peuvent. Comme les Turks, les Fôriens négligent les choses importantes et s'attachent de préférence aux choses de médiocre ou de nul intérêt. Mais ce qui caractérise essentiellement les Fôriens, et surtout les Fôriens indigènes ou *primitifs*, tels que ceux des monts Marrah, c'est une avarice au delà de toute expression. La générosité, l'hospitalité large et libérale est reléguée chez les grands et chez les rois du Dârfour; mais ceux-là sont presque tous d'origine ou de sang arabe.

Les Fôriens manquent de vivacité dans l'esprit et dans l'intelligence, d'activité et de promptitude dans l'action. C'est encore là un trait qui rapproche ces hommes noirs, habitants de contrées âpres et ingrates, des Turks ou blancs, habitants de contrées plus douces et plus heureuses.

L'humeur des Ouadayens a une sorte d'analogie avec le caractère français; on trouve un point de ressemblance entre eux jusque dans l'institution des quarantaines. Mais les Ouadayens, au lieu d'avoir la parcimonie serrée et avare des Français, ont la générosité hospitalière des Arabes. Les conseils du souverain ouadayen offrent une certaine analogie avec les assemblées gouvernementales en France. Les kamkolak, qui ne sont pour ainsi dire que des Ouadayens d'ordre inférieur, sont conseillers du sultan; dans le cas où le sultan récuserait leurs décisions et s'opposerait à l'exécution de leurs jugements, il courrait le risque de les voir se révolter contre lui : c'est là un trait de mœurs françaises.

Les Bâguirmiens et les gens du Katakau rappellent le type italien jusque dans la mollesse de leur langage et par le manque habituel d'énergie dans le caractère.

Les Birguid, les Tâmiens, les Zaghâouah et les Mydaûb, ont la perfidie et la traîtrise des Grecs. Comme eux aussi ils sont bas et rampants, lorsqu'en guerre, par exemple, ils tombent entre les mains de leurs ennemis.

Les Foullân ou Félâta participent de la nature des Russes, par la passion des envahissements et des conquêtes, par le soin qu'ils prennent d'avoir de nombreuses armées toujours disponibles. Sous le rapport religieux, les Foullân ont le fanatisme espagnol; pour une seule prière manquée, ils condamneraient un homme à mort.

Les Barnâouyens approchent du caractère anglais par leur fierté un peu brutale, par leur goût pour le luxe et l'apparat, par leur insatiable avidité; mais ils sont lâches et poltrons.

Chez les Dâdjo et les Bygo on retrouve la nature des fellâh ou paysans d'Égypte; même paresse, même malpropreté sur eux, même saleté dans tout ce qui les entoure. Ils supportent, sans mot dire, de la part de leurs supérieurs, les plus rudes vexations, les corvées les plus pénibles. Ils se laissent enlever leurs enfants, garçons ou filles, pour servir aux travaux commandés par les chefs, sans songer à se soustraire par aucun moyen à d'injustes caprices, sans penser à s'affranchir d'une odieuse servitude.

Cette résignation est encore plus grande chez les Berty et les Maçâlît, bien que ces deux peuplades soient plus riches, plus nombreuses, plus peuplées que les Dâdjo et les Bygo. Les Berty et les Maçâlît s'épouvantent au moindre cliquetis d'armes. A l'aspect de quelques hommes armés, ils tremblent comme les brebis à la vue du loup. Les Berty surtout sont d'une poltronnerie inimaginable ; un seul Fôrien, le bâton à la main, fait marcher devant lui deux cents Berty comme un troupeau de moutons.

Gloire soit à l'Être suprême, dont la sagesse a tout établi dans le monde. Nul n'a le droit de lui demander raison de ses œuvres : c'est lui qui nous demandera compte des nôtres.

Maintenant, comme dans le courant de ce Voyage nous avons parlé souvent des coutumes et habitudes du Soudan, et que parfois nous avons indiqué qu'il y avait chez les Soudaniens certaines peines particulières, je crois convenable de dire ce que leurs genres de punitions ont de spécial et de plus saillant.

CHAPITRE V.

Des moyens de répression.—Prescriptions du Coran.—Peines indiquées par les lois civiles. — Décollation; dilaniation; déchiquètement (couper en longues lignes); pendaison; empalement.—Supplice du *châmydt*. Anecdote.—Supplice du feu. — Enterrer vif. — Écrasement ou broyement. — Tonne à clous. — Noyade. — Étranglement; empoisonnement; mort lente; mort par armes à feu; par les coups. — Peines au Dârfour. — Travail des prisonniers; manière de les éveiller. — Entraves perpétuelles. — Casse-pastèque. — Écartement. — Étrivières. — Détention particulière. — Entrave dite *scorpion*. — La ligne-prison. — Autres punitions.

La vérité suprême, le Dieu dont la puissance est infinie, dont la parole est imprescriptible, est le Dieu qui veut les hommages de ses créatures, le Dieu qui aime ceux qui l'aiment, qui verse sur eux les trésors de sa bonté et placera aux plus brillants degrés du paradis ceux qui travaillent au bien de leurs frères. Dieu est jaloux des adorations des hommes; il a réprouvé l'injustice et les œuvres de mal; c'est lui qui nous a envoyé des cieux son saint Coran et nous a ordonné d'en observer les préceptes sacrés; c'est lui qui a fixé les limites de nos œuvres, qui nous a défendu de les franchir, et qui a prononcé les peines à infliger à ceux qui oseraient transgresser sa loi. Mais l'homme n'obéit guère qu'à la voix de la force, et ne s'abaisse que devant ceux qui sont plus élevés que lui. Aussi, Dieu nous

a imposé des maîtres, des chefs, pour protéger le juste contre l'injuste; il a constitué des peines et des châtiments, pour rappeler le coupable hors du sentier du mal. Par là, il a mis un frein aux passions sanguinaires, à l'avidité envahissante, aux penchants destructeurs, aux passions corruptrices. Oui, le Tout-Puissant a dit dans le Livre saint et inviolable : « Les châtiments sont
» la sauvegarde de la vie des hommes. O vous, hommes
» d'intelligence, peut-être aurez-vous la crainte de Dieu
» et la crainte du mal! »

Or donc, les peines sont de deux espèces : les unes religieuses, et partant invariables ; les autres civiles ou gouvernementales, et partant modifiables. Les premières sont déterminées par le Livre de la révélation divine. Ainsi, Dieu a posé la loi du talion en ces termes : « O vous qui croyez à ma loi, voici les peines
» prononcées pour le meurtre : homme libre pour
» homme libre, esclave pour esclave, femme pour
» femme. »

Les peines religieuses sont de deux sortes. Les premières sont celles que nous venons d'indiquer pour le meurtre, et celles qu'annoncent ces paroles de Dieu : « Nous avons encore écrit dans le Pentateuque, pour
» les hébreux : âme pour âme, œil pour œil, nez pour
» nez, oreille pour oreille, dent pour dent. Mais pour
» les blessures, le châtiment varie selon leur gravité. »
Les secondes sont celles que la loi détermine pour les actes que le talion ne punit pas. Elles sont indiquées par ces paroles de Dieu : « Quiconque aura commis un
» vol aura les mains coupées, comme compensation du
» profit de son vol et comme exemple de répression

» pour les autres. Et à Dieu appartient la grandeur et
» la sagesse. — L'homme et la femme coupables d'in-
» ceste recevront chacun cent coups de fouet. Que la
» pitié alors ne vous fasse jamais sortir de la sévérité
» prescrite par la religion, si vous avez foi en votre
» Dieu et au dernier jour. Que le châtiment de l'inceste
» et de l'adultère soit infligé publiquement, en pré-
» sence de fidèles rassemblés : telle est la peine portée
» contre le célibataire coupable ; mais si le coupable
» est marié, qu'il soit lapidé jusqu'à mort. »

Le Prophète, sur lui soit la bénédiction de Dieu, a satisfait à cette prescription légale envers Mâïz, un de ses disciples.

Des ulémas ont prétendu que d'abord la lapidation fut ordonnée textuellement par le Coran ; que le Prophète supprima le texte où elle était exprimée, mais que le principe fut néanmoins gardé et observé, car les suppressions ou abrogations de lois peuvent avoir eu lieu de trois manières : ou l'on a supprimé en même temps le principe et le texte ; ou l'on a supprimé le texte et l'on a conservé le principe ; ou l'on rejette le principe, en laissant subsister le texte.

La question d'adultère dont nous parlons ici est dans le second cas, car on lisait originairement dans le Coran : « L'homme d'âge et la femme d'âge (c'est-à-dire
» mariés) qui commettront l'adultère, lapidez-les im-
» pitoyablement, et que leur mort soit un exemple qui
» serve de frein aux autres. »

Il y a encore les peines dont n'a parlé ni le Coran ni le divin Prophète. Telles sont les peines portées contre ceux qui boivent des liqueurs enivrantes et ceux qui rendent de faux témoignages. Ce sont les disciples du Prophète qui, après sa mort, et d'après l'esprit de la loi, ont raisonné et spécifié ces peines. Celui qui a bu des liqueurs fermentées est puni, dans le rite mâlékite, de quatre-vingts coups de fouet, et dans le rite châfeïte, de quarante coups.

Le vol avec effusion de sang sur les chemins, l'apostasie, la révolte contre le souverain juste et légitime, l'insurrection suscitée au sein des populations, sont punis de mort. Car Dieu a dit : « Que ceux qui, par la
» force des armes, s'élèvent contre Dieu et contre son
» Prophète, que ceux qui répandent le désordre et le
» trouble sur la terre, soient égorgés ou pendus, ou
» bien qu'on leur coupe la main d'un côté et le pied du
» côté opposé, ou qu'ils soient exilés de leur pays. »

Pour les fautes moins graves que celles dont nous venons de parler, la détermination du châtiment est laissée à la sagesse et à l'équité du juge, qui la diversifie selon les degrés de culpabilité du coupable.

Les peines établies par les lois civiles diffèrent selon les différences des États et des peuples. En Égypte, en Syrie et dans les pays arabes et turks, elles n'ont pas le même caractère. Les unes sont en harmonie avec les principes de l'islamisme, les autres pour ainsi dire en désharmonie. Mais en cela on a cru devoir se conformer aux exigences des choses et des temps. Pour le meurtrier, par exemple, — ou bien on lui tranche la tête avec le sabre, habitude suivie en Égypte depuis longtemps, et ce genre d'exécution est appelé *tédhy, perte, décollation;* — ou bien on le hache à coups de sabre ; c'est l'*istilhâm*, la *dilaniation,* ce qu'on appelle, en Égypte, *tacty, déchiquètement*, et à Tunis, *tastyr, couper en longues lignes* ou entailles; — ou bien on le pend, c'est le *chanac*, la *pendaison*, terme en usage en Égypte et à Tunis; — ou bien on l'empale, c'est le *khauzacah, empalement*. On assied le coupable sur l'extrémité d'un pieu de bois ou de fer, et on le lui fait entrer par l'anus dans les entrailles; le patient reste ainsi, les entrailles déchirées, jusqu'à ce qu'il expire. Parfois, les horribles souffrances de ce supplice se prolongent plusieurs jours.

Il y avait encore autrefois, pour les assassins, le supplice du *châmyât*. En voici la description :

On prenait un grand vase de terre cuite, mais peu profond, et on le remplissait de chiffons trempés dans la poix, le goudron et le pétrole. Ces chiffons étaient posés sur une couche de terre étalée au fond du vase. Cela fait, on amenait le condamné, on lui étendait les bras parallèlement au corps, et pour les maintenir étendus on les appliquait sur un long bâton, qui, passant sur la poitrine, allait jusqu'à l'extrémité des doigts des deux mains; on liait alors solidement ce bâton aux bras du condamné. Au cou, on mettait un carcan de fer, d'où descendaient quatre ou cinq longues chaînes. Le patient était habillé de vêtements enduits de résine et de poix; sur la tête, on lui attachait une grande coupe en cuivre.

Ensuite, on faisait accroupir un chameau, et avec des liens on lui fixait sur le dos le vase de terre cuite, placé dans un autre vase en cuivre. On asséyait le criminel dans le premier de ces deux vases, et on assujettissait fortement à la selle du chameau les chaînes qui tenaient au collier ou carcan, de manière que le malheureux condamné ne pouvait ni se mouvoir ni se déranger. Alors on plaçait tout le long du bâton qui maintenait les bras étendus une ligne de bougies. On allumait ces bougies d'abord, puis les vêtements, qui, avons-nous dit, étaient imprégnés de résine et de poix, et on faisait dresser le chameau sur pieds. La figure du coupable était également frottée et enduite de poix et de goudron. On promenait ce triste appareil dans les rues de la ville et dans tous les marchés et places publiques.

Ce genre de supplice affreux et réprouvé par la loi, était en usage en Égypte du temps des Ghouzz ou Mamelouks, et produisait sur la population une terreur profonde. La dernière victime qui subit, au Caire, l'exécution du châmyât, fut, à ce qu'on m'a assuré, une femme appelée Djindyeh, et coupable de meurtres nombreux.

Cette Djindyeh assemblait chez elle chaque semaine, pour la nuit du jeudi au vendredi, un certain nombre de fakyh pour lire le Coran (1). Elle avait associé à ses crimes plusieurs jeunes gens au cœur féroce et sans crainte de Dieu. Pour faciliter l'exécution de ses assassinats, elle avait disposé dans sa maison plusieurs chambres et arrangé un puits très-profond.

Le jeudi, elle sortait dès le matin, et examinant dans les rues du Caire celles des femmes qui passaient et avaient le plus de parures et de bijoux, elle allait à une d'elles, lui parlait d'un air de bonté et d'émo-

---

(1) *Voy.* note 37.

tion, lui embrassait les mains, la suppliait de l'accompagner, de venir un moment avec elle, ne fût-ce qu'un quart d'heure. « Mais pour quelle raison? demandait la dame à Djindyeh. — Hélas! j'avais une fille jadis; elle te ressemblait... La mort me l'a enlevée. Eh! depuis lors la douleur me consume; et toutes les fois que je rencontre quelque femme qui me la rappelle, je sens s'agiter en moi les émotions de l'amour maternel. Elle était comme toi; oui! tu es son image parfaite. Je t'en conjure au nom du Ciel, viens un moment avec moi; permets-moi de rafraîchir un peu mon cœur par ta présence, de me consoler un peu dans le chagrin qui m'accable. Tous les jeudis, en mémoire de ma fille, je fais lire chez moi le Coran; viens, tu assisteras quelques instants à la lecture sainte; ta vue calmera quelque peu ma douleur; un seul moment, et tu repartiras. »

Assez souvent les instances de Djindyeh triomphaient; elle emmenait la dame avec elle. Celle-ci entendant, à son arrivée chez sa compagne inconnue, les fakyh psalmodier le Coran, croyait à la sincérité des doléances qui lui avaient été si vivement exprimées. Elle allait, par bonté, s'asseoir avec Djindyeh; mais quelques minutes après, Djindyeh, sous quelque prétexte, passait dans une autre chambre, et aussitôt les jeunes assassins apostés chez elle paraissaient et se précipitaient sur l'étrangère. Un d'eux lui fermait la bouche, et on assassinait la malheureuse. On coupait ensuite le cadavre par morceaux qu'on jetait dans le puits.

Djindyeh se remettait en quête d'autres victimes; et parfois elle réussissait à en entraîner avec elle trois, quatre par jour. Elle choisissait de préférence les jeunes femmes.

Sa dernière victime fut une jeune fille appelée Ydeh. Ydeh fut accostée dans la rue par Djindyeh, qui par ses manœuvres accoutumées parvint à l'emmener avec elle. Ydeh fut égorgée... Elle avait encore sa mère, et était fille unique. La mère attendit le retour de sa fille pendant plusieurs heures. A la nuit, Ydeh n'avait pas reparu ; la mère, hors d'elle-même, courut informer de son malheur le gouverneur du Caire. Elle gémit, se lamenta ; sa douleur fut vaine.

Nombre de personnes ont raconté que cette malheureuse mère apprit par un songe le sort de sa fille. Une nuit, dans son sommeil, cette mère vit Ydeh, et lui demanda où elle était allée, pourquoi elle était absente depuis si longtemps. Ydeh répondit qu'une femme appelée Djindyeh l'avait emmenée dans une maison de telle apparence, de telle manière, et dans tel endroit de la ville ; que Djindyeh l'avait persuadée de la suivre, l'avait trompée par ses feintes douceurs, l'avait entraînée avec elle, et l'avait fait égorger. « Et, ajoutait Ydeh, on m'a enlevé ma parure, mes vêtements, et on a jeté mon cadavre dans un puits. »

La mère d'Ydeh se réveille toute bouleversée, et va trouver le gouverneur, à qui elle détaille le récit de cette vision. Le gouverneur la fait accompagner par des officiers de justice ; on force la maison de Djindyeh, et on reconnaît la vérité du fait de l'assassinat.

On trouva dans cette maison une masse considérable de vêtements et de bijoux.

Djindyeh fut condamnée à mort, et elle subit le supplice du châmyât. Les affidés et associés de tant de meurtres furent presque tous condamnés à être empalés.

Tel est le récit qui m'a été fait.

Il y avait encore en Égypte le supplice du feu. — On préparait une quantité considérable d'étoupes de lin qu'on amassait en tas, à un endroit désigné. On creusait une fosse et on y couchait le criminel les mains liées derrière le dos, puis on le couvrait de la masse d'étoupes, auxquelles ensuite on mettait le feu en quatre endroits différents, vers la tête, vers les flancs et aux pieds; et le malheureux était ainsi brûlé.

Il y eut des Ghouzz ou Mamelouks qui, dans leur férocité, enterraient des hommes vivants. En 1212 de l'hégire (1797 ère chrétienne), un certain Câïd aga, d'origine turque, ordonna plusieurs fois ce supplice. Il faisait creuser un fosse profonde, et y faisait jeter le criminel tout garrotté. On ramenait la terre dans la fosse, puis Câïd aga s'asseyait tranquillement sur la terre tumulaire, et là on lui servait à manger. Il condamna à ce genre de mort non-seulement des Arabes, mais même de ses compatriotes.

Le *tahrys* ou *broiement, écrasement*, tel qu'on l'exécute encore à Tunis, était aussi un genre de supplice en usage. On garrotte le coupable, on le met dans un grand mortier à quatre lourds pilons comme ceux avec lesquels on broie le café au Caire. Quatre hommes font manœuvrer ces pilons sur le condamné jusqu'à ce que toutes les chairs soient écrasées et réduites en pâte.

Voici un autre genre de supplice qui me semble être un raffinement extraordinaire de cruauté; il est le produit de l'imagination de Yézyd, sultan de Mourrâkich (Maroc). On m'a raconté qu'un juif ayant suscité la colère de ce prince, celui-ci jura de le faire mourir par un supplice qui n'eût encore été subi par personne. Il consulta à ce sujet ses courtisans, et chacun d'eux donna une invention de sa façon. Peu satisfait de leurs propositions, Yézyd réfléchit quelques instants, et rompant le silence, il demanda une grande tonne défoncée d'un côté, et appela un menuisier à qui il ordonna d'apporter un grand nombre de longs clous. D'après l'indication de Yézyd, le menuisier ficha les clous de dehors en dedans, tout autour de la tonne, et en lignes assez rapprochées, de manière que l'intérieur de la tonne ressemblait à une peau de hérisson ayant les épines dressées. On amena le juif garrotté, on l'enfourna dans la tonne, et on ferma solidement l'extrémité défoncée. Yézyd alors fit rouler la tonne sur elle-même un grand nombre de fois... Elle fut ensuite ouverte, et on trouva le juif déchiqueté, mis en morceaux comme de la chair hachée.

La *noyade* : on enfermait le criminel avec une grosse pierre, dans un sac, et on le jetait à l'eau. Ce supplice aujourd'hui est surtout réservé aux femmes, parce que la loi religieuse exige qu'elles soient dérobées aux regards des hommes.

L'*étranglement* est plus spécialement réservé aux personnages de distinction.

L'*empoisonnement* est le moyen dont on se débarrasse plus particulièrement de ceux dont on peut avoir à craindre l'audace et la puissance.

La *mort lente* consiste à enfermer ou emprisonner

un individu, et de le laisser ainsi mourir de faim et de soif.

La mort par le fusil ou le canon est la plus expéditive. (On attache le coupable à la gueule du canon, et on met le feu à la pièce. Le supplicié est emporté en morceaux. Le defterdâr gendre de Mohammed-Aly appelait le canon le *câdi* ou le grand juge; et lorsqu'il condamnait quelqu'un à ce genre de mort, il disait : « Conduisez-le au câdi. »)

Il y a encore la mort sous les coups de kourbâdj ou fouets à une seule tige faite de peau de buffle, et sous les coups de bâton.

Quant aux peines et châtiments énoncés et précisés par la loi musulmane, plusieurs sont tombés en désuétude et remplacés par d'autres. Ainsi, ce n'est que depuis un certain nombre d'années que l'on ne coupe plus la main aux voleurs; on les condamne aux galères.

Au Soudan, l'application des peines prescrites par la loi religieuse est tombée en désuétude. Il est permis de se racheter des condamnations. Ces rachats sont passés en habitude, surtout au Dârfour. Ainsi, les Fôriens payent un rachat pour l'inceste; ils payent une rançon pour se soustraire aux coups de bâton; parfois même la punition du meurtre est différente de ce que prescrit le Coran.

Du reste, il y a dans le Soudan, surtout le Soudan central, d'assez nombreuses espèces de châtiments civils; mais elles sont encore plus nombreuses chez les Arabes.

Les plus fréquentes punitions, au Dârfour, sont la prison et les coups. On emprisonne les condamnés dans un lieu clos, sans toiture, dont le sol est la terre nue, et dont l'enceinte, intérieurement, est toute hérissée d'épines. Le détenu a les pieds dans les fers et le cou dans un carcan. Les geôliers sont des eunuques, sous les ordres d'un chef également eunuque. Des domestiques sont attachés au service de ces prisons. Les détenus sont forcés de tanner des peaux, surtout des peaux de bœufs, de vaches et de chameaux. Pour cela, on donne à chaque prisonnier un énorme vase en terre cuite, et du *caraz*, c'est-à-dire des siliques du *mimosa nilotica* pilées qui servent de tan; chacun a une époque fixée pour accomplir le tannage qu'on lui a imposé, et s'il la dépasse il est sévèrement châtié. Ces travaux ne sont exigés que dans les prisons destinées aux gens du peuple. Les grands et les personnages de distinction sont détenus dans des prisons particulières, et n'y sont soumis à aucune corvée.

Le plus pénible et le plus cruel pour les détenus, c'est que, s'ils ne sont pas éveillés dès le matin à l'heure voulue, on les éveille à grands coups de fouets. Plusieurs individus se relayent pour continuer la fustigation pendant un temps assez long, et à chaque relai du fustigateur, les coups ont une nouvelle violence. On entend de très-loin les cris des malheureux fustigés.

Pour ceux qui sont condamnés à une reclusion perpétuelle, on leur met à chaque pied une entrave dont les deux extrémités sont percées d'un trou et fixées l'une contre l'autre par un clou, dont ensuite on lime et rive les deux bouts. Ces entraves restent ainsi maintenues jusqu'à la mort du condamné; alors seulement ou les retire en les coupant avec la lime.

Les grands, tels que les enfants des sultans, des vizirs, qui ont encouru la colère du souverain, sont jetés dans les cachots des monts Marrah. Nous en avons parlé dans le *Voyage au Dârfour.*

Chez les Fôriens, il y a, en fait de châtiments civils, ce qu'ils appellent le bortoan-bau ou *casse-pastèque* (*bau*, casser; *bortoa*n, pastèque). Ainsi, lorsqu'un individu est condamné à mort par le sultan, et que le sultan dit à ses officiers : « Bortoan-bau, cassez la pastèque, » les exécuteurs saisissent le condamné, le soulèvent en l'air, puis l'abandonnent tout à coup, mais de manière que le sommet du crâne vienne frapper le sol. On recommence ainsi plusieurs fois de suite, jusqu'à ce que le patient expire.

On exécute encore les coupables par le *chabh* ou *écartement*, ou mieux *pandiculation*. Si le sultan prononce la peine contre un individu accusé, ou réellement convaincu de crime, ou regardé comme convaincu, et articule le mot : « Écartez, » alors on cherche deux arbres qui soient assez rapprochés l'un de l'autre; et si l'on n'en trouve pas qui soient ainsi placés, on plante profondément en terre deux poteaux qu'on assujettit solidement; on lie le patient une main à chaque arbre ou à chaque poteau, mais en lui étendant les bras fortement, au point qu'il lui soit impossible de se mouvoir. Ensuite des hommes cueillent des faisceaux de verges d'un arbre appelé *laaut*, d'une odeur repoussante, et tout hérissé de petites épines recourbées comme des fers de hameçon. On enlève les épines du côté de la base des verges, afin de pouvoir saisir facilement le faisceau; ensuite les exécuteurs flagellent le condamné jusqu'à ce que mort s'ensuive, ou à peu près.

Le meurtrier dont le crime est constaté soit par aveu, soit par preuves recueillies en dehors du coupable, est mis à mort par le plus proche parent de la victime, lequel le perce d'un coup de lance dans la poitrine.

Pour une dent brisée, pour un coup sur le nez, pour la mutilation d'une main, pour les blessures de la tête, etc., le coupable, au Dârfour, est condamné à une amende, dont une partie, fixée d'ailleurs par la loi, est au profit de l'individu offensé et blessé ou mutilé.

Au Ouadây, les peines déterminées par la loi religieuse sont appliquées dans les termes mêmes du texte du Coran. Le sultan a le droit aussi de condamner à mort, ou aux coups, ou à la reclusion.

Quand le sultan prononce la peine de mort contre un coupable, et dit à ses *kabartou* ou officiers de justice : « Prenez cet homme et écrasez-le, assommez-le, *daggougoû-ho*, » on s'empare du condamné et on le conduit sur la grande place du Fâcher. Là, un des kabartou s'arme d'un gros bâton court, à tête renflée et en forme de masse d'arme, et en assène au condamné un coup sur la nuque. Si le patient, par la violence du coup, fait un mouvement de tête et la relève, un autre kabartou lui décharge un second coup de massue sur le creux de l'estomac. Au troisième coup, toujours le condamné reste roide mort.

Lorsque le sultan a ordonné d'exécuter plusieurs coupables ensemble, souvent on les voit, par une singulière rivalité, se présenter à l'exécuteur à l'envi l'un de l'autre et en s'écriant : « A moi le premier ! à moi le premier ! » comme s'ils se disputaient quelque chose d'un grand prix.

Les coups de fouet proprement dits s'administrent au moyen de fouets particuliers, analogues aux *zoukhmeh* d'Égypte (1) en longueur et en épaisseur. Néanmoins le fouet diffère du zoukhmeh, en ce qu'il ne se compose que d'une seule lanière épaisse, en cuir de buffle sauvage ou de rhinocéros. Cette lanière, à l'état brut, est dure, raboteuse, roide ; un seul coup déchire la peau et fait jaillir le sang. Parfois cependant le condamné en reçoit cent et même mille coups sans laisser échapper un ah ! Ces traits de courage sauvage ne sont pas rares au Ouadây.

La détention se fait de diverses manières. Ainsi, on détient un individu en le faisant asseoir au pied d'un arbre, qu'il embrasse de ses deux jambes, et contre lequel on l'attache par des liens qui le maintiennent appliqué immédiatement contre l'arbre. Il reste ainsi attaché jusqu'à ce que sa délivrance soit prononcée par le sultan.

Certains reclus ont les pieds dans une entrave en fer, d'une seule pièce, et appelée *acrab* ou scorpion. C'est une bande aplatie, en forme d'S (*Voy.* fig. 6). A d'autres, on met les fers aux pieds et aux mains, une chaîne au cou, et on les enferme, comme nous l'avons déjà dit, dans un lieu sans toiture.

La plus singulière détention est celle du *khatt* ou de la *ligne*. Voici comment on y procède. On dit à celui

---

(1) *Voy.* note 38.

qu'on doit soumettre au khatt : « Le sultan te détient ici, » c'est-à-dire dans le lieu où l'on rencontre l'individu. Celui-ci s'arrête aussitôt et reste en place, sans qu'on lui applique de liens, sans que personne le garde ou le surveille. Il demeure ainsi jusqu'à ce que soit ordonnée sa délivrance. Le khatt est prescrit pour les fautes légères, et appliqué surtout aux débiteurs. Ainsi, lorsqu'un créancier a rencontré plusieurs fois son débiteur et lui a demandé son dû, et que le débiteur, tout en reconnaissant sa dette, en remet toujours l'acquittement à un autre temps, le créancier peut, à discrétion, arrêter son homme sur place, le faire asseoir, et alors, de la pointe d'une lance, il trace par terre une *ligne* circulaire autour du débiteur, en lui disant : « Par Dieu et son Prophète ! par le sultan et la mère du sultan ! par les téna appuis de l'État (1), tu ne sortiras pas de ce cercle que tu ne m'aies payé ta dette. » Le débiteur est obligé de rester enclos et assis dans son khatt, jusqu'à ce que quelqu'un intercède auprès du créancier, et que celui-ci consente à la délivrance de son prisonnier. Si le créancier reste inflexible et inexorable, le détenu demeure dans son khatt jusqu'à ce qu'il ait acquitté sa dette. Si, rompant la consigne qui lui est imposée, il s'avise de sortir de sa *ligne*, et qu'alors le créancier porte plainte au sultan, on envoie à la poursuite du fugitif, en quelque lieu qu'il soit on le saisit, et on le condamne à des peines très-sévères.

Si celui qui s'est déclaré créancier est convaincu de mensonge, s'il a tracé le *khatt* autour d'un individu

---

(1) *Voy.* note 39.

dont il ne peut prouver la dette, il est rigoureusement puni. Aussi nul ne se hasarde à tirer le *cercle de reclusion* autour de quelqu'un, qu'après avoir pris toutes ses mesures pour prouver la réalité de la créance, et se mettre à l'abri des conséquences fâcheuses d'une déclaration qui risquerait d'être reconnue fausse.

Quant aux délits ordinaires, les punitions qu'ils encourent sont à peu près les mêmes au Ouadây qu'au Dârfour : telles sont les punitions décernées à celui qui a rendu une femme enceinte, à celui qui a frappé un autre et l'a blessé. Toutefois, comme nous l'avons déjà remarqué dans le *Voyage au Dârfour*, le premier de ces deux cas n'entraîne aucune peine chez les Fôriens des monts Marrah, par exemple, chez les Témourkeh, les Karakryt, etc. Là, un homme n'épouse une femme que lorsqu'il en a eu par concubinage deux ou trois enfants. Il n'y a donc aucun châtiment ni pour l'homme ni pour la femme. Bien plus, la femme se glorifie d'avoir eu des enfants, car elle a prouvé qu'elle est féconde. Les enfants nés de ces unions avant le mariage sont, comme nous l'avons dit, à la charge des oncles maternels.

Et Dieu est admirable dans le secret et le but de ses œuvres; c'est lui qui a donné aux peuples les caractères et les mœurs qui composent leur nature distinctive, cette nature que nul de nous ne consent à changer.

CHAPITRE VI.

Commerce et industrie au Dârfour et au Ouadây. — Commerce des kharaz ou verroteries. — Ceintures secrètes des femmes. — Bracelets ; tamymeh ; périscélides ou chevillères ; damleg. — Coraux. — Étoffes importées. — Ânes. — Tarboûch. — Aromates. — Cuivre ; étain. — Aiguilles. — Rasoirs. — Selles. — Sabres. — Talaris. — Soufre. — Papier ; encriers ; livres. — Ilâdjeh, étoffe. — Fair ou insigne de récipiendaire. — Mousseline. — Souliers, etc. — Commerce au Ouadây. — Kharaz appelé chôr. — Moudraàh ou brassières. — Présents des amants ; le cadmoûl. — Anecdote. — Commerce des Arabes répandus aux environs du Dârfour et du Ouadây. — Sel ; ses espèces. — Industrie au Dârfour et au Ouadây — Secours mutuels. — Devoirs rendus aux morts ; prières. — Occupations des femmes. — Récoltes des fruits, des légumes. — Pauvres.

L'Être souverain maître de toutes richesses, l'Être qui n'a besoin ni du secours ni de l'aide d'aucun autre, qui seul se suffit, l'Être qui est le refuge et l'appui des mortels, a jeté sur nous un regard de bonté et de munificence, et nous a prodigué ses bienfaits. C'est lui qui fait le roi et le sujet, le riche et le pauvre ; c'est lui qui a gratifié chaque climat du monde de produits dont il a privé d'autres climats, lui qui a lié les causes et les effets, qui a montré aux hommes la droite voie, qui a mis dans leurs cœurs la passion du bien et la passion du mal, qui a distribué les peuples en fractions et en classes distinctes, au gré de sa volonté suprême. C'est lui qui a placé les hommes de commerce dans la classe moyenne des nations, et les a en quelque sorte séparés de la gent corvéable. De là les jouissances que le commerce répand dans les différents pays; de là les relations qui établissent les communications des peuples.

Noble industrie, qu'a honorée le plus vertueux des hommes, le saint Prophète de Dieu, Mahomet! Qui ne connaît, parmi les nations de l'islamisme, les traditions révérées qui attestent et racontent les voyages du Prophète en Syrie, lorsqu'il gérait les intérêts commerciaux de Khadydjeh, la Mère des vrais Croyants? Qui ne sait combien de fois il rendit hommage aux négoces des hommes probes et sincères dans leurs transactions, modérés dans leurs gains? Les récits de ses disciples en fournissent les témoignages.

A l'exemple du Prophète, une foule d'hommes, dans les divers climats, se sont livrés aux entreprises commerciales. Et, comme les autres peuples, les nations du Soudan ont leurs négoces. Privés des tissus utiles aux usages de la vie, d'une foule d'objets que procure le commerce ordinaire, et, d'autre part, possédant un certain nombre d'objets recherchés dans les contrées étrangères, les Soudaniens ont aussi parmi eux des hommes entreprenants qui se dirigent sur d'autres régions, dans le but d'opérer des transactions productives.

Ainsi, on exporte du Dârfour des esclaves, de la gomme, des dents d'éléphant, du tamarin, du *habbet-el-ayn*, connu en Égypte sous le nom de *chichm* (1), du *nabk-el-karnau*, du *tébeldy* ou fruits du baobab, des peaux de bœufs dont on fabrique les *mazâdeh* ou grandes outres plates et carrées connues en Égypte

---

(1) *Voy.* note 40.

sous le nom de *ray*, des plumes d'autruche blanches et noires. Tous ces objets trouvent leur débit dans les pays étrangers.

Les esclaves sont une partie commerciale demandée sur tous les marchés des contrées éloignées ; il en est de même encore des dents d'éléphant, des plumes d'autruche, de la gomme et du tamarin. Mais il n'y a guère que les riches marchands qui puissent exporter ces marchandises. D'autres produits de petit commerce sont l'objet du négoce des gens d'humble condition.

Les objets qu'on importe au Dârfour sont nombreux, et la plupart sont sans valeur et sans utilité pour les peuples plus civilisés. Telles sont les diverses espèces de *kharaz* dont nous allons parler et dont nous avons déjà dit quelques mots dans le voyage au Dârfour. (Les kharaz sont les *verroteries* proprement dites ; cependant le nom de kharaz s'applique aussi à d'autres objets ou matières que celles que nous comprenons en français sous le terme de verroterie. Les indications données dans ce chapitre délimiteront l'étendue du mot.)

Le *mansoûs* est un kharaz d'ambre jaune et de grosseur variable. Il y a le n° 1, ainsi désigné parce qu'*un* chapelet de ce mansoûs, qui est le plus cher, pèse un rotl ou une livre d'environ douze onces. Il est en grains arrondis, légèrement aplatis. Les femmes en font des colliers ou en mêlent des grains à leurs colliers. Il n'est acheté que par les filles et les femmes des grands, des rois, etc. Le n° 2 est celui dont *deux* chapelets pèsent un rotl ; il est moins cher que le précédent, et est recherché par les femmes de moyenne aisance. Il y a ensuite le n° 3, et ainsi de suite.

Le *raych* est un kharaz allongé, cylindrique, rarement sphérique. Il a l'aspect du marbre blanc, et est marqué de raies.

Le *soûmyt* est plus cher que le raych. C'est un kharaz allongé, assez petit, brun et marqué de raies blanches circulaires. Les femmes et les filles des grands, des rois, en font leur parure. Souvent un seul soûmyt se vend pour deux esclaves; s'il est abondant, il se vend pour un esclave.

Le *mangoûr* est un kharaz arrondi et qu'on exporte de la Galilée. Les Fôriennes portent souvent autour des reins, sur la peau, cinq ou sept tours de ces kharaz enfilés dans des cordons. Le mangoûr est vert, ou jaune, ou noir, et piqueté. Le noir est plus connu sous le nom de *michâhreh*.

Le *rougâd-el-fâgah* est plus cher que le mangoûr, plus gros, plus lisse et plus beau. Aussi le rougâd-el-fâgah est recherché comme parure secrète par les Fôriennes de condition aisée, et le mangoûr par les Fôriennes de moyenne condition.

Le *mangoûr* est du volume à peu près d'une noix ordinaire, et le rougâd-el-fâgah du volume d'une grosse noix. Tous deux sont en terre cuite couverte d'un vernis comme celui de la faïence. Mais le rougâd-el-fâgah est d'un travail plus parfait, est mieux verni, d'un coup d'œil plus agréable et d'un prix plus élevé. Le mangoûr est raboteux, comme plissé à sa surface, et assez grossièrement vernissé. Aussi se vend-il assez bon marché.

Ces deux sortes de kharaz sont employés par les Fôriennes comme parure cachée, c'est-à-dire, ainsi que je l'ai déjà fait remarquer, en sortes de ceintures appliquées sur la peau. L'intention de ce genre de parure est d'exciter les émotions voluptueuses des hommes, de les provoquer et de les animer par le léger cliquetis que laissent entendre les ceintures dans les moments de contact amoureux. Lorsqu'un individu rencontre une femme à l'écart et qu'il veut l'agacer, il la touche à la ceinture et en fait cliqueter les kharaz. Si la femme semble accueillir la provocation et se tait sans s'éloigner plus vite, il lui tend la main et on s'accorde. Si la femme le repousse, il passe son chemin.

Ce qui prouve que les Fôriennes ne portent ces ceintures de kharaz que pour en faire entendre le cliquetis lorsqu'il le faut, c'est que le premier tour est assez solidement fixé sur les reins, tandis que les autres tours sont mobiles et presque flottants.

Parmi leurs ressources de coquetterie et de séduction, les Fôriennes ont encore, comme partie importante de leur parure, les bracelets, les *tamymeh*, les *khalkhâl* ou chevillères, autrement périscélides. Les bracelets sont en cuivre, ou en ivoire, ou en corne. Les premiers sont appelés *damleg*, les second *âdj* ou ivoires, et les troisièmes *kym*. Les tamymeh, comme nous l'avons déjà dit dans le *Voyage au Dârfour*, sont un ornement pour la tête et en même temps une amulette protectrice. Chaque tamymeh a ordinairement un petit grelot qui bruit lorsque la femme marche, remue ou tourne la tête. Les bracelets aussi font entendre un petit claquement lorsqu'elles remuent le bras. Les chevillères sont des anneaux en cuivre que l'on porte au-dessus des chevilles, et qui, par le mouvement ou le choc des pieds, produisent également un léger clapotement.

Le goût de ces diverses parures est répandu dans tout le Soudan. Au Sennâr, les femmes ont, au lieu de mangoûr et de rougâd-el-fâgah, des espèces de kharaz en argent, creux, et dans lesquels sont enfermés de petits cailloux. Ces kharaz, appelés *hoûmeh*, sont fixés sur une bande de cuir qui se ceint au-dessus des hanches, sur la peau; par le mouvement de la marche, ces kharaz sonnent comme de petits grelots.

Au Dârfour, à Kôbeih, le *harich* sert de monnaie. C'est un petit kharaz vert, ou bleu, ou jaune. Les femmes pauvres qui ne peuvent se procurer des mangoûr portent le harich en ceinture.

Le *mourgân* ou *mourjân*, corail, est de deux espèces: le *gass* et le *mouderdem*. Ce sont les deux seuls coraux qui soient connus au Dârfour. Le gass est un kharaz allongé et qui, comme le mansoûs, a plusieurs numéros.

Le *fâo* est un corail artificiel en fragments allongés ou sphériques. Le fâo sphérique est spécialement appelé *mouderdem*. Les deux espèces se vendent à bas prix, et sont très-répandues parmi les femmes du peuple. Ce corail, ainsi que le corail naturel, est très-souvent mêlé au mansoûs, au raych et au soûmyt, dans les colliers des Fôriennes.

Le *dem-er-raâf* (sang de l'hémorragie nasale) est un kharaz en verre d'un rouge de sang, il se fabrique en Europe. Il est en petits grains et de deux espèces, longs et *mouderdem* c'est-à-dire sphériques. Il se vend à bas prix. Les Fôriennes des classes pauvres en font des colliers, des tamymeh et parfois des *moudraah* ou sortes de brassières ou colliers que l'on porte au bras, au-dessus du coude.

Parmi les autres marchandises importées au Dârfour, il y a encore les *tarboûch* ou calottes rouges tissues. Les Fôriens n'aiment que les tarboûch de forme allongée, un peu rétrécis en haut, et qui se rapprochent du *tartoûr* ou bonnet conique.

Les djellâb ou marchands d'esclaves rapportent, à leur retour au Dârfour, des étoffes assez fines (de calicot et de madapolam) connues en Égypte sous le nom de *madrâcy*, et dont la pièce est de soixante *pyks* ou coudées. Dans le pays où les djellâb achètent ces étoffes, ils font de chaque pièce trois coupons de vingt pyks, les font teindre et les emportent ainsi. Ils vendent ordinairement un coupon pour un esclave.

L'*ilâgueh-kéçâouy*, étoffe assez grossière (en soie et coton) est aussi importé au Dârfour, où il se vend sous le nom de *gogary*. Chaque pièce est mise en deux coupons, qui ensemble valent le prix d'un esclave. Le coupon est appelé *garin*. Les femmes des grands s'en couvrent la poitrine (en roulant le coupon comme une large bande, qui passe par-dessous les aisselles et parfois sous une aisselle et par-dessus l'épaule opposée).

Il y a encore les *chaûter*, étoffes appelées en Égypte *àbak*. C'est une sorte de toile de coton assez grossière et ayant vers l'extrémité une large bande rouge faisant partie du tissu même. La pièce se vend, au Kaire, 9 ou 10 piastres (environ 2 francs 50 centimes). En Égypte, on s'en sert pour les matelas de divans et de lits, les doublures des couvertures piquées. Les djellâb ne les emportent au Dârfour qu'après les avoir fait teindre. Six pièces de chaûter se vendent pour un esclave quand les esclaves sont chers. J'ai vu vendre des esclaves à trois chaûter l'un.

Au Dârfour, le gros drap rouge que les gens du commun achètent en Égypte à bas prix, se vend aux rois, qui en garnissent les harnachements de leurs chevaux.

Les ânes étrangers, tels que ceux d'Égypte, ont une très-grande valeur au Dârfour. Ainsi, un Fôrien achètera un bon âne d'Égypte pour dix esclaves.

On porte au Dârfour beaucoup de *sunbul* (*spina celtica*, le nard), le *mahleb* (amande du *prunus mahleb*, espèce de cerisier sauvage, indigène de Lorraine, et donnant le bois dit de Sainte-Lucie), le bois de sandal, le *cheybeh* (espèce d'armoise mêlée de souchet), les feuilles de *mersyn* ou myrte, le *karanfoul* ou girofle, le *kab-el-tyb* (sorte d'iris ou *glarea*), le café, le savon ; toutes ces substances, excepté, bien entendu, les deux dernières, sont réduites en poudre par les Fôriens pour en composer leurs cosmétiques. Et, d'ailleurs, on ne porte le café et le savon que sur commande des particuliers, ou comme cadeaux.

Le cuivre rouge, mais seulement ce qu'on appelle en Égypte *corâdhah* ou vieux cuivres hors de service et *rognures de cuivre*, est importé en grande quantité au Dârfour. Ces cuivres ne peuvent être employés qu'après avoir été refondus. Ce sont de vieux chaudrons défoncés, ou degradés, ou usés. Ils se vendent à très-haut prix. Les Fôriens les fondent avec un peu de zinc pour en avoir un laiton dont on fabrique surtout des khalkhâl ou chevillères et des damleg ou brassières. (Les hommes portent les damleg au-dessus du coude; les femmes les portent souvent au poignet.) Au Dâr-Rau*n*ah, quatre damleg, avec environ un rotl de sel, valent un esclave (car le sel est très-rare dans presque tout le Fertyt; il y est généralement apporté du dehors).

Le *tének* jaune ou cuivre jaune en feuilles est très-cher au Dârfour. On en fait des *frontaux* ou plaques qu'on attache comme ornement sur le front et le chanfrein des chevaux. Un grand qui n'a pas de *frontail* à son cheval est fort peu considéré.

Le *laiton en fil* est acheté surtout par les Fôriens de haut rang et par les riches. On le tourne ou entrelace en manière d'ornement sur les hampes des lances. Les habitants du Farâougueh excellent dans ce genre de travail. Le sultan et les premiers personnages font venir de cette contrée les ouvriers les plus habiles pour orner et parer des lances.

L'*étain* est également recherché au Dârfour; on en fabrique les anneaux qui servent de monnaie au Fâcher.

Le *khaddoûr*, kharaz allongé, blanc, ou rouge, ou bleu, et que les négociants étrangers transportent au Dârfour, passe par la voie des caravanes marchandes jusqu'au Dâr-Rau*n*ah, au Farâougueh, au By*n*ah, au Châla, où les femmes en font leur principale parure. Le khaddoûr a peu de valeur au Dârfour proprement dit; on ne le voit que sur les domestiques et les pauvres.

Le *keuhl* ou *athmed* des Arabes (appelé dans le langage chimique sulfure d'antimoine), se vend en fragments bruts de couleur bleu noirâtre et d'un brillant métallique.

Les *aiguilles*, bien qu'elles soient une marchandise

de mince valeur en elle-même, se vendent très-cher au Dârfour ; on achète parfois un esclave pour un millier d'aiguilles.

Les *rasoirs* sont également très-recherchés ; car ceux que fabriquent les Fôriens sont en très-mauvais acier, à tranchant dur et d'un service difficile et pénible ; ils ne rasent pas, ils écorchent.

Les *selles turques*, avec les couvertures feutrées qu'on place dessous, se vendent facilement aux personnages de distinction, qui seuls en font usage. Il en est de même des *étriers* à la mamelouk, dits aussi étriers à la turque, des cottes de mailles et des sabres droits ou lattes ; le sultan seul porte le sabre cambré. Les grands ne peuvent avoir que le sabre droit ; ils y font monter, au-dessus de la poignée, un pommeau en argent, quelquefois doré. Ce pommeau est sphérique, creux, et renferme toujours, dans sa cavité, quelques cailloux qui, lorsqu'on dégaîne ou qu'on agite le sabre, font entendre un cliquetis singulier. Chaque émir ou vizir, à cheval, a toujours deux sabres attachés, par le côté de la poignée, à la tête de la selle ou *carboûs* antérieur, et, par l'autre extrémité, au trousse-quin ou *carboûs* postérieur. Ces deux sabres passent sous la cuisse gauche du cavalier. Le sabre à pommeau en sphère d'argent est appelé, par comparaison, *abou toûmah*, ou *à tête d'ail*. Il est exclusivement réservé aux émirs de premier ordre. Les émirs d'ordre secondaire ou inférieur, lorsqu'ils garnissent leurs sabres d'un pommeau, ne doivent avoir que la sphère en cuivre.

Le *papier à écrire* est aussi un objet de commerce qu'exploitent les marchands voyageurs.

Mais ce dont on retire le plus de profit dans le Soudan, c'est l'importation du *talari* ou douro d'Espagne, appelé en Égypte et dans les contrées de la Nigritie *ryâl abou medfa* ou *ryâl* (réal) *à canon* (1). Assez souvent, un esclave ne vaut que huit à dix talaris (de 40 à 50 et quelques francs). D'autre part, le transport de cette monnaie est facile et n'entraîne aucuns frais.

Le *soufre en colonnes* (soufre en canon), quoique étant un objet de faible valeur par lui-même, est très-recherché au Soudan et s'y vend fort-cher.

La vente des *livres de jurisprudence* musulmane et du *hadyth* ou livre des traditions ou paroles du Prophète, donne aussi un profit considérable.

Il y a trente ou quarante ans, les Djellâb apportaient au Dârfour des milâyeh hédjâziens que les grands de la cour achetaient pour s'en draper. Mais aujourd'hui, cette importation a cessé et est remplacée par celle des ilâdjeh. On en coupe la pièce en deux lés qu'on réunit par une couture, dans le sens de la longueur, ce qui forme une pièce large dont ensuite on orne les deux extrémités avec une longue frange. Cette sorte de vêtement, dont se drapent les rois, est appelée *faïr*. Lorsque le sultan investit quelqu'un de la dignité de roi, il donne un *faïr* au récipiendaire ; et lorsque le roi est dépouillé de sa royauté, le sultan lui reprend le *faïr*. Aujourd'hui on emploie encore pour cette espèce de vêtement des indiennes rayées et qui figurent l'ilâgueh; on coupe chaque pièce en quatre lés dont on frange les deux extrémités. Les marchands tiennent

---

(1) *Voy.* note 41.

ces indiennes à un prix aussi haut que les ilâgueh.

On porte au Dârfour, pour les vendre aux faguyh ou cheykh, des *encriers* en cuivre ou encriers à étui, à la forme orientale, des *grattoirs*, sortes de petits couteaux à lame immobile et avec lesquels on taille les *calam* ou roseaux à écrire, enfin des *canifs* européens.

La *mousseline* pour turbans, les *souliers*, les *babouch* ou longs chaussons en cuir jaune pour les femmes, viennent aussi du dehors, mais par voie de commandes ou comme cadeaux.

Les articles de commerce que nous avons mentionnés ici sont fournis par l'Égypte au Dârfour. Il n'y a d'excepté que les raych, les soûmyt et le bois de sandal, qui viennent du Hédjâz par le Sennâr, le *loubân* (1) (oliban, encens), le sunbul et le mahleb. Les importations sont les mêmes pour le Ouadây que pour le Dârfour. Toutefois les Ouadayens, étant encore moins policés que les Fôriens, sont moins recherchés dans leurs goûts. D'autre part, les sultans ouadayens eux-mêmes ont modifié ou empêché l'importation de certains objets en en prohibant l'usage. Par suite de cela, le khaddoûr, qui est la parure habituelle des femmes pauvres au Dârfour, est, au Ouadây, l'ornement des femmes des plus grands personnages.

Les *selles* égyptiennes ou turques, les étoffes *gros feutre*, dont on fait les couvertures sur lesquelles on place la selle, sont défendues aux Ouadayens. Il n'y a, comme nous l'avons déjà indiqué, que le sultan qui s'en serve. Quant aux autres marchandises et objets de

---

(1) *Voy.* note 42.

parure, on ne recherche au Ouadây que les kharaz khaddoûr, raych, dem-el-raâf, le corail naturel et le corail artificiel, le cuivre, les calicots, les milâyeh, les diverses espèces de parfums que nous avons mentionnés, les cottes de mailles, les sabres, le cuivre jaune en lames. Ces articles arrivent au Ouadây par le Fezzân.

Les Ouadayens, beaucoup plus que les Fôriens, recherchent la soie filée. Ils en parent le devant de leurs vêtements blancs, en y brochant des broderies en rouge, jaune, bleu, entremêlées. Ce genre de parure n'est pas de leur invention; ils l'ont imité des Bâguirmiens.

On envoie du Barnau au Ouadây le *teîko* et le *godâny* qui sont des étoffes noires de la largeur de deux ou trois pouces au plus. Mais souvent plusieurs pièces sont cousues entre elles selon leur longueur.

La plupart des marchandises importées au Ouadây y viennent par le Fezzân; quelques-unes y arrivent par le Dârfour, très-peu par le Barnau.

Les ânes sont de peu d'usage au Ouadây. Presque jamais on ne les monte. A Ouârah on ne voit jamais personne à âne.

Au Dârfour, on apporte une sorte de kharaz de la longueur de près de trois travers de doigt, et le plus ordinairement il est blanc et noir; c'est le *chôr*. Les femmes l'enfilent dans des fils pris des feuilles du daûm ou des tiges de graminées telles que le *halfa* (*lygæum spartum*, L.). Les femmes des riches mettent entre un kharaz blanc et un kharaz noir, un grain rond de corail naturel; les femmes pauvres y mettent un grain de fâo ou un dem-el-raâf; les riches y mettent parfois du mansoûs n° 3. On compose ainsi des *moudraah* ou colliers pour les bras.

Nombre de jeunes Fôriens portent de ces brassières ou colliers. Celui qui en a le bras paré indique par là qu'il aime une jeune fille et qu'il en est aimé. Les objets de parure que se donnent deux amants sont des gages d'un amour impatient, gages qu'ils ont toujours avec eux, afin de s'aider à supporter les moments d'absence. Lorsqu'une jeune fille reçoit quelque chose de son amant, c'est ordinairement un anneau ou un *cadmoul*. Le cadmoul est un morceau d'étoffe de coton, large d'environ un empan et long d'à peu près trois pyks ou coudées, ayant à chaque extrémité des raies en soie rouge d'au moins un pouce de largeur, et séparées entre elles d'environ quatre pouces. Le cadmoul ressemble assez au *tikkeh* ou bande d'étoffe étroite qu'en Égypte on passe dans la coulisse des *cherouâl* ou caleçons, pour les froncer et les maintenir autour des reins. Un jeune homme qui a donné à sa maîtresse, ou à son amante, un beau cadmoul à nombreuses raies en soie, est vanté et cité partout comme un modèle, et la jeune fille s'en enorgueillit. L'amant alors reçoit ordinairement de celle qu'il aime un moudraah; il le porte à son bras, et est tout fier de son bonheur.

Voici une anecdote à propos de ces moudraah ou brassières.

A mon arrivée au Dârfour, mon père avait deux concubines. L'une, plus aimée que l'autre, commandait, gouvernait dans la maison, avait les clefs de tout. Ceux qu'elle traitait bien, mon père les accueillait de même;

il haïssait ou repoussait ceux qu'elle haïssait et repoussait. Il était fou de cette femme.

Un jour qu'elle était, avec quelques-unes de nos esclaves, à arranger ses colliers et ses moudraah, j'entrai et j'allai m'accroupir à terre auprès d'elles. Un moment après, arriva une jeune fille arabe de nos voisines; elle nous apportait en présent un vase de lait. Elle l'offrit à la favorite de mon père, et celle-ci le fit mettre dans une chambre à côté de celle où nous étions, en recommandant de le laisser couvert jusqu'au retour de mon père.

Moi, étourdi et enfant comme on l'est encore souvent à l'âge que j'avais alors, je passai peu après dans la chambre où était le lait, et j'avalai une bonne partie de la jatte. La favorite devint furieuse contre moi. — Et puis, le fils d'un autre lit est mal vu d'une marâtre.

Par hasard, en revoyant ses moudraah, la concubine de mon père en trouva un de moins. Il était tombé, et se trouvait couvert par la poussière. On chercha le moudraah, on ne le vit pas. La dame ne dit mot; mais dès que mon père rentra, elle lui raconta son malheur et m'accusa d'avoir soustrait le moudraah pour le donner à la jeune Arabe qui nous avait apporté le lait. « Mais, dit mon père, pourquoi mon fils aurait-il pris et donné ce moudraah? — Qui le sait? il n'a qu'à être amoureux de cette petite fille!... Et puis, aujourd'hui c'est un moudraah; une autre fois, ce sera un collier. » Or Dieu m'est témoin que j'étais innocent du vol que cette femme m'imputait.

Mon père ajouta foi à l'accusation; il parut tout irrité contre moi, il ne m'adressa pas une parole de toute la soirée. Le lendemain, dès le matin, je vis venir à moi mon oncle Zarroûk et deux de nos esclaves les plus âgés qui portaient de grosses entraves de fer. « Mon cher ami, me dit Zarroûk, ton père nous envoie pour te mettre les fers; allonge les pieds. » Je devais obéir, et j'obéis. « Mais, dis-je alors, quelle est donc ma faute, pour être ainsi traité? — Ta faute? Tu as pris le moudraah, et tu l'as donné à la jeune fille arabe. » Je protestai, je jurai que je n'avais rien pris, rien vu. On ne me crut pas. Zarroûk et les deux esclaves m'attachèrent les fers aux pieds et s'en allèrent. Je restai seul tout le jour, enfermé dans la chambre où je couchais... Et je pleurais. On m'apporta à manger; mais telle était ma douleur, que je ne pus goûter à rien. Deux jours se passèrent ainsi. Le troisième au matin, mon oncle vint me trouver et me dit : « Si tu ne te décides pas à indiquer où est le moudraah, ton père est résolu de te battre, de te châtier sévèrement, et d'une manière exemplaire. » Ma douleur devint plus vive encore. J'invoquai le secours du Ciel, j'invoquai le nom du divin Prophète; je priai Dieu de me tirer de peine.

Ce fut alors que je regrettai d'être venu au Soudan. Pendant tout le jour, je fus dans les plus cruelles angoisses; mes pleurs ne tarirent pas un moment. Je me recommandais à Dieu, je l'appelais à mon aide, je le conjurais de permettre que mon innocence fût reconnue... Sur le soir, une esclave de la maison m'annonça que le moudraah avait été retrouvé dans la poussière. Je rendis grâces à Dieu; je me sentis soulagé.

Mon père était alors absent. Il ne rentra qu'après le coucher du soleil. Il n'eut rien de plus empressé que de m'envoyer mon oncle pour me répéter les menaces qu'il m'avait déjà adressées le matin. La favorite était présente quand mon père m'envoya Zarroûk; mais cette maudite femme se garda bien de dire qu'elle avait son moudraah; selon elle, je devais ignorer qu'elle l'avait retrouvé. Mon oncle vint à moi et me renouvela les menaces de mon père. « Mais, dis-je alors, est-ce que le moudraah n'est pas retrouvé? — Je n'en sais rien. — Il est retrouvé, répliquai-je; je le sais; on me l'a annoncé. » Zarroûk sortit aussitôt et se hâta de porter ma réponse à mon père. « Est-il vrai que tu aies ton moudraah? dit mon père à sa femme. — Oui, nous l'avons, dit-elle d'un ton froid et indifférent; mais ton fils nous l'a fait rapporter ici par une esclave qui, sans qu'on l'eût aperçue, a jeté le moudraah dans la poussière; car plusieurs fois nous avions cherché partout sans rien découvrir. Certes, si on ne l'avait pas jeté ici après coup, comment y serait-il venu? » Mon père appela toutes ses esclaves, et, d'un ton sévère, leur ordonna de lui avouer la vérité. « Si mon fils, leur dit-il, a remis le moudraah à quelqu'une de vous qui l'ait ensuite jeté ici, qu'elle me le déclare; je lui promets qu'il ne lui sera rien fait : sinon, vous serez battues jusqu'à ce que vous me disiez la vérité. » Toutes jurèrent et protestèrent qu'elles ne savaient rien de cette prétendue supercherie; que nulle d'entre elles n'avait rapporté le moudraah, mais qu'elles l'avaient découvert au milieu de la poussière et dans la chambre même.

Quand mon père eut bien questionné les esclaves et eut entendu leurs déclarations, il les renvoya. — Néanmoins je passai encore la nuit dans mes fers.

Le jour suivant, de grand matin, parurent mon oncle et les deux esclaves qui m'avaient mis aux entraves. Ils m'éveillèrent, me débarrassèrent les pieds, et repartirent. Je demeurai de nouveau seul, et de nouveau mes larmes coulèrent. J'étais désespéré d'avoir été mis ainsi aux fers comme un misérable esclave. Cette pensée m'agitait encore, lorsque je vis entrer Zarroûk portant des hardes à la main. Il me fit ôter les habits que j'avais sur moi, me présenta d'autres vêtements propres, une chemise, un caleçon, un cafetan de cotonnade, un jubbé neuf en drap vert, un châle cachemire vert pour turban, un tarboûch, une ceinture et des sandales mekkoises (1). Mon oncle me fit endosser tout cet accoutrement, puis il me dit : « Maintenant, viens te présenter à ton père; il veut te parler. » Je suivis Zarroûk... Je baisai la main à mon père et l'arrosai de mes pleurs. Je vis qu'il était profondément ému. Il m'embrassa entre les yeux et me dit : « Rends grâce à Dieu que ce soit moi et non un juge ou un étranger qui ait conduit et terminé cette affaire, car probablement tu aurais été condamné. » Mon innocence fut pleinement reconnue.

Plusieurs jours après mon accusatrice annonça encore qu'il lui manquait un collier, et que très-certainement je le lui avais soustrait. « Femme que tu es! lui dit mon père, aie donc un peu la crainte de Dieu. Nous avons déjà faussement accusé mon fils, il y a quelques jours; cherche ton collier; tu le trouveras comme tu as trouvé ton moudraah. » Elle jura qu'elle

---

(1) *Voy.* note 43.

l'avait cherché avec le plus grand soin, mais inutilement, et elle persista dans son accusation contre moi. Elle parlait encore lorsqu'une esclave apporta le collier, et dit : « Le voilà! je l'ai trouvé à tel endroit. » Alors la colère exaspéra mon père. « Tu as eu l'audace, dit-il à sa concubine, d'accuser encore mon fils! Depuis qu'il est dans ce pays, tu le traites toujours en ennemi. — Mais pourquoi, avant qu'il ne fût ici, ne perdais-je jamais rien? Pourquoi ne disparaît-il rien de mes parures que depuis qu'il est avec nous?» Ces paroles irritèrent encore davantage mon père. « Qu'est-ce que tout cela signifie? répliqua-t-il. Tu ne penses qu'à jeter l'inimitié entre mon fils et moi; et plus je te rappelle au devoir, plus ta haine s'envenime. Zarroûk, dit-il alors à mon oncle, apporte-moi ici des fers. » Zarroûk obéit.... « Mets les fers à cette femme, et conduis-la à la cuisine; elle travaillera avec les esclaves. Désormais, elle n'est plus qu'une esclave comme les autres. »

Lorsqu'elle entendit cette décision, elle se prit à pleurer, à soupirer, à demander pardon, à embrasser les pieds de mon père. Mon père restait inexorable, insensible à ces larmes et à ces prières. Zarroûk intercéda pour elle, baisa les mains à mon père, qui finit, après une longue résistance, par accorder le pardon de la coupable. Mais il jura que si jamais elle osait essayer le moindre mensonge contre moi, il la traiterait avec la dernière rigueur. De ce moment la concubine fut avec moi dans les meilleurs termes, dans le plus parfait accord, et elle me témoigna toujours beaucoup de déférence et d'égards.

Plus tard cette femme suivit mon père au Ouadây. Et là, Dieu la punit des mensonges qu'elle avait ourdis contre moi, des calomnies basses et misérables dont elle m'avait noirci. Dieu, pour la punir, la soumit à de dures épreuves, et lui rendit le même genre de souffrances que j'avais endurées. Il la condamna, elle aussi, à vivre dans les fers autant d'années que j'y avais été de jours à cause d'elle ; et elle ne trouva personne qui la prît en pitié dans sa triste reclusion. Voici le fait.

A l'époque où mon père se prépara à quitter le Ouadây et à retourner à Tunis, j'étais encore au Dârfour. Mon père me fit dire d'aller le trouver, afin de partir avec lui. Le sultan fôrien, comme je l'ai déjà dit, me retint au Dârfour. Mon père ne me voyant pas arriver, et ayant résolu de se mettre promptement en route, confia tout ce qui regardait ses intérêts, les cinq villages dont il avait alors la direction et les revenus, ses femmes, ses biens, ses troupeaux, à son frère Zarroûk, qu'il constitua son remplaçant et son chargé d'affaires, puis il partit par la route du Fezzân. Il allait revoir sa famille, son père, et ce que Dieu lui avait laissé de frères.

La concubine, restée au Ouadây, donna carrière à sa méchanceté féminine et se déclara en guerre ouverte avec Zarroûk. En l'absence de mon père, elle prétendait être en dehors de toute autorité, n'avoir de compte à rendre à personne. Elle espérait tirer avantage de la résistance qu'elle opposait à mon oncle, et elle alla jusqu'à se plaindre plusieurs fois de lui au sultan. On examina la question et on reconnut la légitimité pleine et entière des droits de Zarroûk. La femme fut sévèrement admonestée de la part du sultan, et elle reçut l'ordre de rester soumise et tranquille, comme les autres femmes. Irritée de ces procédés, elle se déclara en hostilité ouverte contre Zarroûk, et refusa tout arrangement, toute conciliation. Le sultan, informé des dispositions de cette femme, la condamna à la réclusion chez elle, avec les fers *akrab* (ou *scorpion*) aux pieds, afin de la ramener à résipiscence.

Elle était alors enceinte. Quand approcha le moment de la délivrance, Zarroûk songea à prier le sultan de pardonner à cette femme ; mais ensuite Zarroûk réfléchit ; il craignait qu'elle ne recommençât ses querelles, et il se contenta de demander qu'on la débarrassât de ses fers jusqu'à ce qu'elle fût accouchée seulement, et qu'ensuite on la remît dans les entraves comme auparavant. La chose fut ainsi convenue. Lorsque j'arrivai au Ouadây je trouvai cette femme dans l'akrab...... Dieu n'oublie jamais l'injustice et la méchanceté ; il est l'appui de l'opprimé ; en lui est la consolation de celui qui souffre.

Revenons à notre sujet.

L'article de commerce le plus lucratif au Dârfour et au Ouadây est le cuivre rouge ; il s'y vend à prix d'or. On en fabrique, comme nous l'avons déjà dit, des chevillères, des damleg, des anneaux pour le nez. Au Dâr-Raunah, il a également une valeur très-élevée ; trois rotl seulement valent un esclave mâle ou femelle. Au Dârfour, six rotl, parfois dix, jamais plus de treize, valent un esclave *des six*, c'est-à-dire de la taille de six empans mesurés du talon au bout inférieur de l'oreille. Après le cuivre vient le zinc, et ensuite les talaris ou douros et le laiton en feuilles. De toutes les autres marchandises dont nous avons parlé, aucune n'est recherchée aussi avidement que ces métaux.

Tous les objets ou articles indiqués dans ce chapitre sont importés par les djellâb au retour de leurs expéditions commerciales d'esclaves. D'autres objets sont apportés uniquement par les Arabes des environs du Dârfour et du Ouadây.

Les Rézeigât et quelques autres tribus font, au Dârfour, un commerce considérable de beurre fondu, de bœufs, de vaches, de cuirs et de miel. Sans les Rézeigât, le rotl de beurre vaudrait son poids d'argent, et encore on n'en trouverait pas.

Les Zéyâdyeh, les Areîgât, les Zaghâouah, apportent au Dârfour le sel qu'ils vont chercher au puits de Zaghâouy. Sans eux, les Fôriens en manqueraient presque totalement. Au Dârfour proprement dit, le sel est très-recherché. Il l'est encore davantage au Dâr-Sila, au Fangarau et au Raunah. Chez les Fôriens, la mesure de sel, quand il est en petite quantité sur les marchés, se vend pour vingt mesures semblables de doukhn (*penisetum typhoïdeum*, grain dont on fait du pain); si le sel est abondant, la mesure vaut quinze mesures de doukhn; dans les moments de la plus grande abondance, il se vend pour douze mesures, même pour dix mesures, mais jamais au-dessous.

Le sel de Mydaüb est réservé spécialement pour les vizirs et les autres grands du pays. Le sel de Zaghâouy est le plus mauvais qu'on puisse rencontrer dans le monde; il est mêlé d'une quantité considérable de terre. Aussi, les gens de la classe aisée, avant de se servir de ce sel, le jettent dans l'eau, l'y laissent fondre, puis décantent l'eau après que la terre s'est déposée au fond du vase; ensuite ils font évaporer le liquide, et le sel reste propre... Certes! si les Fôriens voyaient du sel comme celui de Rosette ou de Tunis, ils se le disputeraient entre eux à coups de sabres.

Dans certaines localités des monts Marrah, on a le sel *falgo*. On le prépare en fragments allongés qui servent en guise de monnaie dans les marchés.

Il résulte de ce que nous venons de dire, qu'il y a au Dârfour trois variétés de sel. Le plus commun et le plus abondant, mais en même temps le plus mauvais, est celui de Zaghâouy; le meilleur et le plus rare est celui de Mydaûb; le moyen en quantité et en qualité est le *falgo*. En général, il n'y a guère que les gens d'une certaine aisance et les riches qui puissent se procurer du sel. Les pauvres salent presque toute leur nourriture avec de l'eau dans laquelle ils ont lavé de la cendre. Ils jettent la cendre dans un vase à fond criblé de très-petits trous; par-dessus, ils versent de l'eau qui filtre à travers cette cendre et s'écoule peu à peu par les trous. Cette eau filtrée, qu'on appelle *kambo*, est le sel des pauvres et leur sert à préparer leurs mets. J'ai goûté de ce sel liquide; il a un goût d'amertume fade, repoussante, et qui soulève le cœur.

Quant au falgo, plusieurs personnes qui l'ont vu extraire m'ont raconté qu'on le retire d'une terre particulière que les montagnards recueillent dans certaines localités de leurs montagnes. Ils jettent cette terre dans de larges vases et la traitent à grande eau, à peu près comme on opère pour séparer le sel de nitre. On reprend cette eau, on la verse dans d'autres vases, dans le fond desquels sont pratiqués plusieurs enfoncements coniques qui font office de moules, et on laisse le liquide s'évaporer spontanément. Le résidu salin se rassemble dans les cônes et s'y dessèche en fragments opaques de forme pyramidale, d'une cristallisation irrégulière, de couleur grisâtre et d'un goût agréable.

Il me reste à dire quelques mots sur l'industrie, sur les occupations domestiques, sur les derniers devoirs rendus aux morts.

L'industrie est fort peu développée chez les peuples de l'Afrique centrale. Au Dârfour et au Ouadây, il n'y a guère, en fait d'arts, que ceux du tisseur, du forgeron, du laboureur, du fileur, du fondeur (c'est-à-dire du fabricant de lances, d'arcs, de flèches et de quelques grossiers ustensiles pour l'agriculture et les besoins les plus ordinaires et les plus communs de la vie). Au Dârfour, il y a des étrangers, originaires du Katakau, qui teignent en bleu avec l'indigo, et qui savent produire les nuances bleu-noir chatoyant du godâny et du teykau.

Les Fôriens tannent parfaitement les peaux; ils ont pour cela tout ce qu'il leur faut en instruments de travail et en matières premières. Ils préparent, avec les peaux de bœufs et de chameaux, des sacs, de grandes et belles pièces de cuir qu'ils appellent *doubourkou* et qui servent, les unes pour s'asseoir et pour dormir, les autres pour cribler les grains, etc. Avec les peaux de chèvres et de boucs, ils fabriquent de belles outres et des sacoches pour les provisions de voyages. Des peaux de moutons, ils font du *sekhtyân* ou cuir souple, rouge ou vert, pour recouvrir les fourreaux de sabres, garnir les selles, etc. Après que le sekhtyân a été bien tanné, ils le teignent en rouge avec le *kouloûd*, sorte de moëlle végétale d'un rouge foncé, extraite d'un arbrisseau et qui ressemble à la moëlle spongieuse et légère de la tige du petit *dourah*. On fait bouillir le kouloûd assez longtemps dans de l'eau; ensuite on en teint le cuir, qui prend alors une belle couleur rouge analogue à celle que communique la cochenille. Quant aux cuirs verts, on les teint avec le *zindjâr* ou cuivre oxydé à l'air; on obtient ainsi une nuance d'un vert-clair. Ces cuirs verts sont beaucoup plus chers que les cuirs rouges.

Au Dârfour, il y a des espèces de matelassiers qui fabriquent les surtouts ou caparaçons pour le harnachement des chevaux; ces surtouts sont faits à la manière des couvertures piquées que l'on a en Égypte (et ailleurs), et sont ornés de bigarrures assez singulières. Nous les décrirons au chapitre de la *Tactique militaire*.

Il n'y a réellement pas d'autres arts au Dârfour, que ceux que nous venons d'indiquer. Pour les besoins qui, dans les pays civilisés, ont créé des professions, les Fôriens s'entr'aident et se servent mutuellement. Ainsi, les voisins, entre eux, se rasent la tête les uns aux autres; ils se passent ainsi de barbiers. Un individu veut-il se construire une demeure, il est aidé pour cela par ses amis, à la simple condition de leur donner à dîner et à souper.

Si un homme meurt, un ami et surtout un faguyh ou cheykh lui rend les derniers devoirs, lave le cadavre et l'ensevelit; car tout le monde connaît la manière d'accomplir ces simples cérémonies. Quand une femme meurt, les devoirs funèbres lui sont rendus par une femme âgée. Pour transporter un mort en terre, on fabrique instantanément un brancard grossier avec deux longs bâtons assez forts que l'on maintient à distance convenable avec une ou plusieurs cordes, de façon à représenter des sangles (*Voy.* fig. 7). On étale sur ces cordes une sorte de lit, c'est-à-dire, par exemple, un *bourch* ou natte fine faite en lanières de feuilles de daûm, ou bien un *hacyrah* ou natte ordinaire en petit jonc ou en paille. On place le cadavre là-dessus, et on l'emporte à bras; car les manches de cette espèce de civière sont trop courts pour qu'il soit facile de la porter sur les épaules. Ce sont encore les amis et connaissances du défunt qui creusent sa fosse. Chaque mort est toujours seul dans une fosse isolée. Ni ceux qui ont lavé le cadavre, ni ceux qui l'ont transporté au tombeau, ne reçoivent de rétribution. Il en est de même pour ceux qui récitent en commun le Coran pour le repos de l'âme du défunt, ou qui récitent les prières de l'*itâcah* ou délivrance (1), ou qui disent le chapelet *du pardon.*

J'ai vu compter au Dârfour les prières du chapelet au moyen de fragments de petit jonc, comme le jonc des nattes fines (2). Chaque individu qui vient prendre part à ces sortes de prières taille dix petits fragments de jonc et dix autres fragments plus grands. Quand il a prononcé sur son chapelet ordinaire, le premier cent de « *lâ Ilâh ill' Allâh* (Il n'y a pas d'autre Dieu que

(1) *Voy.* note 44.
(2) *Voy.* note 45.

Dieu), » il met de côté un petit fragment de jonc ; après le second cent, il met un autre petit fragment avec le premier, et ainsi de suite jusqu'à ce que les dix petits fragments soient tous réunis. Alors, comme sur chaque grain de chapelet le priant a prononcé « *lâ Ilâh ill' Allâh*, » il résulte que, quand ses dix petits fragments sont rassemblés, il a articulé mille fois ces mêmes mots « *lâ Ilâh ill' Allâh.* » Afin de se rappeler ou de compter le nombre des mille, il met de côté un des dix grands fragments de jonc. A chaque mille, il en fait de même jusqu'au dixième ; et alors il sait qu'il a articulé dix mille fois les saintes paroles.

Les Fôriens prétendent que les morceaux de jonc, qui ont servi ainsi à compter les prières du chapelet du pardon, ont acquis, par cela seul, des vertus bienfaisantes. Ainsi, un fiévreux qu'on parfume avec la fumée de ces brins de jonc, guérit sur le champ de sa fièvre. En brûlant ces joncs et en en mettant la cendre dans de l'eau, on a un collyre dont la vertu sainte est telle qu'un ophthalmisant qui s'en lave les yeux pendant trois jours de suite, le matin, est nécessairement guéri. Si on dépose ces bouts de jonc entre un mort et son suaire, Dieu traite l'âme du mort avec plus de bonté et se montre moins sévère dans l'appréciation des fautes du défunt, et cela grâce aux bénédictions attachées aux brins de jonc.

La charité fraternelle, en vue de Dieu, est chose commune au Dârfour. Celui que quelque malheur a frappé est toujours secouru par ses amis et par ceux qui le connaissent.

Les Fôriennes n'ont aucune habitude des travaux

domestiques auxquels se livrent les femmes des pays policés. Les filles des riches passent une partie de la journée à se parer, à se frotter le corps avec du beurre et les cheveux avec de la graisse, à se mettre du keuhl aux yeux, à se parfumer, à se friser. Après qu'elles ont fini, elles s'occupent des soins de la maison ; puis elles se mettent à tisser des *bourch* ou nattes fines avec les feuilles de daûm découpées, qu'elles ont teintes de différentes couleurs, en rouge, en noir, en vert, en jaune. Ces nattes sont légères et du plus joli travail, elles ont un coup d'œil charmant et semblent inviter ceux qui les voient à s'asseoir ou à dormir dessus.

La Forienne, même de condition aisée, prépare ordinairement la nourriture à son mari et aux hôtes ou convives qui viennent à la maison. Aux époques des travaux agricoles, les femmes des familles pauvres s'occupent avec leurs maris aux semailles, à la moisson, à la récolte des grains, du coton. Dans les autres temps de l'année, elles font des provisions de fruits et de plusieurs graines sauvages pour leurs familles. Ainsi, quand le fruit du héglyg (*balanites ægyptiaca*), du nabk-karnau est à maturité, elles en cueillent pour toute l'année. De même pour le riz, le défré, le koraïb (1), le fruit de l'andouràb, celui de l'ardeïb ou tamarin, celui du mokhaït. (Le fruit de l'andouràh, arbre de taille moyenne, est de la grosseur du fruit de la morelle ; c'est une baie à trois pépins.) Le fruit du Mokhaït, arbuste qui ne dépasse guère la hauteur d'un homme, est dur et du volume d'une aveline. On le fait digérer

(1) *Voy.* note 46.

dans de l'eau qu'on renouvelle plusieurs fois pour le dépouiller de son amertume et en séparer la matière mucilagineuse. On reconnaît que l'amertume est enlevée, lorsque l'eau de digestion et de lavage ne renferme plus de mucilage. Alors on retire le fruit de l'eau, on le fait sécher au soleil, et plus tard il sert de nourriture. Certaines personnes le broient ou le moulent pour en faire de la bouillie; d'autres le mangent tel qu'il est après qu'il a été desséché comme je viens de l'indiquer. Le nom de *mokhaït*, qui signifie *mucilage*, a été donné à ce fruit et à l'arbre qui le produit, à cause de sa matière muqueuse et tellement visqueuse qu'elle adhère aux doigts de ceux qui, en le cueillant, le brisent ou l'écrasent légèrement dans leurs mains.

Les femmes travaillent aussi, dans la saison, à récolter les pastèques. Il y a au Dârfour deux espèces de pastèques : la grosse pastèque ordinaire qu'on cultive en Égypte, et la pastèque fôrienne qui n'est pas plus grosse qu'une coloquinte. Lorsque l'on a cueilli cette dernière espèce, on en enlève l'écorce, puis on coupe la pulpe en quatre zestes qu'ensuite on fait dessécher. Pour en manger, on en pile plusieurs morceaux jusqu'à ce qu'ils soient réduits en farine, et on en prépare une bouillie ou sorte de crème qui est agréable.

Dans les campagnes, les femmes vont travailler aux champs avec leurs maris. Elles coupent avec une sorte de binette ou de sarcloir les herbes épineuses qu'elles amassent ensuite à part. Les filles, dès qu'elles sont assez grandes, accompagnent leurs parents dans ces travaux rustiques ; jusqu'alors, elles gardent les troupeaux aux pâturages. Le soir, au retour des champs, la femme rapporte une charge de bois ou d'herbes sèches pour cuire les aliments et aussi pour avoir de la lumière dans la hutte; car là on n'a que la flamme du bois et des matières végétales desséchées, comme moyen d'éclairage.

Les pauvres, pour ressource ordinaire, s'achètent, dès qu'ils le peuvent, une chèvre ou une brebis; lorsqu'elle a mis bas, le lait leur sert de nourriture.

Du reste, les pauvres sont dans le plus triste dénument et dans la plus affreuse misère. Sans cesse ils ont à souffrir de la tyrannie de leurs gouverneurs; sur eux pèsent les exigences des guerres, les corvées publiques. Toute leur vie n'est qu'une vie d'esclaves.

CHAPITRE VII.

Mœurs et coutumes. — Dignités; fonctions. — Kamkolak. — Mômo. — Habbâbah. — Aguid. — Vizirs ou émyn. — Kâmnah. — Turguenak. — Rois. — Audiences publiques du sultan. — Cérémonie bizarre du salut du vendredi. — Kabartou. — Costume des turguenak. — Timbales du mont Thoraya. — Manière de porter plainte au sultan. — Sorte de quarantaine. — Tribunal des kamkolak. — Vénération pour le sultan. — Nul ne doit porter le même nom que lui. — Eau du sultan. — Cérémonies pour pénétrer dans le palais; réceptions particulières. — Jeunes filles habbâbah. — Inspecteurs des charges. — Nul ne monte à âne. — Forgerons et chasseurs. — Coutume des chérifs. — Innovations interdites. — Projet de battre monnaie.

Sachez que Celui qui a l'unique et souveraine puissance sur le monde, Celui qui n'a besoin ni de vizirs ni de conseillers, a inspiré à chaque nation la manière dont elle doit se gouverner et se conduire, afin d'éviter et de prévenir les agitations et les souffrances. Dieu connaissant par sa prescience que, chez les nations, la multitude ne suivrait le droit chemin que si elle y était contrainte par l'autorité de souverains, dépositaires de la force et du pouvoir, et que, si les sociétés étaient sans direction, les forts opprimeraient les faibles, et braveraient les lois de l'équité, Dieu a donné aux peuples l'intelligence, les a parés du manteau de la réflexion, et dès lors chaque nation a consenti à se constituer un chef qui la gouvernât selon les principes du bien, s'éloignât des sentiers de l'injustice, traitât les sujets d'une manière équitable, prodiguât pour eux ses ressources, défendît l'opprimé contre l'oppresseur, et vengeât toute blessure portée par des bras coupables.

Et certes, le souverain le plus puissant de tous les souverains du Soudan, le plus respecté, le plus généreux, fut le sultan Sâboûn. Il fut toujours grand dans ses libéralités; toujours ses dons enrichissaient, toujours ses faveurs étaient placées avec discernement; toujours celui qui recevait, était au comble de ses vœux.

Il est de principe au Ouadây, de ne reconnaître pour chef de l'État qu'un prince issu d'une mère d'origine noble, dont la noblesse soit pure, bien constatée et prouvée; en d'autres termes, la mère du souverain doit être d'une des cinq tribus privilégiées. Le fils d'un sultan, né d'une esclave, fût-elle des descendants du prophète, et à plus forte raison si elle est d'extraction inconnue, ne saurait parvenir au sultanat.

Quand j'étais au Ouadây, le sultan régnant était Mohammed-Abd-el-Kérym, surnommé Sâboûn. Il était fils du sultan Mohammed Sâleh, fils du sultan Mohammed Gaûdeh, surnommé Kharyf-el-Teymân, fils du sultan Mohammed-Aroûs le jeune, fils du sultan Mohammed-Aroûs l'ancien, fils du sultan Séleth. Cette filiation généalogique, je l'ai entendu proclamer par l'imâm Bedr-ed-Dyn, imâm de Sâboûn; lorsque de la chaire sacrée, du prêche du vendredi, il demandait les bénédictions du Ciel pour ce prince.

Les places, fonctions et dignités, au Ouadây et au

Dârfour, diffèrent dans leurs corrélations et leur nature. Comme pour honorer leur souverain, les Fôriens (ainsi que nous l'avons dit dans le voyage au Dârfour) les ont dénommées et coordonnées d'après les noms et la position des membres du corps. Les Ouadâyens n'ont pensé dans cette coordination qu'à l'utilité de leur pays, ils n'ont été inspirés que par des vues de bien général. Plusieurs fonctions sont établies uniquement d'après les divisions des provinces de l'État.

Les *kamkolak* sont au nombre de huit, quatre de premier degré et quatre de second degré. Les premiers sont chargés d'examiner et de discuter les différends des particuliers. Ils forment un conseil délibérant et un tribunal judiciaire. Ils ne portent à la connaissance directe du sultan que les affaires de quelque importance. Dès qu'ils en ont terminé une, ils en dressent le procès-verbal, qu'ils soumettent ensuite au contrôle et à la sanction du sultan. Le sultan ne révoque et n'annule jamais les jugements des kamkolak, quand même ces jugements seraient erronés. Seulement dans ce dernier cas, le prince avertit les kamkolak qu'ils se sont trompés, il leur adresse ses remontrances et les invite à se mettre en garde contre toute erreur. Si le même fait se présente une seconde fois, le sultan les destitue ; et encore alors il laisse exécuter leur jugement par respect pour la dignité des fonctions de juges, à moins cependant que la sentence ne soit par trop injuste. Dans cette circonstance, il en renvoie l'examen au câdi, c'est-à-dire au tribunal suprême. De sa seule autorité, le prince ne casse aucun de leurs jugements.

La dignité la plus élevée après celle de kamkolak est celle de la *mômo*; elle est affectée à la mère du sultan. Cette dignité, quand la mère du sultan vient à mourir, est transférée à l'aïeule du prince. Si l'aïeule n'existe plus, il n'y a plus de mômo; et la dignité la plus en relief alors, après les kamkolak, est celle de *habbâbah;* elle est spéciale à la première des femmes du sultan, à celle qui tient le rang le plus élevé.

Ensuite viennent, par ordre de considération et d'importance, les dignités des *aguîd* proprement dits, des *visirs*, du *kâmnah* et des *turguenak*.

Il y a deux aguîd principaux, l'*Aguîd-el-Sabâh*, aguîd de l'Est, ou gouverneur de la province de l'Est; et l'*Aguîd-el-Gharb*, aguîd de l'Ouest ou gouverneur de la province de l'Ouest. Chacun d'eux a sous sa juridiction et sous sa dépendance plusieurs rois ou gouverneurs de districts ou *dâr* secondaires. Les deux principaux aguîd correspondent à l'abadyma et au tékényâouy chez les Fôriens.

Après les aguîd, sont les *emyn* ou *visirs*, et le *kâmnah*. Au Ouadây, le kâmnah diffère, par ses fonctions, du kâmnah du Dârfour; il correspond à l'orondolon fôrien, c'est-à-dire que lorsque le sultan est à cheval, le kâmnah marche devant lui.

Les *turguenak* ou émissaires des vengeances du sultan, sont les exécuteurs des hautes œuvres, et les Gardes du corps et du palais du sultan. Leur costume diffère de celui des soldats ouadayens; ceux-ci portent un vêtement ample à très-larges manches et semblable à l'espèce de blouse, appelée beddâouyeh, des femmes du Caire. Les turguenak sont très-nombreux.

Après eux sont les *rois des montagnes* ou *mouloûk-el-djébâl*, puis les aguîd ou gouverneurs des tribus arabes, tel que l'aguîd de la tribu des Djéâtenah, celui des Zébédeh, celui des Bény-Helbeh, celui des Mahâmyd.

Enfin, après ces aguîd de second ordre, viennent les *rois* tels que le roi des Birguid, le roi des Dâdjo, celui des Koûka, etc.

Il est d'habitude que, deux fois par semaine, le lundi et le vendredi, le sultan ouadayen donne audience publique. Il reçoit alors les plaintes et les réclamations de chacun, quel qu'il soit. Le lundi, il siège pour cela dans une pièce qui a vue sur la place du Fâcher. Sur cette place, comme nous l'avons déjà dit, il y a plusieurs séyâl, espèces d'arbres à épines blanches, disposés sur deux lignes, dont l'une est assez rapprochée du mur extérieur du palais, et dont l'autre en est un peu plus éloignée. Vers le milieu du Fâcher, sont encore d'autres séyâl; c'est là qu'est le lieu du tribunal ou cour de justice des kamkolak, et qu'ils entendent et jugent les différends des particuliers. L'emplacement précis de ce tribunal en plein air est indiqué par les lances des kamkolak, qui y sont fichées dans le sol et alignées devant eux. Les juges se tiennent là, assis, faisant face à la demeure du sultan. Ils arrivent à leur tribunal dès le matin, et ne s'en absentent que pendant la grande chaleur du jour et pendant les moments de pluie. Les jours ordinaires, ils se remettent en séance à deux ou trois heures après-midi et ils ne se retirent qu'au coucher du soleil. Dans la saison des grandes pluies, ils tiennent leurs audiences dans le petit *casr* ou maisonnette qui est adossée à la face interne du mur extérieur du palais. (*Voy.* le Plan de Ouârah.)

C'est sous la rangée d'arbres la plus voisine du palais, que le sultan se tient le vendredi, à l'ombre et en restant à cheval. Le câdi, les mouftis, les ulémas, les chérifs, les principaux personnages, chacun selon son rang, s'assèyent accroupis en face du sultan. Entre lui et la foule, sept interprètes sont rangés en file l'un derrière l'autre, comme dans les assemblées du ligdâbeh au Dârfour. Chez les Fôriens, ce sont les assistants qui commencent par adresser leurs salutations au sultan; au Ouadây, c'est le sultan qui prend l'initiative et salue d'abord l'assemblée. Alors, les interprètes disent de la part du prince ouadayen, en s'adressant successivement à chaque classe d'individus: — « Câdi, le sultan te salue;... ulémas de l'Islâm, le sultan vous salue;... chérifs, le sultan vous salue;... kamkolak, le sultan vous salue;... turguenak, le sultan vous salue;... émyn ou vizirs, le sultan vous salue;... kâmnah, le sultan te salue;... rois des montagnes, le sultan vous salue, » et ainsi de suite pour chaque espèce ou classe de fonctionnaires; on termine par: « Gens des environs et de la banlieue de Ouârah, le sultan vous salue tous; il vous souhaite bonne santé, bénédiction de Dieu, toute prospérité et bien-être. »

Les individus de chaque catégorie, et les individus pris isolément, aussitôt que le sultan leur a fait adresser sa salutation, battent des mains et s'inclinent jusqu'à terre d'abord sur le côté droit, puis sur le côté gauche, de manière que les tempes aillent alternativement toucher la poussière. Pendant cette cérémonie de salutation et de battement de mains, retentit derrière le sultan, et presque sans interruption, le daraboukkah dont le son aigre s'entend à une grande distance. Ce daraboukkah, de forme égyptienne, est appelé *baradyeh* par les Ouadayens. Toutes les fois que le baradyeh sonne avec plus de force, l'assemblée l'accompagne en battant doucement des mains. En même temps, les soldats, debout, en dehors et autour de la foule, brandissent et heurtent le kourbâdj ou tige de fer qu'ils ont à chaque main. Ce bruit de tambourin ou baradyeh, de battements de mains, de cliquetis de kourbâdj, est encore mêlé des cris des soldats qui répètent : « Gloire à toi, sultan, buffle d'intrépidité! que Dieu te rende victorieux de tes ennemis, toi notre maître! » Et il résulte de ce sauvage et rude concert un vacarme des plus bizarres.

Les *kabartou* forment un corps particulier d'individus qui, dans les cérémonies, sonnent de la trompette et battent du tambourin. Ils représentent aussi un corps de bourreaux, car ce sont eux qui sont chargés d'exécuter ceux que le sultan condamne à mort. Les kabartou assistent également au salut du vendredi. Leur nombre est assez considérable. Dans les assemblées hebdomadaires dont nous venons de parler, ils s'asseyent accroupis sur un endroit un peu élevé. Plusieurs d'entre eux ont en main une trompette droite, longue de plusieurs empans comme les longs instruments de cuivre des musiques françaises, et donnant un son rauque et criard (1). Les autres ont des tam-

(1) Ces trompettes sont comme les anciennes trompettes dont la figure

bourins du volume des tambours français, et qu'on appelle en Égypte *trombeîtah*. Une cinquantaine de tambours et de trompettes sonnent ensemble par moments, et produisent un tintamarre assourdissant; car les trompettes ont un ronflement âpre et des plus violents. Lorsque les kabartou ont sonné ensemble une sorte de ritournelle sur leur trompette, le chef de la troupe sonne à son tour, seul, et en prononçant en même temps des paroles dans son instrument. Puis il se tait, toutes les autres trompettes lui répondent en l'imitant, et le vacarme recommence.

Le concert achevé, les *turguenak* s'avancent, ayant l'uniforme de guerre. Ils tiennent à la main des assommoirs revêtus de fer ou sortes de masses d'armes à renflement arrondi (fig. 3). Ils portent sur la tête une espèce d'armet d'acier en forme de tasse. La plupart ont le buste couvert d'une cotte de mailles qui ne leur descend que jusque sur les hanches; car ils sont toujours à pied. Ceux qui n'ont pas de cotte de mailles sont habillés d'une *châyeh* ou saye, sayon, espèce de gilet épais, à manches, et qui rappelle l'*antéri* ou gilet égyptien actuel du costume *nizâm* ou militaire. Les châyeh sont faites en drap, fourrées de coton et piquées à la manière des courtes-pointes. La saye ou *châyeh* est un vêtement de bataille, pour préserver des flèches et des coups de sabre.

Chaque compagnie de turguenak a deux tambours semblables à ceux des kabartou, et sur lesquels ils frappent de toutes leurs forces. Les compagnies des

a été retrouvée par Pacho dans la grande nécropole de Cyrène. *Voy.* Voyage de Pacho dans la Cyrénaïque.

turguenak se mettent en marche pour quitter le Fâcher dès que leurs tambours commencent à battre ; alors elles traversent la foule du peuple et les lignes des soldats, font le tour, à l'intérieur, du cercle de la multitude qui environne à distance le sultan ; et en marchant elles menacent, comme si elles allaient les frapper, les assistants qui forment les premiers rangs du cercle de l'assemblée. Tout en gesticulant et menaçant, les turguenak disent à ceux qu'ils apostrophent : « Demandez pardon à Dieu et au prophète (faites votre acte de contrition)! »

A l'extrémité du Fâcher opposée au palais, est un petit mont appelé *Thoraya*, sur le sommet duquel est une construction ou bâtisse où sont déposés les grands *kette-drums* ou nacaires du sultan, semblables à ceux des sultans fôriens. Au Ouadây, le renouvellement des cuirs ou peaux de ces timbales ne se fait pas tous les ans et n'a jamais lieu avec l'appareil de solennité et de cérémonie qui est en usage au Dârfour; au Ouadây, ce renouvellement s'exécute sans que personne le sache.

Toutes les fois que le sultan sort et paraît sur le Fâcher, les timbales de Thoraya retentissent ; en même temps retentissent aussi les baradyeh, les tambourins des kabartou, les trompettes des turguenak, le cliquetis des kourbâdj entre-choqués, les battements de mains de la foule, et de là un vacarme inimaginable.

Le vendredi, après le salut du sultan sur le Fâcher, quiconque a à se plaindre de quelque injustice, s'avance et présente sa plainte au prince. Voici de quelle manière le requérant procède. Il abat d'abord son vêtement de dessus ses épaules, et se l'attache en forme

24

de ceinture autour des reins. Ensuite, il pénètre dans l'intérieur du cercle des assistants, par le côté correspondant à la droite du sultan, marche demi-courbé en battant des mains, et il continue ainsi, s'avançant d'un pas légèrement accéléré, jusqu'à ce qu'il arrive au côté opposé du cercle, en passant devant le sultan. Si le sultan, par quelque cause que ce soit, n'a pas aperçu le *passant*, alors celui-ci repasse, toujours au pas demi-accéléré, et il regagne le point d'où il est parti d'abord. Nécessairement alors le sultan l'aperçoit et lui demande quel est le sujet de la plainte. Si l'affaire paraît être de médiocre importance, le sultan la renvoie aux kamkolak; si elle est assez grave, le sultan s'en empare, l'examine lui-même, et la poursuit jusqu'à ce qu'il l'ait éclaircie.

Les Ouadayens ont certaines habitudes qui rappellent des coutumes européennes. Ainsi, lorsqu'un voyageur pénètre sur le territoire du Ouadây, on ne le laisse entrer dans le cœur du pays qu'après un séjour de trois fois vingt-quatre heures au village d'Abâly. C'est une sorte de quarantaine de trois jours.

Les séances journalières des kamkolak au Fâcher, les fonctions judiciaires de ces employés, l'obligation qui leur est imposée d'écrire la minute des affaires présentées à leur tribunal et d'en dresser un procès-verbal qui est ensuite soumis au sultan, tout cela constitue une manière de conseil délibérant et consultatif, une espèce de cour de justice.

Le respect et la vénération des Ouadayens pour leur sultan est presque de l'adoration. Jamais ils ne lui présentent une affaire qu'après avoir récité devant lui le

Fâtihah ou invocation initiale du Coran, sans avoir demandé à Dieu d'accorder à leur prince la victoire sur ses ennemis et de lui donner de longs jours. Ce qu'il y a de médiocre et d'ordinaire, ils le réservent pour eux ; mais tout ce qu'il y a de meilleur doit être pour le sultan : habits recherchés, parures de prix sont pour lui et ses femmes. Nul vizir, nul grand de l'État, quelle que soit la hauteur de ses fonctions et de son rang, fût-il même le premier après le souverain, n'a le droit de porter de la soie ou sur sa personne ou dans les harnachements de ses chevaux. Il ne peut même avoir une selle couverte en drap ; à plus forte raison ne doit-il avoir ni selle dorée, ou brodée en or, ou garnie en argent, ni étriers dorés ou argentés. On permet seulement, et c'est le plus, d'avoir des selles couvertes en cuir rouge appelé, en ouadayen, *kouloudou*. Pour cela, le plus haut des émirs ou vizirs, aussi bien que le plus mince d'entre eux en importance, est soumis à la même loi ; bien plus, nul n'a le droit de s'asseoir sur des tapis grands ou petits, même dans l'intérieur de sa maison.

Aucun Ouadayen, ni aucune Ouadayenne ne doit avoir de bijoux en or, ni s'éventer avec un éventail en plumes d'autruche, ou même avec un éventail ordinaire en papier coloré, comme ceux d'Europe.

En fait de vêtements, hommes et femmes indistinctement ne portent que des habits noirs ou blancs, en toile de coton, ou en toile fil et coton, ou en mousseline grossière.

Les parures ou bijoux, c'est-à-dire les bracelets, les *brassières*, les colliers, etc., des femmes, des émirs et des vizirs, même les plus élevés, ne sont jamais qu'en argent; les gens de moyenne condition n'ont de parures qu'en cuivre; les pauvres et les gens du peuple en ont parfois en cuivre, et d'ordinaire en fer. Si quelqu'un transgressait cette sorte de loi somptuaire et s'avisait de porter ou d'avoir quelque parure qui fût plus recherchée qu'il n'est permis, on le mettrait à mort impitoyablement, fût-il des plus hauts personnages de l'État (1).

Le but de ces coutumes, devenues lois, est d'imposer à l'esprit d'insubordination un frein qui, s'il était trop relâché, laisserait les Ouadayens supposer qu'il n'existe pas de différence entre les sujets et le souverain, et de là s'ensuivraient des tentatives de révolte qui mettraient en péril la vie du sultan, la sécurité et la tranquillité du pays.

La sévérité ombrageuse du pouvoir et l'espèce de respect servile des sujets pour le souverain sont telles, que l'on ne doit même pas faire l'éloge de qui que ce soit en présence des Ouadayens. Personne, selon eux, ne doit être loué que leur sultan; nul autre que lui ne doit être cité pour sa générosité et ses qualités morales. L'exigence du gouvernant va jusqu'à ne permettre à personne d'avoir le même nom que lui. Lorsqu'un nouveau souverain revêt l'autorité suprême et que, par exemple, il se nomme Sâleh, tous les individus qui portent ce nom doivent le changer sur-le-champ.

Sous le règne de Sâleh, des Ouadayens des provinces vinrent se présenter à ce sultan. L'interprète, selon l'habitude, leur transmit le salut du prince en les nom-

---

(1) *Voy.* note 47.

mant l'un après l'autre. L'interprète avait pris leurs noms à l'avance. Parmi les visiteurs, il en était un appelé Sâleh, et en lui adressant la salutation, l'interprète dit : « Le sultan te salue, faguyh Sâleh. » A ce mot, le prince fronça le sourcil, il poussa un cri de colère comme le cri du paon, et qui fit tressaillir même l'interprète. Celui-ci reprit vivement : — « Le sultan te salue, faguyh Fâleh. »

Tout près de Ouârah, il y avait le *puits de Sâboûn*. Dès que le sultan Sâboûn fut proclamé souverain, le puits fut appelé le *puits d'Ochar*.

Jamais l'eau que boit le sultan ne doit être prise deux fois de suite au même endroit. Les porteurs d'eau du palais viennent tout à coup, et sans qu'on puisse les attendre, vers un des groupes de puits qui environnent Ouârah, en chassent à coups de fouet et mettent rapidement en fuite quiconque se trouve là, entourent aussitôt un des puits, et emplissent leurs cruches, en ayant bien soin de tenir tout le monde à distance durant tout le temps de l'opération. Qui s'aviserait d'approcher serait repoussé à grands coups de fouet. Aussi, leur laisse-t-on la place libre. La raison de ce procédé et de ces précautions est d'empêcher que quelque malintentionné n'ensorcèle ou n'empoisonne le puits où l'on verrait toujours puiser de l'eau pour le sultan. Du reste, on ne retourne à l'eau qu'après plusieurs jours; car à chaque fois on remplit au moins une vingtaine de grandes cruches. Dès qu'on en a rempli une, on la ferme très-soigneusement, puis on la coiffe avec une toile très-propre. Ces cruches, comme étant destinées à l'usage du sultan, sont appelées *bé-*

likyeh ou *les gouvernementales*; mais ce terme de béli-kyeh, chez les Ouadayens, ne veut dire que *l'eau du sultan, l'eau du souverain.*

Une loi d'étiquette et de respect pour la dignité du prince est que personne n'entre habillé, ou chaussé, ou en turban, auprès du sultan, dans l'intérieur du palais. Quiconque veut pénétrer jusqu'au souverain, doit quitter sa chaussure, dès la première porte, et entrer pieds-nuds. A la deuxième porte, s'il a un turban, il doit l'ôter; à la troisième, il doit retirer son vêtement (sa blouse) de dessus son épaule droite, et le reporter sur l'épaule gauche; à la quatrième, s'il a un tarboûch, il l'enlève; à la cinquième porte, qui est la première du lieu de réception, il se ceint les reins avec sa couverture; à la sixième porte, il se fait tomber le vêtement de dessus l'épaule gauche et le laisse pendre rabattu sur la ceinture; à la septième, il saisit cette portion d'habit pendante et se la tourne en ceinture sur les hanches. Ainsi dépouillé et nu, excepté depuis le nombril jusqu'aux genoux, il est admis à parler au sultan. Le premier vizir, comme le plus bas individu, est soumis à cette loi.

Toutes les fois que le sultan interpelle quelqu'un, il lui dit ordinairement : *Yâ abd*, ô esclave! Celui à qui cette apostrophe s'adresse, loin de s'en offenser, s'en félicite et s'en réjouit, et il répond de suite : « Plaît-il? mon maître, maître de mon père, et de mon grand-père. » Quelque ordre que prononce alors le sultan, l'individu interpellé bat des mains tout en restant accroupi à terre, et presque en même temps il se renverse du côté droit jusqu'à toucher la poussière avec la tempe ; ensuite il se renverse du côté opposé, au point que la joue gauche vienne à son tour jusqu'à terre ; et tout cela en répétant : « J'ai entendu, j'obéis, mon maître, maître de mon père, maître de mon grand-père, buffle de courage, que Dieu te rende toujours triomphant de tes ennemis, ô mon maître ! »

Le sultan du Ouadây ne se met jamais en communication immédiate avec ceux à qui il accorde une audience. Il y a toujours entre lui et les assistants une grande tenture ou grand voile, et il ne leur parle que de derrière ce voile qui le cache aux regards. Personne ne le voit en face, chez lui, que ceux qu'il reçoit en intimité ou qu'il veut bien admettre en conversation familière et en tête-à-tête.

Une des conséquences de l'extrême vénération des Ouadayens pour leur souverain, est l'autorité du nom de sultan pour l'arrestation d'un débiteur. Nous avons déjà parlé de ce fait. Lorsqu'un débiteur diffère sans cesse le payement de sa dette, le créancier, en quelque lieu qu'il le rencontre, soit seul, soit en société, trace à terre, autour de son homme, un cercle de reclusion, tout en apostrophant le reclus en ces termes : « Je te somme au nom de Dieu et de son Prophète, au nom du sultan, de la mère du sultan et des tanâ (hauts juges de l'État), de ne sortir de l'enceinte de ce cercle que quand tu m'auras payé ta dette. » Et le débiteur ne sort qu'après s'être acquitté, ou après avoir obtenu un sursis par l'intervention de personnes qui décident le créancier à délivrer son prisonnier ainsi *circonscrit*. Si de propos délibéré, et de sa seule autorité, le reclus quitte l'aire du cercle où il lui a été enjoint de rester, le créancier porte plainte aux kamkolak, et les informe de la transgression du captif. Les kamkolak envoient alors de tous côtés à la recherche du débiteur, et, lorsqu'il a été trouvé, il est traduit devant leur tribunal, et est condamné à une punition sévère.

Personne ne prononce le nom du sultan sans ajouter : « Prince de vertus et de prospérité, que Dieu le rende victorieux de ses ennemis ! » Ces mots sont d'obligation, que le sultan soit absent ou présent, en assemblée ou seul.

Il est d'habitude, dans tout le Ouadày, de donner à toute jeune fille jolie, le surnom de *Habbâbah*, titre de la première femme du sultan. Par la raison seule que la jeune fille a reçu ce nom, on ne peut la demander en mariage avant qu'elle n'ait été présentée au sultan. Si elle lui plaît, il la garde pour son harem ; sinon, elle est rendue à son père qui alors la marie à qui il veut. Beaucoup d'individus aspirent à l'honneur de voir un jour leurs filles habbâbah. Car le cas échéant, ils jouissent alors de certains priviléges, et sont à l'abri des vexations des gouverneurs. Celui dont la fille est devenue femme du sultan, est considéré et honoré partout.

Ordinairement, personne ne gère un emploi élevé, pendant plus de deux années de suite. Après ce temps de gestion, le fonctionnaire est retiré de sa fonction. S'il conserve les bonnes grâces du sultan, il est porté à un emploi nouveau, souvent plus important que le précédent.

Le fonctionnaire qui tombe en disgrâce et est alors déplacé, reste en prison jusqu'à ce que le sultan lui fasse grâce. Avant de prononcer la destitution d'un haut fonctionnaire, on fait le compte de tout ce qu'il avait en maniement dans sa fonction, on examine l'usage qu'il en a fait, et on reçoit par voie d'inventaire tout ce qui lui a été consigné depuis l'origine : chevaux, cottes de mailles, sabres, vêtements, sayes, lances, boucliers et autre matériel de guerre ; on recherche s'il en a su augmenter le nombre, et on questionne sur ce point les *inspecteurs des charges*. Si les dépositions de ces inspecteurs sont favorables au fonctionnaire et s'ils font son éloge, s'il a géré économiquement et avec profit, s'il est reconnu pour homme de courage et de conscience, s'il est prouvé qu'il n'a pas perdu en plaisirs le temps qu'il devait aux exigences de ses fonctions, il est maintenu à son poste, ou même il est promu à une charge plus élevée que la première.

Voici comment est organisé le système d'*inspection* dont nous venons de parler.

Pour chaque fonction publique, il y a des inspecteurs attitrés et spéciaux, et souvent ils sont cause des destitutions des fonctionnaires. Car toutes les fois que ces inspecteurs remarquent quelque chose de répréhensible dans les actes ou la conduite d'un fonctionnaire, ils l'enregistrent, et lorsqu'ils ont recueilli un certain nombre de griefs, ils les soumettent au tribunal des kamkolak, séant au Fâcher. Les kamkolak en informent ensuite le sultan, à l'audience du vendredi. L'accusé comparaît, et en sa présence on consulte et examine l'état de ce qui lui a été consigné, tels que chevaux et matériel de guerre. On dresse l'inventaire de ce qui se trouve présent, on le collationne avec l'état de ce qui a été livré lors de l'entrée en fonction, et on prend note de la différence. Si la différence est en surplus, on soumet à une enquête les incriminations des inspecteurs, on en pèse la valeur, et on examine si le surplus trouvé dans les comptes de l'incriminé, est en proportion rationnelle avec le temps qu'a duré la gestion. Si au contraire il y a déficit, on recherche d'où proviennent les pertes signalées, on demande à l'accusé comment il justifie ces pertes et l'emploi qu'il a fait de ce qu'il avait en consignation et en maniement. Si les raisons alléguées sont admissibles, on éloigne la plainte: sinon, l'accusé est sévèrement puni.

Les inspecteurs des charges sont toujours mal vus des fonctionnaires. Extérieurement, les inspecteurs paraissent être aux ordres et à la dévotion des fonctionnaires ; mais, intérieurement, ils en sont les ennemis, et ne pensent qu'à les perdre ; cette opposition hostile est entretenue par les instigations du sultan. D'ailleurs, les inspecteurs se justifient en disant : « Nous sommes les serviteurs du sultan, non ceux des aguîd et des rois. » Malgré tous les bons procédés, malgré tous les présents possibles de la part des fonctionnaires, dès que les inspecteurs trouvent quelqu'un de ces fonctionnaires en défaut, en déficit, ils s'empressent de porter plainte, et ne tiennent aucun compte du passé.

Quand le fonctionnaire destitué par suite du mécontentement du sultan, revient en faveur, le prince fait appeler le remplaçant de l'individu révoqué, et lui dit : « Prends un tel (l'ancien fonctionnaire) avec toi ; traite-le avec égards ; il sera ton second dans tes travaux, et c'est lui qui m'instruira des particularités de ta conduite. » Le fonctionnaire en activité, est forcé d'emmener cet inspecteur ; et celui-ci, à la première faute sérieuse qu'il aperçoit, porte plainte, afin de reprendre son ancienne charge.

Le caractère remuant et entreprenant des Ouadayens a été le principal motif qui a fait établir ce système administratif général. Si le sultan laissait les fonctionnaires libres de leurs actions, ils prendraient un orgueil intolérable, oublieraient toute subordination, et susciteraient à chaque moment des troubles, des révoltes. De là, la nécessité d'un contrôle rigide et incessant, comme garantie du repos et de la sécurité du souverain ; de là, cette organisation de surveillance mutuelle sous des formes hostiles. Et le temps en a fait une loi que personne ne songe à attaquer.

La sévérité des châtiments est en proportion de la gravité des fautes et délits et de la honte qu'on y attache. L'acte le plus coupable est de fuir du combat. L'individu qui est convaincu de ce crime, est impitoyablement puni de mort. Viennent ensuite les délits de malversation dans le maniement des intérêts de l'État, et tous les actes qui peuvent déprécier l'autorité du sultan, car l'autorité du souverain est entre les mains des administrants ; dès lors, celui qui prend intérêt au bien de l'État est considéré et favorisé du sultan.

Généralement, personne au Ouadây, à moins d'être hué et baffoué du public, ne monte à âne, quelque beau et excellent que soit l'animal. Les Ouadayens n'emploient ces animaux qu'à transporter des fardeaux. Il n'y a que les gens de l'infime plèbe, les forgerons, les chasseurs, qui enfourchent ces montures.

Par forgerons, c'est-à-dire ouvriers en fer, on entend au Dâr-Séleîh, les fabricants de fers de lances, de couteaux, et de *djarâry*, instruments qui tiennent lieu de charrues pour les labours. Les chasseurs sont ceux qui vont à la recherche et à la poursuite des bêtes fauves, telles que les gazelles, les lièvres, les éléphants, les antilopes ou vaches sauvages. Les forgerons et les chasseurs forment les deux classes les plus inférieures du peuple, et sont considérés comme les derniers des hommes. Ils n'ont d'alliances et de mariages qu'entre eux. Nul n'a de relation avec eux que par nécessité momentanée, tant on les estime de peu de valeur.

Une coutume assez singulière et que j'ai observée au Dârfour, est celle-ci : tout chérif qui passe près d'une boutique d'un ouvrier en fer, en emporte toujours quelque objet. « Donne-moi mon ordinaire, » dit le chérif ou descendant du Prophète à l'ouvrier. Et si celui-ci ne satisfait pas de bonne grâce à cette demande, le chérif prend, sans se gêner, ce qui lui convient. Aussi, quand un de ces ouvriers sait ou s'aperçoit qu'un chérif approche, il s'enfuit et ne revient que quand le chérif est passé et est déjà loin. Cette habitude n'existe pas au Ouadây; mais là, comme au Dârfour, les forgerons et chasseurs sont souverainement méprisés de tous.

L'origine de la coutume des chérifs au Dârfour est assez singulièrement racontée ; elle s'établit à la suite d'une sorte de tour de sorcier. — Un jour, un chérif se frotta les mains avec un *onguent incombustible* ou préservatif contre l'action du feu. Le chérif, oint de sa drogue, vint à la boutique d'un forgeron et voulut en emporter quelque chose sans payer. L'ouvrier s'opposa au désir du chérif. Celui-ci mit alors la main au feu, en retira le fer rouge qui y chauffait et en frappa le récalcitrant. L'ouvrier s'enfuit épouvanté, craignant d'être brûlé. Le chérif, tenant le fer rouge à la main, poursuivit son homme. La foule s'interposa entre eux deux, et le chérif obtint ce qu'il désirait... De ce fait, on a conclu que les chérifs avaient le bienheureux privilége d'être hors des atteintes du feu; et delà, la coutume dont il est question, coutume que les chérifs du Dârfour ont conservée. J'ai entendu maintes fois répéter, quand j'étais au Dârfour, que le feu ne brûle pas les chérifs, et qu'ils peuvent impunément saisir avec la main un fer rouge..., mais je ne l'ai jamais vu faire.

Au Ouadây, le sultan a un pouvoir discrétionnaire; et cependant il ne peut rien changer aux habitudes établies; la moindre innovation pourrait lui coûter la vie. Ainsi, j'ai entendu raconter par plusieurs grands personnages ouadayens, que le sultan Sâboûn eut intention de modifier le *keyl* ou mesure des grains : « Je voudrais, dit le prince, qu'on employât le *moudd* (*modius*) ou mesure de notre saint Prophète. » Les Ouadayens refusèrent nettement, et mon père fut chargé de représenter au sultan la nécessité de conserver la mesure telle qu'elle était employée alors et de ne pas s'exposer au danger d'une insurrection.

Une autre fois, Sâboûn conçut le projet de battre monnaie. Il désigna le lieu où il voulait faire transformer en pièces frappées, la grande quantité d'argent qu'il possédait alors. On s'opposa encore à ce dessein, et on dit à Sâboûn : « Déjà des Mogrébins ont fait cette même

proposition à ton aïeul Kharif El-Teîmân, et il la rejeta :
« Mes sujets, répondit-il, sont des gens simples et
« sans ambition ; si nous faisons battre monnaie, dès
« qu'ils auront goûté le plaisir de posséder de l'argent,
« leur simplicité de vie disparaîtra ; ils travailleront à
« amasser des richesses, et ils deviendront avares, ja-
« loux les uns des autres. Et ces vices une fois implantés
« en eux, amèneront la ruine du pays. Je ne veux pas
« de ce projet. » Il nous semblerait irraisonnable
qu'aujourd'hui tu ne fusses pas de l'avis de ton aïeul. »
Sâboûn se rendit à ces représentations et renonça à son
projet.

CHAPITRE VIII.

Décorum des princes du Soudan. — Visite de deux Bédouins à un sultan fôrien ; orateur en défaut. — Un sultan se fâche pour du miel. — Présent d'oignons, de piment et d'aulx. — Le Berty dépouillé et ruiné ; il va se plaindre. Il conduit sa fille au sultan, qui l'épouse. — Les dix fumeurs ; pipe monstre. — Usage du lait, jadis défendu aux sultans du Ouadây.

Les princes et les grands des divers États du Soudan prennent cet air d'autorité imposant, cet extérieur sévère, cette rudesse âpre, ce maintien composé et rébarbatif, qui font trembler, dans toutes les articulations, les sujets qui se présentent devant eux. Ces formes de décorum sont passées en habitude ; et, au Dârfour, elles sont encore plus exagérées que partout ailleurs. Là, le sultan est toujours au milieu d'un appareil extraordinaire, entouré de courtisans posés dans une attitude grave et fière. Un Fôrien ou un Arabe qui se présente en pareille assemblée, est incapable d'articuler trois mots sans se troubler, à moins qu'il ne soit des habitués du *palais*, tels que vizir, grand de l'État, etc. Sans cela, eût-il la langue la plus facile et la plus dégagée, la fermeté la plus résolue, lorsqu'il est debout en face du sultan, il se déconcerte et son éloquence faillit.

A cet égard, on m'a raconté l'anecdote que voici. —

Le sultan Mohammed-Tyrâb avait envoyé, à des Arabes bédouins, un éléphant à dresser et à élever. L'éléphant, arrivé chez ces Arabes, prenait et dévorait tout ce qu'il rencontrait à son goût; il allait même arracher la nourriture des mains de ceux qui mangeaient. Personne, par crainte du sultan, n'osait tuer l'incommode éléphant. A la fin, on se fatigua de cet hôte importun, et plusieurs Bédouins allèrent trouver leur cheykh ou chef de tribu, et lui présenter leurs doléances. « Quel ennemi, lui dirent-ils, tu nous as apporté avec ton éléphant! Pourquoi, lorsque le sultan te l'a remis, n'as-tu pas fait observer que nous étions des gens pauvres, incapables d'élever sa bête? Tu as reçu ce parasite sans mot dire, et tu nous l'as amené. Il dévore nos provisions, il est nuit et jour à tout détruire. Débarrasse-nous de cette maudite bête, rends-la à son maître, ou nous la tuons. — Mais je ne saurai jamais aller adresser la parole au sultan, et lui annoncer le retour de son animal. — Conduis-moi avec toi, réplique aussitôt un des Bédouins; si tu as peur, moi je parlerai au sultan. Je ne te demande qu'une chose; c'est d'ouvrir le discours par ce seul mot : « L'éléphant. » Alors le sultan te dira : « Qu'est-ce qu'il a, l'éléphant? » Et moi je me charge de lui répondre; je lui dirai : « L'éléphant se conduit de telle et de telle façon. » — Ainsi donc, tu viens avec moi au Fâcher? — Certainement. »

Nos deux Bédouins se disposent au voyage...; ils partent. Or il advint qu'ils entrèrent au Fâcher un vendredi. Arrivés à la porte de la demeure du sultan, tout à coup ils aperçoivent venir un vizir à cheval, en grand cortége. Les tambourins battaient, les flûtes criaient.

Le vizir approche; il était en grande tenue vizirale. « C'est le sultan? dit le bédouin orateur à son compagnon. — Non; c'est un de ses vizirs... » Et l'orateur trembla sur ses jambes, et commença déjà à se repentir de la mission qu'il s'était imposée. « Mais, dit-il, si c'est là seulement un vizir, comment est donc le sultan? » Ils en étaient là, lorsque arrive un des grands vizirs, des hauts dignitaires, tels que l'abadima, précédé d'une troupe considérable de soldats, et d'autres vizirs. Il était vêtu de ses plus brillants vêtements; les tambourins et les flûtes retentissaient autour de lui; des cavaliers, des chevaux de parade le précédaient. « C'est le sultan, celui-là? dit le bédouin stupéfait. — Non; c'est un de ses grands vizirs. » Notre néophyte fut interdit; le cœur lui bondit dans la poitrine, et le pauvre homme oublia l'allocution qu'il avait préparée. C'est alors qu'il calcula le péril de sa position... L'ab, appelé Abd-Allah-Our-Dikka, débouche sur le Fâcher, en grande cérémonie, entouré d'une foule de cavaliers, de chevaux de parade, au milieu du tapage des tambourins et des flûtes. On ne s'entendait plus. « Est-ce le sultan? — Non; c'est le plus grand de ses vizirs. » Notre bédouin ne pouvait plus respirer; sa figure se décomposa; il ne savait plus où il était.

Un moment après, le sultan sortit de l'intérieur du palais. Pour cette fois, ce fut un bouleversement, un tintamarre incroyable. La terre tremblait du fracas infernal des tambourins et du piétinement des chevaux; il semblait que le ciel s'écroulait sur la terre. Le sultan s'arrête; les soldats se rangent en lignes. Le chef bédouin s'avance, et prononce d'une voix sonore et forte:

« Que Dieu protége notre maître et le rende victorieux de ses ennemis!... L'éléphant... — Qu'est-ce qu'il a, l'éléphant? » dit le sultan. Et notre homme fit signe de l'œil à son compagnon l'orateur, cligna des paupières de toute sa force, et lui glissa à demi-voix ces paroles : « Allons donc ; je t'ai ouvert le discours ; parle donc. » Peine perdue ! le malheureux orateur resta muet. « Eh bien ! reprit le sultan, qu'est-ce qu'a donc l'éléphant ? » Le cheykh bédouin tremblait que le sultan ne se fâchât et ne lui infligeât quelque rude punition pour lui apprendre à répondre. « L'éléphant, dit le cheykh d'un air empressé, l'éléphant reste toujours sauvage, parce qu'il est seul. Nous voudrions que tu nous donnasses un second éléphant pour lui tenir compagnie. — Qu'on leur donne encore un éléphant, » dit le sultan. Et sur-le-champ le cornac du prince amena un second élève et le remit aux deux bédouins. Les deux pauvres diables s'en retournent. Les hommes de la tribu les voyant avec ce nouvel hôte : « Qu'est cela ? disent-ils ; nous vous envoyons pour nous débarrasser d'un éléphant, et vous nous en amenez un second ! — Mes amis, dit le bédouin orateur, qui alors a retrouvé la parole, vous avez dans ce cheykh-là l'homme qui, sur toute la face de la terre, a le plus d'aplomb et de sang-froid. Rendez grâce à Dieu, qui vous a donné un pareil cheykh. » On accepta le nouvel éléphant, et on n'en parla plus.

Autrefois, les hommes ne ressemblaient pas à ceux d'aujourd'hui ! Ils étaient d'une étonnante ignorance, prince et sujets. Là-dessus, voici quelques anecdotes.

On m'a raconté au Ouadây, que plusieurs pauvres

Ouadayens apprirent un jour, par ouï-dire seulement, que le miel était chose merveilleusement douce. Ils n'avaient de leur vie jamais eu occasion d'en goûter, pas même d'en voir. Ils conviennent entre eux d'aller se présenter au sultan et de lui demander du miel. Ils vont à Ouârah. Là, ils attendent que le sultan sorte..., et ils vont droit à lui. — « Qui êtes-vous ? leur dit le sultan, et que voulez-vous ? — Nous sommes des malheureux, de pauvres gens de tes rayas ; nous avons entendu dire que le miel est quelque chose d'admirablement doux, et jamais nous n'avons eu seulement le plaisir d'en voir. Nous sommes venus te demander, à toi notre maître, de nous en régaler. »

Le sultan entra dans une grande colère. « Quoi ! dit-il, se moquer de moi, au point de venir me demander à moi-même quelque chose d'aussi chétif, du miel ! Qu'on en apporte ici une outre toute pleine. » On obéit ; et le sultan condamna nos pauvres diables à tout avaler, sous peine de mort. Ils n'en purent manger qu'une médiocre partie. Le cœur leur bondissait de répugnance ; il leur fut bientôt impossible d'en prendre une goutte. Le sultan les fit enfermer, eux et l'outre avec eux, et défendit de les lâcher avant qu'ils eussent avalé tout leur miel, ce qui fut exécuté à la lettre.

Trois paysans semèrent l'un des oignons, l'autre du piment rouge, et l'autre des aulx. A la récolte, chacun d'eux prit une charge de son légume, la lia sur un chameau, et tous trois allèrent à Ouârah, présenter ce triple cadeau au sultan. Celui-ci, qui ne connaissait ni les oignons, ni le piment, ni l'ail, qui n'en avait jamais vu en nature, examina ces légumes et demanda ce que c'était. « Cela sert, lui dirent les paysans, à assaisonner les mets. » Le sultan, charmé de la belle couleur rouge du piment, en prend une baie, en sépare un petit morceau, et le porte à sa bouche. Soudain il éprouve une sensation brûlante. « Ces gens-là sont des fourbes, s'écrie-t-il; ils sont venus ici pour nous empoisonner. Qu'on les mette en prison et qu'on ne leur donne à manger que de leurs cadeaux; qu'ils mangent tout. » L'ordre fut exécuté. Les trois paysans furent emprisonnés, et leur reclusion se prolongea pendant trois ans. L'un sortit malade d'une dermatose blanche (le vitiligo), l'autre ayant la lèpre éléphantiasique; le troisième était en bonne santé.

Un autre exemple de simplicité plus que rustique. — Au Dârfour il y a une tribu très-nombreuse, non arabe, celle des Berty. Les Berty ou Bertâouy sont réputés pour leur poltronnerie et leur lâcheté. En cela ils ont la suprématie sur toutes les populations du Soudan. Or donc ils avaient un gouverneur ou *roi* qui les tyrannisait, les rançonnait à outrance, prenait de leurs biens tout ce qui lui plaisait; et nul n'osait aller se plaindre au sultan; on redoutait les suites de la colère du gouverneur. D'autre part, la tribu le regardait comme un sultan, et tous étaient persuadés que personne n'avait une autorité supérieure à la sienne.

Ce roi dépouilla complétement un de ses administrés, et le réduisit à la misère. Un jour, notre Berty désolé quitte la tribu, et s'en va marchant au hasard devant lui. Il rencontre un Fôrien de Tendelty, qui voyageait pour ses affaires, et retournait à la ville. Le Bertâouy l'apostrophe, lui demande d'où il vient et où il va. Le voyageur répond à cette question et ensuite il dit à son homme : « Toi, qui es-tu? d'où viens-tu? où vas-tu? — Je suis de la tribu des Berty, et je ne sais où je vais. — Comment cela? » Le Bertâouy raconte ses malheurs, dépeint la rapacité du roi, et finit par dire : « Je m'enfuis, chassé par l'injustice et les spoliations dont j'ai été victime. — Pourquoi, reprend le voyageur, ne vas-tu pas te plaindre au sultan? Il te fera restituer ce que l'on t'a pris. — Il y a donc un sultan outre notre gouverneur? — Mais certainement. — Et qui pourrait m'indiquer où est ce sultan, me conduire auprès de lui? — Moi. — Est-ce bien vrai ce que tu me dis-là? — Par Dieu! très-vrai. » Ils marchent; ils arrivent au Fâcher.

Le voyageur conduit le Bertâouy devant le sultan Tyrâb. « Que veux-tu? » dit le sultan à l'étranger. Le Bertâouy salue Tyrâb, comme de pair à compagnon : « Bonjour, père d'Ishâc! on m'a assuré que tu étais capable de faire peur à notre *roi*. Ce roi m'a maltraité, m'a pris tout ce que je possédais, m'a ruiné. Si tu peux vraiment, comme on me l'a dit, l'obliger à me rendre ce qui m'appartenait, fais-le-moi rendre. » Tyrâb se mit à rire, étonné de la simplicité rustique de ce bonhomme, et envoya immédiatement appeler le roi des Berty.

En arrivant au palais, le roi apercevant le plaignant, lui lance un regard de colère; le Bertâouy, transi de frayeur, lève les deux mains en en tournant le dessus du côté de sa figure, la paume du côté du roi, et les porte ainsi un peu en avant pour ne pas voir son gouverneur; en même temps : « Non, non! s'écrie-t-il, je te couvre les deux yeux avec deux vaches de quatre ans... Ce n'est pas ma faute..., parole d'honneur! on s'est joué de moi en m'amenant ici. » Cette expression « je te couvre les deux yeux avec deux vaches de quatre ans, » signifie, au Dârfour, je te donne deux vaches de quatre ans, pour les placer entre la colère de tes yeux et moi, c'est-à-dire pour te calmer, t'empêcher de me regarder d'un œil malveillant, et me garantir des effets de ta colère.

A l'exclamation du Bertâouy, le sultan se prit à rire encore plus fort que la première fois. Puis s'adressant au gouverneur : « Quoi! lui dit-il, n'as-tu donc nulle crainte de Dieu, pour tyranniser ainsi des musulmans, et sortir de la voie de l'équité? Ces gens-là sont de bonnes gens, simples, sans expérience ; ils ne connaissent que toi, et même en ma présence tu les fais trembler. » Tyrâb demanda ensuite au Bertâouy quels objets lui avaient été pris. Le Bertâouy conta son histoire; et le sultan exigea qu'à l'instant le gouverneur rendît ce qu'il s'était approprié. Le roi restitua le jour même ce qu'il en avait apporté dans sa demeure du Fâcher. Car chaque roi a, dans le lieu de la résidence du sultan, une habitation où il séjourne pendant le temps qu'il doit consacrer aux affaires pour lesquelles le sultan l'appelle. En l'absence du roi, sa famille ou ses proches occupent sa maison.

Le sultan donna au Bertâouy, comme gage, le cheval du gouverneur. C'était un cheval de prix, tout sellé et harnaché ; il devait rester entre les mains du plaignant jusqu'à ce que le gouverneur eût restitué tout ce qu'il avait pris.

Le sultan commanda au Bertâouy de monter immédiatement à cheval. Notre homme hésita ; il avait peur. Tyrâb dit alors à ceux qui l'entouraient : « Faites-le monter à cheval. » Le Bertâouy cède alors, et marche quelque pas ; puis tout à coup il se met à crier : « Père d'Ishâc, mais vous me tuez ! Ce n'est pas là de la justice. Moi, je n'ai jamais monté à cheval de ma vie. » Le sultan riait d'un rire fou. Il permit au cavalier de descendre, lui donna ensuite l'équivalent de ce que le roi lui redevait encore, et y ajouta des présents.

De retour dans sa tribu : « Mes amis, dit le Bertâouy à ses compatriotes, j'ai trouvé le père d'Ishâc ; il impose fièrement à notre gouverneur ; il m'a traité on ne peut pas mieux. C'est mon ami maintenant ; s'il y a quelqu'un de vous qui ait à se plaindre de quelque vexation, qu'il aille trouver le père d'Ishâc. Et s'il ne peut pas arriver jusqu'à lui, moi je me charge de le faire arriver, parce que, voyez-vous, à présent nous sommes amis. »

Ce brave homme avait une fille très-jolie. Il la conduisit à Tyrâb : « Père d'Ishâc, dit-il à Tyrâb, voici ma fille. C'est tout ce que j'ai de plus cher au monde. Beaucoup de prétendants me l'ont demandée en mariage, moi je n'ai pas voulu la leur donner. Toi, tu m'as rendu un grand service ; en retour, j'ai désiré te présenter ma fille. Si tu en veux, je te la cède pour femme. » Le sultan regarde la jeune fille, la trouve à son goût, et de suite les accords du mariage sont conclus. Cette fille fut la première Bertâouyenne qui épousa un sultan ; de ce jour, beaucoup d'autres eurent le même honneur. Le sultan Mohammed-Fadhl ne crut devoir prendre des Bertâouyennes que comme concubines, et non comme femmes légitimes.

A la suite de ces exemples de simplicité, de bizarrerie rustique, de sauvagerie même, chez les princes et les rayas du Soudan, nous pouvons encore ajouter ici deux historiettes de même nature.

Des Ouadayens, insatiables fumeurs, avaient une telle passion, un tel amour pour la pipe, qu'ils ne pouvaient plus la quitter un moment; c'était une habitude devenue un besoin, une sorte de violente passion. Un jour donc qu'ils n'avaient plus même de quoi acheter un peu de tabac, et qu'ils étaient à se lamenter ensemble et à déplorer leur dénûment, ils se décidèrent, après longue délibération, à aller se présenter au sultan, et à lui demander ou du tabac ou de quoi s'en procurer. Ils partent;... arrivés devant le prince, ils lui exposent leur requête. Le sultan se fâche. « Ces gens, dit-il, n'ont aucune pudeur! Ils viennent me demander, quoi?... du tabac. Eh bien! je vais leur en donner, et une dose suffisante. » Et aussitôt, par ordre du prince, on fabrique avec de la terre une espèce de tonne de quatre coudées de haut (près de trois mètres). On compte le nombre des solliciteurs; ils étaient dix. On remplit de tabac la tonne-pipe, on arrange par-dessus une masse de charbons, et sur la circonférence on pratique dix trous, auxquels on adapte dix cannes de joncs percées dans toute leur longueur. Le sultan voulut que les dix fumeurs s'assissent autour de la tonne, et fumassent par les joncs jusqu'à ce que tout le tabac fût consumé. Aucun des dix ne devait se retirer, tant qu'il resterait à fumer un brin de tabac.

Après que l'appareil est terminé, on souffle sur les charbons pour les bien allumer; nos dix hommes s'asseyent, et on leur ordonne de se mettre en fonction. Chacun hume une gorgée ou deux, et ils sont rassasiés. Ils veulent se lever et partir. On les force à continuer; bientôt la tête leur tourne, ils tombent étourdis et comme morts. On court informer le sultan de leur mésaventure, et il ordonne de les renvoyer.

Autre exemple de bizarrerie... Autrefois, on ne permettait pas au sultan du Ouadây de boire du lait frais. « Car, disaient les Ouadayens, si le sultan boit du lait, qu'est-ce que boiront les sujets ? » Or il advint qu'un sultan se procura une vache laitière. On le sut dans le public; on s'ameuta, et on alla dire au sultan : « Tu vas te défaire de ta vache, nous promettre de ne plus boire de lait, ou bien nous te tuons. » Il fallut obéir. Aujourd'hui cette coutume est abolie, et les sultans boivent du lait comme tout le monde.

CHAPITRE IX.

Vêtements; ornements; parures. — Turbans; calottes. — Ampleur des habits. — Ornement des sabres. — Présents d'investiture des charges. — Instruments de musique. — Masque ou frontail des chevaux. — Travail des lances. — Parure des femmes. — L'am-chinga. — Usage continuel du cure-dent. — Les kounfous. — Stature; teint. — Les filles prennent peu de nourriture. — Travaux et fatigues des femmes. — Le raykeh; le porte-fardeaux ou Karandjalah. — Relations des sexes. — Manœuvres des matroues. — Nombre des concubines chez les grands. — Quelques réflexions. — Choix des amants; anecdote; meurtre. — Malédiction contre les femmes infidèles.

Dans les grandes cérémonies et dans les fêtes publiques, les Ouadayens portent de larges turbans, bien que dans leurs demeures les plus hauts personnages n'aient sur la tête que l'*arakyeh* noire ou *tâkyeh* qui est une calottte en toile ordinaire, ou bien un *tarboûch* ou calotte en tissu de laine rouge et comme feutrée. Les tarboûch des Ouadayens diffèrent, pour la forme, de ceux des Fôriens. Ceux-ci aiment les longs tarboûch en manière de *tartoûr* ou bonnets coniques. Les Ouadayens, au contraire, replient et renfoncent le sommet du tarboûch, de sorte que le centre où se trouve le floc en soie soit abaissé et comme bordé d'un relief circulaire d'environ deux doigts de hauteur.

Les Ouadayens ont les vêtements larges à la manière du *beddâouy* et du *sableh* que portent les femmes au

VÊTEMENTS. COIFFURES. INSTRUMENTS DE MUSIQUE. 395

Caire. Mais, en Égypte, le sableh est toujours de couleur rouge, ou jaune, ou noir, etc. Ce nom de sableh est dérivé de la racine arabe *sabala*, se draper, laisser tomber en forme de draperie simple et de voile, parce que le sableh se revêt en libre flot par-dessus les habits proprement dits. (Le *sableh* est une sorte de grande blouse sans manches, ouverte largement sur les deux côtés, et par-dessus laquelle se met encore le *habarah*, énorme pièce de soie noire qui est la dernière enveloppe des femmes et qui les ensevelit sous son ampleur. Le *beddâouy* est la grande chemise bleue ouverte par les côtés en guise de manches et depuis le haut presque jusqu'en bas.) Le beddâouy est ordinairement en toile de lin assez grossière, souvent en toile de coton ou de fil, parfois en *châch* ou grosse mousseline. Habituellement il est noir foncé.

Les Ouadayens, disons-nous, portent d'amples et larges vêtements. Le plus communément ceux des grands sont noirs. Ces vêtements sont cousus avec le plus grand soin et la plus grande attention; car chacun des lés dont ils se composent n'a pas plus de deux pouces de large. Ces étoffes si étroites sont de plusieurs espèces; nous en avons déjà parlé dans le Voyage au Dârfour. Ainsi, il y a le tékâky, le teîkau, le godâny appelé dans le pays *gorge* de kouldjou (1). Le godâny est une étoffe noire dont la couleur reflète une nuance rougeâtre miroitante, ce qu'on désigne au Caire par le terme *gorge de pigeon* (rikâb el-hamâm).

Les sabres des Ouadayens sont comme ceux des Fô-

---

(1) *Voy.* note 48.

riens, c'est à-dire à lames droites. La poignée est en argent doré et se termine par une boule creuse dans laquelle sont enfermés des cailloux qui, lors du maniement du sabre, produisent un léger cliquetis. Mais cet ornement ne se voit qu'aux sabres des grands, au Dârfour et au Ouadây.

Généralement, les Ouadayens portent au poignet un couteau à double tranchant, long d'environ trois empans et qu'ils appellent *kirdâouy* (fig. 8). Ils en ont un autre (fig. 9), fixé au bras au-dessus du coude, mais beaucoup plus court que le précédent (1).

Au Ouadây, l'investiture des emplois élevés se fait en donnant un turban au récipiendaire. C'est le sultan lui-même qui donne ce turban, et en même temps il dit à l'élu le nom de la fonction qui lui est conférée. Au Dârfour, l'investiture se fait en donnant un *faîr*, sorte de grand *milâyeh* à longues franges de soie; en présence du sultan, on en ceint les flancs du nouveau fonctionnaire, en laissant flotter les franges pardevant.

Les Ouadayens n'égayent jamais leurs amusements et leurs réjouissances, comme les Fôriens, par le jeu d'instruments de musique. Au Dârfour, il y a, pour ces réjouissances, le *souffârah* ou espèce de flageolet, le *tikjil* (ou *daraboukkah* qu'on bat à coups précipités), le *fadou* (qu'on bat à rhythme lent), le *dingâr* ou *dinkâr* (gros tambourin en bois), les timbales ou demi-sphères en cuivre. Chez les Ouadayens, le *baradyeh* (ou daraboukkah à sons aigus) et les timbales en cuivre ne sui-

(1) *Voy.* note 49.

vent et n'accompagnent que le sultan. Il y a encore le *tikjil*, le tambourin et les trompes longues et droites des kabartou. Ces trois sortes d'instruments accompagnent aussi les vizirs et les grands du pays.

Les Ouadayens, comme les Fôriens, suspendent sur la face de leurs chevaux un masque (fig. 15) ou *frontal* appelé par les Fôriens *kardjil*. J'ai oublié d'en faire mention en parlant des coutumes du Dârfour. Les kardjil sont en tôle jaunie ou en fer-blanc. Les premiers sont les plus recherchés et les plus chers; les autres sont les plus communs au Ouadây, et sont doublés en drap rouge. Le kardjil se compose d'une plaque tombant sur le front et sur le chanfrein du cheval, et de deux plaques venant sur les tempes. Ces masques sont beaucoup mieux travaillés au Dârfour qu'au Ouadây. Un masque en tôle jaunie se vend parfois au prix de deux esclaves; car, pour ces peuples, le kardjil est la plus belle pièce du harnachement d'un cheval.

Les lances des Fôriens ont plus d'apparence que celles des Ouadayens, et sont d'un travail plus parfait. En général, les Ouadayens sont moins avancés que les Fôriens en industrie; mais, d'autre part, les Ouadayens sont plus hardis et plus braves, et un seul d'entre eux n'hésiterait pas à tenir tête à dix Fôriens. J'ai déjà montré quel est le courage des Ouadayens, en racontant leurs guerres avec les Fôriens.

La parure des femmes, au Ouadây, se rapproche de celle des Fôriennes. Elle en diffère surtout en ce que les Ouadayennes ne portent pas d'anneaux aux ailes du nez; elles se contentent de se percer la narine d'un trou assez grand pour recevoir un morceau de corail cylindrique de l'espèce appelée *gass*. Les femmes pauvres introduisent et portent dans ce trou, pratiqué à la narine, un fragment de corail artificiel ou corail fâo. Celles qui ne peuvent avoir de faô, le remplacent par un petit cylindre de bois pour empêcher le trou de se fermer.

La parure la plus gracieuse des Ouadayennes de condition distinguée est l'*am-chinga*. C'est un bijou composé de plusieurs broches d'argent, fines, arquées en manière de croissant. Chaque broche porte au milieu quatre ou cinq gros grains de corail bien arrondis; et de chaque côté de ces lignes de corail est un kharaz mansoûs ou disque d'ambre jaune *a a*, fig. 32, D. Le nombre des broches varie de trois à onze, selon la richesse des individus; car l'am-chinga est la parure des riches. Chaque broche est recourbée en anneau à ses deux extrémités, et dans la double série de tous ces anneaux passe, de chaque côté, une tige mince d'argent ou de cuivre jaune AEBCD. Par l'extrémité AB, passe une étroite courroie de cuir qu'on lie derrière la nuque, et au moyen de laquelle on fixe cette partie du bijou sur le front. Le reste de la parure est remonté et appliqué jusqu'au sommet de la tête. On maintient cette extrémité supérieure, en engageant dans les cheveux, qui d'ailleurs sont serrés et comme feutrés, les crochets CE qui terminent les tiges latérales. (La largeur de ce bijou est d'un peu plus de deux doigts.) Généralement, l'am-chinga à onze arcs se vend au prix de quatre esclaves ou environ 40 douros, c'est-à-dire de 200 à 220 francs.

Les Ouadayennes ont presque constamment le cure-dent à la main ; ce cure-dent est un fragment d'un rameau d'arbre, dont elles arrangent une extrémité en forme de pinceau, en la fendillant un très-grand nombre de fois dans une longueur d'un demi-pouce à un pouce. Une Ouadayenne n'a pas plutôt mangé, fût-ce la plus légère nourriture, qu'elle s'empresse de prendre son cure-dent ; et, debout, ou assise, ou marchant, partout, elle s'en brosse et frotte les dents. Elle n'interrompt guère cette manœuvre que pendant le sommeil, ou lorsqu'elle est occupée à quelque travail. Aussi, toutes les Ouadayennes ont les dents d'une netteté exquise et la bouche d'un parfum délicieux.

Elles portent sur le cou une sorte de vêtement sans couture, à peu près large de deux coudées, et au plus de quatre ou cinq coudées de long (1). C'est une simple pièce d'étoffe qu'elles percent au milieu pour y passer la tête et s'en couvrir le cou et la poitrine par devant et par derrière ; les côtés restent découverts. Elles se ceignent la taille avec une espèce de serviette longue qui leur descend sur les cuisses.

En général, les ornements des Ouadayennes sont les mêmes que ceux des Fôriennes ; mais au Dârfour ils sont travaillés avec plus de soin, exécutés avec plus d'art.

Au Ouadây, les femmes portent à la ceinture et sur la peau, des *khaddoûr* ou verroteries en fragments longs, rouges, blancs, et bleus, de grosseur moyenne, et ressemblant aux *mandjoûr* des Fôriennes.

Les femmes du Dârfour et du Ouadây se serrent

(1) *Voy.* fig. 10.

encore les reins avec un cordon en cuir, au moyen duquel elles attachent, en la repliant, une toile large d'à peu près un empan et longue de plus d'une coudée. Cette toile passe entre les cuisses et est maintenue devant et derrière par le cordon, tout en restant suffisamment étalée pour cacher les parties naturelles. De cette manière, si la serviette qui est attachée autour des reins vient à tomber, les parties sexuelles n'en demeurpas moins cachées. Cette serviette est appelée *kounfous*; les femmes esclaves l'appellent *djoukou*.

Les bracelets et les périscélides sont en cuivre jaune. Enfin, les parfums dont se parfument les Ouadayennes sont moins fins et moins délicats que ceux des Fôriennes.

Les Ouadayens sont d'une structure plus robuste et d'une taille plus élevée que les Fôriens et même que tous les autres peuples du Soudan. Leur couleur est d'un noir moins foncé que celle des Fôriens et des Bâguirmiens ; généralement elle est bronzée, de nuance abyssinienne. Les noirs très-foncés sont rares dans toute l'étendue du Ouadây. Les hommes de petite taille y sont également assez rares. Les Fôriens sont presque tous noirs et peu d'entre eux sont de forte constitution. Les Arabes bédouins ouadayens sont aussi d'un teint plus clair que les bédouins fôriens ; la tribu des Mahâmyd, au nord-ouest du Ouadây, a presque la nuance claire des Égyptiens.

Au Dâr-Séleîh ou Ouadây, on ne dédaigne pas, comme au Dârfour, la couleur blanche. Toutes les couleurs humaines sont, pour les Ouadayens, de même valeur et sont toutes regardées comme des créations de Dieu également bonnes ; le blanc, le noir, le mulâtre, sont au même degré d'estime. Il y a plus : moins un individu est noir, plus les Ouadayens l'apprécient et le considèrent ; c'est pour eux un caractère d'origine supérieure. Car, à leur avis, le noir foncé est la preuve d'une longue filiation d'esclaves de père en fils ; plus la couleur s'éloigne du noir, plus elle rapproche l'individu de la supériorité des hommes libres. (Toutefois la couleur blanche du teint européen n'est pas de leur goût ; ils y trouvent trop de pâleur.)

Les jeunes filles, vierges, ne prennent jamais beaucoup de nourriture, et même un grand nombre d'entre elles ne mangent presque que du *haryreh*, sorte de bouillie qui correspond assez aux crèmes européennes. Les jeunes filles se soumettent à ce régime diététique, de peur d'avoir un trop gros ventre ; c'est dans la même intention qu'elles se serrent assez fortement la taille, et qu'elles évitent surtout de manger beaucoup de viande.

Les femmes, au Ouadây comme au Dârfour, sont chargées de la plus grande partie des travaux fatigants. Au Ouadây, ce sont les femmes qui vont aux marchés acheter les objets nécessaires à la maison. Jamais les hommes ne s'occupent de cela. Elles portent, d'une manière assez remarquable, les objets ou marchandises d'un pays à un autre pays. Ainsi, chacune d'elles a deux *raykeh* ou paniers flexibles comme ceux d'Égypte. Chaque *raykeh* ou cabas souple est maintenu avec quatre cordes, passées et suspendues à l'extrémité d'un bâton. Le bâton, et les deux raykeh, posés chacun entre ses cordes, représentent alors une balance avec ses deux plateaux et son fléau. (*Voy.* fig. 10.)

La femme porte ce double fardeau par le milieu du bâton, posé sur l'épaule, de manière que le tout se tienne en équilibre. Cet appareil est appelé *karandjalah*. On met dans les deux cabas ou raykeh, des aliments, de l'eau, des marchandises, que les femmes transportent ainsi à des distances considérables.

Ce sont encore les femmes qui labourent, moissonnent, et récoltent les grains. En un mot, elles sont chargées de tous les travaux, pénibles ou faciles. Ce sont elles aussi qui vont chercher de l'eau et du bois, qui recueillent le riz, le tamarin, le carroube, le nabk. Les hommes sont chargés de faire la guerre, ils tissent les étoffes, ils filent, ils vendent les objets les plus importants, tels que les bœufs, les esclaves. Ce sont eux encore qui vont à la chasse aux esclaves chez les Fertyt, qui sont aux ordres du sultan pour les services publics et pour les besoins et les exigences particulières des gouvernants, qui bâtissent les habitations, qui doivent payer de leur personne dans les moments de danger et les circonstances difficiles.

Au Dârfour et au Ouadây, les hommes sont mêlés, en toute liberté, nuit et jour, avec les femmes. Filles et femmes n'ont nul scrupule de passer les nuits avec ceux qui leur plaisent. Rien ne peut empêcher les amants de se réunir; ils ont recours à toutes les ruses imaginables pour atteindre leur but. J'en citerai un exemple..... Un turguenak, au Ouadây, était amoureux d'une jeune esclave concubine du sultan Sâboûn. Elle l'aimait aussi. Cependant elle avait toutes les préférences du sultan; Sâboûn en était tellement épris, qu'il l'emmena avec lui lorsqu'il fit l'expédition contre les Tâmiens. Eh bien! cette jeune fille corrompit les esclaves, hommes et femmes, qui la servaient et l'entouraient ; elle s'échappait de la tente même du sultan, pendant la nuit, pour aller trouver son amant. Sâboûn la surprit et la fit mettre à mort ; puis il donna aux vizirs et aux ulémas toutes les esclaves qui l'avaient servie. Mon père reçut deux de ces esclaves. J'ai entendu dire par mon père que toutes ces esclaves étaient les plus belles que possédât le sultan, et que Sâboûn lui-même les avait choisies. « Aussi, disait mon père, quand Sâboûn m'ordonna d'en prendre deux, je ne savais en vérité lesquelles préférer. A mesure que mes yeux passaient de l'une à l'autre, la beauté de celle que j'étais à regarder me faisait de suite oublier toutes celles que je venais de voir. J'étais vraiment très-embarrassé. Cependant je craignis, si j'hésitais trop longtemps, que Sâboûn ne prît mauvaise opinion de moi, en voyant un homme de mon âge, déjà presque vieux, un uléma, rester indécis dans le choix, et l'œil ainsi troublé par la beauté de ces esclaves. Et tout à coup je ferme les yeux, je m'avance rapidement vers ces jeunes filles, et j'en saisis deux au hasard. »

J'ai vu ces deux esclaves : l'une d'elles aimait, dès longtemps avant cette distribution, le kamkolak Kidermy. Dès que le kamkolak sut qu'elle était échue à mon père, il envoya la lui demander à acheter. Mon père y consentit et la céda pour un cheval du prix de quatre esclaves, dix jeunes filles esclaves *des six*, c'est-à-dire de la taille de six empans, et un superbe chameau. De ce jour, Kidermy donna à mon père tous les témoignages de la plus bienveillante amitié, en reconnaissance de la facilité avec laquelle mon père avait cédé aux propositions de vente.

Mon père garda pour lui-même l'autre de ces deux esclaves, appelée Zoheirah, et il en devint éperdument amoureux. Il l'emmena avec lui à Tunis et ne la vendit que lorsqu'il eut résolu de retourner au Ouadây. Il en était alors fatigué parce qu'elle avait adopté une conduite et des manières qui avaient fini par l'éloigner entièrement d'elle.

J'ai vu au Dârfour, ainsi que je l'ai raconté, les femmes du sultan même se servir de vieilles matrones comme entremetteuses dans les intrigues d'amour. Ces vieilles vont trouver les jeunes gens qu'elles veulent introduire dans le harem du prince; elles leur tressent et arrangent les cheveux comme à des femmes, les parent de colliers, de bracelets, de périscélides, les affublent en tout à la manière des concubines, les parfument de façon à donner complétement le change. Ainsi déguisés, les intrus sont conduits au harem par ces matrones, si habiles à triompher des obstacles qui s'opposent à l'entrée de tout étranger, même des femmes; en effet, les eunuques égorgent sans pitié tout homme qu'ils découvrent, tentant de pénétrer dans le harem, jamais personne ne demande compte du sang qu'ils versent alors; et cependant il est des individus qui bravent tous les dangers.

A mon avis, la cause de ces intrigues est dans les privations auxquelles sont soumises les femmes, chez les grands du Soudan, sultans ou rois; car, sans compter les femmes domestiques et les vieilles, un sultan a parfois dans son harem plus de mille femmes, toutes remarquables par la beauté, toutes méritant les faveurs de leur maître à titre de concubines. Des rois ou gouverneurs de provinces ont jusqu'à cinq cents concubines, toutes jeunes et belles. Évidemment, le propriétaire de ces femmes n'a que la force d'un homme, il est incapable de cohabiter avec toutes. D'autre part, comme elles sont dans le feu de la jeunesse, dans l'ardeur des passions, comme elles mangent et boivent à discrétion et font usage surtout de boissons enivrantes, les désirs de l'amour sont incessamment attisés, et elles mettent en œuvre toutes les ruses imaginables pour se satisfaire. Si elles n'étaient condamnées à une continence forcée, elles ne se livreraient pas à ces désordres, elles ne recourraient pas à des moyens illicites qui amènent souvent la mort de ceux qu'elles appellent et leur mort à elles-mêmes. L'exigence de leur position les entraîne ainsi à leur perte, ou au moins à une foule d'inquiétudes, de soucis, de tourments, et devient la cause du malheur d'un grand nombre d'hommes. Aussi, celui qui sait raisonner et prévoir ne s'engage pas dans ces aventures périlleuses, et se garde bien de céder à l'entraînement et à la puissance de la séduction.

Une fois, deux jeunes amis, d'ailleurs intelligents et réfléchis, furent, par une circonstance particulière (mais toujours affaire d'amour), la cause de la mort d'une femme. Voici comment se passa le fait.

L'habitude, au Ouadây, est que nulle femme n'est jamais forcée dans ses affections. Si elle s'attache à quelqu'un, on lui en laisse la libre faculté; celui à qui elle consacre son amour devient son amant sans partage. Y eût-il dix individus, tous amis entre eux, dès qu'elle a fixé son choix entre eux tous, celui qu'elle a préféré est seul à elle, les neuf autres sont pour elle comme des frères; chacun d'eux ne la doit interpeller que par ces mots : « *Ma sœur,* » et elle ne répond que par : *Mon frère.* » Après son premier choix, vient-elle à être éprise d'un autre de ces neuf individus, alors la jalousie et les inimitiés s'allument, surtout si la femme est jolie.

Or il arriva que deux amis s'amourachèrent d'une jeune et belle fille et lui proposèrent le choix entre eux deux. Elle en choisit un, et l'autre dit à la jeune fille : « Tu es maintenant ma sœur. » Les choses en restèrent là pendant un certain temps. Ensuite, elle s'éprit de celui qu'elle avait laissé d'abord, et ne songea plus qu'à l'avoir pour amant; elle en était éperdument amoureuse. Le nouvel élu s'enflamma aussi pour elle. Mais il craignait, s'il avouait sa passion, d'encourir les reproches et le blâme de ceux qui le connaissaient, d'irriter son rival, d'amener peut-être le malheur de son ami et le sien propre, ou au moins le malheur de l'un d'eux. Il prit donc à part son rival et lui dit : « J'ai à te parler d'un fait à propos duquel il faut que nous nous concertions, afin de prendre le meilleur parti possible. Écoute-moi. Tu sais parfaitement que les femmes sont des causes de collisions et de luttes entre les hommes. Apprends donc que ton amante pense à se séparer de toi, pour se jeter entre mes bras. Mais j'ai peur, en l'acceptant, d'ouvrir entre nous une source d'inimitié. Si d'ailleurs tu doutes de la vérité de ce que je te dis là, cache-toi, ce soir, dans un endroit convenable;

moi, j'irai chez ton amie, comme pour te chercher, et tu seras témoin de ce qui se passera entre elle et moi. Mais voici les conditions que je te pose. Si ce que tu verras te mécontente trop vivement, et si tu te sens capable de renoncer à ton amante, borne-toi alors à des reproches, à des injures même, si tu veux. Dis-lui, par exemple : « Perfide, garde-toi de songer à me captiver,
» moi ou mon ami ; sois assurée que nous n'irons pas éle-
» ver entre nous deux une inimitié éternelle peut-être,
» pour une trompeuse et une infidèle telle que toi. » Si tu ne te sens pas la force de te passer d'elle, de répudier son amour, ne manifeste rien de ce que tu éprouveras. Moi, je l'abandonnerai sans bruit, sans éclat ; je m'éloignerai de vous deux jusqu'à ce que tu l'aies ramenée à toi. — Bien ! cela me semble raisonnablement combiné. »

L'amant premier attend le moment du rendez-vous et de l'épreuve. Le nouvel élu vient à l'heure fixée, et entre chez la belle. L'amant délaissé était déjà caché, et de l'endroit où il était, il pouvait observer et suivre l'aventure, et vérifier les paroles de son ami. Dès que l'amant désiré arriva chez la jeune fille et en fut aperçu, elle se leva, alla au-devant de lui, l'accueillit en souriant, et l'invita à s'asseoir auprès d'elle. « Où est donc mon ami ? dit-il. — Je n'en sais rien, reprit la dame ; mais, pour Dieu ! ne l'appelle pas ton ami ; car certainement il n'a ni amitié ni attachement pour toi ; tu perds avec lui tous tes frais de bienveillance, et tu places là bien mal tes affections. — J'ai toujours eu des preuves très-nettes de son amitié, de son dévouement pour moi. — Comme tu voudras ; tu es libre de croire ou de ne pas croire ce que je viens de te dire de lui. Vous êtes amis, soit! cela ne me regarde pas. »

Et elle s'approche de son nouvel amant, se penche sur lui. Il résiste aux caresses. « Pense donc, ma chère, dit-il, que tu es encore à un autre que moi; que si tu l'abandonnes pour te donner à moi, tu le trahis, et que si je cède à ta tendresse, je le trahis aussi. Pourquoi ne m'as-tu pas choisi d'abord? — Eh mon Dieu! je me suis bien trompée! Je pensais qu'il avait au moins autant de cœur et d'âme que toi; mais je m'étais abusée, et je me repens bien sincèrement de mon choix. Désormais tu as entre les mains les rênes de mon amour... Me voilà, je suis toute à toi. — Ma chère, celui dont tu parles est mon ami, et je ne le trahirai jamais. Si tu as besoin de quelque parure, de quelque chose qu'il ne veuille pas t'accorder, moi je m'engage à te le donner à sa place. — Non, je le hais; je ne veux rien recevoir en son nom. Accepte, accepte mon amour, ou je m'enfuis au loin. Je ne veux plus jamais être à ton ami. »

L'amant caché entendait cette conversation. Transporté de fureur, il paraît tout à coup, et, sans articuler un mot, il saisit la jeune fille et la poignarde. Elle tombe et meurt. — « Malheureux! pourquoi l'as-tu assassinée? — J'ai déchargé mon cœur d'un affreux fardeau. Je l'aimais, elle me haïssait; je devais craindre, moi-même, de périr de la main d'un autre rival que toi. »

Les deux amis furent embarrassés de leur victime. Ils se décidèrent à la couper en morceaux; ils creusèrent un trou et l'y enfouirent. Ils gardèrent le secret; ce ne fut qu'après que le meurtrier fut mort, que son ami divulgua les détails de cette aventure.

Eh! les femmes sont bien perfides! Que jamais, jamais le ciel ne pardonne à une femme infidèle! Miséricorde de Dieu sur l'auteur de ces vers :

« Des femmes! il y en a, certes, qui valent bien chacune quatre-vingts belles chamelles; mais aussi, il y en a qui ne valent pas la peau d'un chamelin qui vient de naître.

» Il y en a que Dieu ne garde pas sous le voile de l'bonneur; le mari est-il absent, vite elles vont au voisin.

» Non! que la bonté de Dieu ne fasse jamais grâce aux femmes infidèles! En enfer! que Dieu les brûle à tout jamais (1)! »

(1) *Voy.* note 50.

CHAPITRE X.

Des afryt ou diables. — Leurs vols et meurtres réprimés par Sâboûn. — Leurs amours. — Anecdote : un afryt devenu amoureux exclusif d'une jeune fille. — Un rival; rencontre singulière des deux prétendants. — L'afryt veut fuir; il est vaincu, et cède la place. — Autre anecdote. — Singulières habitudes de relations des sexes. — Incontinence des femmes. — Secret des intrigues amoureuses.

Nous avons déjà indiqué que les Ouadayens sont moins policés que les Fôriens, moins traitables, moins sociables même entre eux, mais plus braves. Ces caractères sont plus fortement exprimés dans les jeunes gens, surtout lorsque les boissons enivrantes échauffent les têtes; alors, les conversations, qui ont débuté par des formes simples et ordinaires, passent rapidement aux formes grossières et brutales; et de là, des rixes, des coups, souvent avec effusion de sang.

Les Ouadayens chez lesquels s'exagèrent l'audace et la fierté sauvage sont appelés *afryt*, c'est-à-dire *diables.* Avant le règne du sultan Mohammed-Abd-el-Kérym-Sâboûn, les afryt s'étaient rendus redoutables. Ainsi, après le coucher du soleil, les meurtres, les vols commençaient vers le Puits de Sâboûn. On nomme Puits de Sâboûn un certain nombre de puits situés vers un petit village tout près du Fâcher. De ce village, des cris poussés à voix forte se font entendre assez loin dans la ville; de notre maison et des maisons parallèles à la nôtre, nous les entendions.

Si on volait et assassinait si près de Ouârah, on peut juger de ce qui se commettait de vols et d'assassinats à de grandes distances. J'ai souvent entendu dire que les marchands ne pouvaient voyager avec des marchandises, que lorsqu'ils étaient en grand nombre.

Une fois qu'un afryt s'est amouraché d'une femme, il en défend l'approche à tout autre prétendant. Quiconque s'avise de faire la cour à l'amante d'un afryt, est tué. L'afryt épouse sa belle au nez et à la barbe de qui que ce soit, en dépit de toute opposition.

On m'a raconté qu'un afryt se déclara l'amant exclusif d'une jeune-fille qui le détestait. L'afryt l'aimait éperdument. Chaque soir, il se rendait chez elle, et lorsqu'il y trouvait quelqu'un, il le tuait. L'épouvante fit qu'on abandonna cette fille. Tous les prétendants qui d'abord allaient la voir, la courtiser, ne reparurent plus chez elle. L'afryt demanda le mariage; le père de la fille y consentit, mais elle refusa. Elle resta longtemps célibataire. Personne n'osait la demander, pas même aller lui faire visite. Ainsi délaissée, elle passa presque l'âge de se marier. Néanmoins, elle repoussa opiniâtrément les sollicitations de son afryt, et refusa net de l'épouser. Elle en demeura là tant qu'il plut à Dieu.

Un jour qu'elle était allée au marché faire quelques emplettes, sa beauté frappa un inconnu qui subitement en devint épris. C'était d'ailleurs un homme d'audace et de sang; le danger, la mort, rien ne l'intimidait. — L'amour l'anime, l'échauffe; il suit la jeune fille, attend qu'elle ait terminé ses affaires et qu'elle soit hors du marché. Alors il l'accoste, lui demande la permission d'aller la voir, lui offre son amour, et se prodigue en protestations de dévouement et de tendresse. « Mon Dieu! répond-elle, je te trouve charmant; et, en vérité, je me sens pour toi autant d'amour que tu peux en avoir, si ce n'est plus. Mais, comme dit le proverbe, « il y a obstacle qui empêche l'âne de saillir. » — Comment cela? est-ce que tu es mariée? — Eh, non! — Et qui donc te retient? — Ce qui me retient! un de ces fiers-à-bras d'afryt a défendu à qui que ce fût de penser à moi; il jette sa brutalité sur quiconque ose m'aborder. — Pourquoi alors ne t'épouse-t-il pas? — Je ne l'aime pas; je ne veux pas de lui. — T'est-il allié? — Non, par Dieu, non! — Eh bien! ne crains rien; moi, je te débarrasserai de lui, s'il plaît à Dieu. — Tu n'y es pas, mon cher, tu n'y es pas! me débarrasser de la cage où je suis emprisonnée!... Cependant sache bien, Dieu me damne! que je ne suis pas poltronne, que je n'ai pas peur, moi, de mon afryt; mais c'est pour toi que j'ai peur. Tu me parais un homme de cœur et de résolution, mais mon afryt est un sauvage, un brutal; s'il met la main sur toi, il t'assassine. — N'aie aucune crainte. Montre-moi seulement ta demeure, et tu verras, je l'espère, que tout se terminera à ta plus grande satisfaction. »

La fille indique sa demeure.... A nuit close, notre homme se rend chez son inconnue. Il s'assied auprès d'elle, et ils s'entretiennent en tout bien et tout honneur. Quelques minutes après arrive l'afryt. Il avait appris qu'un rival devait se présenter chez la belle. Il entre et trouve l'étranger assis, ayant la cuisse passée sur celle de la jeune fille. Celle-ci veut aussitôt se dégager, se mettre en sûreté et laisser les deux rivaux se démêler entre eux. L'étranger appuie fortement sa cuisse sur celle de la jeune fille, la retient en place et continue la conversation sans faire attention à l'afryt. L'afryt, étonné, vient se poster en face d'eux, et dit à l'inconnu : « Qui t'a permis d'entrer ici ? » L'inconnu ne daigne pas lui répondre. Nouvelle question ; même indifférence. Troisième demande ; point de réponse encore.

L'afryt furieux tire son coutelas-kirdâouy, le dirige sur la cuisse de son rival et en enfonce la pointe jusqu'à la cuisse de la fille. Elle fait un effort subit pour retirer sa cuisse, elle ne peut la débarrasser. L'afryt dégage son couteau, et tout stupéfait du flegme et de la contenance de son adversaire, il rengaîne son arme, et va partir vaincu. Mais l'étranger se lève, le saisit par le haut de son vêtement et le tire brusquement. Le vêtement se déchire en deux ; un morceau reste à la main de l'inconnu, l'autre sur le corps de son ennemi. Celui-ci cherche à fuir et songe à son salut. Son rival lui allonge, de son membre blessé, un violent coup de pied dans les reins et le renverse sur la face. L'afryt, le nez et le front écorchés, demeure étendu par terre étourdi, ne sachant plus où il est. Il revient à lui ; l'autre tire son couteau, et va le tuer. — « Laisse-moi la vie, lui dit le vaincu ; que Dieu te laisse la tienne ! — Fais-nous amende honorable ; jure-moi que, de ta vie, tu ne te présenteras à cette fille, et je te fais grâce ; sinon, je t'éventre, là, sur la place. »

L'afryt se soumit et jura aussitôt tout ce qu'on voulut. L'inconnu saisit alors l'afryt par les oreilles, et le traîne comme un mouton jusqu'auprès de la fille. Elle était restée assise, regardant et attendant quel allait être le dénoûment de la lutte, et lequel de ses deux prétendants demeurerait vainqueur. L'étranger fait arrêter l'afryt debout en face de la fille, et déclare que le vaincu a juré de ne plus se présenter à elle.—« Sera-t-il fidèle à son serment? dit-elle.— Oui, reprit l'afryt. —Laisse-le s'en aller, dit alors la fille à l'inconnu; si jamais il reparaît ici, tu le traiteras comme tu voudras. » L'afryt fut relâché et il partit secouant la poussière de la mort.

Le libérateur de la fille la demanda en mariage et l'épousa. Il resta avec elle jusqu'à ce qu'elle mourût... Les aventures de ce genre sont fréquentes au Ouadây (1).

Un caractère singulier dans la nature des Ouadayens, c'est qu'ils sont jaloux d'une amante, et qu'ils n'ont nul souci d'empêcher les relations des amoureux avec leurs sœurs et leurs filles. Souvent même un Ouadayen cherche à amener des adorateurs à sa sœur, dont il vante avec intention la beauté et les mérites physiques. Bien plus, si l'inconnu séduit par le panégyrique ne plaît pas, s'il est évincé, alors la récalcitrante est sermonnée, réprimandée par son frère, et on la décide ordinairement à accueillir de bonne grâce l'aspirant d'abord rebuté. Il y a aussi des Ouadayens qui poussent parfois la complaisance jusqu'à conduire des étrangers

---

(1) *Voy.* note 51.

à leurs femmes et à les laisser en tête-à-tête avec elles. On croirait qu'ils veulent suivre l'exemple tracé dans ce vers :

« Moi, grâce à Dieu ! j'amène sans façon un amant à ma femme. Eh ! bien d'autres que moi en amènent aussi, mais en dépit de leur propre nez (1). »

Les Ouadayennes sont ardentes, passionnées ; rarement elles refusent une offre de tendresse. Beaucoup d'entre elles, outre leur mari, ont plusieurs amants ; elles ne se contentent pas des plaisirs matrimoniaux. Entre elles, elles se connaissent, elles n'ont ni honte ni scrupule de s'avouer réciproquement leurs exploits amoureux. Aussi, aucune ne s'avise de blâmer sa voisine, car à peu près toutes ont les mêmes reproches à se faire. C'est absolument l'apologue raconté dans ces deux vers :

« Un jour une femme, injuriant sa voisine, lui disait : « Tu as fait ton mari cornu, et ses cornes le rendent le jouet de tout le monde.

» — Eh ! mon Dieu ! pourquoi veux-tu que je lui laisse le front net et sans armes ? Ton mari, ton Alexandre aux deux belles cornes, ferait le bélier contre lui et le battrait (2). »

La plupart des Ouadayennes, disons-nous, ont mari et amants, en sorte que chaque Ouadayen pourrait dire à sa femme les vers que voici :

« Femme insatiable, qui n'as pas assez d'un amant, de deux mille amants dans une année !

» En vérité, tu me parais être un reste de ces juifs de Moïse qui, dans le désert, ne pouvaient se contenter de la manne seule pour nourriture. »

Du reste, dans tout le Soudan, l'amour est la préoc-

---

(1) C'est-à-dire : Il en est bien d'autres qui par leurs négligences maritales, ou par les caprices de leurs femmes, etc., en dépit de tout, ont des remplaçants. Autant faire comme je fais.

(2) *Voy.* note 52.

cupation de tous les esprits. C'est un feu courant dans les veines des noirs, comme les sucs végétaux courent dans les veines des arbres. Aucun individu ne croit devoir taire le nom de celle qu'il aime. On suit ce conseil du poëte :

« Dis, publie le nom de l'objet de ton amour; ne le déguise pas sous un nom supposé. A quoi bon tant de mystère et de secret dans les plaisirs ? »

Toutefois, lorsqu'un amant juge qu'il peut lui être préjudiciable de parler de ses bonnes fortunes, lorsque, par exemple, en divulguant son amour pour la fille ou la femme d'un personnage puissant, il risquerait d'être tué, il sait dissimuler sa passion, se résigner aux contraintes d'un amour secret. Mais une fois que l'amant est sorti des voies de la prudence et de la réserve, qu'il a vu déchirer le voile dont il était couvert, il va publiant partout les secrets de son cœur ; il espère soulager ainsi ses peines ; il n'écoute plus ni remontrances ni reproches, quelles que puissent être les conséquences de ses indiscrétions. Il semble ne plus prendre d'inspiration que de ces deux vers que je fis autrefois :

« Oui, je t'aime, je t'aime avec excès, ô lumière de mes yeux ! je ne puis plus retenir mes paroles (je dis à tous mon amour), le voile du secret est déchiré.

» Je suis fou, je n'écoute plus ni reproches, ni remontrances ; et mourir pour toi est, à mon gré, la plus belle gloire. »

D'autres dissimulent et concentrent leur passion, afin d'atteindre le but de leurs espérances, et ils semblent dire :

« Je te tiens cachée, mon amie, dans mes yeux mêmes, afin de mieux dérober mon amour aux curieux indiscrets et moroses ; et mes yeux,

SUITE. RÉFLEXIONS SUR LA FORCE MILITAIRE. 417

où je te garde enfermée, sont désormais embellis par ta présence.

» Tel est l'excès de mon amour pour tes charmes, que je crains même les regards d'un censeur ; il penserait peut-être à me détourner de t'aimer. »

Mais arrêtons-nous; ces questions embrassent une trop vaste étendue. Ne nous lançons pas sur cette mer d'orages et de difficultés, nous engendrerions l'ennui. Revenons à notre sujet direct, laissons marcher à bride libre les récits qui doivent spécialement composer ce livre, et nous conduire au but que nous nous proposons d'atteindre.

Et Dieu est notre appui, il est la grâce généreuse qui nous accompagne partout.

CHAPITRE XI.

Tactique militaire. — Division de l'armée. — Ordre de bataille. — Drapeaux. — Signes distinctifs pour les soldats des deux armées. — Attaque; chant. — Armures et armes. — Casques. — Caparaçons. — La *châyeh* ou saie. — Provocations en bataille. — Espèces de lances. — Boucliers; adresse à les manier. — Arcs et flèches. — Les archers sont tous esclaves. — Tir de l'arc. — Empoisonnement des flèches; leur politesse. — Cordes d'arc. — Carquois. — Chants guerriers. — Abydyeh ou esclaves particuliers du sultan.

Le Régulateur suprême des événements et des choses du monde, le Souverain de toute puissance, Celui qui a donné aux hommes le fer, instrument de terreur et d'utilité, et leur a commandé de s'exercer aux fatigues et aux dangers, afin de défendre les divins principes du Coran, Dieu qui a dit dans son saint Livre : « Disposez » tout ce qu'il vous sera possible de force et de résistance » contre les Infidèles, tout ce qu'il vous sera possible de » chevaux et de cavaliers pour épouvanter les ennemis de » Dieu et les vôtres, » a clairement manifesté sa volonté. L'homme, faible par lui seul, est obligé de défendre par la voie des armes, à pied, à cheval, ce qu'il a de cher ici-bas, sa famille et ses biens. C'est spécialement aux rois que sont imposés ces devoirs de protection et de défense, eux qui ont la puissance et la grandeur; ils savent d'ailleurs que, dans l'accomplissement de ces devoirs, est leur gloire, leur sécurité. Et comme c'est par eux que règne la justice ou l'injustice, que se préparent et s'entretiennent les guerres contre les mécréants, et la tranquillité des vrais croyants, ils sont obligés de veiller sans cesse à la défense et à la glorification de la Religion, des fidèles et du pays.

Les rois, il est vrai, règlent diversement leur conduite, selon leurs désirs et leurs intentions. Mais par leurs œuvres, Dieu manifeste ce qu'ils cachent dans les replis de leurs pensées, dans les secrets de leurs passions; et le monde découvre toujours à qui d'entre eux Dieu a dispensé l'amour du bien et des œuvres pieuses, c'est-à-dire le désir sincère de combattre les ennemis de la Religion et de se conformer ainsi à ces paroles révélées à notre saint Prophète : « Prophète, porte la guerre » aux Infidèles et aux hypocrites ; c'est là l'œuvre, la » spéculation vraiment lucrative, la transaction vrai» ment profitable et salutaire. »

Mais d'autres, au milieu de leur puissance, ont écouté les insinuations du diable, ont bassement obéi à ses suggestions, et ils ont oublié ce que leur enjoignaient les devoirs de réciprocité entre les hommes ; ils ont promené à travers leurs peuples l'injustice, l'orgueil, la tyrannie; ils ont été, pour ainsi dire, comme un os étranglant, arrêté dans le gosier des croyants ; ils ont, sans songer à autre chose qu'à leur réputation et à leur gloire dans ce monde, écrasé sous leur main de fer grands et petits... Respectons et admirons les secrets mystérieux de la Providence!!

Les peuples du Soudan n'ont, en général, ni mousquets, ni canons, ni forteresses, pour repousser ou arrêter leurs ennemis. Aux jours de batailles, le cavalier a le javelot et le sabre pour enfoncer les masses ennemies et faire avaler la mort à qui vient se mesurer avec lui ; le fantassin a la javeline ou la flèche, et le *daragueh* ou bouclier pour se protéger les flancs, la face et les yeux. Pour le cavalier, sa cotte de mailles, son casque de fer, sa *châyeh* (1), le protégent contre le tranchant des sabres et les pointes des lances et des javelines, contre les blessures mortelles. Les chevaux sont habillés de couvertures piquées ou grands caparaçons qui les garantissent au milieu des mêlées.

Chaque peuple a, dans ses guerres, des habitudes et une tactique dont il a reçu l'héritage de ses pères et qu'il conserve avec une sorte de vénération. Les Fôriens ont, à cet égard, des traditions dont l'origine remonte aux anciens Arabes. Chez eux, une armée a toujours cinq divisions ou corps, comme on le voyait jadis chez les Arabes, appelés pour cela, en style de guerre, *la gent à cinq divisions*. Le premier corps était l'avant-garde, ou *moucaddémeh*; le second était l'aile droite, ou *djénâh el-yemen*; le troisième, le centre, ou *calb*, le cœur; le quatrième, l'aile gauche, ou *djénâh el-eyçar*; le cinquième, l'arrière-garde, ou *sâcah*, la jambe. Jusqu'aujourd'hui, les Fôriens ont accepté et conservé cet ordre comme règle, et ils ne consentiraient pas à s'en écarter, quelque avantage qu'ils aperçussent dans d'autres systèmes de tactique.

En avant de l'armée, ils dispersent, à distance, plusieurs avant-postes ou vedettes, pour se garder de surprises. De plus, des éclaireurs, qu'ils appellent *anday*

---

(1) *Voy.* note 53 et fig. 15.

LES DRAPEAUX. LES NACAIRES. SIGNES DE RECONNAISSANCE. 421

(au pluriel, *andayât*), rôdent de tous côtés, observent les mouvements de l'ennemi, examinent ses positions et ses marches, et en informent leurs chefs.

Sous le point de vue général, les fonctions des premiers ministres de l'État sont instituées dans une forme de corrélation nécessaire avec la manière de diviser les troupes. Ainsi l'orondolon commande les avant-postes; le kâmneh ou Fôr-an abou (Père du Dârfour), commande l'avant-garde, et l'abadyma, l'aile droite. Le sultan est au centre. Le tékényâouy commande l'aile gauche, et l'ab-cheykh commande l'arrière-garde. Les émyn, les vizirs ont leurs postes auprès du sultan. Lorsque les troupes sont rangées en plaine, cet ordre de bataille est de rigueur. Si elles occupent un terrain accidenté, cette disposition se modifie selon l'exigence locale.

Dans les armées, au Soudan, les drapeaux ou étendards sont toujours placés devant le sultan, et sous les ordres d'un roi, à la tête d'un certain nombre d'hommes choisis parmi les plus braves et les plus dévoués, qui seuls ont le privilége d'être porte-enseignes. Les drapeaux n'ont rien de particulier qui les distingue pour chaque État. Les Fôriens ont tout simplement de grandes bannières, les unes rouges, les autres blanches. Il en est de même au Ouadây; seulement les Ouadayens ont plus de drapeaux rouges que de drapeaux blancs. Les drapeaux ne présentent non plus aucun insigne ni armorial qui les caractérise et les différencie.

On porte toujours devant le sultan fôrien dix drapeaux, et on en porte au moins une trentaine devant le sultan ouadayen. Lorsqu'un sultan assiste à une bataille et qu'on voit s'abattre les drapeaux, on sait alors que le sultan est tué ou fait prisonnier. Dans le cas de défaite, le sultan n'a que deux chances, ou d'être tué ou d'être pris ; car jamais un sultan ne doit prendre la fuite. Tant que les drapeaux sont debout à leur place, on est certain que le sultan est en sécurité et vivant.

Quelle que soit la durée d'une bataille, le bruit des *naguyrah* ou nacaires ne cesse pas un moment de retentir devant le sultan. Lors même qu'il est fait prisonnier, lui et ceux qui battent des naguyrah, et que les chameaux ont les jarrets coupés, le bruit continue. Car alors, l'ennemi donne de nouveaux chameaux aux timbaliers, et les battements recommencent en suivant le sultan prisonnier, jusqu'à ce qu'il soit amené en présence du sultan vainqueur. — Nous reviendrons tout à l'heure sur ces habitudes.

La veille d'une affaire, les deux partis se choisissent un signe de reconnaissance pour leurs soldats ; le sultan et les chefs de l'armée déterminent quel doit être ce signe. Ainsi, parfois, les soldats doivent s'attacher au poignet droit un lien en écorce d'arbre. Si l'un des deux camps apprend assez tôt que l'ennemi s'est appliqué le même signe que lui, on en fixe un autre immédiatement. Ce moyen de reconnaissance est une précaution de première nécessité, pour éviter que les soldats de la même armée ne soient exposés ou à s'entre-tuer dans la mêlée, ou à épargner un ennemi qui les aurait trompés en leur montrant le signe de reconnaissance. Tous ces peuples étant noirs, n'ont guère d'autre voie pour se reconnaître que des signes particuliers tels que ceux que nous indiquons. Par là encore, on reconnaît les morts après le combat ; car

L'ATTAQUE. CHANT FÔRIEN. COTTES DE MAILLE. CASQUES. 423

alors, des deux côtés, plusieurs individus vont sur le champ de bataille examiner les cadavres, et chaque parti n'enterre que les morts auxquels il trouve le signe qu'il a admis.

Quand les armées sont en présence l'une de l'autre pour le combat, la cavalerie est divisée par *kardoûs* ou escadrons plus ou moins nombreux et postés à distance en arrière de l'infanterie. Dès que la bataille s'engage, la cavalerie attaque la cavalerie, et l'infanterie attaque l'infanterie.

Lorsque les troupes fôriennes fondent et se précipitent sur l'ennemi, elles déploient la plus vive animation. Les cavaliers brandissent leurs sabres, et chaque émyn ou chef de *kardoûs* entonne un chant fôrien auquel répond toute sa troupe. Lors de la révolte du cheykh Mohâmmed-Kourra, dont nous avons parlé dans le *Voyage au Dârfour*, j'ai entendu chanter le chant suivant dans un kardoûs commandé par Ibrahym-Ouad-Ramâd au milieu de ses fils :

O-nnas dio-ba-in kel-boa,
O-nnas dio-keih kel-boa yé.
Kel-boa.

« La parole (la pensée) que vous avez en vous-mêmes, allons ! dites-la !
» La parole que vous avez en vous, allons ! dites-la, hâ !
» Allons ! dites-la. »

La traduction, mot à mot, est : *o*, la parole; *nnas*, qui; *in*, dans, chez; *dio*, l'intérieur; *ba*, de vous; *kel*, allons! eh bien! *boa* (prononcez *boi*, comme l'impératif du verbe français *bois*, et non en deux sons comme *bo-a*), dites (la). — A la seconde ligne : *keih*, dedans, dans; *dio*, l'intérieur; *kel-boa*, allons! dites (la); *yé* n'est qu'un cri de prolongation pour le chant. (*Voy.* la musique du chant n° 4.)

Ibrahym-Ouad-Ramad chantait les mots : *O-nnas dio-ba-in*, « la parole que vous avez en vous; » et ses soldats répondaient : *Kel-boa*, allons! dites (la). Puis Ibrahym reprenait : *O-nnas dio-keih*; et les soldats répondaient : *Kel-boa yê*, *kel-boa*, « allons! dites-la, hâ! allons! dites-la. »

Et les soldats s'animaient, et chacun semblait être une tour inexpugnable.

Les Fôriens de basse condition portent une seule cotte de mailles, et un *tély* ou casque. Ils ont, aux avant-bras, des koumou*n*a ou brassarts d'acier. (*Voy.* fig. 15.)

Les casques sont en acier et de formes différentes. Les uns représentent un segment d'œuf coupé selon son plus petit diamètre, c'est-à-dire à bombe presque ronde; les autres sont plus rapprochés de la forme conique, c'est-à-dire à bombe plus allongée, et ont pour cimier deux globules ou *tauma* (têtes d'ail) attachés l'un sur l'autre au sommet de la bombe du casque. Il y en a dont le tour inférieur est doré. (Ces casques sans cimier et demi-sphériques rappellent les alophes (αλόφοι) des Grecs, et les anciennes coiffures des chevaliers appelées bassinet, cabasset, pot-en-tête.)

Tous les casques sont munis de trois baguettes métalliques en fer; l'une est par-devant et peut descendre jusque vis-à-vis l'extrémité du nez; les deux autres descendent chacune sur une tempe. Ces tiges ou baguettes métalliques sont de différentes formes. Parfois elles sont dorées et travaillées avec soin, et les extrémités en sont aplaties et élargies en spatule. D'autres ont les extrémités terminées par une petite boule métallique ; d'autres enfin sont de simples baguettes ordinaires sans reliefs ni façon, dans toute leur longueur. ces baguettes glissent dans des coulisses en anneaux et peuvent, au gré du cavalier, être montées ou descendues.

Il y a des casques dont la bombe est moins élevée que celles que nous venons d'indiquer. Elle est parcourue au sommet, dans son milieu, et d'avant en arrière, par une petite saillie ou crête métallique. Quand ce relief est passablement haut, on l'appelle *crête de coq* (c'est le cimier); quand ce relief est très-peu élevé, on l'appelle *côte*.

Tous les casques ont un long couvre-nuque en mailles, c'est-à-dire fait d'anneaux métalliques entrelacés les uns dans les autres comme dans les cottes de mailles. Le couvre-nuque descend jusque vers le milieu de l'omoplate et sur le sommet des épaules, afin de protéger le cou. Pour que les anneaux n'appuient pas immédiatement sur le cou, le tissu de mailles est doublé avec du drap ordinaire ou avec une sorte de feutre souple.

Les différentes parties que nous venons de mentionner composent ensemble le *tély* ou le *tâçah* (la *tasse*, le *bassinet*), c'est-à-dire le casque ou l'armet complet. Comme le casque a une pesanteur assez grande, et peut, par un mouvement d'élévation de tête, tomber en arrière, on y attache de chaque côté un lien ou gourmette en soie ou en cuir, selon le rang ou l'état de richesse du cavalier. Au moyen des gourmettes (généiastères), on maintient le casque sur la tête, en les nouant sous le menton (γένειον).

Les chevaux des cavaliers sont garnis de surtouts ou

grands caparaçons travaillés à la manière des couvertures piquées ou courte-pointes. Ces caparaçons ont la face extérieure en drap rouge et se composent de quatre pièces dont l'une couvre la croupe et le derrière du cheval, et tombe jusqu'aux jarrets; l'autre ou le gorgerin couvre le poitrail et toute l'encolure; la troisième et la quatrième tapissent chacune un des flancs dans toute la longueur et flottent au moins jusque vers les jarrets.

Ces différentes pièces, toutes en drap rouge et fourrées de coton, sont chamarrées de morceaux de diverses couleurs, rouges, jaunes, blancs, noirs, etc. Ce sont des piqués de petite dimension, travaillés comme les couvertures d'Égypte; elles n'en diffèrent que par l'étendue et parce que chaque pièce, au lieu d'être coupée carrément, est taillée pour s'accommoder à la partie du corps du cheval qu'elle est destinée à garnir. Ainsi, celle du poitrail, fig. 11, a une échancrure en haut, pour s'adapter au cou. De même que les trois autres pièces, elle a des cordons pour la suspendre et la fixer à l'animal. De ces cordons, ceux qui sont de chaque côté de l'échancrure se nouent entre eux le long de la crinière, et ceux qui sont de chaque côté de la pièce se nouent avec les cordons correspondants de chaque pièce des flancs. La garniture de la croupe a la forme représentée dans la fig. 12; la pièce de chaque flanc est taillée en carré long, fig. 13. Le cheval garni de ces caparaçons, monté par son cavalier qui est bardé d'une ou de deux cottes de mailles et recouvert encore par là-dessus de sa châyeh, semble être une tour ambulante.

La *châyeh*, sayon, fig. 14, est un vêtement de drap

fourré de coton et piqué comme les surtouts ou caparaçons des chevaux. L'emploi de la châyeh a pour but d'empêcher l'effet des violents coups de taille portés au cavalier, lorsque le sabre frappe sans couper. Le coton, par sa souplesse et son élasticité, surtout lorsqu'il est bien cardé, amortit les chocs. (La châyeh est absolument la jaque bourrée, la hucque ou le gambeson des anciennes armures militaires des chevaliers.)

La châyeh diffère à l'extérieur, chez les riches et chez les pauvres. Parfois les riches la font en soie, mais composée de nombreux morceaux, découpés en losanges, cousus ensemble, et de couleurs variées, telles que rouge, jaune, blanc, noir, etc., fig. 14. Parfois la châyeh est en drap, façonnée de même que la châyeh en soie. D'autres fois elle est en étoffe de coton, ou en *ilâdjeh*, selon l'état de fortune de chacun. Les cavaliers qui n'ont pas les moyens d'avoir une cotte de mailles ne portent que la châyeh. Il en est qui n'ont ni cottes de mailles ni châyeh. J'ai vu des cavaliers qui avaient des espèce de cuirasses couvertes en peau de crocodile ; on prétend que ces cuirasses garantissent à l'égal du tissu de mailles. Il y a aussi, dans l'infanterie, des boucliers recouverts d'une peau de crocodile.

Lorsqu'un cavalier fôrien est armé et équipé au complet, lorsqu'il est revêtu de sa jaque de mailles et de sa châyeh par-dessus, lorsqu'il est sur son cheval garni de ses quatre pièces de caparaçon piqué et qu'il a ses deux sabres, il présente, à certaine distance, l'aspect de quelque chose de terrible et d'imposant (Voy. fig. 15). Du reste, le but de cet accoutrement si compliqué est d'inspirer de la crainte à l'ennemi. Un millier de cavaliers ainsi harnachés offre une masse effrayante, surtout au moment où tous mettent le sabre à la main et entonnent leurs chants de guerre accompagnés par les cris de leurs esclaves et par le son des flûtes.

Lorsqu'un haut fonctionnaire a été destitué et que, par intrigue, un autre l'a remplacé, tous les deux se considèrent comme ennemis. Au moment où s'ouvre la bataille, ou lorsque déjà l'action est engagée et que la mêlée s'échauffe, celui qui a été disgracié cherche son rival, et dès qu'il le trouve il lui crie : « *Yâ ouendai, bism Illah*, Allons! compère, en avant! » (1) c'est-à-dire : « allons! avance ici avec moi au cœur de la mêlée. » Si l'individu provoqué accepte ce défi et suit bravement son provocateur au milieu du combat, la question finit là, l'affaire est jugée; le disgracié n'a plus rien à réclamer de son remplaçant ou rival, et n'a plus rien à lui reprocher. Si le défi est rejeté, le provocateur en appelle aussitôt au témoignage de plusieurs cavaliers, qui ensuite certifieront qu'un tel a refusé de combattre au défi. Après la campagne, l'affaire est portée au sultan, appuyée par les témoignages des témoins; et alors l'individu qui a été provoqué est dépouillé de ses fonctions et remplacé par son prédécesseur. Il en serait encore de même si, après la provocation acceptée, l'individu provoqué n'avait pas eu, sur le champ de bataille, toute l'intrépidité qu'on peut attendre d'un brave, s'il avait reculé ou fui devant l'ennemi. Dans le cas où il recule ou fuit, son adversaire le

(1) *Voy.* note 54.

tue, s'il peut l'atteindre. Si le fuyard échappe, son rival réunit plusieurs témoignages déposant de la lâcheté de son homme, et le laisse disparaître. Ensuite le sultan juge l'affaire. — Beaucoup de personnages qui ont à satisfaire quelque vengeance sur un ennemi lui portent, un jour de bataille, cette sorte de défi.

Ces provocations ont aussi lieu entre simples sujets sans fonctions dans le gouvernement. Et quand celui qui a été provoqué a refusé de pénétrer alors au milieu des combattants, ou bien quand, en présence de témoins, il a reculé ou pris la fuite, et a ainsi quitté son provocateur, celui-ci, après la guerre, pour toute vengeance, appelle en public les dépositions des témoins du fait, et le poltron reste déshonoré. La femme du fuyard demande aussitôt le divorce ; et personne ne veut plus donner en mariage sa fille ou sa sœur à un pareil lâche.

Les fantassins, pour marcher au combat, se mettent en ceinture, autour des reins la pièce d'étoffe dont ils se drapent habituellement, et ils vont les manches retroussées. Chacun a un bouclier ou *daragueh* et au moins quatre *lances*, trois javelots ou javelines et une haste ou pique longue qu'ils appellent *farkhah*, la *belle*. Plusieurs soldats ont cinq et même six *lances*; la cinquième ou la sixième, c'est-à-dire la grande, est la *farkhah* (1).

La lance est appelée en terme général *harbeh*; c'est l'arme ordinaire des Fôriens. Elle a trois parties distinctes : la hampe, le *kindâb* et le *harbeh* qui est proprement le fer de la lance.

(1) *Voy.* note 55.

Ce fut Zoù-Yézen, prince himiarite (1), qui le premier arma le sommet des lances d'une tige de fer. Avant lui, les Arabes y attachaient une pointe faite de corne de bœuf. Le kindâb ou talon en fer est l'armature appliquée à l'extrémité inférieure de la hampe. C'est simplement une courte tige de fer, ou bien un ruban de fer tourné à deux ou trois tours l'un au-dessus de l'autre comme un double ou triple anneau. La base de la hampe est introduite et chassée de force dans cet anneau en hélice; ensuite ce qui dépasse du bois par en bas est coupé net et juste au niveau du tour inférieur du kindâb. Le kindâb a pour but, dans la construction de la lance, de lui donner du poids et d'augmenter ainsi l'énergie des coups qu'elle porte.

Quelquefois la tige terminale ou *harbeh*, la hampe et le kindâb ne font qu'une seule pièce toute en fer. J'ai eu, lorsque j'étais au Dârfour, une lance de cette espèce.

Les fers de lance varient dans leurs formes. Ainsi, dans les lances farkhah, les uns sont à faces lisses et de la forme représentée dans la figure 18; d'autres ont une crête aux deux faces (fig. 16); d'autres ont la forme d'un cyprès (fig. 17). Les *farkhah* ou hastes longues sont des armes de défense ou de combat à courte distance. En bataille, le soldat ne s'en dessaisit jamais; il ne lance que les javelines ordinaires, dont la hauteur n'est guère que de la taille d'un homme.

Les fers des javelines sont les plus variés dans leurs formes. Il y en a à la manière des farkhah (fig. 18), à

---

(1) *Voy.* note 56.

SUITE DES LANCES. LES BOUCLIERS.

faces lisses et à faces relevées d'une crête (fig. 16); il y en a comme ceux que représentent les figures 19, 20, 21, ou à crochets ordinaires (fig. 22). Ces quatre dernières variétés de javelines sont connues sous le nom général de *gouldouy* (c'est-à-dire *gouldouyennes*), parce qu'elles se fabriquent au Dâr-Goula, une des provinces adjointes du Dârfour.

Les longues lances ou farkhah, et les lances ordinaires ou javelines, dont le fer a la même forme que celui des farkhah, sont comprises sous le nom de *dardouy*, c'est-à-dire *du pays* (dâr), parce qu'elles se fabriquent au Dârfour même.

La lance *bendâouy* (fig. 23) se fabrique dans le Dâr-Bendah, au sud du Goula. Il y a encore les fers de lances (fig. 24 et 25), appelés *karâouy*, fabriqués au Dâr-Kara dans le Fertyt, au delà du Bendah.

La *guirguit* est une javeline dont le fer est en manière de broche ou de grosse alène tout hérissée de pointes ou piquants (fig. 26).

La *koukâb* est une grande haste à fer en pointe très-bien affilée (fig. 27). Les cavaliers seuls en font usage. Elle est destinée à forcer et briser les anneaux de fer des cottes de mailles. Un *tâumah* (tête d'ail), ou cube en fer plein, précède la pointe (et imprime aux coups une grande violence en augmentant beaucoup la pesanteur). Le kindâb est épais, lourd (et contribue encore à rendre les coups plus terribles) (fig. 15).

Beaucoup de hampes, des diverses espèces de lances, sont fabriquées avec des branches de ganâ ou des branches d'ébénier. Les hampes faites avec d'autres espèces de bois sont préparées avec les racines de l'arbre; pour cela, on creuse la terre au pied du tronc, afin de mettre les racines à découvert, et on en coupe les ramifications propres à être employées. Celles qui sont onduleuses et courbes, on les redresse au feu après les avoir dépouillées de leur écorce et enduites de graisse ou de beurre. (Parfois on enfouit ces racines dans un sol humide, et on les charge d'un poids suffisant; puis on les recouvre de terre, et on les laisse ainsi se redresser peu à peu) (1).

Il y a encore au Dârfour d'autres variétés de fers de lances dont j'ai oublié les noms, vu le nombre d'années qui s'est écoulé depuis que j'ai quitté ce pays.

Les boucliers diffèrent aussi de forme et de construction. Il y a d'abord le bouclier appelé *kadjâouy*, du nom de *Kadja*, village des montagnes des Touroûdj, situées entre le Kordofâl et le Dârfour. Le kadjâouy, fig. 28 (le *scutum* ou bouclier oblong des Romains), est un ovale coupé dans une peau d'animal et maintenu le long d'un bâton placé de haut en bas sur l'ovale, dans le sens de la longueur. Le cercle figuré au centre B indique un enfoncement qui, à la face externe du bouclier, ressort en relief arrondi (comme l'*umbo* des boucliers romains), et qui sur la face interne fournit à la main une loge commode pour le maniement du bouclier.

Autrefois, les Fôriens avaient de grands boucliers qui les couvraient de la tête aux pieds. Ensuite ils les trouvèrent trop pesants et trop embarrassants, soit dans les marches des troupes, soit en bataille dans les ma-

---

(1) Indication orale du cheykh.

nœuvres de défense, et ils leur substituèrent de petits boucliers légers. Dès lors l'utilité protectrice du bouclier dépendit en grande partie du plus ou moins de dextérité du combattant, et de son adresse à manœuvrer cette arme pour parer les coups dirigés sur lui.

Il y a le bouclier rond (*parma* des Latins, ayant aussi la bosse ou l'*umbo*), fig. 30, et le bouclier carré, fig. 29.

Les boucliers sont faits ordinairement avec la peau d'un animal aquatique que les Fôriens appellent *icint*. Cette peau est épaisse, dure, solide, et donne les meilleurs boucliers. On en fabrique encore avec la peau de l'abou-carn ou *kerkéden* (rhinocéros). Les plus mauvais sont en peau d'éléphant; cette peau, quoique épaisse et forte en apparence, cède facilement, et se laisse aisément percer par le coup de lance. On fait encore d'excellents boucliers avec la peau de crocodile.

Jadis, comme nous l'avons déjà indiqué, les Soudaniens avaient, pour se protéger contre les lances et le sabre, d'énormes boucliers, mais gênants à transporter; on était obligé de les charger sur des chameaux, et les soldats les détachaient au moment de livrer bataille. Maintenant que les peuples du Soudan ont acquis de l'expérience et de l'habileté, ils ont diminué considérablement l'ampleur de cette arme défensive, et son utilité est aujourd'hui en raison de la dextérité des soldats à la manier pour se garantir des javelines, des coups de haste ou de sabre. La sûreté de l'homme qui se bat est dans le jeu rapide de son bras armé du bouclier, dans sa prestesse à parer les coups. Celui qui n'a pas assez de légèreté dans le maniement du bouclier, et qui le tient devant lui sans le manœuvrer avec un jeu rapide, manque rarement d'être abattu dans une lutte d'homme à homme. Les javelines ou javelots en tombant sur le bouclier tenu ferme, perpendiculaire et la face en avant, le percent sans beaucoup de peine et arrivent dans les flancs de celui qui le porte.

Aujourd'hui, le soldat qui, en bataille, aperçoit une javeline se diriger sur lui, l'attend,... et la détourne à droite ou à gauche en la frappant de son bouclier. C'est dans la souplesse et la sûreté du bras qu'est réellement la sauvegarde du combattant, n'eût-il même à la main qu'un bâton. Celui au contraire dont le bras est lent et paresseux, dont les mouvements sont lourds et gênés, n'a pour ainsi dire pas de chance de salut, quelle que soit l'ampleur de son bouclier.

L'usage de l'arc et de la flèche est entièrement étranger aux Fôriens, aux Ouadayens et à tous les noirs des contrées musulmanes du Soudan. Les archers qu'ils ont parmi eux sont tous des esclaves, enlevés des tribus idolâtres répandues au sud de la Nigritie, et qu'on a transportés et fixés dans les pays musulmans. Ces esclaves, au Dârfour, sont des Fertyt proprement dits; au Ouadây, ce sont des Djenâkhérah ou Fertyt-Djenakhériens; au Barnau et au Bâguirmeh, ce sont des Kirdâouy.

Ces archers présentent une force assez redoutable en face de l'ennemi. Ainsi, dans la révolte du cheykh Kourra contre le sultan Mohammed-Fadhl, ce furent les esclaves archers, de la suite de ce prince, qui, un mercredi après nuit close, empêchèrent les révoltés de pénétrer dans la demeure du sultan. Je fus témoin de ce fait. Les archers, réunis en un corps de plus de mille esclaves, accablèrent d'une grêle de flèches les partisans de Kourra, et mirent ainsi hors de combat un nombre considérable de cavaliers et de fantassins. Pas un seul des soldats de Kourra ne put entrer dans le palais ; ils furent forcés de se retirer, laissant sur la place une grande quantité de morts.

Pendant mon séjour au Dârfour, je crus longtemps que les archers, en tirant de l'arc, visaient droit sur celui qu'ils voulaient atteindre. Mais dans la guerre que suscita la révolte de Mohammed-Kourra, je les vis diriger leur tir obliquement en l'air, de manière à ce que la flèche lancée fut obligée de décrire une parabole. Ils avaient sur la face externe de l'avant-bras gauche, à partir de la paume de la main, une pièce de cuir (et ils tenaient leur arc, la main placée en dessous de la corde). Je leur demandai de quelle utilité leur était le cuir appliqué en brassart sur l'avant-bras. « Il nous sert, me répondirent-ils, à prévenir les égratignures, et ensuite les blessures qui pourraient résulter des frottements et des chocs de la main droite, lorsqu'en s'échappant elle vient heurter l'avant-bras, après avoir lâché la corde de l'arc. »

Les fers des flèches sont généralement de même forme que la plupart des fers de lances. Ils ne diffèrent que par le volume. Les flèches sont très-minces et très-courtes, mais les pointes qui en hérissent ordinairement le fer rendent très-difficile l'extraction de la flèche des chairs du blessé ; il est indispensable d'élargir la plaie avec un instrument tranchant, et de tailler et débrider les chairs dans toute la longueur du trajet qu'a suivi la flèche. Cette opération est d'autant plus difficile que la flèche, étant très-effilée, pénètre profondément. De plus, la tige en bois n'est que faiblement fixée au fer, et pour peu que l'on fasse effort afin d'attirer la flèche au dehors, le bois se dégage du fer, qui alors reste dans la blessure.

(Les flèches portent au moins à deux cents pas, et les javelines au moins à quarante (1).)

Les hommes vêtus de la châyeh, et les chevaux garnis de surtouts piqués, n'ont presque rien à craindre des flèches. J'ai vu beaucoup de cavaliers revenir du combat ayant les châyeh et les caparaçons couverts de flèches; ils ressemblaient en quelque sorte à des hérissons.

Les flèches, ainsi que les *lances*, sont parfois empoisonnées, et alors les blessures qu'elles ont faites sont généralement mortelles. J'ai cherché à savoir comment on empoisonnait ces armes. On m'a assuré, au Dârfour, qu'on employait pour cela l'urine d'âne. On remplit un vase de cette urine; on chauffe jusqu'au rouge les fers de lances et de flèches; on les retire alors du feu, et on les éteint subitement dans le vase d'urine. J'ignore si cette information est exacte; je la donne sans autre garantie que la parole des gens du pays.

J'ai été singulièrement surpris de la petitesse des arcs. Ils ne dépassent guère la longueur d'un empan (environ 25 à 28 centimètres). La flèche a moins d'un empan de long, et le *rych*, c'est-à-dire le fer, n'a

---

(1) Indication verbale du cheykh.

guère en longueur que quatre travers de doigts (environ 8 centimètres).

Les arcs se fabriquent avec un bois solide et fort. Je ne me rappelle plus le nom de l'arbre qui le fournit.

Les cordes des arcs sont préparées avec des tendons de bœufs ou de buffles qu'on effile d'abord, et qu'ensuite on tord en cordes, avec un soin tel qu'une fois qu'elles sont terminées, et bien frottées avec le suc d'un arbre appelé *chalaûb*, elles semblent n'être qu'un seul et unique fil parfaitement poli. (On leur conserve leur souplesse à un degré convenable, en les frottant de temps à autre avec une substance grasse.)

Pour carquois, les archers ont un petit sac en peau de chèvre, dans lequel ils peuvent placer jusqu'à deux cents flèches. Ils ont un autre petit sac pour enfermer l'arc. Ils portent un de ces sacs pendant sur la cuisse du côté gauche, et l'autre, du côté droit. Ceux qui ne peuvent se procurer assez de peau n'ont qu'un seul sac pour l'arc et les flèches.

L'infanterie est disposée en bataille par masses séparées, et marche en chantant. Le chef de chaque masse se met à la tête de la troupe qui la compose, et s'il est fôrien il entonne un chant fôrien; s'il est arabe, un chant arabe. La troupe répond par un refrain, à chaque repos. Voici un chant que j'ai entendu dans la lutte que soutint l'ab-cheykh Mohammed-Kourra contre le sultan Mohammed-Fadhl :

> *Lellé lellé ouaié*
> *Touroul élala saban-ghéréh*
> *Non sy bi-nó*
> *Dëïn lély ei lona*
> *Non fársan-dio*

Lô fârsâ lô
Non gui bara.

« Lellé lellé, allons! — La poussière (du combat) s'élève du côté de l'Orient. — Demandez au buffle (au brave) comment (est l'éclat de) son casque. — Le buffle (est) au milieu de nos cavaliers. — La honte! cavaliers, craignez la honte. — Le buffle (aura) son pareil (dans la bataille). » *Voy.* le chant n° 5.

Voici l'explication mot pour mot.

Lellé lellé, n'a véritablement pas de sens (et répond aux flonflons, aux *tra-la-la* ou refrains des chansons françaises). — Ouaié, est une exclamation comme *euh! væ!* en latin. — Touroul, *poussière* — Elala, *est venue.* — Ghéréh, *du côté de.* — Saban, corruption du mot arabe *sabâhh, matin, orient.* — Non, *taureau, buffle,* pour signifier le *brave,* le *fougueux,* le *guerrier intrépide et terrible.* (L'*n* finale, ici en italique, représente un son purement nasal, sans articulation d'n). — Sy, *de, ex* latin. — Bi, est la marque du pluriel; ici, elle est appliquée au verbe nô. — Nô, *demandez, informez-vous de.* — Deïn, *son,* pronom; (dyn, *ton, le tien*). — Tély, *casque.* — Ei, *comment?* — Lona, *lui* (est-il?) — Non, le *taureau,* le *buffle.* — Dio, *au milieu de.* — Fârsan, les *cavaliers;* ce mot est arabe. — Lô, la *honte.* — Farsâ, *ô cavaliers.* — Non, le *buffle.* — Gui, *avec* (se trouvera avec). — Bara, *frère, pareil, son semblable.* Le brave sera avec son pareil, son frère; c'est-à-dire vous, braves, vous trouverez des braves dignes de votre courage, vos émules au milieu du combat.

Cette ariette, entonnée et soutenue à l'unisson, d'une voix forte et sonore, par la masse des soldats, me parut avoir dans ses paroles quelque chose d'émouvant. Par la traduction, elle n'a plus qu'une couleur assez pâle.

Cet inconvénient, d'ailleurs, n'est pas seulement pour le langage fôrien; tous les chants étrangers, en revêtant les formes d'un nouvel idiome, perdent de leur valeur et de leur caractère en perdant leurs mots originels et leur tournure native.

Voici comment se partageait ce chant. Le chef de l'armée entonnait d'abord ces mots : Lellé lellé, et ses soldats répondaient en masse : Ouaié. Le chef reprenait : Touroul élala saban-guéreh ; no*n* sy bi-*no*, deïn tély ei lo*n*a. Et les soldats continuaient en chantant : No*n* farsan dio, lô farsa lô, *no*n gui bara.

Parmi les armées fôriennes, les soldats qui sont de race arabe ont leurs chants particuliers et en langue arabe. En voici un :

> *Tàur el-djâmoûs ouarad el-meih*
> *Yédoûr el-dem yétérechrech beih* (1).

« Le taureau-buffle s'est rendu à l'abreuvoir, — cherchant du sang pour s'en inonder. » *Voy.* chant 6.

Le chef entonne et chante d'abord seul ces paroles, puis toute sa troupe les répète. Ensuite il chante seulement le premier vers, et les soldats répondent par le second. Pendant les chants, les guerriers brandissent leurs lances, et renforcent de plus en plus leurs voix, de sorte qu'il s'élève de toute l'armée un brouhaha épouvantable.

Le corps des Fertyt attachés spécialement au prince fôrien est appelé le corps des *abydyeh* ou *esclaves* du

---

(1) Tous ces mots sont arabes ; seulement *meih* et *beih*, qu'il faut prononcer comme en français *mée*, *bée*, sont, le premier pour *mâ*, eau, et le second pour *bihi*, *de lui*, *par lui*. Ces sortes d'altération, pour beaucoup de mots, sont fréquentes dans le langage des Arabes de ces contrées.

sultan. (Ces esclaves fertyt sont en grand nombre au Dârfour, mais dispersés par troupes de cent, de deux cents, de quatre cents, et fixés dans diverses localités du pays. Ils relèvent d'un chef spécial. Quand le sultan en demande un certain nombre, même quelques milliers, pour une guerre par exemple, le chef en rassemble le nombre demandé et les fait arriver à la destination indiquée. Une troupe de deux mille de ces abydyeh compose toujours la suite du sultan, et lui forme un cortége particulier qui l'accompagne partout) (1). En bataille, les abydyeh sont rassemblés par corps distincts. Leur chef d'abord entonne un chant, et tous ensuite répètent ce chant, qui est ordinairement en langue fertyt. Tel est celui-ci :

Gambou lyly ingâbia
Ouaya ouaya ingâbia
Ouarrei ouaya ouaya ingâbia (2).

J'ignore quel est le sens de ces paroles. J'en ai demandé maintes fois l'explication à des Fôriens ; je n'ai jamais pu parvenir à avoir une réponse satisfaisante.

Voici trois autres chants fôriens que j'ai entendus :

Lô yé sydy lô djé-guilo yâ doouei déyé.
In daoua doïn bara déyé.

« Toi qui es en ce lieu, regarde-'e ce lieu, homme courageux ; — ici, le brave aura affaire avec un autre brave (3). »

Un autre chant se compose de la seule ligne suivante :

Kalô-nia dogdaré bio.

« Le lâche, un renard a fécondé sa mère. »

---

(1) Note reçue verbalement du cheykh El-Tounsy.
(2) *Voy.* chant n° 1.
(3) *Voy.* chant 3.

Le troisième chant est celui-ci :

Lô yâ lô kali-bó
Gam djer boâ djé-ni kali-bó
Non déyé
Gabalan dio-ké.

Ce chant, dans le langage fôrien, a une certaine couleur d'énergie et de beauté; mais par la traduction, et surtout par la traduction littérale, il paraît faible et commun :

« Lieu, ô lieu, craindriez-vous ce lieu? — (Non!) Dites (à l'ennemi) : « Allons! va-t-en. » Laissez toute crainte. — Le buffle intrépide (trouvera) son égal (à combattre) au milieu (du champ de bataille). » *Voy.* chant n° 2.

Voici l'explication de ces chants mot pour mot :

1° Lô, *lieu.* — Yé, est explétif, exclamatif. — Sydi, *maître*, au vocatif. — Lô, *ce lieu.* — Djé-guilo, *regarde.* Djé s'écrit par la seule lettre arabe *djîm*, et est la marque du singulier. (Pour signifier : « Certes je ne l'ai pas vu, » on dirait : A-guilo-ba; *a* est un mot d'affirmation, et *ba* est le signe de la négation.) — Yâ, ô, signe du vocatif. — Doouei, *homme.* — Déyé, *étalon, brave.* Cette première ligne, traduite mot à mot, donne : «O lieu, toi maître de ce lieu, toi qui es ici sur ce lieu du combat, regarde, ô homme brave. » — Déyé, *le brave.* — Deïn et doïn, *son, le sien.* — Bara, *frère, semblable.* — In, *de.* — Daoua, *affaire.* — C'est-à-dire : « Le brave trouvera ici son frère d'affaire, son égal dans le combat. » En construisant régulièrement la traduction, en transposant les mots comme il convient, en y ajoutant ce qu'exige le complément de la phraséologie arabe, et en l'établissant selon les principes, on obtient cette phrase équivalente à l'original : « Toi qui es en ce lieu, regarde-le ce lieu; tu y verras chaque brave avoir à combattre un brave comme lui. »

2° Kalo, *peureux*, *poltron*. — Nia, *mère*. Le mot originel est *inia*; dans son union avec *kalo*, l'*i* a disparu, a été perdu par contraction. — Dogdaré, *renard*. — Bio, *coïvit*. Hujus ignavi matrem vulpes coïvit. Le renard est l'emblème de la peur. Le sens expliqué de cette phrase fôrienne est : Le poltron est indigne d'avoir un homme pour père; il ne peut être que le fils du renard peureux. Mais vous, guerriers, vous êtes enfants d'hommes, vous êtes braves.

3° Lô, *lieu*; ya, *ô*; lô, *lieu*. — Kali, *craignez*. — Bô, *vous*, est le pronom pluriel. — Gam, *debout*. — Djer, *pars*. — Boa, *dites*. — Djé, signe du singulier. — Ni, *donne, laisse*. — Kali, *la peur*. — Bô, *de vous*. — Non, *le taureau*. — Déyé, *étalon, intrépide*. — Gabalan, *devant* (lui, est un antagoniste digne de lui). — Dio, *dans*. — Ké, *l'intérieur* (des rangs ennemis).

Dans la seconde ligne du troisième chant, les mots *gam djer*, lève-toi, pars, retire-toi, composent une locution de mépris et de colère employée pour chasser un chien. Elle est l'analogue de *açâ guir*, expression en usage au Caire. Chez les Fôriens, les mots *gam djer* sont employés en général comme injure, et on les adresse fréquemment avec un ton de mécontentement et de mauvaise humeur à un individu qu'on veut repousser. *Açâ guir*, et simplement *açâ*, s'emploie dans la même intention en Égypte, et signifie : « (Gare) le bâton ! retire-toi. » Cette injure, *gam djer*, est de la nature des formules passées dans l'usage ordinaire et appliquées souvent avec un sens vague, sans rapport à la signification réelle des mots originels; telle est l'expression française, s... n... de Dieu.

Les Fôriens sont persuadés que les chants guerriers animent le courage. Les Arabes des anciens temps avaient la même foi dans la puissance de leurs vers. Ces espèces d'hymnes fôriens rappellent les poésies martiales et enthousiastes des vieilles tribus de l'Arabie.

Dans leurs fêtes les Fôriens ont aussi des cantilènes, mais elles sont toujours psalmodiées par les femmes; au Dârfour, les femmes sont spécialement chargées d'égayer les divertissements.

CHAPITRE XII.

Des chevaux. — Chevaux du Dongolah et d'Égypte. — Habitudes des chevaux du sultan fôrien. — Chevaux du Dârfour. — Nourritures des chevaux chez les Fôriens et les Arabes. — Le cheval éveille l'Arabe son maître. — Chevaux à trois relais, ou fins coureurs. — Le coursier du Tâmien et le coursier du Ouadayen : anecdote. — Croyances bizarres relatives aux chevaux. — Croyances sur la destinée après la mort, chez deux tribus. — Petits chevaux du Ouadây. — Appréciation des balzanes ; du pelage. — Vers à ce sujet. — Poëtes ; luttes d'improvisations; poëtes accompagnant le sultan. — Augures tirés des positions des chevaux. — Le faguyh Moûça et son cheval. — Signes préférés sur les chevaux. — Habitudes de guerre au Ouadây. — Les Fertyt n'ont pas de chevaux, et ont peu de gros bétail. — Comment les rois fertyt vont en guerre. — Un prince ne fuit jamais. — On laisse la vie au roi prisonnier, aux ulémas. — Ce que deviennent le roi pris, sa suite, ses femmes.

Les chevaux sont, pour les populations du Soudan, la possession la plus précieuse, le plus puissant moyen de se faire respecter et de triompher de leurs ennemis... N'est-il pas écrit dans le *Hadyth*, ou recueil des paroles traditionnelles du Prophète : « Aux crins » qui flottent sur le front des coursiers, est attachée la » victoire pour jusqu'au dernier jour du monde. » Dieu a dit à son saint Envoyé, dans le Saint-Livre, pour avertir les musulmans d'être toujours préparés aux combats : « Tenez continuellement prêts contre vos en- » nemis tout ce que vous avez de forces, tout ce que » vous avez de chevaux attachés auprès de vos demeures, » afin d'inspirer la terreur aux ennemis de Dieu et à vos

» ennemis. » Les chevaux ont toujours été pour les Arabes la richesse la plus chère.

Au Dârfour il y a plusieurs sortes de chevaux. Les meilleurs se trouvent chez les grands et chez le sultan.

Les chevaux de race dongolah et ceux de race égyptienne sont recherchés au Dârfour. Les premiers sont assez souvent demandés par les princes, qui en font leurs montures de parade. Les dongolah ou dongoliens ont les jambes longues, la robe brillante et généralement noire. Mais les chevaux d'Égypte sont meilleurs. Leur taille, moins élevée que celle des dongoliens, est mieux proportionnée et plus gracieuse; les ghouzz ou anciens mamelouks d'Égypte en faisaient leur monture favorite. Ces chevaux, d'ailleurs faciles à dresser, supportent assez bien la fatigue, et se façonnent parfaitement à l'élan de l'attaque et de la retraite. Leur robe est bien nuancée, mais elle a souvent les diverses teintes du pelage brun fauve.

Ceux que l'on préfère sont ceux dont la taille est convenablement haute, dont les jambes sont de longueur bien proportionnée, dont les flancs sont élancés, la croupe large et pleine, le poitrail développé, l'encolure de longueur moyenne, la course rapide et légère. Ces qualités se voient surtout dans les chevaux du sultan fôrien.

Les *sâis* ou grooms les dressent à des habitudes singulières. Ainsi les chevaux du sultan, soit dans les voyages, soit dans les cérémonies de représentation, ne font aucune ordure pendant tout le temps que le sultan les monte. Si le cheval est au repos, comme dans les parades, dans les assemblées du Ouarrébayé, il ne remue pas même les pieds; il reste tout le temps dans une immobilité parfaite, sans avancer ou reculer d'une ligne. Il ne lui est permis que d'agiter, c'est-à-dire lever et baisser la tête.

Si par hasard le cheval, dans une des circonstances que nous venons d'indiquer, vient à uriner ou faire son crottin, ou seulement à bouger d'un point de la place primitive où on l'a arrêté, le sultan en descend sur-le-champ; les grooms emmènent aussitôt l'animal indécent, qui, pour punition de sa faute, reçoit une volée de coups comme avertissement de ne plus revenir à pareille impolitesse.

Lorsque j'étais au Dârfour, j'admirais la finesse et la grâce des chevaux du sultan. Je demandai à des saïs comment ils obtenaient et conservaient à leurs chevaux cette élégance et cette délicatesse. Ils m'apprirent qu'ils nourrissaient ces animaux en vert avec des graminées sauvages des environs du mont Kouçah, au nord de Tendelty, et qu'on entretenait cet état de légèreté et le dégagé svelte des chevaux, en leur donnant aussi une pâtée assez épaisse de doukhn concassé mêlée de miel. « Deux fois le jour, ajoutèrent les sâïs, le matin et le soir, on pétrit pour eux quatre jointées de ce doukhn, et deux fois aussi on leur jette quelques poignées des herbes prises vers le mont Kouçah. De plus, chaque matin, on leur donne à boire du lait frais. Par ce régime, les chevaux acquièrent de la vigueur et de la beauté, et restent fins et élancés comme tu les vois. »

Les chevaux d'origine ou race fôrienne sont d'abominables bidets à ventre bombé, d'un caractère rude et revêche. Bien repus, ils sont intraitables, ruent et se cabrent à tout moment. Montés, ils résistent à la main qui les conduit, n'ont jamais qu'une marche indécise et tortueuse, dévient sans cesse du chemin sur lequel on veut les tenir. Rétifs, ombrageux lorsqu'ils sont dans leurs instants de caprices, ils regimbent et luttent contre le cavalier. Quand même on les couperait en morceaux, ils ne se soumettent jamais. Dès qu'ils sentent le fouet, ils se cabrent et se dressent jusqu'à avoir le ventre debout. Indociles au frein, ils prennent souvent le mors entre les dents, et alors nul effort, nul jeu de bride ne peut les maîtriser; ils emportent leur cavalier, et en bataille ils vont parfois le jeter au milieu de l'ennemi; ils se précipitent à tort et à travers sur les rangs, et il est impossible de les retenir et de les ramener. L'indomptable bête se révolte, reste fixe en place, et fait tuer son maître. En résumé, ils sont quinteux et indociles; c'est dire qu'ils ont les plus insupportables de tous les vices.

S'ils ont faim, s'ils ne sont pas abondamment repus, ils sont lâches et mous; néanmoins, ils supportent bien la fatigue et les longs voyages. En guerre, lorsqu'ils sont blessés, ils bondissent, se cabrent jusqu'à ce qu'ils aient renversé leurs cavaliers. En cela, ils diffèrent essentiellement des chevaux de race, qui, fussent-ils criblés de blessures, supportent la douleur avec courage, et ramènent leurs maîtres en lieu de sûreté.

Les meilleurs chevaux qu'il y ait au Dârfour sont ceux des Arabes qui habitent les alentours de cet État. C'est la race même des coursiers de la presqu'île arabique : à la poursuite, ils atteignent; à la fuite, ils devancent, fussent-ils même affaiblis. Mais aussi quelle différence entre les soins de régime et d'éducation pour les chevaux chez les Arabes et chez les Fôriens!

Les Fôriens, excepté le sultan et plusieurs des grands du pays, nourrissent leurs chevaux de doukhn en grain. Cette nourriture engendre le gros ventre, entretient une surabondance de sang, et donne de la pesanteur. Les Fôriens paraissent avec ces lourdes montures aux fêtes et aux cérémonies; avec ces montures ils voyagent assez commodément à des distances assez grandes; mais pour cela, il faut, comme du reste c'est l'habitude parmi les personnages élevés, prendre des relais de deux en deux heures. Alors la bête ne se fatigue pas et ne fatigue pas non plus son cavalier.

Les Arabes n'ayant que peu de doukhn, nourrissent leurs chevaux aux pâtis; ils les abreuvent toujours avec du lait frais, les frottent et les lavent tout entiers avec du beurre fondu; et ils ont des chevaux appropriés et pliés à leurs besoins d'excursions, à leurs habitudes de rapine; car c'est là la vie des Arabes.

Le Bédouin soudanien, dans ses plaines isolées, attache pour la nuit, au pied de son cheval, une entrave de fer assujettie à l'extrémité d'une chaîne longue au moins d'une brasse; cette chaîne est fixée au *lit* sur lequel dort l'Arabe. Quand le cheval, accoutumé qu'il est aux courses, aux attaques, aux fuites, aux incursions, entend dans l'obscurité le plus léger bruit, le plus léger indice d'alarme, il hennit, s'agite, frappe du pied la terre, et éveille ainsi son maître. De jour, il est attaché près de la tente du Bédouin.

A quelque heure que ce soit, dès qu'un cri d'alerte vient à retentir, la femme du Bédouin, ou sa sœur, ou sa mère, etc., s'empresse de placer sur le cheval sa petite selle légère, de le brider; et le bédouin, soit de nuit, soit de jour, monte aussitôt et part avec les hommes de sa tribu là où la circonstance les appelle. En un clin d'œil, une troupe de cavaliers débouche hors des tentes.

En raison de ces habitudes de vie guerroyante et inquiète, les Arabes estiment les chevaux à des valeurs extraordinaires. Un cheval qui s'est acquis quelque réputation se vend à un prix démesuré; ainsi, une jument de quatre ans avec son poulain se vendra parfois au prix de cent vaches.

Les chevaux les plus chers sont les coureurs *à trois kamyn* ou *trois relais*. Voici l'origine de cette dénomination. — Il y a des chevaux, chez les Arabes des environs du Dârfour, qui ne vainquent à la course qu'à un kamyn; d'autres gagnent de vitesse à deux kamyn, d'autres à trois. Ces derniers sont les plus fins coureurs. Pour ces courses d'épreuve, on établit, au moins à une heure de distance chacun, trois relais ou kamyn, et à chaque relais on poste dix hommes à cheval. L'individu qui prétend avoir un cheval *à trois relais* part au galop du premier relais avec les dix premiers cavaliers rivaux, et se dirige avec eux au second kamyn. Dès qu'il arrive en face de celui-ci, les dix cavaliers qui y sont postés, tout prêts à lutter de vitesse avec le coureur en question, s'élancent avec lui, et les onze rivaux courent alors à toute bride vers le troisième kamyn, où le cheval d'épreuve doit les devancer. De là encore, les dix chevaux frais qui l'attendent partent au grand galop, et le cheval d'abord vainqueur des vingt premiers doit arriver encore le premier au lieu où l'attendent ceux qui doivent décerner la victoire. De ce lieu au troisième kamyn il y a la même distance qu'entre chacun des autres relais.

Au Dârfour et au Ouadây, on rencontre quelques chevaux dignes émules des chevaux arabes pour la rapidité, la vigueur et la force de supporter la fatigue. Le récit suivant en offre un exemple curieux.

Un Tâmien ou habitant du Dâr-Tâmah avait acheté un très-jeune poulain de race et de sang noble. Il l'avait élevé, dressé avec la plus soigneuse attention. Quand le poulain fut en âge d'être monté, son maître le conduisait en rase campagne, l'exerçait à lutter de vitesse avec les plus lestes coureurs, et le jeune coursier devint tel que nul rival ne put l'atteindre, nul fuyard lui échapper.

Le Tâmien, enchanté des succès de son élève, songea à en tirer profit et à se mettre bientôt en incursions.

Il y a, entre les limites respectives du Tâmah et du Ouadây, un ravin encaissé dans des bords naturels distants l'un de l'autre d'environ deux kaçabah ou environ six brasses. Le Tâmien eut l'idée d'aller essayer, à ses risques et périls, si son élève serait capable de sauter ce ravin.

Il part, lance son cheval... Le cheval saute, et atteint à l'autre bord. Le lit du ravin est profond; si l'animal eût manqué son coup, il périssait et son maître avec lui. Assuré, par cette expérience, de la vigueur et de la solidité de son cheval, le Tâmien se mit dès lors à rôder sur les terres limitrophes du Ouadây. Il allait auprès de quelque puits, et là il examinait les jeunes filles qui venaient puiser de l'eau. Lorsqu'il en apercevait une dont la beauté lui convenait, il l'enlevait, la prenait en croupe, s'enfuyait à toute course, et ne laissait atteindre à ceux qui le poursuivaient que la poussière qui volait sur ses pas. Parfois, les Ouadayens lancés sur sa trace furent près de le rejoindre ; et comptant sur la largeur du ravin comme sur un obstacle qui leur permettrait d'attraper et de saisir le ravisseur, ils se flattaient de l'espoir d'une juste vengeance. Mais le hardi Tâmien frappant à coups redoublés les flancs de son coursier, franchissait le ravin comme un trait, et laissait les cavaliers ouadayens stupéfaits de cette fuite audacieuse, déroutés dans leurs espérances, immobiles au bord du dangereux passage traversé par le fuyard... Et il fallait s'en retourner à vide.

Un jour, le larron enleva une jeune Ouadayenne, fille unique. Des cavaliers poursuivirent le Tâmien ; il leur échappa comme aux autres ; les cavaliers repartirent, désespérés de l'insuccès de leurs efforts.

Le père de la jeune fille rentra chez lui, tout irrité, et résolut de se venger. Or, il avait une jument près de mettre bas. Quand elle fut délivrée et qu'ensuite la chaleur du rut lui fit de nouveau rechercher l'étalon, notre Ouadayen prit une poignée de coton bien nettoyé et bien préparé, l'attacha avec soin sur les parties génitales de la jument, et l'y laissa pendant un jour entier. Il le retira tout humecté du suintement échappé de la vulve de la cavale, l'enveloppa avec précaution dans d'autre coton frais, et le plaça dans une sacoche.

Cela fait, le Ouadayen s'affuble d'un costume tâmien, et se déguise le mieux qu'il lui est possible. Caché sous son accoutrement qui le rend méconnaissable, notre homme passe au Dâr-Tâmah. Simulant le dénuement d'un étranger voyageur, il traverse le pays en mendiant, s'abritant là où il trouve asile.

Un jour, il aperçoit et reconnaît sa fille vers un puits. Sans rien dire, il examine de quel côté elle se dirige; il la suit à distance, et la voit entrer dans la demeure de celui qui l'a enlevée. Le Ouadayen attend la chute du jour. Il va frapper à la porte de la maison : « Un hôte de Dieu ! dit-il, un malheureux voyageur ! » On le reçoit, on l'héberge... Il a aperçu le cheval et remarqué l'endroit où il est attaché et gardé.

Pendant la nuit, lorsque tout dort, le Ouadayen se lève, se rend auprès du cheval, se dispose à s'en emparer et à prendre la fuite. Mais l'animal est retenu par des entraves de fer fixées à une chaîne; il ne peut être détaché. Le Ouadayen tire le coton de sa sacoche, l'approche des narines du cheval qui, aspirant alors l'odeur du rut, s'anime, s'échauffe... Le Ouadayen approche le coton, et Dieu voulut que le coton fût arrosé. Notre homme replie le coton, le replace dans sa sacoche... et attend la fin de la nuit. Il part de grand matin, et reprend la route de son village.

En quittant sa demeure, le Ouadayen avait laissé sa jument attachée, et avait défendu qu'on la déliât, ne fût-ce que pour un moment, de peur qu'elle ne vînt à être saillie. En rentrant chez lui, il se hâte de retirer le coton de la sacoche, le glisse dans les parties génitales de la jument, et l'y abandonne un certain temps. La semence se délaye, puis est absorbée par le fait de la chaleur locale. Dieu voulut que la jument conçût. Elle fut laissée attachée encore quelque temps. Enfin la conception devint manifeste; elle mit bas et il naquit un beau poulain, l'image de son père.

Le Ouadayen, content, soigna attentivement l'éducation de son poulain; et quand l'époque de monter le jeune coursier fut arrivée, il le dressa peu à peu à la course, aux manœuvres de force et de souplesse. Ensuite, pour le préparer aux incursions, il le conduisait au ravin de Tâmah, et, bravant tout danger, il exerçait son cheval à sauter ce redoutable espace. Le jeune poulain devint plus intrépide et plus fin coureur même que son père.

Le Ouadayen savourait la joie de la vengeance. Enfin il part pour le Dâr-Tâmah. Il descend près du puits où autrefois il a aperçu sa fille. Elle paraît, elle vient au puits. Le Ouadayen dispose son cheval, le bride, monte et appelle sa fille. Elle approche; il se fait connaître à elle; il la prend en croupe, et il s'enfuit au grand galop.

Les cris poussés de toutes parts annoncent que l'esclave du Tâmien est enlevée. Il rassemble à la hâte quelques cavaliers, s'élance avec eux à la poursuite du ravisseur; et de loin il lui criait : « Où emmènes-tu cette fille? arrête! insensé. — Que me veux-tu? répondait le fuyard; que demandes-tu? que t'importe, brigand que tu es? viens donc, viens la prendre, si tu le peux.—Tu crois m'échapper?... échapper à mon cheval? — Oui, je t'échapperai; et puis encore je vous enlèverai tous vos enfants, s'il plaît à Dieu... et avec ce cheval-là, entends-tu? »

Le Tâmien, furieux, presse son cheval de toute sa

force, serre de près son ennemi et va peut-être l'atteindre. Le Ouadayen redouble d'efforts et ne laisse au Tâmien que la poussière qui tourbillonne. Le larron du Tâmah s'étonnait de voir son cheval vaincu à la course. Mais c'est au ravin qu'il espérait triompher, qu'il s'attendait à saisir son rival au bord du précipice que le cheval ouadayen ne pourrait franchir. « Va, cours, disait le Tâmien; le ravin est devant nous. — Oui! au ravin! » disait le père de la fille en ricanant.

Ils arrivent presque en même temps. Le Ouadayen frappe à grands coups les flancs de son cheval, le prépare à l'élan... Il vole... il a franchi le large fossé. Là il s'arrête, il attend son ennemi. Le Tâmien stupéfait est resté à l'autre bord. Ses compagnons le rejoignent; tous d'un œil ébahi regardent le père et la fille. « Au nom du ciel, crie le Tâmien, dis-moi où tu as eu ton cheval. Que cette fille soit à toi ou à quelqu'un de tes parents, tu l'as reprise, c'est une affaire finie. Mais où as-tu trouvé ce cheval? — Mon cheval est fils du tien. — Fils du mien! Et comment? » Le Ouadayen lui dit en quelques mots l'histoire.

Le Tâmien surpris se retourne vers ses compagnons : « Mes amis, dit-il, la race de mon cheval a passé chez nos ennemis; gare à vous désormais! » Et ils repartirent tout étonnés de leur mésaventure.

Il existe, dans les divers pays du Soudan, certaines croyances bizarres relativement aux chevaux. Je vais en indiquer quelques-unes.

Un individu avait un cheval qu'il aimait à la folie, qu'il admirait, qu'il choyait nuit et jour. Or une certaine nuit qu'il alla le voir à pas sourds et à une heure inaccoutumée, il l'aperçut avec des ailes aux flancs, déployées comme celles d'un oiseau. L'homme s'arrêta pétrifié de peur. Le cheval, à l'aspect de son maître, replia soudain et cacha ses ailes, et lui dit : « La première fois que tu viendras de nuit me voir, sans que rien me prévienne de ton approche, tu t'en repentiras. »

Les gens du peuple, au Dârfour, sont persuadés que les chevaux ne sont si rapides à la course, surtout quand ils fondent sur l'ennemi, que parce qu'ils volent alors avec des ailes véritables, mais invisibles. On croit encore au Dârfour, comme chose indubitable, que les chevaux ont un langage, et que jusqu'à un certain degré, comme l'homme, ils sont accessibles à la pudeur pour certains actes. Aussi, le Fôrien qui a une jument de race a grand soin, lorsqu'elle reçoit la saillie d'un étalon aussi de race noble, de jeter sur les deux acteurs un grand voile, tel qu'un milâyeh, afin d'empêcher que les émotions de la pudeur ne nuisent au succès de la conception.

Un Fôrien avait un cheval qu'il aimait à l'excès, dont il surveillait attentivement la nourriture et faisait soigneusement nettoyer la litière. Toutes les fois que le Fôrien s'était trouvé en danger, il avait été sauvé par son cheval. La femme du Fôrien mourut ; il se remaria. Souvent la nouvelle femme donnait au cheval la ration mêlée de poussière et de terre, et laissait la litière malpropre. Le Fôrien, depuis son dernier mariage, n'avait plus pour son cheval les mêmes attentions, les mêmes soins. Notre homme se trouva un jour dans un danger pressant, et ne put en sortir. Il fut fait prisonnier, lui et son cheval, et ensuite on l'obligea à soigner l'animal. Dès lors le Fôrien nettoyait et pansait parfaitement le cheval, et vannait la nourriture avant de la lui donner. Un beau jour le quadrupède dit à son ancien maître : « Voilà la récompense de qui néglige son cheval. » L'homme épouvanté demeura immobile, et le cheval reprit : « Ne crains rien ; il n'y a pas de mal. Veux-tu me promettre, si je te rends la liberté, d'avoir toujours pour moi les soins que tu me donnes aujourd'hui ? — Je te le promets. — Eh bien ! enlève mes liens ; monte sur moi... et sois tranquille. »

Le Fôrien détache le cheval et l'enfourche.

Le maître de la maison, informé presque aussitôt de l'évasion de ses deux prisonniers, part à leur poursuite avec plusieurs cavaliers ; les fuyards leur échappent ; les poursuivants en furent pour les frais de leur course. Les habitants du Dârfour ont des milliers d'histoires et de rêveries pareilles.

Les Témourkeh ont des croyances d'une autre espèce. Ainsi, ils croient que lorsqu'un d'eux meurt, il sort trois jours après de son tombeau, se transporte dans un autre pays que celui où il est mort, et qu'il y épouse une nouvelle femme. Les Maçâlît pensent que chacun d'eux, après sa mort, passe dans le corps d'un animal, d'une hyène par exemple, ou d'un matou. Cette foi ridicule en la métempsycose n'admet chez eux aucun doute.

Les chevaux du Ouadây et du Dârfour varient beaucoup de valeur et de qualités. Chez les Arabes qui entourent ces deux États, les chevaux sont supérieurs en beauté et en race. Généralement, au Ouadây, les chevaux sont de taille peu élevée, et ressemblent assez à ceux qu'on nomme en Égypte *syçâniât*, sortes de petits bidets que montent les enfants des grands. Les Ouadayens appellent ces chevaux *djerkélyeh*, c'est-à-dire qui tiennent l'amble (*rahouân*). Ces chevaux marchent beau, et ils ont le pas tellement vite et d'aplomb, qu'aucun autre cheval ne peut les suivre, qu'en un jour ils parcourent aisément un trajet ordinaire de deux jours. J'ai eu un djerkélyeh, et je faisais souvent avec lui le voyage de Ouârah au Botayha. Aucun autre cheval ne pouvait aller de pair avec lui. Mon père eut aussi une de ces montures.

Les Fôriens distinguent dans les chevaux certaines conditions qu'ils recherchent et certaines dispositions qu'ils réprouvent. Ainsi, ils aiment le pelage roux clair, l'étoile blanche au front et les trois balzanes. Lorsque la jambe antérieure droite est sans balzane, ils caractérisent le cheval par le nom de *matloûk el-yémîn rkoûb es-salâtyn*, libre de la droite, monture des sultans. Si la jambe antérieure gauche est sans balzane, ils le caractérisent par la dénomination de *matloûk el-chemâl rkoûb el-ridjâl*, libre de gauche, monture des braves. Mais le cheval qui a l'étoile blanche au front et les quatre balzanes est dit *mouhaddjel el-arbaah djoullâb el-menfaah*, balzané des quatre, portant bonheur. Dans des vers en arabe, à l'éloge d'un sultan, un poëte fôrien a dit :

« Il va sortir de son palais ; on lui apprête son coursier, enfant d'une mère pur sang,
» Coursier aux quatre balzanes, et dont la cinquième marque blanche est au front.

» Il vient au camp, et il modère l'ardeur de son coursier.

» Prince illustre! Les mères des hommes, comparées à la sienne, ne sont que des esclaves; la sienne seule est d'un sang libre et noble. »

Le cheval sans balzanes est appelé *tôto*. Ce nom se trouve dans des vers composés à la louange de l'Ab cheykh Mohammed-Kourra:

« Il va sortir; on lui sangle son tôto;
» Les trompettes retentissent, les maûgueh poussent de grands cris.
» Criez, célébrez le héros.
» Les hommes de Doouein (1) se sont assemblés en foule autour de lui.
» Kourra, sans le secours de l'injustice,
» A su inspirer la crainte et le respect (2). »

Après la robe roux clair, les Fôriens recherchent et aiment dans les chevaux la couleur alezan foncé, puis l'alezan doré, et enfin le pommelé bleuâtre. Quant aux blancs purs ou à peu près, personne ne les estime; on ne trouve à les vendre qu'aux individus qui n'ont pas le moyen d'en acheter d'autres. Cette répugnance tient à ce que l'on croit que les chevaux à robe blanche ne voient pas au milieu du combat, et l'expérience semble avoir justifié cette croyance. Je me rappelle à ce sujet ces deux vers:

« Au nom du Ciel, écartez les chevaux blancs; jamais ne venez avec eux en bataille.
» Ne savez-vous donc pas ce qu'on a dit? On a dit qu'au milieu des combats ils sont aveugles. »

Les vers que nous avons cités tout à l'heure à la louange du sultan et à la louange de Kourra, ne sont pas selon les règles métriques et grammaticales arabes. Toutefois, ils ont une certaine cadence rhythmique qui rappelle les formes et les principes de la versifica-

(1) *Voy.* note 57.
(2) *Voy.* note 58.

LES POETES. AUGURES TIRÉS DES CHEVAUX. ANECDOTE. 459

tion. Les poëtes qui composent ces espèces de vers les improvisent, et n'ont aucune connaissance de la prosodie ; souvent ils se livrent à des luttes *poétiques* dans lesquelles chacun d'eux s'efforce de surpasser les autres en verve et en couleur.

Ces luttes ont ordinairement un motif d'intérêt. Toutes les fois que le sultan monte à cheval et sort, il est précédé immédiatement de deux poëtes qui à tour de rôle récitent chacun un vers à l'éloge du prince. Ceux de ces poëtes qui prétendent au talent poétique s'étudient à acquérir une certaine facilité rhythmique, s'exercent à trouver impromptu de poétiques images, des saillies spirituelles, et par conséquent à plaire au sultan et à l'émouvoir. Ceux qui montrent une certaine supériorité sont préférés et sont admis à improviser devant le prince, dont ils reçoivent alors des dons et des récompenses, selon le temps qu'ils l'ont accompagné et le nombre de fois qu'ils l'ont régalé de leurs rimes. Ces poëtes sont presque toujours des Arabes nomades. On ne voit pour ainsi dire pas de Fôriens qui aient assez d'inspiration et de sens du rhythme pour être admis comme poëtes du sultan (1).

Les vers que composent parfois certains ulémas qui se trouvent au Dârfour, sont toujours accueillis avec empressement, applaudis et vantés des courtisans, si le prince régnant a quelque teinture de connaissances littéraires ; mais s'il est ignorant, il se contente des vers que lui débitent les *poëtes* ambulants arabes qui l'accompagnent dans les cérémonies pu-

(1) *Voy.* note 59.

bliques ou dans ses excursions; il ne s'informe pas s'il y a au monde d'autres *versificateurs;* il n'en prend nul souci.

Il est certains mouvements des chevaux dont les Fôriens tirent augure. Ainsi, en campagne, si quelques chevaux étendent en avant les jambes antérieures, comme par une sorte de pandiculation, c'est présage de victoire. Si au contraire on en voit tendre et porter en arrière les jambes postérieures, c'est signe de déroute. Les Fôriens ont une foi sans réserve dans ces indications *ominiques*.

Voici une petite aventure qui eut lieu sous le règne de Tyrâb, sultan du Dârfour.

Ce prince avait pris en amitié un faguyh appelé Moûça-Taghâouys, remarquable par l'à-propos et le piquant de ses réparties, par la fécondité et l'aisance de sa conversation.

Le faguyh Moûça suivit Tyrâb dans l'expédition du Kordofâl. Le détachement de troupes dans lequel était Moûça fut mis en déroute dans une rencontre. Le faguyh montait alors un cheval à grandes taches blanches et noires. Craignant de tomber entre les mains des ennemis, qui peut-être, à l'allure remarquable du cheval et à son harnachement, croiraient avoir à capturer dans le cavalier un personnage important du Dârfour, le faguyh mit pied à terre, s'enfuit et échappa au danger. Le cheval aussi prit la fuite; il arriva au camp de Tyrâb; on le saisit et on le conduisit au sultan. « Voilà, dit-on au prince, le cheval de Moûça. Il paraît que le faguyh a été tué, puisque le cheval s'est enfui. » Tyrâb, tout ému, déplora le malheur du faguyh; ensuite il ordonna d'attacher le cheval avec les siens, en attendant plus ample nouvelle.

A une heure ou deux après le coucher du soleil, Moûça rentre au camp. Il se rend de suite auprès du sultan. Tyrâb, surpris et content de le revoir, lui demande ce qui lui est arrivé. « Hier, dit Moûça, j'ai souffert et vu dans le combat tout ce qu'on peut imaginer d'affreux et de terrible. Mon cheval blanc et noir a été tué, et si la main de Dieu même ne m'eût protégé, j'étais tué aussi. » Tyrâb sourit à ce détour de malice, mais ne laissa pas apercevoir qu'il savait le secret de l'histoire. « Ce n'est rien que cela, mon cher Moûça, dit le sultan. Je te rendrai tout ce que tu as perdu; tu as montré trop de courage pour que je me permette de te laisser aller à pied. »

Le lendemain matin, Moûça vient revoir Tyrâb. Le prince s'informe de la santé de son faguyh et le prie ensuite de lui donner les détails de la bataille. Moûça débita son récit, et ne manqua pas de répéter ce qu'il avait déjà raconté sur les dangers qu'il avait courus. Alors le sultan dit à ceux qui l'entouraient : « Donnez de suite un de mes chevaux au faguyh Moûça. » Tyrâb avait ordonné à l'avance que lorsqu'il demanderait un cheval pour le faguyh, on amenât le cheval blanc-noir. On amène donc le cheval... Moûça le reconnaît, et, tout ébahi, il crie au coursier : « Tudieu! animal! tu ressuscites avant le jour de la résurrection? » Et le sultan et l'assemblée partirent d'un bruyant éclat de rire.

Moûça avait son franc-parler auprès de Tyrâb, et ne ménageait, dans ses conversations avec le prince, aucun des grands du pays. Aussi, tous faisaient force cadeaux et force présents au malin et dangereux faguyh; celui qui manquait à cette sorte de devoir, en était bientôt puni par les traits méchants dont le faguyh l'accablait auprès du sultan. Moûça était craint et cajolé de tous (1).

Les Fôriens exagèrent de beaucoup les qualités et la valeur de leurs chevaux, ils attachent une grande importance à certains signes provenant de la couleur ou des taches de la robe, ou de la position et du nombre des endroits du pelage dans lesquels le poil se contourne en forme de petite rosace. Il est hors d'utilité de rapporter ici toutes les interprétations qu'ils font de ces signes pour l'appréciation des défauts ou des mérites des chevaux. Ils ont aussi sur ces animaux une foule de vers et d'anecdotes interminables.

Au Ouadây, les habitudes et les formes de tactique sont à peu près les mêmes qu'au Dârfour. Nous nous dispenserons donc d'entrer à cet égard dans de nouveaux détails, qui ne seraient que des répétitions oiseuses. Nous ferons remarquer seulement que les Ouadayens sont moins recherchés que les Fôriens dans leurs vêtements de guerre, dans les harnachements et appareils de leur cavalerie, dans les *kerguel* ou plaques métalliques qu'ils suspendent sur le front des chevaux, etc. Une différence à noter encore entre les Ouadayens et les Fôriens, c'est que les Ouadayens ne chantent jamais ni avant ni pendant le combat. Ils considèrent les chants de batailles comme des puérilités.

(1) *Voy.* note 60.

Au lieu de cela, ils ont le son des trompettes droites et longues (*tubæ* des Romains), que font retentir les kabartou, et le bruit étourdissant du tikjil ou tambourin.

Les Fertyt ou habitants du Dâr-Fertyt n'ont pas de chevaux; en animaux domestiques, ils n'ont guère que des bœufs : encore n'en trouve-t-on en abondance que chez quelques-unes de leurs tribus, telle que la tribu des Djengueh dont nous avons déjà parlé. Dans leurs courses et leurs voyages, les Fertyt, n'ayant pas de bêtes de somme, font transporter leurs bagages par les femmes. Elles réunissent ces bagages en paquets ou en ballots, qu'elles chargent sur leurs têtes.

En voyage, ou en campagne, ou au combat, les Fertyt portent leur roi sur un *koursy*, ou espèce de tabouret en ébène. Ils s'alternent et se relayent quatre par quatre; le koursy est toujours tenu à hauteur de l'épaule par les porteurs. En bataille, si les Fertyt sont vaincus, les quatre porteurs du mélik déposent Sa Majesté à terre et se sauvent; Sa Majesté doit rester et reste là où on l'a placée. Car, au Soudan, jamais un roi ne doit fuir, même lorsque ses soldats sont en déroute complète; un roi, en cas de défaite générale, descend de cheval, ou bien on le pose par terre, s'il est porté à bras comme chez les Fertyt, et il demeure en place; s'il fuyait, il serait déshonoré.

Il est encore d'usage antique au Soudan, que dans les guerres, jamais le prince qui se trouve enveloppé dans une déroute, ne soit tué par l'ennemi, à moins que ce soit par hasard et dans la mêlée; s'il est trouvé à terre et arrêté en place, on l'épargne. Il n'y a que des gens sans aveu et du bas peuple, qui parfois osent se permettre de le tuer ; s'il est aperçu d'abord par des gens même de condition ordinaire, il est toujours respecté. Le prince que l'on fait ainsi prisonnier, est conduit aussitôt au prince victorieux, qui l'accueille avec bienveillance, lui rend les honneurs dus à la majesté royale, et lui assigne pour quelques jours une place dans le camp, afin de traiter immédiatement des conventions à régler. Dès que les stipulations sont consenties, on renvoie le prince vaincu, et en l'entourant de tous les égards que comporte son rang.

On laisse aussi la vie sauve aux câdis et aux ulémas qu'on prend dans une bataille, aux maûgueh, aux individus qui battent du tambourin et des timbales devant les sultans. Tous ces prisonniers ne sont ni tués ni vendus par l'ennemi ; on les met en liberté et on les renvoie dans leur pays. De même quand un roi fertyt est pris, on le traite avec honneur et on le renvoie chez lui. Ces lois de la guerre sont observées de temps immémorial au Soudan.

On ne tue pas non plus un prisonnier ordinaire, à moins qu'il ne soit reconnu coupable de meurtre particulier, de tentatives ou de projets de trahison, après qu'il a été pris, ou bien encore si on l'entend injurier, invectiver, ou dénigrer ses vainqueurs.

Lorsqu'un sultan tombe au pouvoir des ennemis, on lui enlève tout, ministres, visirs, officiers, chevaux, armes, chameaux. Ensuite, on lui recompose un nouvel entourage d'officiers, de serviteurs, choisis parmi les troupes victorieuses, et par conséquent qu'il ne connaît pas ; ce sont eux qui reconduiront l'illustre prisonnier dans ses États. Si les femmes du sultan vaincu ont été la proie des vainqueurs, on ne les lui rend jamais; elles sont emmenées captives. Ensuite, elles sont déposées dans une demeure convenable où elles sont entretenues aux frais de l'État. Quant à celles qui étaient esclaves ou concubines le sultan vainqueur en dispose à son gré; il les vend, ou les donne, ou se les réserve pour son harem.

Lorsque Sâboûn se fut rendu maître d'une grande partie du Bâguirmeh, il fit vendre, comme esclaves, un nombre considérable de femmes et d'enfants. Il voulait, par ce châtiment exemplaire, disait-il, punir les Bâguirmiens d'avoir partagé l'impiété et l'irréligion de leur sultan. (Une telle conduite serait, sous tout autre prétexte, un crime aux yeux de l'islamisme. Mais comme Sâboûn voulait alors venger la religion qu'il croyait outragée par les Bâguirmiens, le droit des gens devait céder, et une correction violente devenait un fait légitime) (1). Les femmes du sultan bâguirmien eurent le même sort; Sâboûn s'en réserva quelques-unes et donna les autres (2).

(1) Explication verbale reçue du cheykh.
(2) *Voy.* note 61.

CHAPITRE XIII.

Différences et analogies dans les habitudes du Dârfour et du Ouadây. — Chasses aux esclaves par les Fôriens. — *Salatyeh* ou lance de permission de chasse. — Firman ou permis de chasse. — Comment se recrute on se réunit une ghazoua ou ghazia. — *Sultan* ou chef de chasse. — Partage des esclaves. — Procédé de répartition des captures. — Attentions pour le *sultan* de la chasse. — Prise d'une station ou d'un village. — Acceptation de tribus au nombre des protégés du Dârfour, et exclusion. — Réserves de grains chez les Fertyt. — Nombre des chasses annuelles. — Cas de maladie ou de mort d'un *sultan* de chasse. — Quantité des esclaves pris ; mortalité. — Leur crainte d'être vendus aux Arabes. — L'esclavage est permis par l'islamisme. — Procédé des Ouadayens pour les chasses. — Idolâtrie des Fertyt. — Mariages défendus entre proches parents. — Nudité habituelle. — Amour des Fertyt pour leur pays. — Demeures sur les arbres. — Habileté à travailler l'ébène.

Au Ouadây et au Dârfour, il est certaines habitudes qui diffèrent et d'autres qui se ressemblent.

Les Ouadayens portent des vêtements larges et amples, analogues aux vêtements des femmes égyptiennes, appelés *beddâouyeh*. sorte de grand *tâub* ou *pallium* en forme de chemise. Les Fôriens n'ont que des vêtements de moyenne ampleur, analogues aux *eireh* ou blouses des sâïs ou grooms d'Égypte. Cependant les étoffes dont on fait les habits au Ouadây sont extrêmement étroites. Le lé n'a guère que deux pouces de large. Au Dârfour, les étoffes employées ont au moins une coudée en largeur.

Dans les revues des troupes, les Ouadayens de distinction portent toujours de gros turbans qui rappellent ceux des anciens *ghouzz* ou mamelouks d'Égypte. Les Fôriens, aux revues, n'ont pour coiffure que le *tarboùch* ou calotte rouge.

Les habitants du Dârfour ont un certain luxe et un certain appareil pour leurs vêtements de guerre, les selles de leur cavalerie, le harnachement des chevaux. Au Ouadây, cet apparat est rigoureusement défendu, et les vizirs même n'ont que de simples selles couvertes de cuir rouge.

Les Ouadayens ont derrière chaque oreille, près de la nuque, un *daùmah* ou renflement artificiel, ce qui, pour eux, est le signe irrécusable du courage. Les Fôriens, au contraire, n'attachent aucune importance à ces protubérances.

Au Dârfour, les hautes fonctions de l'État sont à vie ; au Ouadây, elles sont annuelles.

Les *ghazoua* ou expéditions pour les chasses aux esclaves, dans le Dâr-Fertyt et le Dâr-el-Djénâkhérah, s'exécutent d'une manière différente par les Fôriens, et par les Ouadayens. Au Dâr-Séleîh, le sultan envoie pour ces chasses, un aguyd de sa part, avec une troupe désignée à l'avance et qui, à elle seule, fait l'expédition, sans s'adjoindre qui que ce soit d'étranger. Au Dârfour, on procède différemment.

Tout Fôrien, même un simple particulier, qui se sent capable de conduire une ghazoua, demande une *salatyeh*; et s'il l'obtient, il se met en route avec le plus d'individus qu'il peut ramasser et réunir de toutes parts. Voici comment se prépare et s'exécute une ghazia ou ghazoua complète.

Celui qui peut faire un présent au sultan et qui a quelque ami ou protecteur qui le soutienne et le protége auprès du prince, va au Fâcher avec son présent, dans les premiers jours de l'été, quelque temps avant l'arrivée des pluies. Le mieux qu'il convienne d'offrir au sultan, comme don, est un cheval tout bridé et sellé et un esclave qui le conduit. Si le prince agrée le présent et permet de faire l'expédition qui lui est demandée, il donne au solliciteur, en signe d'autorisation, une *salatyeh*, c'est-à-dire une *grande lance*, et il délivre un permis d'excursion conçu par exemple dans les termes suivants :

> « De par le Grand Sultan, refuge et appui de tous, gloire de tous les rois arabes et non arabes, maître du cou de toutes les Nations, souverain des deux terres et des deux mers, serviteur des deux Villes saintes, mettant son espérance dans le Dieu de justice et de longanimité, le Sultan Mohammed-Fadhl le Victorieux, à tous ceux qui ces présentes verront, Émirs, Guerriers, Chartay, Damleg, et Chefs de nos armées.

» Nous, Sultan, favorisé de Dieu, soutenu par sa grâce spéciale, sultan victorieux, avons gratifié de nos faveurs et de notre bienveillance, un *tel* fils d'un *tel*, et lui avons donné une salatyeh pour conduire une expédition dans le Dâr-Fertyt, et faire une ghazoua dans la direction de telle tribu. Tous ceux qui l'accompagneront dans son entreprise, grands ou petits, sont à l'abri de toute incrimination ou de tous reproches de notre part. En foi de quoi, le présent firman est émané de notre sublime générosité et de nos nobles bontés. Loin, loin toute opposition, tout acte de malveillance contre ce mandat. Et nous avons recommandé au porteur de ce permis, d'user d'égards et de justice envers tous ceux qui suivront cette expédition, de se conduire avec l'équité et la modération qu'inspire la crainte de Dieu, pour ce qui lui reviendra des esclaves capturés. Et salut. »

Muni d'un firman ou permis de ce genre et de la salatyeh qui confère l'autorité de chef d'une ghazoua, le solliciteur sort de la demeure du sultan, et accompagné d'un ou de deux serviteurs, se poste sur la grande place du Fâcher. Là, il s'accroupit sur un tapis qu'on lui étale par terre, et on place en face la lance ou salatyeh. Un domestique bat alors du tambourin. On accourt de tous côtés auprès du chef de la ghazoua qui va se préparer, on se presse autour de lui, et il donne connaissance du firman qu'il vient d'obtenir.

A la nouvelle de l'expédition, les marchands se présentent avec des étoffes de toiles pour vêtements. Le chef de la ghazoua en achète autant qu'il croit en devoir acheter, selon le profit présumé de son entreprise; ces achats sont toujours à crédit. Les limites des prix varient suivant certaines circonstances. Ainsi, lorsque le marchand veut accompagner l'expédition, et que la quantité des objets qu'il a vendus ne vaut, par exemple, qu'un esclave au Fâcher, le chef de la ghazoua conclut l'achat de ces objets à cinq ou six esclaves, mais qu'il livrera au marchand dans le Dâr-Fertyt même. Si au contraire le marchand ne se soucie pas de suivre l'expédition, et préfère être payé au retour de la ghazoua, alors les objets sont achetés seulement au prix de deux ou trois esclaves. Après que les conditions du marché sont acceptées, le maître de la salatyeh donne par écrit au marchand une reconnaissance ou billet. Il arrête ainsi et régularise ses arrangements avec tous ceux dont il prend des marchandises. De cette manière, il rassemble des étoffes, des vêtements, et aussi des chevaux, des chameaux, des ânes, etc.

Il y a des chefs de chasses qui contractent ainsi des engagements pour plus de cinq à six cents esclaves. Mais tout cela est en raison de la confiance qu'inspire l'expéditionnaire ou maître de la salatyeh, et selon ce qu'on lui connaît de résolution et d'habileté.

Pendant le temps qu'exigent ces préliminaires de départ, plusieurs individus viennent s'associer au conducteur de l'expédition. Alors il fait transcrire un certain nombre de copies de son firman, et en remet une à chacun de ces individus; à chacun aussi il remet, pour le voyage, ou un cheval ou un chameau.

Ensuite, il désigne, à ces premiers compagnons de chasse, la route qu'ils ont à prendre. Il les divise, pour le départ, en une dizaine d'escouades dont chacune a son chef particulier et suit la route qui lui a été fixée. Le rendez-vous général est toujours au delà des frontières sud du Dârfour. Le chef expéditionnaire part aussi par une route différente de celles que prennent les escouades.

Chaque chef d'escouade, en passant par un village ou un bourg, fait battre du tambourin, rassemble ainsi les habitants du pays, leur communique le contenu du firman du sultan, leur indique ensuite les conditions offertes par l'entrepreneur de la chasse à ceux qui suivront son excursion, et promet, par exemple, que le propriétaire de la salatyeh ne prendra pour lui, à la première *djébâyeh* (ou première répartition et distribution de la première chasse), que le tiers des esclaves que chaque chasseur aura pu atteindre, et, à la seconde djébâyeh, le quart. Généralement, un certain nombre de jeunes Fôriens, surtout de familles pauvres, s'adjoignent à la troupe expéditionnaire.

Le maître de la salatyeh, dans sa route, s'arrête de la même manière dans tous les pays qu'il rencontre, y fait connaître le contenu de son firman, et annonce ses conditions de répartition des esclaves entre lui et ceux qui le suivront. Il arrive de cette façon avec ses chevaux, ses chameaux, etc., à son pays natal, où il reste quelques jours pour se reposer.

Ensuite, il part pour le lieu du rendez-vous général. Une fois qu'il y est arrivé, il prend le titre de *sultan*, se compose un cortége, une sorte de cour avec ceux auxquels il a délivré les copies du firman, et qu'il a chargés de rassembler autant de compagnons d'expédition qu'il leur serait possible. Il y a de ces sultans de ghazoua qui alors se trouvent à la tête de neuf à dix mille individus, et même plus encore.

Le *sultan* distribue immédiatement les fonctions de sa cour (et se constitue un corps d'officiers auxquels il assigne les titres et les devoirs des fonctionnaires et officiers qui composent la cour et l'entourage du véritable sultan, du souverain du Dârfour). Cela fait, le chef de la ghazoua est reconnu et appelé *sultan* par toute l'expédition. Il donne des vêtements à sa troupe ou garde particulière, lui distribue ce qu'il a de chameaux, d'ânes, de chevaux.

Souvent, d'autres individus viennent d'eux-mêmes et

sans avoir été recrutés par les chefs d'escouades, s'unir à la Chasse, amenant avec eux leurs chevaux, leurs chameaux et un plus ou moins grand nombre d'amis et de connaissances. Mais tous, sans exception, sont aux ordres du sultan d'expédition, qui désormais a sur tous une autorité souveraine et absolue. Sa parole, ses ordres, ses volontés font loi, et il conserve cette puissance jusqu'à ce que, au retour de l'expédition, il soit rentré dans le lieu même où il a été revêtu du titre de sultan.

Quant à la répartition des produits de la chasse, les règles sont fixées et connues.

Tous les esclaves pris sans résistance et sans combat sont pour le sultan de l'expédition ; il en est de même des esclaves qu'à son passage les mekk fertyt ou rois fertyt des *provinces adjointes* lui donnent en cadeaux.

Une fois que l'expédition est en chasse, elle pousse ses courses et ses captures aussi loin qu'il lui est possible. Quand elle est parvenue au terme qu'elle voulait atteindre, le *sultan*, à la nuit, fait annoncer par un maùgueh crieur, que la djébâyeh ou répartition aura lieu le lendemain matin. Cette répartition s'opère de la manière suivante.

Le *sultan* fait planter et dresser un zérybeh ou clôture circulaire à deux issues. Les gens de la ghazoua viennent à la pointe du jour, chacun avec ce qu'il a attrapé d'esclaves. Si le nombre de ces esclaves est considérable, le *sultan*, selon qu'il est exagéré ou modéré dans ses prétentions de partage, prend une quote-part plus ou moins forte. Si le *sultan* est raisonnable dans ses exigences, il se contente, même lorsque le butin est abondant, de prendre un tiers. S'il a des prétentions par trop ambitieuses, il prend moitié.

Le zérybeh dressé pour la répartition est en branches d'arbres épineux, avec deux ouvertures opposées (à la manière de celui que représente la figure 1). Des serviteurs ou gens de la suite du sultan de la ghazoua se postent aux deux issues, et le sultan est accroupi au milieu du zérybeh. Tous les individus de l'expédition amènent ce qu'ils ont capturé d'esclaves, et chaque propriétaire, à tour de rôle, les introduit dans l'enceinte. Lorsqu'il entre, on écrit son nom et le nombre d'esclaves qu'il a avec lui. S'il en a deux, le sultan expéditionnaire en prend un, mais toujours le meilleur ; l'autre reste à son propriétaire et sort avec lui par la porte opposée à celle par laquelle il est entré. On délivre au maître un papier certifiant qu'il ne doit plus rien au *sultan*, c'est-à-dire qu'il a subi la loi du partage.

Cette cérémonie se répète indistinctement pour tous ceux qui ont fait capture, dût la djébâyeh durer dix jours et même un mois.

L'individu qui n'a pu enlever qu'un seul esclave attend à part jusqu'à ce que se présente un autre individu qui n'ait également qu'un esclave. Alors le *sultan* prend un des deux eslaves et laisse l'autre en propriété commune aux deux propriétaires. Nous supposons ici que le *sultan* s'est réservé le droit de prendre la moitié des captures. Quel que soit le lot que le *sultan* s'adjuge, il le garde dans le zérybeh.

Après le partage terminé, le maître de la salatyeh appelle ceux envers lesquels il a contracté des dettes et auxquels il a promis de s'acquitter à la première djébâyeh dans le Dâr-Fertyt. Il rembourse ce qu'il doit, et dès le lendemain il se remet en route dans une direction nouvelle et en se rapprochant du Dârfour. Il commence une autre chasse. On la poursuit, on enlève, on pille tout ce qu'on rencontre, jusqu'à ce qu'on se trouve à environ un jour de marche des frontières du Dârfour. Alors le *sultan* fait procéder à la seconde djébâyeh. S'il n'est pas trop exigeant, il ne prend de chaque expéditionnaire que le quart des esclaves capturés; sinon, il prend le tiers et même la moitié.

Le conducteur en chef d'une chasse prélève sur la quantité des esclaves qui sont devenus sa propriété, ce qu'il doit livrer au sultan souverain, ce qu'il doit remettre en cadeaux aux grands qui l'ont aidé à obtenir sa salatyeh, et ce qu'il doit, à son retour, donner pour acquitter les dettes qu'il a contractées lors de son départ.

Pendant la chasse, le chef *sultan* a certains droits particuliers de préhension. Ainsi, tout esclave dont la possession est contestée entre deux ou plusieurs expéditionnaires, qui prétendent avoir pris cet esclave, appartient au *sultan*. Lui appartiennent encore tous les esclaves de ceux qui meurent dans l'expédition, s'il ne s'y trouve pas un parent qui en hérite immédiatement.

Le maître d'une salatyeh, lorsque l'excursion a été heureuse, en retire facilement de quoi donner au sultan ce qui est de droit royal, faire des présents aux courtisans qui l'ont favorisé, payer ses dettes, et avoir en surplus pour lui-même une centaine d'esclaves. Outre cela, les chevaux, les chameaux, les ânes et tous les harnachements et bagages qui ont pu être conservés et ramenés avec l'expédition, sont de droit la propriété du sultan expéditionnaire. Tous ceux à qui, lors du départ, il avait confié des montures, les lui rendent à leur retour. Ils ne doivent garder que les vêtements qu'ils ont reçus. Enfin chaque individu regagne son pays avec le butin que Dieu lui a fait la grâce de pouvoir enlever.

Le conducteur d'une chasse a toujours soin de traiter, plus avantageusement que les autres, les individus dont il s'est composé son cortége d'honneur et sa suite *sultanienne;* car c'est par leur coopération qu'il a rassemblé la troupe d'expédition, et par conséquent c'est à eux qu'il est redevable des produits de la chasse. Parfois même il ne prélève rien sur leurs captures, ni dans la première répartition, ni dans la seconde. Ce sont eux encore qui veillent à la sûreté et à tous les besoins du *sultan*.

A chaque halte, ils font établir un abri pour lui et pour tout ce qui lui appartient; de plus, ils ont toujours de leurs gens en avant-garde, afin de préparer le lieu de station du *sultan* pour chaque étape. C'est dans ce but que lors du départ du Dârfour ils emportent à dos d'animaux, des tiges ou cannes de doukhn, des pieux, etc., en quantité suffisante pour en construire chaque jour un enclos ou demeure au *sultan*. Lorsqu'on se remet en route, ils enlèvent cette construction, retirent de terre les cannes de doukhn, les pieux, chargent le tout sur les bêtes de transport, chameaux ou ânes, et à la halte suivante ils recommencent de même. En un mot, Sa Majesté chasseresse doit la considération, la puissance, l'autorité dont elle jouit, à ceux dont elle s'est fait un entourage particulier, et qui d'ailleurs le servent et le respectent comme les grands de l'État servent et respectent le sultan souverain au Fâcher.

Le chef d'une ghazoua a encore à sa suite des maûgueh ou bouffons, et des individus qui se sont volontairement attachés à lui avec la fonction de falganâouï. Il se choisit aussi, et se désigne, pour compléter sa *cour* ambulante, un roi des kôrkoa, un roi des korayât, un roi du Soûm-in-dogolah, un Abadyma, un Tékényâouï, un Ab-cheykh, etc. Ces grands, attachés au sultan de l'expédition, s'occupent des provisions et vivres de leur maître, se chargent de le pourvoir de ce qui lui est nécessaire, car au départ on ne se munit pas ordinairement de provisions qui puissent suffire jusqu'au retour. Aussi, lorsque l'expédition arrive sur le territoire des provinces adjointes, elle s'y munit de vivres. Chaque roi de ces provinces rassemble autant de provisions qu'il lui est possible, et les vend à la troupe en voyage. Il donne également en cadeau un certain nombre d'esclaves au *sultan* et aux gens du cortége. Le *sultan*, à son tour, fait présent d'habits au roi et aux individus de la suite du roi.

Lorsqu'une expédition cerne une station ou un village des Fertyt, et que les habitants se soumettent sans résistance, le *sultan* en garde le chef comme prisonnier, le traite avec honneur, lui donne un habit, puis le renvoie à ses subordonnés. Mais le *sultan* prend parmi eux ce qu'il y a d'hommes, de jeunes gens, de filles, de femmes encore jeunes, en fait son profit, et ne laisse absolument que les vieillards et ceux qui ne lui paraissent pas en état de supporter la fatigue du voyage ou de servir comme esclaves, ou qui ne pourraient être avantageusement vendus.

Au sultan expéditionnaire appartiennent encore, sans partage, les *denguyeh*, les *fekk-el-djébâl* et les *hâmel*. On distingue par le premier de ces noms, les individus rencontrés et pris sans résistance dans les bois ou sur les chemins. Les fekk-el-djébâl sont ceux qu'on a bloqués sur une montagne, et qui se sont rendus à discrétion sans avoir essayé de se défendre. Les hâmel sont les esclaves, ayant été déjà la propriété d'un maître autre que les individus faisant partie d'une salatyeh, et qui se sont échappés.

Le conducteur d'une chasse a le droit, comme *sultan*, de recevoir au nombre des tribus alliées, ou provinces adjointes, les villages ou stations de Fertyt qui désirent s'attacher au Dârfour à titre de tributaires. (Les tribus fertyt qui s'engagent à ce genre de soumission, se mettent par là à l'abri des incursions déprédatrices qui tous les ans viennent les bouleverser et leur enlever des esclaves.) Le *sultan* peut encore annuler le privilége de protection précédemment accordé à une peuplade, à un village, dans le cas où cette peuplade ou ce village s'est rendu coupable de trahison ou de mauvaise foi envers le chef de la salatyeh. Le *sultan* n'est point obligé, pour rompre ces alliances, de demander l'assentiment ou la permission d'aucune autorité. Il a toute liberté d'action, mais sous la condition de se conduire en cela avec justice et équité. (Une fois qu'il a prononcé l'exclusion de telle peuplade du nombre des alliés tributaires du Dârfour, il la traite en ennemie et en enlève ce qu'il y trouve d'individus à son gré.)

Le maître d'une salatyeh conserve sa puissance et l'exercice complet de ses prérogatives pendant toute la durée de l'expédition, c'est-à-dire jusqu'à ce qu'il ait remis le pied sur les frontières du Dârfour et que la troupe qui l'accompagnait se soit séparée. Chacun alors prend la route de son pays. Lors de cette séparation, si le *sultan* s'est conduit convenablement dans son expédition, c'est-à-dire dans les djébâyeh ou répartitions des captures, chacun fait son éloge, vante sa justice, et lui exprime le vœu de repartir l'année suivante avec lui pour une nouvelle chasse. Mais s'il s'est montré trop avide, infidèle à ses promesses, alors on rompt en visière avec lui; il n'y a plus ni retenue ni modération, et ce n'est plus autour du *sultan* déchu qu'un concert général de malédictions et d'injures.

Pendant la durée de l'excursion, les officiers ou vizirs du *sultan* extra fôrien, et en général la troupe expéditionnaire, s'occupent, comme nous l'avons déjà indiqué, de pourvoir à la nourriture de leur maître; et pour cela tous cherchent à découvrir les nids ou réserves où les Fertyt cachent leurs grains.

Se voyant constamment en butte aux chasses des Fôriens et des autres peuples voisins, les Fertyt ont imaginé de placer leurs réserves de grains sur les arbres; ils les y cachent si habilement, qu'un voyageur qui ne serait pas prévenu n'en découvrirait pas une seule. Ils choisissent, pour établir ces cachettes, les arbres les plus touffus et les plus riches en rameaux. Ils en coupent un certain nombre de branches, qu'ils réunissent et lient solidement ensemble, de manière à former une sorte de plancher-claie, ou plan à claire-voie assez serré. Ils étalent ensuite sur ce plancher un lit de feuillage, et par-dessus un lit de *bouttâb*, c'est-à-dire de balles ou glumes des épis du doukhn. Cette balle conserve le grain, en le garantissant de l'humidité pendant et après l'époque des pluies.

Lorsque le plancher-claie est achevé, on arrange par-dessus une sorte de petite hutte conique en cannes de doukhn, et à laquelle on laisse d'abord le sommet ouvert afin de pouvoir introduire le grain. A mesure qu'on y accumule le grain, c'est-à-dire le doukhn, on tapisse de bouttâb les parois intérieurs de la hutte; et après qu'elle est remplie, on en ferme l'ouverture. L'épaisseur du feuillage et l'entrecroisement serré des branches des arbres, dérobent au regard ces réserves aériennes; il n'y a guère que ceux qui en connaissent l'emplacement qui sachent les retrouver. Le Dâr-Fertyt est d'ailleurs presque partout couvert de forêts peuplées d'arbres d'une grosseur monstrueuse et d'un branchage extraordinairement abondant.

Les Fertyt qui habitent les terres élevées, enfouissent leur grain ou doukhn dans des *matmoûrah*. Ce sont des fosses plus ou moins spacieuses et profondes qu'ils tapissent de bouttâb avant d'y déposer leurs récoltes pour les conserver. Les matmoûrah (ou, selon la forme du pluriel arabe, les matâmyr) sont de véritables silos pratiqués sur les terrains les plus hauts, et préservés ainsi de l'humidité donnée par l'infiltration des eaux des torrents ou des étangs que produisent les pluies.

Les Fôriens se creusent aussi des matmoûrah pour

garder leurs grains. Mais les riches, et surtout les grands de l'État, construisent, pour y déposer leurs récoltes, des réserves spacieuses en cannes de doukhn ; ce sont d'assez vastes huttes, appelées au Dârfour *dirgâyeh*.

Certaines peuplades du Dâr-Fertyt établissent leurs demeures sur des arbres, et n'ont d'autres refuges ou stations que ces constructions singulières... Nous en parlerons tout à l'heure.

Tous les individus qui, chaque année, obtiennent des permis de chasse aux esclaves dans le Fertyt, ne dirigent pas leurs incursions sur un même point. Chacun a son itinéraire indiqué pour le départ et pour le retour. Cet itinéraire est spécifié dans le permis délivré par le sultan ; on y désigne quelles sont les peuplades sur lesquelles l'expéditionnaire, en allant et en revenant, peut conduire ses chasses et faire ses captures ; il lui est défendu de dépasser les limites qu'on lui a déterminées. Ces spécifications sont enregistrées, avec son nom, dans des états qui restent entre les mains du sultan.

Ces précautions ont pour but de prévenir tout désordre ; car, chaque année, le sultan délivre plus de soixante à soixante-dix salatyeh, dont les bénéficiaires partent tous à la même époque. Si l'on ne fixait pas les itinéraires, les troupes allant en chasses se rencontreraient souvent l'une l'autre, se battraient, et les Fertyt des contrées où auraient lieu les rencontres, devenant victimes de ces avides collisions, seraient probablement détruits en peu de temps. Il est rare que deux ou trois expéditions se croisent dans leurs courses.

CAS DE MORT OU DE MALADIE DU SULTAN DE CHASSE.

Un appelé Ahmed Tiktik, qui commanda au moins une vingtaine de chasses, m'a raconté qu'une année il vit sept salatyeh ou expéditions à la fois. Alors elles choisirent parmi les sept chefs celui qui avait à sa suite le plus de monde, et le nommèrent *sultan* général des sept troupes, qui ensuite n'en firent plus qu'une. Cette année fut une époque remarquable et citée pendant longtemps. Ahmed Tiktik m'a assuré aussi avoir vu une fois un chef de salatyeh qui n'avait pas plus de quinze hommes d'expédition.

Dès qu'un individu qui a obtenu un firman de chasse est hors des confins du Dârfour et qu'il est reconnu sultan, il a, comme nous l'avons déjà dit, pleine liberté d'action et autorité absolue. Lors même qu'il fait mettre à mort quelqu'un de l'expédition, personne n'a le droit de lui en demander raison, eût-il même été injuste dans la condamnation.

Si le bénéficiaire d'une salatyeh meurt pendant l'excursion, tout ce qu'il a de butin, esclaves ou objets quelconques, et aussi tout ce qu'ont capturé les expéditionnaires, sans aucune exception, devient la propriété du sultan souverain. Aussitôt que le prince fôrien est informé de la mort du chef de la salatyeh, il envoie un émir attendre, sur la frontière méridionale du Dârfour, l'arrivée de la troupe qui a perdu son conducteur. Il en est de même si le *sultan* de la salatyeh a été tué par l'ennemi c'est-à-dire par les Fertyt, ou bien par quelqu'un de l'expédition. Alors encore, toutes les prises et captures reviennent au souverain, et nul expéditionnaire n'a le droit d'en rien retenir.

Lorsque le maître d'une chasse tombe malade pendant l'incursion et que sa maladie s'aggrave et devient dangereuse, il est de règle que la troupe élise un substitut du *sultan*, ou bien que les officiers ou vizirs de ce *sultan* se rassemblent en conseil et élisent un d'eux comme vicaire ou remplaçant du *sultan* malade ou mort. Il en est de même si le *sultan* a été tué dans une attaque.

Aussitôt que l'expédition qui a perdu son chef arrive sur les frontières du Dârfour, l'émir envoyé de la part du prince souverain s'empare de tout le butin de l'expédition, part pour le Fâcher, et livre la capture entière au sultan.

Il résulte de ces habitudes que tous les individus qui composent une chasse aux esclaves veillent avec le plus grand soin à la conservation de leur chef, l'éloignent du danger, et ne permettent jamais qu'il approche de trop près du lieu où il y a à craindre quelque résistance de la part des Fertyt attaqués. Mais il est clair que ces attentions des expéditionnaires pour leur *sultan* n'ont d'autre but que d'assurer à chacun la jouissance de ses profits de chasse.

Lorsque le sultan gouvernant le Dârfour meurt pendant que les salatyeh sont encore au Dâr-Fertyt, tout ce qu'elles ont pris devient la propriété du nouveau souverain. C'est une sorte de subvention qui lui est dévolue de droit à son avénement au pouvoir.

Les chasses amènent entre les mains des Fôriens une quantité considérable d'esclaves. Si ces esclaves arrivaient tous au Dârfour, le pays en serait encombré ; mais beaucoup d'entre eux meurent de maladie dans le voyage, ou sont tués. Ainsi, lorsqu'un esclave, homme ou femme, qui vient d'être pris, se résout à ne pas s'exposer aux fatigues et aux souffrances du voyage, et refuse de suivre ceux qui l'ont capturé, il s'assied par terre et dit à celui dont il est devenu la proie : « *Kongorongo*, c'est-à-dire : tuez-moi. » Et à l'instant on le tue à coups de bâton, en présence des autres esclaves, afin de les effrayer et de les déterminer à se soumettre à leurs maîtres. Nombre d'esclaves meurent de lassitude et d'épuisement dans la route ; d'autres meurent de diarrhées occasionnées par le changement de nourriture ; mais ceux qui succombent en plus grande quantité, ce sont les esclaves pris chez les Bendah et les Fârah ; ceux qui survivent le plus facilement sont ceux qui viennent du Dâr-Goula, du Dâr-Routou, du Byna et du Châla.

Certaines années, il se déclare des maladies épidémiques, telle que la dyssenterie, parmi les esclaves d'une expédition, et presque tous périssent dans le trajet du Dâr-Fertyt au Dârfour. Ainsi, des individus qui avaient une vingtaine d'esclaves n'en ramènent parfois au Dârfour que deux ou trois.

Beaucoup d'esclaves meurent aussi au Dârfour par suite du changement de climat et de nourriture ; mais les Fôriens qui soumettent leurs esclaves à un régime de vie raisonné et prévoyant, qui les traitent avec douceur et qui ont soin de les nourrir convenablement, de ne pas les charger de travaux trop pénibles et trop multipliés, en conservent la majeure partie. Les *mougueddek* ou esclaves qui, par un séjour de quelques années au Dârfour, *se sont acclimatés* et *se sont habitués* à la vie des Fôriens, se vendent à un prix bien plus élevé que les esclaves *foutyr*, c'est-à-dire qui sont *amenés depuis peu de temps* au Dârfour.

Mais quel qu'ait été le temps d'acclimatation des esclaves dans un pays, leur transport dans d'autres régions éloignées les expose toujours à des maladies dangereuses, ne fût-ce que par suite des fatigues des voyages. De plus, la tristesse s'empare d'eux, surtout s'ils craignent d'être vendus aux Arabes étrangers. Ils sont persuadés que ces Arabes manquant de viandes, viennent acheter des esclaves pour en manger la chair, en employer les cervelles à faire du savon, et le sang à teindre des étoffes en rouge. Cette croyance est profondément implantée dans l'esprit de tous les esclaves; les Fôriens profitent de ces idées pour retenir par la crainte ceux qui sont indociles. Il suffit de menacer ces esclaves insoumis de les vendre aux *djellâb*, et de dire au plus revêche : « Je te vendrai aux blancs (aux Arabes), qui mangeront ta viande, teindront leurs draps avec ton sang, et feront du savon avec ta cervelle. » Et l'esclave, épouvanté, rentre dans le devoir et s'assouplit.

Cette croyance ne s'efface de l'esprit des esclaves que lorsqu'ils sont arrivés chez les Arabes, y ont vécu un certain temps, et n'ont rien vu qui vérifie leurs appréhensions. Mais pendant toute la durée des voyages, la crainte les agite, les tient continuellement en émoi. A cela s'ajoutent les fatigues excessives de la marche, les tourments de la chaleur ou du froid dans les déserts ; ce sont pour eux autant de causes de maladies et de mort. Aussi, ils succombent par milliers. Dans le nombre de ceux que l'on conduit, par exemple, en Égypte, il

LE COMMERCE DES ESCLAVES EST PERMIS PAR LE CORAN. 485

n'y arrive que ceux qui ont le plus de force et de vigueur, ou bien le plus de bonheur.

J'ai vu des djellâb, des voyageurs partir du Ouadây avec une centaine d'esclaves, et les perdre tous en route par le froid; d'autres partir avec trois cents esclaves, et les laisser en chemin morts de chaleur et de soif; d'autres partir aussi avec des troupes considérables d'esclaves, et n'en pas perdre un seul. Tout cela dépend de la volonté du Tout-Puissant.

Notre Loi sainte permet la vente et l'exportation des esclaves, mais à la condition expresse et absolue d'agir en cela avec le sentiment de la crainte de Dieu, sentiment qui doit être le motif inspirateur et le guide de toutes nos actions.

Je dis que le commerce des esclaves est permis, et voici par quelles raisons il est justifié. Dieu a commandé à son Prophète, le prophète de l'islamisme, d'annoncer la Loi divine aux hommes, de les appeler à croire au vrai Dieu, et d'employer la force des armes afin de contraindre les mécréants à embrasser la vraie foi. Selon la parole de Dieu même, la guerre est la voie légitime et sainte pour entraîner les hommes à la religion; car dès que les infidèles sentiront les armes de l'islamisme, dès qu'ils verront leur puissance humiliée, abattue, leurs familles emmenées en esclavage, ils désireront entrer dans la voie droite, et songeront à conserver ainsi leurs personnes et leurs biens. S'ils résistent, s'ils s'opiniâtrent dans leur infidélité, il faut marcher en armes contre eux. Toutefois, avant de tenter ce moyen extrême, il est nécessaire de les inviter à se soumettre à la Loi islamique, de les avertir plusieurs fois des malheurs que doit leur attirer leur incrédulité. Telle fut la conduite de notre saint Prophète envers les Corayschides qui refusaient de croire à sa parole.

Mais le Prophète a aussi autorisé le rachat des prisonniers, d'après ces paroles du coran : « Après les combats, vous pouvez donner la liberté aux prisonniers, ou bien accepter leur rançon, afin d'arrêter plus vite les calamités de la guerre. Pour ceux qui repoussent opiniâtrément ma Loi, qui rejettent la religion de l'Islâm, offrez-leur encore le choix entre la guerre et l'obligation d'un impôt annuel pour acheter et garantir leur sécurité, leur vie. S'ils préfèrent la guerre, s'ils lèvent les armes contre vous, quiconque d'entre eux sera fait captif, sera vendu. »

Cependant, tous les hommes sont égaux comme enfants d'Adam ; il n'y a de différence entre eux qu'en ce que les uns ont la vraie foi, c'est-à-dire la foi islamique, les autres une foi différente, c'est-à-dire une foi erronée.

Les habitants du Soudan musulman, dans leurs incursions contre les idolâtres, n'observent point ce que prescrit la parole de Dieu, n'appellent jamais ces idolâtres, avant de les attaquer, à embrasser l'islamisme. Ils se jettent à l'improviste sur les tribus des Fertyt, des Djénâkhérah, etc., et, sans préliminaires, sans appel à la foi, sans essais pacifiques de prosélytisme, ils les assaillent, les combattent, les prennent comme esclaves, et ensuite les vendent. Mais le fait de capture une fois accompli, comme ces peuplades sont idolâtres, la vente de tous ceux que des musulmans leur ont enlevés est licite et justifiée par la religion.

COUTUME AU OUADÂY POUR LA CHASSE AUX ESCLAVES. 487

Celui qui a acquis un esclave, femme ou homme, doit se conduire envers cet esclave selon les principes de la justice et de la religion. Il doit se garder d'exiger de son esclave des travaux trop pénibles; il doit le nourrir des aliments qu'il se prépare pour lui-même et pour sa famille, le vêtir avec soin; car l'esclave est, comme lui, créature de Dieu; et le saint Prophète nous a dit : « Dieu vous a rendus les arbitres de ces peuples; mais rappelez-vous bien que si Dieu eût voulu vous seriez leurs esclaves. En vue de Dieu, ayez pitié des faibles. »

Les *mekk* ou rois des Fertyt sont extrêmement nombreux; chaque station, chaque village a le sien.

Les esclaves sont absolument dans les mêmes conditions au Ouadây et au Dârfour; mais, pour ces deux États, il y a une différence totale dans le mode des excursions, dans le permis de chasse et dans l'emploi des produits des expéditions.

Au Dârfour, le sultan, avons-nous dit, délivre une salatyeh et un firman comme droit de ghazoua, et jamais aucune expédition ne coûte au souverain la moindre dépense ni le moindre souci. Celui qui a eu l'honneur de recevoir un firman prend, il est vrai, l'entourage, l'autorité et le nom de sultan; il a ses émirs, ses officiers qu'il charge des attaques des villages et des tribus; il a ses dignitaires, ses gardes ou huissiers; il a liberté absolue de la parole et du sabre; mais tout cela a lieu sans que la majesté du souverain en soit le moins du monde lésée ou déconsidérée; car aussitôt que l'expédition est de retour, celui qui la commandait rentre dans sa condition première et redevient simple sujet comme auparavant. Tous ceux qui l'ont suivi, aussi bien que l'appareil de puissance dont il s'était environné, tout s'en va, tout disparaît. C'est une circonstance exceptionnelle à laquelle personne n'attache d'importance.

Il n'en est pas de même au Ouadây. Le sultan, sur tous ces points, est de la plus jalouse sévérité; il ne souffrirait jamais qu'un autre Ouadayen que lui portât un moment le nom de sultan. Comme souverain, il craindrait que s'il se relâchait en cela de sa rigidité, celui à qui il aurait permis de s'appeler sultan ne s'avisât de prétendre à la souveraineté, et ne réussît à séduire les esprits étroits des Ouadayens et à se former un parti. Aussi, la coutume des salatyeh n'existe pas au Ouadây. A l'époque des chasses, le sultan ouadayen choisit à son gré un aguîd ou un kamkolak, lui confie un corps de troupes et l'envoie en expédition chez les Djénâkhérah. L'envoyé pille, tue, prend ce qu'il peut attraper d'esclaves, et presque tout ce qu'il capture appartient de droit au sultan. L'aguîd ou le kamkolak expéditionnaire n'a qu'une très-faible part du butin; les soldats qui exécutent la chasse ne gardent pour eux que le quart des esclaves enlevés. Mais tout ce qui a été pris en chevaux, harnachements, armes, revient uniquement au sultan. Comme les princes ouadayens trouvent leur profit dans ces mesures et dans ces résultats des chasses, ils demeurent fidèles à la coutume établie dans le pays.

Tous les esclaves capturés, sur quelque point que ce soit du Soudan idolâtre ou méridional, n'ont ni croyance en Dieu, ni croyance en un prophète ou révélateur, ni loi religieuse, ni loi civile. Ils adorent des fragments ou blocs de pierre; ils construisent des demeures ou sortes de chapelles à ces divinités, et leur présentent, pour offrandes, des lances et des kourbâdj ou tiges en fer comme celles des habbôbah du Dârfour. C'est là tout leur culte et toute leur religion.

Pendant mon séjour au Dârfour, j'avais un esclave du Dâr-Binah. Il savait un peu d'arabe, tel qu'il est parlé par les Fôriens. Il entendait souvent les gens qui conversaient affirmer la vérité de leurs paroles en prenant à témoin le nom de Dieu. Il s'imaginait que le Dieu du Dârfour n'était pas le même que celui du Dâr-Fertyt, et il disait parfois : « Notre Dieu, à nous, est bien plus grand que le vôtre. » On me conta le fait. J'interrogeai l'esclave et je lui demandai ce qu'était leur Dieu. « Notre Dieu, me dit-il, est gros comme ça. » Et il m'indiquait le volume de son Dieu, en tenant les deux mains à une certaine distance l'une de l'autre. Je souris à cette réponse... J'appris à mon esclave qu'il n'y a qu'un seul et même Dieu pour tous les endroits du monde, pour toutes les contrées, tous les pays, tous les climats, et que ce Dieu, le seul grand et puissant, est invisible à nos yeux. Je répétai, expliquai ces paroles à mon esclave, et les retournai en tout sens, jusqu'à ce qu'il les eût comprises.

L'ignorance, l'absence de foi en une révélation, en une doctrine religieuse, le manque de maximes de morale systématisées, sont autant de causes qui disposent ces hommes à embrasser une religion et qui leur facilitent l'acceptation d'une croyance. Ils ne sont point retenus par les liens d'une parole révélée, d'une loi imposée, par l'autorité d'un prophète reconnu tel, et de principes consacrés par Dieu.

Dans une chasse, j'ai vu une jeune captive à laquelle, le jour même qu'elle fut prise, on apprit la profession de foi musulmane, et qui la prononça sans hésiter, sans paraître avoir la moindre émotion de trouble, sans changer d'expression de figure. Cette profession de foi n'eut point la gêne d'une renonciation, puisque cette fille n'avait pas à apostasier.

Du reste, les peuples méridionaux du Soudan sont encore dans un état de sauvagerie extraordinaire. S'ils n'eussent pas vu les ghazoua, qui se renouvellent depuis si longtemps contre eux, ils se croiraient les seules créatures de la terre.

Ces peuples ont une habitude remarquable relativement aux alliances matrimoniales. Je l'ai connue par des esclaves eux-mêmes, et j'en ai maintes fois entendu parler. C'est que les mariages n'ont jamais lieu, parmi eux, entre proches parents; ainsi, nul n'épouse ni sa fille, ni sa sœur, ni une tante maternelle ou paternelle, ni même une cousine. Dans l'islamisme cependant, les mariages à ce dernier degré de parenté sont licites. Chez les idolâtres du Soudan, le mariage ne s'accepte que du degré au delà de cousin. Cette coutume, parmi des peuples si ignorants et privés de toute loi constituée, de toute révélation religieuse, est un trait caractéristique qui mérite d'être signalé, surtout si l'on réfléchit à leurs rapports de vie journalière. Car tous vont presque entièrement nus, presque sans aucune précaution pour la pudeur.

Là, ni femmes ni filles ne se cachent la figure ou le

corps ; elles se couvrent seulement, avec un pagne, les parties sexuelles et les parties postérieures inférieures du tronc. Il en est de même des hommes. Le pagne des femmes est appelé *kounfous*, et celui des hommes *djoukou*. Le djoukou est un long pagne fixé sur le devant du corps par une corde ou par une courroie de cuir tournée et liée autour des reins. On passe, par-devant, le djoukou dans cette corde ou cette courroie, on le ramène entre les cuisses sur les parties génitales et sur la ligne de séparation des fesses, puis on le passe, par derrière, entre la peau et le lien mis en ceinture, de manière qu'une grande partie du pagne tombe flottante par-devant et par derrière. L'extrémité qui flotte en avant arrive jusqu'assez près des pieds, et celle qui tombe par derrière descend jusqu'à la hauteur des jarrets. Ce pagne n'a guère qu'un empan de large.

Il y a des tribus du Fertyt chez lesquelles les femmes ne cachent les parties génitales qu'avec de larges feuilles d'arbres; lorsque ces feuilles sont desséchées, elles sont remplacées par d'autres. Nous avons déjà indiqué cette coutume.

Pour ce qui concerne les unions conjugales à certains degrés de parenté, chez les peuples constitués en corps de nation, c'est la loi religieuse qui fixe le degré de légitimité de ces unions. Or, les Fertyt n'ont à cet égard aucune base religieuse obligatoire, aucune donnée législative qui les règle et les dirige. Par quelle inspiration ont-ils donc établi parmi eux ces conditions de légitimité pour les mariages, en dépit même de tout ce que peut leur suggérer d'émotions charnelles l'aspect des femmes et de leurs charmes, constamment à découvert? Il y a là quelque chose de surprenant, d'extraordinaire. Ce n'est ni l'aisance ni le bien-être de la vie qui a conduit ces peuples à s'imposer une obligation de cette nature, à s'astreindre à cette loi sociale, car ils n'ont rien de ce qui chez les autres peuples rend la vie facile et douce, ils ne connaissent ni les mets recherchés ni les vêtements de prix et d'éclat; ils regardent comme quelque chose de magnifique, par exemple, les étoffes tékâky (1) et autres dont les Fôriens s'habillent; ils restent en admiration devant les harnachements dont, au Dârfour, on pare les chevaux.

J'ai vu une fois un des mekk, ou rois des provinces adjointes du Dârfour, qui venait de recevoir d'un chef de salatyeh un *taùb* noir, sorte de grande blouse. Le bonhomme de roi endossa le taùb; se pavanant sous cet accoutrement, il se regardait avec une complaisance étonnante de chaque côté de la poitrine, il ne s'était jamais vu si beau. Le taùb valait bien 20 piastres (environ 5 fr. 20 c.).

J'ai déjà indiqué, dans le *Voyage au Dârfour*, que le sel est extrêmement rare chez les Fertyt. Aussi, dans les provinces adjointes, on vend parfois un esclave pour un morceau de sel qui ne vaudrait pas au Caire plus de 5 paras (2), ou pour un damleg en cuivre, sorte de bracelet qu'on porte au-dessus du coude, et qui ne vaut pas plus de 10 paras en Égypte (environ 7 c.).

Toutes ces peuplades mènent une vie pauvre et ché-

(1) *Voy.* le *Voyage au Dârfour*, chapitre V, Vêtements.
(2) *Voy.* note 62.

tive. Cependant les Fertyt et tous les noirs du Soudan idolâtre aiment le pays, le lieu qui les a vus naître. S'ils s'éloignent de leurs villages, de leurs huttes, pour quelque voyage, ou s'ils sont emmenés esclaves, leur pensée et leurs désirs les reportent sans cesse vers leur patrie. Dans leur simplicité d'enfant, les esclaves s'enfuient souvent de chez leurs maîtres pour regagner leurs misérables villages, leurs misérables demeures. Règle générale, en se mettant à la piste de ces fugitifs, on les retrouve sur les chemins qui conduisent le plus directement à leur pays. D'autre part, tous ces idolâtres savent bien, tout simples et irréfléchis qu'ils sont, que tous les ans le Dârfour, le Dâr-Ouadây et les autres États du Soudan musulman, envoient, chacun sur les contrées méridionales qui l'avoisinent, de nombreuses expéditions de chasses ; que ces expéditions leur enlèvent tout ce qu'elles peuvent attraper d'hommes, de femmes et d'enfants ; qu'elles en tuent, outre cela, un nombre considérable ; et cependant les tribus, les populations restent toujours dans les endroits où elles se sont établies dès l'origine et qu'elles ont adoptés pour séjour. Seulement, à l'arrivée des expéditions qui viennent les assaillir, ces idolâtres prennent la fuite ; après les chasses terminées, tous ceux qui ont échappé aux ravisseurs reviennent à leurs demeures premières.

Parmi les peuples idolâtres du Soudan, les uns, avons-nous dit, cachent leurs provisions de grains dans des fosses souterraines, et les autres sur des arbres. Il en est aussi qui établissent leurs habitations sur les arbres les plus robustes et les plus touffus (1).

(1) Aux îles Fidji, dans l'Océanie, il y a aussi des sauvages qui habitent

Le chef de la famille, après avoir adopté l'arbre qui lui convient, monte dessus, débarrasse de branches une partie de la hauteur médiane du branchage de cet arbre, et avec ces matériaux il se dispose deux plans, un supérieur au-dessus de sa tête, l'autre inférieur qu'il construit avec les branches les plus fortes, rapprochées et serrées les unes contre les autres ; il a eu soin d'abord d'en rendre les tiges plus unies en en élaguant les ramuscules. Ensuite, il étale sur le plan inférieur, qui sera l'aire de son gîte, le feuillage qu'il a enlevé de toutes les branches coupées de l'arbre. Ce plan terminé, il y construit, avec des cannes de doukhn, l'enceinte de sa cabane à laquelle il donne à peu près la forme conique d'une tente, afin de se garantir plus sûrement de la pluie. Le Fertyt et sa femme montent à leur demeure ainsi juchée, et en descendent sans peine ; ils s'aident pour cela des saillies et des nodosités qui se trouvent naturellement au tronc de l'arbre.

Parfois, un même arbre porte la demeure et le magasin ou la réserve de grains d'une famille. Le plus souvent la famille a son habitation sur un arbre et sa réserve de provisions sur un autre.

Beaucoup de peuplades des Fertyt habitent les montagnes et les terrains élevés.

Ces sauvages ont pour certains travaux d'art une habileté merveilleuse. Ainsi, ils dressent des hampes de lances et de javelines d'une admirable beauté, d'un poli brillant comme de l'argent. Ils fabriquent également des *koursy* ou tabourets en ébène d'une étonnante per-

---

sur les arbres. Si j'ai bonne mémoire, ce fait est consigné dans la relation de voyage du capitaine Dillon.

fection d'exécution pour le poli et l'éclat, à tel point qu'on croirait ces tabourets sortis des ateliers des pays les plus célèbres en industrie, et que l'on jugerait les Fertyt avancés en civilisation. Mais en voyant quelle est l'existence chétive de ces peuplades, comment ils sont déshérités de tout ce qui contribue aux jouissances de la vie, telles que nourriture agréable, vêtements convenables et propres, etc., on les classe tout de suite parmi les sauvages.

Tel est l'état des populations du Fertyt et de la généralité des idolâtres de la Soudanie méridionale. Mais nul ne change les hommes, et leurs conditions morales et sociales, qu'au moment où Dieu le permet. Gloire à l'Éternel qui a distribué aux sociétés les formes d'existence qu'il lui a plu! Personne n'a le droit de lui en demander les motifs; ce sont les hommes qui auront à répondre sur leurs œuvres.

Maintenant, je n'ai plus, pour terminer cet ouvrage, qu'à dire encore quelques mots de mon séjour au Ouadây, et à raconter notre voyage de retour à Tunis.

Et Dieu est le bon secours, le bon appui.

TROISIÈME PARTIE.

RETOUR AU MAGHREB ET EN ÉGYPTE.

CHAPITRE Ier.

Départ du Ouadây. — Ses causes. — Mauvais procédés de l'oncle Zarroûk. — Épisode du chérif Ahmed. — Il arrive au Dârfour en revenant de pèlerinage. — Comment il traite le sultan. — Il va au Ouadây. — Il y devient vizir. — Il est dépouillé du vizirat. — Il part. — La caravane s'égare. — Le chérif revient au Ouadây. — Il s'attire la haine générale, et est assassiné. — Départ de la caravane avec laquelle le cheykh retourne au Maghreb. — Inspection des caravanes en départ.

Lorsque Dieu, par sa sublime volonté, peupla la surface de la terre et distribua aux diverses familles de l'espèce humaine les climats qu'elles devaient habiter, il mit dans le cœur de l'homme l'amour de la patrie. Il voulut que les animaux même aimassent leur demeure et leur pays.

L'illustre descendant d'Adnân (1), le Prophète de Dieu a dit : « L'amour de la patrie est aussi de la religion. » En effet, l'homme n'oublie jamais sa terre natale, n'aime jamais bien que cette terre première où il

---

(1) Adnân est le vingtième aïeul de Mahomet.

a passé une partie de ses jours, à moins qu'il n'y ait vécu abaissé, humilié, et qu'il n'ait trouvé ailleurs une existence plus douce et plus honorée. Et encore alors, sa pensée le rappelle au foyer de sa famille, à l'asile de ses pères. Le cheykh El-Damyry, au milieu de la joie et des hommages dont il s'était entouré pendant son séjour aux Indes, disait : « Oh! que ne suis-je, avec tout ce bonheur, à mes deux hameaux de Damyreh (1) ! »

Les Arabes jadis se plaisaient à confier à leurs vers le souvenir des lieux qu'ils avaient habités et qu'ils avaient vus ensuite ruinés, et des oasis verdoyantes qui les environnaient ; ils chantaient ces demeures où ils étaient réunis autrefois. Quand le saint Prophète de l'Islâm se retirait de la Mekke à Médine (2), il se retourna du côté de la ville de la Kaabah, et les yeux humides de larmes : « Oh, oui ! je t'aime, noble ville ! s'écria-t-il. N'étaient les œuvres impies de ces Corayschides, je ne t'aurais jamais quittée. » Puis, levant les mains au ciel : « Mon Dieu ! ajouta-t-il, c'est toi qui me fais sortir de ce séjour qui m'est si cher ; conduis-moi, et recueille-moi au séjour que tu aimes. » Tel est au moins le sens des paroles qui exprimèrent les regrets du saint envoyé de Dieu.

Cela dit, venons à mon récit.

Lorsque j'arrivai au Ouadây, mon père en était parti et se rendait à Tunis. Dans sa pensée, c'était par ma

---

(1) *Voy.* note 63.
(2) On sait que les Corayschides, de la tribu desquels était Mahomet, le forcèrent par leurs menées et leurs agressions, à sortir de la Mekke et à se réfugier à Médine.

faute que j'avais tardé si longtemps à le rejoindre ; car il avait écrit au sultan du Dârfour et au faguyh Mâlek, les priant de me laisser partir pour le Ouadây. Mais le sultan lui-même avait empêché mon départ, et j'avais été forcé de rester plusieurs mois au Dârfour.

Mon père, impatienté de mes retards, avait confié le soin de sa maison, de ses biens, de ses enfants, de ses cultures, à mon oncle le chérif Ahmed Zarroûk, et avait quitté le Ouadây avant que j'y arrivasse. Contrarié de ce contre-temps, je résolus de ne pas jeter le bâton de voyage ; j'étais décidé à continuer et à aller promptement retrouver mon père. Mais les bontés du sultan Sâboûn pour moi m'arrêtèrent. Il m'envoya en présent plusieurs beaux chevaux, de belles esclaves, des vêtements de prix ; et mes chagrins s'adoucirent ; je ne pensai bientôt plus à ma résolution première ; je fus comme le poëte de ce vers :

« Je m'enchaînai près de toi, prince ; mon cœur s'attacha à toi ; les bienfaits enchaînent par des liens si puissants ! »

Je demeurai donc au Ouadây pour quelque temps. Pour mon malheur, le chérif Ahmed-el-Fâcy (de Fâs ou Fez, au Maroc) avait succédé à mon père comme vizir. Le chérif Ahmed, que Dieu ait son âme ! détestait mon père et tout ce qui lui tenait ou se rapportait à lui. Il me desservit auprès du sultan, lui insinua que je n'étais qu'un ignorant, un homme nul et sans valeur, indigne d'approcher et d'être reçu d'un prince. Ces perfides calomnies, répétées souvent à Sâboûn, finirent par lui inspirer de la répugnance pour moi, et il ne me vit bientôt plus que d'un œil d'indifférence et de froideur. Ses bontés généreuses s'arrêtèrent.

D'autre part, mon oncle Zarroûk s'emparait de tous les profits des terres de mon père, et ne m'accordait que ce qu'il me fallait pour ne pas mourir de faim. Il m'interdit toute intervention dans le maniement des revenus de mon père, me donnant à entendre que je ne saurais que les dissiper follement. Je témoignai mon mécontentement de la conduite de Zarroûk à mon égard; mais personne ne voulut prendre mes intérêts et m'aider à faire valoir mes droits. Je me trouvai ainsi dans la gêne au milieu de l'abondance; la terre, toute grande qu'elle est, m'était étroite; de généreuse qu'avait été d'abord la fortune pour moi, elle était devenue avare.

Mais quand Dieu veut un effet, il en prépare les causes à son gré et il ouvre les voies d'exécution. Je fus bien vite fatigué, dégoûté d'une pareille existence, et je demandai au sultan la permission de quitter le Ouadây et de me diriger sur le Fezzân, pour me rendre à Tunis où était mon père. La caravane annuelle se préparait à partir. La permission que je désirais me fut promptement accordée par l'entremise du chérif Ahmed. Je fis mes dispositions de voyage; j'achetai des outres, des provisions, les hardes nécessaires. Le jour du départ fut enfin annoncé et irrévocablement fixé.

Mais je veux ici, en forme d'épisode, dire quels furent les commencements du chérif Ahmed-el-Fâcy, ce qu'il était, ce que fut sa manière de se conduire, et quelle fut sa fin.

L'homme raisonnable et juste ne s'abandonne pas aux caprices de son imagination; il déclare le vrai quel qu'il soit, fût-ce à son dam et préjudice. Or donc, le chérif Ahmed possédait à fond la science de la loi et des traditions du Prophète, il était profondément versé dans la connaissance des principes de la secte mâlékite (une des quatre sectes orthodoxes musulmanes); il savait par cœur le *Mououatta*, ou Code primitif de Mâlek, et il développait avec une rare sagacité l'esprit et la pensée intime des traditions du Prophète; il s'était élevé à un haut degré dans les sciences spirituelles, c'est-à-dire dans la connaissance de tout ce qui regarde les principes fondamentaux de la religion; il avait acquis un savoir immense dans ce qu'on appelle les sciences traditionnelles, c'est-à-dire dans la connaissance des autorités qui nous ont transmis les traditions religieuses et législatives de l'islamisme.

Ahmed-el-Fâcy, d'après ce que m'a raconté un uléma distingué originaire de Fâs (Fez), avait reçu le surnom de *Bâba*, papa, père; mais j'ignore si ce surnom lui avait été donné à cause de sa nombreuse famille, ou s'il lui avait été donné par ses élèves.

Des circonstances très-simples l'amenèrent au Ouadây. Il partit de son pays pour aller faire son pèlerinage. Après qu'il se fut acquitté de ce devoir sacré, et que, grâce à Dieu, il eut satisfait ses pieuses intentions, il se trouva avec des pèlerins du Dâr-Séleîh qui lui parlèrent de la générosité et des qualités élevées du sultan Sâboûn, lui vantèrent l'amour de ce prince pour les savants et pour la science. Ces récits inspirèrent à Ahmed le désir de voir Sâboûn, de se présenter à lui. Il passa donc à Saouâken, et de là au Sennâr, au Kordofâl, puis au Dârfour. C'était, je crois, en 1224 de l'hégire (1809-1810, ère chrétienne).

Au Kordofâl, il se lia avec Bedr-ed-Dyn, chérif fezzanais qui avait épousé une fille du sultan-gouverneur du Fezzân. Ce Bedr-ed-Dyn avait connu mon père et avait profité de ses savantes leçons; puis il était allé au Kordofâl. Là, disons-nous, il fit la connaissance du chérif Ahmed, et ensuite il sortit avec lui du Kordofâl. Bedr-ed-Dyn se répandait en éloges intarissables sur son nouveau patron, en vantait partout la sublime science, et s'enorgueillissait de le servir presque comme aurait fait un esclave. Cette conduite avait un but intéressé. Le Fezzanais comptait bien, par l'œuvre de son savant patron, acquérir, comme lui, des honneurs profitables auprès de quelque sultan du soudan. Dans tous les pays où le chérif de Fâs s'arrêtait, Bedr-ed-Dyn célébrait le mérite extraordinaire de son maître, et, comme on dit, secouait les branches de l'arbre pour lui en donner les fruits, c'est-à-dire ne songeait qu'à inciter les gens à honorer la haute valeur du Fâcy, à le traiter généreusement.

Quand les deux amis arrivèrent au Dârfour, ils furent hébergés au hameau d'Abou-l-Haçan, près de Tendelty, à l'est. La nouvelle de l'arrivée d'un uléma chérif au hameau, se répandit bientôt dans Tendelty. De toutes parts, même de plusieurs pays à distance, on vint le visiter; la foule des curieux accourait des bourgs et des villages.

J'étais alors à Tendelty. Moi aussi j'allai voir les deux chérifs voyageurs, leur présenter mes civilités, et je les priai de m'accompagner à mon village de Djoultou. Ils me remercièrent, et me dirent qu'ils étaient pressés de partir et de quitter le Dârfour.

Le sultan Mohammed-Fadhl apprit aussi l'arrivée d'un savant au hameau d'Abou-l-Haçan. Fadhl envoya prier l'étranger de venir au Fâcher, et lui fit entendre qu'on le recevrait honorablement. Ahmed refusa avec dédain. « Que m'importe, dit-il, de voir ce tyran? Il pense me séduire par des présents, m'empêcher de dire sur son compte ce qui est vrai. »

Étonné d'un tel refus, le sultan voulut faire les frais de la démarche, et environ une heure et demie après le coucher du soleil il se mit en route. Fadhl arriva chez l'austère pèlerin, lui baisa les mains et puis encore les pieds. Et le Fâcy retirait ses mains et ses pieds, évitait le contact du sultan. « Éloigne-toi, tyran, dit l'uléma, éloigne-toi de moi. » Et Fadhl le priait de le bénir. L'inflexible Fâcy ne l'en jugea pas digne. « Je n'adresserai de vœux à Dieu pour toi, dit-il, que lorsque tu auras renoncé à tes œuvres de tyrannie. » Le sultan, irrité de cette réponse, offensé de tant d'orgueil et de mépris, de tant d'audace irrévérencieuse, s'écria : « Tuer un tel homme est un acte de justice! »

Heureusement Fadhl s'était fait accompagner par le fils de sa sœur, l'émyn Hâmed. Celui-ci s'efforça de calmer son oncle. « Un prince, dit-il, ne se concilie pas l'estime des hommes en ordonnant la mort d'un uléma, même s'il s'est permis une parole trop libre et s'il a pensé, dans ses principes de sévérité religieuse, qu'il devait se tenir éloigné de nous. Il y a plus d'honneur pour toi à le traiter généreusement, à empêcher ainsi qu'on ne dise : Le souverain du Dârfour ne sait que mépriser et outrager les ulémas qui visitent son pays. »

Le sultan s'apaisa; bien plus, il combla Ahmed de bienfaits et de largesses; il lui envoya vingt esclaves, vingt *goulleh* ou *pots* de beurre et de miel, dix chameaux choisis chargés de blé. L'émyn Hâmed et ses compagnons ajoutèrent à cela d'autres présents de leur part.

Mais le rigide pèlerin, persistant dans sa fierté déplacée, dédaigna ces dons et voulut les refuser. Alors Bedr-ed-Dyn lui montra l'inconvenance de ce procédé, et Ahmed consentit à tout accepter!!

Peu après, nos voyageurs partirent et se rendirent à Kôbeih. Là, Ahmed fut reçu avec enthousiasme; on s'empressa de lui fournir ce dont il pouvait avoir besoin; il fut parfaitement traité et hébergé. Enfin il se mit en route pour le Ouadây... Mais partout, et sans cesse, le rusé Fâcy, dans son ostentation de sévérité et de puritanisme religieux, répétait que ces dons qui lui avaient été apportés n'étaient, à ses yeux, que choses futiles et mondaines auxquelles il n'attachait ni valeur ni importance; que tous ces présents étaient pour le pauvre malheureux chérif Bedr-ed-Dyn, qui les avait agréés des donateurs. Mais, en réalité, Bedr-ed-Dyn ne recevait absolument que son pabulum quotidien.

Lorsqu'Ahmed-el-Fâcy arriva au Ouadây, le sultan Sâboûn ne parut pas, comme l'avait fait Mohammed-Fadhl, très-empressé de le voir. Il se contenta de lui envoyer en cadeau quelques esclaves, lui assigna une demeure au village de Noumro, et lui fixa de modestes rations de vivres.

Le chérif vécut ainsi dans son village jusqu'au jour où mon père eut résolu d'aller à Tunis, et demanda à

Sâboûn la permission de partir. « Mais, dit le sultan à mon père, qui remplira tes fonctions de vizir? — Il y a ici le chérif Ahmed; il peut me remplacer dans mon vizirat et aussi t'enseigner à lire. »

Le Fâcy fut élu, et de suite sa dévotion si profonde, si désintéressée, disparut. Il se fit un système de thésaurisation, entassa richesse sur richesse, jusqu'au jour où il fut assassiné comme un misérable.

Plusieurs causes préparèrent cette fin honteuse : son avarice, son avidité, son orgueil, sa parole méchante, ses manières dédaigneuses et outrageantes, son amour-propre excessif, et cette présomption intolérable qui veut tout voir ramper. Tant de vices, dans un roi, l'eussent renversé; dans un commerçant, l'eussent ruiné, perdu en un jour; dans tout autre homme que ce Fâcy, l'eussent abattu en un moment et couvert d'ignominie.

Les grands du Ouadây, fatigués des œuvres et de la présence du chérif Ahmed, pensèrent à se défaire violemment de lui. Mais craignant de provoquer par là la colère et la vengeance de Sâboûn, ils attendirent qu'une occasion favorable se présentât; ils dissimulèrent et firent taire pour un temps leurs ressentiments et leurs haines.

Il se présenta, trois ou quatre ans avant l'émeute dont le Fâcy fut victime, certaines circonstances qui auraient pu, s'il eût réfléchi, lui ouvrir les yeux sur les dangers qui le menaçaient, et le décider à quitter pour toujours le Ouadây. La principale peut-être de ces circonstances fut mon départ du Dâr-Séleïh. Je fis connaître à mon père les actes directs et les menées secrètes du chérif Ahmed à mon égard ; indigné de tant d'ingratitude de la part du Fâcy, mon père résolut de retourner au Ouadây et partit.

Il fut reçu avec le plus grand empressement par Sâboûn. Ahmed fut dépouillé de son vizirat et fut réduit à donner des leçons chez lui comme auparavant. Deux ans se passèrent ainsi, et Ahmed, désespérant de retrouver la dignité qu'il avait perdue, méprisé, repoussé de tous, demanda la permission de se retirer du Ouadây. Il s'imaginait qu'alors le sultan allait lui rendre au moins une partie de sa bienveillance et de ses faveurs ; mais la permission fut immédiatement accordée, et Sâboûn s'empressa même de faciliter au chérif les moyens de départ.

Ahmed se mit en route, emmenant avec lui au moins cinq cents esclaves, quatre cents chameaux magnifiques, ses concubines, ses enfants ; de toutes ses richesses, anciennes et récentes, il ne laissa absolument rien au Ouadây. Malheureusement pour lui, il s'adjoignit à une caravane qui prit la ligne de Djâlau. Il y avait peu de temps que Sâboûn expédiait, par là, ses caravanes au Maghreb, et par conséquent les guides étaient encore peu habitués aux points de repère de cette nouvelle direction.

La caravane que suivait Ahmed, n'était plus éloignée de Djâlau que de sept à huit jours de voyage lorsqu'elle s'égara. Pendant dix jours elle erra à l'aventure dans le désert ; les provisions d'eau s'épuisèrent, la soif devint pressante, la chaleur était excessive, le mirage petillait ; on était au désespoir. On en vint au point de vendre jusqu'à sept ryâl ou talaris une ration d'eau exprimée des excréments des chameaux, et jusqu'à soixante-dix ryâl la ration d'eau pure et bonne. Nombre de voyageurs périrent. Le chérif Ahmed avait fait une provision considérable de petites et de grandes outres pleines d'eau. De ses esclaves, il n'avait perdu que ceux qu'il avait négligé de surveiller et de soigner (1).

La caravane savait que le chérif Ahmed avait une abondante provision d'eau, et que depuis qu'on s'était égaré il avait caché une grande partie de ses outres dans ses sacs de hardes. On vint le prier, le conjurer d'être assez humain et généreux pour donner un peu d'eau, ou d'en vendre au prix qu'il voudrait à la caravane épuisée de soif, consumée de fatigue, et réduite aux abois.

Ahmed éclata de colère, s'agita, gesticula. « En vérité, dit-il aux malheureux voyageurs, votre proposition est singulière! Vous voulez me priver de mon eau, et m'exposer moi et mes enfants aux horreurs de la soif! — Nous n'avons qu'un mot à te répondre : Prétends-tu que nous mourions de soif lorsque tu as assez d'eau pour tous tes esclaves, pour tes concubines et pour leurs enfants? Tous les hommes sont hommes devant Dieu, comme créatures, cela est vrai; mais des musulmans, et nous le sommes, des hommes libres, et nous le sommes aussi, sont aux yeux de Dieu quelque chose de plus que des esclaves. — Nul n'a le droit de me prendre mes provisions, et je n'en veux rien donner. L'eau, dans la position critique où nous nous

---

(1) Le récit des circonstances de cette traversée malheureuse se trouve déjà au chapitre IX de ce volume, 1re partie, mais avec quelques différences dans les détails.

trouvons, est trop précieuse, et ne peut ni se donner ni se vendre. »

A cette sorte de sentence décisive, on se précipita sur les chameaux du chérif, on prit son eau, excepté deux outres seulement qu'on lui laissa pour lui et pour ses enfants. Bientôt tous ses esclaves furent en proie aux angoisses de la soif, et hommes et femmes, tout périssait. La nuit vint; grâce à quelque fraîcheur, le chérif et ses enfants, quelques esclaves et trois chameaux échappèrent à la mort. Un des guides de la caravane les conduisait; après trois étapes, le reste des esclaves succomba. Ainsi disparurent les richesses que l'avare chérif avait amassées par tant de ruses et de calculs.

Arrivé à Djâlau, Ahmed loua des chameaux, retourna sur ses pas à la recherche des marchandises qu'il avait été forcé d'abandonner dans le désert; c'était de la gomme, des dents d'éléphant et des plumes d'autruche, tous objets choisis et de première qualité. Il retrouva sa cargaison; il la vendit et en retira de quoi vivre médiocrement.

Mais une fois rentré à Fâs, et débarrassé de toute inquiétude de la part de ses compagnons de voyage, il écrivit aux ulémas de Tripoli de Barbarie, et leur posa la question suivante : « Quelle serait votre décision, Dieu vous conserve en honneur! à propos du fait que voici? Un voyageur traverse le désert en suivant une caravane. Il s'est pourvu d'eau en quantité suffisante; la caravane s'égare; la soif se fait sentir, puis elle devient violente; alors la caravane entière enlève de force l'eau du voyageur, qui bientôt voit mourir de soif toute sa pacotille d'esclaves, et perd ainsi sa fortune. En pareil cas, les pertes du voyageur doivent-elles ou non être mises à la charge des gens de la caravane? »

Les ulémas de Tripoli répondirent que la caravane était responsable des pertes éprouvées par le voyageur. Ce *fatouah*, ou décision juridique, signé par les ulémas, fut envoyé au chérif Ahmed. Le chérif, muni de cette pièce, se remit en route pour le Soudan et reparut au Ouadây.

Mon père alors n'existait plus. Ahmed reprit le vizirat et recouvra son ancienne autorité. Il se déclara ouvertement l'ennemi de mon oncle Zarroûk, leva le masque, et répéta à qui voulut l'entendre : « Tout parent ou proche du chérif Omar, est nécessairement mon ennemi. »

Les caravanes revinrent bientôt du Maghreb, et, avec elles, ceux qui s'étaient emparés de l'eau d'Ahmed dans le désert de Djâlau. Aussitôt qu'un d'eux rentrait au Ouadây, il était dépouillé de ses biens au nom et profit du chérif et en vertu du fatouah de Tripoli. De cette manière, l'avide Fâcy recouvra le double et le triple de la valeur des pertes qu'il avait éprouvées. Plusieurs grands personnages le conjurèrent d'épargner ses malheureux compagnons de voyage; l'impitoyable chérif repoussa toutes les supplications; n'écoutant que les inspirations de la vengeance : « Ils auront de mes nouvelles, » répondait-il à toutes les demandes de pardon.

Il jouissait en paix des richesses qu'il s'était acquises au détriment de ses anciens compagnons de route. Il lui semblait voir la fortune lui tendre les deux mains, lui apporter pleine sécurité pour l'avenir. Mais tout à coup l'horizon se rembrunit; le seau de son puits se déchira (1); la poussière du danger commença à s'élever; le feu s'irrita..... C'est à cette époque que le cri de la mort atteignit le sultan Abd-el-Kérym-Sâboûn. Soudain le trouble et l'inquiétude bouleversèrent la population; un nouveau sultan, Yoûcef-Abd-el-Câder, fils de Sâboûn, fut porté à la souveraineté. Le nouveau prince, jeune encore, était incapable de maintenir l'armée et le peuple dans les limites du devoir. Il apprit bientôt que les habitants de Ouârah tramaient la perte du chérif Ahmed.

A la mort du sultan Sâboûn, Ahmed, dépossédé de son vizirat, était rentré dans la vie privée. Yoûcef-Abd-el-Câder envoya le prévenir du danger qui se préparait, lui conseilla de fuir l'orage, et, pour le décider à quitter le Ouadây, lui fit dire qu'il ne devait plus penser désormais à arriver à aucune fonction.

Ahmed douta de la sincérité des paroles et des avis du sultan, et resta au village de Noumro. Un jour la populace de Ouârah se porta à Noumro, envahit la demeure du chérif et le massacra. Le cadavre fut traîné ensuite hors du village et brûlé... Puisse ce martyre être agréé comme expiation des fautes du malheureux chérif! que Dieu lui pardonne ses œuvres de mal!

Reprenons maintenant le récit de mon départ.

Lorsque la caravane que je devais suivre fut sur le point de se mettre en route et qu'elle n'eut plus, pour ainsi dire, qu'à charger ses bagages, je demandai à

---

(1) *Voy.* note 64.

Sâboûn des chameaux de transport; j'avais bon espoir qu'il me donnerait quelques bons chameaux. Mais, grâce à l'intervention du chérif Ahmed, on m'envoya un jeune chameau à peine en âge d'être chargé, faible, débile, encore incapable de servir de monture ou de porter un fardeau. « Bon Dieu! m'écriai-je en voyant cette chétive bête, est-il possible qu'un pareil chameau endure les fatigues d'un si long trajet? — Mais, insolent que tu es, me dit Ahmed, est-ce que le sultan notre maître te doit quelque chose? Est-ce qu'il a des chameaux Bakhâty (1), à bosses comme des montagnes, pour que tu oses ainsi te lamenter et dire qu'il ne te donne qu'un mauvais chameau? Est-ce donc que notre Maître s'est engagé par contrat à t'en fournir d'une autre espèce? Est-ce une dette que tu reclames? Tu déraisonnes, en vérité! et tu te comportes là d'une indécente façon. Prends bien vite ce chameau, ou je vais annoncer au sultan le peu de cas que tu fais de ses bienfaits. »

Bon gré mal gré, je pris l'animal. J'avais l'âme navrée, j'étouffais de dépit... J'ajoutai quelque argent, et je troquai le chameau contre un autre. Ainsi rassasié de déboires, je quittai Ouârah. Mais la caravane entrait à peine sur le territoire des Bény-Mahâmyd, à la limite du désert, lorsque nous arrivent des envoyés du sultan Sâboûn, qui m'amenaient, de la part de ce prince, trois jeunes filles esclaves, un esclave mâle, deux excellents chameaux et un taureau gras pour nous faire une provision de *cadyd* ou viande sèche. Nous

(1) Nom d'une ancienne tribu arabe renommée pour l'excellence de ses chameaux.

INSPECTION DES ESCLAVES EN CARAVANE. LES MAHÂMYD. 511

tuâmes le taureau, et nous en préparâmes du cadyd.

Nous témoignâmes notre reconnaissance pour la générosité du sultan en rendant hommage à ses hautes qualités. Nous reconnûmes bien alors que la main malfaisante qui détournait ou arrêtait les bienfaits du prince était la main du chérif Ahmed. Que Dieu lui pardonne! Mais aussi que Dieu bénisse les jours que je passai au Ouadây! Ils eurent leurs joies et leurs douceurs, malgré ce que j'eus à supporter des caprices et des méchancetés des hommes.

Quand nous eûmes séché notre cadyd, nous nous disposâmes à pénétrer dans le désert. Nous remplîmes nos outres d'eau, et nous partîmes un matin au lever du jour, tout contents du cadeau que nous avait envoyé le sultan Sâboûn. Plus rien ne nous arrêtait; nous avions subi la visite à laquelle est soumise toute caravane en départ. Les inspecteurs du gouvernement avaient examiné tous les esclaves que nous avions, recherché si personne de nous n'emmenait comme esclaves des individus de condition libre. On avait questionné à ce sujet les esclaves de la caravane, grands et petits, jeunes ou âgés. Dans ces sortes d'enquêtes, les officiers inspecteurs mettent en liberté tout *esclave* qui justifie de son origine libre, ou de sa qualité de musulman avant son esclavage, et aussi tout *esclave* qui, par exemple, aurait été pris frauduleusement à un maître et vendu à l'insu ou contre le gré du propriétaire.

CHAPITRE II.

Entrée dans les plaines des Mahâmyd. — Puits des Daûm. — Le caravanier Ahmed. — Tallon redemandé. — Les Toubou-Turkmân. — Ils attaquent la caravane et sont repoussés. — Ils reviennent. — Entrevue singulière avec eux; leur sultan. — On lui cingle un coup de fouet. — Les Toubou se vengent. — Ils harcèlent la caravane — Arrivée chez les Toubou-Rechâd. — Leur sultan. — Cérémonial; réception. — La caravane régale le sultan et la sultane; portrait de Leurs Majestés. — Second régal. — Troisième régal. — Arrivée aux trois montagnes. — Quatrième régal. — Fuite de trois esclaves. — Trois tribulations. — Cadeau fait au sultan. — Perquisition; dépouillement. — Départ.

Nous traversâmes tout d'abord d'immenses plaines de verdure, vastes pâturages où les Arabes Mahamyd et d'autres tribus scénites nourrissent leurs troupeaux. Après cinq jours de voyage, nous arrivions à un puits où des Arabes, même des Bidéyât du nord-est du Ouadây, et d'autres peuplades vagabondes, se rendent très-souvent, à la rencontre des caravanes, pour offrir, vendre, ou louer aux djellâb ou aux voyageurs, des provisions, des chameaux, quelques ustensiles de voyage, des outres, des cordes, etc. C'est un point de rendez-vous. Dieu m'est témoin que j'ai oublié le nom de ce puits. Là nous fîmes halte, et nous nous reposâmes deux jours, ainsi que nos chameaux, qu'on abandonna en libre pâturage.

Nous reprîmes notre route, et cinq jours après descendîmes au Puits des Daûm, ainsi appelé de quelques arbres de daûm qui l'environnent. Dans ce trajet, nous nous égarâmes et nous faillîmes avaler notre dernière salive.

Notre guide ou caravanier, appelé Ahmed, était un vieillard sur lequel avaient passé les vicissitudes du monde. Il était d'une peuplade des Toubou nommés, au Fezzân, les Toubou-Réchâd ou Toubou des montagnes. Ahmed avait tué jadis un individu d'une autre peuplade de Toubou, et depuis ce temps les hommes de la tribu du mort épiaient le moment de la vengeance. Notre meurtrier, après l'accident, s'était enfui au Dâr-Séleîh. Il y demeura plus de dix ans ; il craignait, s'il retournait trop tôt dans sa tribu, de réveiller les souvenirs de ses ennemis, et de payer de son sang le sang qu'il avait versé. Mais, enfin, il ne put plus résister au désir de revoir son pays, ses huttes, son ancienne demeure. Il crut que dix années d'absence avaient fait oublier le talion qu'il devait, et il partit avec notre caravane, qu'il se chargea de guider.

Heureux et tranquille au Ouadây, Ahmed y avait vécu des profits de son commerce. Content de sa position, il jouissait là d'une existence douce et aisée, et n'avait d'autre chose à craindre que Dieu. Son grand âge et sa fortune lui conciliaient le respect et la considération de tous.

En partant avec nous, il emmena plus de cent vingt personnes, tant de ses cousins que de leurs enfants. Le reste de la caravane se composait d'une quinzaine de Ouadayens et de cinq Arabes, moi, un Tripolitain appelé le réis Abd-Allah ; un Fezzanais, Mohammed-

Khayr-Yâcir; un autre Fezzanais, le seïd Ahmed, du village de Zouylah, et un nommé Khalyl, de Tripoli.

Nous nous aperçûmes que nous étions hors de notre route, que nous étions égarés; alors nous craignîmes, si nous continuions de marcher, de perdre un temps précieux et nous nous décidâmes à nous arrêter. Nous fîmes agenouiller nos chameaux; et pour garantir nos provisions d'eau de la chaleur desséchante du soleil, nous enfonçâmes et cachâmes nos outres dans le fond de nos sacs, sous nos hardes. Notre caravanier Ahmed prit ensuite avec lui un certain nombre de ses cousins, et se mit à battre le désert à droite et à gauche, cherchant à découvrir le nouveau puits où nous devions nous reposer; car nous avions, d'après le calcul des étapes et jours de marche, passé le moment d'arriver à ce puits; en déviant de notre direction, nous avions traversé inutilement un assez long espace. La matinée était déjà fort avancée, lorsque nos éclaireurs débouchèrent à quelque distance, revenant à nous.

Ils avaient la face toute grise de poussière. En nous abordant, ils nous annoncèrent le succès de leur course, ils nous dirent que nous n'étions pas très-loin du puits, et que, même au petit pas, nous y arriverions bientôt. La joie succéda à l'inquiétude et au souci, et en un clin d'œil nous fûmes en marche.

Nous stimulions activement nos chameaux. Nous voulions atteindre le puits avant que la soif ne commençât à nous tourmenter. Nous marchions depuis une heure au plus, quand nous avisâmes les arbres de daûm; et alors, de nous écrier : « Les voilà! les voilà! c'est vers ces arbres qu'est l'eau que nous cherchons ; c'est là que nous faisons halte aujourd'hui. »

Nous avions à peine prononcé ces paroles, que nous dépistâmes une troupe des Toubou appelés Toubou-Turkmân. (Ils ne viennent presque jamais à la rencontre des caravanes. Ils stationnent du côté du désert de Libye, divisés en hordes plus ou moins nombreuses dont chacune a un sultan ou un roi. Celle qui vint à nous a sa station *capitale* à un lieu appelé Marmar. Ces Toubou avaient su depuis deux ou trois mois, par le moyen de leurs voyageurs au Ouadây, que le chef de notre caravane était Ahmed sur lequel ils avaient à prendre un talion. Cela seul les avait appelés sur notre route, ils s'y tenaient à l'affût, nous épiant au passage) (1).

Ces Toubou, ennemis de notre guide, nous barraient le chemin. Ils nous détachèrent de leur troupe un homme qui vint sur nous à grande course de chameau ; on eût dit le galop rapide d'un cheval. (C'est merveille de voir avec quelle adresse la plupart des tribus touboues manient les chameaux de course ou *dromadaires*. Ils les dressent et les exercent, comme des chevaux, à une foule de manœuvres des plus délicates, et ils n'ont pour toute rêne que le *zimâm* ou la corde légère qui, par un bout, est attachée à un trou pratiqué au bord flottant de la narine de l'animal, et qui par l'autre bout est tenue par la main du cavalier. Presque tous les Toubou qui montent ces dromadaires pour courir à marauder dans les déserts, ont pour vêtement des peaux de moutons garnies de la laine) (2).

(1) *Voy.* note 65.
(2) Note reçue verbalement du cheykh, ainsi que la note précédente enfermée entre deux parenthèses.

Le Toubou qui nous arriva en parlementaire avait le *liçâm* ou *lithâm* sur la face, c'est-à-dire qu'une partie de l'étoffe de son turban était ramenée, par le bout, du côté de la figure, dont elle faisait le tour deux ou trois fois d'avant en arrière, de manière à ne laisser apercevoir absolument que les yeux.

Une fois que ce parlementaire fut assez près de nous, il nous cria dans son langage toubou : « Eh ! les gens de la caravane ! notre sultan vient avec ses soldats et se rend vers le puits. Vous, il vous défend d'en approcher. Sachez-bien que vous n'y arriverez que lorsque vous nous aurez livré votre guide pour être tué en expiation du meurtre commis par lui sur un de nos frères. Dites-moi quelle est votre intention à cet égard ; il faut que j'en informe notre sultan ; il m'a envoyé ici pour vous questionner là-dessus. »

Un des Toubou de notre caravane nous traduisit l'allocution de l'envoyé. Tous, d'un commun accord, nous décidâmes que nous ne livrerions pas Ahmed à ses ennemis, et que, ces Toubou et leur sultan ne nous demandassent-ils qu'un bout de corde, nous le leur refuserions. « Retourne sur tes pas, dîmes-nous à l'envoyé ; retourne auprès de ton maître ; nous n'avons rien à démêler avec vous ; nous n'avons personne ici à vous livrer. Voilà ! »

Le parlementaire part et va rendre compte du résultat de sa mission. Le sultan se dispose à nous attaquer. Alors les Toubou qui faisaient partie de notre caravane se séparent de nous, et, excepté Ahmed et sa famille, tous s'éloignent à quelque distance. Notre troupe particulière, y compris Ahmed, ne se composait plus guère que de vingt-cinq individus. Je ne compte pas les esclaves; ils étaient en grand nombre.

Au moment où nous approchions du puits, les Toubou arrivèrent en masse, tous montés, couple par couple, sur soixante à soixante-dix chameaux environ. Ils se ruèrent en furieux sur nous et nous lancèrent leurs javelines. Nous, c'est-à-dire les cinq Arabes, nous leur fîmes face et leur lachâmes une bordée de coups de fusil. Les Toubou, surpris, tournèrent le dos subitement et s'enfuirent comme des loups chassés. Nous restâmes maîtres du puits, et nous y campâmes. Nous bûmes, et nous laissâmes nos chameaux paître les herbes sauvages des environs.

Nous crûmes que ces sauvages Toubou, que nous venions de mettre si aisément en fuite, avaient regagné leurs demeures, et nous nous reposâmes à notre puits pendant deux jours entiers; mais le troisième jour, nous entendons tout à coup de grands cris, d'effrayantes vociférations. Nous allons à la découverte, nous dirigeant sur le point d'où arrivait le bruit, et nous apercevons cinq chameaux accroupis et une troupe d'individus armés. Nous trouvons auprès d'eux notre conducteur Ahmed, debout avec ses gens et des Ouadayens de notre caravane. Au milieu des hommes armés était un vieillard, qui paraissait être leur chef. Il avait une bande de tissu de tapis, roulée autour de la tête, large d'environ cinq à six doigts et longue peut-être d'une coudée. Ce vieillard était accroupi, à la manière d'un chien ou d'une hyène, le derrière sur ses talons. Le chef des Ouadayens lui dit : « Qu'est-ce qui te ramène de ce côté-ci? Tu étais parti, que re viens-tu faire? que cherches-tu encore? que prétends-tu?—Apprenez d'abord que je suis sultan de ces déserts, et que j'ai tant de soldats que vous n'êtes pas capables de les compter. Ce que je viens faire? Je viens vous conseiller de me livrer Ahmed, si vous voulez partir sans coups ni plaies. Je sais bien que nous ne sommes pas, vous et moi, en état d'hostilité ni en guerre; mais si vous refusez de m'abandonner Ahmed, vous vous attirerez de l'embarras et des dangers. Cet Ahmed a tué mon cousin, et ce cousin je l'aimais comme un fils de ma mère. C'est à moi de venger mon cousin, à moi de laver l'affront que laisserait sur nous l'impunité de ce meurtre. — Mais, répliqua le chef ouadayen, n'as-tu pas peur d'être tué comme a été tué ton parent?—Je n'ai pas la moindre peur; celui qui me tuerait serait à son tour bien sûr de périr. Nous autres, nous ne faisons jamais grâce du talion, quand même on nous déchiqueterait à coups de couteau. »

A ces mots suffisamment nets, Ahmed s'emporta contre le vieux sultan et l'insulta, il allait le tuer. On arrêta Ahmed. Mais, profitant de la préoccupation et de l'agitation de la troupe, il se glissa derrière les Toubou et coupa les jarrets au chameau du sultan. Alors celui-ci dit à Ahmed : « Voilà encore un coup qui nous sera payé cher! Tu verras que mon chameau sera aussi vengé, et que je taillerai les jarrets à plus d'un de vos chameaux. Vous, vous n'aurez pas un moment de repos; vous nous verrez sans cesse à vos trousses, sans cesse à vous harceler. » A ces menaces, le chef ouadayen cingle un grand coup de fouet par les reins du vieux chef, et : « Va-t'en, lui dit-il; va-t'en au

UN OUADAYEN EST TUÉ. EXCELLENCE DES DROMADAIRES. 519

diable, et fais tout ce que tu voudras. Que le ciel te confonde, toi et celui qui t'a engendré de ses reins ! »

Le vieux sultan et ses gens se levèrent tranquillement et s'en allèrent avec un air d'indifférence et de mépris, concentrant en eux tout ce qu'ils avaient d'indignation contre nos Ouadayens.

Le jour passa. Nous remplîmes nos outres; nous disposâmes nos bagages ; le lendemain matin, au moment de charger nos chameaux et de nous mettre en marche, on cria dans la caravane : « Attendez un instant ! Un chameau des Ouadayens a disparu. » Nous attendons un moment ; puis soudain les cris s'élèvent de toutes parts, la caravane s'émeut, s'inquiète, se trouble, et nous apprenons que les Toubou-Turkmân se sont emparés du chameau disparu, qu'ils ont pris un de nos Ouadayens et l'ont tué. Nous nous partageons de suite en deux bandes ; l'une court du côté de l'endroit où avait été tué notre compagnon, et l'autre reste auprès des esclaves, des bagages et des chameaux.

J'étais du nombre de ceux qui allèrent à la recherche de la victime. Nous trouvons le Ouadayen noyé dans son sang et s'agitant encore des dernières convulsions de la mort. A distance nous découvrons une nuée de chameaux, dont chacun portait deux cavaliers à la face couverte d'un *liçâm* noir. On eût dit des corbeaux juchés sur des chameaux. Ces sauvages faisaient manœuvrer leurs montures avec une habileté et une légèreté incroyables. Le cheval n'est pas plus rapide, plus docile, plus impatient sur le champ de bataille.

Un de ces Toubou se présente en parlementaire et nous crie : « Où allez-vous ? Que prétendez-vous faire ?

Êtes-vous fous de nous refuser ce que nous vous demandons? Pour le chameau que vous nous avez fait perdre hier en lui coupant les jarrets, nous vous avons enlevé un chameau bien meilleur. Le prix du coup de fouet, c'est la vie d'un de vos meilleurs voyageurs, celui-là..... que vous voyez tué. Et vous en verrez bien d'autres encore; vous vous repentirez de votre sottise quand il n'en sera plus temps. N'était vos fusils, nous vous tomberions sus tout d'une masse, et nous vous dépécerions, nous vous mettrions en pièces. »

A cette oraison assez étrange, nous répondons par une décharge de coups de fusil sur la troupe qui observait à distance. La troupe prend la fuite au grand galop, et en un clin d'œil ces Toubou, qui étaient assez près de nous, ne nous paraissent plus que comme des points au fond de l'horizon.

Quant aux Toubou qui primitivement étaient dans notre caravane, ils se tinrent désormais séparés, marchant seuls et assez loin de nous.

L'inquiétude, le souci, la crainte de voir peut-être les sauvages Turkmân nous attaquer à l'improviste, s'emparèrent de nous. Nous calculâmes tout ce qui pouvait nous survenir de dangers et d'ennuis, nous levâmes le camp et nous nous éloignâmes du puits. Mais les Toubou nous escortaient de loin, et à chaque instant se précipitaient sur nous. Nous les eûmes toute la journée sous les yeux, revenant, fuyant, se rapprochant de nous, manœuvrant à nos côtés, jusqu'à nuit close et noire.

Alors, nous nous arrêtâmes, nous avions besoin de repos. Mais les insupportables Toubou ne nous laissèrent ni paix ni trêve. Malgré les ténèbres, à toute heure ils nous assaillaient; une partie d'entre eux nous inquiétait, nous menaçait, nous tenait constamment en alerte, tandis que l'autre partie dormait. Leur nombre leur permettait de se relayer sans cesse pour nous tourmenter; nous, peu nombreux, nous ne pouvions reposer que pendant quelques minutes entrecoupées, et le sommeil nous touchait à peine l'angle des paupières. Et puis nous savions que si l'un de nous venait à être pris par ces Toubou, il serait tué immédiatement. Nous ne pouvions songer à en user de même avec eux, eussent-ils lancé un des leurs au milieu de nous; ils nous auraient écrasés de leur nombre; enfin nous étions dans leur pays; pour eux, d'ailleurs, tuer un homme n'est rien.

Il fallut donc nous résoudre à une simple résistance passive, nous résigner à tout endurer; cet état fatigant, ces menaces incessantes, ce harcèlement perpétuel durèrent pendant vingt jours; ce furent vingt jours d'ennuis et de tourments intolérables. Nous ne fûmes délivrés de ces hargneux ennemis qu'en abordant sur le territoire d'un autre sultan Toubou, celui des Toubou-Réchâd ou Toubou des Montagnes. Cette contrée est une terre brûlée, hérissée de rochers stériles et nus, n'offrant qu'une végétation triste et rare.

Une fois que nous fûmes sur le pays des Toubou-Réchâd, nos inquiétudes et nos craintes cessèrent, et nous nous félicitâmes d'être délivrés de nos ennemis à si bon marché. Il était midi quand nous entrâmes sur le territoire des Toubou-Réchâd, nous continuâmes notre marche, et vers la fin de la journée nous fîmes halte. Nous laissâmes nos chameaux paître en liberté; nous n'avions plus à redouter la rapacité de nos Turkmân.

Au moment où le soleil allait disparaître de l'horizon, nous vîmes affluer de tous côtés des essaims de Toubou-Réchâd, et en quelques minutes ils se posèrent comme une nuée autour de nous, mais restèrent à quelque distance. A mesure qu'une nouvelle escouade arrivait, ils descendaient de chameau et se campaient tranquillement auprès des premiers venus. Nous regardions paisiblement cette sorte de manœuvre, lorsque tout à coup nous entendîmes dans le lointain les battements de petits *tableh* ou tambourins semblables à ceux des saadyeh, ou des chaouîch, ou des dâlatlyeh, ces valets de cour qui précédaient les princes à l'époque des janissaires (1).

Aussitôt que les Toubou-Réchâd entendirent le bruit des tableh, ils se levèrent en masse et dirent : « Voici le sultan! il vient ici, sans nul doute. » En effet, nous avisâmes bientôt un individu qui n'avait rien de bien remarquable, rien qui le distinguât réellement de la foule. Il venait avec sa femme, hissée en croupe derrière lui sur un chameau. Il n'y avait absolument que le sultan qui eût sa femme avec lui. Arrivé au milieu de ses Toubou, il fut reçu avec les prévenances d'usage; on fit agenouiller sa monture; on lui adressa les salutations d'étiquette touboue, et on descendit madame la sultane. Ensuite, on s'empressa de ficher en terre quatre piques à large fer et qu'on disposa face

---

(1) *Voy.* note 66.

à face et en carré; on les entoura d'un très-grand milâyeh en manière de tente, véritable image de ces sortes de latrines ambulantes qu'on établit ainsi dans les camps, derrière la tente du général et derrière les tentes des principaux chefs.

Le sultan et sa sultane entrèrent dans cette tente improvisée, et la foule se posta en garde alentour. Un instant après, s'avança de notre côté un Toubou qui nous dit : « Eh! les gens de la caravane, allons! venez ici! tous, sans exception, venez saluer le sultan. » Nous nous levâmes et nous allâmes au *salut*. Quand nous fûmes assez près de cette caricature de sultan, on nous ordonna de nous asseoir par terre. Nous nous accroupîmes sur trois rangs. Alors s'avança, dans l'espace qui nous séparait de Sa Majesté, un individu ayant une peau de mouton sur le dos; c'était le drogman. Et il dit au sultan : « Voilà les gens de la caravane qui sont venus pour te saluer. — Dis-leur, répondit Sa Hautesse Touboue, que je les salue aussi, qu'ils sont en sûreté sur mes terres et qu'ils seront bien traités. » Le drogman nous transmit en arabe les paroles de son souverain, et ensuite le souverain ajouta : « Gens de la caravane, j'ai appris que vous êtes trois sortes de voyageurs, des chérifs, des Ouadayens et des Toubou. Il faut, par conséquent, qu'avant de sortir de mon pays, vous me fassiez trois cadeaux. Sachez aussi que nous avons grande envie de manger de la viande, parce qu'il y a passablement longtemps que nous n'en avons mangé. Nous sommes nombreux; dès lors, pensez à préparer un souper assez copieux pour nous régaler tous. Et puis, soignez la cuisine, entendez-vous? Qu'elle soit bonne, et surtout bientôt prête. — Nous répondîmes : Très-bien! nous sommes à tes ordres. »

Nous nous levâmes de suite, nous retournâmes à notre station, et nous nous mîmes à préparer le repas du mieux qu'il nous fut possible.

Pendant que nous étions dans le coup de feu de la cuisine, le sultan et la dame sortirent de leur tente et vinrent tout près de nous. Je les examinai à mon aise. Le sultan était un vieillard décrépit, sec, fluet, à barbe rare, à joues caves, mal tourné, vêtu d'une sorte de blouse bleue semblable aux *eyré* des domestiques en Égypte. Il avait la face comme encadrée dans un lithâm noir qui lui entortillait la tête de haut en bas et lui donnait l'air d'un copte en chagrin. Il tenait à la main gauche une mauvaise lance à large fer, et à la main droite il avait un bâton fourchu. Ce genre de bâton sert aux Toubou à presser la marche du chameau, en voyage, et à soulever, par le moyen de l'enfourchure, les branches trop basses des arbres sous lesquels il faut passer. La sultane était une vieille femme rabougrie, fripée, ridée, ayant l'air d'une vraie pourvoyeuse. Elle était enveloppée dans un milâyeh de Bacioûn (1). Elle avait la face à découvert, mais quelle face! quel museau!

Les deux Majestés rôdèrent à travers nos tentes, et s'en retournèrent sans avoir adressé un salut ni un mot de politesse à qui que ce fût.

A la nuit, le repas était prêt. Nous le disposâmes de notre mieux, et nous le portâmes à ces deux chétives Majestés. Ils en prirent ce qui leur convint, et distri-

---

(1) *Voy.* note 67.

buèrent le reste à leur troupe, aussi misérable et aussi affamée qu'eux. Nous leur avions servi le mets le plus recherché du Soudan, c'est-à-dire une bouillie de farine de doukhn, flanquée de *ouaykeh* de viandes sèches. (Ce ouaykeh se prépare avec du cadyd ou viande sèche qu'on pile et qu'on fricasse avec du beurre, un peu d'eau et un peu d'oignon. On y ajoute ensuite des bâmieh (*hibiscus esculentus*) secs, réduits en poudre, ce qui donne au ouaykeh un onctueux filant. On sert le ouaykeh en l'étalant en couronne sur le tour du plat, et on verse au milieu la bouillie épaisse de doukhn. Pour la manger, on prend avec les doigts une bouchée de bouillie et on la trempe dans le ouaykeh (1).)

Après que le sultan et sa troupe furent repus, on nous renvoya les plats vides, et il nous fut ordonné expressément de préparer un nouveau repas pour le lendemain matin avant le lever du soleil; on recommandait expressément de servir à l'heure dite, si nous ne voulions pas nous exposer à quelque mauvaise affaire et encourir la colère de Sa Majesté.

Nous prévînmes nos domestiques, et leur prescrivîmes de tenir prêt le repas pour l'heure fixée. Nous passâmes ensuite la plus détestable nuit, préoccupés des ennuis qui nous obsédaient, de ceux qui nous avaient déjà assaillis et de ceux qui nous menaçaient encore. Au lever du jour, nous envoyâmes la provision au sultan et nous nous disposâmes à partir, pensant en avoir fini avec nos deux ridicules Majestés; nous espérions qu'une

---

(1) J'ai mangé de ce mets, au Caire, chez le sultan Abou-Madian. Ce mets était très-bien préparé et agréable. PERRON.

fois décampés nous ne les reverrions plus, ni eux ni leurs importuns Toubou, vrais mendiants affamés.

Nous voyageâmes tout le jour et ne nous arrêtâmes que le soir. Nous étions accablés de fatigue.

Mais voilà que de nouveau nous apercevons venir à nous le sultan avec toute sa séquelle et la sultane toujours en croupe. Il arrive tranquillement assez près de nous, en causant avec ses Toubou, il campe à peu de distance, et toute la cérémonie de la veille recommence, excepté le *salut*.

Il fallut absolument un nouveau repas, on le prépara; nous étions impatientés, contrariés au dernier degré et d'une humeur maussade. La nuit vint, se passa; mais nous ne savions comment chasser cette peste qui nous persécutait, comment échapper aux griffes de ce sultan affamé. Dès le matin nous dûmes encore lui préparer et lui donner sa pitance, comme la veille, pour lui et sa suite.

Nous partîmes enfin... Nous marchâmes tout le jour à travers des chemins rocailleux où nos chameaux se déchiraient les pattes. Le soir nous campâmes dans un endroit enfermé entre trois montagnes. Là, on nous dit que nous étions arrivés au siége de l'État, à la résidence ordinaire du sublime souverain. Nous retrouvâmes encore là le maudit sultan; nouveau repas le soir, puis un autre le matin suivant. Mais ici nous fûmes, de plus, assaillis par les gens du pays qui n'avaient pu accompagner le sultan lorsqu'il était venu au-devant de nous jusque près des frontières de son empire. (Car il avait été informé des attaques que nous avions eu à soutenir contre les Toubou-Turkmân; et pour attraper quelques repas de plus, il s'était mis en marche afin de nous rejoindre le plus loin possible, et nous exploiter tout à son aise) (1).

Aux Trois-Montagnes, il nous fallut encore dépenser une plus grande quantité de nos vivres; la foule nous assiégeait. Nous mourions de dépit, et nous demandions à Dieu, de tout notre cœur, de nous délivrer bien vite. Cependant nous fûmes forcés de prolonger un peu notre séjour pour renouveler nos provisions d'eau et expédier tout ce que nous avions de cadeaux à offrir à ce misérable sultan. Pendant ce temps, nous eûmes le loisir de voir quelque peu les environs du lieu où nous étions en station.

Les huttes des Toubou-Réchâd sont établies au pied des montagnes. Le pays a un aspect triste et misérable, et n'a d'autre richesse rurale que quelques petits troupeaux de menu bétail dont les propriétaires boivent le lait; c'est là leur principal confort. Les arbres ne sont que des seyâl (*acacia seyal* de Delile, *mimosa seyal* de Forskall) et quelques daûm dont les Toubou mangent les fruits.

Lorsque, au passage d'une caravane, un chameau meurt de fatigue, les Toubou s'en emparent et s'en partagent la chair, qu'ils mettent en réserve pour plus tard en faire fête et régal. Ils dépècent ordinairement la bête, et en préparent du cadyd dont ils se nourrissent à défaut de viande fraîche.

Le jour du départ, dès le matin, comme nous nous disposions à nous acheminer, je m'aperçus qu'il

---

(1) Explication verbale du cheykh El-Tounsy.

me manquait un esclave. Il s'était évadé pendant la nuit précédente, et avait emmené avec lui deux filles esclaves, probablement afin de les vendre. Nous retardâmes notre départ d'un jour ; j'envoyai à la recherche des fugitifs ; pour moi la perte de ces esclaves était une perte considérable. Mais la somme que je donnai aux Toubou pour les rattraper fut une dépense inutile et j'eus le regret d'avoir ajouté, à la perte de mes trois individus enfuis, la perte de mon argent.

Ceci me suggère une réflexion : c'est que, dans ce monde, il est de loi positive (loi d'expérience reconnue et avouée de tous), que si l'homme refuse son bien quand il lui est offert, son repos et sa tranquillité quand on les lui présente, il se repent toujours de son refus, et qu'il vient un moment où il voudrait bien avoir écouté et suivi les conseils qu'on lui avait donnés, les propositions qu'on lui avait faites. J'en ai eu trop souvent la preuve, la démonstration bien évidente. Ainsi, lorsque j'eus la pensée de ce malencontreux voyage, de cette maudite traversée du désert, le sultan Sâboûn voulut me faire renoncer à mon projet, m'engagea à rester au Ouadây, « Attends, me dit-il, le retour de ton père ; j'aurai soin de toi. » Je persistai dans ma résolution ; et certes, Dieu sait ce qu'il m'en coûta de tourments, de peines et d'ennuis.

La première de mes tribulations dans cette détestable, cette insupportable traversée, fut la perte d'un excellent âne, excellent marcheur, un âne de prix auquel je tenais. Je le montai. « Il me servira, me dis-je, bien mieux qu'un chameau ; il me fatiguera moins. Je le monterai pendant la plus grande partie du chemin.

Quand il sera las, je le laisserai marcher seul pour le délasser, et je prendrai alors un chameau. » Dès la première partie du désert, nous arrivâmes dans des plaines à sables mouvants et profonds, où les montures ordinaires pouvaient à peine avancer. Cependant nous fîmes bon pas pendant un jour entier, et moi, avec mon âne, je dépassai de beaucoup la caravane. J'attendis ensuite, et même je laissai passer toute la troupe. Je me reposais, assis sur le sable. Une fois que la caravane eut défilé et fut déjà assez loin en avant pour disparaître presque à mes yeux, j'enfourchai mon âne et je cheminai à grande hâte. Je craignais que quelque détour ne me dérobât la vue de notre troupe, ne m'exposât à en perdre la trace et à m'égarer. A grand'peine j'atteignis enfin la caravane; et mon âne, mon pauvre baudet, était accablé, rendu. La marche dans le sable meuble l'avait éreinté; il suait, l'eau ruisselait de son corps comme s'il venait d'être trempé dans la rivière. Je ne m'inquiétai pas d'abord de son état; je ne réfléchis pas à sa fatigue, ne songeant qu'à atteindre la caravane et la file des chameaux attachés comme les grains d'un chapelet.

A la suite des chameaux marchaient des filles esclaves, et parmi elles en était une d'une beauté extraordinaire, une perle. Mon âne vint se planter auprès de la jeune fille, se coller pour ainsi dire tout à côté d'elle, comme pour se mettre sous sa protection, lui demander le secours de sa bienveillance, et lui montrer combien il était fatigué. Je voulus le détourner, je lui pressai les flancs; il s'entêta; je le frappai à grands coups de talons; il broncha. La fille et les autres es-

claves se mirent à rire de mon embarras, et me dirent:
« Retire donc ton âne; éloigne-toi un peu de nous, et
laisse-nous avancer tranquillement. » Il me fut impossible de vaincre l'obstination de ma bête. Je descendis,
et je lui allongeai un vigoureux coup de pied dans le
ventre. Ma bête tomba roide morte, comme si je lui
eusse enfoncé un couteau dans les entrailles. Je restai
stupéfait, ne pouvant me rendre compte de la mort du
pauvre baudet. Je le dessanglai; je lui enlevai son bât,
sa bride, tout son attirail, et me chargeant tout cela
sur les épaules, je me hâtai de rejoindre mes chameaux. J'en arrêtai un, et je grimpai dessus.

Autre accident !..... Lorsque je me disposais à partir du Quadây, j'achetai un esclave fort et robuste,
mais qui, Dieu le sait! et j'en avais été prévenu, ne
pensait qu'à s'enfuir. Par précaution, je le tenais solidement lié à doubles liens aux pieds, et, la nuit, je
fixais la chaîne que je lui attachais au cou, à un pieu,
profondément et entièrement enfoncé en terre. Un
autre esclave, que j'avais depuis longtemps à mon service, dormait appuyé sur cette chaîne. Mon homme,
ainsi gardé, ne put trouver moyen de s'enfuir et de
m'échapper. Après que nous eûmes quitté le Ouadây,
pendant la route, je déliais mon esclave pour le jour;
mais je lui rendais ses liens pour la nuit, je lui replaçais
la chaîne au cou et je replantais le pieu en terre. Je continuai cette manœuvre de précaution chez les Toubou-Réchâd, aux Trois-Montagnes. Alors on me supplia de
délivrer mon homme de ses entraves. « Où veux-tu
qu'il aille maintenant? me dit-on; ne le tourmente
plus. » Je me laissai fléchir; je le débarrassai de ses

liens... Et ce fut lui qui traîtreusement me vola deux de mes plus belles esclaves et s'enfuit avec elles. C'était une perte énorme pour moi ; car on m'avait offert 110 mithcâl d'or, c'est-à-dire 200 piastres fortes ou colonnates d'Espagne, pour ces deux filles, et je les avais refusés. Pour l'esclave lui-même, on m'avait proposé 60 colonnates d'Espagne, et je les avais aussi refusées.

Le troisième déboire de mon voyage au désert me vint à la suite de la mort de mon âne. Épuisé de lassitude, il s'était, comme je l'ai dit, réfugié à côté d'une jeune esclave. Je la vis cette belle esclave, et jamais mon œil n'avait rencontré beauté plus séduisante. Je fus soudainement frappé, émerveillé de ses charmes ; je demandai de quel pays elle était et quel était son maître. J'appris qu'elle appartenait à un des Toubou de notre caravane, et l'on me dit que ce Toubou s'appelait Tchay. J'allai lui proposer, le presser de me céder cette esclave. « Je ne vends mon esclave, me répondit-il, que pour quatre autres esclaves de son âge, c'est-à-dire que je ne veux pas la vendre. Cette fille, je la destine à diriger ma maison. Je ne suis pas marié ; elle sera ma gouvernante et ma femme. »

J'insistai. J'envoyai faire de nouvelles propositions au Toubou, et à force d'instances il fut convenu entre lui et moi que je lui donnerais pour prix la plus belle de mes esclaves, une autre esclave à peine pubère, à gorge naissante, et un chameau étalon. Les accords furent établis, le marché fut conclu, et, à nuit close, le Toubou m'envoya son esclave. J'envoyai aussitôt les deux miennes et le chameau.

Je fais entrer la jeune fille dans ma tente ; je la regarde..... Ce n'était pas celle que j'avais vue. Que faire? J'étais désolé de mon marché, l'esclave du Toubou me paraissait détestable. J'envoyai un exprès à Tchay lui représenter qu'il y avait erreur dans notre échange, et que la jeune fille qu'il m'avait livrée n'était point celle que j'avais vue auparavant. Le Toubou ne voulut rien entendre. « Je n'ai pas d'autre esclave que celle-là, répondit-il. Notre marché est conclu, bien conclu. Le cheykh doit comprendre ce que c'est qu'une transaction, je ne résilierai pas la nôtre. » Cette réponse m'embarrassa. Toutefois, à force d'observations, de prières, de pourparlers, de messages, je finis par obtenir du Toubou qu'il me rendrait mes deux esclaves et que je lui rendrais la sienne ; mais il refusa opiniâtrément de me renvoyer mon chameau. Je fus forcé de céder ; car cet homme était des Toubou-Réchâd, et il n'y avait ni justice ni juge à qui je pusse recourir.

Je me mis à la recherche de la première esclave qui m'avait paru si belle, et je sus bientôt qu'elle appartenait à un autre Toubou, que celui-ci l'aimait éperdument, que la belle aimait son maître plus encore qu'il ne l'aimait, et que ce sauvage ne la vendrait pas même à poids égal d'or.

Rentrons dans notre récit premier.

Avant de nous remettre en route, nous réunîmes ce que nous voulions donner en cadeau au vieux sultan, et nous le lui présentâmes. Un moment après, il envoya dire, de sa part et de la part de sa femme, à notre caravane : « Que chacun de vous donne au sultan un *moudd* (modius) de doukhn; le sultan vous le demande comme témoignage de bienveillance. » Et aussitôt les ambassadeurs de Sa Majesté étalent au milieu de la caravane, une grande peau pour recevoir le doukhn. Chacun de nous apporte sa quote-part, et en un instant s'élève une masse de doukhn suffisante pour nourrir le sultan et la sultane et toute leur séquelle, je ne sais combien de temps. Les Toubou ramassèrent soigneusement le doukhn et le mirent dans des sacs de cuir; ils n'en laissèrent pas un grain..., puis ils nous quittèrent.

Nous allions partir; nous n'avions plus qu'à charger nos chameaux, lorsque nous vîmes arriver le sultan. Il rôda, se promena à travers nos tentes, avec l'air d'un misérable coquin; il furetait partout. Tout ce qu'il apercevait à son goût, cordes, petites sébiles, il le happait et s'en faisait cadeau, toujours en répétant à chaque lippée : « Eh! je suis le sultan de ce pays, et maître de cette route; quiconque me refuse quelque chose ne sort plus d'ici. » Par ce procédé, Sa Majesté touboue fit bonne curée. Quand elle eut fini son inspection, elle nous dit par la voix de son crieur : « Attendez, pour partir, la permission du sultan, parce que sa femme veut venir vous faire ses adieux; entendez-vous, les amis? » Nous dûmes retarder le chargement de nos hardes. « Allons! patientons, dîmes-nous alors; patience est sagesse. »

Et voilà que débouche l'affreuse et vieille sorcière, se traînant à la manière dont rampe un laid reptile, entortillée dans son milâyeh, enfin un vrai fantôme à faire peur au diable. Elle arrive donc, serpentant à travers nos tentes, demandant à tous des *keloûd*, en prenant de tous ceux qui en ont, et, de qui n'en a pas, prenant ce qu'elle voit à son gré (1). La princesse amasse ainsi sa collecte, l'enferme dans des sacs qu'avaient les gens de son escorte ; enfin elle nous adresse ses congratulations, et disparaît.

Mais bientôt après elle, tombe encore sur nous une foule de Toubou, une vraie troupe d'ogres ou de diables échappés de l'enfer. Ils nous abordent, et chacun de répéter : « Je suis *meilabou*, » c'est-à-dire fils du sultan. Ils parcourent la caravane ; toute lance qui leur plaît, ils l'enlèvent ; tout ce qu'ils s'avisent de nous demander, il faut le leur donner. Presque aucun objet de quelque valeur ne nous resta.

Après cette perquisition et ce dépouillement, le vieux sultan nous permit enfin de lever le camp. Nous ne nous fîmes pas prier ; nous partîmes à la hâte, vexés, ennuyés, fatigués à l'excès, de ces procédés odieux des Toubou ; la flèche, comme on dit, avait crevé le but ; ils nous avaient pris tout ce qui était à leur convenance ; pour mon compte, j'avais presque la larme à l'œil en pensant à l'esclave qui s'était enfui avec mes deux esclaves les plus belles.

(1) *Voy.* note 68.

CHAPITRE III.

Le désert avant Catroûn. — Escorte de cent cinquante Toubou. — On loue des chameaux. — Manière de faire les marchés de louages. — Soins des Toubou pour leurs chameaux. — La montre d'Abd-Allah. — Cérémonies des Toubou en se saluant. — Analogies de ces salutations avec celles des Fôriens des monts Marrah. — Formes de politesses des Fôriens, des Barnâouyens. — Querelles fréquentes entre les Toubou. — Dix jours de désert. — On me vole deux outres d'eau. — Mon esclave favorite en danger de périr de soif; moyen par lequel elle fut conservée. — Arrivée à Catroûn.

Nous entrâmes dans le désert par lequel nous devions arriver à Catroûn (1), premier bourg sur la frontière du Fezzân. Cent cinquante Toubou-Réchâd nous accompagnaient, suivant à quelque distance notre caravane. Si nous oubliions, ou laissions à chaque halte, un couteau, une écuelle, etc. (car une caravane oublie toujours quelque chose), ils étaient là pour en faire leur profit. D'habitude, si un chameau meurt, ils en recueillent la chair et en préparent du cadyd; s'il tombe malade et que son maître l'abandonne, ils s'en emparent.

Pour ce trajet, jusqu'au Fezzân, nous fûmes obligés de louer d'eux un assez bon nombre de chameaux. Voici comment se font ces louages.

(1) Les Mogrébins prononcent *Gatroûn*.

Lorsqu'un voyageur s'aperçoit qu'un de ses chameaux ne pourra pas arriver jusqu'à l'endroit où la caravane doit s'arrêter, il appelle un de ces Toubou, lui offre le chameau fatigué et en demande un autre. « Montre-moi, dit alors le Toubou au voyageur, quelle est la charge à porter. » Le voyageur la désigne; le Toubou la soulève pour en apprécier le poids, et si la chose lui convient, il s'engage à conduire et transporter le fardeau jusqu'au Fezzân. Alors le chameau affaibli, offert d'abord par le voyageur, reste au Toubou, qui le fait partir à petites marches pour son pays ou pour le Fezzân; et ensuite, par ses soins, le Toubou réussit souvent à rappeler la force et la santé de la bête.

Lorsque le Toubou a jugé le fardeau trop pesant, il le laisse et passe outre. Moi-même je fus obligé de prendre à louage un chameau. Le Toubou avec lequel je fis marché se chargea du transport de mes hardes jusqu'à Mourzouk. Je montai sur ce même chameau, par-dessus mon bagage.

Pendant tout le trajet que nous eûmes à parcourir, le Toubou, mon loueur, venait à moi chaque matin au moment du départ et chargeait lui-même le chameau. Et si je m'avisais d'ajouter la moindre chose à la charge pour laquelle nous avions conclu notre marché, mon Toubou s'y refusait invinciblement. « Je ne dois transporter, me disait-il, que le poids que j'ai accepté dans nos conventions. »

Au départ des stations, mon Toubou prenait la bride de la monture qu'il m'avait louée et marchait toute la matinée. En cheminant, il arrachait les plantes sauvages qu'il rencontrait sur ses pas, et, toujours sans s'arrêter, il les donnait à brouter à son chameau. Une fois que midi était passé, mon homme abandonnait la bride, qui alors restait pendante, et il allait ramasser des herbages, même à grande distance de la caravane, qui continuait sa route; au moment de la halte, il arrivait, toujours alerte et dispos, avec une charge de plantes, faisait agenouiller son chameau et lui donnait à manger les plantes recueillies. Par ces soins, les chameaux des Toubou sont toujours, malgré les longues marches, en vigueur et santé, tandis que ceux des caravanes, étant privés de nourriture pendant la route, ont toujours l'air épuisés de fatigue et sans entrain. C'était en effet l'état des nôtres.

Je raconterai ici, en passant, une petite anecdote qui caractérise l'ignorance et la sauvagerie des Toubou. Relégués dans leurs déserts, ils n'ont absolument aucune idée, aucune notion des choses les plus simples des pays civilisés.

Il y avait dans notre caravane un Tripolitain appelé le réïs Abd-Allah. Cet Abd-Allah avait une montre d'un certain prix, bien qu'elle fût en cuivre. Lorsqu'il était allé au Ouadây, il avait eu intention de la vendre au sultan ouadayen. Mais Abd-Allah n'ayant pu avoir de sa montre le prix qu'il voulait, il l'emporta avec lui. Il avait le plus grand soin de sa montre, ne la laissait toucher par personne. Notre dernière station sur le territoire des Toubou-Réchâd, fut un endroit ombragé de plusieurs arbres. Nous nous y étions arrêtés pendant la grande chaleur; un soleil brûlant nous avait épuisés tous, hommes libres et esclaves. Nous attendîmes donc que l'ardeur de l'atmosphère diminuât ; nous serions morts au soleil. Quand le jour commença à baisser, mais quelque temps avant le crépuscule, nous levâmes le camp, afin de rattraper, pendant la nuit, les heures que nous avions perdues dans la journée. Et puis, pendant la nuit, nous étions plus à l'abri des souffrances de la soif.

La fatalité voulut qu'Abd-Allah oubliât sa montre à la station. Il la laissa suspendue à une branche à laquelle il l'avait attachée en se mettant à l'ombre. Quand nous eûmes décampé, les Toubou, selon leur habitude, vinrent fureter dans le camp abandonné et prendre ce que nous y avions pu oublier ou jeter. Un d'eux aperçoit la montre pendue à l'arbre. Transporté de joie à l'aspect de la couleur d'or, il saisit la montre. Mais il entend le bruit du mouvement ; il approche la *pièce d'or* de son oreille, et le bruit est plus fort et plus distinct. Le sauvage Toubou s'imagine tout de suite qu'il y a là quelque diable enfermé dans l'or, et de toute sa force il lance contre le tronc de l'arbre la montre, qui se brise en mille morceaux ; verre, cadran, ressort, chaîne, tout a éclaté, tout est fracassé ; et le sauvage de crier : « Un diable ! un diable ! » de fuir à toutes jambes, et ses compagnons de fuir avec lui à qui mieux mieux.

Abd-Allah pense à sa montre. Il la cherche partout, et ne la trouve pas. Il en demande des nouvelles à ses esclaves, à ses domestiques ; aucun ne sait ce qu'elle est devenue. Il se rappelle enfin qu'il l'a oubliée, suspendue à l'arbre sous lequel il s'était reposé, et il part à grande course de chameau, retourne à notre halte... ; il arrive, il voit la montre éventrée, et les pièces de l'intérieur éparses à terre, jetées çà et là. Il reste stupéfait et frappant ses deux mains l'une dans l'autre, il pousse une exclamation de douleur et de regret sur sa montre : « Que Dieu maudisse le temps que nous avons passé ici! » dit-il. Et il rejoint la caravane. Il était désolé, consterné.

Lorsque nous nous arrêtâmes, il alla vers les Toubou qui nous escortaient et leur demanda qui avait brisé la montre. Un d'entre eux répondit : « C'est moi, c'est moi qui ai mis le diable en pièces, et qui lui ai fait recevoir un rude coup. » Abd-Allah prit dans sa mémoire le signalement du brise-diable et en écrivit le nom. A notre arrivée à Mourzouk, le Tripolitain cita le Toubou devant le kâdi, et demanda quarante ryâl ou colonnates pour dédommagement. Le Toubou fut obligé de payer.

Avant de quitter les Toubou, je dirai quelques mots sur leur manière de se saluer et de s'informer de la santé de quelqu'un.

Les Toubou forment un groupe considérable de hordes. Cupides et avares, ils dépassent toutes les peuplades du Soudan en rusticité et en sauvagerie. J'en donnerai comme échantillon leur manière de s'aborder et de se saluer. C'est une des bizarreries qui m'ont le plus frappé chez eux.

Lorsqu'un Toubou rencontre un autre Toubou qu'il n'a pas vu depuis quelque temps, ils ne s'abordent pas en se prenant et se serrant la main. Ils commencent par s'accroupir tous deux face à face, d'un œil sérieux et calme, le derrière appliqué sur les talons, comme deux singes, le liçâm entortillé jusqu'aux yeux sur le minois, la main droite tenant la lance debout sur le sable, et la main gauche gardant le *dèrègueh* ou bouclier. Puis l'un dit à l'autre, d'un ton rustre et demi-rauque : « *Lohantchennô.* » Et l'autre aussitôt répond : « *Lohantchennô.* » C'est leur manière de se dire d'abord *bonjour*. Ensuite tous les deux, alternativement, répètent plusieurs fois : *Lohantchennô.* Après cela, l'un reprend par : « *Nihillôhanihi;* » et l'autre de redire aussitôt : « *Nihillôhanihi.* » C'est leur façon d'exprimer « comment te portes-tu ? » Ce qui se répète à tour de rôle deux ou trois fois pour chacun, et toujours sans faire le moindre mouvement. Ensuite l'un des deux se prend à dire : « *Ihilla;* » et l'autre de répéter : « *Ihilla.* » Il paraît que, pour eux, c'est le vœu : « Dieu te conserve ! »

Une fois qu'ils en sont à cet *ihilla*, les deux Toubou se le répètent mutuellement à n'en plus finir, et en laissant peu à peu baisser et mourir la voix; et quand à peine on entend le perpétuel *ihilla*, tout à coup ils recommencent *da capo*, et par un cri fort et subit, ce bienheureux *ihilla*, ils parcourent la même gamme *decrescendo* jusqu'à extinction de ton et jusqu'à ce qu'ils soient arrivés graduellement au ton avec lequel on parle à quelqu'un au tuyau de l'oreille, à tel point qu'on n'entend plus le *ihilla* et qu'on croit la cérémonie de salutation terminée. Mais voilà qu'aussitôt, avec un nouvel éclat de voix, ils réentonnent à grand et haut cri : *Lohantchennô*, et toute la musique, toute la cérémonie recommencent d'un bout à l'autre, avec la même lenteur et tout aussi longuement ; puis encore une troisième fois, et tout au long, et toujours avec les mêmes formes, les mêmes mots aux mêmes places et la même palinodie. Cette scène de salutation dure ainsi, avec le plus grand flegme du monde, pendant près d'une heure.

Je n'ai vu quelque chose d'analogue à ce genre de salutations, que chez les Fôriens sauvages et brutes des monts Marrah et du Témourkeh. Lorsque deux de ces Fôriens se rencontrent, ils sont presque aussi longs à s'adresser leurs civilités que les Toubou; seulement ils varient davantage leurs termes de politesse, et les deux interlocuteurs ne se renvoient pas immuablement les mêmes mots. Ainsi, à l'abord, l'un dit : « *Assey,* » comme nous dirions : « En santé? cela va bien? Je te vois en bonne santé. » Et l'autre répond : « *Ki-dilon assey,* nous te voyons en bonne santé; » ce qui serait l'analogue de : « Nous sommes content de te voir en bonne santé. » Le premier reprend : « *Kamounouacia djenn-is toullei dja-la;* » c'est-à dire : « Tu viens, tu me parais en bon état, à merveille. » (Le premier de ces mots fôriens n'a pas pour le cheykh El-Tounsy un sens bien connu. *Djen*, tu, toi; *is*, lettres de rapport comme signe et force du génitif. L'*n* redoublée est une forme euphonique. *Toullei*, bien en bon état. *Dja*, tu, toi; *la*, venu; tu viens.) L'autre répond : « *Djennei âfia djan*, et toi, tu es en ta santé? » (*Djen*, toi; *nei*, tu es; *âfia*, santé, mot d'origine arabe; *djan*, de toi.) Le premier continue par : « *Dogolah, toullei, leh*, tes enfants sont-ils en bonne santé? » (*Dogolah*, enfants; *toullei*, bien, en bon état; *leh*, est-ce que?) La réponse est : « *Y toullei*, oui, bien. » Puis, le premier fait entendre le son sourd et poussé à bouche fermée : *hum*. Le second reproduit ce même son et de la même manière. Et chacun à son tour le renouvelle un certain nombre de fois et pendant assez longtemps. Mais tout cela dure bien moins que la longue salutation touboue.

Les Fôriens qui sont un peu arabisés (tels que ceux du Fâcher, de Kôbeih, de Kério, de Tarneh, les Birguid, etc., et tous ceux des endroits où l'on connaît un peu la langue arabe), lorsqu'ils se rencontrent le matin, se saluent par : « *Asbahtou*, comment vous portez-vous ce matin ? » et par la réponse : « *Asbahtou*, je me porte bien ce matin. » Le premier interlocuteur reprend par : « *Djydan asbahtou*, grâce à Dieu, que vous vous portiez bien. » Et la réponse est : « *Djaououed asbahtou*, que (Dieu) vous garde en bonne santé aujourd'hui. » Le premier dit alors : « *Afieh*, bonne santé; et l'autre répond aussi : « *Afieh*. » Mais si l'on se rencontre à midi ou après midi, l'un dit : « *Gueyeltou*, vous avez bien passé la chaleur ? » Et le reste des politesses est comme pour le matin, et finit par : *afieh*.

Si l'on rencontre un individu d'un autre pays que celui où l'on est, on lui dit : « *Habâbak* (corruption de l'arabe *marhaba bak*), sois le bienvenu ! » Et l'étranger répond : « *Habâbak achrah*, sois le bienvenu dix fois ! » Le reste de la salutation est comme nous l'avons indiqué en premier lieu.

A quelqu'un qui revient de voyage, on dit : « *Djydan djytou*, en bon état vous revenez; soyez le bienvenu ! » La réponse est : « *Djaououed hâlak*, que Dieu te garde en bon état ! »

Les Fôriens qui résident dans un même endroit ont aussi, entre eux, leurs formes de politesses pour le matin et pour l'après-midi. Le matin, les premières paroles sont : « *Assey djenn-is toullei kaola*, en santé bien tît t'es levé. » Et la reprise est : « *Ki-dilon assey djen-nei âfia djan*, nous te voyons bien, tu es en bonne santé. » Depuis le midi jusqu'au soir, on dit : « *Asbamouo*, toi au soir bon ; bon soir. » Et on répond : « *Ki-dilon asbamouo*, nous te voyons en bon soir. » Et les autres politesses sont les mêmes que celles du matin et surtout de l'après-midi.

Au Barnau, les Baráéneh (pluriel de Barnâouy, Barnâouyen) s'accostent par le salut suivant. L'un dit : « *A-fi labar*, y a-t-il nouvelle? » c'est-à-dire « comment allez-vous? » (Ces mots sont la corruption de l'arabe *a-fy khabar*, y a-t-il nouvelle?) L'autre répond : « *Kyâfia ly*, en santé (êtes) vous? »

Revenons à nos Toubou... Il y a encore ceci de singulier chez ces sauvages, qu'après leurs salutations finies, ils se mettent à parler de leurs affaires, de leurs querelles ; et souvent deux individus qui se faisaient en grommelant leur interminable salut, il y a un moment, se lèvent tout à coup et se battent à coups de lances comme deux furieux, jusqu'à ce qu'on les sépare. Ainsi deux Toubou se rencontrent, ils s'accablent de longs compliments et se saluent pendant une heure, se comblant par conséquent des démonstrations les plus amicales ; puis ils éclatent subitement, et les voilà, la lance au poing, s'assaillant de toute leur force. (Leur cupidité et leur avarice sont le plus souvent la cause de ces luttes subites. L'un rappelle à l'autre et lui reproche, par un mot, la disparition d'un objet de la plus mince valeur ; et, en quelques paroles, leur colère s'allume et les champions sont debout (1)). C'est que leur avidité est extrême : pour un bout de corde, un morceau de cuir qui ne vaut pas une piastre (environ 25 centimes), ils vont jusqu'à entraver et empêchent même le départ d'une caravane.

Je reprends mon récit de voyage..... Nous étions, comme je l'ai dit, dans le désert qui sépare le pays des Toubou, des limites du Fezzân. Ce désert sans eau a dix jours de trajet. Nous ménagions et épargnions avec le plus grand soin nos provisions d'eau. Nous voyagions pendant plusieurs heures au commencement et à la fin de la nuit, pour éviter le tourment de la chaleur et de la soif; il faut savoir que l'effet d'une soif brûlante est que, plus on boit, plus le besoin de boire devient opiniâtre et impérieux. Nous hâtions le pas, nous voulions absorber l'espace. A notre dernière nuit de marche, la plupart des voyageurs de la caravane n'avaient plus d'eau; à quelques-uns, il n'en restait plus qu'une petite quantité. Moi, j'en avais encore quatre outres; grâce à Dieu, j'avais eu la bonne idée d'enfermer dans deux *guerfeh* deux de mes outres, pour les conserver entièrement pleines en prévenant toute perte d'eau causée par l'évaporation à la chaleur et à l'air libre. Mes deux autres outres étaient simplement attachées à mon chameau.

On appelle *guerfeh*, au Soudan, des sacs en cuir de bœuf, parfaitement tannés. Ces *guerfeh* ont la forme représentée fig. 31. Ils sont fabriqués au Ouadây, et sont cousus avec de fines lanières de cuir.

La nuit qui précéda notre entrée au Fezzân, nous

---

(1) Communication verbale du cheykh.

fîmes force de marche; nous ne nous arrêtâmes que quand nous ne pûmes plus résister à la fatigue et au sommeil. Nous mîmes pied à terre, et sans préparation aucune, chacun s'endormit où il se trouva; car nous étions brisés de lassitude. Avant de m'endormir, je donnai à boire à ceux de mes esclaves qui avaient soif, et je me couchai la tête entre mes deux outres. Je ne pensai pas à les mieux garder.

Près de moi était couché Abd-Allah, avec ses esclaves. Le matin, en m'éveillant, je vis mes deux outres vides. Les esclaves d'Abd-Allah les avaient prises et en avaient bu toute l'eau. Je me plaignis vivement de ce vol à Abd-Allah; mais Abd-Allah me donna tort et me blâma de n'avoir pas pris plus de précautions, surtout dans un pareil désert. La caravane aussi me donna tort de m'en prendre à Abd-Allah; car il m'assurait par les serments les plus sacrés qu'il ne s'était aperçu de rien, et qu'il ignorait complétement si ses esclaves avaient bu mon eau.

La caravane se dirigea sur un puits où elle arriva dans la matinée. Ce puits est à environ six heures de Catroûn.

J'avais alors, comme concubine de prédilection, une des deux filles esclaves que j'avais données, avec un chameau, en échange pour celle du Toubou dont j'ai parlé précédemment. Un jour, avant que nous fussions au puits que je viens d'indiquer, mon esclave favorite avait été en proie à l'affreuse soif des déserts, au *chôb*. La pauvre fille était dévorée d'un inextinguible besoin de boire; plus elle se gorgeait d'eau, moins elle s'en rassasiait, moins elle calmait sa soif. Je tremblais de voir cette malheureuse succomber à tout moment. Un bédouin appelé Khalyl, et qui était de notre caravane, s'aperçut de mon embarras. « Donne à cette fille, me dit-il, quelques *doigtées* de beurre fondu, et ces angoisses-là cesseront. » Je suivis le conseil du bédouin, et en quelques instants les souffrances de mon esclave s'apaisèrent. Je la fis ensuite monter sur un chameau (car tous les esclaves accompagnent à pied les caravanes). Dieu voulut que la chaleur du soleil diminuât; la nuit approchait, et bientôt mon esclave fut guérie de toute douleur.

J'avais ignoré jusqu'à ce jour la recette que m'indiqua le bédouin Khalyl. De retour à Tunis, j'en parlai à un de mes amis, qui alors me raconta à son tour le fait que voici, et que je crois vrai, car mon homme était homme de conscience et de bonne foi, et lui, de son côté, le tenait de gens dignes de sa confiance.

Il y a quelques années, me dit-il, le *rakb* ou la réunion des pèlerins du Maghreb prit par le désert pour aller en pèlerinage à la Mekke; on s'égara (1). Les provisions d'eau s'épuisèrent. Alors le cheykh de la caravane (car chaque caravane de pèlerins a son cheykh ou chef religieux) fit annoncer par son crieur l'avis que voici : « Que tous ceux qui ont la foi en Dieu et au jour du jugement dernier, qui ne veulent pas être coupables de hâter leurs jours, et qui désirent échapper au danger qui nous menace, aient soin de ne prendre pour toute nourriture que quelques *doigtées* de beurre fondu. » On suivit le conseil du cheykh. Pendant dix

(1) *Voy.* note 69.

jours personne ne prit autre chose que quelque peu de beurre, et pas un seul individu ne souffrit de la soif, malgré la chaleur et la fatigue. Dieu remit les pèlerins dans leur route, et pas un ne mourut. Ce fait est plus extraordinaire encore que ce qui arriva à mon esclave.

Quand nous fûmes auprès du puits vers lequel nous nous dirigions, nous rendîmes grâces à Dieu... Il me restait à peu près une outre d'eau; c'est-à-dire que dans mes deux outres il y avait assez d'eau pour en remplir une.

Nous séjournâmes quarante-huit heures auprès du puits; ensuite nous décampâmes, et nous entrâmes bientôt sur le territoire fezzanais. Le premier pays que nous rencontrâmes fut Catroûn. Avant d'y arriver, nous trouvâmes de grands plants de dattiers, et nous vîmes venir à notre rencontre un certain nombre d'habitants de Catroûn qui nous félicitèrent de notre arrivée et nous accueillirent avec bienveillance. Nous campâmes près du village, et peu après une troupe d'individus accourut du village pour nous vendre des dattes. Les dattes de Catroûn sont grosses, très-parfumées et très-sucrées. Quelques-unes suffisent pour rassasier parfaitement; c'est du moins ce que j'ai éprouvé pour moi. Cependant les habitants du pays, accoutumés à ce fruit, qui est leur principale et presque unique nourriture, en mangent en abondance à tous leurs repas. On en donne aussi aux animaux domestiques, aux bœufs, aux chevaux, etc.

Le territoire de Catroûn est un sol sablonneux et stérile. Les habitants sont d'un noir au moins aussi foncé que les Soudaniens. Du reste, ces habitants sont un mélange de Toubou-Réchâd qui ne savent comment vivre parmi les rochers, et de quelques indigènes ou Fezzanais nés à Catroûn.

Cette contrée est assez misérable. Le beurre, le miel y sont aussi rares que le griffon d'Occident (1). Le blé y est presque entièrement inconnu. On n'y trouve que des dattes, de l'orge et quelque peu de graisse, et encore cette graisse est-elle apportée par les Arabes des environs ou des localités qui dépendent de la régence de Tripoli, et se vend à un prix exorbitant.

L'orge, dans les environs de Catroûn, se sème près des puits, et l'eau de ces puits sert à l'arrosage de ces semailles; la pluie ne vient jamais humecter ce sol.

Le lait est aussi chose rare à Catroûn. Celui qui possède une brebis ou une chèvre, ayant du lait, est cité et envié de tous comme un être heureux. Dans ce pays si pauvre, un mouton se vend 10 douros, prix ordinaire, et ce chétif mouton ne donne pas peut-être 50 rotl (environ 40 livres) de viande. L'individu qui, par extraordinaire, tue un mouton, en garde soigneusement la peau. Il en retire la laine pour la filer; ensuite la peau proprement dite est fricassée, puis mangée avec délices. Il y a fête et réjouissance, grand banquet, le soir où l'on a pour repas ne fût-ce qu'un morceau de peau de mouton; toute la maison est en émoi et en gaieté.

(1) *Voy.* note 70.

CHAPITRE IV.

Mourzouk ou Zeylah. — Son bazar de quatorze boutiques. — Présentation au sultan Mountacer. — Siége du sultan. — Gravité de ce sultan. — Séjour de Mourzouk; petite anecdote. — Habitudes de vie ordinaire. — Mourzouk centre de commerce. — Bélâd-el-Abyd. — Commerce d'or à Mourzouk. — Probité des Fezzanais. — Anecdote.

Nous nous reposâmes trois jours à Catroûn; ensuite nous prîmes la route de Mourzouk, capitale du Fezzân. En quatre jours nous y arrivâmes. Dans tout le Soudan on donne à cette capitale le nom de Zeylah; il paraît que c'est l'ancien nom de la ville (1).

A l'entrée de Mourzouk nous fûmes arrêtés par les douaniers, qui comptèrent nos esclaves et prirent note du nombre que chacun de nous en conduisait. Cela fait, nous entrâmes; on nous fit descendre tous dans une maison de Mohammed-Ibn-Yoûnès, un des secrétaires-intendants de Yoûcef, pacha de Tripoli.

Mourzouk ou Marzik est un mauvais bourg qui ne vaut pas Calioûb (chef-lieu de la province du Calioûbyeh et à quatre ou cinq heures du Caire). Les habitants de Mourzouk sont un amalgame de noirs de l'Afnau

(1) Zeylah ou Zouïlah était, en effet, jadis, le nom de la capitale du Fezzân, pays qui est la Phazania des anciens; le nom de Mourzouk est récent et d'origine arabe; la véritable prononciation est Marzik. PERRON.

et du Barnau; les individus blancs ou bronzés qui sont fixés à Mourzouk sont tous des Arabes venus de la régence de Tripoli, de Djâlau, d'Audjalah, de Dirna.

Mourzouk est sur un terrain salé et friable; elle est isolée et éloignée de tout lieu habité, d'environ un jour et demi de marche, et même, dans certaines directions, de près de trois jours.

La capitale du Fezzân a un marché composé de deux rangées de boutiques, et chaque rangée a, ni plus ni moins, sept boutiques à la file. Tous les jours il y a marché vers trois ou quatre heures après midi, selon la longueur des jours. La *foule* se rassemble alors; la plupart des individus sont accroupis sur les devantures élevées et murées des quatorze boutiques, et les crieurs à l'enchère vont et viennent, promenant à la vue du public les objets à vendre, provoquant et répétant les enchères des amateurs, qui toujours augmentent les prix des criées, depuis un sixième de mithcâl de poudre d'or, jusqu'à un quart, à un demi, à quatre sixièmes de mithcâl, etc. Le marché ne dure jamais qu'environ une heure et demie.

Devant le château du *sultan* (car le gouverneur du Fezzân se gratifie très-généreusement du nom de sultan, bien qu'il ne soit qu'un simple gouverneur sous la dépendance du pacha de Tripoli, son suzerain), devant le château, dis-je, il y a une grande place... Le soir de notre arrivée, le chargé d'affaires de Mohammed-Ibn-Yoûnès nous fit servir à souper. Il est d'habitude que le propriétaire, ou le représentant du propriétaire du lieu où descend une caravane, donne à souper aux voyageurs la première nuit. On nous apporta donc quelques aliments, et Dieu sait que pas même nos esclaves ne purent en manger.

Le lendemain matin nous allâmes nous présenter au sultan avec des présents, que nous lui offrîmes par l'intermédiaire d'Othmân, son premier vizir, et dont l'aïeul avait été mamelouk du sultan Mohammed au Fezzân. Nous fûmes introduits, l'un après l'autre, auprès de Sa Majesté fezzanaise. Le sultan Mohammed-el-Mountaçer, c'est ainsi qu'il s'appelait, avait le teint blanc très-légèrement bronzé. Quand nous entrâmes chez lui, il était drapé dans une grande couverture de laine blanche, à raies en soie blanche aussi, telle que les couvertures que portent les femmes de Tunis et les Bédouins agents subalternes du pacha.

Mohammed, l'air fier et composé, était assis sur un porte-turban ou siége-à-turban, qui faisait le trône de Sa Hautesse. (Le porte-turban est une sorte de chaise ayant la longueur de deux ou trois chaises européennes placées à côté l'une de l'autre, et ressemblant à nos bancs de jardins, à la différence que le porte-turban, tel qu'on le voit au Caire et tel que celui sur lequel reposait le sire fezzanais, a son plan et son dossier en réseau tissu de bois de jonc coupé en lanières. Aux quatre coins sont des montants ordinairement en bois de sâdj ou platane des Indes et teints en noir, et quelquefois parés d'incrustations en nacre et en petits coquillages. Ces quatre montants, assez hauts, et réunis, aux extrémités latérales du siége, par une traverse de même bois qui fait office de bras de fauteuil, supportent en l'air un dôme ou couverture en façon de voûte, et travaillée aussi en tissu de jonc comme le plan; c'est sur ce plan qu'on pose les turbans et les vêtements lorsqu'on les ôte pour aller se coucher; jamais, en Égypte, ce genre de siége ne sert que comme meuble de dépôt pour les habits.

Depuis que l'usage des turbans est abandonné par les grands et tous les employés en Égypte, les porte-turbans sont bien moins communs dans les maisons. Du temps des Mamelouks, et avant le règne de Mohammed-Aly, les turbans étaient un grand objet de luxe; les riches en avaient toujours un certain nombre en réserve, et souvent en cachemires de haut prix. Aujourd'hui, il n'y a plus guère que les cheykh et gens de religion, les domestiques, les sâïs ou palefreniers, les gens du peuple, marchands, ouvriers, mercenaires, etc., enfin les Coptes et tous ceux qui ne portent pas le costume *nizâm* ou costume militaire, qui aient encore le turban. Ce n'est que chez les cheykh et chez les personnes un peu à l'aise, qu'on trouverait des porte-turbans.

La voûte ou le dôme de ce meuble est parfois parée d'étoffes plus ou moins brillantes, assez fréquemment marquetées d'or et bordées de franges de soie et de glands aux quatre coins. Au milieu du réseau-voûte, en dehors, est quelquefois aussi une saillie qui soutient une boule dorée ou argentée, ou même en argent creux. Les quatre montants ont souvent à leur sommet une boule argentée ou en argent; ces boules sont appelées *asker*, soldats, sentinelles.

En Égypte, jamais on ne s'assied sur les porte-turbans; ils sont trop légers et trop fragiles pour ne pas se dégrader ou se briser sous celui qui s'y assiérait.

Celui sur lequel était posé le grave et imposant prince du royaume des Fezzanais, était plus solidement établi. Peut-être sa Hautesse l'avait-elle commandé en Égypte ou au Maghreb. C'était probablement le seul meuble de cette espèce qui existât dans l'intérieur de l'Afrique) (1).

Quand je fus présenté à Sa Majesté Fezzanaise, elle avait sur la tête un turban blanc, mais d'une ampleur!! je n'ai jamais rien vu de semblable. Ce turban était tourné et modelé à la manière mekkoise, plus renflé sur la tempe droite que sur la tempe gauche. Nulle part les musulmans ne portent le turban roulé avec autant de grâce et de coquetterie que les Mekkois, mais le seigneur du Fezzân en avait ridiculement exagéré la tournure et surtout les dimensions; c'est à peine s'il pouvait à l'aise pencher la tête, tant était monstrueux le paquet qui le coiffait.

Le sultan daigna recevoir mon cadeau, puis je décampai; car je me sentais une envie de rire démesurée en considérant cette espèce de prince si bouffi, si gonflé, si sérieux, si morgue, qu'il laissait à grand'peine choir de sa bouche impériale quelques petits mots isolés et d'une voix presque mourante. Le plus souvent il répondait et parlait par signes légers et presque insaisissables. A ce qu'il paraît, il est de décorum, au Fezzân, de ne pas se prodiguer en mouvements et en paroles dans les cérémonies.

Ce haut sultan, dont le nom complet, comme j'ai dit, était Mohammed-el-Mountacer, avait un entourage composé de gens affublés de vieilles couvertures de laine râpées; tous avaient un air piteux et misérable.

(1) Indications reçues verbalement du cheykh El-Tounsy.

Quelques jours après que nous étions à Mourzouk, j'aperçus dans la ville le susdit sultan, seul, à pied, passant de maisons en maisons. On me dit qu'il allait en visites chez certaines femmes, ses maîtresses.

C'est contre ce Mohammed-el-Mountacer qu'El-Moukkény marcha en armes. El-Moukkény le déposséda de la royauté, et ensuite le livra à son cousin Ahmed, qui le tua par ordre du vainqueur; Ahmed fut ensuite mis à mort, et El-Moukkény gouverna le Fezzân.

Le jour où je fus présenté au sultan, je me rendis, vers les trois heures après-midi, chez le vizir Othmân dont la demeure touchait à celle de son maître. Je vis alors devant le château plusieurs individus noirs, sales, dégoûtants à donner des nausées, et qui battaient du tambourin à caisse, semblable au tambourin des Turks d'autrefois. Mais ces caisses avaient l'air délabrées, et les flûtes ou chalumeaux qui lès accompagnaient étaient d'aussi triste apparence.

Chez Othmân, je rencontrai le câdi Tâher et son frère Zyn-el-Abidyn, le cheykh Ahmed Ibn-Yça, homme d'excellentes qualités, le cheykh Mohammed-Ibn-Ghalboûn de Tripoli. Pendant le temps que je demeurai à Mourzouk, j'assistai aux leçons de ce dernier cheykh; il exposait et expliquait les commentaires de Khâzin sur le Coran.

Le séjour de Mourzouk me déplaisait, m'ennuyait. Je n'y trouvais qu'avec peine quelque nourriture qui fût de mon goût. Et puis je ne voyais pas l'époque à laquelle je pourrais me mettre en route. Les caravanes pour Tripoli n'osaient pas partir; le chemin était coupé par les Arabes de la tribu des Bény-Soleymân révoltés contre Yoûcef, pacha de Tripoli. Toutes les caravanes que ces Arabes apercevaient, ils les pillaient; et le pacha ne savait comment mettre à la raison ces rebelles. Je passai trois mois à attendre une occasion de départ.

Pendant cet intervalle, je vis arriver El-Moukkény, qui se rendait au Barnau par ordre de Yoûcef pacha. C'était le dernier voyage commercial que fit El-Moukkény au Soudan. Au retour, Yoûcef pacha prépara l'expédition du Fezzân contre Mohammed-el-Mountacer.

Peu d'individus étrangers, soit du Maghreb, soit d'ailleurs, j'entends des gens qui ont quelque habitude d'une vie un peu commode, se décident à se fixer au Fezzân, même à Mourzouk. A ce sujet, voici ce que me conta le cheykh Ahmed-Ibn-Yça.

Une fois, un homme d'étude et de science, un uléma, vint à Mourzouk. Quelques jours après qu'il y fut, et dès les premières leçons qu'il donna, une foule assez considérable se réunit autour de lui. On l'écoutait et le suivait avec assiduité et attention. Mais un beau matin, le brave homme prit subitement la fuite. Il ne pouvait plus supporter le séjour de Mourzouk. « Il m'est impossible, dit-il en partant, de demeurer davantage dans une pareille ville. — Pourquoi? lui demanda-t-on. — Pourquoi? mais Mourzouk est une vraie image de l'Enfer. L'Enfer est chaud, et ce pays-ci est brûlant; les damnés de l'Enfer sont noirs, et les gens de ce pays-ci sont au moins aussi noirs; l'Enfer a sept portes, et Mourzouk aussi a sept portes. Que diable voulez-vous que je fasse dans un lieu qui a tout ce qu'a l'Enfer? » Et le bonhomme s'en alla.

Là, les femmes vendent sans cérémonie leurs faveurs pour quelques dattes ou un peu d'orge; c'est du moins ce que maintes personnes m'ont assuré. Que faire en pareil lieu? comment tuer l'ennui? Comment s'habituer à un pays où il n'y a pas un mets qui plaise et réjouisse un moment! où jamais il ne tombe une goutte de pluie! où bêtes et gens ont même pâture, quelques dattes! où les fièvres ont élu domicile, entretenues ou sans cesse renouvelées par l'usage continuel et presque unique des dattes et du pain d'orge! où le blé est si rare qu'il n'y a que les grands, les vizirs, le sultan qui puissent s'en procurer! où le beurre est aussi introuvable que le soufre rouge (1)! où le peu que l'on en trouve parfois, par pur hasard, semble être une apparition miraculeuse dont les riches seuls peuvent profiter! Que faire de cette graisse qu'on vend à Mourzouk comme unique ressource de cuisine? que devenir enfin dans un pays où le *cadb*, c'est-à-dire le trèfle des ruminants, est brouté par les hommes comme il l'est par les agneaux? Pâture délicieuse, certes! que les gourmands raffinés saupoudrent d'un peu de sel pour en faire un régal! Et puis encore, à peine a-t-on une poule pour un demi-mithcâl d'or, et dix œufs, quand on en trouve, pour un demi-ryâl! Quoi de plus? n'ai-je pas vu chez le câdi des femmes, des domestiques faire procès à des gens qui refusaient de leur donner à manger, et quoi? des dattes! Y a-t-il rien de plus misérable, de plus affamé que ces *djebbâd* ou pauvres hères qui

---

(1) Le soufre rouge est une substance merveilleuse; c'était la pierre philosophale. Les Égyptiens des temps pharaoniques savaient la préparer. Aujourd'hui, le secret de cet *œuvre*, le grand œuvre, est perdu.

tirent l'eau des puits et la jettent dans les rigoles d'arrosage pour abreuver quelques terres ensemencées, quelques bouts de champs de blé.

En vérité, il ne peut y avoir que les marchands qui aient sujet de louer Mourzouk; car ils y font des profits qui parfois s'élèvent jusqu'à mille pour cent.

La surface entière du Fezzân ne porte que cent et un lieux habités, et tout vit du dattier; il suffit à une foule de besoins; c'est la ressource générale. (Du reste, il est presque l'unique arbre du pays; à peine trouve-t-on, et encore vers les puits seulement, quelques tamarix.)

Sans le commerce, Mourzouk ne pourrait subsister. C'est le point de passage des caravanes du Barnau, du Ouadây, du Bâguirmeh et de tout le Soudan occidental et oriental. Les marchands d'Audjalah vont acheter des marchandises en Égypte et les transportent à Mourzouk; les marchands de Saukanah (1) s'approvisionnent à Tripoli de Barbarie, et vont ensuite à Mourzouk; de même encore les marchands de Ben-Ghâzy; ils tirent leurs marchandises de Tripoli et même de Constantinople, et les portent à la capitale du Fezzân. De cette manière, Mourzouk est un véritable centre commercial.

Le lieu de Saukanah, que nous venons de citer, est entre la régence de Tripoli et la capitale du Fezzân, aux deux tiers du trajet à partir de Tripoli, c'est-à-dire à seize jours de distance, voyage au pas de caravane. A une journée au delà de Saukanah, dans la direction ouest, se trouve Hoûn.

A Mourzouk, on préfère les esclaves amenés de Hauça,

(1) On prononce dans le pays sokna.

capitale de l'Afnau (1), aux esclaves amenés du Barnau, du Ouadây et de tous les autres pays à l'est de ces deux États. Partout les esclaves de Hauça sont les plus recherchés, et se vendent à plus haut prix que tous les autres. Ceux du Bâguirmeh, et après eux ceux du Barnau, sont plus estimés que ceux du Ouadây, mais moins que ceux du Soudan occidental.

Au Maghreb et au Fezzân, comme déjà nous l'avons fait observer, on n'applique le nom de Soudan qu'à l'Afnau, à Hauça, à Noufeh et aux contrées à l'ouest de l'Afnau. Quant au Barnau, au Ouadây et aux autres contrées du côté de l'est, on leur donne le nom collectif de *Bélâd-el-Abyd*, pays des esclaves.

Au Soudan occidental et au Barnau, Mourzouk est toujours appelée Zeylah. Pendant mon séjour dans cette ville, je cherchai à obtenir quelques renseignements historiques sur le pays, sur son origine; mais je ne pus recueillir que quelques informations de minime importance. Tout ce qu'on sut me dire, c'est que les *rois* du Fezzân étaient du sang des khalifes abbâcides; que ce Mountacer dont nous avons parlé, et que je vis à Mourzouk, prétendait aussi descendre de cette même souche; qu'un des Abbâcides, après que leur famille fut expulsée de Bagdad par les Tatârs, s'était enfui jusqu'au Fezzân, qu'il avait gouverné.

A Mourzouk passent les Touârig, les Touâty, voyageurs et commerçants de Touât qui est leur centre de résidence, ainsi que les caravanes des pèlerins tounbouk-

---

(1) Hauça est la capitale de l'Afnau; Noufeh et Kechnah sont les deux autres villes principales de la même contrée. (*Note verbale du cheykh.*) — Hauça est l'Haoussa des géographes européens.

POUDRE D'OR DU SOUDAN. ANECDOTE D'UN FEZZANAIS. 559

tiens, qui, de Mourzouk, se dirigent sur Audjalah, puis sur Syouah, et de là sur la province de Gyzeh et au Caire. Les caravanes du Tounbouktou apportaient autrefois à Mourzouk, comme matière commerciale ou monétaire, une assez grande quantité d'or en poudre, et d'or en fragments, en baguettes, ou en anneaux. On préfère, au Fezzân, la poudre d'or, comme étant or natif et de pureté plus sûre. C'est cette poudre, apportée de Tounbouktou et d'autres localités du Soudan occidental, qui servait et qui sert encore de monnaie à Mourzouk. On pèse la poudre d'or au mithcâl, à fractions de mithcâl, pour les payements. Aujourd'hui, la quantité de l'or a considérablement diminué au Fezzân, et le plus souvent, selon l'importance des achats, on paye avec les douros, avec des quarts, ou moitiés, ou trois quarts de douros qu'on a coupés en quatre parties égales. (Pour les achats d'objets de mince valeur, on n'a d'autre moyen monétaire ou d'échange que l'orge et les dattes. Il ne s'y trouve pas de petites monnaies.)

Ce qu'il y a de frappant et d'admirable au Fezzân, c'est la bienveillance, la probité, la conscience des habitants, en paroles et en actions. J'en citerai un exemple.

Un Fezzanais avait dissipé sa modique fortune en folles dépenses, et était réduit à la misère. Quelques jours avant le départ d'une caravane pour le Soudan, il va couper un grand nombre de palmes de dattier, et en sépare les bases, qu'il garde et qu'il emballe ensuite avec soin dans de grosses toiles. Il en fait deux ballots qu'il coud et lie ensemble avec de fortes cordes. Ces deux ballots, qui semblent être deux charges de marchandises, sont placés par notre homme sur un chameau et transportés de suite à Mourzouk.

En entrant dans la ville, la douane ou octroi taxe le droit d'entrée à deux douros pour la charge, et on note que deux ballots de marchandises sont arrivés d'Égypte pour un tel. D'habitude, le droit de douane est de deux douros par charge, quelles que soient les marchandises, étoffes grossières, ou soie, ou cachemires, etc. On n'examine point quelles sont les marchandises, on n'ouvre jamais les ballots.

Le Fezzanais conduit la charge chez lui; ensuite il va trouver le vizir Othmân et lui dit : « Tu sais que demain une caravane part pour le Soudan; aujourd'hui il m'arrive deux ballots de marchandises; je ne puis pas les examiner et les réemballer pour demain; je serais en retard pour le départ. Prends-moi ces marchandises chez toi, garde-les comme gage, et prête-moi 200 *frânsah* (ou colonnates) pour la spéculation que je veux aller tenter au Soudan. A mon retour, je te rembourserai ma dette. — Très-volontiers, » dit Othmân.

L'autre va prendre les deux ballots, les charge sur un chameau et les transporte chez le vizir, qui les fait déposer dans une chambre à part. Les deux cents frânsah sont comptés au Fezzanais.

Le Fezzanais partit, il resta près de six mois absent. Sa spéculation réussit, et il revint avec une troupe considérable d'esclaves. Après s'être reposé quelques jours, il vendit ses esclaves; puis il s'empressa d'aller payer son créancier, et le remercia. Lorsque Othmân eut touché son argent : « Maintenant, dit le Fezzanais, aie la bonté de me remettre mon dépôt. » Othmân ordonne à ses esclaves de retirer les deux ballots ; on obéit. Mais le bois s'était desséché, les ballots, devenus très-légers, paraissaient moins bien remplis qu'ils ne l'étaient lors de la consignation, et le maniement faisait entendre un craquement singulier. Deux esclaves portaient sans gêne un ballot que la première fois trois et quatre esclaves ne pouvaient remuer. Le vizir, surpris, demanda ce qui était arrivé aux marchandises du Fezzanais. Il lui vint à l'esprit que peut-être des voleurs s'étaient introduits chez lui et avaient volé quelque chose du dépôt qu'il avait reçu, ou bien que ses esclaves eux-mêmes avaient soustrait quelques objets. Othmân ne savait que dire, et paraissait inquiet et confus.

Le Fezzanais le calma : « Ne t'inquiète pas; il n'y a rien de moins dans mes marchandises; elles sont comme je te les ai remises. Ce sont tout simplement des *kournâf* (bases de palmes de dattier). C'est là tout ce que je t'ai donné en gage. J'ai imaginé ce moyen pour obtenir de toi l'argent que tu m'as prêté. Dieu m'a favorisé dans ma spéculation ; je t'ai rapporté tes deux cents frânsah, et je te remercie de ta bonté. Que Dieu t'en récompense! — Je suis heureux de t'avoir été utile. Tu me donnes la preuve de la probité la plus scrupuleuse et la plus pure ; Dieu t'a gratifié de cette vertu au plus haut degré. Désormais, ma fortune, mon argent sont à ta discrétion; toutes les fois que tu auras besoin d'en user pour ton commerce, pour tes voyages, je veux que tu viennes me demander les sommes qui te seront nécessaires. »

De ce jour, le vizir et le Fezzanais devinrent et restèrent toujours sincèrement amis.

Ce fait prouve la vérité de cette tradition reçue du saint Prophète arabe : « La bonne foi est l'arche du salut (1). »

(1) *Voy.* note 71.

CHAPITRE V.

Préparation au départ de Mourzouk. — Rivalités et guerre des Arabes Bény-Soleymân. — Moyen employé par le pacha de Tripoli pour la terminer. — Départ de Mourzouk. — Vallée de Chiâty. — Assemblée délibérante. — Départ pour Tripoli. — Le Ghirîân ; hospitalité ; régal. — Jardins. — Caractère des Arabes Bichr ; habitudes de rapines. — Arrivée à Tripoli. — Menchyeh. — Départ de Tripoli. — Djirbeh. — Safâkès ; rusticité des Safâkésains ; jardins ; fruits. — Castel du village d'El-Djemm.

Mon séjour à Marzik se prolongeait ; c'était la longueur de la vie de l'aigle Loubed (1). J'étais ennuyé, fatigué d'attendre ; et, Dieu le sait, j'avais l'esprit toujours par monts et vallées. J'aurais voulu avoir des ailes pour m'enfuir au plus vite ; partir était tout ce que je désirais.

Mais comment faire ? Les Bény-Seyf-el-Nasr, tribu des Bény-Soleymân, infestaient la route, détroussaient, dépouillaient, ou même égorgeaient les voyageurs, rendaient impossible toute traversée, suspendaient tout départ de caravane.

Je cherchais partout, à chaque heure, quelque compagnon de voyage qui pût me servir de sauvegarde et d'appui ; je n'en trouvais pas. Enfin, le cheykh Mohammed-Bou-Csayçah, de Tripoli, vint chez moi, et de

(1) *Voy.* note 72.

premier abord : «Allons! mon ami, me dit-il, préparetoi; tu vas partir. Voici une bonne occasion de mettre fin à tes ennuis. — Laquelle? répondis-je, mon vénérable cheykh, laquelle? — Il vient d'arriver ici un des plus hommes de bien que je connaisse, le cheykh Bou-Bekr-Bin-Rououyn, cheykh révéré pour sa piété, honoré et respecté par toutes les tribus des Arabes Bény-Soleymân. C'est lui que Yoûcef, pacha de Tripoli, a choisi comme médiateur et qu'il a chargé du soin d'étouffer la guerre qui agite les deux tribus ennemies des Bény-Bichr et des Bény-Seyf-el-Nasr.—Mais qu'est-ce donc que cette guerre? demandai-je à Bou-Csayçah, et pourquoi Bou-Bekr-Bin-Rououyn vient-il ici? — Voici l'affaire en peu de mots. Bou-Bekr vient ici envoyé par Yoûcef-Pacha. Il a l'ordre d'emmener sous sa sauvegarde, à Tripoli, les principaux des Bény-Bichr, tribu aussi des Bény-Soleymân. Car ces Bény-Soleymân se sont séparés en deux branches, la tribu des Bichr et la tribu, plus nombreuse et plus puissante, des Seyf-el-Nasr. Ceux-ci ont voulu dominer les Bichr, quoique les uns et les autres soient issus de deux frères dont chaque tribu porte le nom. De là une guerre dans laquelle les Seyf-el-Nasr furent vainqueurs. Les Bichr, battus, laissèrent un certain nombre de morts sur le champ de bataille. Forcés de s'enfuir, ils n'eurent d'autre parti à prendre que de se réfugier sur le territoire du Fezzân, et de se placer ainsi, en quelque sorte, sous la protection du sultan fezzanais.

» Dès lors, les Seyf-el-Nasr infestèrent les routes, pillèrent les caravanes, et se mirent par là en hostilité flagrante avec le pacha de Tripoli. Yoûcef envoya contre eux des troupes, et ces troupes furent battues ; une seconde expédition fut encore battue. Yoûcef-Pacha, étonné et embarrassé, consulta ses vizirs ; et il lui fut conseillé d'appeler auprès de lui les Bichr retirés dans le district de Chiâty, de se les attacher par des largesses et par des procédés de bienveillance, et de les décider à une nouvelle guerre contre les Seyf-el-Nasr. — Mais qui pourrais-je employer à cette négociation? dit le pacha. — Le plus sûr est de la confier à Bou-Bekr-Bin-Rououyn. » Aussitôt Yoûcef envoya appeler Bou-Bekr. Celui-ci se rendit à Tripoli (1). Le pacha le reçut avec toute la déférence possible, lui fit des présents, ensuite l'informa de ses intentions et lui expliqua le but de la négociation qu'il voulait lui confier. Bou-Bekr accepta la mission, et promit d'amener à Tripoli les principaux des Bény-Bichr.

» Yoûcef donna au cheykh un firman dans lequel il promettait, par serment, toute sécurité aux Bichr qui viendraient à Tripoli, et annonçait qu'il les traiterait avec honneur et générosité.

» Bou-Bekr, muni de cette pièce, se rendit au Fezzân, et il vient d'arriver ici. Je crois que c'est la meilleure occasion de départ que tu puisses espérer. Joins-toi à cette ambassade, arrange-toi avec ces compagnons de voyage. Tu seras sous la protection et la sauvegarde de Bou-Bekr ; c'est un homme de religion et de conscience.

— Que Dieu te conserve ! répliquai-je, transporté de joie. Présente-moi à ce brave cheykh Bou-Bekr, afin

---

(1) Bou-Bekr, et plus régulièrement Abou-Bekr, habitait du côté des Arabes Tarhoûneh, dans les montagnes de ce nom, au sud-ouest de la régence de Tripoli.

que je puisse un moment m'entretenir avec lui et connaître quelles sont ses intentions relativement à notre voyage. — Volontiers! nous le verrons un peu après l'asr (vers quatre heures après-midi). Prépare-toi, prépare-toi à sortir de Mourzouk, de cette prison.

A l'heure convenue, je me rendis chez Bou-Csayçah, et j'y trouvai un homme vénérable parmi les Arabes et d'un extérieur noble et distingué; c'était Bou-Bekr lui-même. Dès que j'entrai : « Voici, lui dit Bou-Csayçah, voici un Tunisien que je veux te recommander et placer sous ta protection. — Très-bien ! répondit Bou-Bekr; protection, attention, appui, secours, tout ce que tu désireras. — Et as-tu, me dit aussitôt Bou-Bekr, beaucoup de bagages, une grande suite?— Oui, répondis-je ; j'ai un bagage assez considérable. — Alors, le mieux est que tu partes d'ici avant moi, et que tu ailles m'attendre au Chiâty. Je ne resterai à Mourzouk que quelques jours. — Mais comment saurai-je où et chez qui tu descendras dans le Chiâty? — C'est chose facile; et tu ne seras gêné ni inquiété par rien. » Il m'écrivit aussitôt deux mots de lettre pour le chef suprême de la tribu des Bichr, stationnés dans le Chiâty. Ce chef s'appelait aussi Bichr ; Bou-Bekr se borna à tracer ce billet :

« Lorsque tu recevras cette lettre, traite honorable-
» ment celui qui te l'aura remise. Aie soin de lui jus-
» qu'à mon arrivée. Je te salue, toi et tous ceux que tu
» aimes. »

Ensuite Bou-Bekr me désigna un guide pour la route. Le lendemain je quittai cette ignoble et ennuyeuse ville de Mourzouk; dès le matin nous étions sur le chemin qui devait nous conduire à la station des Beny-Bichr.

Mon guide me servait de compagnon, d'ami, de délassement, de distraction, nous allâmes ainsi pendant quatre jours. Le cinquième, arrivés dans le Chiâty, nous aperçûmes le stationnement des Bichr, tribu brave, toujours prête à tout événement : attaque, défense ou capture.

Nous nous dirigeâmes droit à la tente de Bichr, le chef de la tribu, et nous lui remîmes la lettre de Bou-Bekr. « Sois le bien-venu ! me dit Bichr ; tu es ici comme chez toi. » Et il m'indiqua un endroit près de ses tentes pour placer mes bagages et mes esclaves. En quelques instants, je fus établi comme un enfant de la tribu. Bichr me traita grandement; aussi, j'attendis sans impatience l'arrivée de Bou-Bekr.

Le district de Chiâty, où les Bény-Bichr étaient installés depuis quelque temps, est assez resserré, et se désigne souvent par le nom de Ouâdy (vallée). C'est en effet une vallée toute semée de tamarix, très-ombragée. Je n'y aperçus qu'un seul village, à quelque distance des tentes des Bichr.

Dominés et tourmentés par leurs cousins les Seyf-el-Nasr, les Bichr, comme je l'ai dit tout à l'heure, avaient été forcés, après une lutte violente, d'abandonner leurs stations primitives, pour chercher au loin une autre résidence. Audacieux, intrépides, les Seyf-el-Nasr, vainqueurs des Bichr, s'étaient rendus redoutables. Postés entre le Fezzân et la régence tripolitaine, dévaliseurs perpétuels et guetteurs attentifs, ils ne quittaient plus l'arme du pillage ou de la guerre, ils faisaient victime ou profit de tout.

On vient de voir quel moyen Yoûcef-Pacha employa

pour tenter de les réduire et de purger de leur présence les routes des caravanes. Il recommanda spécialement à Bou-Bekr de décider Bichr lui-même, avec ses plus intimes amis, à entrer dans le projet combiné contre les brigandages interminables des Seyf-el-Nasr. Yoûcef promettait aux Bichr le secours et l'appui d'un corps de troupes, leur promettait aussi ses bienfaits et sa protection, s'ils voulaient combattre les Seyf-el-Nasr, les poursuivre jusqu'à extinction et les réduire aux abois. Bou-Bekr accomplit sa mission. Il vint trouver Bichr, et lui communiqua les propositions de Yoûcef-Pacha.

J'attendais Bou-Bekr depuis cinq jours lorsqu'il arriva au Chiâty. Ces cinq jours, malgré l'embarras de mes esclaves femmes et hommes, passèrent rapidement. J'étais loin de Marzik; le voyage m'avait ragaillardi; et puis je trouvais à acheter, à mon gré, parmi les Bichr, du lait et de la viande. Mes chameaux avaient bon pâturage, herbe fraîche et abondante.

A l'arrivée de Bou-Bekr, la tribu se réunit en conseil général pour délibérer. Grands et petits, jeunes et vieux, tous se disposent à examiner la circonstance actuelle et à discuter sur la situation. (Je me rappelle toujours avec plaisir l'impression que produisirent sur moi cette assemblée, la liberté avec laquelle tous les membres de la tribu exposèrent leurs réflexions, leurs opinions.) (1) Des jeunes gens, des enfants de douze à quinze ans, aussi bien que les révérends de la tribu, obtinrent voix délibérative et furent écoutés sans trouble et sans indifférence; tous donnèrent leur avis, exprimèrent leur

---

(1) Observation reçue verbalement du cheykh.

pensée; tous prêtaient à celui qui parlait une égale attention, pesaient sans faire distinction d'âge, les motifs et les observations des opinants et y répondaient. On ne repoussait et ne méprisait aucun avis.

(C'était chose merveilleuse, et j'en conserverai toujours le souvenir, de voir comment les vieillards écoutaient les réflexions, les paroles d'enfants, imberbes et peut-être à peine pubères. Jamais assemblée ne m'a plus fortement, plus profondément ému. Dans aucun pays du monde, je crois, pareilles choses ne se rencontrent. Une assemblée si calme, si attentive, si grave, assemblée représentant tous les âges, pour traiter une question d'intérêt général, une question qui touchait à tous les intérêts et à tous les rangs des hommes de la tribu, est un modèle à suivre, à imiter, pour tous les peuples de la terre. J'ignore comment se tiennent et se comportent les assemblées délibérantes en France, en Angleterre; mais je suis persuadé que vous autres, Français et Anglais, vous pourriez bien aller prendre une leçon de gravité et de liberté, un exemple pour la forme des délibérations publiques, dans le désert de l'Afrique, là où sont ces enfants de la tribu des Bichr. Il y a des sauvages qui ont du bon; il y a des brutaux qui ont de la sagesse; il y a des ignorants qui en remontrent aux savants; comme, dans le désert, il y a quelques oasis, quelques stations verdoyantes.) (1)

Les conclusions de l'assemblée furent que quelques-uns des principaux de la tribu se rendraient à Tripoli

---

(1) Ces remarques, je les ai reçues de la bouche du cheykh; il me les fit avec une certaine animation que je vois encore, et je les écrivis sur-le-champ.

avec Bou-Bekr, et que les autres resteraient à Chiâty. Dès le lendemain de cette décision, on s'occupa de préparer les provisions de voyage, les outres d'eau, et d'augmenter les rations des chevaux pour les disposer à mieux supporter les fatigues du trajet. Ces préliminaires durèrent cinq jours; le sixième, la caravane était en route pour Tripoli, marchant à la garde de Dieu. Nous n'avions avec nous que vingt Arabes de la tribu, qui s'adjoignirent à Bou-Bekr pour aller se présenter à Yoûcef-Pacha.

Nous fûmes hors des frontières du Fezzân après deux jours de route. Le troisième jour nous entrâmes dans d'immenses plaines à perte de vue, mais inondées de verdure, couvertes d'arbres verts ou secs.

Pendant toute la traversée, les Bichr de notre caravane n'eurent d'autre conversation que les récits de leurs incursions, de leurs batailles, de leurs pillages. « Vous rappelez-vous, disait l'un, le jour que nous fîmes telle expédition, que nous fûmes attaqués par telle tribu? Comme les cavaliers fondirent sur nous à telle rencontre! C'est ce jour-là qu'ont succombé un tel et un tel. C'est là que j'ai étendu mort un tel; toute la tribu m'a vu à ce fameux coup qui l'a renversé roide. » Nous n'entendîmes d'autre conversation, d'autres récits que ces aventures des Bédouins du désert.

Nous voyageâmes pendant quinze journées dans ces plaines, riches de pâtis et de verdure. Constamment quelques-uns de nos Arabes étaient en avant, en vedettes actives, gravissant les hauteurs, flairant l'horizon sur tous les points, examinant s'ils n'avaient point à craindre quelque surprise, s'ils n'apercevaient personne. Ensuite ils revenaient à nous, nous accompagnaient jusqu'à ce qu'un nouvel accident de terrain s'offrît de loin et exigeât une nouvelle exploration.

Le seizième jour nous entrâmes dans le pays de Ghiriân, pays bien boisé et orné de jardins, de sites pittoresques et sauvages, de sources d'eau, d'étangs et de flaques considérables; riche de grandes cultures de safran, de fruits de diverses espèces. Le Ghiriân est à environ dix journées de Tripoli, sur les terres même de la régence, à l'ouest.

Les Ghirianiens sont bons, généreux, hospitaliers, pleins de prévenance et de cordialité. Ce qu'il y a chez eux de singulier, c'est que toutes leurs demeures sont construites sous terre; on n'aperçoit sur le sol de leurs villages que les mosquées et les minarets, ainsi que les maisons où ils hébergent les étrangers et les voyageurs.

Tant que nous fûmes dans le Ghiriân, nous nous arrétions le soir à un village; au fort de la chaleur du jour, nous faisions halte à une station; partout où nous nous réposions, nous étions reçus avec la plus avenante bienveillance, avec la plus facile générosité. Mais la chère était peu attrayante, au moins à mon goût. Je ne pouvais guère manger qu'une partie des viandes qu'on nous servait; pour le reste, il m'était impossible d'y faire fête. Car le grand mets des Ghirianiens, leur grand régal, est une solide bouillie ou pâtée arrosée d'huile et assaisonnée avec de la marmelade de dattes. Inhabitué que j'étais à l'usage de cette bouillie épaisse, je ne pouvais aller au delà de deux bouchées; j'étais étouffé.

Nous mîmes cinq jours à traverser le Ghiriân. Nous

débouchâmes ensuite sur des plaines comme celles que nous avions parcourues au sortir du Fezzân, à la différence que nous y trouvâmes çà et là quelques stations de bédouins arabes. Nous étions depuis longtemps hors de tout danger, sans autre crainte que la crainte de Dieu.

Le vénérable Bou-Bekr avait pour moi les plus soigneuses attentions; il me traitait généreusement, m'obligeait de manger avec lui, m'accablait d'égards, s'épuisait en éloges sur moi, me chargeait de faire l'imâm dans nos prières, me consultait, et acceptait mes avis et mes opinions sur une foule de questions jurisprudentielles et de questions de théologie.

Quant aux Bichr qui nous accompagnaient, ils me parurent tellement vides de religion, tellement indifférents en matières de foi et de loi que j'en étais révolté. Jamais ils ne font une prière, rien pour eux n'est répréhensible ni défendu, pour eux crime et vertu sont au même tarif. Un Bichr, dans tous ses serments, jure toujours par les trois promesses de divorce multipliées par trois et suivies de trois. (Le musulman qui, pour quelque motif que ce soit, jure qu'il répudie sa femme *par trois*, s'il fait tel acte, doit la répudier par trois répudiations, aussitôt qu'il exécute ce dont il a juré de s'abstenir. Les Bichr, par une hyperbole de la forme ordinaire du serment, jurent *par trois* multipliés par trois plus trois.) (1) Un Bichr se glorifie toujours du nombre d'ennemis qu'il a tués, de ses pillages; toutes prouesses qu'il regrette par cela seul qu'elles sont pas-

---

(1) L'explication des formes de la répudiation, et des serments chez les musulmans, demanderait de longs détails. Je renverrai aux vol. II et III du *Précis de jurisprudence musulmane*, que j'ai traduit de l'arabe. P.

sées, et dont il désire et demande chaque jour le retour.

A ces sortes de récits et de bravades, je disais aux Bichr : « Mais de pareilles œuvres et une pareille vie sont criminelles, réprouvées de Dieu. Renoncez à ces habitudes de mal; corrigez-vous. — Oh! nous autres, nous sommes *gens de prohibitions*, c'est notre vie à nous, nous vivons de ce qui est défendu. Il nous faut de tels coups, de telles curées. Ce sont profits que Dieu nous envoie, et c'est pour que nous en jouissions, pour que nous en vivions, qu'il nous a plantés bédouins et nous a donné notre patrie dans ces déserts. » Je leur lisais certains versets du Coran; je leur citais des maximes du Prophète, toujours à propos des habitudes de meurtre, de brigandages, de spoliations; et les Bichr me riaient au nez, traitaient de puérilités et de plaisanteries mes citations et mes remontrances. La meilleure preuve que mes sermons n'aboutissaient à rien, c'est qu'un jour un Bichr, appelé Katâr, me dit : « Eh! mon brave cheykh, tu es bien heureux d'être ici sous la recommandation de Bou-Bekr-Ibn-Rououyn, sans cela nous nous serions déjà emparés de tout ce que tu as de chameaux et d'esclaves. »

En un mot, ces tribus n'ont rien de sacré; c'est le comble de l'impiété et de l'irréligion; vieux et jeunes, tous sont de même. Les exceptions sont presque introuvables, elles portent à peine sur quelques vieillards cassés et décrépits. Ce que ces tribus ont de l'islamisme, se borne à peu près aux deux termes qui composent la profession orthodoxe de foi : « Je confesse qu'il n'y a de Dieu que Dieu, — et que Mahomet est son Prophète. »

Les discours, la société de tels hommes me faisaient mal. Mais il me fallait rester ; je me disais ce vers :

« Ces gens-là, je les avais pour compagnons, non pour amis; il faut bien que le chasseur reste en compagnie avec des chiens. »

Heureusement ce ne fut pas pour longtemps. Quand nous traversâmes le Ghiriân, je me préoccupai moins de ces Bichr; j'admirais la richesse et la fertilité du pays. Et puis, j'étais poursuivi par l'idée des étouffantes bouillies, affreuses pâtées reparaissant presque à chaque pas pour menacer d'étrangler l'infortuné voyageur. Cette bienheureuse contrée, patrie des bouillies, je lui tournai ces deux vers comme souvenir :

« Oh ! oui ! Ghiriân est un fameux pays ! quelle richesse ! quelle abondance !

» Là, le régal infaillible du voyageur..., c'est de la bouillie. »

Le Ghiriân est presque couvert de jardins fruitiers ou vergers et de jardins ordinaires, parcourus par de nombreux cours d'eau. Mais pas un voyageur n'en peut goûter un fruit autrement que par les yeux. (Quiconque s'aviserait de porter la main sur un seul fruit, serait assommé à coups de pierres ou à coups de bâton, ou serait tué d'un coup de fusil. Les produits de ces vergers et de tous ces arbres sont portés et vendus à Tripoli.) (1) J'ai encore dit, à cet égard, ces trois petits vers :

« Certes, le Ghiriân est un pays de jardins charmants,

» De jolis parterres émaillés de couleurs ; tout cela sourit à l'œil et à l'esprit.

» Mais que le voyageur en jouisse, en goûte, lorsqu'il passe par là, oh ! non ! »

Enfin, lorsque je vis les Ghirianiens habiter sous le

(1) Indication verbale du cheykh.

sol comme des enterrés, et à un cri qu'ils entendaient, sortir de leurs trous comme des revenants de dessous leurs tombes, il me vint en tête ces deux autres vers :

« Ces bons Ghirianiens, ils vous ont là pour demeures de vrais sépulcres ;
» Quand vous les voyez émerger, il semble qu'ils ressuscitent pour le jour du jugement dernier. »

Du Ghiriân nous nous dirigeâmes droit sur Tripoli... Nous y entrâmes vers le soir... Nous vîmes au-dessus de la porte, contre le mur, un homme pendu.

J'allai m'héberger dans une maison de Mohammed-Ibn-Yoûnès, un des secrétaires-intendants de Yoûcef-Pacha. A Mourzouk, j'avais déjà été logé dans une maison appartenant à ce même Mohammed.

Je ne restai que peu de jours à Tripoli. Je visitai la ville. Elle me parut beaucoup plus grande de réputation que de réalité. La population en pourrait tenir dans un des quartiers du Caire. La ville, avec la citadelle et les murs d'enceinte, entrerait sans gêne et sans laisser rien paraître en dehors, dans le quartier de Bardjaouân ; on pourrait encore la cacher tout entière dans le quartier d'El-Djouânyeh, au Caire. Les maisons de Tripoli sont semblables à celles des villes de province en Égypte, et se rapprochent singulièrement de ce qu'étaient les maisons d'Alexandrie avant que Mohammed-Aly n'eût fait restaurer et rajeunir cette dernière ville.

Tripoli n'a que deux portes, une vers le marché du mardi, c'est celle par laquelle nous sommes entrés, et une du côté de la mer. De ce dernier côté est une grande halle couverte, appelée le marché d'El-Ribâ. A toutes les issues de cette halle sont établies des portes, auxquelles sont postés des gardiens et des chiens de garde pour la nuit. Tous les marchands, ou à peu près, sont de l'île de Djirbeh; il y en a si peu de Tripoli, qu'on n'en tient pas compte.

Il y a encore le marché des Turks. Ce sont simplement deux rangs d'une quinzaine de boutiques chacun. Dans ce marché, on vend à la criée des habits et autres objets plus ou moins précieux. Enfin, il y a encore le marché d'El-Camleh, ou marché aux poux, où l'on vend seulement les vieilles défroques et les vieux objets de rencontre.

La plus belle mosquée de Tripoli, est la mosquée du pacha, en face du fort. Je suis entré dans ce fort ou espèce de citadelle; c'est tout au plus une redoute, qui m'a paru une défense à peu près aussi bien combinée qu'une maison des anciens kâchef d'Égypte. Elle ne vaut pas une maison d'un bey d'Égypte, et à plus forte raison celle d'un pacha.

A l'époque où j'étais à Tripoli, la valeur monétaire courante s'exprimait en termes extrêmement minimes. Ainsi le ryâl de Tunis, qui est estimé à un tiers de douro d'Espagne, ou un tiers du talari ou thaler autrichien, se traduisait par six cent cinquante ryâl de Tripoli. (Je dis *se traduisait*, ou *s'exprimait*, parce qu'en réalité il n'y avait pas de monnaie effective dite ryâl de Tripoli; c'était une simple appréciation verbale, fictive, passée alors en usage, et par laquelle on indiquait une valeur comprise par les Tripolitains. *Explication orale du cheykh.*)

A Tripoli on ne trouvait guère, comme mets tout préparés, que du *tourchy* de Bâdindjân, c'est-à-dire des pommes tomates confites dans le vinaigre ; pour les Tripolitains c'est un mets fin et recherché. On pouvait se procurer un dîner inpromptu, en achetant un pain de cinquante ryâl et du tourchy pour cinquante ryâl. Qui voulait se régaler de *kébâb* (morceaux de viande gros comme une noix passés à une brochette et rôtis sur la braise), ou se régaler de viande cuite dans son jus, ou bouillie, devait sacrifier au moins six cents ryâl.

Entre Tripoli et Menchyeh se tient, en plein vent et le mardi de chaque semaine, un marché où se rendent une foule considérable de bédouins, d'individus de Tripoli et de la banlieue, d'habitants de Menchyeh ; à peine peut-on avancer sur la place du marché, tant est grande la multitude. Les marchands d'étoffes, de tarboûch, etc., sont réunis en un même endroit et sur une ligne ; les marchands de drogueries forment une autre ligne, et les bouchers en forment une troisième. Ceux-ci égorgent et vendent, ce jour-là, une quantité extraordinaire d'excellents moutons. La viande des étals est magnifique et fait plaisir à voir. Ce jour-là, presque toute la population de Tripoli se régale de viande fraîche. Les autres jours, généralement, on s'en passe. Il n'y a guère que les gens de quelque aisance qui envoient encore chercher de la viande au marché du vendredi, à Menchyeh, à environ un quart d'heure seulement de Tripoli.

Menchyeh est une ville d'une assez grande surface, plus longue que large. On ne la traverserait, dans sa plus grande longueur, qu'en quatre heures environ. Les maisons sont construites dans le genre des villes de province en Égypte, excepté cependant les demeures ou castels des grands. La raison de la grande étendue de Menchyeh est que presque chaque maison est une sorte de métairie, ayant un jardin avec des arbres, des dattiers et des terres de labour. Les habitants sont presque tous des Arabes bédouins d'origine.

Pendant mon séjour à Tripoli, je me décidai à vendre ce que j'avais amené d'esclaves, et à en réaliser la valeur en argent net; car alors il y avait en chargement au port un bâtiment qui se disposait à faire voile pour la Turquie, et les esclaves étaient à bon prix sur la place. Excepté une seule esclave bâguirmienne que j'aimais et qui s'appelait Zeîtoûn, je vendis ma pacotille. Ensuite je changeai, chez un juif, mon argent pour de la monnaie tunisienne.

Je m'embarquai sur une grande barque pour Tunis. Le troisième jour de traversée, ou plutôt de cabotage sur la côte, nous touchâmes à l'île de Djirbeh. Nous y descendîmes et nous achetâmes quelques provisions de bouche, mais à un prix bien plus élevé qu'à Tripoli.

Puis nous démarrâmes, et nous navigâmes sur Safâkès (Sfâkès, selon la prononciation des Mohgrébins). Nous y abordâmes deux jours après notre départ de Djirbeh. Nous descendîmes à terre; il était une heure et demie après le coucher du soleil. Nous ne connaissions personne dans la ville, nous ne savions où prendre gîte. On nous conduisit à un okel, lieu destiné à recevoir les voyageurs, près de la *Porte de la mer*, *Bâb el-bahr*. Nous y passâmes la nuit la plus détestable, en vrais étrangers abandonnés et ne sachant où s'installer, où se fourrer, dans des chambres inondées de poussière et que nous ne pûmes nettoyer; car il était nuit close. Il eût été vingt fois préférable de rester dans notre barque. La nuit nous parut d'une interminable longueur, en proie que nous étions à toutes sortes d'insectes, puces, cousins, etc. Il nous semblait que l'aube ne viendrait jamais nous annoncer le jour, que jamais la nuit n'emporterait ses ténèbres. Du plus tôt que nous le pûmes, nous nous enfuîmes de nos lits comme des voleurs, et nous nous empressâmes de faire nos prières, prières à voix haute et prières à voix basse (1).

J'allai visiter la ville de Safâkès et ses marchés. Les habitants sont de véritables brutes, de vrais ânes sauvages, ne répondant à nulle question, n'entendant rien, pures bêtes de somme sous forme humaine; à peine y a-t-il quelques exceptions. Les Safâkésains se nourrissent de pain de maïs et de pain d'orge. En guise de viande, ils font une grande consommation de fretin ou poisson qu'ils appellent *sabârès* et qu'en Égypte on appelle *biçârieh* et *syr* (2).

Il y a presque à s'étonner que Safâkès ait pu produire des ulémas, des écrivains distingués, des poëtes. Cependant elle en a produit plusieurs, tels que Aly-Holayk, le cheykh Macdych, le cheykh Aly-Ghourâb, érudit des plus renommés, dont la réputation est répandue et le mérite reconnu dans toute la régence de Tunis. Aly-Ghourâb est auteur de charmantes pièces de vers, de jolies poésies fugitives en vers détachés, comme sentences, pensées isolées, etc. N'était la crainte de prolonger ce récit déjà trop long, j'en citerais quelques fragments, quelques vers, comme

---

(1) *Voy.* note 73.
(2) *Voy.* note 74.

échantillon de ces compositions pleines de sentiment, de finesse, d'esprit et de goût.

Safâkès est remarquable par le grand nombre de ses jardins, par ses plants d'arbres fruitiers. La pistache verte y est abondante ; cette variété de pistache est préconisée, dans l'ancienne médecine, comme fruit doué de propriétés favorables au perfectionnement de l'intelligence et de l'esprit, comme substance dont la vertu développe les facultés mentales, surtout chez les enfants. Les amandes, les mélongènes, et surtout le melon *roûmy* ou grec, sont également abondants dans les jardins de Safâkès. Les amandes sont de celles qu'on appelle, en Égypte, *ferk*; c'est une variété facilement déhiscente, c'est-à-dire que le moindre effort des doigts les ouvre en deux. Le melon roûmy, à Safâkès, est plus doux que le sucre même.

Le poisson, à Safâkès, est à vil prix, presque pour rien. Nous y achetâmes des sabârès par tas de cinq à six livres pesant, et chaque tas ne valait qu'un kharroûbeh ou quatre nasryeh, ou un quart de ryâl tunisien. Le gros poisson se vendait au poids, ou à l'œil et à la pièce, mais toujours à bas prix.

J'ai visité à Safâkès plusieurs mosquées; la plus considérable est dite la Grande-Mosquée. Elle a à peu près la même étendue que la mosquée El-Azhar, au Caire; mais elle est toujours déserte, excepté aux heures des prières (c'est-à-dire qu'il ne s'y donne aucune leçon).

Safâkès a un petit bazar où j'ai remarqué deux boutiques de médecins. Une de ces deux boutiques est assez grande ; il y avait là un certain nombre de livres que le médecin propriétaire tenait devant lui ; à côté était une balance à peser les médicaments. L'intérieur de la case était garni de bouteilles et de flacons. Je demandai à ce médecin en boutique ce qu'étaient les livres qu'il avait devant lui. « Ce sont, me dit-il, mes livres de consultation ; j'y cherche quelles sont les maladies sur lesquelles on vient me questionner, quels sont les remèdes à employer, quelles sont les quantités qu'il faut prendre des diverses drogues. »

Nous nous reposâmes trois jours à Safâkès. Je pris à louage deux mules de poste, et, le quatrième jour, au matin, nous nous mîmes en route pour Tunis. Nous partîmes à la pointe du jour, munis des provisions de viatique nécessaires pour cinq postes, autrement pour cinq journées de marche. Nous arrivâmes au terme de ce voyage vers trois ou quatre heures après midi.

Dans ce trajet de Safâkès à Tunis, ce que je vis de plus remarquable, ce fut le village d'El-Djemm avec son vieux castel aux grandes et hautes murailles, sorte de tour d'une hauteur presque inouïe et d'une construction parfaite. Les murs sont percés de nombreux créneaux à ouvertures étroites perpendiculaires, et pratiqués lors de la construction de la tour. Ces créneaux ressemblent à ceux qu'on observe dans certaines bâtisses de villages et derrière lesquels les paysans se mettent en défense lorsqu'un ennemi vient les attaquer. Ce sont de véritables meurtrières pour les fusillades (1).

Le castel était à ciel découvert, sans couverture qui le fermât, et aussi sans escalier. Je demandai à mon

(1) Cette vieille construction est très-probablement l'amphithéâtre d'El-Djemm, dont Shaw parle dans ses voyages.

muletier ce que c'était que cette construction. « C'est, me dit-il, un donjon des temps du paganisme, et bâti par les Amalécites. Il fut élevé par une femme qui y établit sa résidence. Elle s'installait ordinairement au sommet, et là elle passait les jours à filer du lin, et filait tant et si bien, que ses fils s'alongeaient du haut du château jusqu'en bas. »

A Tunis, je cherchai à savoir ce qu'était le castel d'El-Djemm; je ne pus avoir aucun renseignement satisfaisant.

A El-Djemm, nous ne trouvâmes rien à plus bas prix que la figue épineuse (le fruit du *cactus opuntia*, Linnæus). J'en achetai pour un quart de ryál tunisien, et j'en eus la charge d'un âne. Nous en mangeâmes tous à satiété, et nous en jetâmes encore.

CHAPITRE VI.

Arrivée à Tunis, et ensuite à la ferme de mon père. — Mon père vid[...] céinture et garde mon argent. — Regrets. — Le marabout Omar. — Mon père me communique son projet de retourner au Ouaday. — Il part. — Présents pour le sultan Sâboûn. — Mort de mon père. — Je me mets en route pour le Ouaday. — Arrivée à Mourzouk. — Départ pour le Ouaday. — Je rencontre l'oncle Zarroûk. — Discussion. — Conciliation. — Retour à Tunis. — Je pars pour le pèlerinage. — Visite à Cairaouân. — Arrivée à Alexandrie, à Rosette, au Caire. — J'achète une Abyssinienne.

Nous approchâmes bientôt de Tunis. Nous l'apercevions de loin, éblouissant les yeux par son excessive blancheur, par les vitres miroitantes de ses maisons, par ses avant-toits revêtus de fer-blanc, par ses coupoles couvertes de tuiles demi-cylindriques et enduites d'un vernis vert.

Nous arrivâmes, c'était un jeudi matin, dans le premier tiers du mois de Châbân (le huitième mois de l'année musulmane). Nous descendîmes à l'okel des voyageurs de Safâkès.

Aussitôt, je louai deux ânes; j'arrangeai et liai sur ces ânes mes ustensiles et objets de cuisine et de literie, et nous montâmes, moi sur l'un de ces ânes, mon esclave concubine sur l'autre. Nous pénétrâmes dans l'intérieur de la ville, demandant où demeurait mon père. On nous apprit que la maison était fermée et que mon père était à sa *sânieh*, c'est-à-dire, en langage de Tunis et de Tripoli, à son *jardin*, à son *potager*. (*Sânieh* se dit encore des puits par lesquels on arrose les jardins ou les champs, surtout au Fezzân. On tire l'eau de ces puits par le secours d'un taureau qui s'approche et s'éloigne alternativement, pour laisser descendre et ensuite pour remonter la corde à laquelle est attaché le seau. Le mot *sânieh* est un mot dérivé du verbe *sanâ*, aoriste, *yousnou*, qui signifie arroser, tirer de l'eau d'un puits. Ce verbe se trouve employé dans le vers suivant d'un rimeur bédouin, écrit en style vulgaire; lequel vers, pris dans une acception proverbiale, s'applique à celui qui amasse, et qui, sans savoir comment, perd ce qu'il amasse :

« Je tire de l'eau ; mais mon réservoir est donc troué ! je ne sais par où s'échappe mon eau. »

Je m'informai de l'endroit où était la sânieh de mon père, et du chemin par lequel on pouvait y aller. On m'apprit qu'elle était à un endroit appelé Djafar, et qu'il fallait, pour s'y rendre, sortir par la Porte Verte, qui conduit au chemin du village d'Aryâneh. Nous suivîmes cette indication, et à midi nous arrivions à la sânieh. Nous entrons. Un esclave nous aperçoit, et me demande qui je suis. « Je suis voyageur, hôte de Dieu, répondis-je ; je viens du Ouadây. » Ces seuls mots suffirent pour me faire reconnaître. Les esclaves coururent m'annoncer à mon père, qui alors travaillait au jardin avec ses gens : il avait encore une douzaine de concubines, cinq servantes esclaves et deux esclaves noirs, l'un appelé Khamys et l'autre Sâdân ; de plus, il avait donné à sa mère une jeune esclave, qui la servait.

Mon père arrive à la hâte. Il me reconnaît, me salue; je lui baise la main, il m'emmène, nous entrons dans la maison qu'il habitait, et de suite accourent mes deux cousines, filles de feu Mohammed, avec ma sœur, née de cette concubine favorite qu'avait mon père au Dârfour, et qui fut laissée à mon oncle Zarroûk au Ouadây. Toutes les trois viennent à moi, me félicitent de mon retour. Arrive encore ma grand'mère, qui me fait ses compliments et ses politesses et m'accable des marques de sa bienveillance.

Quelques instants après, on sert à manger. Le repas fini, je raconte à mon père les circonstances de mon voyage, et tout ce qui s'était passé pendant mon absence, depuis le jour qu'il partit du Dârfour pour le Ouadây, jusqu'à mon arrivée à Tunis. Mais je ne parlai pas de l'argent que j'avais avec moi ; j'avais aussi recommandé à ma concubine de n'en rien dire à qui que ce fût.

Vers le soir mon père me fit préparer un bain. Lorsque le bain fut prêt, on m'apporta un vêtement neuf à la mode tunisienne. Puis : « Va, me dit mon père; prends ton bain; cela délasse; nettoie la poussière du voyage. » J'obéis. Une esclave enlève les habits que je viens de quitter et les emporte avec elle. Mon argent était dans ma ceinture, c'était des *mahboûb* d'or d'Égypte et de Constantinople, et quelques ryâl de Tunis. Mon père, en prenant la ceinture, la trouve un peu pesante; il l'ouvre, la vide dans son giron, et va en enfermer le contenu dans un cabinet, sans compter, sans rien examiner. Et moi, j'étais dans le bain; je ne vis rien de tout cela.

Je sortis de l'eau, je m'habillai; je pris ma ceinture

pour m'en ceindre les flancs... Elle était vide comme le cœur de la mère de Moïse (1). Je restai confondu, consterné; la joie de mon retour fut évanouie, car j'espérais, après quelques jours passés en repos avec mon père, acheter des marchandises convenables pour le Ouadây; je voulais retourner pour tenter la fortune et courir la chance de me faire un avenir un peu tranquille. Mais une fois mes petites richesses perdues, et cela par le fait de mon père, je me vis les ailes coupées et dès lors impuissant à reprendre mon vol... J'étais pétrifié, incapable d'articuler deux mots.

Ensuite, chose singulière! je me leurrai encore d'espérances : futiles, folles espérances! Je me figurais bonnement que mon père avait pris mon argent, non pour se l'approprier, mais pour me le conserver, pour me le rendre lorsque je le désirerais. Je me berçais de ces illusions, comme pour calmer la fièvre de regrets qui me tenait au cœur.

Quelques jours après, il nous vint à la maison un marabout de Masrâta, appelé Omar. Il était de la famille d'un cheykh renommé pour sa haute piété, du cheykh Ahmed-Zarroûk, le pôle des vertus, l'auteur du *Ouazyfeh* (recueil de prières qu'on peut lire en une heure ou une heure et demie, et qui correspondrait à ce que nous appelons *Heures chrétiennes;* celui qui lit le matin le *Ouazyfeh* de Zarroûk, reste nécessairement à l'abri de tout mal jusqu'au lendemain).

---

(1) Expression métaphorique prise de la tradition ou légende de Moïse. Quand la mère de ce prophète vit son fils exposé sur le Nil, elle perdit tout espoir, disent les Arabes; elle resta le *cœur vide de toute espérance.*

Le marabout Omar s'était lié d'amitié avec mon père, au Ouadây. Mon père fut ravi de recevoir le saint homme, l'accueillit avec empressement, le combla de prévenances et de soins. Il le logea dans la partie de notre maison que j'habitais. La conversation du vieux marabout me soulageait, me distrayait, car Omar était un homme de mérite, de science, d'éloquence, de sagacité, d'une grande réserve dans les manières et le langage, d'une éducation complète, d'une érudition riche et variée.

Un jour je m'avisai de lui parler de mon argent, de lui dire comment mon père s'en était emparé, et m'avait ainsi ruiné et laissé sans ressource. « Et je ne puis savoir, ajoutai-je, s'il se l'est approprié sans retour ou s'il me le garde en réserve. — Mon fils, me dit Omar, ce soir même je sonderai ton père sur ses intentions. »

Le lendemain matin, j'allai trouver le marabout et lui demander le résultat de son entremise. « Mon cher ami, me répondit-il, à peine je commençais à exposer à ton père ce que tu m'avais chargé de lui dire, qu'il fronça le sourcil, se contracta la face, et me répliqua d'un ton résolu : « D'où lui vient cet argent ? Cet argent
» est à moi, c'est mon bien. Si mon fils l'a gagné en
» travaillant la terre, c'étaient mes terres; en faisant
» le commerce, la somme première était à moi; si ce
» sont des bienfaits du sultan, c'est à cause de moi, en
» souvenir de moi qu'ils lui ont été accordés. Si mon
» fils revient encore sur ce sujet, je le chasse d'ici
» sans autres ressources que ce qu'il a sur lui. Je don-
» nerai un exemple de sévérité qui lui servira à lui et
» aux autres. » Je dus me taire; et d'ailleurs qu'avais-je

à lui répondre? Je ne dis pas un mot. » Les regrets prirent en moi une nouvelle amertune. Je me repentais bien profondément de n'avoir pas pensé à cacher mon petit trésor en lieu secret.

Quelques jours après, mon père m'appelle et me dit : « Je veux entreprendre un second voyage au Ouadây, en ramener mes enfants, ce que j'y ai de famille, voir et mettre en ordre mes affaires. Toi, tu demeureras ici, à la sânieh; je te l'abandonne avec les terres environnantes qui en dépendent, en retour de l'argent que j'ai eu de toi. Surveille ce petit domaine, fais le valoir, sème des arbres, laboure les terres labourables. Je te laisse tout ce qu'il faut pour cela : des bœufs pour le labour et l'arrosage, des instruments de travail; tu as, de plus, à l'endroit où nous conservons nos grains, une bonne provision d'orge pour la nourriture du bétail, et aussi une provision de blé pour les semailles et pour votre consommation à tous. Tu as encore les *khammâceh* ou ouvriers à cinquième (1); tu garderas avec toi mon esclave Khamys, et l'esclave femme de Sâdân et sa fille. Ensuite, je te recommande ma mère, tes cousines; prodigue-leur tes soins et tes attentions. — Mais, mon père, répondis-je, pourquoi vous exposer encore aux dangers et aux fatigues d'un si long voyage? Vous êtes à un âge déjà avancé; un tel trajet est trop difficile pour vous. Permettez-moi d'entreprendre ce voyage à votre place; je vous suppléerai dans vos affaires, dans tout ce que vous désirerez. Donnez-moi seulement des lettres pour le sultan, pour

---

(1) *Voy.* note 75.

votre frère Zarroûk, et je vous certifie que toutes vos affaires se termineront au mieux ; et vous, vous serez ici en repos et tranquillité. — Non, non, répliqua-t-il résolument, nul autre que moi ne terminera mes affaires ; tu ne peux pas me suppléer. »

Il partit. Il se rendit à Tunis avec moi, et laissa à la sânieh sa mère et ses nièces. C'était en Ramadân ; nous passâmes le reste de ce mois de jeûne à Tunis, et pendant ce temps mon père vendit toutes ses esclaves ; il ne garda que Sâdân d'esclave mâle. Il prépara une pacotille de diverses marchandises convenables pour le Ouadây, et acheta plusieurs objets dont il voulait faire cadeau au sultan ouadayen. Parmi ces objets était une pendule à suspendre à la muraille ; elle était à musique, et jouait un air qui durait trois ou quatre minutes avant l'heure : puis le coup de l'heure frappait. Cette pendule avait coûté très-cher à mon père ; il l'avait payée 160 ryâl de Tunis (265 fr.). Le cadeau se composait encore de quelques livres, d'une assez grande quantité de thé (car le sultan Sâboûn en raffolait), de kharaz de premières qualités, de vêtements de prix, et de bougies de ciré blanche comme du camphre.

Les préparatifs de voyage une fois terminés, mon père quitta Tunis. C'était à la fin du mois de Chaouâl 1227 de l'hégire (1).

Je demeurai quelques jours à Tunis, puis je retournai à notre sânieh. Je m'y fixai avec mes cousines. J'étais alors réduit à zéro, zéro d'or et d'argent. L'hi-

(1) Chaouâl est le dixième mois de l'année lunaire ou musulmane, et précède les mois de Zy-l-Câdeh et de Zy-l-Hedjeh. Le mois de Ramadân est le neuvième de l'année.

ver approchait. Je labourai mes terres, je les semai. Quand je me trouvais dans le besoin, je vendais un peu de notre provision d'orge.

Peu après le départ de mon père, ma grand'mère m'engagea à me marier avec la plus jeune de mes deux cousines. Je refusai d'abord, ensuite j'acceptai. Au mois de Zy-l-Câdeh nous fûmes fiancés, et à la fin de Zy-l-Hedjeh nous fûmes mariés.

Deux ans se passèrent; sur la fin de 1229 je reçus une lettre de Mohammed-Younès, secrétaire-intendant de Yoûcef, pacha de Tripoli. Mohammed m'annonçait la mort de mon père.

Je me disposai immédiatement à me rendre à Tripoli. Je partis. De Tripoli je devais me mettre en route pour le Soudan, mais je dus attendre; il n'y avait pas de caravane prête à se diriger sur le Fezzân. Bientôt après il en arriva une de Mourzouk; parmi les voyageurs était Sâdân, l'esclave de mon père.

J'allai de suite le trouver. Il me raconta que, du Ouadây, mon père l'avait envoyé au Fezzân avec une troupe d'esclaves et que ces esclaves avaient été vendus à Mourzouk; qu'ensuite, lorsqu'il était sur le point de s'en retourner, il avait appris la mort de son maître; que cette nouvelle parvint aux oreilles d'El-Moukkény, gouverneur du Fezzân, qui aussitôt s'empara du prix de la vente des esclaves, c'est-à-dire de 960 douros, et que, de plus, El-Moukkény lui avait confisqué un chameau et un milâyeh du Hedjâz. J'allai raconter ce fait de spoliation à Mohammed-Yoûnès, qui sur-le-champ me remit, au nom de Yoûcef-Pacha, un ordre enjoignant à El-Moukkény de me rendre, sur la présentation de l'ordre, l'argent qu'il avait enlevé à l'esclave de mon père.

Une fois muni de cette pièce, j'achetai de quoi faire un présent convenable à El-Moukkény. Peu après, la caravane reprit le chemin du Fezzân, et je partis avec elle. Nous suivîmes la route de Bou-Ndjeîm et de Saukanah (soknah). (Bou-Ndjeîm est un puits éloigné de Saukanah de quatre jours de marche, et où souvent les Arabes Bény-Soleymân attaquent les caravanes. Au delà, la route est commode et sûre.) (1) La traversée fut agréable, rapide, gaie, et sans le moindre contre-temps.

J'arrivai au Fezzân, à Mourzouk. J'allai me présenter à El-Moukkény, et je lui remis l'ordre dont j'étais porteur. El-Moukkény ne me satisfit pas immédiatement. Il me renvoyait de jour en jour. Ce ne fut qu'après un assez long délai, après beaucoup d'instances, avec beaucoup de peine et de répugnance, qu'il me livra les 960 douros.

La caravane avec laquelle j'étais venu de Tripoli partit; il me fallut en attendre une autre. Pendant ce temps, j'achetai diverses marchandises de facile débit au Ouadây. A Mourzouk, j'allais fréquemment rendre visite au faguyh Aly-Mahaydy. Quand je fus sur le point de partir, le faguyh Aly ayant besoin d'argent, me demanda 100 douros. Je les lui prêtai, et il me remit une reconnaissance de sa dette.

La caravane termina ses préparatifs et leva le camp. Nous traversâmes l'espace qui conduit du Fezzân chez les Toubou-Réchâd. En débouchant sur leurs confins,

---

(1) Observation verbale du cheykh

nous rencontrâmes une caravane nombreuse qui venait du Ouadây, et dans laquelle j'aperçus mon oncle Zarroûk. Il revenait avec tout ce qu'avaient laissé de fortune mon père, feu mon oncle Tâher et ses associés de commerce.

Nous nous saluâmes Zarroûk et moi. Les deux caravanes s'arrêtèrent, et consentirent, à cause de nous deux, à faire une halte de vingt-quatre heures.

Quand nous fûmes en repos, je parlai de mon père à Zarroûk, et je lui demandai ce qui nous restait de fortune. Il me répondit que mon père n'avait rien laissé. Cependant, lorsque je quittai le Ouadây, Zarroûk n'avait que trois ou quatre esclaves outre ses concubines, et je lui voyais dans la caravane au moins une centaine d'esclaves et au moins deux cents chameaux. J'appris aussi qu'il avait une charge de plumes d'autruche, et une charge de corail et de bijoux en argent, tels que bracelets, périscélides, am-chingah ; que presque tous les voyageurs de la caravane lui avaient emprunté ou de l'argent, ou des chameaux, ou du grain. De plus, je remarquais que presque tout le monde était à ses ordres et à sa dévotion ; il n'avait qu'à parler, commander ou défendre, et on lui obéissait.

Je priai ceux qui connaissaient Zarroûk, et qui connaissaient sa fortune personnelle, de témoigner de ce qu'ils savaient et de m'en donner une déclaration légale ; mais tous refusèrent, de peur de lui déplaire.

Je n'avais donc ni aide ni secours à espérer. J'appris qu'un des voyageurs désirait retourner au Ouadây, et qu'il avait dix jeunes esclaves. Je lui proposai d'échanger ses dix esclaves contre ce que j'avais de marchandises. Il accepta. L'échange fut effectué sur-le-champ, et je regagnai le Fezzân avec la caravane venant du Ouadây, où se trouvaient Zarroûk et mes autres parents qui l'accompagnaient.

Aussitôt que nous fûmes à Mourzouk, j'attaquai Zarroûk en justice, mais personne ne voulut se charger du procès; car Zarroûk alors exhiba un papier portant déclaration de mon père qui reconnaissait son frère comme son associé copropriétaire de tout ce qu'il possédait au Ouadây et même à Tunis. Cette pièce était revêtue, comme caractères d'authenticité légale, du témoignage du marabout Omar dont j'ai parlé précédemment et du témoignage d'un autre témoin, le tout légalisé par le cachet du faguyh Noûr, grand câdi du Ouadây. De plus, Zarroûk offrait de me livrer de suite la faible part qui me revenait de l'héritage.

La querelle entre Zarroûk et moi menaçait de devenir violente. Quelques personnes graves s'interposèrent entre nous, et nous exhortèrent à entrer en conciliation. Je cédai à leurs conseils, et je consentis à recevoir pour lot dix-huit esclaves. Ensuite, pour couper court à toute récrimination, nous déclarâmes par écrit que Zarroûk ne me devait plus rien, et que je n'avais rien à réclamer de lui. L'accord ainsi conclu, Zarroûk me remit ma jeune sœur. Elle avait eu pour mère une concubine d'origine mydaûb, et qui avait été donnée à mon père avec une autre esclave zaghâouyenne par le sultan du Dârfour. Cette Zaghâouyenne s'était suicidée, jalouse qu'elle était des femmes de mon père.

Je m'empressai de regagner Tunis. Cette fois, mon absence ne fut que de dix mois. A mon retour, j'avais pour toute fortune, je crois, vingt-cinq esclaves. Dans ce dernier voyage, j'eus à subir plusieurs contrariétés, des fatigues, des désagréments, même des dangers. J'en ferai grâce ici ; le récit en serait peut-être trop long et trop peu intéressant.

Mon retour à Tunis fut une sorte d'événement, une fête pour mes amis, et, Dieu le sait, pour moi aussi. Quelques jours après mon arrivée, et quand j'eus mis un peu d'ordre dans mes affaires, les visiteurs vinrent me trouver, me féliciter de mon retour, acheter les esclaves que j'avais amenés. En peu de temps je vendis ces esclaves, femmes et hommes ; je n'en gardai qu'un appelé Saad. Quant au vieux Sâdân, je l'affranchis, comme œuvre de bien au nom de mon père ; mais je laissai sa femme et sa fille au nombre de nos esclaves.

Ma grand'mère eut pour son lot de l'héritage deux filles esclaves qu'elle attacha à son service particulier. Pour moi, ma part résultant de la vente de mes esclaves s'éleva à 1,000 mahboûb ou 4,500 ryâl tunisiens.

Lorsque j'eus réalisé cette somme, je m'occupai de la culture de la sânieh ; mais je m'aperçus bientôt que j'étais en perte, et que cette propriété, ingrate comme exploitation, convenait plutôt à un personnage de fortune et de rang qui en ferait une propriété de luxe et d'agrément. Comme fonds de spéculation, elle était sans avantage. Je la vendis, avec les dépendances, pour 8,500 ryâl de Tunis.

Vers cette époque mourut ma sœur aînée, et alors

les deux tiers de sa part d'héritage me revinrent de droit.

Je me fixai à Tunis; j'y vécus environ deux ans. Notre famille était nombreuse; les denrées les plus ordinaires étaient à haut prix, et je dépensai pour notre entretien une assez grande partie de ce que je possédais. Je compris que si je demeurais ainsi deux autres années, ma petite fortune s'épuiserait entièrement.

Je résolus d'aller faire mon pèlerinage, et voir en passant ma mère, que j'avais laissée au Caire lors de mon départ pour le Soudan. Je me préparai donc à ce nouveau voyage. Mon père avait possédé une maison à Tunis; j'en achetai une seconde, située vers le Dâr-el-Pacha (le trésor de la guerre), pour 3,000 ryâl.

J'engageai ma cousine, qui était ma femme, à m'accompagner dans mon pèlerinage; mais elle refusa. Je m'associai d'intérêts pour une commission de tarboûch, avec un fabricant, le célèbre Mohammed-el-Bâmry, que je chargeai du soin de notre famille pour le temps de mon absence. Enfin je quittai Tunis au mois de Rédjeb (septième mois de l'année).

Le cheykh Ahmed-el-Sennâry, surnommé Ibn-el-Tayb, était à Tunis. Il avait aussi formé le projet d'aller en pèlerinage. Par un heureux hasard, il partit en même temps que moi, et nous nous rencontrâmes au sortir de la ville. Nous louâmes notre passage ensemble sur un petit brick. C'était un vendredi; nous fîmes la prière de midi et nous nous embarquâmes au port de Halc-el-Ouâd, le port de Tunis; mais nous ne démarrâmes que trois jours après. Le réïs ou chef de notre brick resta tout ce temps à terminer quelques affaires qu'il avait dans la ville.

Enfin nous mîmes à la voile; nous passâmes la nuit en mer. Le jour suivant, nous étions dans le port de Soûçah, la ville la plus remarquable que j'aie vue en Afrique après Tunis. Soûçah est assez bien bâtie, et les habitants en sont bons et affables. Nous nous y arrêtâmes trois jours. La cause de cette perte de temps fut encore notre réïs. Nous lui demandâmes pourquoi il différait ainsi le départ; il nous répondit qu'il était en marché pour un chargement de savon. « Mais, lui dîmes-nous, en attendant que tu termines tes affaires, ne pourrions-nous pas aller jusqu'à Cairaouân, visiter le tombeau du saint compagnon du Prophète, le vénérable Abd-Allah, fils d'Abou-Zamàh (1)? Nous serons de retour avant que tu sois prêt à partir. — Très-bien; vous pouvez aller à Cairaouân. »

Nous louâmes des montures, et le lendemain matin nous étions en marche. Nous passâmes par Mestyr et Méçâken. Le troisième jour de notre départ de Soûçah, nous entrâmes à Cairaouân. Nous étions une troupe de sept ou huit voyageurs, sans compter le cheykh Ibn-el-Tayb, qui était notre chef de route, notre conducteur.

Nous visitâmes les tombeaux des saints personnages enterrés à Cairaouân, et, avant tout, celui d'Abd-Allah, fils de Zamàh. Son tombeau est dans un macâm (sorte de chapelle) d'une architecture admirable d'élégance et de beauté. Tout le sol en est pavé de marbre blanc, et les murs sont revêtus de marbres de diverses nuances. Les encadrements des fenêtres y sont ornementés en dorures et en dessins coloriés de différentes couleurs,

---

(1) Ce *saint* mourut vers l'an 40 de l'hégire, dans la *guerre sainte* du Maghreb, et ses restes furent inhumés à Cairaouân.

rouge, bleu lapis-lazuli, violet, etc. Le tombeau du saint est d'une beauté et d'une magnificence au delà de toute description (1).

Nous visitâmes ensuite le cimetière, les tombeaux de plusieurs ulémas célèbres, celui de l'iman Ibn-Abou-Zeyd, celui d'Ibn-Nâdjy, etc., tous partisans zélés du rite de Mâlek.

Nous fûmes reçus et hébergés chez le moufti de Cairaouân; il nous traita avec la plus attentive prévenance. Une foule d'habitants de la ville vinrent nous voir, se pressèrent autour de nous. On chercha à retarder notre départ, en nous invitant à des fêtes, des repas; mais nous avions hâte de retourner à Soûçah. Nous nous excusâmes sur ce que nous étions attendus par notre bâtiment, que nous avions laissé près de mettre à la voile. On se rendit à nos raisons, quoique avec peine, et enfin nous quittâmes Cairaouân. Les plus distingués des cheykh nous conduisirent assez loin, nous accompagnèrent, nous témoignèrent leurs regrets, nous accablèrent de politesses.

Nous revînmes à Soûçah. Notre brick était toujours à la même place. Nous demeurâmes deux jours à Soûçah; je ne sais pas pourquoi nous n'allâmes faire visite à aucun des ulémas. Il y en avait cependant un certain nombre; et même, parmi les plus distingués d'entre eux, j'avais quelques parents éloignés.

Nous mîmes à la voile. Nous fûmes bientôt en pleine mer, ne voyant plus que ciel et eau. Nous allâmes ainsi dix jours de suite. Le onzième jour, nous entrâmes au

---

(1) *Voy.* note 76.

port d'Alexandrie ; il était une heure environ après le coucher du soleil quand nous jetâmes l'ancre. Nous passâmes la nuit à bord. Le lendemain de bonne heure nous prîmes une barque, et nous descendîmes à terre.

Nous louâmes, dans Alexandrie, un petit appartement à l'okel de Batâch. Le jour suivant, on transporta à la douane les marchandises et nolis passibles de droits d'entrée. J'avais une lettre pour un commerçant, Ahmed-Zyâb, résidant à Alexandrie. Ahmed retira, en en payant le droit de douane, les marchandises que j'avais apportées, c'est-à-dire deux caisses de tarboûch et un sac de *boulgha* ou souliers jaunes que j'avais achetés à Cairaouân.

Je ne séjournai à Alexandrie que quarante-huit heures. Afin de me rendre au Caire, je m'embarquai pour Rosette ; car à cette époque le canal du Mahmoûdyeh n'était pas ouvert. Nous franchîmes heureusement le boghâz de Rosette, et nous entrâmes dans le port.

J'avais une lettre pour Mohammed-Nànâ, un des premiers commerçants de la ville. Je ne demeurai que vingt-quatre heures à Rosette. On était en été. Je passai la nuit chez Nànâ, mais une nuit de tourments ; car j'y fus la proie des cousins qui me dévorèrent, à tel point que je fus obligé de quitter la maison pendant la nuit, et que j'allai me coucher et dormir près du rivage de la mer.

Le lendemain, à mon réveil, je jurai bien de ne pas rester une seconde nuit à Rosette. Dieu me procura un batelier du Nil, appelé Moustafa-Lâlah. Il avait une petite barque que Nànâ loua vingt-cinq piastres en mon nom et pour moi seul. Lâlah embarqua mes deux caisses de tarboûch et tout ce que j'avais avec moi ; et j'étalai le tapis qui me servait de siége et de lit. Le vent nous fut favorable, et en moins de trois jours nous arrivâmes à Boulac.

Je débarquai ; je fis transporter mes marchandises à la douane, et je les y laissai. J'emportai mon sac de provisions et de hardes. Je louai deux ânes. Sur l'un je chargeai mon *côrbo* (1) ou mannequin à vaisselle et ustensiles de cuisine, que j'équilibrai avec mon lit et ce que j'avais d'objets exempts d'octroi ; l'autre, je montai dessus.

J'arrivai au Caire. Je me rendis à la maison que j'habitais lorsque je partis pour le Soudan. Je demandai des nouvelles de ma mère; on m'apprit qu'elle était en parfaite santé. On alla lui annoncer mon arrivée, et quelques instants après elle vint avec son frère. Ils me félicitèrent de mon retour, et me témoignèrent leur joie de me revoir.

J'avais vendu une partie de mes tarboûch à Alexandrie. De l'argent de cette vente, j'avais payé d'abord le prix de la douane que m'avait avancé Ahmed-Zyâb ; une autre partie me servit pour mes frais de voyage, et il m'en resta encore une assez bonne somme. J'en remis cent piastres à ma mère pour les dépenses de la maison.

Je reçus une foule de visites ; gens inconnus, gens connus vinrent, à n'en pas finir, me saluer et me féli-

(1) *Côrbo* est un terme en usage parmi le peuple au Maghreb, surtout à Tunis.

citer... Ma mère et mon oncle préparèrent un repas de bienvenue et de réjouissance.

Sept jours après que je fus au Caire, j'achetai une esclave abyssinienne et j'en fis ma concubine. C'était une fille charmante, belle, douce, et qui prit soin de mes intérêts. D'un cœur bon et aimant, elle n'avait d'autres goûts, d'autres joies, d'autres volontés, d'autres chagrins que mes chagrins, mes joies, mes goûts et mes volontés. Je la gardai pendant six ans, et je ne vis jamais en elle que le désir et l'intention de me plaire et de mériter mon amour. Elle mourut de la peste, en 1237 de l'hégire (1821-1822, ère chrétienne). Jamais perte ne me causa plus de tristesse et de douleur que la mort de ma belle Abyssinienne, que Dieu la comble de ses miséricordes!

CHAPITRE VII.

Circonstances particulières dans le trajet de Tunis au Fezzân, et le retour. — Je prends une pacotille de tarboûch. — Ma marmite se casse. — Nous nous embarquons sur un brick à deux hommes d'équipage. — Bourrasque; invocation des meilleurs saints. — Nous allons à pied à Zouârah. — Arrivée à Tripoli. — Je retourne au brick. — Danger singulier. — Un autre danger nous est annoncé mystérieusement. — Peur; retour à Tripoli. — Trois mois d'attente. — Arrivée de l'esclave de mon père. — Départ pour le Fezzân. — Vallée où nous manquons d'être noyés. — Je me trouve sans provisions. — Bénédiction. — Chute de chameau. — Pour dernière aventure, je suis volé par un pauvre à qui je donne à dîner. — Finale pieuse.

Maintenant, pour terminer cette relation, je veux exposer brièvement le récit de quelques circonstances qui marquèrent mon trajet de Tunis au Fezzân, et mon retour du Fezzân à Tunis. J'avais d'abord résolu de passer sous silence ces simples événements de voyage, de crainte d'être trop long et d'ennuyer; ensuite je me suis ravisé. J'ai pensé que, sans inconvénient, je pouvais encore écrire ces dernières lignes et compléter ainsi le récit de tout ce qui m'est advenu dans mon excursion. Et puis, ces récits ont l'avantage de servir, comme avis, à d'autres voyageurs. Il est toujours utile de savoir ce que tel autre a eu de contrariétés ou de dangers à essuyer dans tel trajet. Dieu sait combien j'eus, pour mon compte, de traverses et de périls; je devais périr cent fois, si ma destinée ne m'eût sauvé ; mais mon heure n'était pas venue.

Lorsqu'à la nouvelle de la mort de mon père, je formai le projet de retourner au Ouadây, j'étais dans le plus parfait dénûment et sans argent aucun, ni rouge, ni blanc, ni jaune. J'étais absolument comme le voyageur en plein désert, avec un chameau épuisé, avec l'espace immense et la soif devant lui, j'étais tout déconcerté ; Dieu me vint en aide.

Mohammed-el-Bâmry, de Tunis, me donna une caisse de cinquante douzaines de tarboûch à la mode de Tripoli, pour les vendre. Ces tarboûch n'ont de débit que dans cette dernière ville, par la raison qu'ils sont d'un rouge trop foncé, tournant presque au noir, tant il s'y trouve de garance mêlée au kermès (1) dont se compose la teinture ; et de plus, parce que le gland en fils de soie pure est mêlé d'un cinquième de fils de soie dorés. Le prix de cette petite pacotille s'élevait à douze cent cinquante ryâl de Tunis. El-Bâmry me prêta, outre cela, deux cent cinquante ryâl. Je lui écrivis donc une reconnaissance de quinze cents ryâl, et des témoins la signèrent. El-Bâmry n'avait consenti à me livrer l'argent et les tarboûch, qu'après des retards qui se prolongèrent pendant six mois. Toutes les fois que je le priais de me remettre les valeurs dont nous étions convenus, il me renvoyait au lendemain, me répondait par des promesses. J'étais fatigué de répéter mes in-

---

(1) Le kermès, animal employé pour la teinture des tarboûch, est apporté par le commerce, des îles de l'Archipel à Tunis. Le kermès dit kermès de Constantinople est d'une couleur plus foncée, surtout après son mélange avec le fououah ou garance. (*Note reçue du cheykh*.)

stances, et si j'eusse trouvé un autre prêteur j'aurais abandonné El-Bâmry, car il était trop craintif en affaires, trop soucieux de ses intérêts.

Dès que j'eus conclu, je louai un chameau de l'okel des Voyageurs de Safâkès. J'avais fait d'abondantes provisions de vivres ; je voulais que mon viatique me conduisît jusqu'au Ouadây sans que j'eusse besoin de rien acheter.

Entre autres choses, j'avais une grande marmite en terre, enveloppée d'une sorte de tissu de joncs et pleine de cadyd (viande séchée) aux deux tiers cuit, et plongé dans l'huile. J'avais bien dans cette marmite cinquante livres pesant, huile et viande. Mon chamelier porta mes hardes à l'okel, car il y avait encore quelques dispositions à terminer pour le départ. Il arrive, fait agenouiller son chameau et s'en va à ses affaires. Quand il a fini, il revient, fait lever debout son chameau ; l'animal se dresse avec précipitation, et ma marmite, qui était mal assujettie, se détache, tombe et se brise. Voilà l'huile répandue, étalée par terre ; le cadyd jeté dans la poussière et les ordures. Je n'eus pas le courage de rien recueillir ; j'abandonnai tout. Le portier de l'okel, sa fille et plusieurs pauvres eurent bientôt enlevé ce qui pouvait se ramasser... Je fus désolé de cette perte.

Autre mésaventure. Lorsque j'arrivai à Safâkès, le 11 du mois de Châbân, je me hâtai, avec quelques voyageurs, de prendre un bâtiment pour notre traversée à Tripoli. Notre intention à tous était de nous trouver à Tripoli avant la fête de la rupture du jeûne, c'est-à-dire avant la fin du mois de Ramadân, pour vendre ce que nous avions de tarboûch. Mais Dieu en décida autrement, et sa volonté dut s'accomplir.

Nous demeurâmes à peu près cinq jours à Safâkès; puis nous nous embarquâmes. Le bâtiment sur lequel nous prîmes passage était un petit brick à deux mâts. J'avais loué la dunette, moi, Djellaûn de Tripoli, Omourah-el-Zhafâïry, fils d'un des grands de la suite de Yoûcef-Pacha, et Aly-el-Hantâty (de la tribu des Hantâtah), tribu des Zououâouah (zouaves). J'avais acheté à Safâkès, en remplacement de mon pot de cadyd perdu, du beurre fondu et de l'huile. Nous avions acheté aussi une quantité de melons roûmy (melons grecs).

Nous démarrâmes et nous quittâmes le rivage par un vent frais. Nous pensions mouiller à Tripoli sous deux jours. Nous ne savions guère ce que nous réservait le secret de Dieu!

Le second jour de traversée, nous abordâmes à l'île de Djirbeh. Par une fatalité particulière, le chef ou capitaine du brick n'avait que trois matelots, lui quatrième. A Djirbeh, il eut une querelle avec un de ses trois hommes d'équipage; il s'emporta, défendit à son homme de reparaître au service du brick, et jura qu'il ne voulait plus de ce matelot indocile. Nous n'eûmes donc, pour la manœuvre du bâtiment, que deux hommes; il leur était impossible de suffire au service, on ne savait plus comment diriger et faire marcher le malheureux brick.

Nous espérions que le commandant prendrait un autre matelot à Djirbeh. Il passa deux jours à en chercher un, mais aucun de ceux qui étaient en disponibilité ne voulut se mettre aux ordres de notre homme et voyager avec lui. Il avait une réputation, d'ailleurs justifiée, d'homme acariâtre, grossier, rustre, ne sachant parler à ses matelots sans les insulter, les maudire, les accabler des plus ignobles et des plus sales injures.

Il fallut donc mettre à la voile avec deux hommes d'équipage. Le commandant tenait le timon, et de là ordonnait les manœuvres, faisait déferler les voiles, prendre le vent, carguer, plier, caler les voiles. Et quand les manœuvres devenaient pressantes et nombreuses, les passagers y prenaient part. Nous passâmes ainsi deux jours, ayant vent de bouline et marchant sur le flanc. C'est ce que les marins moghrébins de la Méditerranée appellent *bôrdo oua la bôrdo*. Le troisième jour nous étions dans la baie de Râs-el-Makhbez. C'est une sorte de port allongé où l'on entre en faisant un détour, abri si tranquille que l'on sait à peine si l'on est sur mer ou sur terre. Nous eûmes une nuit paisible et nous pensions démarrer dès le matin et gagner le large. Nous quittâmes la baie. Mais nous fûmes pris en proue par un vent d'est qui nous chassa en arrière malgré nous et nous obligea de rentrer. Nous ancrâmes de nouveau.

Nous vîmes des pêcheurs en barque et nous leur achetâmes, à vil prix, une assez grande quantité de poisson. Nous avions à bord un Tripolitain, pauvre diable, appelé El-Hâddj-Mylâd et assez expert en cuisine. Nous lui livrâmes notre poisson, il nous l'apprêta. Grâce à Mylâd nous nous régalâmes à souper, et en eûmes encore suffisamment pour notre repas d'avant l'aube, car nous étions dans le mois de Ramadân, et par conséquent nous jeûnions (1).

Notre commandant leva l'ancre et essaya de sortir de la baie; le vent nous y repoussa de nouveau. Nous fûmes ainsi pendant dix jours; tous les jours nous répétions nos manœuvres pour sortir, et le vent nous renvoyait. La onzième nuit, fatigués et ennuyés de ces retards, nous nous levâmes longtemps avant l'aube; nous fîmes notre repas, et à peine avions-nous mangé qu'un vent violent souffla tout à coup. Alors notre voile de trinquet, qui était mal carguée et mal liée, s'échappa de ses cordages et fut subitement enflée par le vent. Le brick, violenté par l'effort de la secousse, brisa l'amarre de son ancre, et devint le jouet des vagues et de l'air. Poussé sur le flanc droit, il prenait l'eau en masse par les bords; repoussé ensuite sur le flanc gauche, il repuisait l'eau de l'autre côté par grosses nappes.

Sur le milieu du bâtiment, nous avions une cuisine, et le foyer en était allumé; un coup de vent emporta et la cuisine et le feu, et les jeta à la mer. La braise volait partout, sur le brick, au-dessus de l'eau, et les flots parurent alors comme couverts d'un brasier ardent. Nous attendions le moment où nous allions couler à fond; car les matelots ne pouvaient venir à bout de ramener et de plier la voile qu'avait ouverte le vent.

Nous étions dans les transes les plus poignantes, préoccupés et agités de mille pensées sinistres. Les uns

---

(1) *Voy.* note 77.

récitaient le chapitre *yâ syn* du Coran (1) ; d'autres invoquaient le grand saint Abd-el-Câder-el-Kylâny, d'autres appelaient à leur secours le grand saint Mâghirny, d'autres le grand saint Ahmed-Zarroûk (2). Chacun s'en référait au saint qui lui paraissait le plus sûr et le plus puissant ; chacun s'adressait à son patron. Tous nous implorions secours et salut, secours et salut ne nous venaient pas vite. Le brick nous emportait, chancelait, et nous dessus ; la nuit était noire, et nous ne savions comment et où nous étions poussés.

Enfin le jour paraît, le vent s'apaise, et nos cœurs se calment. Nous ramenons le brick à l'endroit où il était avant la bourrasque. Nous prenons terre, et nous faisons notre prière, remerciant Dieu de toute notre âme de nous avoir sauvés du danger. Nous nous félicitâmes les uns les autres d'avoir échappé à la mort.

Plusieurs d'entre nous jurèrent de ne plus remettre le pied dans le bâtiment qui nous avait si mal traités. Nous fûmes généralement d'avis d'aller par terre et à pied jusqu'à Zouârah, bourg sur les bords de la régence de Tripoli. Chacun prétendait que Zouârah était peu éloigné de nous et que nous y arriverions avant midi. Je partageai la résolution générale, on partit.

Nous marchâmes toute la journée, et nous ne fûmes à Zouârah qu'après le couvre-feu, vers quatre heures

---

(1) *Voy.* note 78.
(2) Le tombeau de saint Abd-el-Câder est à Bagdâd ; celui de saint Mâghirny est à Tripoli de Barbarie, et celui de saint Ahmed-Zarroûk est à Misrâtah, dans la régence de Tripoli.

après le coucher du soleil. Aussi, fallut-il nous faire reconnaître par la garde avant d'entrer.

Un de nos compagnons, le marchand tripolitain, appelé Djallaûn, nous retarda dans notre trajet. La fatigue l'arrêta; il était brisé, harassé, et pouvait à peine se traîner. Je vins à son secours avec El-Haddj-Mylâd; nous le soutînmes de chaque côté, et nous l'aidâmes à marcher jusqu'à Zouârah. Quand nous arrivâmes, Omoûrah-el-Zafâïry se fit connaître à nous et nous apprit qu'il était parent du vizir du Pacha. (Ce vizir avait épousé la sœur d'Omoûrah).

Nous fûmes hébergés dans la maison d'un particulier, et on nous servit à souper. Nous passâmes la plus mauvaise nuit possible, tant nous étions fatigués. Le lendemain matin, nous demandâmes où nous trouverions des montures à louer, afin de nous rendre à Tripoli, on nous dit que nous ne pouvions avoir que des chevaux. « Donnez-nous des chevaux, » répliquâmes-nous, on nous en amena, et nous les louâmes à sept ryâl tunisiens par animal.

Nous partîmes, et, avec nous, les propriétaires de nos montures. Nous voyageâmes jusque vers quatre heures après midi, et nous descendîmes à Abou-Odjaylah, chez Husseyn-Bey, un des grands de la cour du pacha et gouverneur d'Abou-Odjaylah. A cause d'Omoûrah que Husseyn-Bey connaissait, nous fûmes très-bien reçus, très-bien traités et très-bien couchés.

Le lendemain nous reprîmes notre route, et le soir nous entrâmes à Tripoli. Je pensais que quelqu'un de mes compagnons de voyage aurait la générosité de m'inviter à descendre chez lui; car lorsque leurs provisions s'étaient épuisées à bord, ils avaient vécu des miennes; de plus, Djallaûn avait été heureux de me trouver pour l'aider à marcher et à se traîner jusqu'à Zouârah; j'avais eu de lui un soin tout particulier. Dans ce trajet de Zouârah, il souffrit de la soif, et ce fut moi qui, avec un autre, allai assez loin dans la plaine lui chercher de l'eau et la lui apportai. Bref, quand nous fûmes entrés à Tripoli, mes compagnons disparurent : c'est ainsi que le sel fond et s'écoule en eau.

Me voilà donc seul. Je dus me rendre chez le chargé d'affaires de Tunis à Tripoli; il s'appelait Ammy-Méhenny. Je m'informai du lieu de sa demeure, et je m'y fis conduire. Il me reçut parfaitement bien. C'était le soir, la vingt-septième nuit de Ramadân. Je restai jusqu'à la fête (c'est-à-dire le petit Bayram, qui suit le jeûne du mois de Ramadân). J'espérais tous les jours voir arriver le maudit brick où nous avions nos effets et des marchandises. La fête et ses quatre jours fériés se passèrent, et le brick n'avait pas paru.

Je rencontrai des voyageurs de Saukanah (soknah), qui se préparaient à se mettre en route pour le Fezzân. C'était pour moi une excellente occasion de partir. Je réfléchis, et je ne vis rien de mieux à faire que de retourner à Râs-el-Makhbez chercher ce que j'avais à bord, de louer pour cela un âne bon marcheur (que je payai à raison de six cents ryâl de Tripoli par jour), puis, à Zouârah, de louer un chameau, d'aller avec le chamelier à Râs-el-Makhbez pour charger mes hardes et marchandises à dos de chameau, de revenir aussi promptement que possible à Tripoli, d'y vendre de suite mes tarboûch, et de partir avec la caravanne pour le Fezzân. Lorsque j'eus loué mon âne et que je fus sur le point de me mettre en route, mon Djallaûn et Omoûrah, qui surent mon projet, vinrent me prier de leur rapporter tout ce qu'ils avaient laissé à bord du brick. Ce qui était au nom d'Omoûrah ne lui appartenait point, mais appartenait à Yoûcef-Pacha. Omoûrah n'était que le commissionnaire du pacha, son homme de confiance.

Un Moghrébin du fond du Maghreb occidental, et qui avait aussi dans notre brick un sac de cuir à mettre des provisions et des hardes, apprit également que j'allais me rendre à Râs-el-Makhbez. Il me demanda la permission de m'accompagner. C'était un pauvre hère, nu-pieds, nu-tête, n'ayant pour vêtement qu'une *cachchâbyeh* (1) sur laquelle il s'était appliqué une chétive ceinture. Je consentis volontiers à la demande de ce pauvre diable. C'était au moins, pour le trajet, une occasion de distraction; j'évitais l'ennui d'être seul. J'emmène donc mon Moghrébin. Nous entrons à Abou-Odjaylah vers trois heures après midi. Nous ne voulions pas perdre de temps, et nous continuâmes notre route; nous voyageâmes même toute la nuit. A l'aube, nous étions à Zouârah.

Cette nuit de voyage fut marquée par une circonstance assez singulière.

En cheminant côte à côte avec moi, mon Moghrébin me demanda pour quel motif j'allais au Soudan. Je lui dis que mon père y était mort et y avait laissé quelque

(1) La *cachchâbyeh* est un vêtement moghrébin, sorte de grande capote en laine à manches de largeur médiocre, cousue par devant et couvrant l'individu du haut en bas.

fortune que j'allais recueillir. J'eus la maladresse de dire que dans la succession il y avait le prix d'un certain nombre d'esclaves que mon père avait envoyés au Fezzân avec un de ses serviteurs esclaves et que cet envoi avait été vendu pour une somme de neuf cents douros ou talaris ; j'ajoutai que lorsque le serviteur esclave se disposait à retourner au Soudan avec l'argent de la vente, il avait appris la mort de son maître ; que le gouverneur du Fezzân, informé aussi de cette nouvelle, avait appelé chez lui l'esclave commissionnaire, l'avait empêché de partir et avait confisqué les neuf cents douros ; enfin que la première chose que j'avais à recevoir de l'héritage de mon père, c'étaient les neuf cents pièces d'argent, et que je les toucherais au Fezzân.

Mon Moghrébin, ébahi, émerveillé, et voyant dans neuf cents douros une somme qui, s'il l'eût eue, eût valu pour lui une fortune, devint fou rien que d'y penser. Je lui avais bien dit que cet argent était à Mourzouk ; mais il oublia cette circonstance ; il se figura que j'avais la somme sur moi, et il ne se possédait plus de joie. Tout à coup, il s'élance à une certaine distance de moi, puis revient subitement à grands pas, en me disant : « Comment ! neuf cents douros ! tu as neuf cents douros, mon fils ! — Certainement. » Et le voilà qui repart à grande course, puis revient de même, mais brandissant en l'air un casse-tête qu'il tenait à la main et dont il paraissait vouloir me frapper, m'assommer, et en me répétant : « Neuf cents douros, mon garçon ! neuf cents ! — Oui, oui ! » lui répondis-je, passablement effrayé ; car nous étions en pleine campagne, n'ayant d'autre témoin que Dieu ; et si cet extravagant eût tenté, dans son accès de folie, de m'assommer, de me tuer, qui eût pu me défendre et me tirer de ses griffes?

Une troisième fois, mon écervelé s'éloigne de moi subitement et revient sus à pleine course, toujours le casse-tête levé comme pour me frapper, et me criant encore : « Comment, mon fils! neuf cents douros! tu as neuf cents douros! — Mais écoute-moi donc, mon pèlerin. Tu t'imagines que j'ai ici, sur moi, cet argent? Mais, non, non; cette somme est en dépôt à Mourzouk, entre les mains du gouverneur; et je ne sais pas s'il consentira ou non à me la donner, s'il me la donnera tout entière ou s'il ne m'en donnera qu'une partie. Je ne puis pas prévoir comment Dieu conduira cette affaire. »

Ces paroles calmèrent l'effervescence de mon extravagant, le ramenèrent à un état plus raisonnable : « Veux-tu, me dit-il, veux-tu que j'aille avec toi au Fezzân? — Volontiers! répondis-je; car je craignais de lui déplaire. — Mais si je vais avec toi, que me donneras-tu de tes neuf cents douros? la moitié, le tiers? — Ce que tu voudras. » Intérieurement, j'étais contrarié, fâché contre moi-même de lui avoir parlé des motifs de mon voyage au Soudan. Mais, grâce à Dieu, la nuit se termina sans autre incident. Le matin, de bonne heure, nous étions à Zouârah, et mon Moghrébin disparut.

Je m'empressai immédiatement de chercher des chameaux. « Il me faut, dis-je aux chameliers, quatre chameaux afin d'aller à Râs-el-Makhbez et y prendre les effets que je dois retirer d'un brick pour les transporter à Tripoli. » J'eus bientôt les quatre chameaux avec quatre hommes de conduite, bien armés. Nous partîmes de suite, nous dirigeant du côté de Râs-el-Makhbez.

Nous n'étions pas à plus de trois ou quatre milles de Zouârah, lorsque nous aperçûmes venir au galop, dans la plaine, un cavalier armé, ayant la face enveloppée du lithâm au point de n'avoir à découvert que les deux yeux. Le cavalier s'arrête un moment près de nous, et nous dit : « Salut, les voyageurs! — Salut! répondîmes-nous avec une sorte de crainte. — Où allez-vous? — Nous allons retrouver, à Râs-el-Makhbez, un brick que le vent a retenu dans la baie, et où nous avons des effets et des marchandises que nous voulons retirer. — Les amis, vous allez avoir une belle peur. » Et, sans un seul mot de plus, sans indiquer de quoi nous allions avoir peur, il s'éloigne et fuit. Nous ne savions que penser, et chacun de nous songeait à éviter le danger inconnu qui nous était annoncé. L'un disait : « Retournons à Zouârah ; peut-être y apprendrons-nous quel est le motif de cette peur que nous devons avoir. — Ne retournons pas, répliquait un autre ; prenons route par le rivage de la mer ; c'est le plus long, mais enfin nous arriverons à la baie ; nous chargerons nos chameaux, et nous reviendrons de même par le rivage jusqu'à Zouârah. » L'intérêt et la crainte de rien perdre de ce que le voyage devait rapporter de profit déterminèrent enfin la majorité des chameliers à accepter le dernier avis.

Nous quittâmes le chemin battu que nous suivions et nous inclinâmes du côté de la mer. Mais au moment où nous allions tourner, nous apercevons arriver sur nous, à grande course, un autre cavalier comme le précédent. Nous le suivons des yeux ; il approche,... c'était un esclave noir. « N'est-il pas passé près de vous, tout à l'heure, un homme à cheval, vêtu de telle et telle façon ?—Oui, il y a quelques minutes seulement. — Et où allez-vous ?—A Râs-el-Makhbez ; » et nous terminâmes notre réponse par les mêmes indications que nous avions données au premier cavalier. « Vous allez avoir une belle peur, » reprit l'esclave. Et il disparut au galop, sans nous indiquer non plus ce que nous avions à craindre. Nous demeurâmes stupéfaits, plus inquiets encore que nous ne l'étions auparavant.

Nous nous hâtâmes de prendre sur notre droite, du côté du rivage ; nous devisions sur le sens des paroles de nos deux cavaliers. Trois avis différents nous partagèrent. L'un disait : « Cachons-nous pendant le jour, nous marcherons pendant la nuit. — Non, disait un autre ; retournons sur nos pas. — Marchons, reprirent les autres, continuons notre route. » Et nous continuâmes.

Nous arrivâmes à Râs-el-Makhbez à nuit noire. Nous nous couchâmes et le lendemain matin, de bonne heure, nous allâmes voir où était le brick ; il était à une assez grande distance du rivage ; nous lui fîmes signe en élevant un drapeau. Une embarcation fut expédiée du brick et nous amena le commandant. Nous l'informâmes de nos intentions, et de suite il alla prendre nos effets, nos marchandises, et nous les apporta sur le rivage. Ceux des voyageurs qui étaient restés à bord, tels que Mylâd et d'autres, et un turk armé jusqu'aux dents, chargé d'accompagner et de surveiller les objets appartenant au pacha, débarquèrent en même temps. Je reçus mes marchandises, mes armes, tout ce qui m'appartenait; mais de mes provisions, plus rien; les gens restés sur le bâtiment les avaient toutes consommées. Nous chargeâmes nos chameaux et nous partîmes, nous confiant à la garde de Dieu. Mais je me rappelai les présages de nos deux cavaliers, et je me repentis bientôt, surtout d'avoir retiré les objets appartenant à Yoûcef-Pacha. J'étais dans la plus grande anxiété. A chaque minute, j'examinais si de loin je n'apercevrais pas flotter les crinières de chevaux, si quelque ennemi ne venait pas fondre sur nous.

Quand nous eûmes franchi un trajet d'environ cinq ou six milles, nous remarquâmes sur le sol que des chevaux venaient de passer par là au galop; des crottins étaient encore frais; des traces d'urine semblaient comme creusées depuis quelques minutes.

Oh! alors je tremblai. L'inquiétude, la frayeur nous tinrent dans leurs étreintes. Ce ne fut qu'à la tombée de la nuit que nous nous rassurâmes un peu. Néanmoins, nous restâmes aux aguets. Nous convînmes mutuellement de ne pas articuler le moindre mot; car dans le calme de la nuit, le plus léger bruit court loin. Nous entrâmes à Zouârah vers le dernier tiers de la nuit; les habitants étaient inquiets, car on nous attendait, et l'on craignait que nous n'eussions été égorgés. On nous expliqua alors le mot de l'énigme « Vous allez avoir une belle peur. » On nous raconta que le pacha de Tunis, Hamoûdeh-Pacha, venait de mourir; que les Arabes bédouins des limites des deux régences s'étaient jetés les uns sur les autres, s'étaient battus, et que les Hamârinah (tribu du territoire de Tunis) avaient tué aux Ouirghimmah, leurs ennemis (tribu du territoire tripolitain), un grand nombre d'hommes, avaient enlevé des troupeaux et emporté un butin considérable. « Ainsi, nous dit-on ensuite, Dieu vous a fait une belle grâce en vous sauvant de la griffe des Arabes de Tunis. S'ils vous avaient attrapés, ils vous tuaient sans pitié, et ceux de vous qui auraient échappé à la mort, s'il en était échappé, étaient pillés et laissés à nu. » (Pour moi, à supposer que j'eusse survécu, je perdais aussi tout ce que j'avais, tous les objets qui appartenaient à Yoûcef, pacha de Tripoli, et qui étaient presque uniquement des pierreries et des bijoux. Certes c'était bonne curée, car nous avions avec nous une valeur de plus de cinquante mille francs. Pendant tout le trajet de Râs-el-Makhbez à Zouârah, nous entendîmes la fusillade) (1).

Nous dormîmes quelques heures seulement. Au jour, nous nous disposâmes à partir; nous achetâmes un mouton, nous l'égorgeâmes, et nous en fîmes un repas de réjouissance, nous félicitant d'avoir échappé au danger. Ensuite nous nous mîmes en marche pour Tripoli. Nous fûmes accompagnés par une cinquantaine d'hommes à cheval, qui nous escortèrent jusqu'à une distance d'environ trois ou quatre lieues. Le soir, nous couchâmes à Abou-Odjaylah.

Le lendemain, nous étions sur le chemin de Tripoli. Je pris les devants, et je fus à Tripoli vers trois heures

---

(1) Note reçue verbalement du cheykh.

après midi. Je trouvai plusieurs personnes qui nous attendaient impatiemment, sachant les dangers auxquels nous étions exposés. On me félicita de mon retour, on m'embrassa, et on loua Dieu qui m'avait dérobé à la main des Arabes.

En quelques instants, le pacha fut informé de mon arrivée. Il m'appela chez lui, et me questionna sur les circonstances de mon voyage à Râs-el-Makhbez. Je lui en racontai les détails, et il rendit grâce à Dieu qui lui avait conservé les pierreries et les bijoux. Le pacha me fit cadeau d'un bénich en drap rouge, du prix de cent ryâl tunisiens au moins.

Mes chameaux n'arrivèrent que le lendemain matin à Tripoli.

Lorsque je fus débarrassé des occupations qu'exigeaient l'arrangement de mes affaires, ainsi que la remise des marchandises que j'avais apportées, etc., je m'informai de la caravane qui allait au Fezzân. J'appris qu'elle était partie et qu'il n'y avait plus moyen de l'atteindre. Je regrettai alors d'être allé à Râs-el-Makhbez; car si j'eusse prévu que je ne pourrais être assez tôt de retour pour le départ de la caravane, je n'aurais pas quitté Tripoli. J'y aurais attendu l'arrivée de notre brick, et je ne me serais pas exposé aux périls que nous eûmes à courir dans notre voyage.

Un individu de Saukanah, appelé Mohammed-ed-Dâcchy et qui habitait à Tripoli, entendit parler de moi et vint me trouver à l'okel où j'étais logé et où descendent les voyageurs de Tunis. Mohammed-ed-Dâcchy me supplia d'aller me loger chez lui. Je cédai à ses instances bienveillantes, et il m'emmena. Je demeurai chez lui pendant trois mois, attendant tous les jours que quelque caravane se disposât à aller au Fezzân.

A la fin du mois de Zy-l-Heddjeh (le mois des cérémonies du pèlerinage et le dernier de l'année musulmane), arrivèrent à Tripoli des voyageurs de Saukanah qui amenaient des esclaves. Parmi ces voyageurs étaient un appelé Mohammed-Khayr-el-Taryk, ainsi que l'esclave que mon père avait envoyé au Fezzân et auquel El-Moukkény avait pris les neuf cents talaris. Je gardai cet esclave avec moi, et il me fut d'une grande utilité. Il s'attacha à moi autant qu'il avait été attaché à mon père, et me servit toujours avec le plus parfait dévouement.

Je dus attendre que les voyageurs de Saukanah eussent vendu leurs esclaves et acheté ce qui leur convenait pour repartir. Sur la fin de Moharrem (premier mois de l'année), ils firent leurs préparatifs de voyage, et de mon côté je fis aussi les miens. J'achetai un chameau et des provisions abondantes.

Nous prîmes notre direction sur Bou-Ndjeim. Par bonheur pour moi, je pus nourrir de mon viatique mes compagnons de voyage, et ils me témoignèrent leur reconnaissance par les prévenances les plus attentives. Parmi plusieurs circonstances qui marquèrent ce voyage au Fezzân, j'en citerai une assez remarquable.

Lorsque nous fûmes à deux ou trois étapes au delà de Misrâta, nous nous arrêtâmes dans une vallée charmante, riche de verdure et où nous résolûmes de passer le reste du jour et la nuit. Or, la destinée, l'inflexible destinée, voulut que, pendant la nuit, une pluie abondante tombât à quelque distance. Les eaux s'amassèrent dans la vallée, elles allaient la combler. Le torrent se précipitait vers nous. Nous étions endormis. Soudain, de tous côtés, s'élève le cri de : « Sauve qui peut! » Sâdân, mon esclave, vient vite à moi, m'emporte sur son dos, et va me déposer sur une hauteur. Puis il retourne, entraîne mon chameau et l'amène auprès de moi. Plusieurs des voyageurs qui avaient profité de mes provisions, aidèrent Sâdân dans cette rapide expédition. Certes! si Dieu ne m'eût donné cet esclave pour ce voyage, j'étais perdu, noyé, mort. Grâce au ciel qui me vint en aide par le moyen de Sâdân! Sans Sâdân, cette nuit-là était bien ma dernière nuit; je ne reparaissais pas plus que le jour d'hier; où est hier? Aujourd'hui je serais couché sous la tombe, au lieu d'être debout et vivant (1). Ce fut pour moi un bienfait de la Providence, une couronne de grâce posée sur mon front par la main de Dieu, que le secours de Sâdân, que ce dévouement qui fut mon salut. En reconnaissance, je donnai la liberté à ce brave Sâdân : je l'affranchis.

Avant que nous fussions à Saukanah, mes provisions s'épuisaient; lorsque nous y fûmes arrivés, il ne m'en restait plus rien. Cette situation m'inquiétait; je ne savais à quel parti m'arrêter.

Sâdân avait trouvé en route un pistolet. A Saukanah, je lui dis de chercher à le vendre. Mais il ne se présenta pas d'amateur. J'étais au dépourvu; j'étais à l'étroit sur cette terre, toute grande qu'elle est. Comment

---

(1) *Voy.* note 79.

m'approvisionner d'un nouveau viatique? Je rêvais au moyen de me tirer d'embarras, lorsque arriva près de moi une vieille femme qui me dit en m'abordant : « J'ai une fille qui ne peut plus se tenir debout, et cependant elle est dans la fleur de la jeunesse. Sa maladie date d'environ une année. Elle demande que je lui fasse écrire quelques lignes du Coran sur un papier, comme moyen d'invocation et de bénédiction. Dieu, je l'espère, nous viendra alors en aide et soulagera ma fille.—Très-bien! répondis-je à la vieille; reviens ici demain matin. » Et elle s'en alla.

A la nuit, je fis mes ablutions, puis la prière du coucher du soleil, puis la prière de l'éché (1). Ensuite j'écrivis le petit papier béni pour ma vieille. Elle revint à l'heure dite; je lui remis le papier, et elle me quitta (2).

Je passai encore ce jour-là à rêver, à chercher un moyen de sortir d'embarras. Ce fut sans succès. Mon imaginative restait en défaut; j'étais aux abois, ne distinguant plus mon ventre de mon dos. Je passai la nuit dans cet état de souci et de serrement de cœur.

Au lever du soleil, j'aperçois plusieurs femmes venant de mon côté, ayant chacune sur la tête un panier plein. Elles m'abordent, et je remarque que tous les paniers sont remplis, les uns de dattes sèches, les autres de farine. Bien entendu, la vieille était du nombre de ces femmes, et elle me dit : « Accepte de nous ce présent, ces paniers; ce sont quelques provisions; je désire qu'elles te soient agréables. Grâce à toi,

---

(1) *L'éché* est le moment qui correspond à une heure et demie après le coucher du soleil.

(2) *Voy.* note 80.

Dieu a guéri ma fille. » Certes! comme bien on le pense, ma joie fut grande. Je remerciai Dieu de cette bonne aubaine, de ce bienfait qu'il m'envoyait; je me rappelai alors ces vers :

« Mets ton espoir dans la bonté de la Providence; ne t'inquiète pas si tu es dans la gêne.

» Dieu a ses manières de faire pour ses créatures; pour toute souffrance il a un soulagement. »

Et puis encore ces deux vers, paroles prêtées au Dieu de toute-puissance :

« Ne te fatigue pas à tant combiner et calculer tes affaires; les plus habiles en cela s'y perdent.

» Confie-toi en ma bonté, et tu me trouveras toujours meilleur que toi pour toi. »

J'acceptai les présents de ces femmes; ils furent mes provisions de voyage.

Deux jours après, nous étions en route. Avec nous partit un individu de Saukanah, appelé Abou-Bekr. Nous marchâmes un jour, deux jours. Le chameau que je montais était à son époque de rut, et il refusait de manger (1). J'avais devant moi un autre chameau. Tout à coup le mien se précipite sur lui pour le mordre; la secousse de ce mouvement imprévu et violent me renversa par terre. Par bonheur, je tombai sur le dos. Néanmoins je fus étourdi, je perdis connaissance; je me sentais mourir, je n'avais plus la force de me remuer. Sâdân accourut et avec lui Abou-Bekr et un autre voyageur appelé Kâdâr. Ils me mirent sur mon séant; mais à peine pouvais-je respirer. Ils me ceignirent fortement les flancs avec une ceinture, et dès lors j'eus la

(1) *Voy.* note 81.

respiration plus facile et moins douloureuse. Ensuite ils me replacèrent sur mon chameau, et ils marchèrent près de moi, chacun d'un côté, afin de me secourir en cas de besoin.

Nous fûmes quatre jours à traverser le désert. Le cinquième jour nous étions sur le territoire fezzanais proprement dit. Il nous fallut deux journées de route pour le traverser, et la troisième nous entrâmes à Mourzouk.

Je n'ai plus à raconter qu'une petite aventure qui m'arriva à Safâkès. Ce fut la dernière; car c'était à mon retour du Fezzân et cinq jours avant que je fusse rentré à Tunis.

J'étais à l'okel de Safâkès avec les esclaves que j'avais eus de mon oncle Zarroûk, et j'étais assis tranquillement dans l'intérieur, lorsque je vis venir à moi un individu que j'avais connu à Tunis et qui s'appelait Mohammed-Coubby. C'était un pauvre hère, ouvrier en tarboûch. Il était dans l'état le plus pitoyable, sale, déguenillé, et il boitait des deux jambes. Je lui demandai comment il avait été ainsi estropié. Il me dit qu'un sanglier s'était précipité sur lui, et d'un coup de défenses lui avait coupé les tendons inférieurs de derrière la jambe. J'eus pitié de ce malheureux; et puis, il avait les larmes aux yeux, il implorait ma commisération. Je fus touché de sa misère. Il faisait alors très-froid, et Coubby grelottait sous ses haillons; je jetai sur lui le bournous qui me couvrait. Nous venions de dîner ensemble; après le repas il fit semblant de dormir, et ce fut alors que, le voyant frissonner, je jetai sur lui mon bournous.

Avant tout cela, j'avais, en présence de Coubby, tiré ma bourse pour payer différents objets que je venais d'acheter. Je la posai sous mon coussin et je m'endormis. Alors mon drôle se leva, prit adroitement la bourse de dessous ma tête, s'en alla emportant argent et bournous, et s'éloigna tranquillement. Mes esclaves s'imaginant que je l'avais chargé de quelque commission, ne songèrent même pas à l'arrêter. A mon réveil, je n'aperçus plus mon homme. Je le fis chercher partout; il fut impossible de découvrir sa trace. Dieu m'est témoin que je n'avais pas d'autre argent que celui qui restait dans ma bourse; il y avait plus qu'il ne me fallait pour terminer mon voyage, car la somme se montait à environ soixante-dix ryâl de Tunis... et la bourse était en filet de soie.

Je fus obligé d'emprunter, aux chameliers qui nous conduisaient, une cinquantaine de ryâl tunisiens, afin de pourvoir à mes dépenses. D'autre part, la perte de mon bournous fut cause que j'eus beaucoup à souffrir du froid pendant les cinq jours que nous mîmes à aller de Safâkès à Tunis; mais ce fut la seule contrariété dont j'eus réellement à me plaindre dans ce dernier trajet.

Il est temps de clore mon livre et d'arrêter mon *calam* en son vagabondage, dans ce récit de mon Voyage au Soudan.

Maintenant j'ai dessein d'écrire ce que j'ai vu dans mon pèlerinage à la Mekke, la ville sainte, dans ma visite au tombeau de notre Prophète, sur qui soient les grâces et les bénédictions de Dieu! Je raconterai ensuite mon voyage en Morée; j'exposerai ce que j'y ai vu, surtout à Missolonghi, d'événements et de désastres. Ce sera la matière d'un autre volume (1).

Et je demande à Dieu de me préserver de toute chose mauvaise, soit en actions, soit en paroles. Je lui demande la grâce de persévérer dans la bonne voie, la voie de la vérité : l'islamisme. Et Dieu est tout-puissant, il exauce ceux qui l'invoquent. Dieu est tout pour moi; gloire à lui, qui écoute et remplit si bien les vœux de ceux qui le prient! Gloire au Seigneur des victoires et des bienfaits! Que les bénédictions divines soient répandues sur notre saint Prophète, sur sa famille et sur ses disciples! Que Dieu leur accorde à tous ses grâces pour le grand jour! Et gloire, gloire à l'Éternel, à la Majesté souveraine des mondes! Amen!

Terminé en l'an 1845 de l'ère chrétienne, le 24 janvier, correspondant au 16 du mois de Moharrem (premier mois de l'année), 1261 de l'hégire.

(1) Ce projet de relation de voyage n'a pas été exécuté.

NOTES

ET ÉCLAIRCISSEMENTS.

Les notes qui ont le signe (S.) à la fin sont des digressions et observations qui, malgré ce qu'elles peuvent présenter d'intérêt, ralentissaient le récit direct de l'auteur. Les notes explicatives que j'ai jugé à propos d'ajouter de ma part, sont suivies de la lettre (P.). Les autres, signées (S. P.), sont des observations ou des explications reçues oralement du cheykh, et qui ne se trouvent pas dans le texte original.

NOTE 1, PAGE 47.

L'anecdote qui suit est assez analogue à la précédente par sa conclusion.

Le cheykh imam El-Hâfiz-Abou-Hâfs-Omar, fils de Châhyn, commentateur du *Hadyth* ou Livre des paroles traditionnelles du Prophète, allait souvent passer quelques moments dans la boutique d'un *attâr* ou marchand de drogues et de parfums à Bagdad. Le cheykh expliquait à ce marchand une des parties du Hadyth.

Un jour qu'ils étaient assis dans la boutique, se présenta un de ces petits marchands ambulants qui vendent des odeurs dans les rues. Cet homme, déjà avancé en âge, avait cinq drachmes ou pièces d'argent et une large corbeille plate. « Donne-moi, dit-il à l'attâr, pour ces cinq drachmes, de tels et tels parfums; » et il les nomma. L'attâr reçoit les cinq drachmes, et lui met dans la corbeille plusieurs parfums pour la valeur indiquée. L'étranger prend la corbeille et se retire; mais son pied glisse, sa corbeille se renverse, et les parfums se répandent par terre. Le bon vieux se désole, se désespère, se couvre la tête de poussière. A cet aspect, le cheykh, ému de compassion : « Mon brave homme, dit-il, ne te désespère pas ainsi; sache qu'il y a dans le monde de bien plus grands malheurs que le tien. — Eh! mon Dieu! ce n'est pas positivement pour les cinq drachmes que je m'afflige; je sais très-bien que c'est peu de chose. Mais voici : j'étais marchand, et je voyageais, il y a plusieurs années, avec une caravane. Je perdis ma ceinture; il y avait 4,000 dinârs (ou pièces d'or), des pierreries, tels que rubis et diamants, pour une valeur aussi de 4,000 dinârs. Cette perte m'attrista peu; j'y fus, je t'assure, peu sensible; il me restait d'autres ressources. Mais aujourd'hui je suis pauvre; je n'avais plus que ces cinq drachmes; ma femme, la nuit passée, m'a donné un fils, et elle a besoin de différentes choses nécessaires à une femme en couches. Je craignais, en dépensant directement à cela mes cinq drachmes, de me trouver sans une obole et de n'avoir plus moyen de rien gagner. J'eus l'idée d'acheter des parfums et de courir la ville pendant la matinée afin de chercher, par un modeste trafic, à conserver mon petit capital et gagner quelque chose qui me servît à pourvoir aux besoins de ma femme. Ma corbeille une fois renversée, il ne me reste plus qu'à déserter la maison : voilà la vraie cause de mon désespoir. »

Le cheykh Abou-Hafs dit alors au marchand attâr : « Ramasse ce que tu pourras des parfums de cet homme, et complète-lui ce qui lui en manquera. Rends ce service à ce brave homme, et Dieu te récompensera de ta bonne œuvre. » L'attâr suivit le conseil du cheykh, ramassa tout ce qu'il put des parfums, et remplaça ce qui s'en était perdu.

En face de la boutique de l'attâr, il y avait une autre boutique où était assis un soldat. Le soldat, qui avait entendu le récit du marchand ambulant, se lève et va dire à Abou-Hafs : « Fais-moi l'honneur de venir chez moi avec cet homme qui vous a conté ses peines. » Le cheykh pensa que le soldat voulait donner à notre homme de quoi acheter ce dont avait besoin la nouvelle accouchée et satisfaire aux premières nécessités d'une pareille circonstance.

Le cheykh part donc avec le malheureux aux cinq drachmes, et tous deux suivent les pas du soldat, qui les précédait. Celui-ci les fait entrer chez lui, et ensuite il dit au marchand ambulant : « J'ai été surpris, vraiment, de voir ton désespoir pour le petit accident qui t'est arrivé. — Eh! ce n'est pas, en vérité, pour les cinq drachmes. » Et il répéta l'histoire qu'il avait racontée devant la boutique, le voyage de la caravane, la perte de la ceinture, etc. « Tu étais véritablement avec cette caravane? dit le soldat. — Mon Dieu, oui! et la preuve de ce que j'avance, c'est qu'il y avait tels et tels marchands. — Comment était donc ta ceinture? — Elle était comme cela et comme cela. »

Le soldat passe dans une autre partie de sa maison, et un moment après il revient avec une ceinture à la main. « Voilà ma ceinture, s'écrie aussitôt notre homme; et il y a dedans quatre mille dinârs, et des pierreries pour une valeur égale. » On ouvre la ceinture, et on y trouve ce qu'avait annoncé le marchand. « Prends ta ceinture, dit le soldat; c'est un bienfait, une bénédiction que Dieu t'envoie. — Je prends les dinârs; toi, prends les pierreries, je te les donne. — Je te jure par Dieu que je ne prendrai rien. » L'homme aux parfums renversés emporta sa ceinture. Il était venu pauvre, il s'en alla riche. Un poëte a dit :

« Combien Dieu a de faveurs cachées, et dont le mystère est insaisissable à la pénétration humaine!

» Combien de fois la joie succède à la peine et dissipe les angoisses d'une âme déchirée de souffrances!

» Combien de fois la tristesse s'éveille le matin avec toi, et la joie, le soir, vient te consoler! »

Dans ce même sens, un autre poëte a dit :

« Combien de nuits ai-je passées dans des angoisses qui eussent fait blanchir les cheveux même à un enfant!

» Et au matin, Dieu m'a rendu le calme et la sérénité, m'a relevé triomphant et radieux! »

L'anecdote que voici est le pendant de celle que je viens de conter. Un prince ou gouverneur de Tunis, dans le temps d'autrefois, fut pendant une nuit tourmenté d'insomnie; contre son ordinaire, il ne put avoir un moment de repos. Il s'imagina que cette agitation insolite devait être l'indice de quelque accident survenu sur quelque point de ses États. Il fait appeler son ministre ou vizir : « Je suis dans une étrange insomnie, lui dit le roi; mes yeux ne peuvent se fermer au sommeil. Cet état extraordinaire pour moi me fait soupçonner qu'il se passe quelque chose de fâcheux aux environs d'ici. Va trouver le chef de notre marine, et dis-lui de mettre une felouque en mer à présent même, d'aller explorer les parages voisins et de voir s'il n'y a rien de particulier. Envoie aussi un certain nombre de cavaliers en exploration jusque vers nos frontières, et s'ils rencontrent quelque chose d'inaccoutumé, qu'ils se hâtent de m'en informer. »

Le vizir obéit. Il se rend auprès du chef de la marine, lui transmet les ordres du prince; et quelques instants après une felouque, avec équipage complet, prend le large. D'autre part, le vizir expédie des cavaliers dans les terres. La felouque fit force de rames, et vogua bientôt en pleine mer. A quelque distance du rivage, on entendit une voix s'écrier trois fois : « O mon Dieu, toi qui secours ceux qui t'invoquent! » Et l'équipage répondit : « Nous allons à toi, nous voilà! » On se dirige du côté de la voix, et on rencontre un homme épuisé de fatigue, luttant contre les flots et n'en pouvant plus. On le retire de l'eau. On lui demande quelle catastrophe l'a jeté en pareil danger. « J'étais sur un bâtiment; il a naufragé. Des passagers, les uns se noyèrent, les autres échappèrent. Moi, depuis trois jours je m'efforce de me soutenir sur les flots; et en ce moment, sans vous, j'allais périr. »

On rentre au port. Au matin, le commandant de la marine se

rend sur la felouque, et s'adressant aux marins : « Quoi! vous n'êtes pas encore partis? » On lui conte l'aventure de la nuit, et on lui présente le naufragé. Le commandant le conduit devant le prince, et expose en quelques mots comment ce malheureux a été sauvé des flots. Ensuite l'étranger, à la demande du prince, raconte les circonstances et les détails de son naufrage. Et le prince s'écrie : « Gloire à Dieu qui m'a privé de sommeil pour sauver un malheureux du gouffre des flots, pour le sauver d'un triple danger, danger dans les ténèbres de la nuit, danger de l'isolement sur les eaux, danger sur les abîmes de la mer. Gloire au Dieu tout puissant dont le poëte a dit :

« Quand les choses du monde s'embrouillent et se nouent, la main bienveillante de Dieu suscite les événements qui les démêlent et les dénouent.

« O homme! prends patience! espère, espère toujours que Celui qui a fait le nœud le dénouera. » (S.)

NOTE 2. PAGE 48.

Ces mots : « Il n'y a pas grand mal à voir là-dedans, » me rappellent l'anecdote que voici.

Un roi avait un ami qu'il invitait souvent à boire avec lui, et toutes les fois qu'il l'invitait pour la nuit, le roi lui faisait un cadeau. Une nuit il ne lui donna rien. La partie finie, le convive se retire. Il arrive chez lui; aussitôt sa femme d'aller à son mari, et voyant qu'il ne rapporte rien : « Eh bien! dit-elle, où donc est le cadeau du roi? — Il n'y en a pas aujourd'hui. — Alors, moi, je veux te donner quelque chose. » Elle appelle ses femmes esclaves; dès qu'elles arrivent, elle met en main à chacune d'elles un *khouff*, sorte de long chausson en cuir noir et de la forme des chaussons en cuir jaune à la mode du Caire. La dame aussi prit un khouff; puis, toutes ensemble, elles tombent sur la nuque de notre homme, le battant en cadence avec les khouff. Et le pauvre mari en eut l'arrière-cou rouge comme une pomme.

Le lendemain matin, le roi, voulant boire, envoya chercher son convive. L'ami n'osa se présenter ; il avait la nuque enflée, de couleur pourpre. Il écrivit au roi, lui conta son aventure, et termina sa lettre par ces deux vers :

« De blanches mains me sont tombées sur la nuque, me battant comme en cadence rhythmée sur la mesure d'un chant nuptial.

» Les noirs khouff qui armaient ces mains-là jouaient sur ma pauvre nuque, à coups suivis comme ceux du marteau dans la main du taillandier. »

Le roi, en lisant cette lettre, se prit d'un fou rire. Il appela le câdi, et lui jetant le papier : « Réponds à ces deux vers, » lui dit-il ; et le câdi trace les deux vers que voici :

« Ne te formalise pas du caprice de ces femmes ; montre un caractère digne d'un homme.

» Qu'elles se soient ainsi amusées à ce jeu cadencé sur ta nuque, et que tu sois ainsi resté une heure, en vérité il n'y a pas grand mal à cela. »

Le roi envoya à son convive ces deux vers, accompagnés d'un cadeau.

Voici une aventure analogue arrivée à Abou-Nouâs.

Hâroûn-el-Rachyd appela un jour une de ses esclaves et lui dit : « Je veux te donner à Abou-Nouâs. Mais garde-toi bien de lui accorder tes faveurs. Toutes les fois qu'il fera mine de s'approcher de toi, prends un khouff noir et tombe-lui à grands coups sur la nuque. — Très-bien. » Hâroûn envoie chercher Abou-Nouâs et lui fait cadeau de l'esclave. Abou-Nouâs accepte avec joie le don du khalife et se retire chez lui. La nuit venue, il va caresser sa belle, comme fait tout homme en préludes amoureux. Mais l'esclave résiste, prend son khouff et lui en administre un bon nombre de coups sur la nuque. « Pourquoi cette manière de répondre à mon amour ? » dit Abou-Nouâs. L'esclave ne dit mot ; Abou-Nouâs crut qu'elle était muette. Toutes les fois qu'il portait la main vers elle, les coups pleuvaient derechef. Le pauvre favori en eut la nuque toute rouge et toute meurtrie ; et le lendemain le cou lui avait gonflé.

Le khalife envoie chercher Abou-Nouâs. Celui-ci arrive ; et

Hâroûn lui dit : « Comment as-tu passé la nuit, mon cher Abou-Noûâs? — Très-bien! prince; parfaitement! Seulement il me semble que vous avez laissé prendre à cette esclave une bien mauvaise habitude. » Il faisait entendre par là que le khalife aussi avait eu la nuque battue. Le khalife partit d'un éclat de rire moqueur, et il ajouta : « Tu as reçu ce que tu as mérité; c'est très-bien. Que Dieu te confonde! Il fallait laisser cette femme en repos. »

(S.)

NOTE 3. PAGE 57.

Les ventouses sont, comme en Égypte, des cônes ou extrémités de cornes de bœuf, ouvertes par la pointe, longues d'environ trois pouces. Sur l'ouverture pratiquée à la pointe, une petite rondelle de cuir joue en manière de soupape. On fait le vide avec la bouche, par aspiration, et le cuir ferme la *corne*, qui par sa base reste appliquée sur la peau de l'individu. (P.)

NOTE 4. PAGE 58.

La première fois que je lus ce passage relatif aux *daûmah* ou *bosses du courage* des Ouadayens, je témoignai ma surprise au cheykh El-Tounsy, et je lui demandai s'il avait entendu parler ailleurs qu'au Ouadây de cette singulière croyance. « Je n'ai jamais vu ces tumeurs qu'au Ouadây, me dit-il; les Ouadayens sont intimement convaincus qu'elles sont le réceptacle de la bravoure. C'est un des mille préjugés et folies de ces contrées ignorantes. » Mais quand j'arrivai à dire au cheykh ce que la phrénologie avait admis à cet égard, il crut d'abord que je voulais plaisanter et il se mit à rire. Lorsqu'il vit que je lui parlais sérieusement, il m'adressa une foule de questions sur le *gallisme*. « Comment ce Gall, me répétait-il, a-t-il pu se trouver d'accord avec les Ouadayens? » Notre conversation dura longtemps sur ce chapitre et se renouvela bien des fois. (P.)

NOTE 5. PAGE 65.

On entend par esclave de sept empans celui dont la taille est de sept empans mesurés depuis la cheville jusqu'à l'extrémité inférieure de l'oreille. Les esclaves *soudâcy* ou *sédâcy*, ou *des six*, ont six empans mesurés comme les précédents. Au-dessous de six empans, ils diminuent de valeur, de même au dessus de sept, parce qu'alors étant hommes faits, ils ne peuvent plus être employés au services des harems.

(S.)

NOTE 6. PAGE 74.

Kharyf et-teymân ou et-tymân signifie *automne double* de profit; car là l'automne est le temps des pluies et le temps des semailles. *Teymân* vient du mot arabe *touamân* qui signifie *jumeaux*, nés ensemble du sein d'une même mère. Au Ouadây, on a comparé ce sultan à l'automne ouadayen, qui apporterait la pluie de deux automnes : allusion à la libéralité de ce prince ; car s'il donnait, il enrichissait, tout comme l'automne fait la fortune des campagnes.

(S. P.)

NOTE 7. PAGE 82.

Les *miroued* sont des tiges minces de métal ou de bois. On les plonge ou on les passe dans le *keuhl* ou matière noire en poudre incorporée à un corps gras. Ensuite, en faisant glisser les miroued entre les deux bords des paupières, on se teint toute la ligne ciliaire palpébrale d'une couleur noire que les Arabes aiment comme parure.

Le keuhl se conserve dans des espèces d'étuis dans lesquels sont aussi enfermés les miroued. Cette habitude de se teindre les bords des paupières et les sourcils existait, chez les femmes arabes surtout, de temps immémorial avant l'islamisme. Ce genre de parure était en vogue chez nombre de peuples anciens. A Rome, les dames se peignaient le bord des paupières et les sourcils avec une poudre noire ou avec de la suie. *Fuligine colligebant* (Tertullien, *De cultu femin.* 5. — Juvénal, 11 ; 93. — Pline, Epist. VI. 2). En Égypte, le keuhl est du sulfure d'antimoine pulvérisé très-fin ou bien du *loubán* (oliban), brûlé dans deux vases se couvrant bouche à bouche ; c'est donc alors une suie, *fuligo*. (P.)

NOTE 8. PAGE 101.

Les musulmans croient que les psaumes de David sont un livre envoyé du ciel au roi-prophète, et écrit de la main de Dieu. (P).

NOTE 9. PAGE 101.

Par *la terre*, les uns entendent *ce monde*, les autres *la vie du paradis*. Lorsque j'ai dit tout à l'heure que Dieu donna le pouvoir à Sâboûn comme au prince le plus vertueux, je n'ai pas voulu dire que la vertu de l'homme fût toujours la cause déterminante qui dirige la conduite de Dieu, car Dieu n'est point influencé et n'agit point par des raisons de cette nature ; mais j'ai voulu indiquer un simple rapport de corrélation, de but, comme l'indiquent ces paroles divines du Coran : « Je n'ai créé les génies et les hommes que pour m'adorer. » (S).

NOTE 10. PAGE 103.

L'amulette du sultan, comme la plupart des autres amulettes, est une très-petite giberne. Celle du sultan est dorée et tient à un cordon ou baudrier également doré. Dans cette giberne, le sultan porte des talismans ou fragments de papier pliés sur lesquels sont tracées des paroles du Coran, et dont la vertu alors doit préserver Sa Majesté de tout mal et malheur. (S. P.)

NOTE 11. PAGE 106.

Redjeb a reçu la qualification d'*unique* pour le distinguer des *deux* mois de Réby qui le précèdent et qui se distinguent par les mots *premier* et *second*. Mais on pense plus généralement que Redjeb est appelé *redjeb l'unique*, parce qu'il ne se trouve pas immédiatement avant ou après les trois autres mois Zou-l-Câdeh, Zou-l-Heddjeh et Moharrem qui, comme Redjeb, sont des mois sacrés, c'est-à-dire dans lesquels il est défendu de faire la guerre.   (S. P.)

NOTE 12. PAGE 111.

J'ai lu, dans les récits historiques, quelque chose d'analogue au genre de courage dont je viens de parler. Un individu appelé Noaïm se révolta contre un khalife, et réussit à rassembler une armée nombreuse. Le khalife marcha contre le rebelle et le vainquit. Noaïm fut pris et fut amené au khalife, qui ordonna de le mettre à mort à l'instant même. On étale le cuir des suppliciés (1); le bourreau tire le glaive et le lève sur la tête de Noaïm. Le khalife regarde alors ce malheureux, le voit calme, tranquille et résolu; rien dans les traits n'annonçait la moindre émotion, la moindre frayeur. Le khalife voulut le faire parler, afin de découvrir plus sûrement quel était l'état moral du coupable : « Noaïm, dit-il, si tu as à alléguer quelques raisons qui puissent excuser ta conduite, expose-les-moi; je t'écoute. — Tu me permets de parler, ô émir des Croyants, et gloire à Dieu qui par toi a relevé notre sainte religion, et qui a réuni les musulmans sous ton autorité! Eh bien, je n'ai nulle excuse à alléguer; je ne te demande qu'une grâce, c'est de me laisser te réciter quelques vers qui se présentent à mon esprit :

---

(1) On faisait agenouiller le condamné sur une grande pièce de cuir, et on lui tranchait la tête.

NOTE 12. Iʳᵉ PART., CHAP. IV.

« Entre ce cuir et ce glaive, je vois la mort qui m'épie ; de quelque côté que je porte les regards, je l'aperçois l'œil sur moi.

» Je crois que dans un moment tu vas m'abattre la tête ; mais qui peut éviter ce que lui réserve la fatalité ?

» Je n'ai pas peur du trépas, car je sais bien qu'il a son heure inévitable.

» Mais, prince, je laisse des enfants, et leurs entrailles vont se tordre de douleur.

» Il me semble les voir, mes enfants, au moment où leur arrivera la nouvelle de ma mort : ils se déchirent la face, ils poussent des cris de désespoir.

» Si je vivais, ils vivraient en paix, en sécurité, à l'abri d'une fin malheureuse ; mais si je meurs, ils meurent. »

Les yeux du khalife se mouillent de larmes. « Va, dit-il à Noaim, je te pardonne pour Dieu et pour tes enfants. » Et le khalife ordonne de mettre en liberté le coupable, lui fait des présents et le renvoie plein de joie et de reconnaissance.

Le récit suivant offre encore une circonstance analogue. Nomân, fils de Mounzir, fils de Mâ-és-Séma, était roi des Arabes de Hyrah, dans l'Irâk. Il avait partagé ses jours par alternative d'un jour de bienveillance et d'un jour de colère. Le jour de bienveillance, il donnait des bienfaits et des présents au premier individu que son regard rencontrait ; le jour néfaste, c'est-à-dire le lendemain, il mettait à mort le premier individu qu'il apercevait.

Un Arabe vint trouver Nomân dans l'intention de lui demander une faveur ; mais, malheureusement, il se présenta le jour néfaste. Dès que l'Arabe est arrivé devant le roi, celui-ci ordonne de le mettre à mort. « Vie de Dieu ! dit l'Arabe, la mort ne m'épouvante pas ; je désire seulement que tu m'accordes trois jours de délai pour aller voir ma famille et lui annoncer ma destinée. Outre cela, plusieurs dépôts m'ont été confiés ; si je meurs aujourd'hui, ils seront probablement perdus pour ceux à qui ils appartiennent ; je veux les rendre ; puis je reviens, et tu feras de moi ce qu'il te plaira, ce que tu veux en faire actuellement. — Bien ! dit Nomân ; donne-moi un répondant, et je te laisse partir. »

L'Arabe se tourne alors vers un des vizirs, et croyant devoir s'adresser à lui plutôt qu'aux autres, il lui dit : « Sois ma caution ; » l'Arabe ajoute à ces mots quelques vers dont je ne me rappelle que celui-ci :

« Frère, homme de cœur, sois généreux pour moi, sois mon répondant, sois ma caution. »

Entraîné par un sentiment de dévouement, de noblesse et de grandeur d'âme, le vizir se porte pour caution et dit à l'Arabe de partir. Celui-ci monte sa chamelle et va retrouver sa famille. Il raconte son malheur, l'engagement qu'il a pris, et l'obligation où il est de repartir bientôt. Au jour désigné il se met en route. L'heure du retour expirait, et il ne reparaissait pas au rendez-vous. Nomân alors dit au vizir : « Ton homme ne revient pas ; tu vas être victime pour lui. — Je suis prêt ; mais tu n'as rien à exiger de moi qu'à trois heures après midi ; à l'heure fixée, je serai à ta discrétion. »

Trois heures arrivent. « Prépare-toi à mourir, dit Nomân au vizir. — Je suis à tes ordres. » On appelle le bourreau, et le vizir est conduit au lieu du supplice. La foule était immense ; les uns versaient des larmes, les autres se lamentaient. L'Arabe paraît. « Arrêtez ! arrêtez ! s'écrie-t-il de loin ; ma caution est dégagée. » L'exécuteur suspend l'exécution ; on va avertir le roi. Nomân appelle nos deux hommes devant lui. « En vérité, leur dit-il, mon étonnement est extrême ; j'admire votre fidélité à votre parole, et je ne vois rien de plus grand qu'un tel exemple de sincérité, de conscience, de grandeur d'âme. Je vous pardonne, et à cause de vous j'abolis mes jours de colère. »

Voici encore une histoire dont la conclusion est la même que celle des deux précédentes. Cette histoire m'a été racontée par le chérif Mohammed, fils du chérif Ibrahim, le Sennârien.

Il était de coutume au Sennâr, me dit-il, que lorsqu'un homme en avait tué un autre, le meurtrier prît sa victime par le pied et restât ainsi jusqu'à ce que les parents du mort vinssent satisfaire leur vengeance. Or un jour, un Sennârien en tua un autre chez leur maîtresse commune. Il saisit alors le pied de son rival égorgé, et se tint assis près du cadavre jusqu'à l'arrivée des parents du mort. L'individu qui avait succombé avait six frères et son père et sa mère. Ils accourent tous les huit, et un des frères dit au meurtrier : « Pourquoi as-tu assassiné notre frère? — Parce que cela m'a plu. — Alors tu vas te laisser tuer? — Je suis à votre discrétion; seulement je voudrais que vous fussiez assez généreux pour m'accorder trois jours de délai. J'irai faire mes adieux à ma famille et je reviendrai. — Voilà, ce nous semble, de la peur. Tu veux te soustraire à la mort; tu es un lâche, et ton sang ne saurait dignement payer celui de notre frère. Va-t'en, va, nous ne te ferons pas l'honneur de te tuer. »

L'habitude est de ne prendre le talion du sang que sur des individus sans peur. Lorsque le meurtrier montre de la lâcheté et craint la mort, on le méprise, on le refuse comme victime; on va chercher un de ses parents qui sache envisager la mort avec courage, et on égorge ce parent à la place du véritable meurtrier.

Notre homme répondit aux frères de son rival : « Je vous le jure par Dieu, je n'ai nulle crainte de mourir. Honte, malédiction du Ciel sur les lâches! Et qu'y a-t-il d'extraordinaire à ce que je vous demande un délai? Je ne veux que voir encore une fois ma famille; cela me parait très-simple. — Alors donne-nous un gage de ta parole, une caution, et nous te laissons partir. » Le meurtrier promène ses regards autour de lui, et il choisit parmi les assistants celui qu'il jugea, à la physionomie, le plus homme de cœur, et il le pria de se porter pour caution. Cet homme se dévoua, accepta la proposition, et on fixa pour condition que si, dans trois jours, le coupable n'était pas de retour, le répondant serait mis à mort. L'étranger consentit à cet arrangement, et donna sa parole. Le meurtrier enfourche une monture, dit adieu et part. Arrivé chez lui, il raconte son histoire.

Il était nouvellement marié. Sa femme, après l'avoir entendu : « Garde-toi, lui dit-elle, garde-toi bien d'approcher de moi. Va dégager ta caution. » Notre homme est accueilli de la même manière par son père et par ses frères : « Dépêche-toi d'aller relever ta caution. » Il se lave, se parfume, reprend sa monture et s'en retourne.

En route, il rencontre un lion qui lui coupe le chemin; il descend, combat le lion, le tue, et emporte avec lui un morceau de la peau de la tête pour preuve légitime de son retard, s'il arrive après le délai fixé. Le soir du troisième jour, les parents du jeune homme mort vont trouver celui qui s'était donné comme garant. « Il paraît, lui disent-ils, que ton homme t'a trompé. Allons! arrive, paye-nous le sang par le sang. » Il se lève et se rend immédiatement au lieu où l'on devait l'immoler. On se rangeait en cercle autour de lui, on se préparait à le tuer, lorsqu'on aperçut le meurtrier. « Que faites-vous, malheureux? s'écrie-t-il. Laissez cet homme, me voici; je vais vous payer ma dette et affranchir ma caution. »

On délivre aussitôt le répondant. Mais le père du mort admirant la résolution et la conscience du meurtrier, appelle ses fils, entre avec eux dans sa cabane, en ferme la porte et leur dit : « Que pensez-vous, mes enfants, de toute cette aventure? Quel est, à votre avis, le plus généreux, le meurtrier ou le répondant? — Ce sont en vérité deux hommes au cœur élevé, deux étoiles du pôle dans le ciel. — Eh bien! mon avis à moi est d'accorder la vie à ce coupable. Il l'a mérité par son empressement à délivrer sa caution. — Quoi! dit un des fils, nous laisserons sans vengeance le sang de notre frère! Sa mort resterait ainsi sans expiation? Non, jamais. — Je vous le jure par les trois serments de répudiation, cet homme aura la vie sauve. Et celui de vous qui lui fera le moindre mal, m'en répondra sur sa tête (1). »

A ces mots, il sort, ferme la porte sur ses fils, appelle le meurtrier. « Nous te pardonnons, lui dit-il; retourne à ta famille, à tes

---

(1) Jurer par les trois répudiations est un des grands serments. Le musulman qui le prononce doit, s'il manque à sa promesse, répudier définitivement sa femme, et il ne peut plus la reprendre que lorsqu'elle a consommé le mariage avec un autre mari. *Voy.* notre *Précis de jurisprudence musulmane.*

troupeaux. — Non; cela est impossible. J'aurai tué ton fils, le fruit de ton cœur, et je vivrais après lui! Non, il n'en sera pas ainsi; je ne veux pas de pardon. — Nous te pardonnons, te dis-je. Tu m'as tué un fils, il est vrai; mais grâce à Dieu, il m'en reste d'autres.» Et il s'éloigna. Le meurtrier resta trois jours encore, répétant aux parents de sa victime : « Le talion! prenez sur moi le talion, payez-vous de votre fils. » On ne lui répondit pas. Il attendit vainement, et enfin il reprit sa monture et retourna chez lui. (S.)

NOTE 13. PAGE 112.

On appelle *khirryt*, des génies ou lutins redoutables qui, selon les musulmans, affrontent les brûlantes ardeurs du soleil de midi, se tiennent alors sur les routes, sur tous les chemins, pour nuire aux voyageurs, les tourmenter, les faire mourir. (S. P.)

NOTE 14. PAGE 118.

(Il est comme le mouton qui cherche lui-même sa perte en grattant la terre.) Cette expression proverbiale fait allusion à ceci : On apporta un mouton pour le tuer, mais on ne trouva pas le couteau. Ce couteau était tombé et le vent l'avait couvert de poussière et de sable. Le mouton fut alors mis à terre, en liberté; mais voilà que du pied il gratte juste à l'endroit où était le couteau. Le mouton fut repris de suite et égorgé. (S. P.)

NOTE 15. PAGE 120.

Je ne connais d'autre prince qui ait été victime d'un pareil stratagème que Djézymet-el-Abrach, roi arabe. Il tomba dans les piéges de la reine Zabba. Cette reine était restée seule héritière de son père, qui lui laissa, en mourant, de vastes États.

Djézymet eut envie d'épouser Zabba. Il envoya demander la

main de cette reine. Zabba détestait les hommes ; mais elle pensa que si elle repoussait les vœux de Djézymet, celui-ci la viendrait attaquer les armes à la main, la déposséderait violemment, et peut-être la mettrait à mort. Zabba eut recours à la ruse et à la trahison pour trancher la difficulté. Elle répondit au prince arabe : « Le sabre a trouvé son fourreau. Reine, pouvais-je espérer un époux plus illustre que toi? Depuis longtemps je sens en mon cœur le désir de m'unir à toi par le mariage. Mais tu sais ce qu'en pareilles circonstances la pudeur et la décence prescrivent à une femme. Je bénis Dieu qui t'a inspiré. Aussitôt que tu auras reçu cette lettre, pars, viens ici, et que nous soyons unis comme les grains d'un collier. Adieu. »

Cette réponse porta la joie dans l'âme de Djézymet. Il se prépara de suite à se rendre auprès de Zabba. Djézymet avait un neveu appelé Cacyr, c'est-à-dire le *Petit*. Cacyr, informé du résultat de la démarche du roi, alla le trouver aussitôt. « Prince, lui dit-il, vous vous laissez jouer par une femme. — Et pourquoi me tromperait-elle ? — Je le vois ! on n'écoute pas toujours les conseils d'un *petit*. » Ce jeu de mots passa en proverbe.

Djézymet se mit en route. Zabba envoya au-devant de lui, lui rendit les honneurs dus à un roi, lui fournit en abondance ce dont il put avoir besoin. Ensuite elle se présenta à lui, et leur union fut conclue. Les premières cérémonies achevées, Djézymet, assuré de posséder désormais celle qu'il désirait, congédia la plus grande partie des soldats qui l'avaient accompagné ; il ne garda que quelques hommes comme cortège particulier.

En entrant dans le palais de Zabba pour la consommation du mariage, Djézymet fut reçu magnifiquement. Mais en arrivant auprès de Zabba, il s'étonna de la voir sans parure, sans ornements. Ce fut pour lui un augure sinistre... On ferme toutes les portes sur le prince ; il reste seul. Un moment après, Zabba reparaît nue. « Regarde-moi bien, dit-elle au roi arabe, est-ce là un pubis préparé, épilé, comme chez une nouvelle mariée ? » Et en effet, il n'était point préparé. « C'est, dit Djézymet, le pubis d'une misérable esclave, d'une... (1) » Zabba appelle ses femmes : « Préparez à votre maître, leur dit-elle, et étalez par terre, devant lui, le cuir du supplice. » Les femmes obéissent; puis Zabba ordonne à un barbier de saigner Djézymet aux deux bras; on ouvre les veines et on laisse couler le sang jusqu'à extinction. Pendant ce temps, Zabba disait à ses suivantes : « Ayez bien soin du sang de votre maître; ayez soin qu'il ne s'en perde pas une goutte en dehors du cuir. — Laissez mon sang, leur disait Djézymet; je le donne sans regrets. »

Un poëte a rappelé dans ce vers l'aventure de Djézymet :

« Elles apportèrent le cuir du supplice pour recevoir le sang qui allait jaillir de ses veines. Il vit alors que Zabba l'avait trompé, l'avait trahi. »

Cacyr vengea son oncle. Il se concerta avec le fils de Djézymet, tua Zabba, et en massacra toute la suite. Du reste, cette histoire est connue; je me borne au peu que j'en ai raconté, et que j'introduis ici en forme d'à-propos et d'épisode.

Sâboûn, comme nous l'avons dit, mit à mort son frère et le roi qui avait voulu soulever l'armée. Car l'homme sensé, une fois qu'il tient ses ennemis en son pouvoir, n'ignore pas que pardonner alors, c'est se préparer des dangers qui peut-être lui coûteront la vie. Le prophète, sur lui soit la bénédiction de Dieu! a dit : « Le sage n'est pas piqué deux fois à un trou de vipère. » Voici une confirmation de ce principe.

Nomân le Borgne, en se retirant du monde et de la vie mondaine, céda la royauté à son fils El-Mounzir, qui régna jusqu'au temps de Feiroûz-Ibn-Yezdedjird, roi de Perse. Ensuite la souveraineté passa entre les mains du fils d'El-Mounzir, El-Açouad, qui soumit les Ghassânides, Arabes de Syrie. Il fit prisonniers plusieurs de leurs princes, auxquels ensuite il voulut rendre la liberté. El-Açouad avait un cousin appelé Abou-Ozaynah, dont les

(1) Il est impossible d'oser mettre en français les mots lubriques que je représente par des points. L'Arabe est sans pudeur, et sa langue est comme lui.

Ghassânides avaient tué un frère dans une bataille. Abou-Ozaynah, informé que son oncle avait intention de faire grâce aux princes ghassânides, composa une *cacydeh* ou pièce de vers pour persuader à El-Açouad de se venger. En voici un passage :

« L'homme n'obtient pas tous les jours ce qu'il désire, et tous les jours le destin ne lui verse pas ses faveurs.

» Le plus sage est celui qui, au moment propice, ne lâche pas la corde qui tient à ce qu'il veut avoir.

» Le mieux avisé partout et en tout temps, est celui qui abreuve ses ennemis à la coupe à laquelle ils l'ont fait boire.

» C'est justice à lui de les frapper du fer dont ils l'ont frappé d'abord.

» Pardonner n'est générosité et sagesse qu'entre des égaux ; quiconque soutient le contraire en a menti.

» Tu as tué Amr, et tu veux pardonner à Yézyd ; pensée malheureuse qui ne t'amènera que guerres et calamités !

» Ne tranche pas seulement la queue de la vipère, pour laisser ensuite partir la vipère ; si tu es homme, fais que la tête suive la queue.

» Ils ont tiré le sabre, qu'ils tombent sous le sabre ; ils ont allumé le feu, donne-les, comme du bois, en pâture aux flammes.

» Tu veux leur pardonner ! Mais partout on dira : « Ce pardon n'est pas de la clémence, c'est un pardon accordé par la peur.

» Ces rois sont les croissants brillants, les hautes illustrations des Ghassânides ; qu'y aurait-il donc d'étonnant qu'ils cherchassent à recouvrer leur puissance (et ensuite à se venger de toi)?

» Ils t'ont fait offrir leur rachat, te vantant pour cela leurs chevaux et leurs chameaux, qu'admirent, disent-ils, les barbares et les Arabes.

» Eh quoi ! ils auront trait notre sang, et nous, nous ne trairons que du lait de leurs chamelles ! Certes, aux yeux du monde, ils nous auront surpassés dans l'art de traire !

» Pourquoi accepterais-tu pour eux une rançon ? Ce n'est pas de l'or et de l'argent qu'ils ont eu de nous (c'est notre sang). »

Mais il est temps de réprimer les excès de mon *calam* et d'en arrêter la fougue en lui serrant la bride. Exposons maintenant ce qui se passa entre Sâboûn et les sultans ses voisins, et racontons les guerres qui signalèrent son règne. (S.)

NOTE 16. PAGE 128.

L'enfant né d'une femme non légitime, n'est pas regardé comme fils de celui qui a cohabité avec cette femme. Il est comme étranger pour l'homme. (P.)

NOTE 17. PAGE 140.

Mon ami M. F. Fresnel, consul français à Djeddah, sur la mer Rouge, a publié, en 1844, un mémoire sur l'*Abou-Carn*, et considère cet animal comme étant la licorne. Ce mémoire a été lu à l'Académie.

Ce que les Égyptiens appellent *khartyt* est le rhinocéros proprement dit. (P.)

NOTE 18. PAGE 150.

Le terme *birny*, au Bâguirmeh et au Barnau, correspond au mot Fâcher pour le Dârfour et le Ouadây. Birny n'est point un nom propre; il se dit de la place qui est devant la demeure du sultan, et aussi de cette demeure, et même de la ville ou du bourg où siége un sultan secondaire, un gouverneur de premier ordre. Ainsi, il y a le birny de Logoun, au Katakau. Birny veut donc encore dire, en quelque sorte, *capitale*, soit d'un État, soit d'une province, etc. (S. P.)

NOTE 19. PAGE 162.

Le ryâl est le *douro* d'Espagne. Ce mot s'applique aussi au thaler d'Autriche. Le mot arabe ryâl est évidemment la transcription du mot espagnol *real*. (P.)

NOTE 20. PAGE 163.

La raison de la dénomination *pièces à canon*, par laquelle on caractérise ces pièces d'argent, connues aussi dans le commerce sous le nom de *colonnates*, est que les Arabes ont pris les deux colonnes, figurées sur la pièce, pour deux canons. (P.)

NOTE 21. PAGE 165.

J'ai vu un fait semblable dans la guerre de Morée, après la prise de Missolonghi.

Un soldat égyptien, à l'approche de la nuit, fouillait les Grecs morts, espérant trouver quelque bonne capture. Il vint à un cadavre qui avait une ceinture en grosse toile comme de la toile cirée. Il la détache, et sent qu'elle est pleine de ryâl. Transporté de joie, il termine là ses recherches; il se contente de la ceinture. Il se retire à quelque distance, et, seul, il compte ses ryâl. Il y en avait deux cent cinquante. Le ryâl ou talari valait alors douze piastres d'Égypte (aujourd'hui il en vaut environ vingt, et la pièce de cinq francs en vaut dix-neuf et un quart. La piastre équivaut à quarante paras).

« Par Dieu! dit notre homme tout ému, voilà une excellente trouvaille. Dieu m'envoie là trois mille piastres. Il y a de quoi me soigner, me régaler et en envoyer encore à ma famille. » Il était nuit quand il compta son butin. Le lendemain, au jour, il examine un ryâl et lui voit une couleur jaune. Il s'imagine que ce n'est qu'une pièce de cuivre, et il le jette. Il en examine d'autres; jaunes encore, et tous, jaunes de même. C'étaient des doublons. Notre benêt prit l'or pour du cuivre, et il se mit à pleurer, à se lamenter : « Quel malheur! disait-il; est-on plus malheureux que moi! »

Passe par hasard près de lui un de mes amis, que je ne veux pas nommer : « Qu'as-tu donc à pleurer? dit-il. » Et l'autre de raconter son aventure en répétant vingt fois : « Et pour mon malheur, je m'aperçois que mes talaris sont de cuivre. — Voyons. » Le soldat montre ses talaris de cuivre. L'autre reconnaît les doublons, mais il dissimule : « C'est vraiment bien malheureux! dit-il aussitôt; mais il faut se consoler. Ah! la puissance et la force sont en Dieu seul! Et où veux-tu aller avec cela? qui veux-tu qui prenne cette monnaie? — Je t'en prie, dit notre guerrier, si tu penses qu'on puisse les vendre, prends-en ce que tu voudras, et fais en sorte que j'en retire quelque chose. — Veux-tu m'en vendre quelques-uns à vingt paras la pièce? — Très-volontiers, et tout de suite. » Mon ami n'avait malheureusement alors en poche que vingt-cinq piastres. Il les donne au soldat et prend cinquante doublons. Il ne put en acheter davantage en ce moment. « Attends un peu, dit-il à son Égyptien. Je vais au camp; je t'apporterai cent piastres, et je te débarrasserai du reste de tes cuivres. — Très-bien, très-bien, va. »

Mon ami part en toute hâte, prend cent piastres et retourne au plus vite sur ses pas. Mais de loin il aperçoit des soldats rassemblés autour de son homme, et il s'arrête, puis regagne le camp. Le benêt avait appris que ses pièces de cuivre étaient des doublons, valant chacun seize ryâl; et il se lamentait, maudissait celui qui lui avait acheté les cinquante doublons.

On m'a raconté d'une autre manière la fin de l'aventure. Après que l'acheteur aux cents piastres se fut éloigné, le soldat se remit à déplorer son malheur, à maudire son cuivre. Sur ce, passa un individu qui demanda au pleureur quel était le motif de ses larmes. Le pauvre désolé lui conta son histoire. « Voyons, montre-moi donc tes ryâl, dit le passant. » Le soldat étale ses cuivres, et l'autre reconnut de beaux et bons doublons. « Veux-tu, dit-il au soldat, me faire cadeau de cinq de ces ryâl, et je t'apprendrai ce que c'est? — Volontiers, je te les donne. » L'étranger met en poche les cinq pièces, et dit à son homme : « Ouvre l'œil, comprends et sache que chacun de ces ryâl en vaut seize. »

C'est à ces mots que notre guerrier se mit à chanter haut sa complainte sur les cinquante ryâl jaunes qui lui avaient été achetés pour vingt-cinq piastres. En revenant, l'acheteur ayant entendu, à quelque distance, sa dupe se répandre en plaintes, en désolation, eut soin de s'esquiver. Il savait bien que, s'il était découvert, il serait obligé de rendre les cinquante doublons. (S.)

NOTE 22. PAGE 184.

Ce *seigneur* est Mahomet, fils d'Abd-Allah, fils d'Abd-El-Mouttaleb, fils de Hâchem, fils d'Abd-Ménâf. Mahomet est souvent

appelé aussi fils d'Adnân; Adnân est le vingtième aïeul de Mahomet.
(P.)

NOTE 23. PAGE 201.

Ce poëte, que le cheykh ne nomme pas, est *Tofaïl-el-Khaïl* ou Tofaïl aux chevaux, ainsi surnommé à cause de son talent à décrire les chevaux, etc. Ce poëte vivait avant l'islamisme. J'en publierai la légende dans l'histoire légendaire des poëtes arabes antéislamiques.
(P.)

NOTE 24. PAGE 214.

Le livre dont il est question ici est de Mâlek, chef d'un des quatre rites orthodoxes. Quand Mâlek écrivait son livre sur les principes de la loi musulmane, une nuit il vit en songe Mahomet, qui lui dit : « *Ouattata ed-dyna*, tu as aplani, mis à la portée de tous la religion. » Et d'après cela, il appela son livre le *Mououattâ*.
(P.)

NOTE 25. PAGE 218.

Voici les détails de l'événement indiqué dans ce passage.

Ce fut d'après les informations reçues de mon père que Yoûcef-Pacha se concerta sur les moyens de mettre en évidence, d'abord, les exactions d'El-Mountacer. Le pacha consulta à ce sujet plusieurs de ses courtisans. Ils lui conseillèrent d'envoyer des marchandises au Barnau sous la conduite d'un homme sûr et ferme, de diriger la caravane par le Fezzân, et de remettre au chef de cette caravane une lettre pour El-Mountacer et une autre pour le sultan du Barnau. Yoûcef-Pacha proposa à Mohammed-el-Moukkény, un des officiers de son palais, de se charger de cette expédition. Il lui confia donc quatre cargaisons de marchandises, outre des présents pour le sultan du Barnau. La caravane se mit en route pour le Fezzân. La lettre qu'El-Moukkény devait remettre à El-Mountacer était conçue en ces termes :

« A Son Excellence notre cher Mohammed-el-Mountacer, notre gouverneur de la province du Fezzân.

» Or sus, il nous est venu à l'idée d'envoyer notre honorable et excellent serviteur Mohammed-el-Moukkény au Barnau, avec une lettre et des présents pour le sultan barnaouyen. Nous avons ordonné à El-Moukkény de passer par le Fezzân et de se présenter à toi. J'espère que tu le traiteras convenablement. Adjoins-le à la première caravane qui ira au Barnau. S'il a besoin de chameaux de transport, ou de provisions, ou d'argent, donne-lui, à mon compte, ce qu'il te demandera. J'espère que tu le seconderas et l'aideras de tous tes moyens. Salut. »

El-Moukkény, à son arrivée au Fezzân, fut bien reçu par El-Mountacer, qui l'hébergea et lui fournit pendant trois jours tout ce qu'un voyageur peut désirer. Le quatrième jour, El-Moukkény présenta à El-Mountacer la lettre de Yoûcef-Pacha. El-Mountacer la lut et trouva fort peu de son goût les exigences du pacha. Toutefois, il dissimula sa mauvaise humeur.

L'arrivée d'El-Moukkény à Mourzouk coïncida justement avec le départ d'une caravane pour le Barnau. El-Moukkény fit le voyage avec elle, et environ six mois après il reparut à Mourzouk avec une troupe considérable d'esclaves ; il en remplit quatre maisons. El-Mountacer, afin de pouvoir prélever la taxe habituelle qui lui revenait sur la vente des esclaves à Mourzouk, envoya sous main des acheteurs à El-Moukkény pour lui proposer d'acheter une partie des esclaves. El-Moukkény ne voulut rien vendre. « Ces esclaves, dit-il, sont la propriété du pacha, je n'ai pas le droit d'en disposer. » Ensuite il fit demander à El-Mountacer, avec les formes d'autorité que lui permettait son caractère de commis du pacha, des provisions pour sa caravane entière. El-Mountacer, choqué de cette demande, envoya à El-Moukkény une lettre par laquelle il l'autorisait à exiger du gouverneur de Sabhah les provisions nécessaires ; bien plus, El-Mountacer ajoutait à la fin de sa lettre à El-Moukkény : « Hâte-toi de sortir du Fezzân, ou je te fais tuer. »

El-Moukkény, indigné, partit et se rendit à Sabhah. Là, il réclama du gouverneur l'exécution des ordres du *sultan* fezzanais. « El-Mountacer n'a rien à prétendre ici, dit le gouverneur ; ce qui est ici ne le regarde pas. » El-Moukkény insista. « Persuade-toi bien, répondit-il au Sabhien, que si tu ne me donnes pas ce qu'il me faut et si quelques-uns des esclaves que j'emmène périssent, le pacha saura te prendre le double du prix de ce qui aura péri. » Le Sabhien, intimidé, fournit les provisions nécessaires. Ensuite El-Moukkény demanda des chameaux de transport ; le gouverneur les fournit à ses propres frais.

La caravane partit pour Tripoli. Plusieurs esclaves moururent de fatigue et d'épuisement. Le pacha s'informa du motif de ces pertes et de la conduite d'El-Mountacer. El-Moukkény raconta ce qui s'était passé. Le pacha, irrité, résolut de se venger ; et, après qu'il eut vendu les esclaves, il se mit en mesure d'expédier des troupes au Fezzân pour châtier El-Mountacer et le dépouiller du gouvernement de cette province.

El-Moukkény eut bientôt nouvelle de ce dessein. Il alla trouver le pacha, et après avoir obtenu la permission de parler : « J'ai appris, dit-il, que tu as projeté une expédition pour le Fezzân. — C'est vrai. — De combien d'hommes penses-tu la composer ? — D'environ quatre mille hommes. — Calcule les dépenses nécessaires pour quatre mille hommes, en solde, vivres, chameaux de transport, chevaux, poudre, etc. » On calcula, et la somme dépassa de plusieurs fois l'impôt que payait le Fezzân au pacha. Cet impôt s'élevait alors à cinq mille talaris par an ; et encore était-il payé un tiers en talaris effectifs, un tiers en esclaves et un tiers en chaînes et entraves de fer, en peaux, etc. Ces derniers objets ont été introduits dans le payement de l'impôt, en vue du commerce des esclaves : voici comment.

Les caravanes qui, de l'intérieur du Soudan, exportent des milliers d'esclaves, conduisent les plus âgés, c'est-à-dire les hommes faits, attachés entre eux pendant le jour avec une chaîne qu'on leur fixe au cou. La nuit, on leur met des entraves de fer aux pieds. Une fois que les esclaves sont arrivés au Fezzân et vendus, les chaînes et les entraves restent aux marchands, qui alors, ne sachant plus qu'en faire et ne voulant pas les remporter, attendu que ces objets ont peu de valeur au Soudan, les vendent à vil prix. Il en est de même des peaux. Ce sont des peaux de bœufs dont chacune est cousue en manière de sac pour les provisions de voyage. Lorsque les esclaves sont vendus, ces sacs, devenus inutiles, sont vendus comme les fers.

Lorsque les calculs des frais de l'expédition furent achevés, El-Moukkény dit au pacha : « Pourquoi dépenser d'un coup, pour cette guerre, six ans des revenus du Fezzân?—Et comment faire? —Si tu veux me confier pour trois ans le gouvernement du Fezzân, je te promets de tout terminer selon tes désirs et sans qu'il t'en coûte rien. — Comment cela? voyons! si le moyen est acceptable, je t'assure la province du Fezzân pour six ans. — Voici comment je conçois mon plan. Tu écriras à ceux qui, dans les différentes localités du Fezzân, ont quelque considération et quelque influence, que tu remets le gouvernement de la province à Ahmed, cousin d'El-Mountacer; qu'ils se gardent bien, tous, de prêter l'oreille aux instigations et aux promesses d'El-Mountacer; qu'ils n'aillent pas le défendre par la voie des armes, et s'opposer à l'exécution de tes volontés. Écris en même temps à Ahmed son firman d'investiture. Enfin, écris-moi aussi mon firman de gouverneur du Fezzân, et donne-moi deux cents cavaliers seulement, deux mille talaris, vingt habillements, un vêtement d'honneur pour Ahmed et un pour moi. Ensuite l'expédition me regarde; je m'en charge. »

Le pacha, enchanté, acquiesça à la proposition d'El-Moukkény, et fournit, de plus, le nombre de chameaux nécessaires pour les provisions, pour les munitions et pour El-Moukkény lui-même. Enfin, Yoûcef-Pacha nomma son propre secrétaire, Zarroûk, vizir d'El-Moukkény.

La troupe quitta Tripoli, et s'achemina du côté du désert. Elle arriva à Saukanah (Soknah), vers les frontières nord du Fezzân. Là, on mit pied à terre. El-Moukkény fit appeler le chef de Saukanah. Celui-ci se rendit à l'invitation, et El-Moukkény, de suite, lui fit poser un vêtement de prix sur les épaules, et lui lut le firman ou manifeste qui conférait le gouvernement du Fezzân à Ahmed, cousin d'El-Mountacer, et qui défendait toute tentative d'opposition et de résistance en faveur d'El-Mountacer. Le chef de Saukanak et tous les principaux du lieu protestèrent de leur soumission aux volontés du pacha. Et des vêtements d'honneur furent donnés à plusieurs d'entre eux.

Le lendemain, la troupe tripolitaine se mit en route et arriva à Sabhah. El-Moukkény en fit appeler le chef et aussi le moufti, Abd-el-Rahman. Il les traita comme le chef de Saukanak, leur lut le manifeste du pacha, et reçut d'eux leur déclaration de neutralité.

De là, El-Moukkény ne s'arrêta plus qu'aux environs de Mourzouk. Il annonça son arrivée à El-Mountacer, et lui fit dire : « J'ai entre les mains, de la part du pacha, des ordres qui te concernent ; veux-tu venir en prendre connaissance, ou bien veux-tu que j'aille te les communiquer? »

El-Mountacer connaissait ces ordres dès avant l'approche des Tripolitains. Pour toute réponse, il ferma les portes de Mourzouk et posta des fusiliers sur les murs, avec consigne de faire feu sur tous les Tripolitains qui approcheraient de la ville, et de les repousser de vive force. El-Moukkény se présenta avec sa troupe; il fut accueilli à coups de fusil et contraint de se tenir à distance. Il avait deux canons de petit calibre qu'il avait apportés, ainsi que les affûts, à dos de chameaux. Il monta ces canons, les attela et tira sur les murs, qui bientôt furent ébréchés. Un fusilier eut la main emportée par un boulet.

A la nuit, El-Moukkény expédia une lettre à Ahmed. Le porteur devait chercher à pénétrer dans Mourzouk; c'était un voleur, un filou de profession. Il partit, et réussit à franchir les murs sans être aperçu des gardes. Il se rendit chez Ahmed, et lui remit la lettre. Ahmed rompit le cachet et lut :

« A Sa Hautesse le Sultan Ahmed.

» Je viens avec des ordres positifs du pacha. Il t'a nommé sultan de Marzik (Mourzouk), et Mountacer est dépouillé de ses fonctions. Dès que cette lettre te sera parvenue, travaille à empêcher toute résistance aux ordres de notre maître; ouvre les portes de la ville; efforce-toi d'annuler tous les projets d'El-Mountacer. Salut. »

Ahmed alla se présenter à El-Mountacer et lui dit : « Es-tu mon oncle, et sommes-nous unis par les mêmes intérêts ? — Nous le sommes, je crois. — En ce cas, dis-moi : Dans quel but as-tu fermé la ville, garni les murs de soldats, ordonné cette résistance armée ? — Mon cher cousin, je crains que nous ne soyons victimes de quelque perfide machination. — Ce sont-là des soupçons que rien ne justifie. Ouvre les portes de Mourzouk, ou bien je me sépare de toi et me déclare ton ennemi. »

Ahmed sortit à l'instant même. Il rassembla les troupes fezzanaises et leur dit : « Chacun de vous conservera son grade actuel; nul ne sera destitué; tous auront le droit de prétendre à quelque chose de plus élevé. Le gouvernement du Fezzân est à moi désormais. Ouvrez les portes de la ville et quittez les murs. »

On se déclara pour Ahmed; on ouvrit les portes, on enleva les gardes; Ahmed sortit de Mourzouk, se rendit au camp des Tripolitains, puis introduisit El-Moukkény dans la ville, et le traita avec les plus grands honneurs. Le lendemain Ahmed convoqua les premiers fonctionnaires du gouvernement et les rassembla en divan. El-Moukkény y assista avec Zarroûk. Celui-ci, se levant au milieu de l'assemblée aussi debout, lut le firman qui constituait

Ahmed gouverneur du Fezzân, et prononçait la déchéance d'El-Mountacer. Le firman était ainsi conçu :

« Cet ordre sublime est émané de Son Altesse le vizir Yoûcef-Pacha le Caramanien. »

« Aux Ulémas du Fezzân, Émirs, Soldats et Officiers.

« Or, Mohammed-el-Mountacer avait reçu les bienfaits de Dieu ; il n'a pas su les conserver en restant dans la voie du bien. Il avait reçu le droit de commander, il n'a pas su le conserver ; il s'est laissé entraîner par ses passions, il s'est repu à d'infectes pâturages, il a oublié ces paroles sacrées du prophète, sur qui soient les bénédictions et les grâces de Dieu : « Vous êtes tous sujets d'un maître. » Bien plus, El-Mountacer s'est révolté plusieurs fois contre moi ; je l'ai averti en particulier et à haute voix ; mais sa perversité n'a pas connu de frein ; il a fermé les yeux sur ce qu'il devait faire. Pour le punir, je le dépouille du gouvernement du Fezzân ; et j'ai élu à sa place Ahmed-el-Nâcir, homme de bien ; écoutez-le, obéissez-lui. Je recommande à Ahmed d'avoir la crainte de Dieu pour guide dans le maniement de son autorité, de se conduire selon la loi sainte de l'Islâm dans tout ce qui sera déféré à son tribunal. Par là, il évitera les châtiments de Dieu au jour où les hommes seront pris par le toupet pour être relevés de leurs tombeaux. Gardez-vous, et encore gardez-vous de vous opposer en rien à mes ordres. Salut. »

Après la lecture de ce manifeste, l'huissier ou appariteur du divan prononça à haute voix des vœux pour la conservation et la prospérité du pacha et du nouveau gouverneur. Puis, les *naûbah* ou gros tambourins royaux retentirent, les canons grondèrent, et les félicitations à Ahmed commencèrent. Enfin El-Moukkény et Zarroûk se levèrent et sortirent.

Trois jours après, ils allèrent trouver Ahmed et lui dirent : « Notre intention est de retourner immédiatement à Tripoli ; mais nous craignons qu'après notre départ, El-Mountacer ne tente de recouvrer le pouvoir qu'il a perdu ; nous te prévenons du danger. Si tu veux suivre nos conseils, efforce-toi de te saisir de ton rival, confisque ses biens et débarrasse-toi de lui ; car tant qu'il sera vivant il t'inquiétera, il travaillera à ta ruine, et tu n'auras jamais de sécurité. »

Ahmed, frappé de ces paroles, rassemble de suite son divan, se fait amener El-Mountacer, et commande aux gardes de s'en emparer. « Pourquoi, lui dit El-Mountacer, me fais-tu arrêter ? — J'ai reçu des ordres pour cela. Ensuite, mon trésor est à sec et tu t'es approprié les revenus du pays ; tu n'as qu'un moyen d'acheter ta liberté, c'est de m'abandonner tout ce que tu possèdes. » Et Ahmed ordonne de mettre son rival en prison. El-Mountacer, une fois incarcéré, livra ses richesses à Ahmed ; et ensuite Ahmed le fit étrangler pendant la nuit.

A la nouvelle de cette exécution, El-Moukkény et Zarroûk se présentèrent au divan d'Ahmed et lui demandèrent les richesses qu'il avait reçues d'El-Mountacer. « Ces richesses, lui dirent-ils, appartiennent au pacha. » Ahmed les remit, ainsi que les registres qui en indiquaient la nature et la valeur. Ensuite El-Moukkény dit au nouveau gouverneur : « Nous allons regagner Tripoli ; nous ne pouvons pas séjourner plus longtemps au Fezzân. Prépare-toi à nous rembourser les dépenses de l'expédition qui t'a établi au pouvoir. — Mais n'avez-vous pas déjà reçu tout ce que j'avais retiré d'El-Mountacer ? — C'est vrai, nous l'avons reçu. — Cela ne suffit-il donc pas ? — Non. D'habitude les biens d'un individu destitué et mort sont confisqués au profit du pacha, n'entrent dans aucun compte ; et les frais d'expédition sont à la charge du gouverneur nouveau. En conséquence, tu me rembourseras les dépenses que notre voyage a coûtées au pacha, ou bien tu renonceras au gouvernement du Fezzân, et le pacha en disposera comme il le jugera convenable. — A combien s'élèvent ces dépenses ? — Pour solde des soldats, pour nourriture, vêtements, frais de voyage, transports et service particulier, il a été avancé plus de douze mille talaris. Tu nous les payeras en nature, ou tu donneras en équivalent six mille mithcâl d'or. — Tu n'ignores pas que le trésor est vide; je suis obligé, pour te satisfaire, de coter un impôt personnel d'après la somme que tu indiques. Accorde-moi pour cela un délai raisonnable. — Le plus court, le plus court possible. — Il me faut au moins quinze jours. — J'y consens; mais pas un jour de plus. »

Ahmed demanda le registre ou état des localités du pays du Fezzân, et il en trouva cent une, outre la ville de Mourzouk. Il répartit la dette des 12,000 talaris par taxes proportionnelles sur ces divers pays, c'est-à-dire depuis Saukanah, qui est le premier village important à la limite nord du Fezzân, jusqu'à Catroûn, dernier village à la frontière sud, sur la route du Ouadây, et depuis Zouilah, sur la limite à l'est, jusqu'aux limites du Chiâty ou frontières ouest. Ensuite, Ahmed écrivit à chaque chef de pays une lettre ainsi conçue :

« A *un tel*, chef de *tel pays*.

» Nous avons besoin de votre coopération pour le payement des frais de l'expédition envoyée ici par le pacha sous la conduite d'El-Moukkény et de Zarroûk. La taxe qui vous est imposée est de *tant* de talaris. Au reçu de cette lettre, hâtez-vous de recueillir la somme qui vous est fixée et expédiez-nous-la de suite par un homme de confiance. Que rien ne retarde et n'arrête cette levée. Salut. » ...Ahmed apposa son seing à ces circulaires, et fit partir des courriers pour les remettre promptement à leurs destinations. Les courriers s'acheminèrent en toute hâte sur les différents points du Fezzân.

El-Moukkény avait pris le relevé des localités sur le registre même des inscriptions. Dès qu'il fut rentré chez lui, il se hâta, de son côté, d'écrire les cent lettres nécessaires, et les dépêcha aux différents chefs des villages. Ces circulaires étaient dans les termes suivants :

NOTE 25. 1ʳᵉ PART., CHAP. IX.   655

« Au chef de *tel village.*

» Ahmed, ton souverain actuel, t'envoie demander une somme d'argent. Garde-toi de lui en rien transmettre; c'est de lui personnellement que l'on réclame cette somme; il est assez riche pour payer; mais son avarice est telle qu'il veut rejeter la charge sur vous tous. Salut. »

Les courriers d'Ahmed arrivèrent les premiers à leurs destinations. Chaque chef de village s'était empressé de se mettre à l'œuvre. Les principaux de chaque localité s'étaient réunis et avaient coté chaque habitant selon ses moyens. Vinrent les envoyés d'El-Moukkény. On lit leurs lettres, et la levée s'arrête. Partout on se résout à attendre, mais sans faire de démonstration de mécontentement, ce qui devait résulter de ces ordres contradictoires. Les quinze jours de délai s'écoulent, et Ahmed n'a pas reçu un seul talari.

Le seizième jour, El-Moukkény arme ses gens et leur recommande de se tenir prêts à un coup de main. Zarroûk conduit cette troupe chez Ahmed et entre avec elle au divan. Ahmed reçoit les Tripolitains avec déférence; mais El-Moukkény l'aborde brusquement par ces mots : « Livre-nous l'argent que tu as recueilli; notre séjour se prolonge outre mesure, nous voulons partir; nos conventions, d'ailleurs, sont à terme depuis hier. — Je n'ai rien reçu encore. — Ton indifférence et ta lenteur nous retiennent ici trop longtemps. Nous ne pouvons pas négliger ainsi nos devoirs à cause de toi. » Puis s'adressant à Zarroûk : « Quels ordres as-tu reçus du pacha relativement à moi ? » Zarroûk alors, debout, et d'une voix solennelle, dit aux membres du divan : « Reconnaissez désormais qu'Ahmed est incapable de gouverner. En conséquence, sa déchéance est prononcée, et cela d'après la volonté et les ordres du pacha notre maître. » En même temps, Zarroûk porte la main sur Ahmed, le tire violemment de la place où il était assis et le renverse à terre. « Saisissez cet homme, » dit Zarroûk aux Tripolitains. On se précipite sur Ahmed, on lui déchire ses habits.

« Que veux-tu que nous fassions de lui ? » disent les Tripolitains à leur chef. — « Emmenez-le et jetez-le en prison, répond El-Moukkény; mettez-lui un collier de fer au cou et les fers aux pieds, et liez-lui les mains au collier de fer. » On entraîne Ahmed, on l'accable d'outrages, on le charge de fers et on le dépose en prison.

El-Moukkény s'assied aussitôt à la place où était Ahmed. Il envoie de suite ses officiers et ses affidés appeler tous les autres membres du divan, tels que le câdi, les deux mouftis, les principaux commerçants, les vizirs, les premiers fonctionnaires. Tous arrivent, et chacun prend la place assignée à ses fonctions ou à son rang. Alors Zarroûk exhibe le firman dont il était dépositaire, et, debout au milieu de l'assemblée aussi debout, il lit et annonce l'installation d'El-Moukkény comme chef et gouverneur du Fezzân, et la destitution définitive de ses prédécesseurs. Une foule considérable d'habitants de Mourzouk assistait à la lecture du manifeste.

Cette proclamation terminée, les *noûbah* royaux retentirent, le canon se fit entendre; la multitude afflua à la demeure du souverain. Au milieu de l'agitation, un soldat fezzanais, pauvre, prit le turban d'un individu; El-Moukkény s'en aperçut, appela aussitôt le soldat, et lui demanda pourquoi il avait enlevé ce turban. Le soldat ne sut que répondre, et El-Moukkény lui dit : « Tu n'as volé ce turban que pour braver mon autorité, pour montrer à la foule que peut-être je me soucie peu de rendre justice. » Et il condamna le Fezzanais à recevoir cinq cents coups de kourbâdj (1). La foule, étonnée de cet acte de sévérité, se dispersa. Plusieurs fils des gouverneurs particuliers des districts du Fezzân étaient à Mourzouk; ils s'enfuirent, effrayés de ce dont ils étaient témoins depuis un jour; ils se retirèrent les uns au Soudan, les autres à Ben-Ghâzy.

(1) Le *kourbâdj* est une sorte de *cravache* plus ou moins grosse, en peau d'hippopotame.

La mère d'Ahmed vint en suppliante demander la liberté de son fils à El-Moukkény. Elle fit aussi intercéder par plusieurs personnages du Fezzân : « Je donnerai la liberté à Ahmed, dit El-Moukkény, lorsqu'il aura payé tous les frais de l'expédition. » El-Moukkény avait appris que la mère d'Ahmed avait recueilli des richesses considérables par la mort de son mari. Aussi, le Tripolitain insista sur les conditions qu'il mettait à la délivrance de son prisonnier, et demeura inexorable. La mère d'Ahmed livra ses biens partie par partie jusqu'à ce qu'elle se fût entièrement dépouillée de ce qu'elle possédait. Alors El-Moukkény fit étrangler Ahmed pendant la nuit dans la prison. La mère du malheureux prince vint réclamer son fils, et l'ordre fut donné de le lui livrer. On retira le cadavre de la prison A cette vue, la mère d'Ahmed s'abandonna au désespoir : « Eh! pour quelle faute, pour quel crime as-tu assassiné mon fils? dit-elle. — En punition du meurtre d'El-Mountacer, qu'il a assassiné sans motif. »

El-Moukkény fit aussi arrêter et emprisonner les deux frères Othmân et Yoûcef, qui avaient été vizirs d'El-Mountacer. Il confisqua leurs biens et les laissa tous deux dans les fers. Yoûcef réussit à s'échapper. Othmân tomba gravement malade. El-Moukkény le sachant en danger de mourir, lui donna la liberté; Othmân ne survécut que quelques jours à sa délivrance.

El-Moukkény se choisit pour vizir Abou-Bekr, fils de Khalloûm, Arabe de Djâlau. Abou-Bekr, quoique jeune encore, s'était fait remarquer par sa sagacité, sa moralité, sa générosité, sa bienveillance. Ce fut lui qui dévoila à Yoûcef-Pacha les excès tyranniques d'El-Moukkény, et qui provoqua la destitution de ce gouverneur. Abou-Bekr le remplaça. Voici comment s'accomplit cette substitution.

Abou-Bekr était homme de bien, religieux, issu d'une famille de noblesse ancienne, et possesseur d'une fortune assez considérable. Il faisait le commerce de Djâlau au Fezzân. Il avait acheté une des plus belles maisons de Mourzoûk; elle lui servait de pied-à-terre pendant le temps qu'il passait à la ville pour ses affaires commerciales. Dans un voyage, son arrivée au Fezzân coïncida avec celle de l'expédition tripolitaine, et il assista à l'installation d'El-Moukkény.

Zarroûk quitta le Fezzân et reconduisit les troupes à Tripoli. El-Moukkény, resté maître de l'autorité, entendit parler de la fortune, de la perspicacité d'Abou-Bekr, qui cependant n'avait guère alors que vingt-cinq ans, et il le chargea de quelques affaires importantes qui furent terminées avec bonheur. Ensuite El-Moukkény se l'attacha comme vizir, et lui confia les fonctions qu'avaient autrefois Othmân et Yoûcef.

Abou-Bekr était au vizirat depuis un an, lorsqu'El-Moukkény se disposa à envoyer à Tripoli ce qu'il devait payer au pacha. Le gouverneur du Fezzân ne savait à qui confier cette mission. Abou-Bekr se proposa pour la remplir; El-Moukkény accepta, et le vizir fut expédié à Tripoli. Abou-Bekr arriva heureusement, et remit le dépôt qui lui avait été consigné. Dans la conversation que le vizir fezzanais eut avec le pacha, celui-ci fut frappé de l'intelligence, du tact et de la pénétration de l'Arabe, le traita avec déférence, lui donna un vêtement d'honneur, et lui fournit pour le temps de son séjour à Tripoli les frais nécessaires d'entretien et de représentation.

Lorsqu'Abou-Bekr se prépara à retourner au Fezzân, le pacha lui remit une lettre de recommandation dans laquelle il ordonnait à El-Moukkény de s'en rapporter en toutes choses aux conseils et aux jugements d'Abou-Bekr. Rentré à Mourzouk, Abou-Bekr, par l'effet même de la recommandation du pacha, s'attira la jalousie d'El-Moukkény, dont il contrôlait la conduite et entravait les exactions et les injustices. A la fin, El-Moukkény se fatigua et s'impatienta de cette censure, et il la repoussa avec colère.

Alors Abou-Bekr alla à Tripoli et porta plainte au pacha. El-Moukkény fut appelé à rendre compte de sa gestion. La discussion s'engagea, et Yoûcef se convainquit par lui-même que l'accusation

NOTE 25. Ire PART., CHAP. IX.

reposait sur des motifs réels. Lorsque les débats furent terminés, Abou-Bekr dit au pacha : « Que Dieu t'accorde la puissance ! Combien El-Moukkény te paye-t-il par année? — Vingt mille talaris. — Moi, je t'en payerai vingt-deux mille, et sans qu'un seul individu ait à souffrir la moindre injustice, la moindre exaction. — Je te concède le gouvernement du Fezzân. — Je l'accepte, mais à condition que j'aurai auprès de moi ton mamelouk Ahmed. Je ne veux être que son intendant, et je lui rendrai un compte exact de ma gestion. — Cela est inutile ; tu commanderas seul. Je destitue El-Moukkény... » El-Moukkény avait administré le Fezzân pendant près de sept ans.

Lorsque j'étais au Fezzân, allant au Ouadây pour recueillir la succession de mon père, je me présentai à Abou-Bekr, qui était alors vizir. Abou-Bekr eut pour moi la plus grande bienveillance ; il se fit rendre compte de la manière dont El-Moukkény avait agi dans mon affaire, et me rendit prompte justice. La cause de mes réclamations était qu'El-Moukkény avait détourné à son profit des valeurs qui appartenaient à mon père. Voici comment.

Mon père avait envoyé Sâdân, un de ses plus anciens esclaves, avec une troupe d'esclaves pour les vendre au Fezzân et rapporter certaines marchandises désignées. Sâdân était encore à Mourzouk, et avait vendu les esclaves, lorsqu'il apprit la mort de son maître. El-Moukkény confisqua alors le prix de la vente. J'étais en ce moment à Tunis. Dès que me fut parvenue la nouvelle de la mort de mon père, j'allai à Tripoli, et je fis parler à Yoûcef-Pacha pour le recouvrement de la somme que le gouverneur fezzanais s'était appropriée. J'obtins du pacha un ordre pour me la faire restituer. Je me rendis à Mourzouk. El-Moukkény traîna l'affaire en longueur. De jour en jour il différait à m'accorder la solution que j'attendais. Ce fut par l'active entremise d'Abou-Bekr que je recouvrai enfin la somme qui m'appartenait ; elle s'élevait à 900 douros ou talaris d'Espagne.

El-Moukkény, pendant tout le temps de sa gestion administrative, traita les Fezzanais avec une incroyable tyrannie. Il taxa pour chaque puits un impôt d'un douro, et un douro aussi pour chaque deux cents dattiers, comprenant dans la limite de l'impôt même les jeunes dattiers dont les *djéryd* (les palmes) commençaient à s'étaler. Ces taxes étaient en surplus de ce qu'il percevait sur les condamnations judiciaires des procès de police correctionnelle.

Mourzouk avait sept portes; il les ferma, excepté une seule. Il y établit un octroi qui prélevait deux talaris pour toute charge ou ballot qui entrait dans la ville; toile grossière ou soierie, ou toute autre marchandise, le péage était le même. Il augmenta, d'un sixième de mithcâl d'or, le droit imposé sur la vente de chaque esclave.

Les Bény-Soleymân, tribu considérable d'Arabes du désert, tentèrent d'envahir le Fezzân; El-Moukkény les vainquit et en tua un grand nombre. (Les Bény-Soleymân habitaient sous des tentes, campés dans les plaines situées entre la régence tripolitaine et le Fezzân. Par suite de la guerre indiquée ici, ils s'enfuirent dans les déserts qui précèdent le Kânum au nord. Il n'en reste presque plus aujourd'hui vers la régence de Tripoli. Ce fait m'a été raconté par des Ouadayens en 1842. Les Bény-Soleymân, dans leur nouvelle station, font le métier de détrousseurs sur les routes des caravanes, dans le désert au nord du Kânum.)

Primitivement, les Bény-Soleymân étaient en bonne intelligence avec Yoûcef-Pacha, qui les avait chargés de veiller à la sûreté des routes entre Tripoli et le Fezzân, et d'en éloigner les pillards. Pour cela, les Bény-Soleymân recevaient chaque année quelques gratifications et rétributions du pacha, et quelques vêtements d'honneur. Le chef principal de ces Arabes s'appelait Seyf-el-Nasr. Une branche de la tribu portait le nom de Bény-Bichr.

Yoûcef-Pacha réussit sous main à semer la discorde et la zizanie entre les deux branches de la tribu, les Bény-Seyf-el-Nasr et les Bény-Bichr. Son but était de se créer un motif pour se défaire de Hamed, fils de Seyf-el-Nasr. Hamed en eut pressentiment. Il était à Tripoli quand les hostilités s'annonçaient. Il sortit furtivement de la ville pendant la nuit. Dès lors, en dépit et au mépris de tous les ordres du pacha, il se mit à piller les caravanes sur les routes, à dévaliser les voyageurs.

Le pacha appela les principaux des Bény-Bichr, leur donna des vêtements ou pelisses d'honneur, leur promit sa protection et ses secours, et leur adjoignit des troupes pour les aider à combattre les Seyf-el-Nasr. Les Bichr prirent ces troupes avec eux, marchèrent contre leurs ennemis, les battirent et les forcèrent à abandonner le pays. Les Seyf-el-Nasr s'enfuirent du côté du Fezzân; arrivés sur les frontières de cette province, ils pensèrent à expulser El-Moukkény. Mais, comme nous venons de le dire, ils furent vaincus; un grand nombre périt, et le reste disparut et s'enfonça dans les déserts.

Ensuite Yoûcef-Pacha trahit les Bichr, tua plusieurs des principaux d'entre eux, et ceux qui échappèrent se réconcilièrent avec leurs frères les Seyf-el-Nasr; dès lors les deux branches de la tribu se réunirent et se déclarèrent contre lui. La cupidité, la mauvaise foi, la perfidie du pacha, soulevèrent les haines de tous les Bény-Soleymân.

Du reste, la première victime de la duplicité de Yoûcef fut son frère Ahmed-Pacha. Je vais raconter ce fait en peu de mots.

Le sultan Sélim-Khân, sur lui soient les nuages de la miséricorde divine! avait nommé au gouvernement de Tripoli de Barbarie Aly-Pacha-Bourghoul, et l'avait envoyé, pour prendre possession de la régence, avec des bâtiments de l'État sous le commandement du capitan Pacha, qui était alors Hussein-Pacha. La flottille fut bientôt en vue de Tripoli. Ahmed-Pacha-Caramanly ou le Caramanien, frère de Yoûcef, gouvernait alors la régence. Aly-Pacha fit parvenir aux ulémas de la ville et aux grands chargés de la direction suprême des affaires, une lettre dans laquelle il leur disait : « Le sultan notre maître, que Dieu lui accorde la victoire sur ses ennemis! m'a honoré de ses faveurs, et m'a confié le gouvernement des États de Tripoli. J'arrive muni de ses ordres. Déclarez-moi de suite quelles sont vos intentions à mon égard. Si dans six heures je n'ai pas votre réponse, je fais feu sur la ville, je la prends de vive force, et je traite chacun selon qu'il l'aura mérité. »

Ces paroles firent réfléchir les ulémas, et ils décidèrent, après délibération, qu'il n'était pas permis de prendre les armes contre des troupes du sultan sans être hors de la loi islamique, sans crime d'irréligion. Ahmed-Pacha et son frère appelèrent la population à la défense de la ville. Mais il leur fut répondu que la religion condamnait tout acte de résistance aux soldats du sultan : « Nous devons obéir au souverain, par ordre de Dieu et du Prophète. » Alors Ahmed-Pacha et son frère craignirent, s'ils restaient à Tripoli, de tomber entre les mains d'Aly-Pacha et d'être envoyés à Constantinople, ou d'être mis à mort. Ils s'enfuirent pendant la nuit, avec leurs femmes et leurs enfants, leurs serviteurs et leurs courtisans, et se dirigèrent du côté de Tunis.

Ils envoyèrent annoncer leur arrivée à Hamoûdeh-Pacha, qui gouvernait la régence tunisienne. Hamoûdeh dépêcha à leur rencontre son premier intendant Moustafa, qui les introduisit en grande pompe dans la ville et les fit descendre dans une demeure convenable. Il leur fut assigné un revenu plus que suffisant pour leurs besoins. Les deux fugitifs vécurent donc à Tunis dans l'abondance et l'éclat pendant six ou sept mois.

Alors Aly-Pacha conçut le projet de s'emparer de l'île de Djirbeh qui, d'après ce qu'il avait appris, était anciennement dans la dépendance de Tripoli, et était devenue possession de Tunis par une voie injuste. Aly-Pacha mit en mer ses bâtiments de guerre et se rendit maître de l'île. Hamoûdeh-Pacha, indigné de cette surprise : « Quoi ! dit-il, cet individu s'est impatronisé à Tripoli sans en avoir le droit ; Sélim, notre maître, ne lui avait point donné Tripoli de Barbarie, mais bien Tripoli de Syrie. Il est venu s'établir près de nous par suite d'une erreur. Nous l'avons néanmoins laissé faire, et voilà qu'aujourd'hui il porte ses cupides désirs sur nos possessions ! »

Hamoûdeh appela Ahmed-Pacha le réfugié, ainsi que Yoûcef, et leur dit : « Je veux vous confier des troupes pour reprendre Tripoli des mains d'Aly-Pacha-Bourghoul, et vous rétablir dans votre gouvernement. Mais avant tout, promettez-moi de me rembourser les frais de l'expédition. »

La proposition fut acceptée, et les stipulations de l'engagement furent rédigées et signées par Ahmed en présence des principaux officiers et courtisans de Hamoûdeh-Pacha. Yoûcef, qui n'avait alors que le titre de bey, souscrivit aussi la transaction et ajouta ces mots : « Je m'engage également à concourir au payement des frais de la guerre et à les rembourser à notre bienfaiteur Hamoûdeh-Pacha, dans le cas où le destin de Dieu réserverait à mon frère ce que nul ne peut éviter. Je serais alors redevable de la somme exigée. Et salut. » Youcef apposa son cachet au-dessous de cette déclaration qui le rendait caution pour son frère.

Hamoûdeh prépara immédiatement deux corps de troupes, l'un de Turks, l'autre d'Arabes berbères appelés Zououâouah (Zouâves), et il confia le commandement en chef à Moustafa, son kiâhya. Il dit ensuite à Ahmed-Pacha d'écrire secrètement aux individus les plus influents de la régence de Tripoli et aux principaux personnages du gouvernement, pour leur annoncer la mise en marche des troupes tunisiennes. Ces lettres produisirent tout l'effet qu'on pouvait espérer. Elles furent reçues avec enthousiasme ; car Ahmed était d'une nature bonne et facile. Aly-Pacha-Bourghoul était fier et brutal ; son administration était déjà devenue odieuse ; les hommes les plus importants de la régence avaient été victimes de la cupidité de ce gouverneur ; plusieurs d'entre eux avaient été emprisonnés, et leurs biens avaient été confisqués.

A l'approche des Tunisiens, Aly-Bourghoud se disposa à marcher à leur rencontre. Mais on l'abandonna à lui seul ; on refusa de se battre pour lui. Il s'embarqua et s'enfuit. Il vint aborder à Alexandrie d'Égypte.

Ahmed-Pacha entra à Tripoli. Il traita honorablement Moustafa le kiâhya ou intendant de Hamoûdeh-Pacha, et les chefs de l'expédition. En les congédiant, il leur remit des présents pour Hamoûdeh... Les Tunisiens repartirent.

Yoûcef-Bey, pendant quatre ou cinq mois, vécut tranquille, au moins en apparence. Seulement, il s'efforça de s'attacher l'artillerie par des largesses. Ensuite il lia complot avec un corps de troupes, mais si adroitement que rien ne fit naître le moindre soupçon.

Un jour, Ahmed-Pacha alla en partie de plaisir à Menchyeh, village assez considérable près de Tripoli, et presque tout composé de jardins dont chacun a une maison ou une sorte de castel, selon la fortune du propriétaire. La plupart des habitants de Tripoli ont une demeure ou pied-à-terre à Menchyeh, et y passent leur temps de repos. Pendant le jour, ils restent dans la ville pour leur commerce et leurs affaires, et le soir, vers le coucher du soleil, ils se retirent à leurs maisons de Menchyeh. Ce village est le plus bel endroit des environs de Tripoli.

Lorsqu'Ahmed-Pacha y alla, son frère Yoûcef, qui d'habitude le suivait partout, se dispensa de l'accompagner cette fois, prétextant une migraine. Yoûcef resta à Tripoli ; il attendit que Ahmed fut assez loin de la ville ; alors, il ferma les portes, et donna ordre aux canonniers de braquer leurs pièces sur la route de Menchyeh. La nouvelle de cette démonstration hostile parvint bientôt à Ahmed-Pacha. Il revint à la hâte, pensant que quelque ennemi s'était présenté à l'improviste. Mais à peine est-il à portée des murs de Tripoli, qu'on lui lâche une bordée de coups de canon. Plusieurs hommes de sa suite tombent autour de lui, et il rebrousse chemin rapidement avec sa suite, ses enfants et son escorte. Il se rend directement au Misrâta. Le Misrâta est un pays assez considérable dont presque tous les habitants sont Turks d'origine, et par conséquent soldats; ils fournissent une bonne partie des troupes de la régence. Ahmed-Pacha les appelle à son secours et les invite à marcher avec lui sur Tripoli, pour combattre son frère. Mais on ne répondit point à son appel. Ahmed, déçu dans ses espérances, quitte le Misrâta et se dirige du côté de l'Égypte, où il arrive en peu de temps. Il va se présenter au vice-roi (Son Altesse le pèlerin Mohammed-Aly-Pacha), qui en ce moment se trouvait à Alexandrie. Mohammed-Aly accueillit le fugitif avec bienveillance, et lui assigna une subvention. Yoûcef fut bientôt informé que son frère s'était réfugié en Égypte. Il fit appareiller et approvisionner un vaisseau, y embarqua les femmes et le reste de la famille d'Ahmed, et ordonna au capitaine de les conduire directement à Alexandrie.

Ensuite Yoûcef rompit avec le pacha de Tunis, cessa de lui payer la dette qui avait été consentie, renia les services qu'il avait reçus de Hamoûdeh et se déclara même son ennemi. Grâce de Dieu sur le poëte qui a dit:

« L'injustice est dans la nature de l'homme; si vous trouvez un cœur juste et reconnaissant, c'est qu'il a pour frein quelque motif d'intérêt personnel. »

Hamoûdeh ne voulut pas punir Yoûcef de son ingratitude; il ne lui rappela même pas les sacrifices qu'il avait faits pour lui, et ne lui parla jamais de la dette.

Quand Hamoûdeh pacha mourut et passa au sein de la miséricorde de Dieu, la nouvelle en fut portée de suite à Yoûcef par un Arabe des Hamârinah, tribu de Bédouins attenant à la régence de Tunis. Yoûcef, ravi de cette annonce, donna à l'Arabe une pelisse, lui fit des présents, et laissa éclater toute la joie qu'il éprouvait de cet événement. Il semblait qu'on eût appris à Yoûcef la mort de son plus grand ennemi. (S.)

NOTE 26. PAGE 220.

Les marabouts étaient originairement des espèces de saints qui vivaient dans l'éloignement le plus complet du monde, allant de pays en pays, attendant ou cherchant les occasions de s'exposer à la mort, surtout en combattant les infidèles, et le tout pour mériter le *djenneh* ou *jardin* éternel. Les marabouts de ce genre sont rares aujourd'hui. Ce ne sont plus guère que des espèces d'extravagants, de saints ou de fous ambulants, descendants d'aïeux marabouts... La sainteté, chez eux, se transmet par héritage.

(P.)

NOTE 27. PAGE 223.

Voici une aventure qui aboutit aux mêmes conséquences finales.

Il y avait au Caire un Moghrébin de Tripoli qui fabriquait des étoffes brochées en argent pour garnir les selles. Ce Moghrébin s'était acquis une grande réputation dans son art. C'était au commencement de la puissance de Mohammed-Aly, pacha d'Égypte. On présenta de ses selles à ce prince, qui en fut émerveillé et en commanda aussitôt pour lui et pour ses mamelouks. Lorsque les grands virent ces selles si bien ornées, tous affluèrent chez le sellier, et il gagna par son travail des sommes considérables. On n'avait pas encore alors la mode de revêtir les selles d'argent laminé et relevé en bosse.

Le sellier s'appelait El-Seyd-Mohammed El-Trâbloucy (le Tripolitain). Une caravane du Ouadây vint au Caire par Djâlau. Elle avait, au nombre des voyageurs, plusieurs Arabes des Moudjâbirah, tribu des environs de Djâlau, et plusieurs Tripolitains. Ils se rencontrèrent avec le sellier Mohammed et lui vantèrent la générosité et les autres qualités de Sâboûn. Mohammed résolut d'aller au Ouadây Il prépara deux selles magnifiques, acheta une esclave blanche circassienne, du prix de vingt bourses (environ 2,500 f.), et une esclave abyssinienne vierge. Tout cela devait être offert en présent à Sâboûn. Mohammed partit avec la caravane.

Parmi les voyageurs, il y avait Mohammed-el-Benzerty, Arabe du village de Benzert, dans les États de Tunis; mon oncle Tâher, frère utérin de mon père ; Mohammed-el-Hantâty, Arabe de la tribu des Hantâtah, dans le Gharb, mais né à Tunis ; Mohammed-el-Tayb, fils de Djallâun, marchand au bazar du Ghoûryeh, au Caire. Ces trois derniers avaient fait bourse commune ; ils s'étaient associés commercialement. Une certaine antipathie les tenait éloignés du sellier ; car au Caire, lorsqu'il les apercevait arrêtés ou qu'il les voyait passer, il disait à ceux qui étaient auprès de lui : « Examinez-donc ces juifs du Ghoûryeh. » Dans le voyage aussi, il leur adressa souvent des paroles méprisantes ; mais ils ne lui répondirent pas.

On arriva au Ouadây. Le sellier s'empressa d'offrir au sultan les deux femmes esclaves et les deux selles. Ces présents furent parfaitement accueillis et attirèrent au Tripolitain la bienveillance de Sâboûn. Le sellier fut même nommé vizir, et il reçut du prince, en cadeau, sept à huit cents esclaves, des chameaux et des bœufs en grand nombre. En un mot, il captiva les bonnes grâces du sultan, et eut la parole haute et puissante.

Il n'était à Ouârah que depuis une quinzaine de jours, lorsque mon père mourut et passa au sein de la miséricorde et de la clémence divines. En arrivant au Ouadây, le Tripolitain avait appris de quelle faveur mon père jouissait auprès du sultan. Mohammed alors craignit l'influence de mon oncle Tâher et de ses deux compagnons, et il ne parla plus d'eux. Mais après la mort de mon père, il ne connut plus de frein ; il versa mille injures sur sa mémoire ; il outrageait son nom partout où il se trouvait. Toutes les fois qu'il entendait citer mon père, il s'écriait : « Le vieux fou est entré en triomphe en enfer, précédé de sept torches flambantes. »

Mon oncle Zarroûk fut bientôt informé des propos et des dires malveillants du sellier, et résolut de s'en venger. Mais de peur de s'attirer l'animadversion de Sâboûn, il attendit l'occasion d'attaquer et d'humilier l'insolent Trâbloucy, si fier de sa position auprès du prince.

Or un jour, dans une réunion où était Zarroûk, on vint à parler du sellier. « On ne sait vraiment pas, dit un des assistants, si ce Tripolitain est musulman ou chrétien. — Pourquoi? reprit un autre.—Jamais on ne le voit faire un bout de prière. » Ces quelques paroles mirent à mon oncle la joie au cœur. « Ce que tu dis là, ajouta Zarroûk, est-il bien vrai? — Certainement. — En témoignerais-tu devant le câdi, si le câdi t'appelait en témoignage?— Certainement. — Et connais-tu des gens qui pourraient témoigner avec toi? — J'en connais beaucoup; » et il nomma plusieurs individus qui fréquentaient assidûment le sellier.

Le lendemain Zarroûk se rendit au mehkémeh (le tribunal de justice), et y fit appeler le Tripolitain. Celui-ci comparut. Alors mon oncle dit : « Que Dieu vienne en aide au câdi! Je déclare ici, pour la seule gloire de Dieu, sans aucune pensée d'intérêt mondain, je déclare que ce Tripolitain ne fait jamais de prière, pas même un seul *réka* (1).—L'accusation portée contre toi est-elle vraie? dit le câdi au sellier. — Je fais mes prières; cet homme est un imposteur. — Sur quelles preuves appuies-tu ton inculpation? dit le câdi à mon oncle; as-tu des témoins? » Zarroûk présenta alors ses témoins, et ils déposèrent que le Tripolitain ne faisait jamais de prières, qu'ils l'avaient observé en voyage et ailleurs, et qu'ils ne l'avaient jamais vu s'acquitter d'un seul de ses devoirs religieux. Malgré ces témoignages, le câdi craignit de déplaire au sultan en condamnant le sellier tout d'abord et sans autre forme de procédure. Il verbalisa donc, et soumit l'affaire à Sâboûn. Le prince ordonna de prononcer selon la loi de Dieu, l'accusé fût-il de ses propres enfants.

Le câdi, rassuré par cette réponse, condamna le sellier à subir une punition des plus humiliantes, à recevoir une vigoureuse bastonnade. La suite de cette condamnation fut que le Tripolitain eut toute l'aversion du sultan, qui dès lors lui interdit l'entrée du pa-

---

(1) Chaque prière se compose de plusieurs *réka*, et chaque réka se compose de plusieurs actes et mouvements accompagnés de récitations. *Voy.* notre *Précis de jurisprudence musulmane, religieuse et civile.*

lais. Le sellier, ainsi disgracié, fit demander à Sâboûn la permission de quitter le Ouadây, ce qui lui fut facilement accordé. Il s'adjoignit à une caravane qui partait pour le Maghreb par la route d'Audjalah. La traversée fut sans accident, sans pertes et sans malheurs. D'Audjalah, le sellier, se dirigea sur Ben-Ghâzy avec ce qu'il possédait; mais il fut arrêté par Mohammed-Bey, fils de Yoûcef-Pacha, dépouillé de tout ce qu'il avait, et laissé dans le plus complet dénûment. Plus tard il revint en Égypte; il était alors dans la plus profonde misère, le plus pauvre des pauvres.

Peu après Mohammed-Bey se révolta contre son père et prit les armes contre lui. Mohammed-Bey, débouté de ses prétentions et forcé de s'enfuir, se sauva en Égypte et se confia à la généreuse protection de Mohammed-Aly-Pacha, qui le reçut avec bienveillance et lui assigna un traitement régulier. Le sellier adressa une pétition à Mohammed-Aly, lui exposant que Mohammed-Bey l'avait injustement dépouillé et ruiné. Le pacha ne crut pas devoir donner suite à cette plainte, et répondit : « Je ne suis pas juge de la conduite d'un homme qui, chez lui, a usé de sa puissance envers un de ses sujets. » Le sellier vécut en mendiant et mourut dans la détresse.

Je demande salut et persistance dans ma religion, bonheur dans ce monde et dans l'autre. Celui qui reçoit les bienfaits de Dieu et ne lui en rend pas grâce, les voit s'évanouir au moment où il y pense le moins. Bénédiction sur le poëte qui a dit :

« Quand tu jouis des bienfaits de Dieu, conserve-les; car le mal les dissipe bien vite.

» Sache les faire durer et continuer par la reconnaissance; car la vengeance céleste ne tarde pas à frapper l'ingratitude. »   (S)

NOTE 28. PAGE 230.

Le *djaramah* est un fonctionnaire qui se rapproche de l'aguyd proprement dit. C'est un administrateur d'un ou de plusieurs pays, mais sans caractère militaire. Souvent il correspond directement avec le sultan. (S. P.)

NOTE 29. PAGE 232.

Les Malangais ont le privilége honorifique de visiter tous les ans la demeure du sultan, et d'en réparer les dégradations à leurs frais. (S. P.)

NOTE 30. PAGE 244.

De semblables malheurs ont agité et troublé les temps des quatre premiers khalifes; la mort les emporta rapidement et les envoya trop vite au jugement de Dieu.

Omar, fils d'Abd-el-Azyz l'Ommyade, fut un khalife ami de la justice. C'est d'Omar, fils d'Abd-el-Azyz, que l'on a dit : « Pourquoi la vie des autres princes Ommyades (1), malgré leur tyrannie et leur injustice, dura-t-elle tant d'années, et pourquoi la vie d'Omar fut-elle si courte, Omar qui, mis en parallèle avec eux pour sa vertu et son équité, fut comme l'or le plus pur ? En voyant cette existence si tôt finie, et si pleine de bien, on s'est écrié : « Oui, le » monde est un séjour de peines et de souffrances, de soucis et de » vicissitudes; si Omar eût compté plus d'années, le monde vieilli » et décrépit serait revenu au bel âge de la jeunesse. » Ces paroles rappellent une même pensée du Prophète, qui dans toutes ses œuvres avait la pensée de Dieu.

Pourquoi en effet le monde n'aurait-il pas recouvré sa jeunesse? Car Omar était d'une piété d'anachorète, d'une dévotion exemplaire. C'est lui qui a interdit les injurieuses malédictions que dans les prêches on lançait contre Aly, et qui ordonna de les remplacer par ces mots du Coran : « Dieu commande la justice et les bonnes œuvres.

---

(1) Plus régulièrement Omayades, en appuyant sur la prononciation de l'*y*.

Tels furent les fruits de la rigide équité d'Omar, que dans les jours de son règne on vit les loups paître avec les brebis et, grâce au Dieu de toute science, oublier leur férocité.

Citons un exemple de la justice d'Omar. Un envoyé de rois kurdes vint se présenter à ce khalife. Omar le reçut avec honneur. On servit à manger; parmi les mets se trouvaient deux perdrix cuites dans leur jus. Le Kurde remarque les perdrix et se met à pleurer, à fondre en larmes. Omar étonné lui demande quel est le motif de ses larmes. L'étranger refuse d'abord de s'expliquer; puis, après quelques tergiversations, il dit : « Autrefois j'étais voleur de grands chemins. Un jour que j'étais à attendre des voyageurs sur un passage très-fréquenté, vint à passer un marchand monté sur une mule et ayant sous lui un sac rempli d'argent. J'arrête le marchand, je m'empare de la mule, et je me dispose à tuer mon homme, qui alors me dit : « Ton but n'est-il pas de prendre cet argent? — Certainement, lui répondis-je. — En ce cas garde la mule et le sac qu'elle porte, et laisse-moi partir. — Impossible, mon cher! » Et je le saisis par le bras pour le tuer. Le malheureux me voyant ainsi résolu : « Tu veux donc irrévocablement me faire mourir? me dit-il. — Oui, et de suite. — Me permettras-tu au moins de faire deux *réka* de prière? — Je le veux bien! fais ta prière. » Et mon homme de faire ses ablutions, et puis sa prière. Ensuite il me dit : « Je t'en conjure au nom du Dieu unique, laisse-moi m'en aller. — C'est impossible. Il faut que je te tue ici. » Alors mon voyageur regarde autour de lui; il aperçoit à terre deux perdrix, et tout à coup il leur crie : « Soyez témoins que je meurs sans motif. » Je me mis à rire de cette singulière apostrophe, je tuai l'homme, et j'emmenai la mule avec son sac d'argent. En voyant ici ces deux perdrix devant nous, je me suis rappelé cette triste aventure. — Eh bien! reprit Omar, ces deux perdrix viennent aujourd'hui déposer contre toi auprès de celui qui doit te punir de ton crime. » Et il fit mettre à mort l'envoyé kurde. (S.)

NOTE 31. PAGE 256.

L'adultère, en mariage, est puni de lapidation par la loi musulmane. La fornication, de la part du célibataire, est punie de cent coups de courroie ou de fouet. (S. P.)

NOTE 32. PAGE 268.

Charganyeh est un mot ouadayen et fôrien; il signifie cloison mobile faite en tissu croisé composé de tiges herbacées. Cette cloison dont il est question ici est fixée au ligdâbeh par des cordes, et peut s'enlever et se replacer à discrétion. (S. P.)

NOTE 33. PAGE 282.

Je trouve dans les Arabes anciens des idées analogues, imitations des rêveries des Grecs. Le livre du *Fikh el-loghah* (connaissance de la langue arabe), ouvrage de l'iman Abou-Mansoûr-el-Thalaby, dit : « Les Amalécites étaient une race mixte née de l'union d'hommes avec de grandes ogresses. Les anciens Arabes, de l'antique tribu des Djourhoumides, étaient le produit de l'union d'anges femelles et d'hommes. Bilkis, la reine de Saba, était un produit de cette espèce. Les Yâgog et les Mâgog furent les résultats de la cohabitation des filles des hommes avec certains animaux. Le prophète Alexandre le Bicorne, cité dans le Coran (et qui me parait être une image défigurée de Bacchus et de Zoroastre), eut, d'après plusieurs docteurs musulmans, Cabra pour mère, et Abra pour père. Abra était un ange, Cabra était une fille des hommes. Du reste, le commerce des Djinn avec la race adamique est indiqué dans le Coran par ces mots, que Dieu adresse à Iblis ou Lucifer : « Sois de pair avec eux, associé avec eux pour leurs biens et leurs enfants. » Les Djinn femelles donnent l'épilepsie à ceux d'entre les hommes dont elles deviennent amoureuses; et quand ces amants humains sont renversés, étourdis par l'attaque épileptique, c'est qu'elles vont se mettre en union charnelle et *matrimoniale* avec eux. De même, les Djinn mâles frappent d'épilesie les filles des hommes, pour en jouir comme amantes au moment de l'étourdissement épileptique. » (P.)

NOTE 34. PAGE 298.

Les marchands choisissent et prennent des esclaves pour commis, et les dressent à gérer les affaires de commerce. Ces esclaves ont certains profits dont ils se forment un pécule. Souvent ils sont intéressés directement par leur maître dans les ventes et achats. Après qu'ils sont affranchis, ils se livrent au commerce, soit seuls, soit avec leur ancien patron ou avec d'autres. Parfois ils acquièrent ainsi des fortunes assez considérables. (S. P.)

NOTE 35. PAGE 302.

C'est probablement de la fondation de la ville de Saccatou que veut parler ici le cheykh El-Tounsy; mais il ignore absolument le nom de Saccatou. Ce nom ne fut donné que plus tard, en 1805, à la ville de Zâky ou Dam-Fôdio. (P.).

NOTE 36. PAGE 307.

En Orient, le terme de *philosophe* est une injure, un paronyme d'*impie*; de même, franc-maçon, qu'on prononce, au Caire, *farmaçôn*, est synonyme d'impie, de corrompu, et surtout d'homme sans foi religieuse. (P.)

NOTE 37. PAGE 319.

La lecture du Coran par de simples fakhy, sortes de lecteurs exercés à la psalmodier, est une œuvre pie. On loue ces lecteurs mercenaires, aux anniversaires des morts, aux fêtes, pendant le Ramadân ou mois de jeûne, etc., et on invite plusieurs personnes à venir entendre la sainte psalmodie. (P.)

NOTE 38. PAGE 328.

Le *zoukhmeh*, en Égypte, est fait de plusieurs lanières de cuir enfermées dans une enveloppe aussi de cuir et cousue sur ces lanières, qui ne la débordent que de quelques pouces à l'extrémité par laquelle on frappe. Le zoukhmeh a environ un mètre et demi de longueur et environ cinq ou six centimètres de largeur; il est légèrement aplati dans toute sa longueur, et épais de deux centimètres. L'extrémité par laquelle on frappe le patient, est un peu plus étroite et plus mince que le reste. (P.)

NOTE 39. PAGE 329.

Les ténâ (prononcez l'*n* par un son nasal seulement) sont les kamkolak ou justiciers, ou administrateurs de la justice. Leur tribunal est en plein air et en permanence sur le Fâcher. Il y a les grands kamkolak et les kamkolak de second ordre. Comme chargés de la justice, ce sont des magistrats de première importance dans l'État, et ils ont une part considérable dans l'administration gouvernementale. Ils sont les substituts, les représentants du souveverain, au nom duquel ils jugent, et dont la sanction donne force et valeur à leurs jugements. C'est pour ces raisons qu'ils sont appelés les appuis de l'État. Quant au terme de *ténâ*, c'est le nom général et collectif par lequel les Ouadayens désignent le corps des kamkolak tous ensemble. (S. P.)

NOTE 40. PAGE 332.

Le *chichm* est une graine noire fournie par le *cassia apeus*. On enlève la pellicule noire après avoir laissé macérer la graine dans de l'eau de rose. Ensuite cette graine, ainsi mondée, est réduite en poudre et sert comme collyre sec. Il est astringent et très-employé en Égypte dans les ophthalmies chroniques indolentes.

Le *nabk-el-karnau* est une sorte de pâte assez friable préparée avec le fruit de l'arbre dit nabk-el-karnau, qui est un *rhamnus* dont le fruit est jaune roux. On pile la pulpe de ce fruit encore frais, après en avoir séparé le noyau. La pâte s'emploie, au Caire, comme médicament astringent et analeptique. (S. P.)

NOTE 41. PAGE 341.

Les monnaies qui ont cours en Égypte sont très-nombreuses. Je vais en donner une indication avec les altérations ou variations qu'elles ont subies dans leurs noms.

L'abou-medfa ou ryâl abou-medfa, *ryâl* ou *talari à canon*, est ainsi appelé en Égypte, et chez la plupart des Arabes, parce qu'on a pris les deux colonnes de l'empreinte pour deux canons. Ce ryâl est la colonnate ou talari d'Espagne, ou piastre forte, *pesa fuerta*, *pesa duro*, que nous écrivons *doura* d'après la prononciation espagnole.

Le ryâl adjoûz, le *ryâl vieux*, est l'ancienne piastre forte d'Espagne, dont l'empreinte est en partie effacée et qui a perdu de son poids et de sa valeur.

Le ryâl abou-arba, le *ryâl à quatre* I, est très-recherché au Soudan; c'est le même que l'abou-medfa; il diffère seulement par ce qu'il a IIII auprès de la figure empreinte; c'est la piastre forte de 1798, frappée à l'effigie de Charles IIII.

La talari d'Autriche ou thaler, aussi à cause de quelques particularités interprétées plus ou moins bizarrement dans le dessin de l'une ou l'autre empreinte, est appelé en Égypte ryâl abou-tâcah ou abou-tâgah, ou abou-chebbâk, *ryâl* ou *talari à fenêtre*; ou abou-ébreh, *talari à aiguille*; ou ryâl abou-noctah, *talari à point*, à cause de deux petites rosaces qui sont sur la parure de l'effigie.

Le ryâl abou-teyrah, *talari à oiseau*, est de Russie.

Ces différents ryâl sont compris collectivement sous la dénomination générale de ryâl frânsa, c'est-à-dire ryâl d'Europe. Le cinq francs de France est le ryâl fransâouy; mais le nom général et presque exclusif par lequel on le désigne est ryâl chinco; c'est le mot *cinco*, au lieu de *cinque*, italien. Mais pour les Arabes et les Turks, ce mot n'a pas la signification *cinq*, c'est un nom abstrait. La pièce de cinq francs de France est appelée parfois aussi ryâl abou-chagarah, le *ryâl à l'arbre*, allusion aux deux rameaux que présente une des deux empreintes; et encore abou-choûcheh, *ryâl à toupet*, à cause de la touffe de cheveux que porte l'effigie royale. Le *ryâl à canon* est préféré à tous.

Les autres monnaies fractions du cinq francs, ou de la piastre forte d'Espagne, ou du thaler, ou de l'abou-teyrah, ne se voient que très-rarement en Égypte.

En monnaies d'or étrangères, la guinée anglaise est de beaucoup la plus abondante; après elle, ce sont les sequins et ensuite les doublons. La première est appelée *guiné*; les sequins sont les *boundoucah* ou boundouky (vénitien), les *madjiar*; les autres sont appelés *débloûn*. La *guiné fransâouy* ou le vingt francs français est appelé généralement, surtout dans les divans, par le nom de *binto*, corruption de l'italien *venti*, vingt. Par les changeurs, le vingt francs est appelé encore *louïgui*; c'est le mot *luigi* italien, Louis. Le *binto moufred* est le vingt francs *simple*, et le binto *mizoueg (mizouedj)*, est le vingt francs *double* ou pièce de quarante francs.

Le sequin de Venise est désigné souvent par la dénomination de boundouky abou-laûzeh, le *vénitien à amande*. Le sequin madjiar, dit *magar* ou *madjiar*, est spécifié par le nom de magar abou-chebbâk, le *sequin à fenêtre*.

L'or du doublon équivalant à seize piastres fortes d'Espagne, est assez recherché en Égypte. Mais celui qu'on préfère à tout autre est l'or du boundouky; et lorsqu'on veut désigner un or du meilleur titre possible, on dit *dèhèb* boundouky, *or de sequin de Venise;* quand on veut désigner un or de mince qualité, on dit *dèhèb frengui*, or européen, et *dèhèb fransâouy*, or français.

Voici les noms usuels et les valeurs des monnaies qui ont cours en Égypte, c'est-à-dire principalement au Caire et à Alexandrie; car les fellâh ou paysans d'Égypte n'ont guère occasion de les voir et à plus forte raison de les connaître. La liste que je donne, je l'ai traduite du dernier tarif du gouvernement pour la fixation des valeurs comparatives des monnaies. Au moment où j'insère ici cette liste (3 juin 1845), le tarif n'a que deux mois de publication. Cette fixation des valeurs monétaires est indispensable pour régulariser le cours des transactions et surtout des ventes et achats de détail; car pas une seule des monnaies n'est donnée et reçue à son taux réel: toutes sont comptées par la population à un prix plus élevé. On met la plus grande sévérité à prévenir et à détruire ces incertitudes dans le cours des monnaies. Pour avoir un point de comparaison nécessaire à l'intelligence de la liste ci-dessous, il suffit de savoir que la pièce de cinq francs française vaut actuellement, en valeur monétaire égyptienne, 19 piastres et 10 paras, que la piastre se subdivise en 40 paras, et le para en 10 djédyd.

MONNAIES D'OR.

NOMS.	VALEURS.		POIDS.	TITRE.
	Piastres.	Paras.	Carats (1).	Carats.
Doublon (d'Espagne)	313 +	30	140	20 7/8
Demi-doublon	156 +	35	120	»
Quart de doublon	78 +	17 1/2	60	»
Huitième de doublon	39 +	8 3/4	30	»
Guinée anglaise	97 +	20	41	22 1/16
Demi-guinée	48 +	30	20 1/2	»
Portugais ancien	174 +	4	73 1/2	21 47/48

(1) Le carat poids pèse quatre grains. Les poids et les titres sont ici tels que les a déterminés l'administration des monnaies au Caire.

NOMS.	VALEURS.		POIDS.	TITRE.
	Piastres.	Paras.	Carats.	Carats.
Portugais nouveau	173 +	10	73 1/2	21 7/8
Boundouky	46 +	17	18	23 23/24
Magar, madjiar	45 +	26	18	23 13/24
Binto	77 +	6	33	21 17/24

Monnaies d'or de Constantinople.

NOMS.	VALEURS.		POIDS.	TITRE.
Mahmoûdyeh ancien	60 +	22	24 1/2	22 15/16
Demi-mahmoûdyeh	30 +	11	12 1/4	»
Mahmoûdyeh nouveau	50 +	33	24 1/2	19 1/4
Demi-mahmoûdyeh	25 +	16 1/2	12 1/4	»
Foundoucly mahmoûdy ancien	43 +	10	17 1/2	22 15/16
Demi-foundoucly (1)	21 +	25	8 3/4	»
Quart de foundoucly	10 +	32 1/2	4 3/8	»
Foundoucly mahmoûdy nouveau	34 +	10	16 1/2	19 1/4
Demi-foundoucly	17 +	5	8 1/4	»
Quart de foundoucly	8 +	22 1/2	4 1/8	»
Foundoucly sélimy ancien	36 +	12	17 1/2	19 1/4
Demi-foundoucly	18 +	6	8 3/4	»
Quart de foundoucly	9 +	3	4 3/8	»
Mahboûb sélimy nouveau	25 +	13	12 1/4	19 11/48
Adlyeh ancien	17 +	16	8 1/8	19 7/8
Demi-adlyeh	8 +	28	4 1/16	»
Quart d'adlyeh	4 +	14	2 1/32	»
Adlyeh nouveau	15 +	28	8 1/8	17 29/48
Demi-adlyeh	7 +	34	4 1/16	»
Quart d'adlyeh	3 +	37	2 1/32	»
Zaryf ancien	3 +	2	2 5/24	13 17/24
Zaryf nouveau	2 +	28	1 29/48	15 2/3
Khairyeh ancienne	20 +	5	9	20 3/4
Demi-khairyeh	10 +	2 1/2	4 1/2	»
Khairyeh nouvelle	17 +	10	8	20
Demi-khairyeh	8 +	25	4	»
Khairyeh medjydy	17 +	10	8	20
Demi-khairyeh	8 +	25	4	»
Quart de khairyeh	4 +	12 1/2	2	»

Monnaies d'or d'Égypte.

NOMS.	VALEURS.		POIDS.	TITRE.
Yuzlik (ou 100)	100 +	0	44 1/6	21
Demi-yuzlik	50 +	0	22 1/12	»
Khairyeh de 20	20 +	0	8 1/3	21
Demi-khairyeh	10 +	0	4 1/6	»

(1) *Foundoucly* est le même nom que *boundouky*. Le foundoucly est une copie du sequin de Venise et signifie *vénitien*.

NOTE 41, II° PART., CHAP. VI.

NOMS.	VALEURS.		POIDS.	TITRE.
	Piastres.	Paras.	Carats.	Carats.
Quart de khairyeh............	5 +	0	2 1/12	»
Khairyeh ancienne............	8 +	32	4 1/2	18 1/8
Khairyeh plus nouvelle.......	8 +	32	3 15/16	20 7/8
Sàdyeh ancienne.............	3 +	37	2	18 1/8
Sàdyeh nouvelle.............	3 +	37	1 17/24	20 7/8
Mahboûb moustafaouy.......	24 +	8	12 7/8	17 5/16
Demi-mahboûb..............	12 +	4	6 7/16	»
Quart de mahboûb...........	6 +	2	3 7/32	»
Mahboûb mahmoûdy........	20 +	34	12	16 1/8
Demi-mahboûb..............	10 +	17	6	»
Quart de mahboûb...........	5 +	8 1/2	3	»

MONNAIES D'ARGENT.

Ryâl abou-medfa............	20 +	28	140	88 17/24 (1)
Demi-ryâl...................	10 +	14	70	»
Quart de ryâl................	5 +	7	35	»
Ryâl chinco.................	19 +	10	128	90 1/4
Ryâl américa................	19 +	0	139	82
Ryâl napolitân..............	19 +	22	142	82 5/8
Demi-ryâl...................	9 +	31	71	»
Ryâl châl (moscovite).......	13 +	27	146	56 1/4
Ryâl couchly (à oiseau).....	20 +	0	144	83 1/3

(Le même que l'abou-tàcah, ou abou-teyrah.)

Monnaies d'argent de Constantinople.

Bechlik ancien...............	16 +	20	135	73 1/2
Bechlik nouveau.............	2 +	24	71 1/2	20 3/4
Iklik........................	10 +	0	129 1/2	46 1/4
Yuzlik.......................	11 +	23	150 1/4	46 1/4
Altmichlik...................	3 +	0	33 1/2	54
Altlik médjydy...............	4 +	30	66 1/5	43
Demi-médjydy...............	2 +	15	32 3/8	»
Ryâl nouveau................	10 +	35	6	81 3/4
Sittyny médjydy.............	1 +	3	15 15/16	41
Achrynyeh médjydy..........	0 +	8	7 2/3	15 3/4
Acharât médjydy............	0 +	4	3 1/3	17 1/4
Faddah fart médjydy........	10 +	18	88	7 3/4
Altlik.......................	5 +	0	68	44
Piastre.....................	0 +	24	15	24
Altlik hamydy...............	9 +	15	118 1/2	47 1/2

(1) Le titre pur est supposé 100 carats, pour les monnaies d'argent.

NOMS.	VALEURS.		POIDS.	TITRE.
	Piastres.	Paras.	Carats.	Carats.
Catàh mahmoûdy	6 +	6	77	48
Yârimlik sélymy.	1 +	14	17	48

Monnaies d'argent d'Égypte.

NOMS.	VALEURS.		POIDS.	TITRE.
Ryâl masry (égyptien).	20 +	0	144	83 1/3
Demi-ryâl.	10 +	0	72	»
Quart de ryâl.	5 +	0	36	»
Piastre.	1 +	0	7 1/4	83 1/3
Achrynyeh (vingt).	0 +	20	3 5/8	83 1/3
Achrâouyeh, ou acharât.	0 +	10	1 13/16	83 1/3
Yârimlik sélymy.	1 +	14	17	48

Il y a encore les *khamsât* ou pièces de *cinq* paras, sorte de monnaie de billon dont la plupart sont anciennes. Enfin, il y a les *acharât* ou *dix* paras en cuivre et les *khamsât* ou *cinq* paras en cuivre aussi, et dont on frappe en Égypte une très-grande quantité. On les désigne par le nom de achara faddah et khamseh faddah. On les désigne les uns et les autres par les noms de *nahâs*, cuivre, khourdet nahâs (turk), brins, morceaux de cuivre, rognures, et dans le vulgaire par *cazârah*, saleté, et par *amryty*, du nom d'un village qui ne fournit que des objets grossiers et mauvais. On frappe encore, en assez grande quantité, des paras en cuivre. Le nom de *para* est un mot turk; il est parfois employé sous le nom de *bara*, car l'arabe n'a pas la lettre *p*. On les appelle *nouss*, *méïdy*, *faddah*. Cependant ces trois noms ne s'emploient pas indifféremment. Le nom de méïdy ne se dit que quand on veut parler d'*un* seul para (1). Quant à l'emploi du premier nom, on dit seulement *nouss*, *nousseyn* et *kâm nouss*, c'est-à-dire 1 para, 2 paras, quelques paras. Le mot de faddah ne s'emploie que depuis *trois* paras inclusivement, et au delà indéfiniment; ce mot *faddah* reste toujours invariable. On dit, par exemple, télâté faddah, khamseh faddah, achara faddah, myé faddah, elf faddah, etc., c'est-à-dire trois paras, cinq paras, dix paras, cent

(1) *Voy*., pour l'origine du terme méïdy, la note 62.

paras, mille paras ou 25 piastres. Quand on dit *ryâl* simplement, ce mot signifie 90 paras. Ainsi, 60 ryâl signifient 135 piastres.

Les monnaies d'or et d'argent de Constantinople ne sont pas très-abondantes en Égypte comparativement aux autres. Les monnaies actuellement frappées en Égypte et les seules frappées en Égypte maintenant, c'est-à-dire les pièces d'or de 100 piastres, de 50 piastres, de 20 piastres, de 10 piastres, de 5 piastres, les pièces d'argent de 20 piastres, de 10 piastres, de 5 piastres, la piastre, les pièces de 20 paras, de 10 et de 5 paras, et enfin les pièces de cuivre de 10 paras, de 5 paras et de 1 para, sont les plus répandues dans le commerce et dans le public.

Pour les monnaies non musulmanes, les plus abondantes sont la guinée anglaise, le vingt francs français, le cinq francs français, le douro ou piastre forte d'Espagne et le thaler autrichien. La monnaie d'argent d'Égypte et de Constantinople se distingue de loin par le seul aspect. Elle est toujours plus noire et plus sale que les monnaies d'argent de tous les autres pays. Elle n'a jamais le poli et l'éclat des autres pièces étrangères. Il semble que le coup du coin qui les frappe n'est pas assez vigoureux. Il n'y a que les petites pièces d'argent égyptiennes qui aient l'œil de l'argent d'Espagne, ou de France, ou d'Autriche, etc.

La monnaie d'or d'Égypte est aujourd'hui très-bien frappée. Sous ce rapport et sous celui du titre, elle est de beaucoup supérieure à celle de Constantinople.

Il reste encore en circulation quelques khaïryeh d'or valant 8 piastres 32 paras, et de sâdyeh ou khaïryeh valant 3 piastres et 37 paras; mais le gouvernement les fait disparaître autant qu'il le peut; toutes les fois qu'on aperçoit cette monnaie entre les mains de qui que ce soit, elle est saisie, coupée en deux immédiatement; alors le propriétaire n'a plus qu'à la vendre au poids de ce qu'elle contient d'or.

Au Hedjâz et au Soudan, les colonnates d'Espagne sont très-recherchées, et la quantité qu'on y importe est extraordinaire.

Mais une fois que ces pièces ont pénétré dans ces contrées, elles y sont presque toutes gardées, enfouies, cachées. Nous en avons vu une peuve en parlant du trésor trouvé au palais du Birny du Bâguirmeh par les Ouadayens.

En Égypte, les monnaies d'or et surtout les monnaies égyptiennes et constantinopolitaines sont très-fréquemment rognées, principalement par les juifs.

Sous le rapport général, le nombre des capitaux morts est considérable. La plus grande partie des musulmans qui possèdent du numéraire, le tiennent caché sans penser à en extraire de profit, soit par transactions commerciales ou industrielles, soit par voie de banque ou de prêt. Ce dernier mode de fructification est même proscrit, en principe, par la loi religieuse.

Voyez la valeur du derhem et du dinâr, à la note 50. (P.)

NOTE 42. PAGE 342.

En Égypte, les femmes, même celles d'une très-médiocre aisance, ont très-souvent dans la bouche un morceau de *loubân*. Elles le mâchent longtemps, pour se parfumer l'haleine. Ce loubân est d'un blanc légèrement jaunâtre. (P.)

NOTE 43. PAGE 348.

Il y a, dans ce passage du texte, l'accoutrement entier d'un cheykh. Le *caftân*, comme on le sait, se met par-dessous le *jubbé* et se maintient croisé au moyen de la ceinture. Le jubbé est par-dessus le tout; aujourd'hui, il est remplacé par la *faradjyeh*, qui n'en diffère que par un peu plus d'ampleur et par la longueur et la largeur des manches.

Pour les jambes, les cheykh n'ont qu'un caleçon large qui vient de la hauteur des reins jusqu'à mi-jambe au plus. Les bas sont un hors-d'œuvre inutile.

La *sandale mekkoise* est une semelle en cuir qu'on fixe sous le pied par des courroies liées sur le dos du pied, et dont une passe entre les deux premiers orteils. Ces courroies sont variées de couleurs par de petites bandelettes de cuir coloré et surajoutées.

(P. S.)

NOTE 44. PAGE 356.

Les prières *de la délivrance* sont pour obtenir de Dieu que l'âme du défunt soit *délivrée* du feu de l'enfer.

Tout musulman qui récite lui-même, à une époque quelconque de sa vie, ou pour lequel on récite, après sa mort, *cent mille fois* la série des mots suivants : « *Coul houa Allah ahad Allah es-samad lam yélid oua lam yoûlad oua lam yékoun laho koufouan ahadoun*, » c'est-à-dire : « Dis ceci : Dieu est le Dieu un, le Dieu éternel; il n'a point enfanté et n'a point été enfanté, et nul être ne lui ressemble en nature (1), » ce musulman, dis-je, sera sauvé des peines de l'enfer soit à l'avance, soit après sa mort, fût-il déjà dans le feu de la géhenne. (S.)

Pour expédier plus vite les *cent mille* récitations de la formule ci-dessus, plusieurs individus se réunissent et la prononcent ensemble. Ainsi, lorsque vingt personnes sont réunies, chacune a *cinq mille fois* à répéter la phrase rédemptive. (P.)

NOTE 45. PAGE 356.

Le chapelet ordinaire des musulmans a cent petits grains, y compris le *médneh*. Le grand chapelet, qui correspond au rosaire des chrétiens et dont on se sert pour la *prière du pardon*, a mille grains, tous du volume d'une grosse noisette et disposés comme nos chapelets. Toujours, dans les petits comme dans les grands chapelets, les grains sont enfilés dans un cordonnet; jamais ils ne

---

(1) Ces mots composent tout l'antépénultième chapitre du Coran.

sont maintenus par de petits chaînons de laiton. A la place de la croix, il y a un fragment très-allongé appelé *mâdneh*, minarêt.

Sur chaque grain on prononce « *lâ Ilâh ill' Allah*, il n'y a de Dieu que Dieu. Pour le chapelet du *pardon*, il faut répéter ces mots *soixante-dix mille fois*. Afin d'atteindre rapidement au complément de ce nombre, on rassemble plusieurs individus; on les fait asseoir, accroupis en cercle, sur une natte; un d'entre eux, comme chef de cérémonie, prononce le premier *lâ Ilâh ill' Allah* sur le mâdneh. Chaque priant a alors un grain du chapelet entre les doigts, et répète les mots *lâ Ilâh ill' Allah*; puis il prend un autre grain et dit encore ces mêmes paroles, et ainsi de suite; de sorte que tout le chapelet passe entre les mains de tous, en tournant dans le cercle des priants; lorsque le mâdneh revient à la main de celui qui l'a tenu le premier, les mille grains ont voyagé et passé dans les mains de tout le cercle, et chaque priant a prononcé mille fois *lâ Ilâh ill' Allah*. Ainsi, sept personnes termineront l'affaire en dix tournées, quatorze en cinq tournées, trente-cinq en deux tournées, soixante-dix en une seule tournée. Si le nombre de 70,000 fois est dépassé, tant mieux; mais jamais il ne faut rester au-dessous de ce chiffre pour que l'effet soit obtenu; au prix de 70,000 fois, *Dieu ne refuse jamais le pardon*. C'est un prix fait.

Au Soudan on compte autrement. Chaque priant a un chapelet ordinaire, 99 grains, plus le mâdneh, 100. A ce chapelet est attaché un appendice de dix autres grains glissant à frottement dur sur la corde qui les traverse. Après chaque cent *lâ Ilâh ill' Allah*, on fait descendre un des dix grains surnuméraires du côté de l'extrémité flottante de l'appendice. Quand ces dix grains sont descendus, le priant a dit mille fois les paroles pieuses. Selon le nombre des priants réunis, on calcule à l'avance combien de milliers de fois chacun doit répéter *lâ Ilâh ill' Allah*.

Le résultat est le *pardon inévitable* des péchés du mort, et l'âme est rachetée des feux de la géhenne.   (S. P.)

NOTE 46. PAGE 358.

Le *défré* ou *difrei* est une plante aquatique qui se rapproche du riz. La graine est blanche, moins alongée que celle du riz, un peu aplatie comme celle du sésame. Elle est de meilleur goût que le riz.

Le *korayb* a une graine analogue à celle de la moutarde, mais n'en a pas le goût piquant. On la réduit en poudre pour la préparer en nourriture; la farine n'a pas de matière liante, elle manque de gluten. *Voy.* les notes du *Voyage au Dârfour*. (S. P.)

NOTE 47. PAGE 372.

J'ai eu la vérification directe du fait indiqué dans ce passage, chez le cheykh El-Tounsy même. Il eut comme hôte, pendant deux jours, un pèlerin ouadayen qui a épousé une des filles du sultan Chérif. Le jeune fils du cheykh jouait avec un petit éventail en plumes d'autruche. Il le présenta au Ouadayen en lui disant de s'éventer; et soudain notre pèlerin leva les deux mains en repoussant l'éventail, et s'agitant pour éviter d'en recevoir la moindre ventilation. « Non ! s'écria-t-il, non, non ! cela est pour le sultan seul. — Mais tu n'es point au Ouadây. — C'est égal; si on venait à le savoir, on me tuerait à mon retour. — Et qui, d'ici, ira parler de cela au sultan ? — Qui sait ? » Et le malin enfant du cheykh chercha maintes fois à éventer le bon Ouadayen, qui avait l'œil braqué du côté de l'éventail, et se tenait en garde avec une inquiétude étonnante contre le moindre mouvement de son espiègle ennemi. D'après les découvertes faites dans les ruines de l'ancienne Ninive, à Khorsabad, près de Moussoul, le chasse-mouche ou éventail et le parasol sont tenus par des eunuques placés auprès des princes, et jamais ces insignes n'accompagnent d'autres personnages que des rois. Cette circonstance permet de croire que le parasol, le chasse-mouche ou l'éventail étaient des attributs spéciaux aux souverains. Il en est de même au Ouadây. (P.)

NOTE 48. PAGE 395.

Le *kouldjou* est un oiseau à dos noir et à ventre blanc, venant au Soudan à l'époque des pluies; il est gros comme une poule d'Égypte; bec noir et pieds noirs; claquant du bec; dos à reflets rougeâtres. (S. P.)

NOTE 49. PAGE 396.

Le *kirdâouy* est, d'après l'explication verbale que j'ai reçue du cheykh, un long couteau assez grossier, maintenu au poignet gauche par un large anneau ou bracelet en cuir. Le kirdâouy est fixé à ce bracelet de manière que le manche soit du côté de la main, et que le couteau soit appliqué sous l'avant-bras; la pointe alors dépasse de beaucoup le coude. Le couteau est tenu par la main gauche appliquée sur la poignée, et la main droite peut aller trouver facilement cette poignée et dégaîner au moment du besoin. Les Ouadayens ont toujours le kirdâouy attaché et appliqué au bras, dans le moindre voyage, partout où ils ont à craindre ou présument qu'ils auront à craindre. C'est une arme de défense contre les hommes et contre les animaux sauvages.

Le couteau qui se porte au-dessus du coude s'attache la pointe en bas, avec une cordelle en cuir rouge fixée au fourreau, et n'a guère que six à huit pouces de long. Bien entendu, ces couteaux-poignards sont à lame non fermante.

Les Fôriens portent aussi au poignet une espèce de kirdâouy, mais dont la lame n'est pas plus longue que l'avant-bras.

Le manche des kirdâouy est en bois dur, assez souvent en ébène. La partie du fer qui traverse la longueur du manche en dépasse l'extrémité libre et est recourbée, ce qui la fixe solidement au manche. Parfois ce manche n'est ni en bois ordinaire dur, ni en ébène, mais en courroies fines de cuir rouge; on entoure la partie du fer qui forme la poignée de quelques chiffons ou de morceaux de cuir, et par-dessus on roule d'abord des courroies rouges; ensuite on tisse l'enveloppe extérieure avec de très-fines lanières de cuir. *Voy.* fig. 8.

La lame du kirdâouy a assez souvent une saillie ou crête sur le milieu, à égale distance des deux tranchants.

Le fourreau est en cuir rouge. Il porte, vers le manche du couteau, l'anneau ou bracelet de cuir qui maintient l'arme au poignet. Ce bracelet a de deux doigts à deux pouces de largeur, et est solidement cousu au fourreau. Celui-ci est percé par son extrémité la plus mince, de manière à laisser sortir au moins un pouce de la lame. Cette disposition est constante; car l'individu peut être surpris par une circonstance particulière et subite, ou bien il ne veut porter qu'un léger coup de pointe, et dans ces cas, ou il n'a pas le temps de dégainer, ou il ne veut pas dégainer, et il frappe de la pointe qui saille du fourreau.

Les individus de distinction se font des fourreaux, pour leurs kirdâouy, en peau de crocodile et d'une blancheur remarquable.

(S. P.)

NOTE 50. PAGE 409.

L'histoire que je viens de raconter me rappelle une aventure arrivée à Ahmed, fils de Toûloûn, sultan d'Égypte. Toûloûn un jour envoya Ahmed chercher quelque chose dans l'intérieur de son palais, et Ahmed surprit une concubine de son père avec un esclave. La concubine se crut alors perdue; elle sentit bien qu'elle allait être dénoncée à Toûloûn. Elle ne dit mot à Ahmed, et dissimula son trouble et son inquiétude. Elle attendit que le sultan rentrât dans l'intérieur du palais; alors, les yeux en larmes, elle alla se présenter au prince. Toûloûn la voyant tout éplorée, se sentit ému, car il l'aimait. « Que t'est-il arrivé? lui dit-il. — Prince, répondit-elle d'un air malicieusement innocent, peut-il te convenir que ton fils cherche à me séduire? Si je n'avais usé d'adresse avec lui, si je ne lui avais donné rendez-vous pour un autre moment, il allait tout à l'heure me soumettre à son caprice, ou me tuer. »

Toûloûn, étonné et furieux, résolut immédiatement de faire périr son fils; cependant l'amour paternel se révoltait à l'idée d'un pareil spectacle. Toûloûn écrivit à un de ses intendants : « Aussitôt que tu recevras cette lettre, tranche la tête à celui qui en est porteur, et cela sans demander aucune explication. Salut. » Le prince plie la lettre, appelle son fils et lui dit : « Va porter cette lettre à un tel. Qu'il exécute l'ordre qu'elle contient; puis reviens à la hâte. »

Ahmed se met en devoir d'obéir et se fait seller un cheval. L'esclave qui avait été surpris en délit, voulant en apparence être agréable à Ahmed, et espérant en même temps faire accroître encore la colère et l'indignation de Toûloûn, qui verrait la négligence de son fils à exécuter des ordres pressants, s'approche du jeune prince et lui dit : « Où va mon maître? — Mon père m'envoie porter un ordre à un tel. — Mon maître voudrait-il me faire l'honneur de me charger de cette commission et de le dispenser de cette fatigue? Vous pouvez compter sur mon zèle et mon exactitude. » Ahmed accepte, remet la lettre à l'esclave et reste au palais.

Le lendemain, se présente à Toûloûn un envoyé de la part de l'intendant, et ayant à la main une musette ou petit sac et une lettre ainsi conçue : « Après vous avoir baisé les mains, je vous annonce que j'ai exécuté vos ordres. Je vous expédie la tête de celui que vous m'avez ordonné de mettre à mort. Je vous l'envoie par le porteur de ce billet. » Toûloûn examine la tête et reconnaît une tête d'esclave. Il appelle son fils Ahmed. Celui-ci arrive. « Qu'as-tu fait, lui dit le sultan, de la lettre que je t'ai chargé de porter à mon intendant ? — Je l'ai confiée à l'esclave un tel, qui me l'a demandée, et m'a juré par ta vie de la remettre à l'adresse

NOTE 50, II° PART., CHAP. IX. 689

indiquée. — Qu'y a-t-il donc eu entre toi et cet esclave ? » Ahmed se tut. « Dis-moi la vérité, » repartit vivement Toûloûn. Alors Ahmed déclara qu'il avait surpris cet esclave avec une concubine, et il la nomma. « J'ai gardé le silence, ajouta-t-il, dans la crainte d'être cause de leur perte à tous deux. »

Toûloûn examina et vérifia le fait, reconnut l'innocence de son fils, et condamna à mort sa concubine.

Miséricorde de Dieu sur Ibn-Aroûs le Tunisien, qui a dit ces deux vers!

« Mon cher, tu m'as dit : « Va me chercher du *hâk;* » et pour ton argent, je t'en ai apporté.
» Qui fait le bien, trouve le bien; et qui fait le mal, se perd. »

(Ces vers ne sont pas construits, en arabe, sur un mètre prosodique régulier, mais sur un mètre vulgaire. Ils doivent être lus dans l'arabe selon la prononciation populaire, c'est-à-dire sans les voyelles finales des mots. Quant au mot *hâk*, il n'a pas de sens. Celui qui l'a prononcé l'a dit au hasard, n'ayant pour but que d'envoyer chercher au marché un objet imaginaire.) Voici l'aventure qui a donné lieu à la composition de ces deux vers.

Le cheykh Ibn-Aroûs ou Ahmed-Ibn-Aroûs était encore enfant quand son père mourut. La mère d'Ahmed se remaria. Le nouveau mari prit en aversion Ibn-Aroûs comme fils d'un autre lit. Notre homme un jour rentra à la maison avec des fruits. Il voulait les manger seul. Arrive subitement Ibn-Aroûs. Le beau-père, déconcerté, cherche un prétexte pour éloigner l'enfant et se régaler à l'aise. « Ahmed, dit-il à Ibn-Aroûs, prends-moi ce dânek (1) et va chez l'attâr (épicier-droguiste, ou à peu près) m'acheter de ce qu'on appelle du *hâk.* »

L'enfant acceptant l'indication comme vraie, prend le dânek

---

(1) Le dânek valait 2 kyrât ou 8 grains, et le derhem ou la drachme valait 22 kyrât d'argent pur. Vingt et, plus tard, vingt-quatre derhem valaient un dinar (pièce d'or). Le derhem d'argent de haut titre vaut actuellement, en Égypte, 100 et quelques paras. *Voy.* note 41.

et va chez tous les attâr, demandant partout : « Avez-vous du *hâk?* » Et de partout on lui répond : « Non. » Il passe par hasard près de jeunes enfants qui avaient un gros scorpion attaché avec un fil et leur servant de jouet. Et les enfants répétaient : « *hâk, hâk,* » c'est-à-dire : *à toi! prends!* Alors, Ibn-Aroûs leur dit : « Est-ce qu'on appelle cette bête-là *hâk?* — Certainement. — Eh bien! prenez donc ce dânek, et donnez-moi votre *hâk*. Depuis une heure j'en cherche de tous côtés et je n'en trouve pas. » On accepte l'offre. Ahmed donne son dânek et emporte le scorpion. L'enfant ignorait que la piqûre en est parfois mortelle; mais heureusement Dieu le préserva de malheur. Ahmed regagna la maison. « M'apportes-tu du *hâk?* lui demanda le beau-père. — Oui. — Où est-il? — Le voici. — Voyons! donne-le-moi. » Notre homme tend la main, et l'enfant lui remet le scorpion. Le beau-père en fut si vivement piqué qu'il en mourut. Ce fut alors qu'Ibn-Aroûs rima les deux vers que j'ai cités.

De pareils exemples il y a à conclure la vérité de cette parole de Dieu : « La méchanceté revient toujours sur celui qui la fait; qui fait le mal, reçoit la récompense du mal. » Le Prophète a dit aussi : « L'homme recueille selon ses œuvres : le bien pour le bien, le mal pour le mal. » De là cette maxime : « Qui creuse un fossé pour perdre son frère, y sera précipité par la main de Dieu. »

L'aventure suivante offre encore le même sens moral. Un roi avait deux favoris pour convives habituels; mais l'un d'eux était jaloux de la considération dont le roi honorait son collègue, d'ailleurs plus récent dans l'amitié du prince. Le piquant de la conversation du nouveau courtisan, sa vivacité d'esprit avait séduit le roi et captivé son amitié. L'ancien favori imagina, pour perdre son compagnon, de lui préparer un mets assez recherché alors, mais dans lequel on mit exprès beaucoup d'ail.

Le jaloux invite son émule à dîner, et fait servir le plat à l'ail. L'invité, excité par l'apparence et aussi par le haut goût du mets, en mange abondamment, à pleine satiété; puis, son collègue lui dit : « Maintenant, garde-toi bien d'approcher du roi tant que ton haleine conservera une odeur d'ail ; le prince ne peut la supporter ; et si d'aventure il t'appelait, aie bien soin de ne pas lui laisser sentir l'odeur d'ail : ce serait assez peut-être pour qu'il te prît en haine. » Le conseil fut reçu comme sincère. L'invité se retira chez lui, et son rival alla chez le roi. « Prince, lui dit-il, j'ai une communication à vous faire. — Voyons ! laquelle? — Vous accordez votre bienveillance à des gens qui ne la méritent pas ; vous admettez à vos côtés des gens qui ne devraient pas vous approcher de si près. — Qui veux-tu désigner par là ? — Notre commensal ordinaire. Il prétend que vous avez mauvaise haleine, et qu'il ne s'assied jamais à votre table qu'avec une incroyable répugnance, dégoûté qu'il est de l'odeur repoussante qui vous sort de la bouche. Si vous doutez de la vérité de ce que je vous dis, tenez ! envoyez-le chercher sur-le-champ ; faites-le approcher très-près de vous ; feignez que vous ayez quelque chose de secret à lui confier, et vous verrez de quelle manière il détournera la tête. »

Le roi, furieux, fit appeler le favori absent, qui d'ailleurs ne se doutait nullement des manœuvres hostiles de son collègue. Le favori, malgré son odeur d'ail, se vit obligé d'obéir. Le roi l'accueillit avec affabilité, comme d'ordinaire, le reçut d'un air souriant et l'invita à s'approcher ; mais notre homme tremblait de laisser sentir en lui l'odeur d'ail, et il détournait sans cesse la face. Le roi, alors persuadé de la vérité de la dénonciation qui lui avait été faite, dit au dernier venu : « Voyons, passe la nuit au palais ; j'ai besoin de toi pour une affaire importante. Lorsque je t'appellerai, tu entreras ici par telle porte secrète. »

L'autre courtisan, vizir de malheur, était présent, et ces dernières paroles accrurent encore sa jalousie. « Quoi ! se dit-il, j'ai dénoncé mon rival pour l'éloigner d'ici, et voilà que j'ai seulement réussi à le rapprocher encore plus intimement du roi. » Il attendit que son collègue sortît, et il alla lui dire : « Je serais bien aise de passer ici la nuit avec toi. — Très-volontiers ; comme il te plaira. » Et ils allèrent ensemble à l'appartement qu'avait désigné le roi. Cet appartement était assez éloigné de celui où restait Sa Majesté. Dans l'espace intermédiaire, on creusa immédiatement, et par ordre du prince, une grande fosse sur laquelle on arrangea ensuite un faux sol mince et fragile ; tout près de là furent apostés des esclaves, avec ordre d'épier le moment où ils entendraient tomber quelqu'un dans la fosse, afin de se hâter alors de la combler de terre.

Les deux courtisans passèrent une partie de la nuit à causer ; puis notre jaloux fit semblant d'avoir envie de dormir ; il bâilla plusieurs fois ; son collègue fut, par contagion, pris de la même envie, et céda au sommeil. Son compagnon se tint éveillé. « Bonne occasion ! se dit-il ; il ne faut pas la perdre. Je vais rester ainsi jusqu'à ce que le roi appelle ; j'irai à lui, et je lui montrerai que mon rival ne met ni attention ni souci à exécuter les ordres de son maître. « Vous lui avez recommandé, dirai-je au prince, de » rester éveillé jusqu'à ce que vous l'appelassiez ; il n'a pas tenu » compte de votre recommandation ; il s'est endormi. Dès que j'ai » entendu votre ordre, j'ai cru devoir accourir. Le roi, mécon- » tent, chassera cet homme qui me fait ombrage, et l'éloignera » du palais pour toujours. »

Notre jaloux veille. Sur le dernier tiers de la nuit, il entend la voix du roi qui appelle. Le courtisan s'empresse de se lever, d'aller répondre. Et l'autre dormait profondément ; il n'entendit rien, ne s'aperçut de rien. Le traître ouvre la porte secrète, et d'un pas empressé marche dans les ténèbres. Il tombe dans la fosse, et en un clin d'œil les esclaves l'ont comblée de terre. Il meurt étouffé.

Au matin, le courtisan endormi s'éveille. Il se voit seul. « Le roi t'a appelé pendant la nuit, lui dit-on, mais tu ne l'as pas entendu ; tu dormais. » Le courtisan s'habille, se parfume, et se présente au roi. Le roi, étonné de le revoir, appelle les esclaves. « Comment, leur dit-il, avez-vous donc accompli mes ordres d'hier? — Nous les avons suivis avec la plus scrupuleuse exactitude. Nous avons enseveli, étouffé sous la terre celui qui est tombé dans la fosse. » Alors le roi s'adresse au courtisan : « Où donc est ton ami ? — Prince, que Dieu vous conserve! mon ami était avec moi hier soir. Nous avons causé très-longtemps; le sommeil nous a gagnés; il s'est endormi le premier; je me suis endormi peu après; j'ignore ce qui lui est ensuite arrivé. A mon réveil, mon ami n'était plus avec moi. »

Le roi, stupéfait, ordonne de nouveau de creuser la fosse, et on y trouve le courtisan mort. Alors le roi dit à l'autre : « Qu'y avait-il donc entre vous deux? — Rien, que je sache. Nous étions bons amis, je le crois. Seulement, hier il m'a invité à manger avec lui, et il nous fit servir un excellent plat, mais fortement assaisonné d'ail; j'en ai beaucoup mangé. Après le repas, mon ami m'a conseillé d'éviter, ayant à la bouche l'odeur d'ail, de m'approcher trop près de vous, parce que cette odeur vous déplaît et vous répugne. Peu après que je suis sorti de chez mon ami, vous m'avez appelé; j'ai dû obéir; je suis venu. Mais quand vous m'avez fait approcher de vous, j'ai eu peur que vous ne sentissiez en moi l'odeur d'ail, et je me suis tenu constamment la face détournée de vous. Voilà tout ce qui s'est passé; je ne sais rien de plus. »

Le roi reconnut là un récit sincère, et comprit que la jalousie avait amené la perte de l'autre convive. Ensuite le roi raconta tout ce qui s'était passé la veille. « C'est pour toi, dit-il à son courtisan, que j'avais fait creuser la fosse; mais tu étais innocent, et pour cela tu l'as évitée. Lui, conduit par des intentions criminelles, est tombé dans le précipice. »

Honte à la jalousie! Notre saint Prophète a dit : « La jalousie mange et dévore le fruit des bonnes œuvres, comme le feu mange et dévore le bois. » Et un poëte a rimé ces deux vers:

« Dis à l'homme jaloux de mon bien-être : « Sais-tu bien à qui tu sembles reprocher cette aisance?

» C'est Dieu, ce sont ses décrets souverains que tu parais blâmer. Il t'est donc bien pénible de voir ce qu'il m'a donné ! » (S.)

NOTE 51. PAGE 414.

La contenance de la jeune fille durant la scène tragique dont nous parlons, n'a rien d'extraordinaire au Ouadây. Si son nouveau prétendant eût bougé sous le couteau, s'il eût témoigné la moindre peur, il était répudié par la fille. Les Ouadayennes ne veulent pas d'amants ou de maris poltrons; elles ne veulent pas se mettre sous la protection d'un homme incapable de faire face au danger, à la douleur, à la mort, et par conséquent incapable de protéger, de défendre la femme qu'il prendrait. (S. P.)

NOTE 52. PAGE 415.

Allusion comique au grand Alexandre des Arabes, surnommé *le Bicorne*. Il fut prophète, et contemporain d'Abraham. *Voy.* notes du *Voyage au Dârfour*. (P.)

NOTE 53. PAGE 420.

Le *châyeh*, nom qui me paraît singulièrement rapproché du mot *saie*, *sayon*, *sagum*, σάγος, vêtement de guerre des Perses, des Romains et des Gaulois, est une sorte de couverture piquée, fourrée de coton comme une courte-pointe, et dont s'affublent, en guerre, les cavaliers fôriens.

Les couvertures des chevaux sont de même facture, et représentent exactement la forme des grands caparaçons des anciens chevaliers. Ces caparaçons descendaient presque jusqu'à terre, et ne laissaient guère que la tête du coursier à découvert; parfois même ils le couvraient tout entier. Au Soudan, et surtout au Dârfour, les caparaçons vont jusqu'à mi-jambe. (P.)

NOTE 54. PAGE 428.

Yâ ouendai a ici le sens de provocation ; le texte de ce passage l'explique par *Bism Illah*, qui signifie *au nom de Dieu*, mais qui est une forme d'appel, d'*incitamentum*, et qui se traduirait, selon l'intention, non selon les mots, par : « Avance ! »

Ouendai, en fôrien, est un terme d'injure employé très-fréquemment ; il veut dire proprement, *émule, rival, égal*, et répond au vieux mot *compaing* (compagnon), mais toujours avec le sens de : *qui a pris pour femme la répudiée d'un autre*. Dans la circonstance dont l'auteur parle ici, le disgracié compare la place qu'il a perdue à une femme qu'il aurait quittée ou qu'il aurait répudiée.

Voici comment le cheykh El-Tounsy indique, par un commentaire placé dans le texte, les usages du mot *ouendai*, égal, semblable. « Dans le cas actuel, on veut dire : « Toi qui es mon semblable, mon égal, mon collègue. » Le mot *ouendai*, dans le sens primitif, s'applique à l'un et l'autre de deux individus qui ont épousé les deux sœurs ; alors chacun est le ouendai de l'autre, semblable et égal à lui par sa femme.

» Ensuite, par extension, celui qui a été porté aux fonctions qu'avait un autre, est alors son *ouendai*. On donne encore ce nom à celui qui, ayant demandé une femme en mariage, a d'abord été bien accueilli par le père et la mère de cette femme, puis a été supplanté par un autre qui l'a demandée après lui, obtenue et épousée, puis enfin, un jour de bataille, est venu provoquer le rival préféré à se jeter avec lui dans la mêlée. Enfin, on applique encore le nom de ouendai à celui qui, ayant répudié une femme, s'en est ensuite repenti, a voulu reprendre sa femme, et l'a vue alors convoler à d'autres noces. » (S. P.)

NOTE 55. PAGE 429.

Depuis la Haute-Égypte jusqu'au Sennâr et au Soudan, au

moins dans le Soudan oriental, c'est-à-dire dans la moitié est du Soudan, *farkhah*, employé dans ce passage pour dire *la belle*, en parlant de lances, signifie *jeune fille*, *jeune esclave*, une *belle*. Presque dans toute la moyenne et la basse Égypte, *farkhah* veut dire *poule*, *poulette*. Dans ce dernier sens, au Soudan, on emploie le mot *dedjâdjeh*, employé aussi dans cette signification en Syrie, etc. En Égypte, *djârieh* signifie femme ou fille *esclave*, qu'elle serve ou non comme concubine à son propriétaire.

— Les vélites romains, sortes de *voltigeurs* irréguliers, avaient pour armes un arc, une fronde et sept javelots (*tela*). Les hastaires avaient primitivement de longues lances (*hastæ*). Les cavaliers eurent aussi, dans un temps, deux javelines (*pila*). Les hastes ou longues piques, *hastæ*, sont les analogues des *farkhah* du Dârfour. On sait que Pline composa un traité sur la manière de se servir de la javeline à cheval : *De jaculatione equestri*.

NOTE 56. PAGE 430.

Les Himiarites, peuple d'origine arabe de la souche de Saba, dans l'Yémen, sont les Homérites, *Homeritæ* des Latins. Zoû-Yézen, un des rois de Himiar ou des Himiarites, vivait environ un siècle avant l'islamisme. Son fils Seyf vit Abd-el-Mouttaleb, aïeul de Mahomet. Abd-el-Mouttaleb prolongea ses jours, dit-on, au delà de cent ans. (P.)

NOTE 57. PAGE 458.

Dououe*in*, prononcez l'*n* par un son nasal sourd. Les hommes de dououe*in*, signifie *les Fôriens*. Ce nom leur est donné par les Arabes du Dârfour, parce que les Fôriens, pour appeler quelqu'un, disent : *yâ dououei*. L'*n* finale de dououein est ajoutée par les Arabes. (S. P.)

Gens de dououei ou de dououe*in* rappelle, pour la forme, l'ancienne appellation : lés gens d'*oc*, les gens de la langue d'*oc*. (P.)

NOTE 58. PAGE 458.

Voici la transcription de ces vers et des vers qui les précèdent. Ceux qui sont à l'éloge du sultan sont entièrement arabes, mais selon le langage corrompu et la prononciation vicieuse des Arabes des contrées dont il est question ici.

Marag (*marac*, par le *câf* guttural); oua cheddô lô (chaddoû laho) àla men oummou horrah, — mouhhagguel (le *g* est pour *djim*) min el-arbaàh oua-l-khâmseh ghourrah. — Youguellil fy-l-matammeh (ce mot, de forme arabe, signifie *camp*) yemsik yé-gourrah (yédjourrou-hou); — oummân (pour oummahât) en-nâs khadam oummoû (pour oumm-hou) ouaheïd-hâ (diminutif de ouâhed) horrah.

Les vers à l'éloge de Kourra sont en fôrien mêlé de quelques mots arabes : — Marag cheddo-lô àla tôto — oua-l-kirtim (trompettes) békâ (pleurent, crient) em-maûgàouy korak-lo (devant lui; lo est pour laho). — Kôrko (criez) nebbézôh (nebbezoû-hou, vantez-le) — nâs dououei*n* djôlô (sont venus en foule) — Kourra bilâ (sans) sîya (mal, injustice) — El-Khalki (la syllabe *ki* doit être écrite par un câf guttural) khâfoh (pour khâfoû-hou). (S. P.)

NOTE 59. PAGE 459.

Ces *poëtes* rappellent les aèdes, ἀοιδοί, ou chanteurs que les chefs guerriers des anciens Hellènes avaient à leur service, et qui les suivaient aux batailles. Souvent même les aèdes combattaient aussi. Poëtes de nature, inspirés par l'heure, échauffés par la mêlée, nourris d'anciennes légendes, ils improvisaient au milieu de leurs frères d'armes qu'ils animaient et enthousiasmaient. Ils furent les pères des vieux bardes et des scaldes. (P.)

NOTE 60. PAGE 462.

Le faguyh Mouça avait la prétention de donner pour vers des phrases arabes en apparence cadencées ; elles étaient farcies de fautes de grammaire et d'orthographe, et étaient même sans rimes. Voici de ces espèces de vers, à l'éloge des femmes :

Sadrik satykan kenno (kéennaho) lôhan djeiiéroh
Sâdâ faguyha-l-nâci kân kettâbâ
Ehlik izdzan yehfazoú es-soultân
Chartik bacar oudâ rouboú Corân.

« Ta poitrine est (lisse comme) une surface bien polie ; il semble que ce soit une planchette (à écrire) luisante, enduite de chaux,
» Et trouvée par un faguyh qui ensuite y a tracé des caractères (1).
» Tes parents sont haut placés ; ils veillent à la personne du sultan.
» (Veux-tu accepter de moi) pour douaire des bœufs, ou bien le quart du Coran ? » (S.)

D'après l'explication que m'a donnée le cheykh El-Tounsy, le sens réel de ces vers est différent de celui qu'ils présentent au premier aspect. Le prétendu poëte veut dire :

(1) Le *poëte* fait allusion, pour indiquer le poli et le toucher moelleux de la gorge d'une femme, au poli luisant et doux qu'on donne aux planchettes couvertes d'un enduit blanc, préparées pour enseigner à lire et à écrire aux enfants. Cette habitude est presque générale chez les musulmans de tous les pays. Au lieu de la planchette peinte en blanc, beaucoup d'enfants ont une feuille ou une demi-feuille de fer-blanc. Dans l'un et l'autre cas, comme l'encre arabe est d'autant meilleure qu'on l'enlève plus facilement d'un coup de langue, on efface rapidement avec un peu de salive ou d'eau ce qui est écrit sur les planchettes ou sur les feuilles de fer-blanc. — Les *fekhy* ou *kouttâb* (maîtres d'école) savent très-bien lire le Coran, et leur principal but, dans leurs leçons, est de le faire apprendre par cœur aux enfants, tout en leur enseignant à le lire et à l'écrire sur les planchettes et feuilles de fer-blanc qui alors tiennent lieu de papier et de livre. Mais les fekhy ne comprennent à peu près rien au Coran. (S. P.)

L'habitude d'écrire sur des planches *blanchies* rappelle les *album* des anciens. Solon, 400 ans avant J.-C., avait exposé au public ses lois écrites sur des tables de bois. Dracon avait fait de même. Il paraît qu'à Rome, avant l'usage des colonnes et des tables de cuivre, les annales, où l'on inscrivait jour par jour les événements de l'année, étaient écrites en noir sur une planche de bois blanchie avec de la céruse et appelée *album*. Ces planches étaient exposées devant la maison du pontife. Ces annales cessèrent environ 120 ans avant J.-C.; mais l'usage de l'album se conserva encore longtemps après. (P.)

« Ta poitrine est douce comme une surface bien polie ; elle est large et parée de kharaz, et elle charme les regards comme une jolie planche bien lisse que moi faguyh j'aurais ornée de lettres!! Veux-tu pour prix de ta main, pour douaire, que je te donne un nombre de bœufs, ou bien que je lise le quart du Coran? »

Cette dernière proposition en rappelle une semblable dont l'accomplissement fut consacré jadis par Mahomet lui-même. — Une jeune femme vint s'offrir au Prophète arabe pour qu'il l'épousât. Le Prophète refusa et dit à ses disciples : « Qui de vous veut se marier avec cette femme ? — Moi, répondit l'un d'eux. — Quel douaire lui donnes-tu ? — Je n'ai rien, reprit le disciple. — Pas même un anneau de fer ? — Non, pas même un anneau de fer ? — Eh bien! récite à titre de douaire la sourat ou chapitre *de la Vache.* » (C'est le chapitre II du Coran.) Le disciple récita la sourat indiquée, et le mariage fut conclu. (P.)

NOTE 61. PAGE 465.

Cette note est la fin d'un chapitre ; mais cette fin ne se trouve plus en place convenable, à cause des transpositions que j'ai cru devoir faire dans l'original. C'est pour cela que ce passage est renvoyé aux notes.

« Nous terminons ici ce chapitre, dit le texte. Ce que j'ai indiqué, relativement au but que je voulais atteindre, me semble assez explicite pour faire comprendre les habitudes militaires des contrées dont j'ai parlé. Je passe à ce qui regarde les cérémonies du mariage, et je décrirai ce qu'elles ont d'intéressant et de curieux. Je dirai les fêtes qui les accompagnent, les jeux, les repas, les danses, les zikr et leurs formes. Et Dieu est le secours des hommes, leur aide pour le succès de ce qu'ils se proposent. » (S.)

Le zikr, dont nous avons déjà parlé dans les *notes* du *Voyage au Darfour*, est une cérémonie dans laquelle plusieurs personnes réunies récitent en forme de psalmodie, à intervalles variés, les différents noms et attributs de Dieu. C'est un genre de prière accompagné de mouvements perpétuels, de salutations et de balancements singuliers dont l'effet est de porter à l'extase ou à l'émotion religieuse les priants excités déjà par les cris sourds et pectoraux au moyen desquels ils pensent devoir invoquer les bénédictions de Dieu. Parfois plusieurs priants tombent étourdis et frappés d'une sorte de congestion cérébrale. Ces cérémonies ont quelque chose de sauvage, de pénible à voir, parfois aussi quelque chose de bouffon, et toujours beaucoup de ridicule.

Les zikr ne sont pas d'ailleurs considérés par la majorité des ulémas comme œuvres de grande utilité. Je n'ai jamais vu d'uléma se mêler personnellement et comme acteur dans un zikr. Jamais non plus on ne voit un uléma se soumettre au *daûceh*. Dans le daûceh, un certain nombre d'hommes se couchent à plat ventre par terre, à la file les uns des autres, bien rangés en ligne, bien serrés côte à côte, et un cheykh, *à cheval*, passe au pas sur eux tous. Il y a toujours quelques pieux patients qui ont de la peine à se relever, ou qui ne peuvent plus se relever; mais on dit alors que c'est la grâce de Dieu, une sainte extase qui les pénètre, les absorbe, les agite ou les stupéfie. Gardez-vous bien de dire que l'extase prétendue est dans une côte cassée, une violente contusion, etc., vous auriez tort. La puissance du saint à la fête duquel s'opère cette cérémonie empêche que jamais malheur arrive, et il n'en arrive jamais, ce qui est, disent les musulmans, une preuve de la divinité et de la supériorité de leur religion. Ce sont des miracles que tous les ans, à jour et heure fixe, Dieu fait et doit faire pour démontrer, au moins quelques fois l'an, la *vérité* de l'islamisme. Tous les ulémas vous répètent cela avec l'air le plus pénétré du monde; mais dites-leur, et je le leur ai dit vingt fois, de se mettre sous la *patte* du cheval officiant dans cette sainte cérémonie, pas un n'en veut entendre parler; ils craignent pour leurs côtes. Quant aux patients qui restent à terre, on les enlève vite, et il n'en est plus question. Voy. *Mœurs et coutumes des Égyptienms odernes*, de M. Lane, en anglais. (P.)

NOTE 62. PAGE 492.

Le *para*, comme nous l'avons déjà dit à la note 41, est appelé en langage vulgaire *nouss*, c'est-à-dire *demi*. Cette dénomination se rapporte à l'invention d'une petite monnaie qui pesait primitivement une *demi*-drachme d'argent, et qui fut frappée pour la première fois par Mouéïed, sultan d'Égypte; et de là, par altération du nom de ce prince, on appela cette monnaie *méydy*. On continua à la frapper; mais peu à peu elle perdit ou on lui fit perdre de son poids, et sa valeur se réduisit à presque rien; en sorte qu'il n'en est pour ainsi dire plus resté que le nom et une sorte de vieille monnaie, mince comme une pelure d'oignon, de la valeur d'un *para*. (S. P.)

NOTE 63. PAGE 497.

Damyreh est le nom de deux petits villages dans la province du Gharbyeh; l'une est le petit Damyreh, l'autre le grand Damyreh. Le cheykh connu sous le nom de Damiry est l'auteur d'un ouvrage de zoologie. (P.)

NOTE 64. PAGE 509.

Le seau de son puits se déchira. Cette expression figurée repose sur la manière dont on fait les seaux au Soudan et en Égypte. Chaque seau est un morceau de cuir solide, carré long, dont les deux bouts et un des deux bords sont cousus. Un bâton attaché en travers sur l'ouverture sert à saisir le seau. (P.)

NOTE 65. PAGE 515.

Les quelques lignes renfermées entre deux parenthèses sont une note que j'ai reçue verbalement du cheykh El-Tounsy. Elle m'explique pourquoi je n'ai pas trouvé dans les cartes géographiques que j'avais à ma disposition le nom des Toubou-Turkmân. Ils ne se sont jamais ou presque jamais présentés aux voyageurs. — Le désir de prendre leur talion sur Ahmed fut la cause occasionnelle qui les amena sur le passage de la caravane. (P.)

NOTE 66. PAGE 522.

Les saàdyeh et les rifâyeh sont deux corporations qui existent encore actuellement en Égypte. Ce sont des sortes de psylles se donnant comme sorciers et magiciens, maniant impunément serpents, vipères, scorpions, avalant vifs ces reptiles et insectes, avalant aussi des clous, du verre, etc., le tout par la grâce et protection du chef dont ils sont les adeptes dévoués et confiants, les uns consacrés au cheykh Saàd-ed-Dyn, leur patron, les autres au cheykh Rifâah, aussi patron. Au Caire, on a plus de confiance dans les saàdyeh; à leurs cérémonies religieuses, ils battent d'un petit tambourin qui a la forme du daraboukkah.

Les tchaouich et les dalatlyeh précédaient les princes en public, et battaient alors de petits tambourins comme on en voit encore en Égypte dans presque toutes les fêtes et réjouissances publiques et particulières. L'usage de battre du tambourin devant les princes fut aboli en Égypte par Mohammed-Aly-Pacha, lors de la création du *nizâm* ou des troupes régulières. (S. P.)

NOTE 67. PAGE 524.

Il y a une vingtaine d'années, les *milâyeh* (*voy.* notes du *Voyage au Dârfour*) étaient importés de Basrah en Égypte, sous le nom de milâyeh du Hedjâz. Ceux qu'on fabrique maintenant en Égypte, à Bacyoûn, sont de qualité bien supérieure, et se vendent de 60 à 70 piastres. Ceux de Basrah ne valent que 30 à 40 piastres.

(S. P.)

NOTE 68. PAGE 534.

Les *keloûd* sont des peaux de chèvres ou de moutons, tannées et teintes en rouge. Nous avons vu ailleurs comment, au moyen d'une substance végétale, se préparent ces cuirs colorés. Ils servent au Dârfour, au Ouadây, etc., à faire surtout des *houroûz*, étuis cylindriques, ou bien enveloppes plates triangulaires, bien fermés et cousus, dans lesquels sont placés des talismans préservatifs, c'est-à-dire des bouts de papier sur lesquels on a écrit des paroles du Coran.

Les houroûz se portent, sur la chair, jusqu'au nombre de sept ou huit, au-dessus du coude droit et au col; ils servent de talismans et de parure pour les jeunes gens surtout. Le jeune homme qui en a sept ou huit au bras droit, plus un couteau dans sa gaîne en cuir rouge au-dessus du coude gauche, relève avec fierté et d'un air résolu les larges manches de sa blouse. Le cheykh El-Tounsy, l'auteur de ce Voyage, portait toujours huit houroûz à droite et un couteau à gauche, et, à ce qu'il m'a dit, il était, en raison de cela et de sa personne avenante, parfaitement bien venu auprès du beau sexe.

Les houroûz s'attachent au bras par de jolies cordelles faites de minces lanières de keloûd.

Le keloûd se colore en noir en mettant un peu de terre sur la surface rouge, et en la frottant alors quelques instants sur un fer de lance ou une simple tige de fer. Par le frottement seul, sans mettre de terre, la couleur rouge passe également au noir, mais beaucoup plus lentement. Le keloûd noirci sert principalement à fermer les deux extrémités des houroûz cylindriques.

Ce sont des keloûd rouges qu'enleva en grand nombre la princesse touboue, et il fallait consentir à les lui donner sans la moindre opposition; car tous les Toubou, sans exception, sont d'une exigence égale à leur vigueur, à leur audace, à leur opi-

niâtreté. Ils sont d'une légèreté et d'une vitesse extraordinaire. Leur habileté à manier le chameau à la course, à sauter dessus, même quand l'animal est au galop, a quelque chose de merveilleux.
(S. P.)

NOTE 69. PAGE 546.

Il y a plusieurs années, les pèlerins du Maghreb, au nombre de plus de dix mille par an, allaient en pèlerinage par le désert. Aujourd'hui le nombre est extrêmement diminué, et même, depuis deux ans (1844 et 1845), on n'a presque pas vu, au Caire, de pèlerin des régences de Tripoli et de Tunis. Ceux des autres États barbaresques ou des Arabes voisins de ces États, se rendent tous en Égypte par mer, pour aller de là à la Mekke. Cette habitude s'est établie depuis le règne de Soleymân, sultan du Maroc et prédécesseur du sultan actuel Abd-er-Rahman.

J'ajouterai à ces quelques mots reçus oralement du cheykh El-Tounsy, quelques renseignements qu'il m'a donnés, aussi de vive voix, sur le sultan Soleymân et sur son prédécesseur.

Le sultan Mohammed, qui régnait au Maroc il y a une soixantaine d'années au moins, laissa le trône à son fils Yézyd. Mohammed consacra des sommes immenses au rachat des prisonniers musulmans enlevés par les Maltais sur les différents points du rivage nord de l'Afrique, car avant que les Maltais fussent soumis à la France, puis à l'Angleterre, ils faisaient souvent de ces captures, et à quelques conditions que ce fût, il était impossible aux gouverneurs ou pachas moghrébins de délivrer les prisonniers. A force de manœuvres parlementaires, de supplications, de discussions, de propositions, de dépenses, le sultan Mohammed réussit à en obtenir le rachat.

Yézyd fut à peine maître du pouvoir impérial au Maroc, qu'il leva des troupes, passa en Espagne, et, par la force des armes, s'avança assez loin dans la péninsule. Vainqueur des Espagnols en plusieurs rencontres, il les tenait en échec, menaçait presque d'une conquête définitive le midi de l'Espagne, lorsque, faisant sa prière, il fut assassiné par un musulman, qui le frappa d'un coup de lance. L'armée marocaine, privée de son chef, repassa en Afrique.

Les fils des sultans précédents, voyant le trône vacant, prétendirent tous, chacun pour soi, au pouvoir souverain. Les désordres, l'inquiétude, les menaces de guerre civile s'annoncèrent de toutes parts. La population du Maroc, afin de prévenir les conséquences désastreuses d'un bouleversement général, déclara qu'elle n'accepterait pour sultan que celui des princes prétendants qui n'aspirait point au sultanat. On voulait indiquer par là Soleymân, qui était en grand renom de piété et de science religieuse. On lui offrit la souveraineté; il la refusa.

Peu après, des habitants des campagnes se rassemblèrent et allèrent lui présenter un placet au moment où il terminait une leçon à la mosquée de Karaouyn, à Fâs (Fez); car déjà, depuis longtemps, Soleymân faisait un cours de jurisprudence et expliquait le Coran; même après son élévation au sultanat, il continua cet enseignement pendant quelques années. Le placet remis à Soleymân contenait les questions suivantes :

« Que penses-tu de gens qui, voyant leur chef mort, disent presque tous : « Je veux être roi ; c'est moi qui gouvernerai? » Si tant de prétentions rivales s'agitent et se heurtent ainsi pendant quelque temps, la guerre civile va s'allumer et l'État est perdu. Parmi ces gens il est un homme de piété, de sagesse, de simplicité, de modération, de caractère, de science ; si celui-là est roi, toutes les discusions et les rivalités se taisent, les discordes intestines sont prévenues, l'État est sauvé. Eh bien! cet homme, le pays l'appelle au trône ; on le demande pour souverain, et il refuse. D'après la loi, est-il permis de forcer la volonté de cet homme, de l'obliger à accepter la souveraineté? Est-ce permis, oui ou non? Et si les sollicitations, les prières ne peuvent fléchir sa volonté, s'il résiste à tout, même à la violence, est-il permis, d'après la loi, de le tuer? Est-ce permis, oui ou non? Réponds-nous. »

Soleymân lit le placet, et, ignorant ou feignant d'ignorer à quel dénoûment marchait cette affaire, il répond de suite, avec calme et gravité : « Cet homme, il faut le forcer. — Et s'il refuse? — Il faut le tuer. — Écris-nous cette réponse au-dessous de notre consultation et mets-y ton cachet. » Soleymân écrit, appose son cachet, et rend la pièce à celui qui la lui avait présentée. L'homme la prend, la plie, la glisse dans son sein sous son vêtement, et portant la main sur le bras de Soleymân, qu'il attire légèrement à lui : « Fais-nous le plaisir de venir avec nous, dit-il au prince; suis-nous. — Où me conduisez-vous? — Au trône. — Au trône! Je ne puis pas accepter cet honneur. — Comment! — Je suis ici consacré tout entier à l'étude, à la science; ces occupations me plaisent, me rendent heureux... — Mais... — Je ne conviens pas au trône. — Laisse ces détours inutiles. De deux choses l'une : ou sultan, ou tué; choisis. Toi-même tu as prononcé le jugement. » Et on entoure Soleymân, on l'emmène et on le proclame sultan.

A peine est-il au pouvoir, que toutes les rivalités et les prétentions disparaissent. Il impose le respect et la crainte par sa justice, son activité, son amour pour la religion, son attention et sa fermeté dans le maniement des intérêts de l'État, sa sollicitude pour le bien-être de ses sujets.

Soleymân s'établit trois résidences impériales, une à Miknâceh, une à Arâych et une à Mourrâkech (Maroc); mais le plus souvent il résidait à Miknâceh (Mékinez).

Soleymân, en vieillissant, songea à assurer l'avenir de ses enfants, et ce souci, porté au degré d'un amour paternel trop égoïste, lui suggéra la pensée de thésauriser pour toute sa famille. Il oublia qu'il était roi; il ne fit plus que se constituer en quelque sorte le pourvoyeur de la fortune de ses fils. Il avait vu Sélâmeh, le fils du sultan Yézyd, réduit à la misère, et il voulut mettre ses enfants à l'abri d'une pareille destinée. Sélâmeh passa les dernières années de sa vie en Égypte, mendiant à la porte des grands les secours de leur charité. Soit de gré, soit pour céder par une sorte de compassion aux demandes que faisait Sélâmeh de façon un peu aigre, ceux à qui il s'adressait faisaient l'aumône à ce sultan déchu, encore trop fier dans sa détresse. Sélâmeh mourut misérablement au Caire, il y a plusieurs années. Le cheykh El-Tounsy, après son retour de Morée avec les troupes égyptiennes, a vu ce prince marocain au Caire, en 1244 de l'hégire (1828-29 de notre ère).

Soleymân connut la fin de Sélâmeh, et s'efforça, dis-je, de préparer à ses enfants de quoi échapper à toute chance qui pût les exposer au besoin, les forcer de vivre aux dépens du hasard et de la commisération des hommes, toujours trop incertaine et trop capricieuse. Il thésaurisa. Les droits d'arrivages, de douanes, pour les provenances commerciales par mer, montaient à 2 1/2 pour 100; il éleva ces droits à 10 pour 100. Les Cabyles ou Berbères des montagnes payaient annuellement une demi-colonnate par tête, comme capitation, au gouvernement du Maroc, et cet impôt était perçu tous les ans par un envoyé du sultan marocain. Soleymân éleva cette capitation à deux colonnates. Les Berbères refusèrent de payer, et jurèrent qu'ils ne livreraient ni les deux douros, ni le demi-douro, l'ancienne capitation. De là une guerre.

Soleymân envoya son fils Ibrahim, à la tête de troupes considérables, contre les Cabyles. On en vint aux mains; Ibrahim fu battu et tué; les bagages et les armes des vaincus restèrent en butin aux Berbères. Le sultan rassembla de nouvelles troupes, en prit le commandement et marcha contre les rebelles. Soleymâ fut battu complétement et fut forcé de s'enfuir, accompagné de quelques affidés seulement.

Il recueillit les débris de son armée et reprit le chemin de la capitale; mais toutes les villes, toutes les localités qui se sentirent quelque force lui barrèrent le passage ou lui fermèrent leurs portes, et il fut obligé de soumettre le pays pièce à pièce. Il eut à lutter contre des résistances sans cesse renaissantes. Ceux qu'il réduisait aujourd'hui à l'obéissance, demain renouvelaient la révolte pendant qu'il en forçait d'autres à recevoir ses ordres, qui, là encore, ne devaient être respectés qu'un jour. Soleymân recruta ses troupes de tous ceux qu'il pouvait attirer dans son parti ; il les maintenait sous les armes par menaces, ou par rigueur, ou par largesses. Pendant trois ans il ne cessa de manœuvrer, dans ses États, contre ces fluctuations et ces mouvements perpétuels de la révolte. Cet orage, qui se promenait dans tout l'empire marocain, semblait ne pas vouloir s'éteindre.

Les chefs de la religion, les ulémas se concertèrent pour aviser aux moyens de conjurer la tempête. Ils écrivirent à Soleymân :... « L'état actuel des choses ne peut durer davantage. Tu ensanglantes et ruines le pays. Depuis trois ans que la guerre nous épuise, nous sommes las. Depuis trois ans, les campagnes désolées restent sans culture, et la disette, la famine va bientôt nous envahir avec tout ce qu'elle apporte de souffrances et d'horreurs. Tu ne peux plus gouverner ; abdique, renonce au pouvoir ; il le faut. »

Soleymân abdiqua, et on s'accorda à porter au trône le sultan actuel Abd-el-Rahman, cousin de Soleymân. (Ces détails m'ont été racontés par le cheykh El-Tounsy, le 16 novembre 1844.) (P.)

NOTE 70. PAGE 548.

« Aussi rare que le griffon d'Occident. » Cette comparaison repose sur la croyance arabe au sujet de l'existence, à une époque indéterminée de l'antiquité, de deux êtres fantastiques appelés *ancâ* ou griffons. L'un se trouvait en Orient, l'autre en Occident. Géants énormes, ils avaient la forme humaine avec des ailes proportionnées à la masse et à la hauteur de leur corps. Ils s'enlevaient dans les airs à des distances prodigieuses, incalculables. Ils emportaient alors sans effort ni fatigue des éléphants, dont ils faisaient leurs repas, dans les espaces qui séparent la terre du ciel.

(S. P.)

NOTE 71. PAGE 562.

Les traditions attribuées aux compagnons du saint Envoyé de la Mekke, ont conservé l'anecdote que voici comme modèle de ponctualité consciencieuse.

Un homme emprunta 100 dinârs ou pièces d'or pour une spéculation commerciale qu'il voulait faire dans un lieu qu'il désigna. Il s'était engagé à rembourser son emprunt à une époque fixée, mois et jour..

Il part, traverse le fleuve voisin et arrive bientôt à sa destination. Ses affaires terminées, il s'en retourne. Parvenu près du fleuve, il ne trouve pas de barque pour le traverser. Il attend, il patiente plusieurs jours, mais en vain. L'échéance de sa dette approche;... il est au dernier jour. Tourmenté, inquiet, désolé d'être forcé de manquer à sa promesse, de ne pouvoir arriver chez lui quand il n'a plus que le fleuve qui l'en sépare, il imagine de prendre un bâton de bois ou un jonc, de le vider en tube et d'en faire un moyen d'envoi. Il prépare cet appareil, compte 100 dinârs, et les place dans le tube avec un billet ainsi conçu :

« A mon très-honoré ami..... (un tel).

» Depuis plusieurs jours je ne puis avoir une barque pour traverser le fleuve; aujourd'hui est l'échéance de ma dette envers toi. Ne sachant comment faire pour m'acquitter sans retard et selon ma promesse, je place les 100 dinârs que je te dois dans ce tube de bois et je les confie aux eaux du fleuve. Je prie Dieu de te faire arriver cette embarcation, je la mets sous sa sainte garde. La bonté divine ne manque jamais à qui se repose sur elle. »

Ensuite notre homme fait ses ablutions, puis sa prière, et ajoute : « Mon Dieu, je te confie ces pièces d'or; c'est le bien d'un tel. Dirige-les jusqu'à lui. » Et il met l'envoi à flot. La destinée voulut que le créancier eût l'idée d'aller du côté du fleuve et de voir si le débiteur arrivait. Il s'assied près de la rive et y passe une partie du jour. Vers le soir, le bâton atteint le rivage et touche terre près du créancier. Celui-ci le repousse machinalement ; le bâton revient se présenter au rivage. Notre homme le prend, l'examine, et s'aperçoit que le bâton est cacheté et scellé à l'extrémité. Il brise le cachet, secoue le bâton, et voilà que s'en échappent des dinârs et un papier. Notre curieux, tout stupéfait, ouvre et lit le papier : c'était une lettre du débiteur qu'il attendait. Le créancier compte les dinârs, et trouve juste la somme qui lui était due. Il la met en poche et retourne chez lui.

Quelques jours après le débiteur revient. Il se reprochait d'avoir hasardé la somme qu'il avait expédiée par les flots. « Je voudrais bien savoir, se disait-il, si mes dinârs sont arrivés ou non à leur destination. » Et il n'osait aller en parler à son créancier. Il se décide à prendre d'autres dinârs et à aller acquitter sa dette. Il entre chez son homme, s'excuse du retard qu'il a mis à payer sa créance, expose et jure par serment qu'il n'a pu trouver de barque et par conséquent venir solder sa dette au jour promis. Ensuite il compte les dinârs et les livre à son homme. Celui-ci écoutait d'un air tranquille les excuses, les serments, tout le récit ; mais il s'étonnait de voir qu'il ne fût pas question de l'envoi par eau. Le créancier reçut l'argent sans mot dire.

Le débiteur se dispose à se lever et à sortir. « Mais, lui dit le créancier, tu n'as donc pu m'envoyer cet argent par personne ? — Mon Dieu non ! — Tu n'avais pas quelque moyen... quelque ?... — Écoute, j'ai employé le moyen que voici : Quand je vis approcher le jour de l'échéance de ma dette, je cherchai une barque pour passer le fleuve ; je n'en trouvai pas. J'imaginai alors de prendre un jonc ou un bâton, de le vider en tube, et de placer dans l'intérieur les dinârs que je te devais. Je t'écrivis mes excuses en quelques mots ; j'introduisis la lettre et l'or dans le tube ; je confiai le tout à la garde de Dieu et j'abandonnai mon envoi au gré des flots, dans l'espoir qu'il t'arriverait. A mon retour, ne sachant pas si mon embarcation avait eu bonne traversée, je n'osai pas t'en parler. Je ne vis rien de mieux à faire que de t'apporter, sans nulle information, le montant de ma dette; et c'est ce que j'ai fait.—Tout a réussi selon tes vœux. Ton expédition m'est parvenue au terme fixé. J'étais allé, le jour de l'échéance, sur la rive du fleuve. J'attendais ton retour ou au moins l'arrivée de quelque messager de ta part. Je patientai jusqu'au soir. Je désespérais de te voir ou de recevoir de tes nouvelles. Je pensais à rentrer chez moi, lorsque tout à coup je remarque un bâton flottant à la merci des vagues. Il est d'abord conduit vers moi; je le repousse; il revient; alors je le prends. Il me paraît pesant. J'examine, et je vois qu'il est cacheté et scellé. Je brise le cachet, je secoue le bâton, les dinârs tombent et avec eux un papier. Je lis; il était de ta main. Je rends grâce à Dieu, je garde les dinârs, et tout émerveillé je regagne le logis. Tiens, mon ami, voilà les dinârs que tu viens de me compter; que le ciel te comble de bénédictions et te fasse fructifier cet or. »

Le débiteur reçut les dinârs, remercia son créancier et partit content. Une amitié sincère et profonde unit pour toujours ces deux hommes.

Qui dirige ses actes avec conscience et en vue de Dieu, qui remet au Seigneur le soin de ses espérances, n'est jamais déçu. La Providence ne trompe point celui qui s'abandonne à elle; j'en donnerai encore un exemple.

Un homme avait projeté et décidé un voyage. La femme de cet homme était enceinte. Au jour du départ il fait ses ablutions, sa prière, et termine en adressant à Dieu ces mots : « Mon Dieu, je confie à ta sainte protection le fruit que ma femme porte dans son sein. Qui est sous ta protection ne périclite pas. »

L'homme partit. Dieu permit que la femme de son serviteur mourût. Le voyageur, par des circonstances imprévues, prolongea son absence beaucoup plus qu'il ne l'avait présumé d'abord.

A son retour, il trouve sa demeure fermée, abandonnée. Il demande où est sa femme. On lui apprend qu'elle n'existe plus. Il soupire, il s'afflige. Quand sa première douleur fut un peu calmée, il voulut aller visiter le tombeau de sa femme et y lire quelques chapitres du Coran comme pratique de rédemption.

Il se rend auprès du tombeau, s'assied et fait sa pieuse lecture. Il entend un bruit léger, une sorte de bruit de mouvement se produire sous le tertre funéraire. Il écoute, il approche l'oreille d'une ouverture qu'il aperçoit, et s'assure que le bruit qu'il a entendu sort réellement du tombeau (1). Il enlève la terre du tumulus, en débarrasse les pierres latérales, ouvre la tombe... Il aperçoit un jeune enfant qui se mouvait çà et là, puis se rapprochait de sa mère étendue sur le sol. Et la mère, Dieu lui avait ressuscité la moitié du corps dans toute sa longueur : une main, un pied, un œil, un sein; l'enfant tettait la mamelle revivifiée, et la mamelle lui fournissait le lait dont il avait besoin.

L'homme reconnut la femme pour sa femme, et le nourrisson pour son fils. Il prit l'enfant; aussitôt la moitié vivante de la mère mourut. Et le malheureux père entendit une voix miraculeuse lui dire : « Tu as mis ton fils sous ma sauvegarde; je te l'ai gardé, et je te le rends. Si tu m'avais aussi confié ta femme, je te l'aurais gardée. » Le mari s'en alla emportant son fils et admirant la grandeur du miracle, mais désolé d'avoir oublié de recommander sa femme... Oui, Dieu est tout-puissant!

Mais, je le rappelle, la pureté de conscience, l'amour de la vé-

(1) Les tombeaux sont toujours des fosses recouvertes d'une sorte de voûte plus ou moins solide, et qui en peu de temps se perce de trous ou de crevasses; par ces ouvertures on peut facilement apercevoir les cadavres inhumés. Quiconque a voyagé en Égypte a vu peu de tombeaux qui ne soient dégradés, dont la voûte ne soit pas au moins lézardée. Le plus souvent les tombeaux, d'ailleurs peu élevés au-dessus du sol, sont enduits en dehors d'une couche de terre délayée ou de boue qui, en séchant, forme un mortier ou crépissage assez friable. Des *midjdâl* ou sortes de pierres de taille forment un carré long à deux ou trois petites assises bâties sur la voûte, qui est souvent composée de pierres longues arc-boutant entre elles.

rité, là est la nef du salut, le rempart contre le malheur. Bénédiction de Dieu sur Haryry, qui a dit ces vers :

« La conscience ! la vérité ! dût-il t'en coûter le supplice du feu promis aux coupables.
» Aie la crainte de Dieu; le malheur, c'est de déplaire à Dieu pour plaire aux hommes. »

Et sachez, une fois pour toutes, que les prophètes furent hommes de conscience et de vérité dans tout ce qu'ils ont révélé; sachez qu'ils n'ont pu mentir. Sachez aussi que les saints sont à l'abri de la fourbe et de l'imposture, car c'est Dieu qui les inspire et les possède. De là la vérité de la maxime reçue par les traditions sacrées : « Le saint qui mentirait perdrait toute sa puissance de sainteté, sa vertu de miracles. » Nul défaut, nul vice même, rien autre enfin que l'imposture n'exclut et ne détruit la sainteté ou vertu de bénédictions et de miracles; il n'y a, il n'y a, vous dis-je, que l'imposture qui le puisse.

(Les musulmans attachent au nom de *Saint* une tout autre signification que les chrétiens. Pour eux, un saint est un homme qui, rempli par une émanation divine, a la vertu des œuvres merveilleuses, a le pouvoir de guérir par signes ou par paroles, d'opérer des miracles au moment où l'on s'y attend le moins, de prédire aux hommes ce qui les attend de près ou de loin, de deviner les pensées des autres, d'expliquer les songes, de savoir ce qui se passe à distance, etc. Le Saint, possédé par un *esprit* qu'il n'aperçoit pas, mû par une puissance qui dépasse toutes les puissances ordinaires des hommes, animé par un enthousiasme intermittent ou continu, articule souvent des paroles décousues, énigmatiques. Souvent aussi l'influence qui les domine les tient dans un état permanent d'idiotisme, d'imbécillité. Les vices de conformation sont encore ordinairement des signes de sainteté, c'est-à-dire d'influence privilégiée de l'*Esprit* surnaturel.

Ces idées, heureusement répandues chez des peuples encore enfants ou sauvages, sont la sauvegarde des aliénés, des idiots, des malheureux frappés d'imbécillité, de difformités corporelles. Mais, d'autre part, beaucoup d'individus jouent l'idiotisme, l'inspiration, c'est-à-dire la sainteté, comme métier et spéculation; car, en Orient, être Saint est une industrie à laquelle la crédulité générale paye facilement un revenu perpétuel. Qui ne connaît, au Caire, l'idiot Abd-el-Ouahâb, sale, repoussant, à crâne gros comme les deux poings, teigneux? Constamment, en pleine rue, des femmes viennent recevoir ses *touchers* comme moyens de bénédiction, comme grâce pour devenir mères. Un attouchement d'Abd-el-Ouahâb sur la figure des femmes et partout ailleurs, attouchement souvent rendu par les femmes à Abd-el-Ouahâb, attire toutes les grâces du ciel.) (P.)

El-Charâny raconte dans son livre *Des degrés des Saints et de leur puissance d'actions*, le fait étonnant que voici : Un ouâly d'Égypte fit saisir un coupable et le condamna à mort. Le coupable s'échappa des mains de ses gardes et courut se réfugier auprès d'un Saint cheykh, dans une chapelle ou petite mosquée. Le Saint était vannier, il faisait des paniers, des corbeilles en folioles de dattier. Le fugitif se présente au cheykh. « Saint homme, lui dit-il tout agité, je me mets sous la protection de Dieu et sous la tienne. Je fuis ceux qui veulent me tuer. »

Or, il y avait près du Saint un tas de folioles de dattier. « Ne crains rien, mon ami, dit le cheykh; glisse-toi sous ces folioles et reste là bien caché. » L'homme se blottit, s'ensevelit sous les folioles. Arrivent ceux qui le poursuivent, les gens du ouâly. « Brave cheykh, disent-ils, un individu est entré ici à l'instant même. Il nous a échappé. Montre-nous où il est. — Il est là, sous ces folioles. » Les alguazils cherchent, mais Dieu leur trouble la vue, les aveugle, grâce à la vertu de bénédiction du cheykh consciencieux qui leur a dit la vérité. Les perquisiteurs ne voient pas leur homme. « Nous sommes bien fous, se disent-ils entre eux. Nous nous fatiguons à chercher un homme là où il n'y aurait pas de quoi cacher un chat. Cet imbécille, cet idiot de cheykh s'est moqué de nous et nous fait perdre notre temps et notre peine. En vérité nous sommes bien simples de le croire. » Et ils sortent.

Le pauvre condamné mourait, Dieu le sait! mourait de peur sous les feuilles de dattier, lorsqu'il entendit le cheykh dire aux agents du ouâly : « Il est là, sous ces folioles. » Après ce miracle, qui aveugla ainsi les chercheurs et sauva le coupable, notre homme se rassura, et lorsque furent disparus ceux qui le cherchaient, il dit au Saint : « Mon brave cheykh, m'étais-je réfugié ici pour que tu voulusses bien me cacher, ou pour que tu misses ces gens-là sur ma trace? — Mon fils, répond le cheykh, ce qui t'a sauvé, c'est que j'ai dit la vérité. Sans la vérité, Dieu te laissait prendre. »

Et voyez comment Dieu loue dans son Saint Livre les cœurs purs et sincères, lorsqu'il dit, en parlant des ansârs de Médine, ces généreux défenseurs du Prophète dans les premiers dangers qui menacèrent l'islamisme naissant : « Ce sont des hommes qui ont été rigoureusement fidèles à ce qu'ils avaient promis. Les uns ont achevé leur carrière, les autres attendent encore le terme de leurs jours ; mais pas un n'a changé, pas un n'a manqué à sa parole. » Un poëte a heureusement introduit les premiers mots de ce passage du coran à la fin des deux vers que voici :

« Oui, mon cœur, mon âme, tout mon être est dévoué à ces hommes aux mains desquels je me suis confié.
» Ils m'avaient promis de ne jamais m'oublier, de me voir partout, et ils ont été fidèles à ce qu'ils m'avaient promis au nom de Dieu. » (S.)

NOTE 72. PAGE 563.

Loubed est le dernier des aigles du sage Locmân. Ce Locmân, l'Ésope, l'Esculape et le Socrate des musulmans, et dont le 31ᵉ chapitre du Coran a le nom pour titre, était, disent-ils, un prophète à qui Dieu accorda de vivre autant que plusieurs aigles. Le dernier de ces aigles est Loubed, qui vécut une série de siècles ; quand il mourut, Locmân mourut. Loubed est pris comme terme de comparaison pour les désignations de longues durées, comme nous prenons parfois, en langage vulgaire, l'exemple de Mathusalem. (P.)

NOTE 73. PAGE 579.

Des cinq prières journalières des musulmans, les unes doivent se dire à haute voix, les autres à voix basse. La prière de l'aube se dit à haute voix ou à voix basse, à discrétion. Celle de midi et celle de l'après-midi doivent se réciter à voix basse. Celle du coucher du soleil et celle de l'*eché*, ou une heure et demie après le coucher du soleil, doivent s'articuler à haute voix. C'est à ces diverses circonstances, qui toutes sont de rigoureuse obligation, que le texte ici fait allusion par ces mots : « Nos prières à voix haute, ou basse. » (P.)

NOTE 74. PAGE 579.

L'auteur identifie le *sabârés* et le *syr*. Mais cette indication ne me paraît pas juste, car le syr de mer est le joël ou *atherina hepsetus*, petit poisson presque diaphane, et le syr d'Égypte, ou comme on l'appelle dans le vulgaire, le *biçârieh*, est une mœnide ou ménole. Voyez *Traduction d'Abd-el-Latyf*, par Sylvestre de Sacy, notes du chapitre IV. (P.)

NOTE 75. PAGE 588.

Les *khammâceh*, ou *mercenaires à cinquième*, sont ceux dont les gages ou le salaire sont le cinquième du produit donné par leur travail. Ce que ces mercenaires reçoivent pendant la durée de leurs travaux, est ensuite déduit, par estimation, de ce qui leur revient comme salaire. (S. P.)

NOTE 76. PAGE 597.

J'ignore quelle est la valeur monumentale, la valeur artistique de la construction, des décorations et ornements de la chapelle et du tombeau ou mausolée de saint *Abd-Allah*; mais je doute très-fort que cette valeur soit telle que nous l'indiquent les expressions admiratives de notre auteur; car les Arabes, actuellement surtout, n'ont aucun goût dans les beaux-arts, aucun sentiment de l'harmonie des couleurs et de l'ornementation, aucune idée de ce que nous appelons le beau dans les œuvres d'architecture, de peinture, de sculpture. Le voisinage des couleurs les plus heurtées est pour eux l'agencement le plus exquis, le plus ingénieux, parce qu'il frappe et surprend le plus rudement les yeux. La finesse et la délicatesse des nuances sont pour eux chose inaperçue. Il faut du fracas, en fait de couleurs comme dans les fêtes, pour les intéresser; ce sont des enfants. Qu'on voie comment ils parent aujourd'hui leurs mosquées, de grandes bandes blanches de badigeon à la chaux, alternées avec des bandes rouge de brique grossier, également larges, ou bien de grands carrés blancs alternés avec des carrés rouge briqueté, sombres et ternes.

Ce genre d'ornement appliqué aussi aux maisons, le plus souvent à l'extérieur, est, pour un œil arabe, d'un effet magnifique, étonnant. Des minarets du Caire, aujourd'hui, sont blanchis à la chaux, du haut jusques en bas; ce sont de grands fantômes sinistres, pâles; et les Arabes, ulémas et peuple, de s'écrier dans leur admiration : « Y a-t-il d'aussi belles choses que cela en Europe? » (P.)

NOTE 77. PAGE 606.

Pendant le Ramadan ou mois de jeûne, et dans tous les jeûnes que s'imposent volontairement les musulmans, on ne doit manger que pendant la nuit, depuis le coucher du soleil; on mange alors autant que l'on veut ou que l'on peut; mais au matin, dès qu'il y a assez de lumière pour distinguer un fil blanc d'un fil noir, on doit avoir fini de boire et de manger. Pour ne pas être surpris par l'heure, on fait le *sahr* ou repas du matin vers deux heures avant le lever du soleil.

NOTE 78. PAGE 607.

Le chapitre appelé *Yâ syn* dans le Coran, est le trente-sixième. Il porte ce nom parce que ses deux premières lettres sont un *yâ* et un *syn*, écrites isolées. Beaucoup d'autres chapitres du Livre sacré de l'islamisme commencent par des lettres ainsi séparées, sortes de sigles dont Dieu seul, disent les musulmans, connaît le sens. Le chapitre *Yâ syn* est le premier de la quatrième division du Coran; car les musulmans divisent leur Livre en quatre parties : la première comprend les cinq premiers chapitres, c'est-à-dire celui de *La Vache* et les quatre suivants; la deuxième renferme les chapitres suivants jusqu'à environ la moitié du chapitre de *La Grotte*; la troisième renferme les chapitres au delà, jusqu'au chapitre de *Yâ syn* exclusivement; enfin la quatrième partie, ou le quatrième quart, commence par le chapitre *Yâ syn* et comprend le reste du livre.

On divise encore le Coran en trente parties écrites séparément; et lorsqu'on a à le réciter comme prière de miséricorde pour un mort, on distribue une ou deux de ces trente parties à chaque assistant, qui alors se met à réciter son lot; de cette façon, l'on expédie vite la lecture du livre. Le Coran ainsi divisé se désigne par le nom de *Rabàh*. Quant au chapitre *Yâ syn*, il y a une quantité considérable de grâces et de bénédictions attachées à sa lecture. *Voy.* la note mise à ce chapitre, traduction de Savary; Paris, 1829.

(P.)

NOTE 79. PAGE 619.

Combien de fois les torrents, pendant la nuit, ont apporté le malheur, la mort! En voici un exemple cité presque partout :

Un vizir était à la chasse; il aperçoit une troupe de gazelles. Il se met à les poursuivre et s'enfonce au loin dans les plaines. Il arrive à une épaisse forêt. Il était à cheval. En courant il se voit tout à coup serré au milieu des arbres, il va de son genou en heurter un contre lequel il va passer. Pour éviter le choc, il dégage le pied de l'étrier, lève la jambe, passe sans heurter, et abaisse aussitôt le pied pour le replacer dans l'étrier. Mais par hasard alors l'étrier est jeté contre l'arbre et l'embrasse; ensuite, tiré avec violence par la rapidité et la force d'élan du cheval, il revient par un ricochet subit et violent, frappe sur un orteil du vizir et le blesse.

Après la chasse, le vizir s'en retourne chez lui. Il néglige de soigner sa plaie; elle s'envenime, se gangrène; la jambe se gonfle et perd tout mouvement. Le sultan, informé de l'état de son vizir, lui envoie des médecins. On visite le malade, et d'un commun accord on décide qu'il faut amputer la jambe, comme seul moyen de sauver les jours du blessé. Le vizir se soumet à l'opération et est amputé. On le traite ensuite; et il rendait grâce à Dieu : « Je remercie le Ciel, disait-il; j'ai perdu un membre, mais, après tout, je n'en ai perdu qu'un. »

Le jour que l'opération fut faite, ou le lendemain, un malheureux aveugle se présente au sultan et implore sa générosité. « Comment as-tu perdu la vue? dit le sultan; est-ce par accident, ou bien es tu aveugle-né? — Par accident, dit l'étranger, et j'étais déjà avancé en âge quand ce malheur me frappa. — Comment cela t'est-il donc arrivé? — Prince, j'étais marchand et j'avais quelques richesses; je vivais dans l'aisance. Je me dégoûtai du séjour de Basrah, et je résolus d'aller me fixer dans une autre ville. Je réalisai ce que j'avais de fortune en circulation, en marchandises; je pris ma femme, mes enfants, tout ce que je possédais, et je partis avec une caravane qui se rendait à Bagdad.

» Une nuit, nous étions descendus et arrêtés dans une vallée assez basse; nous étions là tranquilles. Vers minuit, à cette heure où tout dort, un torrent se précipite sur nous. Tout à coup des cris retentissent dans la caravane, et de vingt côtés j'entends ces mots : « Sauve qui peut! » Je me lève épouvanté, troublé ; le torrent entraînait ma famille et mes richesses.

» J'avais deux fils en bas âge. Je prends le plus jeune, je l'emporte à la hâte, et vais le déposer sur une petite hauteur voisine. Je reviens, je saisis mon autre fils, et je le transporte aussi sur une hauteur voisine de la première. Je le posais à terre, lorsque j'entendis mon plus jeune fils pousser des cris affreux. Je vole à lui ; un loup l'avait éventré et lui mangeait les entrailles. Une indicible douleur s'empare de moi ; je contemplais mon pauvre enfant, lorsque j'entends mon autre fils jeter à son tour des cris épouvantables. Je cours à lui...; un loup venait aussi de l'éventrer et le dévorait.

» Je me retire, désolé, brisé de douleur; et je vois un de mes chameaux qui, échappé des flots du torrent, s'enfuyait et gagnait l'espace. Je cours; je vais à lui, afin de le lier et de le garder ainsi pour le reste du voyage ; je cherche à saisir mon animal, je le flatte pour le calmer, je m'approche tout contre lui. Mais dès qu'il se sent toucher il rue, et des deux pieds me frappe à la face et me crève les deux yeux. Depuis ce moment je suis aveugle, malheureux comme tu me vois. »

Le sultan donne une aumône généreuse à cet homme, et en même temps il dit à ses courtisans : « Conduisez ce brave homme à mon vizir, et qu'il lui raconte l'histoire que vous venez d'entendre ; mon vizir se consolera; il verra qu'il n'est pas de malheur si grand qu'il n'y en ait encore un plus grand dans la main de Dieu ; il verra que son accident est peu de chose auprès de celui qui a frappé ce pauvre aveugle. »

NOTE 80. PAGE 620.

Le genre de médication indiqué dans ce passage est tous les jours invoqué et employé par les musulmans. Un cheykh, c'est-à-dire un musulman qui a un caractère religieux, ou tout autre individu qui a une réputation de sainteté, ou de piété, ou de vogue dans ce genre de pratiques *hiéroïatriques*, écrit un passage ou seulement quelques mots du Coran sur un carré de papier d'environ un pouce; et, par la vertu des paroles du Coran, le malade qui applique sur lui ce papier reçoit certaines influences qui le guérissent; s'il ne guérit pas, on ne s'en prend à personne. Souvent on répète le procédé, et, bien entendu, jamais le malade ne s'en trouve pire. (P.)

NOTE 81. PAGE 621.

A l'époque du rut, le chameau écume abondamment, et par moments il enfle la membrane extensible de sa bouche, et la pousse au dehors d'un côté des mâchoires, en produisant un bruit de gargouillement assez fort. A cette époque, le chameau est dangereux, indocile, irritable, et il faut le tenir constamment muselé. Il refuse de manger, et on est obligé de lui introduire de force des aliments jusque dans le gosier, à travers les intervalles des courroies ou des cordes de la muselière. L'animal est tout entier aux désirs qui le dominent.

VOCABULAIRES

Ouadayen, Fôrien, Fertyt, Barnâouyen, Toubou, Fezzanais.

Ouadayen.

Administrateur civil d'un ou de plusieurs pays, mais subordonné à l'aguid : djaramah.
Affamé : tidârirnah.
Alguazil : turguenak.
Ane : adek.
Arrière-garde : sâcah (la jambe).
Assieds-toi : niongou.
Automne : kharyf.
Avant-garde : moucaddémeh.
Baquets en bois : batyeh.
Bas-fond, long ravin : batha; le diminutif est : botayha.
Bâton et panier à chaque bout : karandjalah.
Bidet : djerkélyeh.
Bosse ou saillie du courage : daûma ; pl. daûmât.
Bouche : khachm.
Bouclier : daragueh; dérégueh.
Bourreaux : kabartou.
Bouillie : haryreh.
Bouillie épaisse : acydeh.
Bracelet en corne : kym.
    Id.   en cuivre : damleg.
    Id.   en ivoire : âdj.
Brassière. *Voy.* Collier.

Brebis : gok.
Calotte de toile : arakyeh ; taky.
Casque rond en fer : tâçah.
Ceinture en verroteries portée sur la chair : khaddoûr.
Ceinture étroite : cadmoul.
Chasse aux esclaves : ghazoua.
Centre de l'armée : calb.
Chef, officier militaire : gâîd.
Chef (Sous-) d'administration : koursy.
Chemise : riky.
Chérif : chéryf.
Cheval : bérek.
Cheval tenant l'amble : djerkélyeh.
Cheval à jambe antérieure droite sans balzane : matloûk-el-yémyn.
Cheval à jambe antérieure gauche sans balzane : matloûk-el-chemâl.
Cheval à quatre balzanes : mouhaddjel-el-arbaàh.
Cheval sans balzanes : tôto.
Chevillères : khalkhâl.
Circonférence qui forme le mur d'une hutte : dourdour ; pl. dérâder.
Citrouille : karak.
Cloison en nattes fines et faites d'une tige herbacée : charganyeh.

Clos, clôture : zérybeh.
Cœur : kouly.
Collier qu'on porte au bras : moudraah; c'est-à-dire brassière.
Corail artificiel : fâo.
Corail en cylindres : gass.
Courant d'eau : bahr.
Couteau en faucille, grand : kourbâdj.
Couteau de défense, à gaine : kirdâouy.
Crieur et exécuteur public : kabartou.
Cruches dans lesquelles on va chercher l'eau pour le sultan : bélikyeh.
Demeure du prince : casr.
Diables, fiers-à-bras : afryt.
Dieu : kalak.
Discours : kana.
Donne : nârah.
Donne (qu'il) à lui : tounyou-ny.
Double, jumeau : teymân.
Doukhn en grains : aceih.
Dourah (petit) : kochômo.
Eau : adjy.
Éclaireurs d'armée : anday; pl. andayât.
Écrasez-le : daggougou-ho.
Écu de cinq francs, d'Espagne, etc. : ryâl.
Écu d'Espagne, duro : abou-medfâ.
Élévation en terre où l'on s'assied : tirdjeh.
Enclos : zérybeh; kadou.
Enfant : kalak.
Escadron : kardoûs.
Entrave en forme d'S : acrab, c'est-à-dire scorpion.
Esclave : abd.
Esclave femme : djârieh.
Esclave de six empans : soudâcy ; sédâcy.
Est, orient : sabâhh.
Étang : bahr.
Eunuques gardes et commissionnaires du sultan : touayrât.
Femme : méchon.
Femme, première femme du sultan : habbâbah.
Fenêtres grillées : mouchrabât.
Fer de flèche : rych.
Fer de lance : harbeh.

Fille : kakalak.
Firman : faramân.
Fonctionnaires juges suprêmes : kamkolak; pl. kémâkelah.
Frontal, frontail pour les chevaux : kardjil; kirdjel.
Gardes du prince : ozbân.
Gendarmes : turguenak.
Gouverneur : aguîd; pl. agada.
Homme : mécho.
Homme instruit, cheykh : faguyh.
Homme pieux : karak.
Huissier du prince : falganâouy.
Idolâtre : madjoûs.
Instrument à labourer : djarâry.
Interprète : khachm-el-kélâm. (Mot à mot : la bouche du langage.)
Jeune enfant : kalak.
Jeune fille, belle : farkhah.
Juges suprêmes : kamkolak; pl. kémâkelah. D'autres kamkolâk ont le caractère militaire. Tous sont désignés par le nom collectif de : téna.
Justiciers, exécuteurs : kabartou.
Lac : bahr.
Lait : sila.
Lance dont le fer est en manière de broche ou d'alène : guirguit.
Lance grande : farkhah.
Lance grande à fer munie d'un cube en fer : koukâb.
Lance ordinaire : harbeh.
Langage : kélâm.
Lecture : guirso.
Le lire : guirso.
Liasse de fil ou de coton servant de monnaie : tékâki.
Lis (impératif) : guirsy.
Maison : tan. En fôrien : ton.
Mains (les deux) : karnyeh.
Mange : nyâmé; nièh.
Manteau léger en cotonnade : malhaf.
Mère ou grand'mère du sultan : mômo.
Miel : kimyn.
Moelle végétale rouge : kouloûd.
Mousseline grossière : châch.
Natte fine : bourch.
Nord : ryh; rîh.

Nous (de) : manik.
Officier des ozbân ou gardes du prince : turguenak ; pl. térâgueneh.
Officier exécuteur et trompette : kabartou.
Officier marchant devant le sultan : kâmnah.
Oiseau : kotékeh.
Oiseau à dos noir et reflets rougeâtres, à ventre blanc, bec noir : kouldjou.
Ornement de tête, placé sur les côtés : tamymeh.
Ouaykeh. *Voy.* Waykeh.
Ouest : gharb.
Outre grande et carrée plate : mazâdeh.
Outre grande en cuir de bœuf tanné pour hardes et vivres : guerfeh.
Pages ou jeunes gardes : touayrât.
Pagnes des femmes : kounfous.
Pain : niérek. C'est une bouillie épaisse.
Palefrenier : sâis.
Panier flexible, cabas : raykeh.
Parure particulière de tête : am-chinga.
Pars (impératif de partir) : koukou.
Pays : dâr ; bélâd.
Peaux de chèvre ou de mouton tannées et teintes en rouge : keloûd.
Périscélides : khalkhâl.
Pieds (les deux) : djaïnsy.
Plusieurs : nellieur.
Poitrine : kouçou.
Pose à terre (impératif) : dino.
Pot (à beurre, à miel) : goulleh.
Ravin long : batha.
Reine-mère : mômo.
Relai (distance) : kamyn.
Réunion de pèlerins en départ : rakb.
Rhinocéros : abou-carn.
Rivière : bahr.
Roi : mekk ; mélik.
Roseaux odorants quand ils sont mouillés : marhabelb.
Sabre à pommeau creux contenant des cailloux : abou-toûmah (à tête d'ail).
Saïd : haut ; méridional.
Saie : châyeh.
Sayd ou saïd.
Sayon : châych.

Sbires : turguenak ; ozbân.
Serviette portée en pagne : kounfous ; djoukou.
Seul, unique : tek.
Soif violente dans le désert : chôb.
Sommeil : tarin.
Soudan : Bélad-es-Soûdân, c'est-à-dire le pays des noirs, Nigritie, Soudanie.
Talismans : hodjoùb.
Talismans (étuis de) cylindriques ou triangulaires : houroûz.
Talon en fer de la lance : kindâb.
Tambourin conique se terminant en tube : baradyeh.
Tambourin que l'on bat à coups pressés : tikdjil ; tikjil.
Tête : kedjy.
Terrain sablonneux : gaûz.
Tiges de fer qu'on heurte dans les musiques : kourbâdj.
Timbales : naguyrah.
Toile de coton : chaûter.
Trésor du sultan : dengâyé.
Trois heures environ après midi : asr.
Unique, seul : tek.
Vache : dik.
Va-t'en : koukou.
Vent . . . . . } ryh ; rih.
Vent du nord. }
Ventouse : carn.
Ventre : taboûk.
Verroteries : kharaz.
Vêtements : rikito.
Vêtement grand, en toile : dérek.
Viande : niou.
Viande séchée au soleil : cadyd.
Vie : nina.
Vieillard, en général : moundjoukolak.
Viens : kara.
Vieux : kamkolak.
Visage : you.
Waykeh : viande séchée, pilée et fricassée avec du beurre, de l'ognon et un peu de bâmyeh secs (*hibiscus esculentus*).

VOCABULAIRES.

NOMS DE NOMBRE OUADAYENS.

Un : ten.
Deux : bâr.
Trois : konâl.
Quatre : açâl.
Cinq : toûr.
Six : sitâl.
Sept : manry.
Huit : aya.
Neuf : addouy (prononcez : addouye).
Dix : atek.

PHRASES OUADAYENNES.

Mélik manik kalak ni*n*a tounyou-ny : Roi de nous Dieu vie donne lui. Que Dieu donne de longs jours à notre souverain.

Kotétek tidârirnah kara nyâmé : Oiseau affamé, viens, mange. C'est-à-dire : Massacrez vos ennemis à tel point que les oiseaux affamés s'en repaissent à satiété. (Phrase elliptique d'un chant de guerre.)

Monte à cheval : téna.

Fôrien.

(Ce Vocabulaire fôrien est différent de celui qui se trouve dans le volume du Voyage au Dârfour.)

Affaire : daoua.
Avec : gui.
Bale, ou glume de doukhn : bouttâb.
Bi : marque le pluriel.
Brassart d'avant-bras : koumou*n*a.
Brave : déyé.
Buffle : no*n*.
Çà! allons : kel ; yâ ; ouaié.
Casque : tély.
Cassez : bau.
Cavaliers : farsan ; farsa.
Certes : a.
Coïvit : bio.
Comment : ei.
Compère : ouendaï.
Craignez : kali.
Crainte : kali.
Criez : kôrko.
Dans : in ; dio ; keih.
Dârfour : Dououei.
De, *ex* : sy ; in.
Debout! gâm.
Demandez : nô.
Devant : gabalan.
De vous : ba.
Dites : boa.
Djé : marque du pluriel.
Donne, laisse : ni.

Du côté de : ghéreh.
Eau filtrée dont on a retiré le sel : kambo.
Écartèlement (supplice) : chabh.
Esclave acclimaté : mougueddeh.
Esclave échappé à son maître et pris par une ghazoua : hâmel.
Esc'ave non encore acclimaté : foutyr.
Esclave pris sans résistance : denguyeh.
Esclaves qu'on a bloqués sur une hauteur et qui se sont rendus : fekk el-djébâl.
Est, orient : saban (pour sabâhh).
Étalon, brave : déyé.
Frère, égal : bara.
Honte : lô.
Hutte grande : dirgâyeh.
Intérieur : dio.
Intérieur (l') : ké.
Lance grande : farkhah.
Lance grande que donne le sultan comme permis de chasse aux esclaves : salatyeh.
Lance ordinaire : harbeh.
Lieu : lô.
Lui : lo*n*a.
Maître : sydi.
Mère : inia.

Milieu (au) : dio.
Ne : ba.
Parole : ô.
Pars (impératif) : djer.
Pastèque : bortoa*n*.
Peureux : kalo.
Poussière : touroul.
Qui : nnas.
Regarde (il) : guilo.
Renard : dogdaré.
Répartition des esclaves pris : djébâyeh.
Seigneur, Dieu : Syd.
Sel en fragments longs : falgo.
Silo : matmoûrah ; pl. matâmyr.
Son (pronom) : deïn, prononcez dîn ; — doïn.
Supplice du casse-pastèque, pour dire du casse-tête : bertoa*n*-bau ; — bau, cassez ; bertoa*n*, la pastèque.
Tambourin qu'on bat à coups éloignés : fadou.
Taureau : no*n*.
Trompette : kirtim.
Venu (est) : élala.
Voile long dont se drapent les rois : fair.
Vous : bô.
Yé : exclamation.

PHRASES FÔRIENNES.

Comment te portes-tu ce matin ? asbahtou.
Je me porte bien ce matin : asbahtou.
Grâce à Dieu que tu te portes bien : djydan asbahtou.
Que (Dieu) te garde en santé : djaououed asbahtou.
Bonne santé ! âfleh.
Tu as bien passé la chaleur (de midi) : guéyeltou.
Sois le bien venu : habâbak, pour marhabâbak.
Sois le bien venu dix fois : habâbak achrah.
En bon état tu reviens (de voyage) : djydan djitou.
Tu t'es levé en bonne santé : assey djenn-is toullei kaola. (*V*. III° part., chap. III.)

Nous te voyons bien, tu es en bonne santé : ki-dilo*n* assey djen-nei âflah djan.
Bonsoir : asbamouo.
Réponse : Nous te voyons en bon soir : ki-dilo*n* asbamouo.
Sont venus en foule : djôlô.

FÔRIEN DES MONTS MARRAH.

(*Voy.* l'explication, III° part., chap. III, pag. 541.)

En bonne santé ? cela va bien ? assey.
Nous te voyons en bonne santé : ki-dilo*n* assey.
Tu viens, tu me parais en bonne santé : kamounouacia djenn-is toullei dja-la.
Et toi, tu es en ta santé : djennei âflah djan.
Les enfants sont-ils en bonne santé ? dogolah toullei leh.
Oui, en bonne santé : y toullei.

Fertyt.

Pagne étroit, en une bande, pour les hommes : djoukou.
Pagne des femmes : kounfous.
Baie, ou glumes de doukhn : bouttâb.
Roi : mekk.
Tue-moi : kongorongo.
Tubercule nourricier : oppo.
Tuyau de pipe : findjân.

Barnâouyen.

Birny, capitale, résidence du sultan.
Eau : enkieh ; inkieh.
Pain : gourâceh.
Sel : mounradhana.
Un peu : guéna ; djéna.
Gouverneur (du Kânum) : élifa.
Donne-moi de l'eau à boire : koté enkieh askin.
Y a-t-il nouvelle ? c'est-à-dire : Comment te portes-tu ? a fy labar. (C'est

la corruption de l'arabe : A-fy khabar : y a-t-il nouvelle?)
Réponse : Ky âfla ly : en santé (es) tu ?

Bonjour : lohantchennô.
Comment te portes-tu ? nihillôhanihi.
Que Dieu te conserve : ihilla.

Bâguirmien.

Premier grand vizir : fetcha.
Première femme du sultan : goumsou.
Capitale, résidence du sultan : birny.

Toubou.

Fils du sultan : meilabou.

Fezzanais.

Bases de palmier de dattier : kournâf.
Puits dont l'eau sert à arroser : sânieh.
Sorte de trèfle : cadb.
Tambourin : noûbah.
Tireurs d'eau de puits : djebbâd.

TRANSCRIPTION ARABE,

PAR ORDRE ALPHABÉTIQUE, DES NOMS DES LOCALITÉS, DES TRIBUS, ETC., MENTIONNÉES DANS LE VOYAGE AU OUADAY.

La lettre ق, au Soudan, se prononce *ga, gui, go*, etc., selon la voyelle qui l'affecte. C'est aussi la prononciation vulgaire hédjâzienne. En Égypte, le ق, dans le vulgaire, se prononce par *a, i, o*, accentué légèrement du gosier; et *ga, gui, go*, est la prononciation du ج. Dans les mots où se trouve le ك, cette lettre se prononce comme *n* articulé par un son purement nasal, et sans véritablement faire entendre le son de *n*. ك se prononce aussi comme *g* dur, dans ادكز Adiguiz; mais nous n'avons, dans cet ouvrage, que quelques mots où il s'articule ainsi par *g*.

ا

أَبْ بَكَرْ Ab-Béker.
أَبْ تَلْفَان Ab-Telfân.
أَبْ دَرَقْ Ab-Darag.
أَبَسْ Abès.
أَبْ سَنُون Ab-Senoun.
اب سِهِين Ab-Semin.
اب نَحَاسْ Ab-Nahâs.
اب وَرْدَة Ab-Ouardeh.
اب طاقية Ab-Tâkyeh.

أَبُو طَاقِية Abou-Tâkyeh.
أَبُو عُجَيْلَة Abou-Odjaylah.
أَبْيَض Abiad.
اجْدالَن Adjdâlen.
أُدِكْز Adiguiz.
أَرِيانَة Aryâneh.
أَسْكَنا Askéné.
أَسْكَنة Askéneh.
افانين Afânyn.
أَفَهْ Afah.
أَمْبَالِي Ambâly.

LISTE ARABE DES NOMS DE LIEUX.

أُمّ بَرْنَجَل	Am-Baranguel.	ب	
أُمّ نَيْمان	Am-Teymân.	باجَه	Badjah.
ام جَحَر	Am-Hadjar.	بَأقِرْمَاوِى	Bâguirmâouy.
ام جَديد	Am-Djédyd.	بَأقِرْمَه	Bâguirmeh.
ام حَرَيْزَة	Am-Héreyzeh.	بايَا	Bâya.
ام جَلَّاب	Am-Djellâb.	بِجِر	Bidjir.
ام جَمْر	Am-Djemr.	بَحْر	Bahr.
ام جَوز	Am-Djaûz.	بدَيَات	Bidéyât.
أُمّ جُوَيْخِينَة	Am-Djououaykhyneh.	بَرْنى	Berty.
ام خَرّوبَة	Am-Kharroûbah.	بَرْقِد	Birguid.
ام ديُونَاس	Am-Dioûnas.	بَرْقُو	Bargau.
ام سَعْد	Am-Sad.	بَرْقَة	Barcah.
أَمْشُو	Amchou.	بَرَكَة فَاطْمَة	Birket Fâtmah.
ام عَسَلَة	Am-Acéleh.	بَرْلُو	Berlau.
ام عَرْجُونَة	Am-Ardjoûneh.	بَرْمَاسِدِى	Bermacidy.
ام عَيْش	Am-Aych.	بَزْنَاوِى	Barnâouy.
أَوْجَلَة	Audjalah.	بَرْنُو	Barnau.
أُوفْدُنُو	Ogdono.	بَرْنِى	Birny.
أُوكْدُنُو	Ogdono.	بُرُوريت	Bouroûryt.
أُولَه	Oûlah.	بَطْحَا	Batha.
إِيتِسَن	Yticen, Iticen.	بَطْرَانَه	Batrâneh.
إِيرُو	Yrô, Iro.	بُطَيْحَا	Botayha.

بِكَّا	Bina.	ت	
بِلاد العَبيد	Bélâd el-Abyd.	تَامَا	Tâma.
بَلَالَه	Bélâleh.	تَامَه	Tâmah.
بُلْبُل	Bulbul.	تَامْكِى	Tamky.
بَنْدَالَة	Bendalah.	تَانَا	Tana.
بَنْدَة	Bendeh.	تَبَنَه	Tabanah.
بَنْ زَرْت	Ben-Zert.	تُبُو	Toubou.
بَنْزَرْت	Benzert.	تُبُو تُرْكُمَان	Toubou-Turkmân.
بَنْ غَازِى	Ben-Ghâzy.	تِتِر	Titir.
بَنى بِشْر	Bény-Bichr.	تُرْبُنَه	Torbonah.
بَنى سُلَيْمَان	Bény-Soleymân.	تُرْتَلُو	Tourtalu.
بَنى مُجَابِرَة	Bény-Moudjâbirah.	تَرْجَاوِى	Tergâouy.
بَنى وَرْغِمَّة	Bény-Ouirghimmah.	تُرْلَلُو	Tourlalu.
بُو قُومَا	Bou-Gouma.	تُرُوج	Touroûdj.
بُو قُمَاسَا	Bou-Goumâça.	تَكَّا	Tekka.
بُونْجَيْم	Bou-Ndjeym.	تَكْرُور	Takroûr.
بِيجُو	Bygo.	تَلْفُو	Telfo.
بِير الدَوْم	Byr-el-Daûm.	تَلَنْدُو	Telendo.
بِير صَابُون	Byr-Sâboûn.	تُمْتُمَه	Toumtoumah.
بِير طَوِيل	Byr-Taouyl.	تَهَذْ حَدَّن	Temez-Hadden.
بِير عُشَر	Byr-Ochar.	تُوَاتِى	Touâty.
بِيقُو	Bygo.	تُوَارِق	Touârig, Touârik.

LISTE ARABE DES NOMS DE LIEUX.

تُنْبُوكْتُو وتُنْبُكْتُو Tounbouktou.
تُونِس Toûnis.

ح

جَر Hadjar, Hager.
جَيْر Hégueîr.
حُرَيْتَة Héreîteh.
حَلْبَة Helbeh.
حَلْق الوَاد Halk-el-Ouâd.
حُلَيْلَات Heleîlât.
حَمَارْنَة Hamârnah.
حُبيدَة Hamydeh.
حَيْمَات Heymât.

ج

جَالُو Djâlau.
جَبَال Djébâl.
جبلُ الطُّيور Djébel el-Touyoûr.
جِرْبَة Djirbeh.
جُعَانْنَة Djéâteneh.
جَعْفَر Djafar.
جُكُو Djoukou.
جَمّ Djemm.

جُو Djoumou.
جَيْز Djemmeîz.
جَنَاخَرَة Djénâkhérah.
جُنْخَرَاوِى Djounkhérâouy.
جُنْدى Djendy.
جَنَّة Djengueh.

خ

خُزَام Khozâm.
خَشِم Khachim.

د

دَاجُو Dâdjo.
دَار Dâr.
دَار وَدَاىْ Dâr-Ouadây.
دَار وَاَداىْ Dâr-Ouâdây.
دَار وَدَدَاىْ Dâr-Ouadadây.
دَار صَلَيْح Dâr-Séleîh.
دَبَّرَة Debreh.
دِخَيْبَش Dikhaybech.
دِرْنَا Dirna.
دَرْنَه Dirnah.
دُقُرى Dougoury.
دَمَّا Demmâ.

دَنْبَلُون Denbéloûn.
دَنْبَه Denbeh.
دُنْقُلَة Dongolah.
دَنْقُو Dengo.
دَنْقُول Dengoul.
دَوْم Daûm.
دَوْمَة Daûmah.

ر

رَاس المَخْبَز Râs el-Makhbez.
رَاشِد Râched.
رُتُو Routou.
رَدَيْعَة Radeyah.
رَشَاد Réchâd.
رَشَادَة Réchâdeh.
رِقْنَة Riganah.
رَوْكَّا Rauna.

ز

زَامَة Zâmah.
زَبَدَة Zébédeh.
زُوَارَة Zououârah.
زَيْلَة Zeylah.
زُوَبْلَة Zououaylah.

س

سَارَة Sârah.
سَارِى Sâry.
سَبْهَة Sebhah.
سَرْجِيلَة Serdjeylah.
سَرَف Saraf.
سَفَاقِس Safâkès.
سِكْر Sikr.
سِلَا Sila.
سَلَامَات Salâmât.
سَلَمَات Salamât.
سُلَيْمَان Soleymân.
سَمِين Sémin.
سَنَّار Sennâr.
سَوَاكِن Saouâken.
سُودَان Soûdân.
سُوسَة Souçah.
سَوْكَنَة Saukanah.
سُوَيْن Sououeîn.
سَيْف النَصْر Seyf el-Nasr.
سِيم Sym.
سِيوَة Syouah.

LISTE ARABE DES NOMS DE LIEUX.

ش

شارى	Châry.
شالا	Châlâ.
شَانُو	Châno.
شَرَر	Charar.
شُرَيْرِيب	Chéreîrib.
شِفْرى	Chifry.
شُكَمَه	Choukmeh.
شُلُوك	Choulouk.
شَنْدى	Chendy.
شِيَاطِى	Chiâty.

ص

صَبَاح	Sabâh.
صُلَيْح	Séleîh.
صَعِيد	Saîd, Sayd.

ط

طَارَا	Târa.
طَارَه	Târah.
طَرَابُلُس	Tarâblous, Trâblous.
طُرْبُقَة	Tourbouga.
طَرْحُونَة	Tarhoûneh.
طَوِيل	Taouyl.

ع

عَبَالِى	Abâly.
عَجَاجَة	Adjâdjeh.
عُجَيْلَة	Odjaylah.
عَرَس	Aras.
عَرَيْقَات	Areygât.
عُزُوم	Ozoûm.
عَفْنُو	Afnau.

غ

غَات	Ghât.
غَدَامِس	Ghadamès.
غِرْيَان	Ghiriân.
غَزَال	Ghazâl.

ف

فَارَا	Fâra.
فَاشِر	Fâcher.
فِتْرى	Fitry.
فَرْتِيت	Fertyt.
فِرْشَاح	Firchâh.
فُرُولِى	Féroûly.
فَزَّان	Fezzân.
فَلَاتَا	Félâta.

733

فَلَاتَه	Félâtah.	قُوقْمَة	Gôgmah.
فُلَّان	Foullân.	قَقْمَة	Gogmah.
فَنْقَرُو	Fangarau.	قُومَا	Gouma.
فِنُّو	Finno.	قُوَّة	Koûouen.
فِنَّة	Finnoh.	قَيْرَوَان	Kayraouân.
فُونَا	Foûta.	ك	
فَيْض أَغْلُو	Feïz-Oglou.	كَارَا	Kâra.
ق		كَانُم	Kânum.
قَابَس	Gâbès.	كَامْبِيُو	Kambio.
قَالِيلُو	Gâlîlo.	كَبَقَة	Kabagah.
قَدِيح	Guédeih.	كَبَيْد	Kébeïd.
قُرْبِى	Gourby.	كَتَكُو	Katakau.
قُرْعَان (قبيلة)	Gorân.	كَتْل	Ketl.
قَطْرُون	Gatroûn, Catroûn.	كَذَارَة	Kadârah.
قَفَلَة	Gafaleh.	كُذْكُس	Koudkous.
قُلَا وقُلُ	Goula.	كُذْنُه	Koudnouh.
قُلْزُم	Koulzoûm.	كُرَان	Karân.
قُمِر	Koumr.	كِرْت	Kirt.
قِمِر	Guimir.	كِرْدَاوِى	Kirdâouy.
قَنْدُول	Gandoûl.	كِرْدِى	Kirdy.
قَنْقَنَة	Ganganah.	كُرْدُفَال	Kordofâl.
قَوْز	Gaûz.	كِرِرَة	Kirireh.

LISTE ARABE DES NOMS DE LIEUX. 735

كَرْنَك Karnak.

كَرْنَة Karnah.

كُرَيْتْشَة Kéreîtcheh.

كَشْمَرَة Kechmérèh.

كَشْنَة Kechnah.

كَفَة Kafah.

كَلْتْكَة Keltékeh.

كُلْفَة Koulfeh.

كَلَك Kélek.

كَلْكَل Kelkel.

كَلْمَدى Kelmédy.

كَمْبِيُو Kambio.

كُنْدُقَّة Koundougah.

كُنُوز Kounoûz.

كُورْلَنُن Kôrlonon.

كُورى Kôry, Koûry.

كُوكَة Koûkah.

كُولُوكُس Kouloukous.

كِيسى Kycy.

كَيْل جِرس Keyl-Djiris.

كَيْلِيوِى وكَيْلَوِى Kéleîouy.

ل

لُقُون Logôn.

لُقُن Logon.

م

مَابِر Mâber.

مَاوَه Mâouah.

مَبْرُوم Mabroûm.

مَتّك Mattouk.

مَتَلُون Matalon.

مَحَامِيد Mahâmyd.

مَحَس Mahas.

مُجَابَرَة Moudjâbérah.

مَجْرَن Magran.

مَجَنَّة Madjanah.

مَجُوس Madjoûs.

مَخِينِس Mékhînès.

مَدَبَا Madaba.

مَدَقُو Madago.

مَدْلَا Madala.

مَرْحَال أَبَّا Merhâl-abbâ.

مَرْدَعَاب Merdaâb.

مَرْزِق Marzik.

مَرْفة	Merfeh.	مِيمَة	Mymeh.
مَرَّة	Marrah.	مَهْرِيَة	Mehryeh.
مَسَاليط	Maçâlyt.		ن
مَسَايا	Maçâya.	نَفَه	Noufeh.
مِسْرَاتَة	Misrâta.	نِكَّل	Nikl.
مَسَنْكِيا	Maçania.	نَهْرو	Noumro.
مَسْمَجَة	Mesmédjeh.	نَوَايَة	Naouâïbeh.
مَسِيرِيَّة حُمْر	Macyryet-Houmr.	نُوبَة	Noûbah.
مَسِيرِيَّة زُرَق	Macyryet-Zourk.	نِيكَّل	Nikl.
مَقْرُن	Magran.	نِيرُو	Nyrro.
مَلًا	Mella.	نَهْضَان	Nehdân.
مَلَّى	Mella.		ى
مَلْفَة	Melfeh.	يَاوَا	Yâoua.
مَلَنْقَا	Malanga.	يَيَمّ	Yemyem.
مَنْذَرَة	Mandarah.	يَنِيفِيَا	Yénifia.
مَنْشِية	Menchyeh.		ه
مَنْقَارَة	Mangarah.	هَجَالِيجَة	Hegleygueh, Hedjly-djeh.
مَنْقَاوِى	Mangâouy.	هَوْصَا	Hauça, Haussa (Haouça).
مُوَيْبَة	Maubeïh.		
مُورَا	Môra (Morée).	هُوون	Houoûn.
مُومُو	Mômô.	هَيْمَات	Heimât.
مَيْتُو	Meytô.		

LISTE ARABE DES NOMS DE LIEUX.

و		وَدّ تَرْجًا	Ouedd-Terdjé.
وَادَاىْ	Ouâdây.	وَدَدَاىْ	Ouadadây.
وَادِى أَسْكَنَا	Ouâdy Eskené.	وَدَلَايِدَه	Ouadlâïdah.
وَادِى كَلْكَلْ	Ouâdy-Kellel.	وَدِيَة	Ouadîmeh.
وَارَه	Ouârah.	وِرْغِمَّة	Ouirghimmah.
وَدَّان	Ouaddân.	وَشُلَة	Ouachalah.
وَدَاىْ	Ouadây.	وُلَّامُدَنْ	Oullâmoden.
وَدَاوِي	Ouadâouy.	وُلَّامُودَنْ	Oullâmouden.

47

ADDITIONS ET CORRECTIONS.

Pages 39 à 236, on a omis de porter au *verso* les mots : PREMIÈRE PARTIE, CHAPITRES I, II, III, etc.

Page 34, ligne 11 *à fine :* sont... *lisez* sont presque toujours.

Page 51, ligne 25 : garot, *lisez* garrot.

Page 285, titre courant : TOUROUJ, *lisez* TOUROUDJ.

Page 321 (pagination) : 32, *lisez* 321.

Page 665, ligne 18 : esi, *lisez* est.

Page 717, ligne 6 *à fine* : Ramadan, *lisez* Ramadân.

EXPLICATION DES FIGURES,

PAR M. PERRON.

Toutes les figures de ce voyage ont été dessinées par mon ami M. Machereau, ancien élève de M. Perron, peintre, élève de David. M. Machereau (qui est aussi musicien, élève du Conservatoire de Paris) est depuis longues années professeur de dessin à l'École de cavalerie de Gyzeh, en Égypte. (Aujourd'hui cette école est supprimée.)

La ressemblance de tous les portraits est frappante de vérité, malgré la rapidité avec laquelle ils ont été faits. Cette rapidité était une condition indispensable; il a fallu en quelque sorte saisir et surprendre ceux qu'ils représentent, chez le cheykh El-Tounsy; c'est là que nous les avons rencontrés tous, excepté deux, à plusieurs reprises. Si ces braves Soudaniens se fussent seulement doutés que l'on dessinait leur figure, ils se fussent enfuis à toutes jambes, persuadés que nous voulions leur jeter un sort, les ensorceler. Il n'y a que le cheykh El-Tounsy qui ait posé. (Voyez son portrait en face du titre.) Le Barnâouyen a été dessiné, aussi par surprise, chez le sultan Abou-Madiân, dont le portrait est dans le volume du voyage au Dârfour. Le sultan, après avoir posé, fit appeler le Barnaouyen chez lui, le fit causer, l'entretint longtemps et donna le loisir à M. Machereau de tracer et de modeler notre homme.

Je dois encore à M. Machereau la notation musicale de quelques chants que j'ai placés à la fin des planches de ce volume. M. Machereau a écrit ces airs sous le chant même du cheykh El-Tounsy, tout comme il a tracé et dessiné les instruments, les armes, l'accoutrement militaire, la vue de Ouârah, etc., sur les croquis grossiers et les explications de ce même cheykh.

PLANCHE I. *Essai de carte* du Ouadây, ou Dar-Séleïh, pour le Voyage au Soudan du cheykh Mohammed-el-Tounsy, dressée d'après les indications de ce cheykh, du Ouadayen Haly, d'un Barrâouy, etc., par M. Perron. Kaire, 1845. Voyez, sur la construction de ce dessin, les observations insérées dans l'ouvrage. On a reproduit dans un angle de la carte, et plus en grand, les environs de la capitale.

Nota. Les collines entre lesquelles sont comprises les vallées de

Botayha et de Batha sont plus prononcées dans le dessin original que dans cette planche.

FIGURE 1, PLANCHE II. Demeure de Sâboûn avant qu'il fût sultan : on voit ici une double enceinte ou double zérybeh en branches de bois épineux. L'enceinte extérieure est fermée par une branche brute, n° 1, c'est la porte. L'enceinte intérieure est fermée par une porte grossière, n° 2, faite d'ais liés entre eux à claire voie, et fixée au sol par un de ses montants. Le tirdjeh, n° 3, est une élévation située entre les deux enceintes. *Voy.* chap. IV, 1re partie. La plus grande hutte est celle du prince; les autres sont celles de ses femmes; de ses concubines et de ses eunuques.

FIG. 2, PL. III. Aperçu de la ville de Ouârah; capitale du Ouadây, avec les noms des demeures de plusieurs individus, placées aux endroits que m'a indiqués le cheykh El-Tounsy, et que ces personnes occupaient lorsqu'il était dans cette ville. *Voy.* chap. II, 2e partie. Ouârah est divisée en deux grands quartiers, l'un au nord, l'autre au sud. Au devant du *palais* du sultan, au point A, est une mosquée de médiocre grandeur et de construction plus médiocre encore. C'est la seule mosquée qu'il y ait dans tout le Ouadây. A Tendelty, capitale du Dârfour, il y en a quelques-unes; plusieurs autres encore se trouvent dans quelques-unes des principales localités du Dârfour, mais il n'y en a qu'une seule dans chacune de ces localités, et toujours c'est une construction grossière et de chétive apparence.

La partie la plus profonde de la demeure du sultan, c'est-à-dire l'espace ou sorte de grande cour qui en forme la portion Est, à partir du bâtiment E et de la quatrième porte, est réservée aux nombreuses huttes ou cabanes du harem du prince. En arrière, à droite de H, au nord-est de ce même bâtiment E, sont trois autres petites maisons encloses d'un même mur, bâties en terre et en pierres, et terminées en plates-formes au lieu de toit conique. De ces trois bâtisses, l'une renferme le trésor du sultan; les deux autres renferment ses hardes, ses armes, tout l'attirail de parure et de représentation impériale.

Après la porte de fer, c'est-à-dire, entre le troisième et le quatrième mur, à gauche en entrant, est la grande étable des chevaux du prince et les huttes des saïs ou grooms.

L'enceinte de montagnes qui entoure Ouârah, forme trois masses d'inégale longueur et trois échappées ou passages dont deux sont au midi et un au nord. L'épaisseur et la hauteur de cette chaine varient. A l'est, les masses sont plus serrées, plus abruptes, plus élevées, plus larges, et sont infranchissables. Cette disposition se modifie et s'adoucit insensiblement à mesure que, venant des deux côtés nord et sud, on arrive à la ligne de l'ouest. A l'ouest, il y a même un endroit par où l'on peut sortir de l'enceinte et y entrer. Cette issue, praticable seulement aux piétons, est au-dessus et vis-à-vis de la lettre G, fig. 2, et A, fig. 2 *bis*.

Dans l'intérieur de Ouârah, il n'y a pas d'autres arbres que les quelques seyâl (*mimosa seyâl*) qui sont sur la place du Fâcher. Les environs de la ville sont également sans arbres et aussi sans culture, jusqu'à une distance d'un quart de lieue; du côté du sud surtout, jusqu'à une distance d'une heure au moins, le sol est dur et nu, sans trace de végétation, même dans les premiers villages que l'on rencontre.

A la sortie la plus à l'est, du côté du sud de la chaîne des monts Ouârah, est l'endroit appelé Byr-Ochar, ou encore Byr-Sâboûn, c'est-à-dire les puits d'Ochar, ou de Sâboûn. Ce sont quelques puits d'eau potable situés à quelques minutes des monts. La terre est élevée autour de ces puits; car tous les ans on est obligé de les déblayer et de les débarrasser de la terre qu'y entraînent les grandes pluies.

Les demeures ou huttes entourées de zérybeh sont la plupart celles d'individus riches ou de hauts fonctionnaires du gouvernement. Les gens de leur suite ou de leur service ont leurs huttes en dehors et à proximité des zéribeh.

La population de Ouârah, toujours selon notre cheykh El-Tounsy, peut s'évaluer à 40,000 âmes, hommes, femmes, enfants et esclaves. Environ 8,000 hommes armés pourraient être fournis par cette population, en supposant qu'on réunît tous les individus en état de porter les armes; car au Ouadây, et en général dans tout le Soudan, tout homme pouvant porter les armes est soldat au jour du besoin.

Du reste, pour les guerres, il est de principe, au Ouadây, de ne lever, au plus, que la moitié des hommes capables d'être soldats, et cela même dans les grandes nécessités. Habituellement on reste au-dessous de cette proportion. Les levées ordinaires peuvent amener sous les armes jusqu'à 80 et 90 mille hommes. L'effectif possible des forces militaires du Ouadây s'élèverait au moins à 200,000 hommes. En tenant compte du nombre d'individus qui composent les familles, terme général, et en considérant que les Ouadayens adultes ont presque tous plusieurs femmes, un certain nombre d'enfants et même d'esclaves des deux sexes, on peut évaluer les habitants du Ouadây, au moins à 5,000,000 d'individus. Ce nombre, comparé à l'étendue du pays, serait encore loin de ce que le cheykh El-Tounsy et les faguyh Délyl et Ilâly, etc., m'ont répété si souvent, en me parlant *des troupeaux de population* (c'est leur terme) qui abondent sur le sol ouadayen.

Fig. 2 *bis*, Pl. IV. Ville de Ouârah, capitale du Ouadây, d'après les informations et les documents reçus du cheykh El-Tounsy. *Voy.* chap. II, 2ᵉ partie.

Fig. 3, Pl. V. *Dabboûz* ou *dabboûs*, assommoir, casse-tête, sorte de masse d'armes. C'est une tige en bois, longue de deux ou trois pieds au plus, à renflement revêtu de rubans de fer. Il y a d'autres dabboûs en bois, longs de quatre ou cinq pieds, comme des gourdins, et dont le renflement arrondi, non garni de fer, est formé du haut de la racine même de l'arbre. *Voy.* chap. IV, 1ʳᵉ partie.

Fig. 4, Pl. VI. Oreille percée de plusieurs trous vers le bord du pavillon. *Voy.* chap. III, 2ᵉ partie.

Fig. 5, Pl. V. *Kourbâdj* recourbé, ou couteau en forme de faucille. Instrument ou arme d'attaque d'une peuplade anthropophage. *Voy.* chap. III, 2ᵉ partie.

Fig. 6, Pl. V. *Acrab* ou scorpion, sorte d'entrave. C'est une barre de fer recourbé en S. *Voy.* chap. V, 2ᵉ partie.

Fig. 7, Pl. V. Brancard à traverses en cordes, pour transporter les morts. *Voy.* chap. VI, 2ᵉ partie.

Fig. 8, Pl. VI. Bras gauche armé du grand couteau Kirdâouy. *Voy.* chap. V, 1ʳᵉ partie, et chap. IX, 2ᵉ partie.

Fig. 9, Pl. VI. Couteau simple attaché au-dessus du coude. Dans la Nubie et dans le Soudan, cette arme est portée presque constamment par les hommes. *Voy.* chap. IX, 2ᵉ partie.

Fig. 10, Pl. VI. Femme portant le Karandjalah. *Voy.* chap. IX, 2ᵉ partie.

Fig. 11, Pl. V. Gorgerin ou pièce antérieure du caparaçon des chevaux harnachés en guerre. Des cordons attachent sur l'encolure et maintiennent cette pièce en avant du poitrail. *Voy.* chap. XI, 2ᵉ partie.

Fig. 12, Pl. V. Pièce du caparaçon fixée sur la croupe, et garantissant le train postérieur. Les deux extrémités se nouent sous le ventre du cheval. La coupure facilite le rapprochement du bord, en avant, pour nouer cette pièce à la pièce qui protége le ventre du cheval et sur laquelle passe l'étrier. *Voy.* chap. XI, 2ᵉ partie.

Fig. 13, Pl. V. Pièce du caparaçon garantissant le milieu du flanc du cheval, elle s'attache à la pièce du poitrail et à celle de la croupe par le moyen de cordons. *Voy.* chap. XI, 2ᵉ partie.

Fig. 14, Pl. V. Sayon ou saie. Le dessin indique les losanges de diverses couleurs et assez irréguliers qui couvrent le sayon en dehors. La *châyeh* ou saie est à manches qui viennent ordinairement jusqu'au poignet; elle descend jusqu'au milieu des cuisses et est fendue en arrière depuis le bord inférieur jusqu'à la hauteur d'un pied environ pour s'écarter suffisamment de chaque côté de la selle, ou pour ne pas gêner la marche des fantassins. *Voy.* chap. XI, 2ᵉ partie. Sous la châyeh, les soldats fôriens et surtout les cavaliers, portent la chemise de mailles ou cotte de mailles en fer. Cette cotte de mailles est en forme de chemise, fendue en bas par devant, descendant jusque vers le milieu de la cuisse et parfois jusqu'aux genoux. Lorsque les manches de cette cotte composée d'anneaux de fer entrés les uns dans les autres ne viennent que jusque vers le coude, l'avant-bras est protégé par un brassart formé de deux plaques de fer blanc arrangées et courbées de façon à couvrir le bras, revêtues de drap à leur face interne et maintenues sur l'avant-bras avec des crochets qui se trouvent alors sur la direction du radius. Des charnières sur le bord opposé des deux pièces du brassart, permettent d'écarter et de rapprocher les deux parties de cette armure. Ce brassart porte le nom de komounah ou koumounah. Du reste les soldats, fantassins ou cavaliers, sont toujours jambes et pieds nus. La cavalerie n'a pas de boucliers. Le cavalier a souvent deux lances kaukâb.

FIG. 15, PL. VI. Cheval préparé et harnaché pour le combat. Ce cheval, haut monté sur jambes, a par là même un caractère dongolâouy ou de race de Dongolah. Il est habillé de son caparaçon ; la tête est munie de plaques ou joues en fer-blanc réunies par des liens au frontail qui est bombé et aussi en fer-blanc. Toutes ces pièces en fer-blanc sont doublées de drap qui les déborde à l'entour et fait ainsi une sorte de parure. La têtière passe sous ces plaques qui d'ailleurs sont tenues entre elles sur le front et derrière les oreilles du cheval.

Deux sabres droits sont suspendus par un bout à l'avant de la selle, et par l'autre bout au troussequin.

Le cheval ainsi harnaché rappelle ceux dont se servaient en guerre les anciens chevaliers, et les miniatures du *manuscrit des miracles de Saint-Louis* (époque du XIIIe siècle).

Lorsque le cheval s'abat, il s'embarrasse tellement dans ses caparaçons et couvertures, qu'il ne parvient pas toujours à se remettre sur jambes. Le cavalier lui-même risque d'être gravement blessé, ou d'être pris ou tué, car il a, lui aussi, un embarras énorme dans ses lances, sa châyeh et sa cotte de mailles qui parfois encore est double.

Le cavalier placé debout au côté droit du cheval est couvert de la saïe piquée et coiffé de la *tâsse* ou bassinet rond à trois baguettes, une sur chaque tempe, et l'autre sur le front et le nez ; la nuquière est en mailles de fer et tombe jusque sur les épaules. Ce cavalier porte la grande lance kaukâh dont le kindâb ou talon est rendu pesant par une pièce d'ébène qui y est fixée, ou bien par quelques tours d'un ruban de fer. Un esclave est en tête du cheval ; un fantassin ordinaire est en arrière. *Voy.* chap. XI, 2e partie.

FIG. 16, 17, 18, 19, 20, 21, 22, 23, 24, 24 *bis*, 25, 25 *bis*, 26, 27, PL. V. Différentes formes de fers de lances et de javelines. *Voy.* chap. XI, 2e partie. Le fer de lance, n° 24 *bis*, est hérissé de piquants au point *a*. La fig. 25 *bis* a été dessinée sur une lance d'une seule pièce et entièrement en fer. Vers le bas de la hampe, au point *c* (25 *ter*), elle était revêtue d'un morceau de peau d'animal avec ses poils, servant à tenir l'arme plus fermement.

FIG. 28, 28 *bis*, 29, 30, 30 A, 30 B, PL. VI. Boucliers de différentes formes. *Voy.* chap. XI, 2e partie. La fig. 28 porte deux courroies, l'une, *a*, pour suspendre le bouclier à l'épaule ; l'autre, *bb*, pour le porter en bandouillère. En *cc*, sont des lannières étroites qui ne servent que d'ornement. La fig. 28 *bis*, *a*, *b*, représente un bouclier assez grossièrement travaillé, d'une forme singulière, et qui est aussi en usage chez les peuplades des bords du Nil ou Fleuve-Blanc, vers les 4° et 5° de latitude, m'a été donné par mon ami M. d'Arnaud, et je l'ai envoyé avec d'autres objets au cabinet de la Société historique et archéologique de Langres. Ce bouclier a 71 centimètres de long et 9 centimètres de large à son milieu. C'est une sorte de grosse pièce de bois plus large à son milieu, bombée en dehors et en avant. La partie saillante en avant forme une crête épaisse qui va en dédolant sur chaque côté comme le représente la fig. 28 *bis*, *b*, où le bouclier est vu de face. La partie opposée, tenue par la main, est amincie et forme une longue crête, de haut en bas, creusée d'un sillon dans toute sa longueur pour permettre d'y poser une lance *cc* qui alors est maintenue solidement le long du bouclier par la main qui le tient. Car l'individu a toujours deux lances, l'une portée, comme je viens de le dire, par la main qui a le bouclier, l'autre portée par la main droite et qui est celle avec laquelle on combat réellement. Lorsque l'individu a cru nécessaire de lancer cette dernière lance à un ennemi, il reprend aussitôt celle qui est maintenue dans le sillon du bouclier par la main gauche. Cette lance est toujours plus forte et plus longue que l'autre, car l'individu ne s'en sépare jamais dans le combat. Le bouclier en question ici est percé, au milieu et dans la direction d'une face latérale à l'autre, d'un trou oblong assez grand, ce qui fait une sorte d'anse par laquelle la main tient le bouclier et la lance *cc*. La fig. 28 *bis*, *a*, présente cette disposition ; le bouclier y est vu latéralement.

La fig. 30 A, est un bouclier à deux échancrures très-bien arrondies, dont l'entrée est un peu plus rétrécie que l'intérieur. L'*umbo* porte une côte ou saillie qui n'est qu'un repoussement du cuir en dehors, de même que l'*umbo* tout entier. Le bouclier sur lequel a été dessiné cette fig. 30 A, et que j'ai envoyé aussi au musée de Langres, était en peau de bufle. Autour de l'umbo il y avait une couronne de légers dessins d'angles. L'échancrure du bouclier sert souvent à poser la lance pour viser l'adversaire et la lui lancer plus sûrement. C'est ce qu'indique la fig. 30 B. Les courroies servent à suspendre le bouclier à l'épaule.

Fig. 31, Pl. V. *Guerfeh*, sorte de grand sac de cuir pour voyager. Il sert à mettre les hardes, les provisions de bouche. *Voy.* chap. III, 3° partie.

Fig. 32, Pl. VII. Femme ouadayenne coiffée de la parure appelée am-chinga. *Voy.* chap. IX, 2° partie. L'arrangement des cheveux n'est point disposé par étages et par renflement sur les côtés et derrière la tête, comme chez les Fôriennes, *voy.* fig. 10, pl. VI; c'est une simple accumulation d'une foule de frisures très-fines et allongées, laissées pendantes à leur place naturelle, comme chez nous dans les *coiffures à l'enfant*. Les Ouadayennes de condition aisée passent beaucoup de temps à l'arrangement de leur chevelure, à coordonner la multitude des tuyaux de frisure qui leur forment comme une perruque serrée. En arrière, ces cheveux finement bouclés, en boucles aussi longues que le permet le crépu des cheveux, tombent sur le cou, d'une oreille à l'autre, et arrivent même jusque sur les épaules; mais, pour cela, les Ouadayennes adaptent très-souvent de faux cheveux à leur chevelure, et, par cette ressource, allongent la chute de leurs frisures par derrière la tête. Il n'y a que les femmes d'origine arabe, me dit le cheykh El-Tounsy, qui n'aient pas besoin de cet emprunt pour se coiffer à la grande mode, à frisures tombantes.

Les tuyaux frisés du milieu du devant de la tête ne descendent pas du côté du front. Ils sont au contraire remontés et couchés de bas en haut; de plus, il y a, au milieu, une ligne de séparation marquée depuis le front jusqu'au bout de la tête; c'est là que s'applique l'am-chinga.

Fig. 32 D, Pl. VII. L'am-chinga, parure que portent sur le devant de la tête les femmes des personnages distingués. Les crochets supérieurs de l'am-chinga se fixent dans les cheveux qui sont frisés et serrés comme on l'a dit. *Voy.* chap. IX, 2ᵉ partie.

Fig. 33, Pl. VIII. Portrait d'un Mandaraouy ou Mandaraouyen (habitant du Mandarah), province méridionale du Barnau. Les Mandaraouyens sont une population à part, conquise par le Barnau. L'individu représenté par le portrait, était soldat au service du pacha d'Égypte. Il arriva au Caire après la guerre de Syrie à laquelle il avait assisté. Je le fis dessiner, sans qu'il s'en doutât, à l'hôpital de Casr-el-Ayny où il était entré légèrement malade. Sa conversation (il parlait bien l'arabe), ses mouvements, toute sa physionomie, exprimaient la vivacité et l'intelligence.

Fig. 34, Pl. VII. Le faguyh Délyl, grand câdi du Ouadây. Il était d'origine arabe, mais né au Ouadây. Il avait fait ses études à la mosquée El-Azhar, au Kaire. Il mourut en pèlerinage. *Voy.* chap. X, 1ʳᵉ partie.

Fig. 35, Pl. VII. Le faguyh Ilâly, Ouadâyen d'origine, né à Ouârah qu'il habite encore. Il occupe la maison même qu'occupait le cheykh El-Tounsy. *Voy.* Introduction.

Fig. 36, Pl. VII. Un Ouadâyen du village de Koudkous dans la province du Batha, au centre du Ouadây. Il accompagnait le faguyh Ilâly lorsque celui-ci passa au Caire pour aller en pèlerinage à la Mekke. Sa physionomie, fine d'expression et de malice, avait l'air railleur.

Fig. 37, Pl. VIII. Portrait du Barnâouy ou Barnâouyen (habitant du Barnau), dessiné chez le sultan Abou-Madiân, au Kaire. Le portrait de ce Barnâouyen, comme tous les autres portraits précédents, est d'une ressemblance parfaite: figure longue, lèvres grosses, nez peu saillant, yeux petits, pommettes avancées; air bénin, dévot et sanctifié, assaisonné de l'expression un peu niaise qui va si harmoniquement avec son tarbouche allongé. Ce Barnâouyen, né au Birny du Barnau, a passé quatre ans au Caire à faire ses études. Il a appris ce que l'on enseigne si médiocrement à la mosquée El-Azhar, la Sorbonne d'Égypte, et il s'est en allé cheykh breveté jugé digne d'être câdi au Barnau.

NOTA. Les détails relatifs aux figures ont été reçus du cheykh de vive voix.

MUSIQUE.

PL. IX. Parmi les chants dont je donne la musique, il en est deux, le 7e et le 8e, dont le texte n'est pas cité dans le courant de cet ouvrage. Voici l'explication des mots qui composent ces deux chants :

N° 7. *Chout-Koum*, vous pourriez. *Koum* est le mot arabe *vous*, régime. — *Toçalo*, que vous obteniez, atteigniez à, arriviez à. C'est le mot arabe *toûçaloû* qui a ce même sens. — *Lé*, préposition arabe, *à*, *jusqu'à*. — *Khdeyrah*, diminutif arabe *Khodeyrah*, nom propre. — Le sens est : « Vous pourriez arriver à ma belle Khodeyrah, celle que » j'aime? vous pourriez y arriver? vous le pourriez? Non, jamais. Et si » vous le tentiez, je vous tuerais; elle est à moi seul. »

N° 8. *Yobané eyo ebné*. Ces mots n'ont pas de sens; c'est une sorte de mise en train, comme nos *la la déri déra*, etc. — *El-leyl*, la nuit; mot arabe. — *Bobé*, est avancée, avancée au tiers (et je suis encore seule!). — *Dâr-Fôr*, le Dàrfour, c'est-à-dire ici, le monde entier; car, pour les Fôriens, le Dàrfour c'est l'univers. — *Guéfé*, c'est le mot arabe *djafa* ou *djéfé*, s'éloigner, c'est-à-dire : le monde se disperse, s'éloigne ; ceux qui s'aiment dans ce monde sont souvent éloignés l'un de l'autre, forcés de se séparer. — *Ana*, moi, je, nominatif; mot arabe. — *Râcy*, ma tête; arabe. — *Naouei*, mot d'origine arabe, pour *nâouy*, a désir; c'est-à-dire : je veux fuir; ma tête, mon esprit veut que j'aille de par le monde à la recherche de mon amant. — Cet air n'est chanté que par les femmes, il est fôrien.

TABLE DES MATIÈRES

CONTENUES DANS LE

VOYAGE AU OUADÂY.

PRÉFACE, par M. JOMARD. . . . . Pages I-LXXV

INTRODUCTION, par M. PERRON. . . . . Page 1

PREMIÈRE PARTIE, ou PARTIE HISTORIQUE.

CHAPITRE Ier. — Causes qui ont déterminé le cheykh El-Tounsy à passer du Dârfour au Dâr-Ouadây. — Reclusion; délivrance. — Départ du Dârfour. — Retards; guides; traversée de l'espace qui sépare le Ouadây du Dârfour. — Quantité d'animaux sauvages. — Entrée au Ouadây. — Formalités singulières. — Bosses du courage. — Présentation à l'aguid ou gouverneur de la province de l'Est. — Envoyés du sultan. — Départ pour Abâly. — Sorte de quarantaine. — Grand repas envoyé au cheykh par le sultan. — Présents du cheykh au sultan et du sultan au cheykh. — Présent d'œufs de pintade. — Accidents. . . . . Page 37

CHAPITRE II. — Le sultan Sâleth, dont le nom est aussi donné au Ouadây. — De l'origine des familles régnantes au Kordofâl, au Dârfour et au Ouadây. 68

CHAPITRE III. — Conventions primitives de paix entre les Fôriens et les Ouadayens. — Rupture; guerres. — Victoires des Ouadayens. — Deux sultans fôriens sont tués sur le champ de bataille. — Paix. 76

CHAPITRE IV. — Le sultan Mohammed-Abd-el-Kérym, surnommé Sâboûn. — Sa jeunesse. — Ses qualités. — Il se prépare au sultanat. — Il s'empare de la demeure impériale, et se fait reconnaître souverain. — Prétentions de ses frères. — Guerre civile. — Sâboûn triomphe; il brûle les yeux à un de ses frères. — Il prend l'autre par ruse, et le fait mettre à mort. 92

CHAPITRE V. — Tyrannie et déréglements d'Ahmed, sultan du Bâguirmeh. — Incursions des Bâguirmiens sur le territoire ouadayen. — Lettres de Sâboûn à Ahmed. — Expédition et départ de Sâboûn. — Arrivée dans l'espace qui sépare le Ouadây et le Bâguirmeh. — Un abou-carn se précipite sur les Ouadayens; il est tué par un esclave. — Plusieurs chefs condamnés à mort. — Comparaison des Rézeigât et des Djéâtenah. — Vénération pour le souverain. — Anecdote. — Le souverain est toujours inspiré du ciel. — Autre anecdote. 121

CHAPITRE VI. — Les Ouadayens pénètrent dans le Bâguirmeh; ils arrivent à peu de distance de la capitale. — Sâboûn dispose ses corps d'armée. — Les Bâguirmiens sont battus. — Prise du birny. — Siége et prise de la demeure du sultan. — Pillage. — Richesses; numéraire. — Disparition du sultan bâguirmien. — Par le moyen de ses femmes, on le retrouve parmi les morts. — Bas prix des esclaves. — Dons du sultan Sâboûn. 14

CHAPITRE VII. — Les débris de l'armée ennemie se rassemblent sur les frontières du Mandarah. — Sâboûn y envoie des troupes. — Sultan de Logon. — Le père du cheykh va au Barnau. — Il est dépouillé. — Sâboûn établit sultan un fils du sultan bâguirmien, et il retourne au Ouadây. — Réaction. — Rentrée des Ouadayens au Bâguirmeh. — Nouveau sultan fils d'Ahmed. — Renvoi des Ouadayens. — Conspiration. — Troisième expédition. — Prise de Tchigama; il est amené au Ouadây. — Il est fait sultan. — Son départ. — Firman. — Il entre en possession du sultanat. — Son portrait et celui de son fetcha................. 164

CHAPITRE VIII. — Incursions des Tâmiens sur les terres du Ouadây. — Députation au sultan du Dârfour. — Nouvelles incursions. — Envoi de troupes ouadayennes au nord-est du Ouadây. — Défaite des Ouadayens. — Départ de Sâboûn avec l'armée. — Entrée au Dâr-Tâmah. — État du terrain. — Siége du mont Tâmah. — Résistance vigoureuse. — Les vingt-deux Mogrébins. — Assaut; massacre; dévastation. — Courage des Tâmiens. — Désappointement du sultan fôrien. — Troisième expédition. — Paix; conditions de cette paix. — Récriminations du sultan fôrien. — Délivrance des prisonniers tâmiens................ 187

CHAPITRE IX. — Sâboûn ordonne l'exploration d'une route nouvelle pour les caravanes. — Anecdote d'un Mogrébin. — Caravanes envoyées au Maghreb par la voie de Djâlau et Audjalah. — Sâboûn envoie des présents à Mohammed-Aly-Pacha. — Le pacha en fait porter à son tour à Sâboûn, par une caravane qui en route est pillée. — Cause de la guerre du Kordofâl. — Caravane expédiée du Ouadây sur Ben-Ghâzy, par la route de Djâlau. — Cette caravane s'égare, et les esclaves meurent de soif. 211

CHAPITRE X. — Mort de Sâboûn. — Événements qui se succédèrent ensuite. — Le sultan Kharyfeyn. — Son extravagance. — Son empoisonnement. — Le sultan Râkeb. — On crève les yeux à ses frères. — Protestation armée. — La mère de Râkeb calme le kamkolak révolté. — Assassinat des meurtriers de Kharyfeyn. — Le kamkolak tué. — Substitution d'un jeune sultan. — Expédition contre les Malangais. — Installation du sultan actuel du Ouadây. — Choléra au Ouadây; famine................ 224

SECONDE PARTIE, ou PARTIE DESCRIPTIVE.

CHAPITRE I**. — Étendue du Ouadây. — Comparaison du Ouadây et du Dârfour. — Éloge de Sâboûn; année de la mort de ce prince. — Principales peuplades du Ouadây; leurs contrées; leurs caractères physiques. — Répugnance pour la coloration blanche. — Tribus arabes des environs du Ouadây. — Les Ouadayens refusent à tout prince étranger le titre de sultan. — Rudesse de leur langage. — Physionomie de certaines peuplades. — Époque des premières relations commerciales avec le Ouadây. — Amour de Sâboûn pour les savants. — Défaut de courage des Barnaouyens, anecdote. — Réflexions. 258

CHAPITRE II. — Demeures des habitants. — Emplacement de Ouârah, capitale du Ouadây. — Palais du sultan. — Ozbân ou gardes du palais et exécuteurs des ordres du sultan. — La garde de nuit. — Les turguenak. — Les quatre portes du palais ; sa distribution intérieure. — Forme des habitations à Ouârah. — Étendue de la ville. — Position topographique. — Comparaison de Ouârah et de Tendelty. 262

CHAPITRE III. — Étendue comparative des principaux États du Soudan. — Esclaves du Ouadây, du Bâguirmeh, du Dârfour. — Distances des régions ou États du Soudan. — Populations du Soudan idolâtre. — Signes artificiels distinctifs des tribus. — Fertilité du Soudan idolâtre. — Industrie des Fertyt. — Les Djengueh ; ils dorment dans la cendre. — Noms de tribus de Fertyt. — Peuplade anthropophage. — Singulière origine donnée aux Félâta. — Du Soudan en général ; Soudan *commercial*. — Désignation des esclaves. — Climat du Ouadây ; pluies, orages, etc. — Ressemblance entre les Ouadayens et les Fôriens. 271

CHAPITRE IV. — Origine des conquêtes des Foullân ou Félâta. — Le réformateur Zâky. — Ses premiers succès au Dâr-Mella, puis au Kechnah et au Noufeh. — Coïncidence avec la réforme wahabite. — Avantages et aisance de Noufeh. — Son commerce d'esclaves. — Anecdote. — Invasion de l'Afnau, de l'Adiguiz, du Barnau. — Les Foullân vaincus et repoussés. — Synchronisme. — Comparaison de la vie pacifique en Europe et en Orient. — Analogies de caractère de certaines peuplades du Soudan avec des populations européennes. 290

CHAPITRE V. — Des moyens de répression. — Prescriptions du Coran. — Peines indiquées par les lois civiles. — Décollation ; dilaniation ; déchiquètement (couper en longues lignes) ; pendaison ; empalement. — Supplice du *châmyât*. Anecdote. — Supplice du feu. — Enterrer vif. — Écrasement ou broyement. — Tonne à clous. — Noyade. — Étranglement ; empoisonnement ; mort lente ; mort par armes à feu ; par les coups. — Peines au Dârfour. — Travail des prisonniers ; manière de les éveiller. — Entraves perpétuelles. — Casse-pastèque. — Écartement. — Étrivières. — Détention particulière. — Entrave dite *scorpion*. — La ligne-prison. — Autres punitions. 314

CHAPITRE VI. — Commerce et industrie au Dârfour et au Ouadây. — Commerce des kharaz ou verroteries. — Ceintures secrètes des femmes. — Bracelets ; tamymeh ; périscélides ou chevillères ; damleg. — Coraux. — Étoffes importées. — Anes. — Tarboûch. — Aromates. — Cuivre ; étain. — Aiguilles. — Rasoirs. — Selles. — Sabres. — Talaris. — Soufre. — Papier ; encriers ; livres. — Ilâdjeh, étoffe. — Faïr ou insigne de récipiendaire. — Mousseline. — Souliers, etc. — Commerce au Ouadây. — Kharaz appelé chôr. — Moudraàh ou brassières. — Présents des amants ; le cadmoûl. — Anecdote. — Commerce des Arabes répandus aux environs du Dârfour et du Ouadây. — Sel ; ses espèces. — Industrie au Dârfour et au Ouadây.

— Secours mutuels. — Devoirs rendus aux morts; prières. — Occupations des femmes. — Récoltes des fruits, des légumes. — Pauvres. 331

CHAPITRE VII. — Mœurs et coutumes. — Dignités; fonctions. — Kamkolak. — Mômo. — Habbâbah. — Aguid. — Vizirs ou émyn. — Kamnah. — Turguenak. — Rois. — Audiences publiques du sultan. — Cérémonie bizarre du salut du vendredi. — Kabartou. — Costume des turguenak. — Timbales du mont Thoraya. — Manière de porter plainte au sultan. — Sorte de quarantaine. — Tribunal des kamkolak. — Vénération pour le sultan. — Nul ne doit porter le même nom que lui. — Eau du sultan. — Cérémonies pour pénétrer dans le palais; réceptions particulières. — Jeunes filles habbâbah. — Inspecteurs des charges. — Nul ne monte à âne. — Forgerons et chasseurs. — Coutume des chérifs. — Innovations interdites. — Projet de battre monnaie. 361

CHAPITRE VIII. — Décorum des princes du Soudan. — Visite de deux Bédouins à un sultan fôrien; orateur en défaut. — Un sultan se fâche pour du miel. — Présent d'oignons, de piment et d'aulx. — Le Berty dépouillé et ruiné; il va se plaindre. Il conduit sa fille au sultan, qui l'épouse. — Les dix fumeurs; pipe monstre. — Usage du lait, jadis défendu aux sultans du Ouadây. 383

CHAPITRE IX. — Vêtements; ornements; parures. — Turbans; calottes. — Ampleur des habits. — Ornement des sabres. — Présents d'investiture des charges. — Instruments de musique. — Masque ou frontail des chevaux. — Travail des lances. — Parure des femmes. — L'am-chinga. — Usage continuel du cure-dent. — Les kounfous. — Stature; teint. — Les filles prennent peu de nourriture. — Travaux et fatigues des femmes. — Le raykeh; le porte-fardeaux ou Karandjalah. — Relations des sexes. — Manœuvres des matrones. — Nombre des concubines chez les grands. — Quelques réflexions. — Choix des amants; anecdote; meurtre. — Malédiction contre les femmes infidèles. 398

CHAPITRE X. — Des afryt ou diables. — Leurs vols et meurtres réprimés par Sâboûn. — Leurs amours. — Anecdote : un afryt devenu amoureux exclusif d'une jeune fille. — Un rival; rencontre singulière des deux prétendants. — L'afryt veut fuir; il est vaincu, et cède la place. — Autre anecdote. — Singulières habitudes de relations des sexes. — Incontinence des femmes. — Secret des intrigues amoureuses. 410

CHAPITRE XI. — Tactique militaire. — Division de l'armée. — Ordre de bataille. — Drapeaux. — Signes distinctifs pour les soldats des deux armées. — Attaque; chant. — Armures et armes. — Casques. — Caparaçons. — La *châyeh* ou saie. — Provocations en bataille. — Espèces de lances. — Boucliers; adresse à les manier. — Arcs et flèches. — Les archers sont tous esclaves. — Tir de l'arc. — Empoisonnement des flèches; leur petitesse. — Cordes d'arc. — Carquois. — Chants guerriers. — Abydyeh ou esclaves particuliers du sultan. 418

CHAPITRE XII. — Des chevaux. — Chevaux du Dongolah et d'Égypte. — Habitudes des chevaux du sultan fôrien. — Chevaux du Dârfour. — Nourritures des chevaux chez les Fôriens et les Arabes. — Le cheval éveille l'Arabe son maître. — Chevaux à trois relais, ou fins coureurs. — Le

DU VOYAGE AU OUADÂY.   751

coursier du Tâmien et le coursier du Ouadayen ; anecdote. — Croyances bizarres relatives aux chevaux. — Croyances sur la destinée après la mort, chez deux tribus. — Petits chevaux du Ouadây. — Appréciation des balzanes ; du pelage. — Vers à ce sujet. — Poëtes ; luttes d'improvisations; poëtes accompagnant le sultan. — Augures tirés des positions des chevaux. — Le faguyh Moûça et son cheval. — Signes préférés sur les chevaux. — Habitudes de guerre au Ouadây. — Les Fertyt n'ont pas de chevaux, et ont peu de gros bétail. — Comment les rois fertyt vont en guerre. — Un prince ne fuit jamais. — On laisse la vie au roi prisonnier, aux ulémas. — Ce que deviennent le roi pris, sa suite, ses femmes. 444

CHAPITRE XIII. — Différences et analogies dans les habitudes du Dârfour et du Ouadây. — Chasses aux esclaves par les Fôriens. — *Salatyeh* ou lance de permission de chasse. — Firman ou permis de chasse. — Comment se recrute on se réunit une ghazoua ou ghazia. — *Sultan* ou chef de chasse. — Partage des esclaves. — Procédé de répartition des captures. — Attentions pour le *sultan* de la chasse. — Prise d'une station ou d'un village. — Acceptation de tribus au nombre des protégés du Dârfour, et exclusion. — Réserves de grains chez les Fertyt. — Nombre des chasses annuelles. — Cas de maladie ou de mort d'un *sultan* de chasse. — Quantité des esclaves pris ; mortalité. — Leur crainte d'être vendus aux Arabes. — L'esclavage est permis par l'islamisme. — Procédé des Ouadayens pour les chasses. — Idolâtrie des Fertyt. — Mariages défendus entre proches parents. — Nudité habituelle. — Amour des Fertyt pour leur pays. — Demeures sur les arbres. — Habileté à travailler l'ébène. 466

TROISIÈME PARTIE.

RETOUR AU MAGHREB ET EN ÉGYPTE.

CHAPITRE Ier. — Départ du Ouadây. — Ses causes. — Mauvais procédés de l'oncle Zarroûk. — Épisode du chérif Ahmed. — Il arrive au Dârfour en revenant de pèlerinage. — Comment il traite le sultan. — Il va au Ouadây. — Il y devient vizir. — Il est dépouillé du vizirat. — Il part. — La caravane s'égare. — Le chérif revient au Ouadây. — Il s'attire la haine générale, et est assassiné. — Départ de la caravane avec laquelle le cheykh retourne au Maghreb. — Inspection des caravanes en départ.. 496

CHAPITRE II. — Entrée dans les plaines des Mahâmyd. — Puits des Daûm. — Le caravanier Ahmed. — Tallon redemandé. — Les Toubou-Turkmân. — Ils attaquent la caravane et sont repoussés. — Ils reviennent. — Entrevue singulière avec eux ; leur sultan. — On lui cingle un coup de fouet. — Les Toubou se vengent. — Ils harcèlent la caravane — Arrivée chez les Toubou-Rechâd. — Leur sultan. — Cérémonial ; réception. — La caravane régale le sultan et la sultane ; portrait de Leurs Majestés. — Second régal. — Troisième régal. — Arrivée aux trois montagnes. — Quatrième régal. — Fuite de trois esclaves. — Trois tribulations. — Cadeau fait au sultan. — Perquisition ; dépouillement. — Départ. 512

CHAPITRE III. — Le désert avant Catroûn. — Escorte de cent cinquante Toubou. — On loue des chameaux. — Manière de faire les marchés de louages. — Soins des Toubou pour leurs chameaux. — La montre d'Abd-Allah. — Cérémonies des Toubou en se saluant. — Analogies de ces salutations avec celles des Fôriens des monts Marrah. — Formes de politesses des Fôriens, des Barnâouyens. — Querelles fréquentes entre les Toubou. — Dix jours de désert. — On me vole deux outres d'eau. — Mon esclave favorite en danger de périr de soif; moyen par lequel elle fut conservée. — Arrivée à Catroûn.................... 535

CHAPITRE IV. — Mourzouk ou Zeylah. — Son bazar de quatorze boutiques. — Présentation au sultan Mountacer. — Siége du sultan. — Gravité de ce sultan. — Séjour de Mourzouk; petite anecdote. — Habitudes de vie ordinaire. — Mourzouk centre de commerce. — Bélâd-el-Abyd. — Commerce d'or à Mourzouk. — Probité des Fezzanais. — Anecdote. . . . 549

CHAPITRE V. — Préparation au départ de Mourzouk. — Rivalités et guerre des Arabes Bény-Soleymân. — Moyen employé par le pacha de Tripoli pour la terminer. — Départ de Mourzouk. — Vallée de Chiâty. — Assemblée délibérante. — Départ pour Tripoli. — Le Ghirlân; hospitalité; régal. — Jardins. — Caractère des Arabes Bichr; habitudes de rapines. — Arrivée à Tripoli. — Menchyeh. — Départ de Tripoli. — Djirbeh. — Safâkès; rusticité des Safâkésains; jardins; fruits. — Castel du village d'El-Djemm................................ 563

CHAPITRE VI. — Arrivée à Tunis, et ensuite à la ferme de mon père. — Mon père vide ma ceinture et garde mon argent. — Regrets. — Le marabout Omar. — Mon père me communique son projet de retourner au Ouadây. — Il part. — Présents pour le sultan Sâboûn. — Mort de mon père. — Je me mets en route pour le Ouadây. — Arrivée à Mourzouk. — Départ pour le Ouadây. — Je rencontre l'oncle Zarroûk. — Discussion. — Conciliation. — Retour à Tunis. — Je pars pour le pèlerinage. — Visite à Cairaouân. — Arrivée à Alexandrie, à Rosette, au Caire. — J'achète une Abyssinienne....................... 583

CHAPITRE VII. — Circonstances particulières dans le trajet de Tunis au Fezzân, et le retour. — Je prends une pacotille de tarboûch. — Ma marmite se casse. — Nous nous embarquons sur un brick à deux hommes d'équipage. — Bourrasque. — Invocation des meilleurs saints. — Nous allons à pied à Zouârah. — Arrivée à Tripoli. — Je retourne au brick. — Danger singulier. — Un autre danger nous est annoncé mystérieusement. — Peur; retour à Tripoli. — Trois mois d'attente. — Arrivée de l'esclave de mon père. — Départ pour le Fezzân. — Vallée où nous manquons d'être noyés. — Je me trouve sans provisions. — Bénédiction. — Chute de chameau. — Pour dernière aventure, je suis volé par un pauvre à qui je donne à dîner. — Finale pieuse........................ 601

INDEX DES NOTES,

VOCABULAIRES, ET EXPLICATION DES FIGURES.

Note 1. — L'attâr ou droguiste ruiné retrouve sa fortune. — Un naufragé sauvé. .... *Page* 625
Note 2. — « Il n'y a pas grand mal à cela ; » coups sur la nuque. Deux anecdotes. 629
Note 3. — Ventouses. 631
Note 4. — Bosses du courage. Fait craniologique. 031
Note 5. — Mesures des esclaves par empans. 632
Note 6. — Explication du nom Kharyf-el-Teymân. 632
Note 7. — Miroüed pour le keuhl. — Keuhl. 632
Note 8. — Psaumes de David envoyés du ciel. 633
Note 9. — Explication d'un passage où se trouve le mot *la terre*. ... 633
Note 10. — Amulette. 633
Note 11. — Mois de Rédjeb l'*unique*. 634
Note 12. — Révolte de Noaïm. Il est condamné à mort. — Vers. Pardon. — Nomân ; son jour de bienveillance et son jour de colère : anecdote. — Coutume pour les vengeances des meurtres au Sennâr ; anecdote. 634
Note 13. — Les génies khirryt. 639
Note 14. — Proverbe. 639
Note 15. — Histoire de Djézymet-El-Abrach et de Zabba. Vers. 639
Note 16. — Cas d'union conjugale. 642
Note 17. — L'abou-carn. 643
Note 18. — Explication du mot birny. 643
Note 19. — Le ryâl, monnaie. 643
Note 20. — Colonate, monnaie dite *pièce à canon*. 643
Note 21. — Simplicité d'un soldat égyptien dans la guerre de Morée. .. 643
Note 22. — *Seigneur*, nom appliqué à Mahomet. 645
Note 23. — Le poëte Tofaïl-el-Khâî. 646
Note 24. — Livre des *Hadyth*, de Mâlik. 646
Note 25. — Histoire de la guerre du Fezzân. — Arabes Bény-Soleymân, Bény-Bichr ; Bény-Seïf-el-Nasr. — Pacha de Tripoli. — Autre guerre. .. 646
Note 26. — Marabouts. 665
Note 27. — Le sellier tripolitain. 666
Note 28 — Djaramah, sorte de fonctionnaire. 669
Note 29. — Les Malangais ont le privilége de réparer le palais. 670
Note 30. — Réflexions sur les agitations qui troublèrent le commencement du khalifat. — Exemple de sévérité d'Omar. 670

754 INDEX DES NOTES, VOCABULAIRES, ETC.,

Note 31. — Punition de l'adultère. 672
Note 32. — Le charganyeh, ou cloison. 672
Note 33. — Engendrements extraordinaires racontés par les anciens Arabes. — Explication curieuse de l'épilepsie. 672
Note 34. — Esclaves commis. 673
Note 35. — Saccatou. 673
Note 36. — Qualification de *philosophe*. 673
Note 37. — Lecture du Coran comme œuvre pie. 673
Note 38. — Le zoukhmeh, instrument de correction. 674
Note 39. — Téna, nom général donné aux kamkolak ou justiciers. 674
Note 40. — Chichm. — Nabk-karnau. 674
Note 41. — Monnaies ayant cours en Égypte. — Leurs valeurs. 675
Note 42. — Usage du loubân. 682
Note 43. — Vêtements des cheykh. — Sandale mekkoise. 682
Note 44. — Prières de la délivrance, ou cent mille phrases. 683
Note 45. — Chapelet et rosaire des musulmans. — Prière du Pardon ou 70 000 phrases. 683
Note 46. — Le défré et le korayb, plantes. 685
Note 47. — Coutumes réservées au sultan. 685
Note 48. — Le kouldjou, oiseau. 686
Note 49. — Le couteau kirdâouy. — Couteau porté au-dessus du coude. . 686
Note 50. — Aventure arrivée à Ahmed, fils de Toûloûn. — Autre anecdote. Dieu punit les malintentionnés. — Autre aventure. Un mets à l'ail comme moyen d'intrigue de cour. 687
Note 51. — Mépris des Ouadayennes pour les poltrons. 694
Note 52. — Alexandre le Bicorne. 694
Note 53. — La Châyeh ou Saic. 694
Note 54. — Explication du terme ouendal. 695
Note 55. — La parkhah, lance. Forkhah, jeune fille. 695
Note 56. — Himiarites, Homérites. 696
Note 57. — Les hommes du dououein, ou Fôriens. 696
Note 58. — Explication de vers. 697
Note 59. — Aèdes, poëtes. 697
Note 60. — Vers du Faguyh Moûça à l'éloge d'une femme. — Lire une partie du Coran comme don nuptial. 698
Note 61. — Fin de chapitre. — Zikr. — Daucch ou *presse* dévote. 699
Note 62. — Le para, petite monnaie. Le Meydy. 701
Note 63. — Villages de Damyreh. Le cheykh El-Damyry. 701
Note 64. — Expression : « *Le seau de son puits se déchira.* ». 701
Note 65. — Toubou-Turkmân. 701
Note 66. — Saadyeh et Rifâyeh, deux corporations de psylles. — Tchaouych et Dalaîlyeh. — Usage du tambourin aboli. 702
Note 67. — Milâyeh dit du Hidjâz. 702
Note 68. — Keloûd ou peaux rouges. — Houroûz, sortes de talismans religieux. 703
Note 69. — Pèlerins du Maghreb moins nombreux à présent. — Sultans du Maroc. 704
Note 70. — Griffons. 708

DU VOYAGE AU OUADÂY.   755

NOTE 71. — Ponctualité; anecdote. — Autre anecdote plus merveilleuse; confiance dans la Providence. — Sainteté des prophètes. — Des saints musulmans. — Anecdote. 709
NOTE 72. — Loubed, aigle de Locmân. 715
NOTE 73. — Les cinq prières journalières. 716
NOTE 74. — Le sabârès et le syr, ou biçârieh, poissons. 716
NOTE 75. — Khammâceh ou *mercenaire à cinquième*. 716
NOTE 76. — Du goût des Arabes actuels en beaux-arts. 716
NOTE 77. — Jeûne du Ramadân. 717
NOTE 78. — Chapitre *Yâ syn* du Coran. Divisions du Coran. 718
NOTE 79. — Malheurs occasionnés par les torrents. — Anecdote; enfants mangés par des loups. 718
NOTE 80. — Médication hiérolatrique. 720
NOTE 81. — Rut des chameaux. 721

VOCABULAIRES.

Ouadayen. 722
Fôrien. 725
Fertyt. 726
Barnâouyen. 726
Bâguirmien. 727
Toubou. 727
Fezzanais 727
TRANSCRIPTION ARABE, par ordre alphabétique, des noms des localités, des tribus, etc., citées dans le voyage au Ouadây. 728
EXPLICATION des Figures. 739-746

COMPOSITION DES PLANCHES.

Portrait du cheykh Mohammed Ibn-Omar-El-Tounsy, en tête de l'ouvrage.

PLANCHE I. — Essai de carte du Ouadây.

PLANCHE II. FIG. 1. — Demeure de Sâboûn.

PLANCHE III. FIG. 2. — Aperçu de la ville de Ouârab.

PLANCHE IV. FIG. 2 *bis*. — Ville de Ouârah, capitale du Ouadây.

PLANCHE V. FIG. 3. — Dabboûz.
— 5. — Kourbâdj.
— 6. — Acrab.
— 7. — Brancard.
— 11. — Gorgerain.
— 12. — Pièce de caparaçon.
— 13. — Idem.

PLANCHE V. FIG. 14. — Sayon.
— 16. — Fers de lance.
— 17. — Idem.
— 18. — Idem.
— 19. — Idem.
— 20. — Idem.
— 21. — Idem.
— 22. — Idem.
— 23. — Idem.
— 24. — Idem.
— 24 *bis*. — Idem.
— 25. — Idem.
— 25 *bis*. — Idem.
— 26. — Idem.
— 27. — Idem.
— 31. — Guerfeh.

PLANCHE VI. FIG. 4. — Oreille percée.
— 8. — Bras armé.
— 9. — Idem.
— 10. — Karandjalah.
— 15. — Cheval harnaché.
— 28. — Bouclier.
— 28 *bis*. — Idem.
— 29. — Idem.
— 30. — Idem.
— 30 A. — Idem.
— 30 B. — Idem.

PLANCHE VII. FIG. 32. — Ouadayenne.
— 32 D. — l'am-chinga.
— 34. — Grand câdi du Ouadây.
— 35. — Le Ouadayen Ilály.
— 36. — Autre Ouadayen.

PLANCHE VIII. FIG. 33. — Mandaráouyen.
— 37. — Barnáouyen.

PLANCHE IX. — MUSIQUE. — Chants du Ouadây, n°˙ 1 à 8.

FIN.

PARIS. — IMPRIMÉ PAR E. THUNOT ET C°,
rue Racine, 26, près de l'Odéon.

VOYAGE
AU OUADÂY

PAR

LE CHEYKH MOHAMMED IBN-OMAR EL-TOUNSY,

RÉVISEUR EN CHEF A L'ÉCOLE DE MÉDECINE DU KAIRE;

TRADUIT DE L'ARABE PAR LE Dr PERRON,

Directeur de l'École de médecine du Kaire;
Membre de la Société asiatique de Paris et de la Société égyptiennne.

OUVRAGE ACCOMPAGNÉ DE CARTES ET DE PLANCHES
ET DU PORTRAIT DU CHEYKH,

PUBLIÉ PAR LE Dr PERRON ET M. JOMARD
Membre de l'Institut, ancien Directeur de la Mission égyptienne en France.

Ouvrage précédé d'une PRÉFACE de ce dernier, contenant des remarques historiques et géographiques,

ET FAISANT SUITE AU VOYAGE AU DÂRFOUR.

PLANCHES.

PARIS.

CHEZ BENJAMIN DUPRAT,
LIBRAIRE DE L'INSTITUT
ET DE LA BIBLIOTHÈQUE NATIONALE,
Rue du Cloître-Saint-Benoît, 7.
ARTHUS BERTRAND,
LIBRAIRE DE LA SOCIÉTÉ DE GÉOGRAPHIE,
Rue Hautefeuille, 21.

FRANCK, LIBRAIRE,
Rue Richelieu, 69.
RENOUARD, LIBRAIRE,
Rue de Tournon, 8.
GIDE ET BAUDRY, LIBRAIRES,
Rue des Petits-Augustins, 5.

1851.

VOYAGE AU OUADÂY.

COMPOSITION DES PLANCHES.

Portrait du cheykh Mohammed Ibn-Omar El-Tounsy (en tête du volume de texte).

PLANCHE I. — Essai de carte du Ouadây.
PLANCHE II. FIG. 1. — Demeure de Sâboùn.
PLANCHE III. FIG. 2. — Aperçu de la ville de Ouârab.
PLANCHE IV. FIG. 2 *bis*. — Ville de Ouârah, capitale du Ouadây.
PLANCHE V. FIG. 3. — Dabboùz.
— 5. — Kourbâdj.
— 6. — Acrab.
— 7. — Brancard.
— 11. — Gorgerain.
— 12. — Pièce de caparaçon.
— 13. — Idem.
PLANCHE V. FIG. 14. — Sayon.
— 16. — Fers de lance.
— 17. — Idem.
— 18. — Idem.
— 19. — Idem.
— 20. — Idem.
— 21. — Idem.
— 22. — Idem.
— 23. — Idem.
— 24. — Idem.
— 24 *bis*. — Idem.
— 25. — Idem.
— 25 *bis*. — Idem
— 26. — Idem.
— 27. — Idem.
— 31. — Guerfeh.

PLANCHE VI. FIG. 4. — Oreille percée.
— 8. — Bras armé.
— 9. — Idem.
— 10. — Karandjalah.
— 15. — Cheval harnaché.
— 28. — Bouclier.
— 28 *bis*. — Idem.
— 29. — Idem.
— 30. — Idem.
— 30 A. — Idem.
— 30 B. — Idem.
PLANCHE VII. FIG. 32. — Ouadayenne.
— 32 D. — l'am-chinga.
— 34. — Grand câdi du Ouadây.
— 35. — Le Ouadayen Ilâly.
— 36. — Autre Ouadayen.
PLANCHE VIII. FIG. 33. — Mandaráouyen.
— 37. — Barnâouyen.
PLANCHE IX. — MUSIQUE. — Chants du Ouadây, n°s 1 à 8.

(Voyez l'*Explication des figures* dans le volume de texte, pages 739 et suiv.)

PARIS. — IMPRIMÉ PAR E. THUNOT ET Ce,
rue Racine, 26, près de l'Odéon.

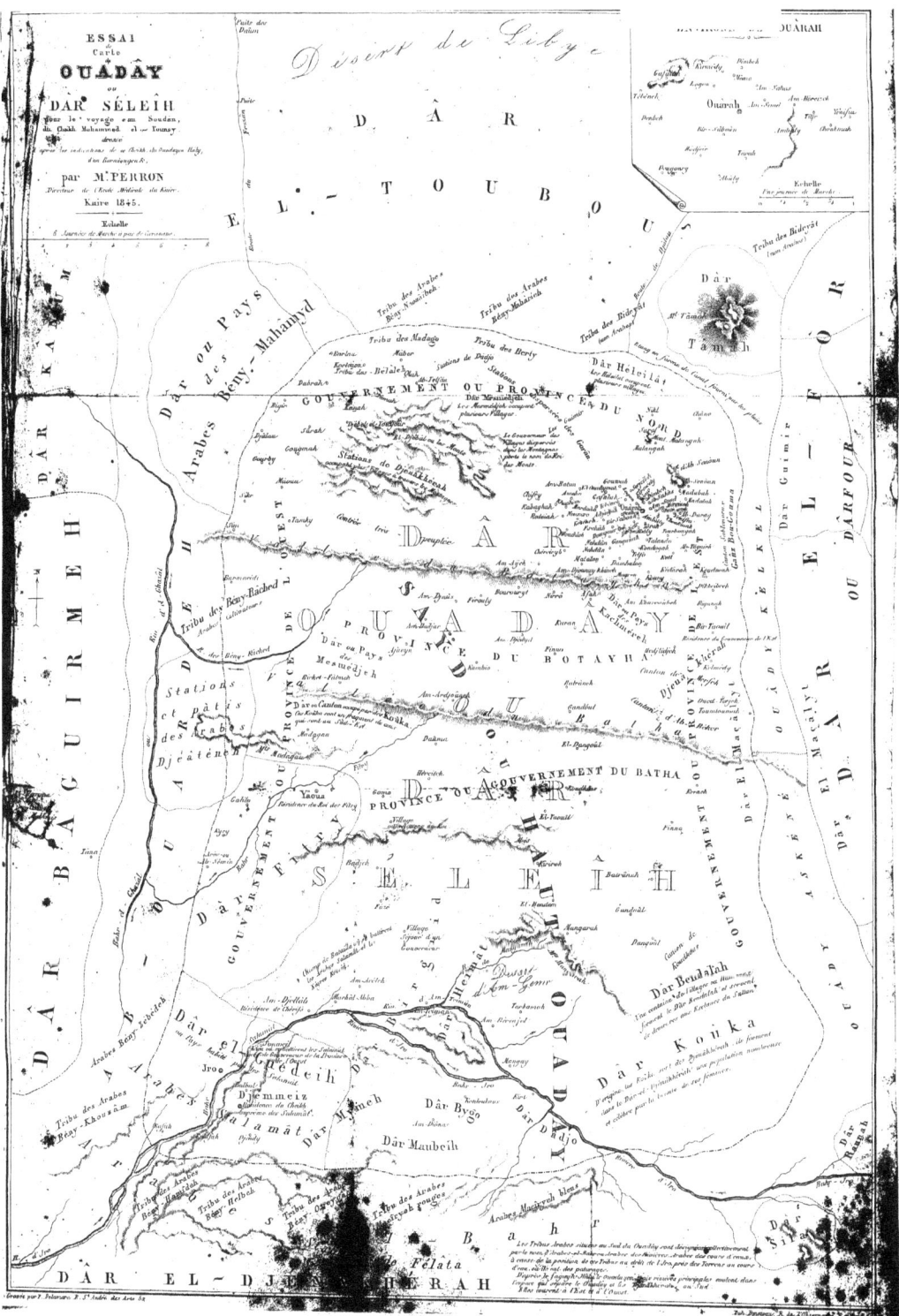

Voyage au Ouadây

Pl. VII.

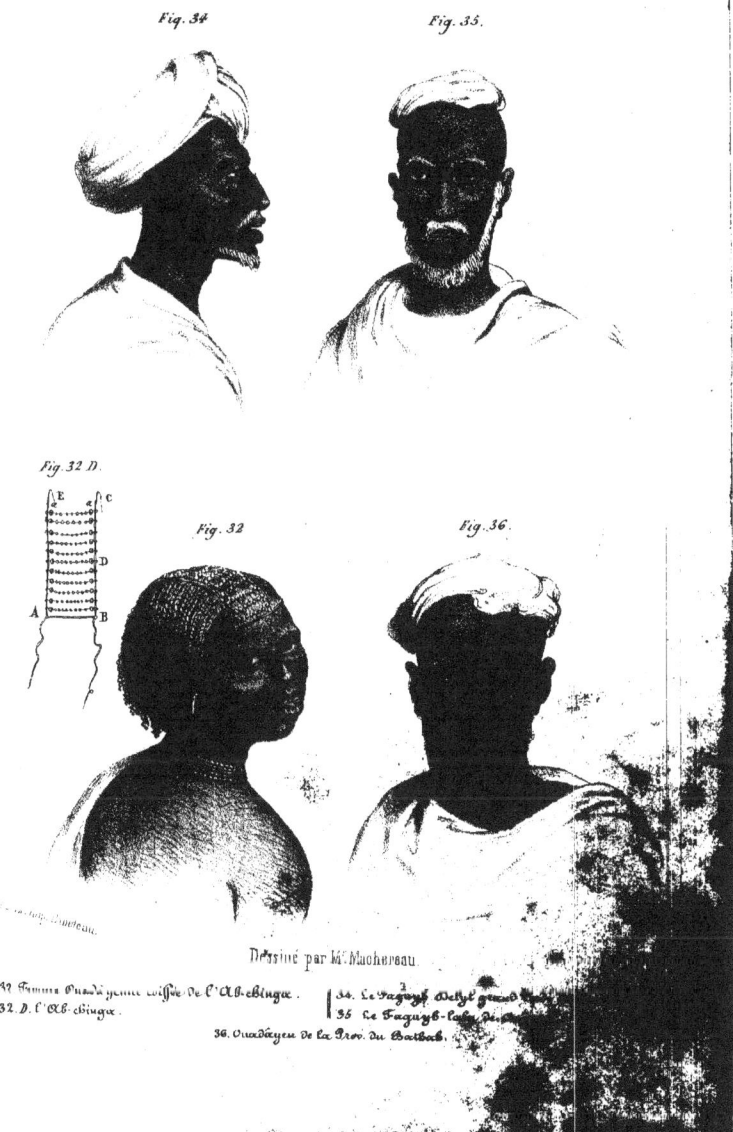

Fig. 34.   Fig. 35.

Fig. 32 D.   Fig. 32.   Fig. 36.

Dessiné par M. Mochereau.

32. Femme Ouadâyenne coiffée de l'Ab-chingæ.
32. D. l'Ab-chingæ.
34. Le Faguyh Betyt grand
35. Le Faguyh
36. Ouadâyen de la Prov. du Barbah.

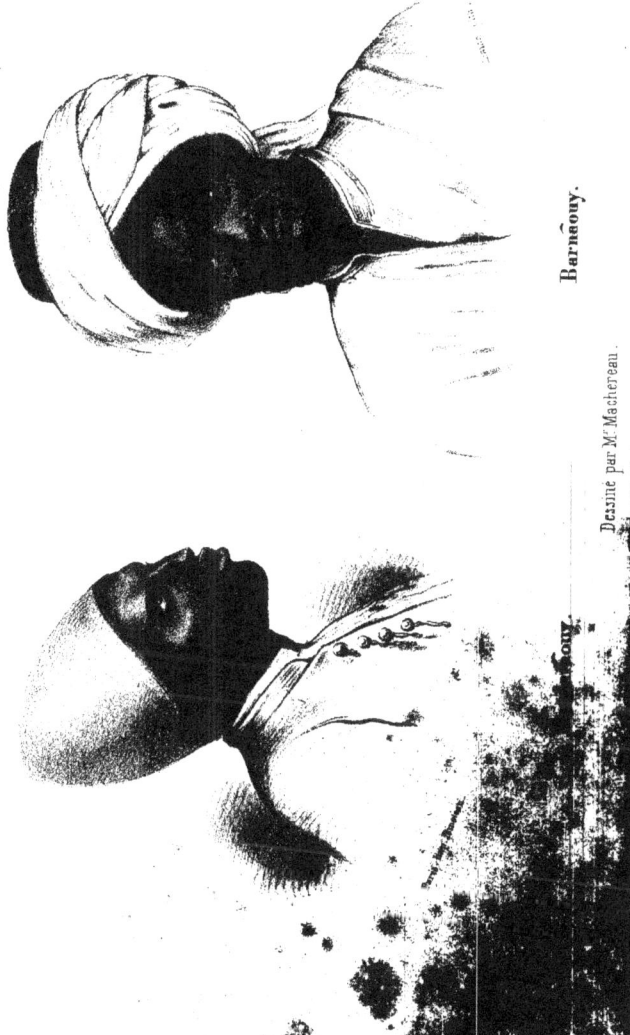

Pl. VIII.

Voyage au Ouadây.

Fig. 33.

Fig. 34.

Barnaouy.

Dessiné par Mr. Machereau.

Voyage au Ouadāy.

COSTUMES, ARMES, ARMURES ET INSTRUMENTS.

Voyage au Ouaday.

COSTUMES, ARMES ET INSTRUMENTS.

Dessiné par M. [...]

VILLE DE OUÂRAH Capitale du Ouadây.

Voyage au Ouadây.

Pl.III.

APERÇU DE LA VILLE DE OUÂRAH

Selon le tracé original du Cheykh Mohammed Et-Tounsy.

Fig. 2.

HAREM
où huttes des Femmes légitimes et concubines.

Demeure du Sultan.

Huttes des Esclaves du Sultan

Huttes des Esclaves du Sultan

Quartier Tourtalou

Grande Rue

Quartier de Tourtalou

Place du Pêcher

Tribunal des Amâlakah

Marché des hommes

Marché des femmes

Mont Thoraya

Nord. Est. Sud. Ouest.

1. Demeure de l'Agynyl des Arabes El-bahr.
2. Demeure de la Reine-mère du Sultan.
3. id. du Cady Naïb.
4. id. du président El-Bégarmâouy.
5. id. du Kamtchak Kokorny.
6. id. du chérif Omar, père du cheykh El-Tounsy auteur de ce voyage.
7. Demeure de Ouadê-Menkhaï.

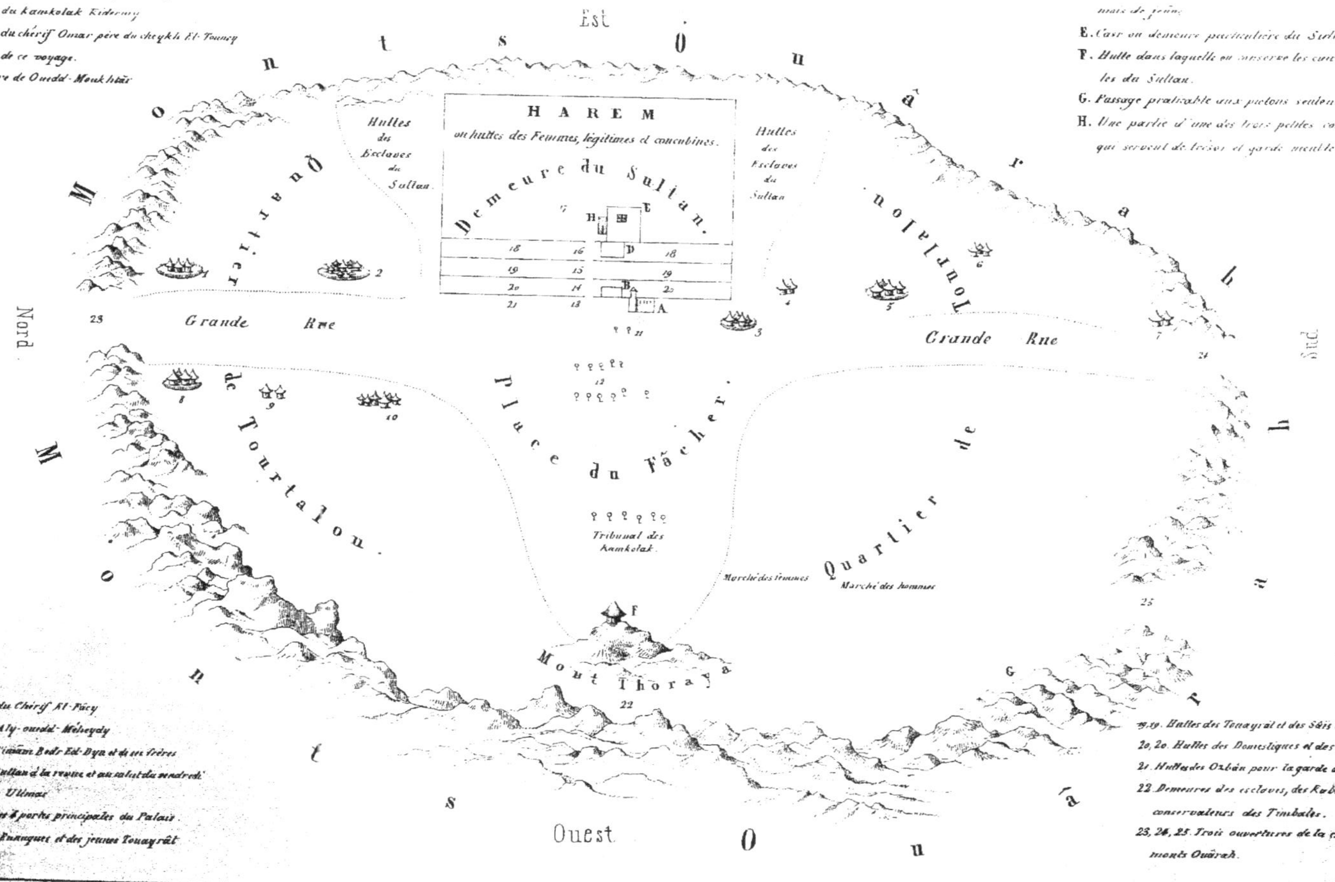

8. Demeure du Chérif El-Fâcy.
9. id. d'El-çoudi-Bolakyy.
10. id. du Caïd El-Byg el-âbd-et-Târa.
11. Cour du Sultan où la reine et ses enfants prennent le thé.
12. Case des Oulémas.
13 à 17. Porte principale du Palais.
18 à 20. Porte des Parents et des jeunes Eunuques.

A. Mosquée
B. Four de la Justice.
C. Aire où le Sultan passe les soirées et Ramadan ou mois de jeûne.
D. Case où demeure particulière du Sultan.
F. Hutte dans laquelle on renferme les voleurs ou tundu [?] les du Sultan.
G. Passage praticable aux piétons seulement.
H. Une partie d'une des bases petites constructions qui servent de trésor et garde meubles.

21. Huttes des Tounys et des Sâïs en exercice.
22. Huttes des Municipaux et des Dadjaj[?]
23. Mosquée Othân pour la garde de nuit.
24. Demeures des vuiliers, des Kalantehr [?] conservateurs des Tambahs.
25, 26, 27. Trois ouvertures de la chaîne de monts Ouârah.

Voyage au Ouadây. Pl. II.

DEMEURE DE SÂBOUN.

Fig. 1.

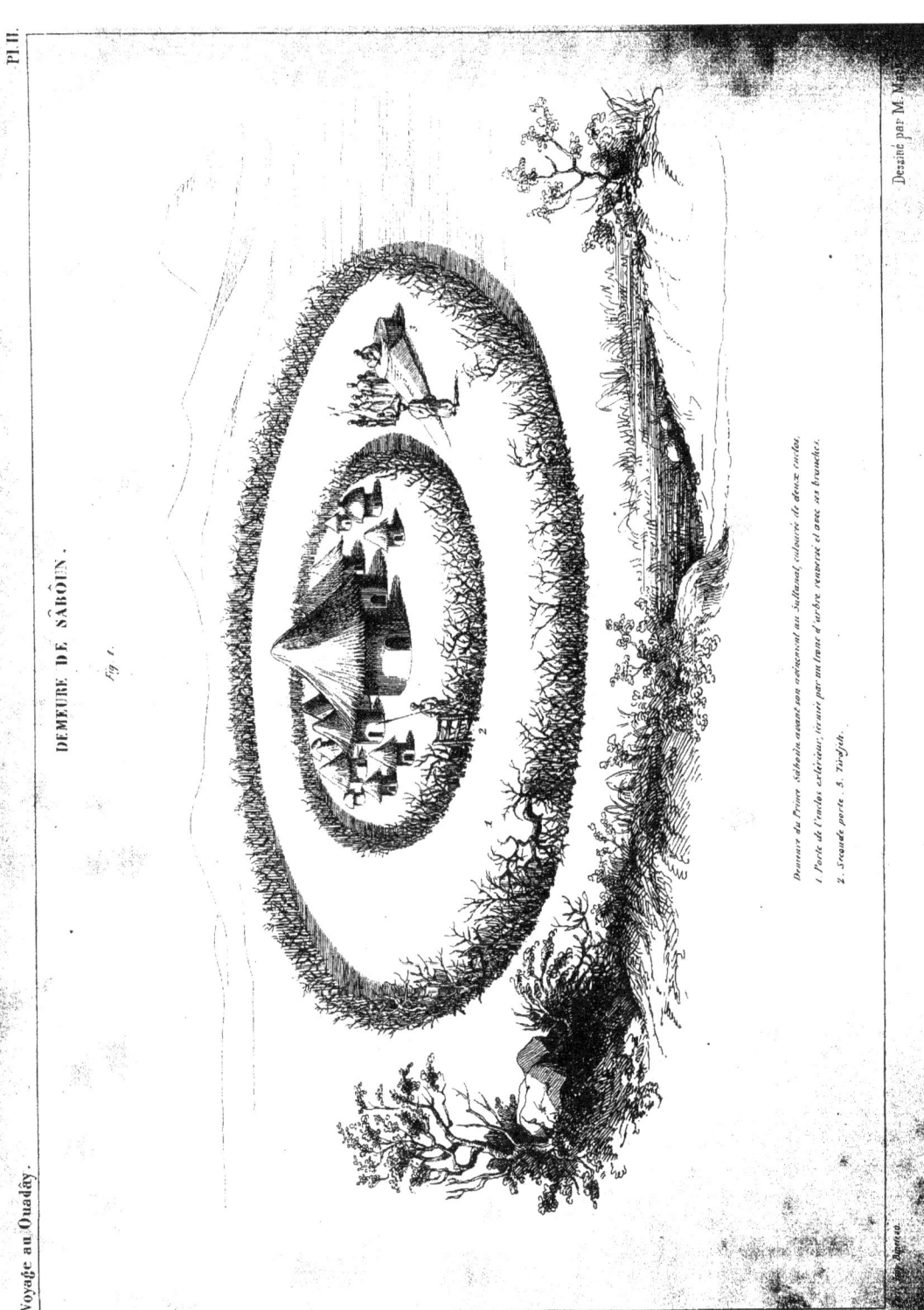

Demeure du Prince Sâboun avant son avénement au Sultanat, entourée de deux cercles.

1. Porte de l'enclos extérieur, fermée par un tronc d'arbre renversé et avec ses branches.
2. Seconde porte. 3. Tierfjih.

Dessiné par M. M[...]

www.ingramcontent.com/pod-product-compliance
Lightning Source LLC
Chambersburg PA
CBHW070900300426
44113CB00008B/904